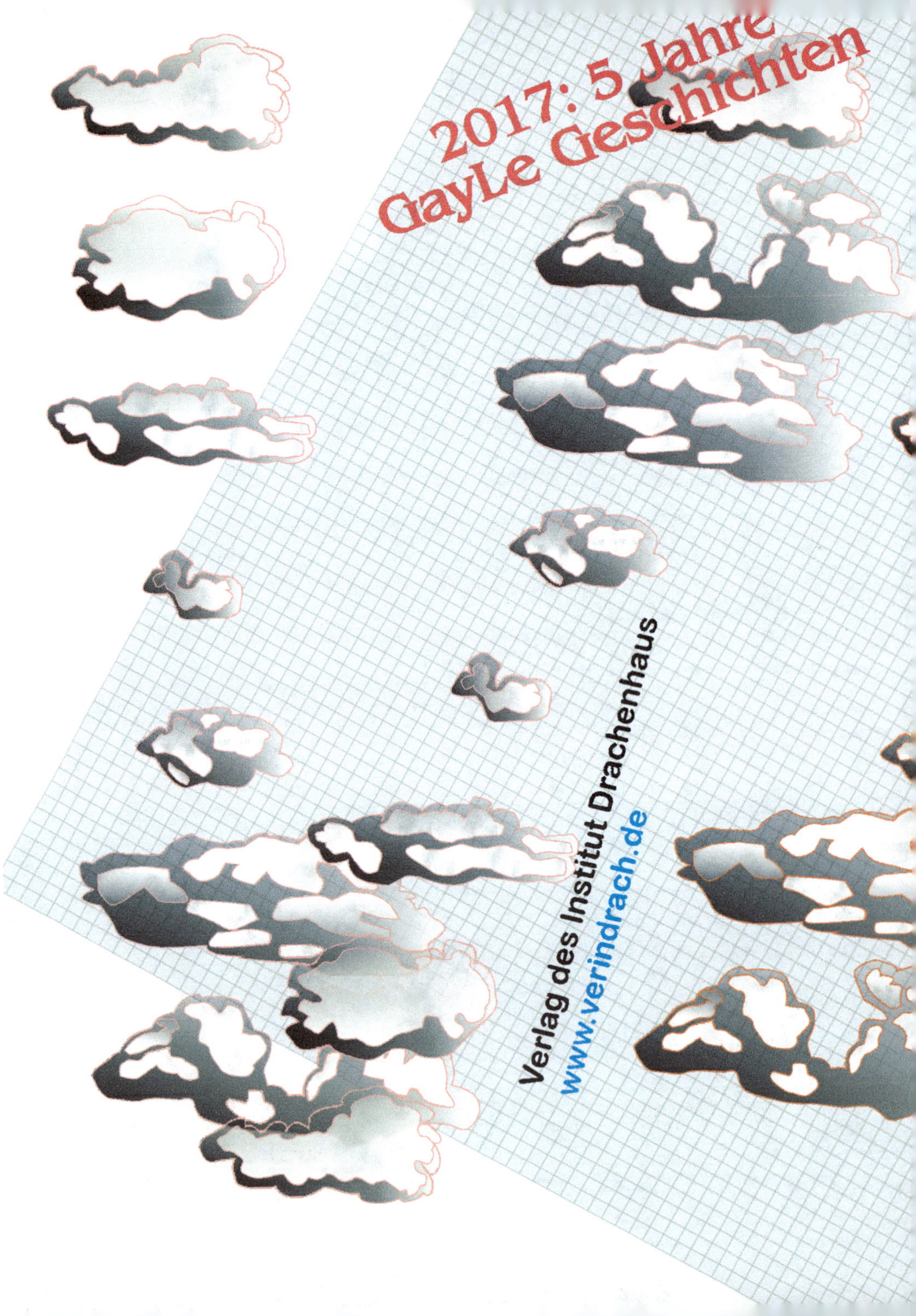
2017: 5 Jahre
GayLe Geschichten
Verlag des Institut Drachenhaus
www.verindrach.de

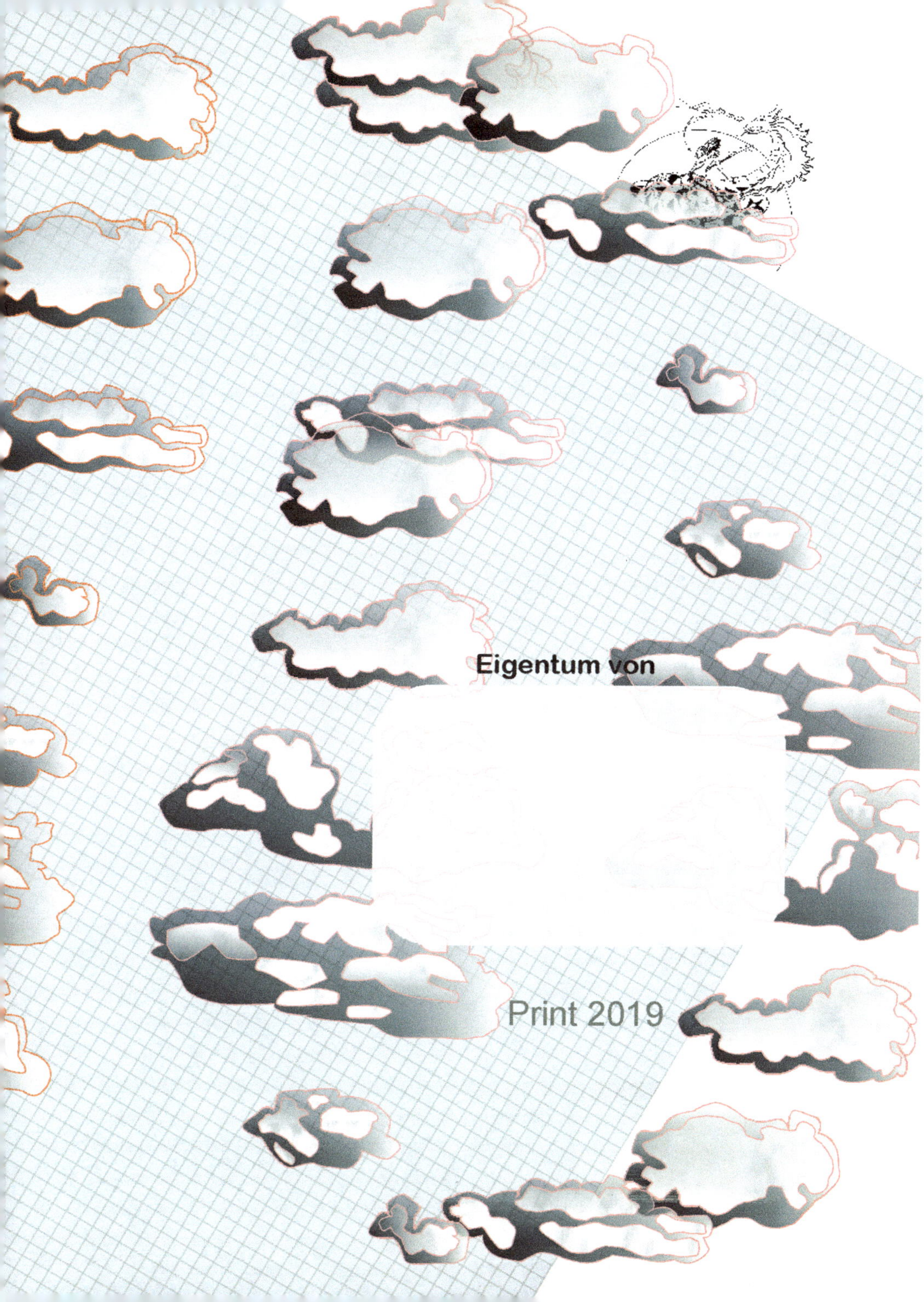
Eigentum von
Print 2019

Adi Mira Michaels

Peterchens Kutschfahrt

Peter wird selbständig

...eine fast wahre Geschichte

Teil 3 der Trilogie

Verlag im Institut Drachenhaus

Bibliographische Angaben

Autor

Adi Mira Michaels

Titel

Peterchens Kutschfahrt, Peter wird selbständig

Teil 3 der Reihe

Verlagsort

Babenhausen, Süd-Hessen

Verlag

Verlag im Institut Drachenhaus © 2019

Volumen

534 Seiten, durchgängig 4farbig gedruckt

Grafik

156 Bilder als Gemälde

Texte

Adi Mira Michaels

Lektorat

Michael Hoffmann, H.U. Schirr

Fotos, Grafiken und Titelgestaltung

Vom Verlag * Google Bilder sind beim Bild gekennzeichnet

Umsetzung zum eBook; Druck & Bindung

Im Verlag

ISBN

978-3-946711- Print -070, eBook -087

www.verindrach.de

Buch / eBook / Hörbuch

Dieses Buch ist sowohl als Print als auch eBook und gegebenenfalls als Hörbuch erschienen. Bitte informieren Sie sich über Preise und Lieferbarkeit www.verindrach.de

Seit einiger Zeit ist es auch im ePub-Format möglich, die in einem Print-Buch verwendeten Schriften einzubetten. Dies machen wir seitdem. Bei der Umformatierung zu Kindle[1] geht dies allerdings leider verloren, so dass wir immer den Gebrauch des ePub-Formats empfehlen.

Vor- und Nachteile der eBooks

Der grösste Vorteil eines eBooks ist neben dem bei uns erheblich günstigeren Preis das Gewicht. Wiegt ein einzelnes Buch durchaus 700g, passen auf einen E-Reader 2000 und mehr Bücher bei gleichbleibenden 200-400g. Im Flug- und Reisegepäck kein zu unterschätzender Vorteil. Zudem kann niemand Drittes erkennen, WAS man gerade liest. Und weiterhin ist ein eBook-Reader, gerade bei erotischen Büchern wie denen von Adi Mira Michaels, sehr viel leichter von verdächtigen Spritzern zu reinigen...

Sollte der geneigte Leser sich in dem Text womöglich unglücklich wiedererkennen und dem Buch nicht mehr so geneigt sein, so beachte er bitte, dass der Reader als elektronisches Gerät sehr viel empfindlicher auf ein „in die Ecke feuern“ reagiert, als ein normales Buch.

In diesem Sinne wünscht Ihnen der Verlag des Instituts Drachenhaus vergnügliches Lesen, egal, in welchem Format.

Hinweise zu Schriften und Zeichen im E-Book

Die eBooks unseres Verlags sind nicht nur aufwendig geschrieben und lektoriert, auch der Satz ist dem Inhalt angepasst. Dies beinhaltet auch die Verwendung von Fonts. Wir empfehlen daher, unbedingt die EINGEBETTETEN Schriftarten zu verwenden und NICHT die Standardschriften des jeweiligen Readers. Einige Reader bieten die Option an, die verlagsspezifischen Einstellungen zu übernehmen. Bei Unklarheiten lesen Sie bitte in der Bedienungsanleitung Ihres jeweiligen Gerätes nach.

Der Autor

Adi Mira Michaels ist, wie Sie sicherlich schon vermutet haben, ein Pseudonym. Hinter ihm steht ein bekannter Sachbuchautor, der erst spät auch seine literarische Ader entdeckt hat und unter diesem Künstlernamen nicht nur dieses Buch, sondern auch andere gay-erotische Kurzgeschichten und Romane veröffentlicht.

Dass der Autor gebürtiger Franke ist, hört man aus einigen Ausdrücken heraus.

---

[1] *Das gilt für alle „alten“ Kindle-Formate bis Version 8*

Adi Mira gehört nicht nur seinem Namensgeber, er lebt auch noch mit drei weiteren männlichen Wesen in seiner Wohnung: mit drei Katern. Sie erinnern ihn daran, dass ein Leben noch viel schlechter sein kann als seines, er hat das mal einen Protagonisten so ausdrücken lassen:

„Meine Katzen haben schon ein schlimmes Leben. 50 % des Tages müssen sie vor den vollen Töpfen hungern. 50 % des Tages müssen sie schlafen. 50 % des Tages ist ihnen langweilig. Und 50 % des Tages wollen sie beschmust werden. Sie wissen gar nicht, wie sie die Tage hinter sich bringen sollen!“

Treten Sie mit dem Autor in Verbindung! Unter adimira@verindrach.de oder auf Facebook über den Verleger www.facebook.com/MichaelHoffmannVerleger. Wir freuen uns über jedes „Gefällt mir!“ und mehr!

Hinweis

Alle Charaktere und Geschichten in diesen Kurzstorys sind frei erfunden. Eventuelle Übereinstimmungen mit lebenden oder toten Personen sind rein zufällig.

Hinweis zu den Fotos vom Haus: Die hier verwendeten Bilder vom Farmhaus bei Reno stammen NICHT von diesem Haus in Reno, sondern von einem ganz anderen Objekt in einer anderen Gegend in den USA. Alle diese Bilder wurden zudem intensiv bearbeitet.

Danksagungen

Es ist nicht leicht für mich, Danksagungen auszusprechen. Nicht, weil ich nicht gerne „danke“ sagen würde, sondern einfach, weil es so unendliche viele Quellen sind, die mir bei diesem Buch geholfen haben.

Der grösste Dank gilt natürlich wie immer Google. Ohne Google mit all seinen Diensten hätte auch dieses Buch nicht entstehen können. Von Infos über Bilder und Landkarten, Panoramen und Streetviews – Bilder aus Google sind entsprechend gekennzeichnet.

Gleiches gilt für die Wikipedia. Ohne deren unerschöpfliches und teilweise widersprüchliches Wissen, hätte mir auch vieles gefehlt.

Und dann kommen da viele, viele Einzelpersonen und -firmen, die ich gar nicht persönlich kenne. Hier zum Beispiel eine amerikanische Immobilien-Maklerin, die mir „grosses Interesse“ an der Zusammenarbeit verkündigte und danach nicht mehr zu erreichen war.

Das *Winchester Mystery House* hingegen hat binnen weniger Stunden meine Anfrage nach einem Parkplatz für ein Riesenwohnmobil freundlich beantwortet. Gut, die hoffen auch auf meinen Besuch.

Die Seite des amerikanischen Baumarkt-Riesen *The Home Depot* ist regulär von Deutschland aus nicht erreichbar – was haben die da wohl zu verbergen? Ich habe mir aber dann nicht die Mühe gemacht, über andere Möglichkeiten Zugriff zu erlangen — so wichtig sind sie mir auch nicht.

Danke also allen, die sich NICHT so abweisend verhalten haben.

Widmung im 3. Band

Reno – die kleine Schwester des großen Las Vegas, „*the biggest little city of the world*“ ist Schauplatz dieses Buches. Als ich vor vielen Jahren zum ersten und letzten Mal dort war, waren mein Mann und ich der Meinung: „Ach, warum weiter nach Las Vegas, hier ist es doch schon so toll.“ Das war es auch.

Wir sind dennoch nach Las Vegas gefahren. Dem Mietwagen auf der Rundreise haben diese 600 Meilen nichts ausgemacht, und wir sind von Las Vegas erschlagen worden. Dagegen ist Reno gar nichts, pure Provinz.

Dafür aber ist es menschlicher geblieben. Alles ist nicht so groß. Die Gewinne nicht und die Verluste vermutlich auch nicht. Die Preise sind moderater und die Menschen sind noch Menschen.

Wovon ich erst bei den Recherchen zu diesem dritten Band der Trilogie um **Peter Prügner** erfahren habe, sind die dunklen Seiten (nicht nur) dieser Gegend, nicht der Stadt an sich und nicht unbedingt der Einwohner. Da gibt es zum Beispiel das Zusammentreiben von Mustangs (die Pferde, nicht die Automarke!) nur, weil die zum Beispiel in den ***Calico Mountains*** gar nicht vorhandenen Großgrundbesitzer, die dort frei lebenden Tiere als ihre Feinde betrachten, sie könnten ja ihre Felder abfressen oder gar – noch viel schlimmer – auf öffentlichem, staatlichem Land das Gras wegfressen, auf das die Bauern ihre Rinderherden treiben wollen. WENN es denn da oben überhaupt Farmer, Rinderherden oder auch nur Felder gäbe…

Ich widme diesen Band daher den Mustangs. Das sind die von den Europäern eingeschleppten und dann verwilderten Pferde, deren Schicksal oft in den Schlachtereien des Landes endet, zu Steaks für Japan und Frankreich und der Rest zu Hundefutter verarbeitet.

Der Autor

(Nähere Informationen dazu findest Du im Internet unter „Mustangs“ in der Wikipedia.)

Inhalt

Bereshit bara

Bereshit bara Elohim et hashamayim ve'et ha'aretz

Am Anfang schuf Gott Himmel und Erde

Reno, 2009

„Am Anfang schuf Gott Himmel und Erde!“, stöhnte Peter, als sie den nächsten U-Haul-Umzugstruck mit ausgeladen hatten. Sie, das sind er selbst, ***Peter Prügner***, sein fester Freund, ***Bronco Pablo Danao Aspe,*** und seine Mutter, ***Irmgard Prügner***. Sie alle waren diese Art körperlicher Arbeit nicht mehr gewöhnt, hatten aber festgestellt, dass es keine Chance gab, die Arbeiter die Wagen alleine ausladen zu lassen. Nicht, dass es hier in der ***Geiger Grade Road*** von „Reno“, Nevada, eine höhere Regenwahrscheinlichkeit gäbe als vorher im rund acht Meilen entfernten ***Springer Court*** in Reno, aber die Sachen einfach so im Dreck stehen zu lassen… Zudem hatte alles vorher auch noch eingepackt werden müssen, in Kartons und Kisten, Kästen und Boxen. Sie kamen sich wirklich manchmal vor wie der Liebe Gott am Anfang der Erschaffung der Welt.

„Nun“, lachte Bronco, „*Bereshit bara* heißt aber, dass Gott die Erde aus dem NICHTS geschaffen hatte. Da haben wir es doch erheblich besser. Die Hütte hier steht immerhin, Strom, Wasser, Heizung, Kühlung – alles ist vorhanden!“

„Und wo bleibt der Pool?“, stöhnte Peter. „Ich lechze nach einem erfrischenden Bad in kühlem Nass.“

„Ich auch, mein Lieber, ich auch. Aber tröste Dich damit, dass wir uns heute Abend gerne unter der tröpfelnden Dusche drängeln können.“ Peter und Irmgard stöhnten gemeinsam auf.

Doch wie alles in der Geschichte, auch in der von der Erschaffung der Menschheit, hatte auch dieser Umzug ein Vorspiel.

Vorspiel, äh, nein: Rückblick

KAPITEL FÜR ALLE LESER, DIE – PFUI – ERST MIT DEM DRITTEN BUCH VON PETERCHENS TRILOGIE ANFANGEN, ODER ALLE, DEREN LEKTÜRE DES ZWEITEN BANDES SCHON LÄNGER ZURÜCKLIEGT. IHNEN, DEN LETZTEREN, SEI VERZIEHEN.

ALLE ANDEREN KÖNNEN DIESES KAPITEL ÜBERSPRINGEN. DER AUTOR

Peter und seine Mama Irmgard sind eine recht kleine Familie, konkret, nach dem Tod von Oma und Opa die Einzigen. Es ist eine eigentlich schwierige Situation, nicht nur, weil Irmgard damit über viele Jahre alleinerziehende Mutter war, sondern, weil sie den Lebensunterhalt liegend erwarb oder, wie Peter es einmal treffend formulierte, „erlegen“ hatte. Unter solchen Scharen von Männern seit ihrem 16. Lebensjahr, dass sie schon lange das Zählen aufgegeben hatte.

Sie stand nur auf Männer, und dass Peter ihr in dieser Hinsicht glich, war für sie kein gelinder Schock. Sie überlebte ihn mit der Rationalität einer Nutte und der Liebe einer Mutter. Das beides und das Internet sagten ihr, dass sie ihren Sohn auf alle Zeiten verlöre, wenn sie ihn deswegen verstieße.

Den ersten richtigen festen Freund von Peter, Ernst, fand sie dann auch sehr, sehr nett und hätte den anfangs schüchternen Jungen aus kinderreicher Familie auch vom Fleck weg adoptiert, wäre es denn notwendig gewesen.

Sie lebten erst in Bamberg, dann in Nürnberg, die Zeiten schlichen für die Mama dahin, während sie für Peter eher eilten. Als er mit 16 zufällig auf der Burgtoilette der Nürnberger Burg sein erstes Geld mit ein paar Hand- beziehungsweise eher Mundreichungen verdiente, trat auch er in ihre Fußstapfen. Streng geheim, sie wusste wirklich nichts davon, aber sehr erfolgreich und bald auch recht teuer. Für deutsche Verhältnisse.

Während die Zeit also für Irmgard subjektiv schlich, eilte sie objektiv schneller als sie wollte und neben ein paar gesundheitlichen Problemen erkannte sie, dass ihr Marktwert mit 40 selbst in der alles verschönenden Muschebubu-Beleuchtung eines Puffs nicht mehr so hoch war. Sie beschloss eine Änderung, arbeitete als Hostess auf Messen, legte sich nur hin und wieder flach ... bis ein omanischer Scheich sie zu sich einlud. Da hatte Peter schon das Abitur abgelegt, verdiente nun weitestgehend (und soweit es seine jugendlichen Kräfte zuließen) ganztags. Sie ahnte nicht mal was davon, DASS und vor allem WIE er bereits 120000€ auf einem Bankkonto angehäuft hatte.

Desillusioniert kam sie aus dem Oman zurück, das wäre nun wirklich nichts für sie – sie, die ihr Leben lang Langeweile und Müßiggang vermieden hatte.

Dort wäre es an sieben Tagen in der Woche tödlich langweilig gewesen. Doch der Scheich bot ihr eine Alternative…

Es war einmal…

Und so begab es sich Mitte Februar 2009, dass Mama und Sohn von Deutschland nach Reno, Nevada, zogen, ausgestattet mit dauerhaften Greencards als Arbeits- und Aufenthaltserlaubnis. Sie als Haushälterin in Scheich Muhibs Gästehaus, das beide bald als Gästehaus „mit persönlichem Service“ deklarierten. Endlich hatte Irmgard erfahren, WAS Peter so „in seiner Freizeit“ machte und nun auch anbieten wollte. Worüber sie weniger glücklich war – darüber, dass auch er sich vermietete oder darüber, dass sie es nie bemerkt oder erkannt, ja, noch nicht mal geahnt hatte – diese Frage zu beantworten verschob sie auf eine viel spätere Zukunft, wenn sie mal Zeit haben sollte.

Peter hatte Nürnberg nicht gerne und auch nicht ungern verlassen. Seine Liebe zu Ernst war schon in der Vorbereitungszeit des Umzugs erheblich abgekühlt. Er hatte indirekt dafür gesorgt, dass Ernst eine bessere Bleibe, vor allem aber auch eine Ausbildung erhielt. Er selbst fand in Reno sehr schnell Anschluss an einen Jungen mexikanischer Abstammung, Bronco. Dessen Mutter, Claudia betrieb einen *Diner* in der Nähe eines der vielen Golfplätze von Reno, einen sehr guten, wie man ihrer Linie problemlos ansah.

Auch der 17jährige Bronco erkennt sich mit der Zeit als schwul, probiert alles aus, und als Peter im Gästehaus den ersten eigenen Kunden empfängt, ist Bronco überraschend auch schon mit dabei. Ohne Wissen von Claudia, aber mit Wissen von Irmgard. Dass es illegal ist – mein Gott, das trifft in Sachen Prostitution auf das ganze *Washoe County*, in dem auch Reno liegt, zu.

Das Glück ist den Dreien jedoch nur ein halbes Jahr lang hold, da erkennt der Scheich aus dem fernen Oman, dass diese Villa wohl eine Fehlinvestition war. Seine Freunde, denen er die Zimmer wohl anbieten wollte, zog es eher nach Las Vegas denn nach Reno, wenn sie sich schon mal den langen Weg in die Sünde erlaubten. Offenbar hat er ein gutes Kaufangebot und will Irmgard fristlos entlassen. Doch da hat er die Rechnung ohne sie gemacht. Sie hatte mit seiner deutschen Firmen-Niederlassung in Deutschland nach deutschem Recht einen Vertrag abgeschlossen und ließ sich nun recht teuer rauskaufen. Die Umzugskosten, die Muhib auch tragen darf, waren dann wohl seine geringsten Sorgen.

Irmgard und Peter hatten in Deutschland bereits bei mehreren Banken je 100000€-Konten eingerichtet, um im Falle eines neuen Bankencrashs den gesetzlichen Einlagenschutz genießen zu können.

Nur zur Uebersicht

Nur zur internen Information! – For your eyes only!

Die Bankkonten der drei hatten in Deutschland und in den USA jeweils zusammen folgende Ist-Stände, als der Umzug begann:

Irmgard:	516.000$
Peter:	220.000$
Bronco:	30.000$

Bob A. Hoale, Vater eines Schulkollegen von Bronco, Kunde von Irmgard und fleißiger Bauunternehmer hatte den dreien die abseits der NV-341[2] gelegene Farm anbieten können, mit aller Technik und allen Möbeln. Die Besitzer waren vor wenigen Wochen mit einem Kleinflugzeug abgestürzt und hatten dies nicht überlebt.

80.000$ für die Farm plus Um- und Ausbaukosten – wenn Bob sie machen durfte. Und er durfte!

Die Koordinaten des neuen Heims lauten: 39.394009, -119.703445

Ende der Rückblende

[2] *Nevada State Route 341, in der Klasse eines Highways.*

„Bullenfarm", Reno
September 2009

„Sag ich nicht schon immer, dass Bronco klüger ist, als er aussieht?", lächelte Peter wegen dessen Äußerungen über die Welterschaffung. Er war erschöpft, weil er Bronco wegen der Ankündigung des nur tröpfelnden Wassers zwei Mal um das Haus gescheucht hatte. Beide hingen an der Colaflasche (mit Zucker – bei der Anstrengung!) wie Kälber am Kuheuter.

„Nein", keuchte auch Bronco, „das sagst Du VIEL ZU SELTEN. Nicht wahr, Irmgard?"

„Ach", lachte sie, „Du bist mir schon eingebildet genug. Da muss noch mehr Lob auch nicht sein. Aber woher weißt Du das denn?"

„Bueno, ich habe in der Schule nicht nur aufgepasst, sondern auch Religionsunterricht gehabt. Wollte Mum so, und ich hatte nichts dagegen. Da haben wir auch so ein paar winzige Brocken hebräisch gelernt, wie eben dieses ‚*bereshit bara elohim*' – am Anfang erschuf Gott – mehr kann ich davon aber auch nicht." Sie lachten wieder, erhoben sich – für heute wohl zum letzten Mal – stöhnend aus mitgebrachten, und damit nicht so klapprigen Stühlen und fuhren auf Sackkarren die restlichen Kartons ins Haus.

Es war alles viel schneller gegangen, als sie erhofft oder auch befürchtet hatten. Bob hatte ihnen das Farmhaus angeboten. Von den Jungs respektlos „die Hütte" genannt, war es nichts im Vergleich zu der Villa von Muhib, doch auch längst nicht so teuer. Mit knapp 30 Jahren war es schon etwas in die Jahre gekommen, verfügte aber über eine Grundrenovierung und ein neues Dach aus dem Jahr 2000 und Solarpanels im Außengelände seit 2001. Die notwendige Haustechnik war vorhanden – nun, schlecht war das zweistöckige Gebäude also nicht. Dass es aus der Luft ein markanter Landschaftpunkt sein würde, erkannten sie erst in Google Maps in der Satellitenansicht, da war das dunkelblaue Dach schon gut und von weit oben sichtbar.

Okay, die Technik war zwar vorhanden, doch „nicht mehr ganz in Ordnung". Die Wasserversorgung kam nicht nur aus einer Zisterne, sondern auch aus einem Brunnen, hatte jedoch bei den letzten Versuchen nur Tröpfelwasser aus der Dusche nieseln lassen. Der Pool war in Planung, er würde zwar von Bob im Nu ausgehoben und eingebaut werden, aber ehe er voll nutzbar wäre, würde es noch dauern. Peter und Bronco waren nach der Alarmmeldung, sie müssten das Haus verlassen, schon nach zwei Tagen von ihrem Texas-Urlaub heimgeeilt. Dort, auf *Alans Diary Farm*, gab es eine Poolanlage mit Wasser, das weder nach Chlor stank noch schmeckte – ganz im Gegensatz zu dem Pool in Muhibs Villa und auch in den Hotelbädern, die sie bisher kennengelernt hatten. So verzögerte sich der Poolbau noch weiter, denn Bob musste auf die genauen Daten warten, die ihnen Alan zukommen lassen wollte.

Die Mitnahme der Telefonnummern stellte – dank auch in den USA verwendeter moderner Vermittlungstechnik – kein Probleme mehr da und alles andere… „Ach Kinder, hört auf zu jammern, das wird schon noch. Morgen kommt ein Klempner und schaut nach dem Wasser."

„Können wir nicht noch mal in der Villa übernachten?"

Irmgard schüttelte mit dem Kopf: „Besser nicht. Ihr habt ja gemerkt, wie grantig er ist. Außerdem sind kaum noch Möbel drin, selbst er schläft schon im Hotel." Das war wahr. Es hatte auch sie erstaunt, doch offenbar wurden in den USA Villen solcher Größe unmöbliert verkauft, während kleinere Häuser oft alles enthielten. In diesem Fall hätte es bedeutet, dass alles auf den Müll gewandert wäre – eine unzumutbare Verschwendung von Mobiliar, das gerade mal ein halbes Jahr in Gebrauch gewesen war – in den Gästezimmern noch viel weniger. Nur die Küche würde bleiben.

Nicht mal Verkaufsfotos hatte der Scheich von der Villa mit den Möbeln machen lassen, offenbar war er sich seines Käufers schon sicher gewesen. Dass seine Laune nun, gegen Ende des Monats, sank wie das Thermometer im Gefrierschrank... Natürlich sprach man als arabischer Mann mit einer Frau nicht über Probleme, mit dem rotzlöffeligen, noch dazu schwulen Sohn von ihr erst recht nicht und schon gar nicht mit dessen Freund. Doch die drei hatten bereits ein gutes Netzwerk aufgebaut, hörten so ein paar Details und nach dem Motto, dass Schadenfreude die ehrlichste Form des Mitleids ist, grinsten sie sich kaputt.

Nach der ersten Besichtigung der Farm hatte es gerade mal eine knappe Woche bis zum Anwaltstermin gedauert, Irmgard legte die 80.000$ mit ihrer eigenen Kreditkarte auf den Tisch, und der Deal war perfekt. Mit der *deed*[3] in der Hand waren sie und Peter alleinvertretungsberechtigte Eigentümer des Hauses geworden.

Der Anwalt, den ihnen Harry, der Autoverkäufer und Kunde von Irmgard UND Peter schon zum Schutz Irmgards vor Muhib vermittelt hatte, war dringend notwendig, da sich zum einen Haus- und Grundstücksverkäufe in den USA erheblich von denen in Deutschland unterscheiden und zum anderen Irmgard auch in Deutschland nie auch nur annähernd damit zu tun gehabt hatte.

Wie gesagt und dann auch bestätigt, war das Vorbesitzerehepaar gemeinsam tödlich verunglückt, ein paar Wochen sind in so einer Gegend nicht unbedingt

[3] *Übertragungsurkunde*

eine lange Zeit, um sich um so ein Farmobjekt zu kümmern. Daher ließen sich die Verträge der beiden Toten für Ver- und Entsorger, Internet, Telefon, etc. relativ leicht auf die Neueigner umschreiben. Sie im Detail zu prüfen, hatte der Anwalt geraten, meinte aber, die meisten davon seien leicht zu kündigen.

Irmgard überließ die Arbeiten also dem Anwalt. WER das Geld für das Haus nun wirklich erhalten hatte, wollte und musste auch er ihr nicht sagen. Er konnte und vor allem musste nur bestätigen, dass Bob A. Hoale der rechtmäßige Verkäufer war. Der Rest interessierte die drei auch nur am Rande.

Ihre Nürnberger Freunde hatte Peter natürlich sofort nach der Kündigung informiert. Da wussten sie alle noch nicht, ob sie lachen oder weinen sollten, und so stellte die in der Farm vorhandene Kabel-TV-Internet-Verbindung die ersten längeren Gespräche her. Die beiden Jungs machten sich einen Spaß daraus. Sie hatten irgendwo im Haus ein schon antikes Mikrophon gefunden, im Tablet-Kamerabereich aufgestellt, Peter mit ebenso alten Kopfhörern auf den Ohren, starrte angestrengt „ziellos“ auf die Mattscheibe, als die Verbindung über Skype schon stand.

**„Reno 2 is calling.
Here is Reno 2.
Do you hear me, Nuremberg?
Here is Reno 2. Reno 2 for Nuremberg!”**

Sie quietschten alle. „Zufällig“ waren Bernd und Ernst bei Georg als Peter anrief, ge- und entspannt durften sie berichten, wie weit was fortgeschritten war.

„Soll ich rüberkommen und Euch helfen?“, fragte Bernd sofort. „Ich wollte ja eh im September kommen, und der Pool, der soll doch sicherlich betoniert...“ Sie lachten laut auf. Bernd, der stämmige Betonbauer mit Giga-Schwanz, war schon zwei Mal bei ihnen gewesen, hatte beim letzten Mal beim Besuch in Las Vegas aus 200 mal schnell 5000$ gemacht. „Die liegen immer noch hier, unbenutzt. Wenn ihr wollt...“

„Ja, ich glaube, das nehmen wir mal gerne an, in ein paar Wochen“, meinte Peter freudig. „Aber Kunden sind noch nicht wieder da. Wir haben noch keine geeigneten Räume dafür.“

„Na, dafür komme ich dann auch, um die Räume zu schaffen. Wäre doch gelacht...!“ ... sie lachten alle.

Georg bot ebenfalls an mitzukommen, er hatte noch Uniferien, Ernst hingegen… Peter wiegelte ab: „Ne, Ihr beiden, besser nicht. Wir schaffen das hier schon. Wir haben beziehungsweise bekommen noch eine Reihe fleißiger Helfer. Immerhin sind auch die Schulfreunde von Bronco mittlerweile fertig mit der Schule. Und studieren? Da haben die wenigsten das Geld oder die Noten dafür. Kommt lieber ein paar Wochen später."

„In die Kälte Nevadas? Bist Du wahnsinnig? Das hat mir ja im Februar schon gereicht!", kreischte Georg. „Und außerdem: dann muss auch ich wieder arbeiten."

Lange Rede, kurzer Unsinn: Bernd und Georg meldeten sich für diese Woche noch an. „Geht mal davon aus, dass Ihr uns am Dienstag, 29.09.2009, am Airport abholen könnt. Wir fliegen diesmal so, wie Bernd es gemacht hat, ab Frankfurt direkt mit dem Condor nach Las Vegas. Nur eines habe ich Bernd abringen können: keine Holzklasse! Zu Premium war er noch bereit. Nun ja, dann hab ich halt den Aufpreis von nur 500€ auf das Business-Class-Ticket übernommen. Das ist mir der Komfort wert. Und, *besides that*, es ist immer noch günstiger, als unser Flug im Februar!"

Peter und Bronco bestätigten, lachten sich erst hinterher kaputt in Erinnerung daran, dass Georg für sich und Ernst Anfang des Jahres rund 2000€ pro Person bezahlt hatte. Jetzt wären es nur 1000€ nach Las Vegas hin und zurück. Der Flug von Las Vegas nach Reno war kurz und billig, jedoch nur in der Economy-Klasse im Angebot.

Auch, wenn sie sich erst mal überlegen mussten, was sie mit den beiden machen würden, freuten sie sich.

Airport Reno-Tahoe

Aufgrund der Flugzeiten kamen die Jungs erst einen Tag später in Reno an. Am 30. September holte Peter alleine die beiden am frühen Nachmittag vom Flughafen ab.

„WAS? Kein großartiger Empfang? Keine Kapelle? Kein Begrüßungskomitee? Kein Sektempfang?“ Georg konnte so richtig schön entsetzt dreinschauen und Peter musste aufpassen, nicht den Boden mit seinem Körper zu putzen. So sauber war der nicht – der Boden. Bernd hielt sich nur kurz zurück, dann lachten und zerquetschten die beiden Peter zwischen sich, so dass er androhen musste, dass sie nicht mal wüssten, WOHIN sie zu fahren hätten, wenn er nun erstickte.

Lachend verließen sie die Ankunftshalle, stiegen nicht mehr so lachend, zwar bei Sonne, aber nur noch 14°C, ins Auto und fuhren wieder kichernd zum neuen Anwesen. Peter machte einen kleinen Abstecher über die „alte“ Villa, zeigte die Veränderungen, die sich in ihrer Zeit dort schon ergeben hatten und kurvte dann so lange durch ödes Land, dass es den beiden... „Sag mal, Du weißt aber schon noch, wo Du hinmusst, oder? Das erinnert mich an die Las Vegas-Fahrt vom letzten Mal“, meinte Bernd zweifelnd, und Peter lachte erneut auf.

„Richtig. Es ist sogar die gleiche Straße. Keine Angst, in zwei Stunden sind wir da!“

Tiefstes Aufstöhnen von den „billigen Plätzen“. „Na, ich bin wenigstens froh, warme Klamotten mitgenommen zu haben.“, stöhnte Bernd weiter, „Hier kann man ja nicht mal was kaufen!“ Peter lachte wieder, bog von der NV-341 nach links ab, den kurvigen Sandweg entlang und verlangsamte DEUTLICH, als sie an die (wirklich abrissbereiten) Blechhütten heranfuhren. Georg und Bernd fiel die Kinnlade runter. Peter konnte es gut auf dem Beifahrersitz (Bernd) und im Rückspiegel (Georg) sehen, unterdrückte sein Lachen und gab Gas. Eine scharfe Linkskurve noch und nach einer weiteren kleinen Biegung atmeten die Gäste beim Anblick des stattlichen Farmhauses auf.

„Weißt Du, was Du für ein Miststück bist?“, knurrte Georg, und Bernd klatschte Peter auf den Oberschenkel.

„AUAAA! Mann, das tut ja weh! Sind diese Hände härter geworden?“

HINWEIS DES AUTORS: DIE IM FOLGENDEN VERWENDETEN BILDER DES HAUSES STELLEN NICHT DEN AKTUELLEN ÜBERNAHMEZUSTAND DAR, SONDERN IRGENDWANN DANACH. ES WÄREN SONST ZU VIELE GEWORDEN, SIND EH SCHON GENUG.

Eine strahlende Irmgard, ein grinsend strahlender Bronco und ein grinsender Bob empfingen die beiden. Irmgard und Bronco umarmten sie so innig-lich, dass auch Bob auf die übliche Schulter-Zerbrechen-Begrüßung verzichtete und ihnen nur freundlich die Hand reichte. Oder lag es daran, dass Bernd schon mal seine Muskeln zur gleichen Ami-Begrüßung angespannt hatte? Trotz Pullover, die Jacke war im Auto geblieben, sah man, was er da an den Armen hatte. Von den Pranken einmal abgesehen.

Die nächste Begrüßung Bernds galt jemand anderem, genauer gesagt, zwei jemanden: Lisa und Kid, den beiden Katzen. Natürlich waren alle drei beim Umzug mitgekommen, doch hatten Bronco und Peter beschlossen, den blinden Kater Leo noch auf einen Raum des Hauses zu beschränken, bis die ganz groben Schlepparbeiten vorbei waren (also jetzt) und die Haustüre auch nicht mehr unendlich lang offen stand. Auch in der vorherigen Villa war Leo besser und auch lieber drinnen geblieben, die Gefahren draußen waren halt zu groß. Denn so sehr die drei Geschwister sich auch noch mochten, so wenig „kümmerten“ sie sich um ihn, wenn es zum Beispiel galt, eine Treppe wieder runterzukommen. Rauf, das ging ja. Das konnte man als blinder Kater noch mit den Schnurrhaaren erkennen.

Ein leichtes Frösteln durchfuhr die Gruppe, die Temperaturen waren schon wieder dabei, ihren Höchstwert zu verlassen. Außerdem fiel den Besuchern erstmals, den anderen erneut auf, dass sie hier nicht auf der Ebene, sondern eher auf einem Berghügel residierten. Sie betraten das neue Anwesen.

„Ist doch was ganz anderes, als das Haus in Reno – und kleiner“, stellte Georg nüchtern fest und die drei Besitzer lachten ihn an.

„Ja, das ist richtig. Es ist GANZ anders. Vor allem aber, es ist unseres."

„Wie, Eures? Ihr habt es... finanziert?"

„Nein", lachte Irmgard, „wir haben es GEKAUFT. Bob der Baumeister war so freundlich. Eigentlich sollte es sein Altersruhesitz werden, doch nachdem die Kinder groß und die Frau flügge geworden ist, wäre es ihm alleine hier zu einsam."

„Ja, es wäre mir alleine zu einsam", meinte Bob in nachdenklichem Ton. Er lächelte aber gleich und verabschiedete sich: „Ich muss dann mal wieder. Ich manage hier den ganzen Um- und Ausbau, auch den Pool, aber ich hätte nicht gedacht, dass ich dann nicht mehr dazu komme, mich um meine anderen Baustellen zu kümmern. Das muss jetzt mal sein. ... Okay, Leute. Jetzt habt ihr ja zwei weitere Helfer, braucht Ihr Jerry und Raúl noch?"

„Aber gerne doch, Bob", grinste ihn Bronco an. „Wenn Jerry nicht wieder meint, er würde hier sofort vergewaltigt werden? Weiß ja nicht, was Du ihm alles erzählt hast..."

Bob lachte. „Gar nichts weiter. Nur, was Ihr da in der anderen Villa gemacht habt. Dass das hier so weitergehen wird, na, das kann sich ja jeder ausrechnen."

„Und da hat der arme Junge nun Angst, er müsse hier mitmachen? Na, also SO gut ist er ja auch nicht gebaut."

Bob prustete los. „Wo DU aber immer hinschaust! Na, trotzdem, ich muss los."

„Stopp, Bob, eine Sache noch", hielt ihn Bernd auf und erläuterte ihm kurz, was er von Beruf war. „Ich habe da auch mal noch ein bisschen was mitgebracht..."

Wie auf Zuruf erschienen vier prall gefüllte 32kg Koffer hinter der keuchenden Dampflock Bronco: „Hast Du eine komplette Skiausrüstung dabei, oder was ist da drin?"

„Er ist immer noch so frech", seufzte Bernd.

„Falsch, lieber Freund", grinste Peter, „er ist noch viel frecher geworden. Seine Mum ist froh, wenn sie ihn nur noch einmal in der Woche sieht."

„Gar nicht wahr!", maulte der Junge und zog eine Schnute.

„Okay Bernd, ich muss wirklich los, wir unterhalten uns morgen Vormittag darüber, da bringe ich Zeit mit. Okay?"

„Okay, es eilt nicht so sehr. Ich habe auch Zeit mitgebracht."

Die anderen hörten es mit Freude.

Sie setzten sich erst mal in den Salon. Der sah, eigentlich wie das gesamte Haus, schon recht wohnlich aus. Nur standen noch viele Möbel nicht da, wo sie hinsollten, und nicht alle Kartons waren ausgepackt.

„Nun, Ihr seid aber ganz schön weit gekommen. Wann hatte er Euch gekündigt?"

„Anfang des Monats, als Bronco und ich gerade erst zwei Tage in Texas auf Urlaub waren. Wir sind sofort zurückgeflogen. Aber Bob hat uns dieses Haus dann gleich drauf angeboten, gezeigt und wir haben zugeschlagen."

„Darf ich fragen für wie viel?", kam es vorsichtig von Georg.

Die drei lachten auf. „Aber natürlich doch. Du bist hier in den USA. Da darfst Du zwar nicht sagen, dass ein Mann gut aussieht, aber wie viel er verdient, das gibt er Dir sogar schriftlich. ... 80."

„80 was? 80.000$?" Die drei nickten und grinsten um die Wette. „Wie bitte? Für rund 65 Tausend Euros? Habt ihr ihn so gut gefickt?"

Ob dies das erste brüllende Gelächter war, das dieses Haus je vernommen hatte, war nicht mehr herauszufinden. Aber es war das erste dieser Truppe. Es würde sich dran gewöhnen müssen...

Schnell berichtete Bronco in druckfähigem Klartext die Umstände und die beiden Besucher nickten. Schließlich: „Na, dann weiß ich ja gar nicht, ob ihr das noch gebrauchen könnt", mit diesen langsamen Worten zogen Georg und Bernd synchron und genauso langsam, wie einstudiert, aus ihren mittlerweile aus dem Auto geholten Jacken zwei dickere Kuverts und legten sie auf den Tisch. Auf beiden prangte das Logo des *Sunset Station Casinos* in Henderson, bei Las Vegas.

Die drei schoben ihre Kinnladen wieder hoch. „Sag nur", räusperte sich Irmgard, „sagt nur, ihr habt da..."

„Ja!, liebste Freundin, wir haben", strahlte Bernd. „Wir sind gestern schon am frühen Morgen in Las Vegas gelandet, ich hatte beschlossen, einen Zwischenstopp dort einzulegen. Georg war erst gar nicht angetan davon, aber als der DAS Casino gesehen hatte... Und spielen wollte er auch nicht. Ich (!), stellt Euch das vor, ICH armer Bauarbeiter musste dem reichen Nürnberger Patrizier 200$ zustecken, habe selbst auch dieses Limit gehabt und – nun ja – wir haben beschlossen, vom Gewinn nur den Einsatz abzuziehen und den Rest Euch – allen drei gemeinsam! – als Erleichterung des Neuanfangs zu spendieren. Ihr könnt, müsst aber nicht nachzählen. Es sind zusammen 38.955$ geworden."

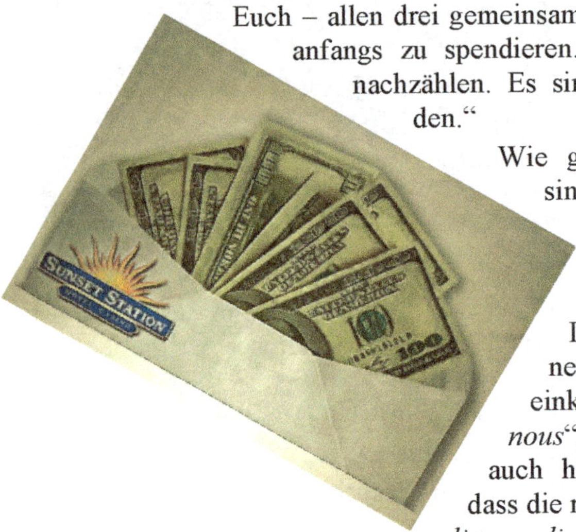

Wie gut, dass Kinnladen so stabil sind...

Der Hurra-Schrei wurde durch das Ploppen echter Champagnerkorken ergänzt, Irmgard hatte beschlossen, im neuen Haus auch neue, alte Sitten einkehren zu lassen. Ganz *„chez nous"*, „unter uns" natürlich, doch auch hier hatte der Anwalt geraten, dass die rund 500$ Jahresgebühr für eine *liquor license* [4] im Vergleich zu den lichen Strafen recht niedrig sei. Irmgard hatte gelacht und gefragt, wie hoch denn die Strafen für die Befriedigung ihrer Kunden wären. Sie meinte hinterher, der Anwalt würde vermutlich auch bald Kunde werde... So privat aber war der Champagnerverzehr im Haus kein Ausschank und ging sogar in den USA niemanden etwas an.

Bronco grinste nach dem allgemeinen Umtrunk Bernd und Georg fett an. „Berndilein, ich danke Dir im Namen aller, die jetzt schon von dem bisschen Alkohol besoffen sind. Wann kannst Du mir mal Deine Poolunterlagen zeigen?"

Bernd lachte. „Morgen, zusammen mit Bob, wenn´s recht ist. Dann muss ich nicht alles zweimal erzählen. Aber ich glaube, wir würden uns, solange es noch hell ist, das Haus gerne ansehen." *So they did.*

---

[4] Schanklizenz

Irmgard wurde nicht müde zu betonen, WIE froh sie sei, dass das Haus nicht erst durch die Hände von Leuten gegangen ist, die es komplett ausgeräumt hätten. „Richtig ist, es war viel Gerümpel mit dabei. Bob hat ganze LKWs voll mit Altmöbeln abgefahren. Ich befürchte mal, dass es im Winter in seiner Wohngegend schrecklich nach verbrennenden Holzlacken stinken wird.“ Sie lachten wieder. „Aber auf der anderen Seite waren auch nicht alle Lampen weg, wie sonst üblich. Harry hat mir erzählt, dass es sogar Firmen gäbe, die sich darauf spezialisiert hätten, leerstehende Villen nur für die Prospektfotografie und die Besichtigung zu möblieren, herzurichten, gegebenenfalls zu streichen, und so weiter. Das kommt danach alles wieder raus und wird gegebenenfalls anderswo verwendet oder auch weggeworfen. Mann, solche Müllplätze müsste man durchforsten dürfen!“

Bronco lachte sich über Georgs Grimasse halb schief. „Ja, Georg, ich hab auch einige Zeit gebraucht, das zu kapieren. Ihr Europäer seid so sparsam. Wir werfen immer gleich alles weg. Aber ich muss ehrlich sagen, wir kennen es normal nicht anders. Doch ich bin froh, dass ich nun eine andere Denkweise erfahre. Es ist eigentlich viel besser so.“

„Das Problem ist nur“, meinte Peter, „ich hatte mich so schön an meine Wohnung gewöhnt. Und jetzt das hier! Wir haben hier ein paar Zimmer weniger, als vorher.“

„Na, ganz so ist es nicht.“, widersprach Bronco. „Ich habe schon mal einen groben Grundriss gezeichnet. Da haben wir unsere Zimmer auch unten im EG – sogar noch größer als vorher –, und wenn wir wollen, können wir an das Eck den Pool bauen, dann geht´s direkt aus dem Zimmer ins Wasser. Irmgard will ja gar keine zwei Zimmer mehr haben.“ Peter umarmte Bronco mehr als nur ein bisschen.

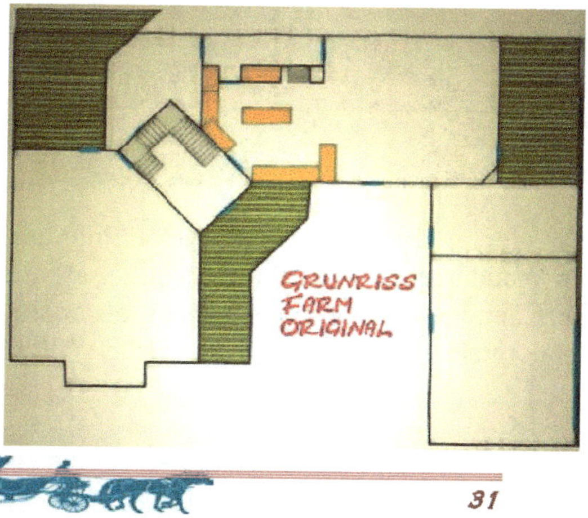

Irmgard kicherte. „Ja, nachdem ich festgestellt habe, dass die einzige Sauberfee, die durch mein Wohnzimmer schweben könnte, ich selbst bin. Nee, da muss das nicht sein. Der Salon reicht mir, und den muss ich wenigstens nicht alleine putzen.“

„Und das nennt sich Mutter und womöglich noch Hausfrau!“, stöhnte Peter zum Gelächter aller auf, woraufhin natürlich Irmgard sofort widersprach, sie hätte nie behauptet, Hausfrau zu sein. Nun, wer mal verheiratet war, kennt solche Gespräche im Regelfall auch, nur dass es da meist der Ehemann ist, dem die Ehefrau die Vernachlässigung DIESER ehelichen Pflichten vorwirft.

Bronco: „Okay, okay, aber Du hast dennoch 38qm – ich hab´s für Dich sogar umgerechnet. Inklusive Bad! UND eine ganz eigene, private Terrasse – nur für Dich!“ Jetzt umarmte Irmgard „ihren zweiten Sohn“.

Gemeinsam stiegen sie durchs Haus. Sie begannen noch einmal mit der zweistöckigen Diele, von der aus auch die Treppe nach oben führte. Leider schien die Abendsonne aber nicht durch das große Fenster dort oben. Es war, wie der Eingang, nach Süd-Osten ausgerichtet.

Insgesamt zeigte sich das Haus im eher europäischen Zuschnitt, wenn auch größer. Bronco hatte auch die Gesamtfläche mit gut 400qm pro Etage berechnet, allerdings inklusive Garage. Dass neben der Diele noch mal eine Art zweiter Diele existierte, dafür

hatten die Jungs schon eine Nutzungsidee: Der Billardtisch käme raus. Stattdessen könnte man hier im Landhaus-Naturholzstil ein paar Umkleidemöglichkeiten schaffen. „Ihh, Du meinst mit Sportlerbänken, Metallspinden und Fußschweiß?“, stöhnte Bernd auf.

„Nein, das eher weniger.“, lachte Bronco, „Aber wenn wir in Astkiefer, wie alle anderen Möbel hier auch, ein Regal mit einer vorfahrbaren Wand bauen, kommt das günstiger als ein komplexer Schrank und verbirgt die Klamotten. Bei Nichtgebrauch, also ohne Spender-Party, sieht es aus, wie ein normales Möbel. Für Tischwäsche vielleicht.“

„Oder wir lassen es so bauen, dass die Regalbretter hochgeklappt werden können und sich darin die Matratzen verstecken lassen.“, ergänzte Peter die Idee. Sie durften nun erst mal erklären, was denn „Spender-Party“ hier bedeutete und die beiden Gäste lachten sich wieder kaputt.

„Dachte schon, als Bronco die Tischdecken erwähnte, wir würden es jetzt nur noch auf Tischen machen! Mein armes Kreuz!“, stöhnte Bernd als Auslöser eines neuen Lachanfalls.

Von der „Diele 2“ ging es über den Hauswirtschaftsraum in den Salon oder in die Küche. Die Küche hatte vor Treppenbeginn in „Diele 1“ ihre normale Eingangstüre und öffnete sich ihrerseits in den Salon. Noch direkter als in der Villa, denn hier gab es den ellenlangen Küchentresen nicht, nur eine kurze Version davon. Reichte aber auch aus.

„Wenn der nicht reicht, lasst Euch doch noch einen zweiten anfertigen? Geld habt Ihr ja jetzt. Am besten einen mit Rädern, dann könnt Ihr ihn hinschieben, wo immer er gebraucht wird. Als Bartheke, für ein kleines Buffet oder nur mal als Abstellfläche. Habt Ihr auch Eure Getränkefontäne mitgenommen?“, fragte Bernd.

„Oh ja, natürlich“, rief Peter begeistert. „Er hätte sie eh nur weggeworfen. Sie ist ... ist ... ist ...“, er drehte sich zwischen mindestens 20 Kartons wie ein Kreisel, „...ach, in irgendeinem der Kartons wird sie schon sein. Muss eh ein Fachmann anschließen, wenn die beiden Spülen zu wenige Anschlüsse haben.

Georg war derzeit näher in die Küche getreten. „Sagt nur, Ihr habt zwei Herde und drei Öfen?“ Die Jungs zuckten mit den Schultern.

„Mag schon sein“, zögerte Bronco etwas, „Das hier auf alle Fälle sieht aus wie die Grillplatte bei Mum.“ Sie lachten wieder, gaben mal Energie auf die Felder und erkannten, dass es sich bei dem zweiten Herd im Mittelblock wohl um eine moderne Glaskeramik handelte, während der bullige Gasherd (mit Ofen) jeder Gastronomie zur Ehre gereicht hätte. Dazu noch zwei eingebaute Öfen im Küchenschrank, von denen sich einer allerdings als ebenfalls gastrotaugliche Mikrowelle entpuppte. Die Spülmaschine verbarg sich hinter einem Edelstahlpanel, während die zweite Edelstahlplatte erst von Bronco als Versteck für den *trash compactor*, also die Müllpresse, identifiziert wurde. „Mann, so was hat nicht mal Claudia! Aber vermutlich müssen wir hier unseren Müll auch selbst wegbringen oder echt teuer bezahlen. Dann dürfte sich das auch rechnen.“

Ein großer Zweitür-Kühlschrank – mit integriertem Eiswürfelbereiter – war bereits vorhanden, darüber waren sie dankbar, denn die Küche war das Einzige, was in solchen Häusern offenbar fest eingebaut war und beim Weiterverkauf auch drin blieb – auch in der Villa. Nicht so aber ihre beiden gut gefüllten Gefrierschränke, für die die Umzugsfirma sogar eigenes einen LKW mit Ladeboard mitbrachte anstatt der üblichen U-Haul-Möbelwagen mit Stufen. So konnten die Froster gut verklebt gleich gefüllt transportiert werden und standen schon wieder in der geräumigen 3-Auto-Garage. Soweit wie gehabt. Nur, dass diese Garage nicht direkt von der Küche aus begehbar war, fanden sie alle bedauerlich, aber verschmerzbar. Ob Muhib es auch verschmerzte, dass diese Tiefkühler von seinem Konto abgebucht worden waren, ebenso wie die ganzen Topfpflanzen, nachgekauften Küchengeräte (eine sehr teure Kitchenaid-Rühr-Knet-Mix-Raspel-Fleischwolf-Maschine war erst in den Tagen von Muhibs Besuch in die Küche und gleich darauf wieder raus gewandert), das interessierte niemanden mehr. Vermutlich, so Irmgard, hatte er es nicht mal bemerkt oder einfach unter „Kollateralschaden“ mit abgebucht. Diese Maschine war so ein Teil, mit dem sie ebenso wenig anfangen konnte, wie mit dem Rest der Kücheneinrichtung.

(Okay, okay, Toaster, Kaffeemaschine und Eierkocher konnte sie geradeso noch bedienen!) Die Jungs jedenfalls erklärten diese Küche, trotz oder ob ihrer Andersartigkeit zu der in der Villa, zu ihrem Lieblingsrefugium. Es blieb ihnen ja auch so viel anderes nicht übrig…

Der Salon wirkte auf alle eher wie ein zu leeres Zimmer – wenn die Kartons nicht gewesen wären. Dafür aber hatte er einen echten Holzkamin, auf dessen Wärme sie sich schon für den kommenden Winter freuten. Sie beschlossen, die vorhandene Sofalandschaft hier auszutauschen und die schon leicht verschlissen wirkenden Sofas gegebenenfalls in Gästezimmern unterzubringen. „Oder aber, wir entscheiden uns dafür, vorne die Häuschen nicht alle abzureißen, dort den Stallknecht unterzubringen, der sich dann um die Pferde kümmern soll. Der kann dann die Möbel haben, ist vielleicht froh drum“, meinte Irmgard. Pferde waren offenbar mehr ihr Metier. Die Jungs staunten.

„Pferde?“, kam es aus vier Mündern recht fragend und fast gleichzeitig. Sie grinste und deutete aus dem Salon nach draußen, wo gerade ein paar einsame Pferde an noch einsameren Bodendeckern[5] knabberten.

Sofort waren sie alle draußen, näherten sich vorsichtig den Tieren, doch die schienen Menschen gewöhnt zu sein und stoben nicht davon. „Muss mal Bob fragen, ob die auch hier dazu gehören“, meinte Irmgard.

„Ja, was gehört denn noch alles zu der Farm?“, wollte nun Georg wissen. Irmgard zuckte etwas hilflos mit den Schultern.

„So ganz genau weiß ich es auch noch nicht. Auf alle Fälle muss es hier der ganze Berg sein. Also von da unten von der Straße an, in Richtung Reno bis zu dem kleinen Tal, dann

[5] Auf Anfrage meines Lektors: Steppengräser, Sedumgewächse und was sich sonst noch auf dem kargen Sandboden halten kann

offenbar um den Berg herum. – Leute, gebt mir ein Pferd, damit ich unser Land einmal umreiten kann!“, stöhnte sie zum Gelächter aller. Sie hätte es vermutlich probiert, doch außer den Pferden war nichts zu sehen, keine Sättel, keine Leitern, damit sie hoch kam und auch niemand, der sie da oben hätte halten können. Dass sie es hier lernen würde, das war ihr klar. Mädchen und Pferde! Erst in diesem Moment kam ihr die Erinnerung, WAS sie in ihrer Jugend alles dafür gegeben hätte, reiten zu lernen. Auf Pferden, nicht auf Männern. Peter überreichte Georg einen Ausdruck.

Den hier abgedruckten 3D-Print aus Google Earth hatte Bob mitgebracht, nachdem ihn Peter darum gebeten hatte. Die ganzen Kleingebäude und die Stallungen gehörten ebenfalls zu der Farm.

„Und wie viel Land soll das sein?“, wollte Georg aber dennoch wissen.

Wieder zuckte Irmgard mit den Schultern: „Was weiß ich. Bob meinte 30 Acker.“

Georg quiekte vor Vergnügen. „Du meinst *acres*, Darling. Das sind dann rund ...“ Na, im Kopf konnte er es auch nicht rechnen, aber was so ein teures Smartphone ist... „Das sind rund 12 Hektar. ... Meine Herren, wir haben eine Großgrundbesitzerin unter uns!“, rief er und verbeugte sich.

Peter und Bronco lachten auf. „Nun, ein Teil davon gehört auch mir. Und den, den teile ich sofort und gerne mit Bronco." Das war einer der seltenen und sehr schönen Momente, in denen Bronco das Grinsen buchstäblich aus dem Gesicht und er in Peters Arme fiel.

„Mit mir? Für mich?"

„Siehst Du hier noch einen weiteren mexikanischen Jungen mit dem Namen Bronco? Also ich nicht!", brachte Peter so gerade noch raus, bevor auch er zu heulen begann. Georg und Bernd waren dem Wasser ebenfalls nicht abgeneigt, und so blieb nur Irmgard, die leise lächelte. Sie gingen wieder rein, es waren nur noch 11 Grad Celsius draußen.

„Bob meinte, es sei auch egal, wie viel Land dazu gehöre. Es sei fast wertlos. Für Agrarfläche könne man es nur mit größtem Bewässerungsaufwand verwenden, wegen der Hanglagen sei es aber auch dafür ungünstig. Man könnte lediglich ein paar Tiere darauf halten, Pferde zum Beispiel."

„Oder Bullen?", fragte Peter.

„Was willst Du denn mit Bullen? Die sind aggressiv, und wenn Du sie nicht zum Decken züchtest, kannst Du sie nur als Fleisch verkaufen. Das rechnet sich nicht, nicht bei der dann doch zu kleinen Fläche und dem spärlichen Bewuchs", gab Bernd sofort zu bedenken.

„Ach schade.", meinte Peter leicht geknickt, „Dabei wäre es doch so toll gewesen: FARM OF THE BULLS. Und jetzt?"

„Na, ganz einfach!", krähte Bronco sofort. „MUSTANG FARM klingt doch noch viel besser!"

Der Wohnbereich, den sich Peter und Bronco schon ausgesucht hatten, war über die Diele auf der anderen Seite zu erreichen. Laut Broncos Berechnungen rund 80qm, das würde ihnen wohl reichen. Sie blickten auf die bereits genannte eigene Terrasse und entschieden endgültig: „Hier kommt das Schwimmbad hin. Das liegt dann auch noch in der Nachmittagssonne und bekommt so weniger kühlen Schatten ab", verkündete Peter. Dass zu ihrem Glück noch eine Tür zur Terrasse fehlte... – Bob würde noch genug zu tun bekommen! Das zur ihrem Bereich gehörende Bad war unter anderem mit einer roten Wanne in Dreiecksform ausgestattet,

leider ohne Whirl-Effekt, aber einen Whirlpool, den würde man sich hier auf alle Fälle gönnen.

Der zweite Schenkel des U-förmigen Gebäudes bot der ursprünglich offenbar riesigen Garage und einer Art Werkstatt Platz. So groß brauchte man keine Garage mehr. Keiner der drei hatte Ambitionen, hier landwirtschaftliche Maschinen reinzustellen oder gar zu warten. Offenbar war das für die Vorbesitzer auch nicht mehr nötig gewesen. Also war aus der ehemaligen Werkstatt eine Einliegerwohnung geworden, noch recht schlicht und einfach, und daher eine der schönen Aufgaben für Bob und seine Leute: Eine Tür zum Wohnzimmer schaffen, das Bad komplett neu gestalten und dann von der Isolation über den Fußboden sowie die Wände bis zur Decke alles renovieren. Der Vorteil dieses Bereichs war, dass die Räume noch etwas höher waren als im restlichen Haus, der nebenliegenden Garage geschuldet. Irmgard bewohnte aktuell eines der oberen Schlafzimmer und die Jungs waren erst vor zwei Tagen nach unten, in ihre neue Wohnung gezogen.

„Wir sollten das Obergeschoss aber auch noch gleich mit ansehen, wenn ihr nicht hier im Wohnzimmer schlafen wollt", lächelte Irmgard, als die beiden Gäste „Ermüdungserscheinungen" zeigten. „Es ist halt alles noch provisorisch – nun, Ihr wolltet ja unbedingt jetzt schon kommen."

„Wann anders klappt es bei mir auch nicht mehr so schnell", stöhnte Georg auf, „ich muss schließlich wieder geistig minderbemittelten jungen Leuten die Mechatronik beibringen!" Sie beschlossen, ihn gehörig zu bedauern, wenn sie mal Zeit hätten.

Das Obergeschoss bot wenig Überraschungen. Sieben zweckmäßig schön eingerichtete Zimmer waren schon mit den Villenbetten möbliert worden, durch die überall vorhandenen Dachschrägen hatten sie hier auf das vorhandene Mobiliar zurückgegriffen und dem Scheich seine Schränke gelassen. Die Tische in den Zimmern aber…

Sie mussten den beiden Gästen nur EIN Gästezimmer zusammen zuweisen, weil sie beide meinten, in Deutschland würden sie schon genug alleine liegen. „Und gerade bei SO BEENGTEN Verhältnissen, wie hier?“, grinste Bernd Georg an. Die Koffer mit den Klamotten gingen nach oben, die anderen…

„Sodela, mer hamm natürlich aa ä bissele wos mitbrocht“, strahlten die beiden, als sie (endlich) im Salon noch ein halbes Dutzend Kartons so verschoben hatten, dass man sich von Sofa zu Sofa auch ansehen konnte. Bernd zeigte auf seinen zweiten Koffer. „Ich habe hier Unterlagen für den Pool und andere Aus-, Um- und Neubauten drin. Das ist zwar wichtig, aber nichts, was ich wirklich ‚mitbringe‘. Reicht es Euch, wenn ich es morgen auspacke, wenn Bob wieder da ist?“ Das war kein Problem.

„Aber in meinem Koffer sind andere Sachen.“ Seine verschwörerische Miene konnte Georg nicht lange halten, der Koffer wurde geöffnet und begeisterte Gastgeber fanden ein ganzes 6-Pfünder-Bauernbrot „aus einer fränkischen Bio-Holzofen-Bäckerei“ sowie einige Kilo Kloßpulver. Der Koffer hatte zwar keine 32kg auf die Waage gebracht, war aber komplett voll gewesen. Sie bedankten sich alle drei sehr herzlich, insbesondere Bronco. „Was, Du auch?“, fragte Georg erstaunt. Bronco nickte strahlend.

„Ich mag diese deutschen Klöße auch sehr gerne. Hier gibt es das kaum. Aber Brot, da haben wir Anfang des Monats eines aus Texas mitgebracht.“ Sie durften nun die lange Geschichte des kurzen Urlaubs erzählen, auch davon, dass der Bäcker dort, „dieser süße Erian“ tatsächlich Brot nach bayerischem Rezept im echten Holzofen backen würde. Da von dem Großlaib von damals noch ein kleines Stückchen im Gefrierfach war, wurde dies aus der Eiseskälte befreit und taute der morgigen Vergleichsverkostung entgegen.

Der Vergleich fiel im Übrigen zugunsten des texanischen Brotes aus, was natürlich unverzüglich am Abend per Skype einem vor lauter Stolz fast platzenden Erian mitgeteilt werden musste. Sie kamen überein, dass man sich über regelmäßige Brotlieferungen via UPS oder Fedex unterhalten sollte. Eigentlich eine absolut undeutsche Perversion – 1800 Meilen für Brot!

Der folgende Vormittag verging wie im Fluge. Bob und Bernd drehten sich in der fachlichen Diskussionsspirale umeinander und schraubten sich gegenseitig immer höher, so dass erst Irmgard, dann Bronco und schließlich auch Peter ausstiegen. Bob hatte die beiden Jungs, Jerry und Raúl, und zwei „große" Arbeiter mitgebracht, die vier machten schon mal mit dem Um- und Ausbau von Irmgards Räumen weiter, nur den Türdurchbruch zum Salon, den hoben sie sich für den späteren Nachmittag auf. Es würde doch sehr viel Dreck geben, trotzt Staubschutzvorhängen; immerhin waren die Wände hier aus Stein.

Die erste Entscheidung für das Schwimmbad fiel. Bernd hatte Infos über ein alternatives Styroporbausystem für Pools mit dabei, Bob nickte es ab. „Ja, so was gibt es bei uns auch, natürlich direkt aus den USA. Der Baufachhandel hier kann es problemlos liefern." Gemeinsam sahen sie sich je ein Montage-Video des deutschen Herstellers *Argisol* und des Amerikaners *BenchmarkFoam* an, und selbst den Laien fiel der Unterschied laut lachend auf.

„Mein Gott", stöhnte Bernd, „das ist hier ja wie hinter dem Mond. Sag mal Bob, wie ist denn Deine ehrliche Meinung? Glaubst Du wirklich, dass Ihr damals zum Mond geflogen UND dort auch gelandet seid? Wenn ich mir diese Steinzeittechnik ansehe, habe ich vollste Zweifel daran!"

Auch Bob konnte nur kopfschüttelnd zugestehen, dass zwischen den beiden Systemen mehr Unterschiede als Gemeinsamkeiten bestehen würden. Außer, dass beide aus EPS, das heißt, Styropor, waren. „Aber", seufzte er schließlich, „wir wollen damit ja nur einen Pool bauen, kein ganzes Haus. Da sind die Wände niedriger, keine Türen und Fenster drin – oder hattet ihr vor, dass wir einen Art ‚Walfisch-Besichtigungsgang' anbauen sollten, wie im Aquarium in Monterey?"

Dass Bob kitzelig war, erfuhren sie alle jetzt. Die sofortige Gegenfrage, wer denn dann die Wale im Pool sein sollten war von einer Kitzelattacke von Bronco und Peter begleitet. Bob wand sich kreischend unter den mindestens vierzig Händen der beiden, nahm alles zurück und versprach, ab sofort ganz brav zu sein. Dass sein Sohn, vom Geschrei herbeigelockt, nur noch lachend vor seinem sich windenden Vater stand...

Kurzum, es wurde beschlossen, das Becken mit diesem System zu bauen, und zwar in den nächsten paar Tagen. Der Bagger könnte schon am Nachmittag anrücken. Bernd war zufrieden.

Die Pooltechnikunterlagen aus Texas waren mittlerweile auch angekommen, so dass auch hier die Entscheidung fiel, diesmal gegen original amerikanische und für europäische Technik. Die würde zwar teurer kommen, da importiert, aber „die Wasserqualität ist es uns wert“, grinste Peter, für alle anderen sprechend.

Gemeinsam suchten sie im Internet nach schönen Pool-Vorlagen und fanden schließlich dieses Modell bei *Riverbend*. „Wow, DAS wollt Ihr haben? Mehr Luxus geht aber kaum, oder?“, schnaufte Bob tief durch. Die beiden Jungs grinsten, die beiden älteren Gäste noch mehr. Bob wusste ja nichts von dem Gewinn und außerdem, das Geld würde für noch viel mehr Badelandschaft reichen. Sie würden also so einen Pool bauen lassen und stellten gleich alles mal zusammen, was dafür notwendig war. Die „Steine“ aus Styropor, eine strapazierfähige Folie der Sonderklasse mit feinem Wasserdekor, die Wassertechnik, einen Unterwasser-Reinigungsroboter, LED-Einbauscheinwerfer im Becken, Solarheizung plus Gasheizer, Whirlpool-Technik für das zusätzliche Becken, einen dekorativen Wasserfall, eine Feuerstelle und, und, und… Sie waren danach so erledigt, als hätten sie Schwerstarbeit geleistet.

„Und wo kriegen wir den Beton her?“, stellte Bernd DIE Frage aller Fragen an Bob. Der winkte lachend ab.

„Das ist gar kein Problem. Den gibt es hier in Reno. Der kommt auf Zuruf.“

Peter pfiff sofort mal, rief: „*Concrete*[6]-Fiffi hierher, ja hierher, braver Hund!“, und die Jungs klatschten sich mal wieder auf die Schenkel. Es war ihnen gar nicht direkt aufgefallen, dass sich Georg und Bronco in die Küche verzogen hatten. Reden und Planen machten hungrig. Heute waren zehn Mann zu verpflegen, und als die ersten köstlichen Düfte der Großmengen aufgetauten Gulaschs durch das Haus strömten, hörte man allerorts diverse Mägen knurrend darauf antworten. Aus Gründen der Einfachheit waren diesmal allerdings Nudeln als Beilage angesagt, dazu ein Salat mit hausgemachtem (!) Dressing. Georg und Bronco arbeiteten Hand in Hand, als hätten sie nie etwas anderes getan. Pünktlich gegen 1:30pm stand das Essen dampfend auf dem großen

[6] Beton

Tisch der Küche, der sich noch dazu als Ausziehtisch erwiesen hatte. Zehn Mann passten dran. Dass nach einer halben Stunde nichts mehr in den Schüsseln war – wen sollte es wundern?

„Gut, jetzt haben wir also das Becken. Die Umrandung würde ich auch in Beton gießen. Ich hab da auch jemanden an der Hand, der den Beton in einer Maltechnik behandelt, so dass er aussieht wie echter Stein. Ich bestelle die Sachen heute noch und lasse die Pläne zeichnen. Ich gehe mal davon aus, dass wir in vier Tagen mit dem Bau anfangen können. Wie lange bleibt Ihr?", wandte sich Bob an Bernd und Georg.

„Zwei Wochen sind eingeplant, also bis Mitte Oktober. Dann muss ich wieder an die Uni und Bernd auf die Baustellen", antwortete Georg. Bob nickte.

„Das dürfte weitgehend reichen, nur ausprobieren werdet Ihr ihn nicht mehr können. Beton muss härten", grinste er Bernd an, und der nickte. „Stahl wäre da einfacher, aber den gibt es nicht fertig in Freiform und schon gar nicht so, wie Ihr es möchtet. Rechteck oder oval – ja, das gibt es. Und in Polyester dürfte es grob geschätzt mal das Dreifache kosten und würde vor Dezember nicht geliefert werden können, denn die müssten erst noch eine Form dafür bauen. Also, es bleibt bei Beton." Bobs Aussage wurde mit allgemeinem Nicken zugestimmt. „Nur eines ist mir noch nicht klar: Wo ziehen sich etwaige Gäste um? Wie sieht es mit Duschen oder gar einer Toilette aus? Beides ist hier unten nur in Euren Wohnungen vorhanden." Jetzt begann das große Überlegen, dann war es mal wieder Bronco, der die aufkeimenden Gedanken in Worte kleidete. Na gut, das war auch nicht so verwunderlich, denn er hatte ja den Hausplan gezeichnet und wusste daher am besten Bescheid. Es schien zumindest so.

„Dann definieren wir die Diele 2 doch noch mal um. Bob, Du baust uns eine Schiebetür zur Diele 1 ein. Diele 2 sollte ja zur Umkleide werden, der besprochene Schrank also kommt her. Dann brauchen wir noch eine Türe nach draußen auf die Poolterrasse und eine kleine Sanitärkabine. Wir wollen ja hier kein öffentliches Schwimmbad bauen. Schau, dass Du darin zwei Duschen und eine Toilette unterbringst!" Bob nickte und schrieb eifrig mit.

Es wurde Zeit, dieses Thema abzuschließen. Über das Gelände um den Pool herum wollte sich Bob noch Gedanken machen. Für ihn wurde es Zeit, die Arbeitsfortschritte seiner Leute zu besichtigen und sich dann auf den Weg zu machen.

„Ja, natürlich fahren wir die beiden Jungs heim", lächelte Peter, als Bob anbot, die beiden zum Helfen noch hier zu lassen. „Zwar sind sie keine Bauarbeiter, aber Ihr habt ja auch sonst noch genug zu tun. Und bevor Jerry Raúl oder

Raúl Jerry zu irgendwelchen Dummheiten verleitet..." Die beiden Betroffenen jaulten auf, wie getretene Hunde, stimmten aber natürlich zu. Beide waren, wie auch Bronco, mit der Schule fertig. Es waren gerade sowieso Ferien. Allerdings hatten beide auch noch keine spezielle Idee, was sie beruflich machen könnten. Da kamen solche Hilfsjobs gut an. Bob hatte in Abwesenheit der beiden schon grinsend gemeint, er habe gar nichts dagegen, die beiden bei sich zu Handwerkern auszubilden. „Da gibt es immer was zu tun, vor allem hier in Reno."

Natürlich fuhr Irmgard die Jungs heim. Diese zeigten sich äußerst erleichtert, dass nicht Peter und Bronco sie chauffierten. „Homophobes Pack!", war die einhellige Meinung der Zurückbleibenden.

Arbeitstage

Es gab während der nächsten beiden Wochen voll zu tun. Mehr als gedacht, die Teufel steckten in den Details. Immer wieder schwebte ein sanfter Fluch aus einem der Zimmer durch die Räume ins Erdgeschoss, weil das doch nicht mehr ganz junge Haus schon die eine oder andere recht unschöne Stelle hatte, bisher geschickt durch Möbel, Dekoration oder einfach eine US-Flagge verdeckt. Aber so, insgesamt und allgemein? Man kam mindestens zwei Mal am Tag zu der Meinung, dass die beiden beziehungsweise die drei keinen Fehlkauf getätigt hatten. Bronco wurde immer ganz rot, wenn von „Ihr drei" im Zusammenhang mit dem Kauf die Rede war, denn er hatte ja keinen Cent beigesteuert.

Bob kam wirklich schon nach wenigen Tagen mit den Poolplänen, ließ sie noch mal absegnen. „Ist doch vielleicht besser so", meinte er. „Es ist ein recht großes Volumen, und da..."

„Da möchtest Du eine Vorauszahlung?", lächelte Peter ihn entwaffnend an. „Kein Problem. Du magst auch Bargeld?"

Bob gingen die Augen über. Dass „seine" beiden Jungs just und „zufällig" mit im Salon waren, störte niemanden, noch weniger aber, dass bei ihnen die Dollarzeichen nur so blitzten. Peter lächelte weiter, als Bronco und er gemeinsam den hier erst seit wenigen Tagen fest eingeklebten Tresor öffneten und Peter Bob einfach mal so 10.000$ auf die Hand zählte. Im Übrigen war es der baugleiche Tresor wie der in der Villa. Damit hatte Bronco im Homedepot einen schönen Sonderrabatt ausgehandelt.

Genauso lächelnd wie Peter überreichte Bronco Bob eine Quittung zur Unterschrift und klappte danach den Kiefer des Baumeisters per Hand wieder nach oben. „Upps“, war dessen erstes Wort gefolgt von: „Ihr habt hier schon wieder…?“

Großes Gelächter hallte von den noch zu kahlen Wänden des Salons wider. „Nein, nein!“, jetzt lachte Peter wirklich laut; das vornehme, fast asiatische Lächeln war verschwunden, das entsprach ihm eigentlich auch nicht, „Das haben wir nicht. Wir haben nur ein bisschen was für alle Fälle hier. Und, meine lieben Jungs da hinten“, wandte er sich an die beiden Teens, „falls Ihr auf eine dumme Idee kommen solltet, der Tresor ist BOMBENfest mit dem Haus verklebt. Außerdem überlegen wir gerade, ob wir noch eine 40.000V-Sicherung anbringen.“

„Oh, danke für den Tipp. Du meinst, wir müssten uns beeilen?“

Dass Peter sich nun Jerry und Bronco Raúl schnappten, damit hatten beide nicht gerechnet. Bob auch nicht, doch er sah selenruhig zu, als die erstaunlich kräftigen Jungs des Hauses die erstaunlich widerstandlosen Jungs seiner Firma übers Knie legten und ein paar kräftige, laute Schläge auf den vorwitzigen Arschbacken platzierten. Sie ließen sie auch wieder los und grinsten sich an; Peter und Bronco. „Sag mal, Pete, meinst Du nicht auch, das Jaulen von Jerry habe echt begeistert geklungen? Vielleicht steht der auf so was???“

Unter dem dröhnenden Gelächter der vier „Erwachsenen“ flohen die beiden Teens in die Wohnung von Irmgard und wurden bis zum Mittagessen nicht mehr gesehen.

Ab dem vierten Tag nach der Ankunft der Freunde beschlossen die fünf, Jerry und Raúl nicht auch noch als Helfer zu benötigen. Jerry hatte am Nachmittag davor mit Peter und Bronco zusammen in deren Wohnung Kartons ausgeleert und war „zufällig“ an den Kartons mit dem Spielzeug geraten. Spielzeug, das im Laufe der letzten Monate peu à peu seinen Weg in den Haushalt gefunden hatte: Dildos, Plugs, Gleitgel, Kondome… Wie gesagt: Der Karton war „zufällig“ in Jerrys Hände geraten, er war auffällig unauffällig markiert gewesen. Der Schrei von Jerry, als er ihn öffnete, war eher nicht unauffällig. Gut, er war auch nicht SO laut, dass er gleich Hilfe herbeigerufen hätte, doch Jerry spielte in dem Moment Feuerwehrlicht einer überdrehten Leuchte.

„Ist Dir nicht gut, Liebes?“, fragte Bronco ihn in dem Ton, den Tanten gerne ihren Neffen und Nichten angedeihen lassen, wenn diese mal kränklich aussehen. Und Jerry SAH kränklich aus. Sofort schob Peter einen Stuhl unter Jerrys herabsackenden Hintern, Bronco eilte nach einem Glas Cola „für den armen Jungen“. Dass er dies aus der Küche holte und dort sofort kolportierte, was los war... So viele Leute hatten noch nie auf einmal durch die Fenster in die neue Wohnung geschaut. Immer noch fassungslos hatte Jerry alles über sich ergehen lassen, starrte auf den Karton, als wären lauter lebendige Giftschlangen drin und fragte dann entsetzt: „Sind die alle gebraucht?“

So ein Gelächter ... Ach, das hatten wir auch schon mal? Na gut. Nur, dass es diesmal auch von draußen kam, Jerry den Kopf nebst Blick hochriss und beim Erkennen der Zuschauer wieder knallrot wurde. Diesmal konstant.

„Nun ja“, zögerte Bronco schön langsam quälend, „nicht alle. Aber...“

„Ihhh!“, quietschte der Junge nun und sprang auf. „Und das habe ich angefasst?“

„Hast Du? Ist mir gar nicht aufgefallen“, grinste Peter. „Aber keine Sorge. Wir ziehen immer ein Kondom drüber. Davor.“ Es dauerte nun, bis Jerry sortierte, WAS Peter damit gerade gemeint hatte, bis es ihm dämmerte. Die Erleichterung war in sein Gesicht geschrieben. Nicht mehr lange jedoch.

„Über die meisten zumindest“, fügte Bronco hinzu, und die Panik trat wieder in Jerrys Gesicht. „Aber weißt Du“, fuhr Bronco ungerührt fort, „das ist auch ein guter Tipp für Dich. Es ist viel einfacher, als die Salatgurken immer waschen zu müssen.“ Er grinste so fett, wie Jerry wieder bleich geworden war. Eigentlich alle waren froh, dass Bob nun zum Aufbruch blies. Es war der Tag, ab dem die beiden auch nicht mehr so freiwillig mit Peter und Bronco arbeiten wollten, und das, obwohl Raúl doch davon gar nicht betroffen war.

„Schminkt es Euch ab“, meinte am Abend Georg, als sie die Story noch mal im Detail (na gut, so viele Details waren das ja auch nicht) berichteten. „Jerry bekommt ihr nicht ins Bett. Selbst wenn er eigentlich neugierig drauf wäre.“ Lachen.

Sie kamen gut voran. Endlich sah man Licht zwischen den Kartonstapeln. Es wurden immer weniger. Doch immer häufiger fuhren zwei der Jungs zu den Baumärkten, wobei dank Bernds Hinweisen und Hilfen Peter und Bronco

schnell erkannt hatten, dass selbstgezimmerte Regale nicht nur schöner und stabiler, sondern auch noch viel preiswerter als übliche Möbel waren. Nur den Schreibtisch, den hatten sie nicht selbst gebaut. Das wäre auch nichts geworden, meinte selbst Bernd, immerhin sei er Betonbauer und kein Schreiner. Aber es war Peters Wunsch-Schreibtisch seit Anbeginn seines Aufenthalts hier. Dieser stand nun im Büro, einem Büro, das sie sich in ihrer Wohnung im Wohnzimmer eingerichtet hatten. „Dann sind wir auch mal ab und zu hier drinnen“, meinten die beiden Freunde übereinstimmend.

Der Besuch war am Mittwoch, dem 30.09.2009, angekommen. Er würde am Mittwoch, dem 14.10.2009 auch wieder den Heimflug antreten, von Las Vegas aus. „Meint Ihr, wir können Euch schon am Montagnachmittag verlassen?“, fragte Bernd die Gastgeber. „Wir fliegen ja wieder über Las Vegas zurück und da dachten wir...“

„Ihr wollt noch mal spielen? Richtig zocken? Das echte Geld verprassen?“, grinste Bronco. „Okay, kann ich ja bei DEM Glück verstehen. Aber warum probiert Ihr es nicht mal hier in Reno? Die Banditen klauen auch nicht mehr als in Las Vegas, und wenn Ihr Euch an Eure eigenen Regeln haltet...?“

„REGELN? Was für Regeln?“, schallte es gleich zurück.

Bronco lachte. „Na, zum Beispiel nur 200$ einsetzen. Und wenn die weg sind, einfach aufhören.“

„Ach so, das war eine Regel!“, tat Bernd ganz und überaus erstaunt, schaute Georg auch so an. „Das wusste ich noch gar nicht!“ Sie ächzten wieder unter ihrem Lachen. „Aber warum nicht. Nur, heißt das jetzt ja oder ja wegen der Abreise?“

„Natürlich dürft Ihr abreisen, wann Ihr wollt. Ihr dürft auch wieder kommen, wenn Ihr wollt."

„Ach, wir dürften häufiger kommen, als in den letzten zehn Tagen?", krähte Georg. Er hatte ja Recht. Sie hatten sich alle nicht zurückgehalten und die Gedanken an Jerry und Raúl, die auch in Baukleidung durchaus sexy aussahen, hatten so manche Phantasie beflügelt. Nur, was nützt eine Vorstellung mit Flügeln, wenn der edle Corpus auf müden Sofas und Betten eher flügellahm liegt und nach der ersten Runde Blowjobs schon einschläft? Es war wirklich mehrfach und bei allen so gewesen.

An diesem Abend eines schönen Oktobertages, knapp eine Woche nach ihrer Ankunft, entschieden sie, mal nicht bis zum Umfallen zu arbeiten, sondern eher aufzuhören und sich nach dem nicht zu massigen Abendessen ins Wohnzimmer der Jungs zurückzuziehen. Irmgard könnte bereits in ihren neuen Räumen schlafen, wenn sie denn wollte, doch sie meinte, ihr wäre es lieber, wenn die Farbe an den Wänden wenigstens trocken wäre. „Ja, stellt Euch vor, die tropft in der Nacht runter! Wie ich DANN in der Früh wohl aussehe?"

Es kam an diesem Abend endlich mal wieder zu einem allseitig befriedigenden Rundumfick, eigentlich fast aller in allen, aber nach der dritten Runde und ohne vorherige Mundakrobatik verschoben sie die noch ausstehende letzte Runde auf den kommenden Abend.

Der große Tag

In Ermangelung anderer Termine, die zudem noch Geld brachten, trug Peter diesen als denjenigen ganz wichtigen ein, der Geld, sehr, sehr viel Geld kosten würde. Bob hatte ihn schon am Vorabend angekündigt. Die Bodenplatte des Pools war bereits mit kräftiger Hilfe von Bernd gegossen…

Die Bodenplatte

„Wie bitte?", hatte Bernd aufgejault. „Mit kräfteZEHRENDER Hilfe meinst Du wohl! Mit der Technik brauchst Du ja eigentlich fünf Mann, um so eine Platte zu betonieren. Alleine zwei für das Band!" Das stimmte, denn die rund 15cbm Beton kamen ohne Anbaupumpe, sondern nur mit einem Förderband

am Mischer hinten dran. Das schwenkbare Band war reichlich kurz und im Laufe des Leerens drohte der immer leichter werdende Mischer nach hinten zu kippen, im Endeffekt kam nur die Hälfte des Betons dahin, wo er hinsollte. Der Rest musste mühsam per Hand mit Schaufel und Rechen an seinen Platz befördert werden. Dass Bob wenigstens eine ordentliche Rüttelflasche mitgebracht hatte, empfand Bernd schon als Wunder.

„Wie kann man nur mit so einem Material arbeiten! Und da beschweren wir uns, wenn der Schlauch mal einen halben Meter zu kurz ist oder die Pumpe stottert! Mann, wie kann man damit überhaupt Häuser bauen!" Bernd war außer sich und zudem körperlich richtig fertig. „So was gibt es bei uns nicht.

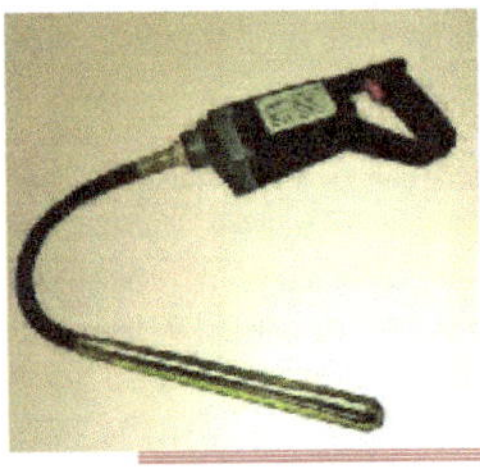

Lasst so was EINmal passieren und die gesamte Mannschaft macht am nächsten Tag einen auf krank!" Die anderen lachten sich kaputt. Aber irgendwo hatte Bernd ja recht. Bob war bei der Tirade schon nicht mehr dabei, und Bernd hatte an DIESEM Abend auch keine Lust mehr auf Lust.

Er hatte es sich und Bob ja auch nicht amerikanisch-einfach gemacht. „Wir brauchen hier in Nevada keine Armierung in der Bodenplatte“, hatte Bob mehrfach beteuert, doch Bernd ließ nicht locker und hatte selbst die Stahlmatten mit der Flex zugeschnitten und per Hand (also mit einem Handwerkzeug) gerödelt. Noch so eine Arbeit, die zwar weniger schwer, dafür aber ungeheuer wirbelsäulenbelastend war.

... "zurück" zum großen Tag

Bob hatte sich also schon am Vorabend angekündigt, die Bodenplatte des Pools war bereits vor ein paar Tagen mit kräftezehrender (!) Hilfe Bernds gegossen, glattgezogen und begehbar. Mit großem Trara (Hupkonzert) kamen Bob und ein riesiger Truck von einem Baustoffhändler irgendwo in der Sierra Nevada. Als der Truck dann seine Planen öffnete, mussten sich unsere fünf am Geländer festhalten, damit sie vor Lachen nicht umfielen. Vier ganze Paletten waren aufgeladen, Platz hätte er für mindestens 30 gehabt, und nicht mal ein Stapler war vorhanden. Der war aber auch wirklich nicht notwendig. Es dauerte viel länger, den Truck in die Nähe des neuen Pools zu bugsieren, als ihn per Hand zu entladen – Styropor wiegt ja nichts.

Sogar Irmgard ließ es sich diesmal nicht nehmen, eine der Reihen „Steine“ aufeinander zu stecken. Sie amüsierte sich köstlich, dass sie „so etwas“ in „ihrem hohen Alter“ noch und überhaupt zum allerersten Mal machte. „Stellt Euch vor, ich habe als Kind noch nicht mal mit LEGO© gespielt!", quietschte sie vor Vergnügen.

Sie arbeiteten streng nach Anleitung, vergaßen auch nicht, mit einem heißen Styroporschneider gleich die im Plan benannten Löcher für die Anschlüsse zu schaffen, „bohrten“ kleine Öffnungen für die Lampenkabel und setzten Kabel, Rohre, etc. ein. Irmgard war nach zwei Stunden wieder verschwunden, aber die restlichen fünf Mann (inklusive Bob) waren am Abend mit dem Pool fertig.

„Kann der Beton also morgen kommen“, grinste Bob die vier an, und diesmal war keiner müde oder erledigt genug, um nicht zurückzugrinsen.

„Aber nur mit einer anständigen Pumpe und mit Schlauch, sonst schaufelst Du den Dreck höchstpersönlich in die Schalung“, drohte Bernd nicht unernst, und Bob versprach es.

„Und das war es jetzt schon?“, fragte Georg ein bisschen enttäuscht.

„Nun, nicht ganz“, lachten Bernd und Peter, während sie sich in der Küche tummelten, um Bronco beim Abendessen-Zubereiten zu helfen. WIE gut, dass die Jungs schon vorgekocht hatten. „Wenn der Beton drin ist, dann ist Pause, mindestens wieder für einen, besser für zwei Tage. Danach kann man sich langsam an die Installationen machen, doch das ist keine Aufgabe für uns, das muss eine Fachfirma erledigen. Wir können zwar den Solarheizungsschlauch aufs Dach tackern, aber so was wie Filter oder Gasheizung anschließen – ne, Jungs, das macht Mamas Tochter nicht. Dann bin ich womöglich Schuld, wenn nach einer Woche das Haus unter Wasser steht, weil eine Leitung undicht war oder ich gar die Pumpe so anschloss, dass sie den Pool ins Haus pumpt. Nein Danke!“ Sie lachten lauthals, alleine bei der Vorstellung.

Dass Bernd doch eher Zeus Sohn als Mamas Tochter war, bewies er mal wieder an diesem Abend und die Gäste drückten diesmal ihre befruchtenden Samen in die glücklichen Jungs. „Zeus in seiner Rolle als Stier“, betonte Bronco hinterher, als er der Reihe nach noch einen Eiweißnachtisch von allen dreien abgesaugt hatte. Mit Pausen dazwischen, natürlich! Man hatte ja Zeit.

„Sagt mal, wann habt Ihr das denn alles vorgekocht?“, fragte Georg und Bronco antwortete gerne und mit bösem Grinsen.

„In der Zeit, als das hier noch nicht in trockenen Tüchern war. Da war ja der Scheich auch schon da, wir konnten also keine Besucher empfangen. Aber ehrlich, so ungern hat das mein Arschloch auch nicht gesehen. Mal nur mit Peter und kein Gangbang.“ Die Gäste lachten, und Georg versprach, ihn zu bedauern, sollte er mal Lust dazu haben. „Nun ja, Ihr wisst ja auch, dass Muhib Moslem ist. Deswegen war in eigentlich allem in der Zeit gekochten Essen auch Schweinefleisch drin. Normalerweise hätten wir das meiste eher mit Rind gemacht, aber so? Er hat sich immer sichtbar geekelt, wenn er es gerochen hat. Und für das Riechen, da haben wir gesorgt.“ Fragende Blicke nach dem ‚wie‘ richteten sich auf ihn. „Ganz einfach. Wir haben meist irgendwas draußen ‚vergessen‘ oder noch nicht abgespült, einen Topf, eine Fleisch- oder Wurstverpackung … – noch schöner und auch am Anfang schon gemacht – wir haben eine Schinkenpackung für die Katzen hingelegt, mit ein paar Streifen Schinken drin. Das hat ihm alles nicht gepasst.“ Sie lachten noch mehr.

Apropos Katzen

Die drei Katzen waren natürlich mitgenommen worden, von den Jungs. Ob Irmgard sie auch mitgenommen hätte? So klar war es den beiden nicht, aber das war auch keine Frage. Da draußen hatten alle drei genug Auslauf, und die beiden hofften, dass bald noch mehr streunende Katzen die Farm als ihre Heimat anerkennen würden.

„Wobei, Bronco, ist es Dir schon aufgefallen? Die Vorbesitzer müssen auch Katzen gehabt haben.“ Bronco zuckte mit den Schultern. Peter deutete auf die Salon-Außentüre. „Das ist eindeutig eine Katzenklappe, oder?“ Es war wirklich eine. Sogar eine ganz tolle, moderne, teure – eine mit Chipsteuerung. Sogleich holten sie Lina und Kid zu sich und lernten die Klappe auf deren beider Chips an. Die alten Codes löschten sie noch nicht, denn: „Denk mal dran, Bob zu fragen, vielleicht weiß der mehr.“

Bob wusste mehr. „Ja, die beiden hatten eine Katze. Aber die ist ein halbes Jahr vor ihren Herrchen gegangen. Sie hatte einfach eines Tages tot draußen gelegen. Sie muss schon alt gewesen sein. Sie waren am Überlegen, ob sie sich eine neue Katze holen wollten.“

Das war auch der Moment, als die Jungs erfuhren, dass es neben den üblichen, teuren Veterinären hier auch einen „*Washoe County*[7] *Regional Animal Service*“ gab. Der behandelte die Tiere nicht nur kostenfrei, sondern impfte und chipte sie ebenfalls ohne Gebühr. Außerdem hatten sie eigene Fahrzeuge, um Ausreißer nach Hause zu bringen.

„Mann, hätte ich das nur gewusst!“, jammerte Peter theatralisch, und Bob sah ihn groß an. „Der erste Tierarzt wollte Leo gleich töten. Beim zweiten hat Bronco sehr hart verhandelt, damit wir für das Chippen und Impfen aller drei Katzen unter 500$ geblieben sind. Mann! Dann spende ich doch lieber das Geld für eine Organisation!“ Bob lachte und auf der Homepage des Tierservice fanden sie heraus, dass es sich sogar um eine staatliche Institution handelte.

„Tja, auch das ist Amerika“, meinte Bronco, diesmal ohne Grinsen, an dem Abend im Bett zu Peter. „Es ist lange nicht alles Gold, was glänzt. Und dann findest Du so eine Einrichtung, noch dazu vom Staat aufgebaut und nicht nur von Spenden finanziert.“ Peter musste dem zustimmen. Er hatte von deutschen Tierheimen nur wenig Ahnung, doch die funktionierten ähnlich. Nur von „kostenfrei“ hatte er da nie etwas gehört.

---

[7] *Washoe County ist der Landkreis, in dem unter anderem Reno liegt. Washoe wird* **woschua** *ausgesprochen. Den Animal Service gibt es tatsächlich!*

„Nein, das sind sie beileibe nicht“, meinte Bernd am nächsten Tag, als er ihn drauf ansprach. Bernd war der einzige, der mit Tieren, besonders Katzen schon zu tun hatte, seine Eltern hatten immer welche. „Die Tierheime bei uns verlangen genauso viel wie die Tierärzte. Auch wenn Du ein Tier dort holst, kostet es. Musst Du ein Tier, das Dir gehört, dort abgeben, kostet es erneut. Das scheint hier fast anders zu sein. Aber warum fragst Du? Wollt ihr noch mehr...?“

Bronco und Peter nickten synchron. „Auf alle Fälle noch ein paar Katzen. Hier draußen ist so viel Platz. Und Futter? Na, DAS werden wir uns gerade noch leisten können. Außerdem ist mir schon aufgefallen, dass hier einige Mauselöcher im Boden sind – ich halte sie zumindest dafür und Bronco meinte auch, es seien welche.“

„Ja“, grinste Bronco, „für Maulwürfe waren sie wohl doch eher ein wenig zu klein!“ Er duckte sich routiniert unter einer heranfliegenden Hand.

Die drei Katzen hatten sich bereits gut an das neue Haus gewöhnt. Es heißt ja immer, Katzen ziehen ungern um. Doch in diesem Fall hatten sie wohl auch erkannt, dass in Muhibs Villa kaum weiter Platz für sie sein würde. Das war nicht nur so, weil ihre bisherigen Angestellten nicht mehr da sein würden, sondern weil Muhib eindeutig auch keine Katzen mochte. Dass er bei seiner Ankunft ein T-Shirt mit einem großen Hund getragen hatte, wäre für die Katzen als Zeichen gar nicht notwendig gewesen.

TJA, KATZEN SIND HALT DOCH DIE BESSEREN MENSCHENVERSTEHER. ICH WEISS, WOVON ICH SCHREIBE... DER AUTOR

Sie waren also nicht ungern mit umgezogen, gut der Transport in den Katzenkörben war nicht gerade super angenehm, auf der Karte sah es auch mächtig weit aus, doch real waren es gerade mal acht Meilen von der Villa zur Farm. Das war gar kein langer Weg. Und da diese Katzen zudem „eingeborene Amerikaner“ waren, sahen sie das schließlich auch so.

Wie schon geschrieben, hatte man sie in den ersten Tagen im Haus gelassen, damit sie sich dran gewöhnten, doch bis auf den blinden Leo, den die Jungs auf das renovierungsbedürftigste Gästezimmer beschränkt hatten, hatte das nicht funktioniert. Die Haustüre war zu häufig offen, dann die Türe vom Salon auf den Hof, die Türe in die Jungs-Wohnung auf die andere Seite – Katzen sind nicht nur leise sondern auch schnell, wenn sie nicht erwischt werden wollen. Doch sie kamen freiwillig immer zurück, schmiegten sich dann ganz besonders intensiv an Bronco oder Peter, zur Not auch an Irmgard und zeigten ihnen: *„Es ist nicht nötig, dass Ihr Euch Sorgen um uns macht. Wir wollen nicht weg, uns gefällt es bei Euch.“* Dass das besonders zu den Essenszeiten galt... So ´ne Katze ist halt auch nur ein Mensch.

Zuckerguss im Pool

„Huhu, ich bin der Herbst! Ich hab auch noch meine warmen Tage!“, krähte – nein, kein plötzlich aufgetauchter Hahn, sondern niemand anderes als – Georg, als er am 10. Oktober des Jahres 2009 die Treppe runter zum Frühstück kam. Irmgard verschluckte sich schon mal am ersten Schluck ihres heißen Kaffees und sprühte diesen über die gesamte Spüle.

„Musst Du mich so erschrecken?“, keuchte sie lachend. „Du bist immer noch einige Jahre jünger als ich!“

„Na und? Das Privileg, WARME Tage zu haben, haben nur wir Männer!“

Es wurde wieder ein sehr fröhliches Frühstück. Auch, wenn es um die Zeit noch lange nicht wirklich warm war. 8am war sonst gerade die Zeit zum Aufstehen, nicht zum Frühstücken. Doch Bob hatte für heute den nächsten Beton angekündigt: „Mit Pumpe, versprochen!“

Es waren wirklich wundervolle warme Tage, schon in den letzten war das Thermometer regelmäßig auf 20-24°C geklettert. Der „*partly clouded sky*“, die teilweise Bewölkung, hatte das Arbeiten draußen auch angenehmer gemacht.

Irmgards Zimmer war gestern, ohne dass sie es so richtig mitbekommen hatten, von den zwei Arbeitern und den beiden Jungs von Bob (auch wenn Raúl nur der Schulfreund und jetzt Kumpel von Bobs Sohn Jerry war; er nannte sie trotzdem so) endgültig fertiggestellt worden. Die gestrige Wärme und auch die der kommenden Tage würde die frische Farbe bei Durchzug bald trocknen lassen und Bernd wie Peter hofften insgeheim, dass dies auch auf die ausgebesserten Putzstellen unter der frischen Farbe zuträfe. Normalerweise wird Putz erst übermalt, wenn er ganz getrocknet ist, es kann sonst Flecken geben. „Aber vermutlich wissen dieser Putz und diese Farbe, dass sie als stolze amerikanische Produkte sich nicht so böse verhalten dürfen“, lautete der Kommentar von Bernd. Verhaltenes Gelächter kam von den beiden jungen Jungs. Die beiden verantwortlichen Arbeiter sagten nichts dazu.

Um 9am waren sie mit dem Frühstück gerade so halbwegs fertig, als draußen schon das tiefe Brummen schwerer Maschinen ertönte. Irmgard erbot sich „freiwillig“, den Tisch abzuräumen, wies aber auch gleich darauf hin, dass der Kühlschrank sie schon sehr leer angähnen würde. Ein Einkauf wäre dringend mal wieder notwendig. Ob die „Jungs“ das noch gehört hatten? Alle vier stürmten schon raus auf die Eingangsterrasse – gerade noch rechtzeitig, um einen von einer aufkommenden Ohnmacht bedrohten Bernd aufzufangen.

„Was … ist … denn … das?“ Aschfahl im Gesicht starrte er auf die ankommende Kolonne aus vier Fahrzeugen. Auf das von Bob und das von den Arbeitern, diesmal ohne Jungs – okay, die kannte man schon. Den Betonmischer zu erkennen war auch nicht so schwer, aber dem fehlte diesmal sogar das Transportband. Bob sprang fröhlich lachend aus seinem Auto.

„Und wo ist die Pumpe?“ Gut, so tragisch war die Ohnmacht von Bernd wohl nicht, dass er das nicht laut über den ganzen Vorplatz hätte plärren können.

„Na da!“, rief Bob und deutete auf den vierten Wagen, genauer, auf dieses Gespann.

Vorsichtig, wie auf rohen Eiern, schlich Bernd zu dem angehängten Vehikel und stieß einen schweren, schweren Seufzer aus. Er drehte sich zu den Jungs um. „Das ist wirklich eine Pumpe. Eine Mörtel- oder Estrichpumpe. Mein Gott, mit dieser Technik bauen die wirklich?“

„*What did you expect*?“, wollte nun Bob neugierig wissen. Bernd zeichnete mit Händen und Füssen in der Luft das Bild eines „Elefanten“, wie diese Art von Betonpumpen in Deutschland auch genannt wurden. Bob lachte sich schief.

„Für die paar *tablespoons of concrete*[8] solch ein Gerät? Bernd! Das kostet in der Miete für die Stunden mehr als der ganze Pool. Wir arbeiten sehr gerne mit so was hier.“

Bernd gab sich geschlagen. „Ist ja richtig.“, erklärte er seinen etwas unsicher gewordenen deutschen Zuhörern, „Das geht auch, aber entweder bei ganz riesigen Bauprojekten, wenn der Elefant einfach nicht mehr so hoch kommt, oder bei ganz kleinen Bauten.“

„Und für was hältst Du dann unser Schwimmbecken?“, fragte Bronco frech. Statt einer fliegenden Hand gab ihm Bernd einen Kuss. Vor allen Leuten hier. Bronco schaute erst etwas sehr überrascht, dann aber klatschte er Bernd

[8] Esslöffel Beton

freundschaftlich auf den Hinterbacke – ein ebenso intimer Akt wie der Kuss. Die Fragen waren keine mehr.

Es zeigte sich, dass mit dem langen Schlauch der Pumpe solche Wände sehr gut zu befüllen waren, besser als mit einem Elefanten. Denn, das gestand Bernd ein, diese Pumpe konnte viel leichter auf kleinere Durchflüsse gedrosselt werden beziehungsweise „sie kann erst gar nicht so viel pumpen. Damit platzt uns auch keine Wand."

Er hätte es besser nicht sagen sollen...

Es dauerte keine fünf Minuten, als ein lauter Schrei erstaunlich gleichzeitig alle Maschinen stoppte. Der Betonmischerfahrer überfüllte die Pumpe nicht, die Pumpe beförderte nicht noch mehr der Masse in den ... ja, IN den Pool!

Einer von Bobs Arbeitern war für die Führung des gesamten Schlauchs zuständig, Bob und Bernd hatten sich den leichten, mit Beton dann aber erdrückend schweren Schlauch über die Schultern legen lassen, gingen dicht hintereinander und Bernd ließ den Beton zwischen die weißen Schaumplatten laufen. Um es gleich vorwegzunehmen, nein, es war keiner Schuld an dem Unglück. Alle Arbeiter waren außen gewesen, der Schlauch auch nur von außen geführt, als innen im Pool eine Wandstelle nachgab und der frische Beton in den Pool floss. Da die Masse sich in den Styroporsteinen auch gut verteilen musste, war sie recht dünnflüssig und statt ein paar Brocken waren es mehrere Eimer, bevor eines der nach Video und Anleitung des Steinherstellers natürlich vorbereiteten „Reparaturkits" zur Stelle war und beginnen sollte, die Wand zu verschließen. Georg und Peter bemühten sich redlich, den gebrochenen Schaum zu ersetzen, doch erst, als Bronco mit einer Einmann-Tafel OSB-Platte heranraste, einer Platte, die ganz sicher nicht für die Reparatur hier gedacht gewesen war, sondern noch aus der Renovierung von Irmgards Wohnung stammte, konnten sie wenigstens von der Poolinnenseite das immer größer brechende Loch stopfen. Dass sich die Platte dann auch noch durchbohren und damit befestigen ließ, betrachteten sie eher als physikalisches Wunder.

„Das ist wohl mein Spezialgebiet", stöhnte Georg danach auf. „Physikalische Magie, Wunder und Zaubereien. Ich sehe es mit Entsetzen!"

Mit eilig herangebrachten Schaufeln beförderten sie den ausgelaufenen Beton in Eimer, schleppten ihn wieder zu der Pumpe und leerten ihn dort hinein, auf dass sie – nun im restlichen Bereich unfallfrei – die Wände betonieren konnten.

„Puh, was für ein Akt!", stöhnte Bernd erneut auf, als die Fahrzeuge nebst Bob das Gelände verließen und sich die nun alle müden Jungs auf der Terrasse auf ein paar Sitze fallen ließen. Irmgard war so freundlich gewesen und hatte reichlich frischen Eistee – nein, nicht gekocht, aber immerhin eigenhändig aus den Packungen gegossen und mit Eis aus dem Eiswürfelbereiter des Kühlschranks versehen – serviert.

„Aber wirklich! Was ist das denn für ein Müllmaterial?“ Peter war relativ sauer.

Bernd zuckte mit den Schultern. „Ich weiß es nicht. Für mich aber fühlt es sich sehr leicht an. Das heißt, es hat keine große Druckstabilität. In den Prospekten, die ich mitgebracht habe, stand für den Poolbau etwas von PS50 drin. Das hier ist meinem Gefühl nach PS25, hat also nur 25 statt 50kg Gewicht pro m^3. Du sagst es richtig, Peter: Müllmaterial. Ich empfehle Euch nur dringend, auf einen guten und stabilen Putz der Innenwände zu achten, ich spreche Bob morgen lieber noch mal darauf an. Am Montag fliegen wir ja schon wieder…“

Sofort wischten sich Peter und Bronco die Augen, und alle lachten wieder. „Nun“, meinte Peter, „wir haben ja schon erkannt, wie WENIG Sehnsucht Ihr nach uns habt. Fliegt ruhig nach Las Vegas, gewinnt dort wieder…“ „…und wir suchen Euch ganz sicher bald wieder heim. Versprochen“, grinste Bernd und Georg nickte nur dazu. Bei ihm war es ja wirklich keine Frage des Geldes, eher des Urlaubs.

„Georgieboy, hast Du eigentlich schon mal dran gedacht, ob Du hier in Reno ein Auslandssemester an der Uni geben möchtest?“, fragte ihn Bronco.

Zu aller Erstaunen nickte Georg. „Habe ich tatsächlich. Geht aber wohl kaum. Die bieten diesen Studiengang hier so gar nicht an. Die haben keine Fakultät dafür. Es müsste also eine andere Universität sein, vielleicht drüben in Kalifornien, in Sacramento, San Francisco, Los Angelos oder so – doch davon habe ich dann nichts. Das ist ja zu Euch auch ewig weit.“

„Oh“, schmiegte sich Peter sofort an den großen Freund, „Du würdest das nur wegen uns machen wollen?“

„Wegen wem denn sonst?“, grinste Georg frech und bekam dafür links und rechts je einen Kuss auf die Wange. Von Bronco und von Peter.

Außer, dass Bernd erst alle halbe, dann nur noch jede Stunde draußen nachsah, „ob dieses Billigstyropor noch durchhält“, war an dem Tag nicht mehr viel zu tun. Es hielt und mit weiterlaufender Zeit wurde das Risiko eines neuen Bruchs exponentiell geringer. „Im Endeffekt schon nach zwei Stunden“, meinte Bernd, „aber ich weiß nicht, ob die nicht irgendwas in den Beton reingetan haben, damit der nicht so schnell fest wird. Es fühlt sich so an.“ Aber, wie gesagt, es passierte nichts mehr und bei der allerletzten Kontrolle bei Sonnenuntergang am Abend, ließ sogar Bernd seine Sorgenfalten im Pool liegen, auf dass sie sich beim Einlegen der Folie darin abbilden mochten.

Doch dazwischen lagen noch viele Stunden, in denen die Jungs die „letzten Handgriffe" vornahmen.

Beim Rundgang durch das Haus stellten sie fest, die Gastgeber besonders anerkennend, dass sie gemeinsam sehr viel mehr geschafft hatten, als vorher. Zumindest sah es optisch so aus, zum Beispiel daran erkennbar, dass sich nirgendwo mehr Kartons stapelten und auch die allermeisten Handwerksarbeiten fertig waren oder in den nächsten Tagen fertig würden – bis auf den Pool.

In seiner Arbeitsliste konnte Peter befriedigt die meisten Punkte abhaken:

- ✓ Die Entrümpelung war abgeschlossen. Was jetzt noch an altem Mobiliar da war, war für aufhebenswert befunden worden. Man hatte auch an Kleinholz für den eigenen Kamin gedacht.
- ✓ Alle Kartons waren aus- und deren Inhalt in die alten und neuen Möbel eingeräumt worden.
- ✓ Die Zimmer und Bäder waren renoviert beziehungsweise hergerichtet, einen wirklichen Reparaturstau hatten sie nicht erkennen können.
- ✓ Irmgards Wohnung war renoviert und eingerichtet.
- ✓ Die fehlenden Türen zu Irmgards Wohnung und von Peters Wohnung[9] zur Terrasse waren fertig.
- ✓ Der Matratzen-Umkleide-Schrank stand (ebenfalls) zur Nutzung bereit.
- ☐ Nur die Sanitäranlage in der Diele 2, der technische Anschluss des Pools und dessen Fertigstellung würden noch eine Zeit brauchen.
- ☐ Über die Zukunft der Stallungen hatten sie sich noch nicht weiter unterhalten – das hatte ihrer Meinung nach auch noch Zeit.

Die Erbschaft

Alle alten Dekorationen im Haus, vor allem Bilder von irgendwelchen unbekannten Verwandten, Ereignissen und ähnlichem, waren abgenommen, sorgfältig in drei Umzugskartons verstaut und Bob bereits mitgegeben worden. Mochte er es an die weitergeben, denen er auch das Geld gab. Wer auch immer das wäre.

„Wer das ist?" Sie saßen am Freitagmittag gemeinsam beim Mittagessen, Bob war mit eingeladen, allerdings nur er, nicht sein Sohn. „Nun, das ist eine

[9] Der Autor: ich nenne sie in Zukunft so, es ist Unsinn, immer „Peters und Broncos" zu schreiben.

längere Geschichte. Ich habe Euch doch gesagt, dass ich auch mal verheiratet war. Oder anders ausgedrückt, meine vier Kinder sind ehelich geboren. Doch Charlotte, genannt Charlie, ist schon vor ein paar Jahren verschwunden. Sie hatte noch drei Schwestern: Luise, Mary und Clementine. Letztere war mit Curd Man verheiratet, gemeinsam hatten sie diese Farm gebaut, nachdem die alte Farm gleich nebenan, da, wo heute die Stallungen sind, abgebrannt ist und die Versicherung sie bezahlen musste. Da haben sie dann 1980 dieses Haus bauen lassen."

„1980? Wie alt waren die da denn? Noch im Kindergarten?", fragte Bronco, der sofort nachgerechnet hatte. Bob lachte anerkennend.

„Meine Frau war schon älter als ich und ihre Schwestern noch älter. Aber Du hast Recht, dafür waren sie noch recht jung, ich glaube so um die knapp dreißig. Ich kannte sie aber damals noch nicht. Machte auch nichts.

Obwohl, ich habe mich mit ihnen gut verstanden, sie hatten keine Kinder, wir und jetzt nur noch ich, haben vier, aber noch bevor meine Frau verschwand, haben sie mir das Vorkaufsrecht an der Farm und diesen günstigen Preis festgeschrieben. Normal wäre es, dass muss ich Euch wohl kaum sagen, rund das zehnfache." Er ließ den Zuhörern einen Moment der Verdauung, doch Bernd und Georg nickten langsam. Das wäre selbst in Deutschland noch günstig gewesen. „Well, und als meine Frau weg war, haben sie ihre Aussage noch mal bekräftigt, so dass auch keiner der anderen daran rütteln konnte. Natürlich hat sich Charlie sofort nach dem Tod ihrer Schwester mit mir in Verbindung gesetzt und saccharinsüß – und genauso unecht – geflötet, dass ich doch wohl diese abgelegene, alte und schäbige Hütte kaum als Altersruhesitz verwenden könne und wolle und möge und, und, und. Ich habe dann irgendwann aufgelegt.

Auf der einen Seite, sie hatte ja Recht. Ich bin ebenfalls dieser Meinung, aber dass ich sie jetzt an Euch verkauft habe... da konnte keine der drei übrigen Schwestern noch was machen.

Das Geld, die 80.000$, wird nun also durch drei geteilt und an sie überwiesen. Dürfte der Anwalt schon gemacht haben. Charlie hat mich nämlich schon angerufen und Gift und Galle gespuckt – ich meinte dann, ob sie so weitermachen wolle, wie in unserer Ehe, und habe aufgelegt. Die anderen beiden Schwestern wohnen weit weg, die eine in Miami, die andere in San Diego, die brauchten weder Haus noch Geld. Haben von beiden genug. Und so..."

„Tja, lieber Bob", erhob sich Peter vom Stuhl, „dann müssen wir Dir ja noch ganz besonders dankbar sein. Mum, Bronco, ich glaube, ich spreche auch in Eurem Sinne, wenn wir Bob anbieten, er dürfe gerne, so oft er wolle, herkommen, um in der unendlichen Ruhe des Geländes auszuspannen, gerne dann auch mit Poolbenutzung." In Bobs Stimme war die Rührung zu hören, mit der er sich bedankte.

Der Kaffeeklatsch hatte auch dazu gedient, die Arbeitsliste und den Zeitplan für die Zukunft festzulegen. Wirklich wichtig war allen dreien der Pool, auch, wenn die Befüllung erst in vier Wochen erfolgen würde. Gleiches galt auch für die Hinterfüllung, also erst dann die Umrandung...

„Bob, ich habe mir was überlegt. Wir nehmen keinen Beton für die Poolumrandung. Wie wäre es denn mit echten Steinplatten? Wir schauen mal im Baumarkt, ob uns was gefällt, und geben Dir Bescheid." Peter hatte mal wieder 1 und 1 zusammengerechnet und erkannt, dass auch der Umrandungsbeton Wochen zum Aushärten brauchen würde.

Bezüglich der Stallungen und der „Häuschen" da vorne würden sie sich noch Gedanken machen.

Stallungen

Es war einfach zu schönes Wetter, um jetzt schon wieder in den Baumarkt zu fahren. Sie beschlossen daher gemeinsam, Bob erst mal ins Wochenende zu entlassen und sich gemeinsam die Altgebäude im vorderen Grundstücksbereich anzusehen. Und...

„Schaung mer uns mol oo, wos alles zu dei Form ghört?", fragte Georg, als Bob in einer hustenerzeugenden Staubwolke davon bretterte.

Sie husteten alle, und Bernd gab erst mal einen Tipp: „Wenn Ihr in Zukunft weniger Staub von der Straße haben wollt, lasst ein Spezialfahrzeug kommen, das reinen Zement in die ersten paar Zentimeter des Straßengrundes einarbeiten kann. Dann verfestigen und entweder auf Regen warten oder mit so einer Art Gülleverteiler – Peter, Du weißt was ich meine?" Peter nickte. – „den ganzen Weg gut feucht machen. Das bindet ab und ist auch sofort wieder befahrbar."

„Und wenn wir am ganzen Weg entlang auf beiden Seiten diese Solarleuchten wie in der Villa montieren?", Irmgards Idee. Bronco und Peter stöhnten gleichzeitig auf.

„MUM, weißt Du, wie lang die Straße ist!", stöhnte Bronco. Die anderen lachten ob der „Mum". Sie lachte auch mit, vermutlich aber mehr wegen ihres Gedankens.

„Das sind geschätzt 350 Meter, und alle 5 Meter je eine Leuchte pro Seite macht das Summa summarum 140 Leuchten aus. Bronco, schauen wir bitte mal im Internet nach einem günstigeren Lieferanten bei der Menge? Am besten gleich 200, für alle Fälle.“ Bronco nickte. Denn eines war klar: diese Idee war so beschissen, und doch so gut, dass sie verfolgt werden musste. Oder anders gesagt, der Floh war nicht mehr aus den Ohren zu bekommen.

„Aber eines verspreche ich Dir: ICH mache das nicht mehr. Das können Jerry und Raúl tun, wenn sie wollen“, stöhnte Peter, und die anderen lachten schon wieder.

Wie schon gesagt, es war ein schöner und warmer Tag – 22, 23°C. Sie beschlossen etwas, das zu tun die drei Besitzer sich bisher geweigert hatten.

„Zieht Euch gutes Schuhwerk an, vor allem Du, Irmgard, Highheels sind hier wenig angesagt, wir gehen raus und spazieren.“ Klare Ansage von Georg. Ebenso klar sah ihn Irmgard an, als hätte er ihr gerade gesagt, sie müsse noch ein Kind bekommen.

„Wie bitte?“

„Ja, los geht´s. Wir laufen endlich mal über das Grundstück.“

„Können wir das nicht auch fahren?“

„Ja, könnten wir. Vermutlich zumindest. Peter, wie war das?“

Peter nickte. „Ja, der Honda ist geländegängig, aber Du hast Recht. Wir müssen UNSEREN Grund wenigstens EINMAL umlaufen oder zumindest so was Ähnliches. Wir müssen ja nicht bis in die Täler heruntersteigen, das wäre auch vermutlich nichts für das Auto, aber es gehört uns erst, wenn wir darüber GEHEN. Nicht nur fahren. Los, Mum, auf geht´s. Georg hat Recht.“

Irmgard sah SEHR glücklich drein, als sie der strenge Ton ihres Sohnes direkt traf. Ihm Recht zu geben wäre ja richtig gewesen, aber wenn er sie nicht direkt dazu zwang? Sie hielt die säuerliche Miene für rund fünf Minuten durch, dann schaffte sie es nicht mehr. Es war ja wirklich schön, die Temperaturen näherten sich sogar 28°C – Sommer in Nevada wie aus dem Bilderbuch! Allerdings war es damit auch so trocken, so staubig und ein weiterer Grund zum Meckern. Sehr sanftes Meckern allerdings. Fest stand am Ende des staubigen Rundgangs auf alle Fälle: die Straßenbefestigung würde kommen. „So teuer wird das nicht“, meinte Bernd.

Die Besichtigung der Stallung war zudem ein sehr angenehmes Erlebnis. Bernd lief an dem Nachmittag am meisten von allen. Er schritt den Umfang des damit auf rund 500qm bestimmten eingezäunten Vorplatzes ab. Auch hier und in der Stallung zeigten sich kaum Renovierungsnotwendigkeiten. Wo aber die Pferde abgeblieben waren, würden sie noch Bob fragen müssen.

Bronco tat dies sofort mal vom Handy aus – von Peters Handy –, noch hatte er kein eigenes. Insgeheim schwor er sich, diesen Missstand umgehend zu beheben.

„Das ist recht einfach. Sie hatten die alten Pferde kurz vor dem Unfall verkauft und wollten neue holen. Ob einfangen und zähmen oder aus einer Zucht, das weiß auch Bob nicht. Aber das heißt immerhin, sie sind nicht geklaut worden. ... Ich habe ihm im Übrigen schon mal den Auftrag für den Weg erteilt."

Irmgard lächelte zaghaft, Peter schaute erst erstaunt, dann lächelte er nicht zaghaft. Bernd wie Georg warteten erst mal die Reaktion der beiden ab, bis sie ein „gut gemacht" von sich gaben. Immerhin war es weder ihr noch Broncos Geld.

Kurze Technikchecks zeigten, dass auch hier im Stall Strom und Wasser funktionierten.

Auf dem Platz daneben, eher „in der Gegend", standen insgesamt fünf (!) Häuser „herum", keines davon in wirklich gutem Zustand. „Die sind alle recht klein, von vielleicht zehn bis siebzig Quadratmetern. Das rentiert sich nicht." Bernd klopfte mit der Faust mal etwas kräftiger an eine Wand und schon hatte der einzige Raum des Häuschens ein neues „Fenster". „Das sieht ja fast wie nur aufeinandergeschichtete Steine aus", grinste er und zeigte den anderen an dem Loch die deutlichen Anzeichen für diese Aussage.

Was überraschte, war, dass auf einem weiteren Nebenplatz eine Bodenplatte vor sich hin verwitterte. „Nein, da weiß auch Bob nichts darüber", erklärte ihm Peter, „das hatte ich ihn schon am Anfang mal gefragt. Aber wenn wir Bob eine Bleibe hier anbieten wollen – Mum, Du hast noch gar nichts dazu gesagt – wie wäre es dann hier? Das Haus einfach auf die Platte gesetzt?" Nun war er es, der das Maß versuchte zu bestimmen und gemeinsam mit Bernd einigten sie sich auf rund 120qm. „Eine tolle Wohnfläche, finde ich. Da haben wir in unserer Wohnung weniger.

Bronco! Wir ziehen aus! Wir ziehen in dieses Haus hier!", krähte er.

Bronco sah ihn fassungslos an. „Jetzt gleich? Willst Du mich so wärmen, dass ich hier ohne all die dummen und sicherlich unnützen Wände nicht erfriere?" Ach, wie schön, wenn schallendes Lachen aus fünf durstigen Kehlen durch die kleinen Täler erscholl und gegen die Hügel hallte und prallte, deren Sandboden für Echos wohl nicht fest genug war.

Durst alleine aber war keine Begründung, die Besichtigung abzubrechen. Bronco offenbarte, dass er nicht aus Spaß an der Freud einen Rucksack umgeschnallt hatte und offerierte eine schöne Auswahl noch gut gekühlter Getränke. „Und heute Abend darfst Du mir den Rücken massieren, mein SCHÄTZCHEN", zischte er Peter an. „Ich fühle mich, als hätte ich mehrere Eispakete direkt aus der Tankstelle auf meinem Rücken transportiert." Wieder erscholl Lachen. Nun übernahm Peter den – allerdings leichter und schon wärmer gewordenen – Rucksack.

Der Weg führte sie weiter bis runter an die Straße und mittels kleiner Steinpyramiden markierten sie die Stelle, an der unbedingt ein Tor die Straße an der imaginären Grenze abtrennen sollte. „Lag da nicht so was wie ein Tor oben, bei der Stallung?", fragte Georg und wies damit auf etwas hin, was zwar alle sicherlich gesehen, aber nicht für voll genommen hatten.

„Richtig", bestätigte Peter, „das SAH so aus. Da liegt auch noch Zeug herum, was mir jetzt wie Zaunmaterial vorkommt. Nur, wozu? Wollten die das gesamte Gelände rundum einzäunen? Oder nur die Zufahrt oder was?"

Fragen ohne Antworten; das würde sich auch nicht ändern, denn Baupläne oder Unterlagen dazu hatten sie bei allen gefundenen Akten nicht entdeckt. Akten zum Haus und zum Leben der Vorbesitzer, die sie natürlich aufhoben, gefunden im zweiten und unausgebauten Dachgeschoss des linken U-Flügels. Aber es gab Google Earth und damit Satellitenbilder.

„Gibt es hier eigentlich auch solche Farm-Auktionen wie im Fernsehen?“, fragte Georg in die Runde und erntete allgemeines Achselzucken. „Wenn ja, dann würde ich es für sinnvoller halten, hier auf diesem zweiten, nennen wir es ‚Wohnareal‘ eine solche Auktion stattfinden zu lassen für all das Zeug, was Ihr nicht braucht. Ich bin mir irgendwie sicher, dass die Vorbesitzer, shit, ich merke mir die Namen einfach nicht, hier keinen reinen Autofriedhof aufbauen wollten, das heißt, mindestens ein Bastler kann mit den Autos, die da vor sich hingammeln, was anfangen. Vorausgesetzt natürlich, Ihr wollt zum Beispiel den Pickup nicht haben. Der steht zumindest auf der Straße“ – sie waren wieder „oben“ angelangt – „während der andere Wagen eher entsorgt aussieht. Aber vielleicht bringt er noch ein paar Dollar.

Und wenn Ihr Euch in der Gegend einen guten Namen machen wollt, dann spendet Ihr dieses Geld einfach. War da nicht was mit Tierheim?“

Die Idee war begeisternd und damit beschlossen.

Weiterhin entschieden sie, Steinpyramidchen hin oder her, das elektrische und per Video zu überwachende Tor oben auf dem Hügel montieren zu lassen.

Durstig, schon wieder hungrig und müde von der ungewohnten Bewegung (vier der Personen) stapften sie wieder nach Hause und ließen sich auf der Terrasse von Irmgards Wohnung in die Stühle fallen.

„Bewegungsmuffel!“, grinste Bernd über alle vier Backen. „Typische Amis sind die beiden schon geworden; von Dir, Bronco, rede ich erst gar nicht. Aber kein bisschen mehr zu Fuß laufen. Könnte ja schaden.“

„Oh ja, Onkel“, jammerte Bronco sofort im Kinderton, „es hat mir geschadet. Willst Du mal riechen, was für Blasen ich an den Füssen habe?“

Das Gelächter erscholl nun auf einer anderen Seite des Berges in ein kleines Tal hinab. Insgesamt hatten sie an diesem Tag bestätigend erkannt, dass die Farm wirklich auf einer Hügelkuppe liegt, in einer insgesamt ziemlich welligen Landschaft. Google Earth bestätigte den Eindruck und ließ sie erkennen, dass da noch viel mehr Straßen und Wege waren, die sie noch nicht mal erahnt hatten, obwohl sie die eine oder andere Abzweigung schon mehrfach passiert hatten.

Die Vorräte neigten sich dem Ende zu, so sehr, dass es fürs Abendessen eng wurde. Sie beschlossen daher, Claudia zu überfallen, dort mal wieder die herrlichen Hamburger zu verspeisen und danach einkaufen zu gehen.

„Ach ja, das geht hier ja rund um die Uhr“, seufzte Bernd nach einem Blick auf dieselbe.

„Dann sollten wir aber los, Mum macht am Freitag gegen 8pm zu. Ich ruf sie schnell mal an und kündige uns an. Halbe Stunde, okay?“, rief Bronco, als er schon am Telefon hing.

Sie sprangen alle schnell unter die Duschen. Dank offenbar großzügig ausgelegter Warmwasserbereitung gab es keine Engpässe – auch etwas, was die neuen Bewohner noch nie ausprobiert hatten –, und alsbald saßen sie im Honda. Es war aktuell der einzige fahrbereite Wagen auf dem Gelände. Für amerikanische Verhältnisse VIEL zu wenig, wie Bronco grinsend monierte. Dass sich das auch bald ändern dürfe, das hob er sich für die nächste Woche auf.

„Lass Dich anschauen, Junge – was bist Du groß geworden!“ Die fünf Besucher platzten vor Lachen bei der Begrüßung durch Claudia. Bronco steckte nach dem Essen vierzig Dollar ein. Er hatte auf diese Begrüßung gewettet, alle anderen mit je 10$ dagegen, und er hatte gewonnen. Wenn auch Claudia so tat, als wären Wochen seit dem letzten Kontakt mit ihrem Sohn vergangen, so telefonierten sie doch täglich und mindestens einmal die Woche schaute Bronco auch bei ihr vorbei.

Die Hamburger schmeckten wie eh und je nach „mehr“, doch Georg stöhnte, als Bernd den zweiten Riesenburger für sich orderte, dass Bernd es ja gut habe: er würde die Kalorien in Deutschland schon wieder abarbeiten. „Aber ich? SO körperlich anstrengend ist Mechatronik auch nicht!“, jammerte er zum großen Vergnügen auch der restlichen Gäste. Trotz oder wegen des schon fortgeschrittenen Abends war der Diner gut besucht. Claudia verriet ihrem Sprössling, dass sie daran dächte, die Öffnungszeiten zu ändern. Wohin genau, das wusste sie auch nicht.

„Typisch Frau!“, grinste Bronco draußen am Auto und duckte sich geübt unter der schnell bewegten Hand Irmgards.

Der Einkauf ging heute rasch vonstatten, sie kauften nur ein paar dringend notwendige Lebensmittel im Eildurchlauf, denn für Samstag war echtes Shopping angesagt. Bronco grinste dabei schon, sagte aber nichts.

Der Abend verlief in getrennten Räumlichkeiten. Bei Irmgard zu ihrem eigenen Bedauern alleine. „Was willst Du machen? Möchtest Du in ein Casino fahren oder sollen wir Bob oder Harry für Dich anrufen?“ Peters Ton war so unerträglich fürsorglich, dass Irmgard erst mal wieder vor Lachen in den Sessel sank, aus dem sie sich gerade aufrichten wollte.

„Nein, lass mal, mein LIEBSTER aller meiner Söhne. Aber ich bin heute so hundemüde, mir tut jeder Knochen einzeln weh, ich wusste gar nicht, dass ich so viele habe. Ist ja schlimmer als ein Gangbang!“ Mit diesen Worten verabschiedete sie sich unter Gelächter der anderen und ward an dem Abend nicht mehr gesehen.

„Tja“, seufzte Bronco höchst mitleidig, „sie ist ja schon eine echt alte Frau…“ Statt ihn dafür durchzukitzeln, stöhnten alle drei synchron auf und dieses Gelächter hallte nur im Haus wider. Eigentlich schade drum.

Sie hingegen fühlten sich nicht zu müde, gut, ein bisschen schon. Ihre letzten Wochen hatten auch nicht aus Müßiggang bestanden. Die ganzen Arbeiten hatten sich nicht von alleine gemacht, und mehrfach hatte Peter auch geklagt: „Ich kann es jetzt NORMALEN alleinerziehenden Müttern durchaus nachempfinden. Diese Doppelbelastung! Arbeiten UND Haushalt! Irmgard kann das nicht!“ Bronco hatte dabei immer boshaft und gleichzeitig zustimmend genickt.

Es wurde mal wieder ein vergnüglicher Abend. In Anbetracht der Lage, dass nur noch zwei Tage blieben, war so viel Zeit für diese Art körperlicher Übungen nicht mehr übrig. Der morgige Samstag war für Einkaufen und dann für die Gäste mit Irmgard im Casino reserviert, Für den Sonntag hatte man heute kurzfristig beschlossen, einfach mal diese ganzen Nebenstraßen um ihr Gelände herum zu erkunden.

Peter führte Bernd und Georg mit je einem Dreifach-Akt mit Durchbruch zu lautstarken Höhepunkten. Doch als auch noch Bronco die gleiche Behandlung erfahren wollte, musste er ihn zurückweisen: „Bronco, liebster Freund, es war DEINE Idee, den Laden hier MUSTANG FARM zu nennen, und das, ohne einen eingestellt zu haben.“

„Ach so“, feixte Bronco und griff nach dem müde erschlafften Schlauch von Peter, „sollen wir es daher lieber auf *‚hose pipeline‘* umbenennen?“ Während Georg für Bernd nun übersetzen musste, dass *hose* und *pipe* zwei Synonyme für Schlauch waren, jagte Peter Bronco schon durch das halbe Haus. Keuchend kamen sie beide wieder an. „Wisst Ihr, wie gemein der ist?“, jammerte Bronco zwischen den atemlosen Zügen. „Der hat mich in den Pool werfen wollen! Dabei ist der noch nicht mal voll!“

Es wurde das baldige Ende des Abends. Alle vier waren von den verschiedenen Aktivitäten erschöpft, wobei Broncos freche Schnauze noch von sich gab, dass sie langsam mal wieder in Übung kommen sollten. „In spätestens 14 Tagen will ich hier aufmachen. Wir brauchen DRINGEND mal wieder Geld.“

Broncos Revanche

Der Samstag war also dem Einkauf gewidmet. Gänzlich. Die beiden Jungs hatten ja je zwei 32kg Koffer dabei und je einen der Inhalte hier gelassen. Sie hatten also genug Platz für Rückgepäck, dem aufgewerteten Flugticket sei Dank. Georg hatte sich schon vorab im Internet schlau gemacht und herausgefunden, dass es auch in den USA nicht mehr der reinen Outlet-Städte wie zum Beispiel ***Freeport*** oberhalb von Boston, MA, bedurfte, sondern Outlet Shops selbst hier in Reno zu finden seien. Die Adressliste hatte er dabei…

Doch auch die Jungs hatten Ziele, zum Beispiel die Fragen nach den LED-Pflastersteinen, diesmal ohne Solarbatterie. „Solarbetrieben ist in dem Fall Quatsch“, meinte Georg. „Ihr wollt ein elektrisches Tor und Videoüberwachung ganz vorne haben – da müsst Ihr so und so Kabel legen. Und außerdem sind die üblichen Solarakkus recht schwach, die LEDs klein, das heißt, es gibt wenig Licht für kurze Zeit. Das ist Euch ja sicherlich bei der Villa auch aufgefallen.“ Sie nickten beide leicht.

Bronco wiederum hatte noch zwei Ziele, die er noch niemanden verraten hatte. Genauer gesagt drei, das eine aber war sehr einfach: Zur Führerscheinstelle und die Formulare abholen. „Du willst wirklich?“, fragte Peter mit hochgezogenen Augenbrauen.

Bronco grinste sein übliches Breitgrinsen. „Und wie! Und vor allem, wie lange schon! Ich habe das Geld, und bevor das auf der Bank Schimmel ansetzt... Ich bin sicher, Harry hat auch ein gutes Auto für mich. Günstig. Mal sehen, wohin ich mich bei ihm im Büro setzen muss, um es noch günstiger zu bekommen.“

Die anderen vier jaulten vor Lachen auf, nur Bronco schaffte es diesmal „ernst“ zu bleiben, wenn man sein fettes Grinsen noch als „ernst“ bezeichnen durfte. „Was meinst Du genauer damit?“, fragte doch Irmgard. Hatte sie es nicht mitbekommen oder nicht mitbekommen wollen? Wussten die beiden Besucher es? Nun, jedenfalls durfte Bronco nun erst mal erklären, wo er bei Harry besonderen „Druck ausüben“ konnte, um ihn sehr geschmeidig aufstöhnen zu lassen. Dass Irmgard daraufhin so tat, als fiele sie in Ohnmacht, gehörte wohl dazu.

Der nächste Stopp fand beim Baumarkt statt. Themen waren hier die Leuchten, eine moderne Videoanlage mit 8 Kameras und Aufzeichnungmöglichkeiten, Verbindung per WLan (hier WiFi genannt), ein elektrisches zweiflügeliges Einfahrtstor im Ranch-Design – und nicht die Billigversion eines Kuhgatters, wie sie das auf dem Gelände liegende Teil bezeichneten.

Und nun kam Bronco dran. Er bat, seine Abwesenheit für ein paar Minuten zu entschuldigen und nach vielleicht einer Viertelstunde kam er mit einem riesigen Bild, Format rund 1x2m in einem massiven schwarz-silbernen Rahmen. „Das ist ein echtes Ölgemälde auf Leinwand von einer offenbar deutschen Künstlerin, meinte zumindest der süße Verkäufer da hinten, einer Kerstin Tschech." Auf dem Bild war eine Herde wilder Mustangs in einer Stampede zu sehen. „Ich dachte mir, das passt perfekt in unseren Salon über das eine Sofa. Oder über den Fernseher."

„Bist Du wahnsinnig?", fauchte ihn Peter an. „Das hat doch sicherlich ein Vermögen gekostet!"

Bronco lächelte verschämt – ein Gesichtsausdruck, den er neu einstudiert haben musste, keiner der vier kannte ihn an dem Jungen. „Nun ja, es ist auch echtes Öl auf echter Leinwand und der Verkäufer meinte, es sei kein Salatöl, sondern was Besseres." Sie mussten wieder lautstark ablachen. „Ich möchte es einfach als meinen winzigen Beitrag zu unserem neuen Haus hinzufügen." Nach zehn Minuten bekam er dann vor lauter Erdrücktwerden wieder Luft. Peter war das Wasser in die Augen gestiegen, Bernd und Georgs Augen blitzten feucht, nur Irmgard verhielt sich auf professionelle Art ruhig. Ob ihr das Bild vielleicht nicht zusagte – wen interessierte das schon?

„Also ganz, ganz lieben Dank noch mal", Peters Stimme klang immer noch ein wenig feucht. „Das hätte aber nicht sein müssen."

„Doch, hat es schon. Ihr habt so viel für mich getan."

„Ja! Aber doch, weil Du mein Freund bist!"

„Eben drum bringe ich dieses Bild mit ein."

Dass er für das Gemälde komplett mit Rahmen einen Sonderpreis von nur 800$ herausgehandelt hatte, allerdings nur unter Herausgabe der noch alten Visitenkarte von Peter – die Rufnummer aber hatten sie ja mitgenommen – und einer damit verbundenen Einladung, das verriet er

Peter erst am Abend im Bett und nur unter Androhung fürchterlichster Kitzelfolter.

Broncos nächster Einkauf fand in der Fachabteilung im *Safeway* statt. Er kaufte sich ein Smartphone. Leider war es diesmal eine, wenn auch fachkundige, VerkäuferIN, hier wollte er seinen Charme nicht so einsetzen, aber mit einem vernünftigen Vertrag – sie hatten ja Festnetzverträge für daheim – war das auch auf die Dauer bezahlbar.

Ansonsten mussten einfach die Vorratsbunker wieder aufgefüllt werden, denn während der Wochen, in denen sie oft auch die Arbeiter mit verpflegt hatten, waren die Vorräte doch gewaltig geschrumpft – trotz immer wieder kleinerer Einkäufe.

Dass sie sich auf dem Rückweg den Pickup vom Hof als Auto, am besten zusätzlich zum Honda, wünschten … nun ja, so weit war die Fahrt auch nicht. Mit dem Bild quer vor der Brust der beiden Besucher und Irmgards auf der ersten Rückbank, eilte man zum neuen „Zuhause“, das die drei auch so langsam wirklich als ein solches empfanden.

Sie kochten noch ein wenig in der Gruppe, natürlich (!) ohne Irmgard, und aßen gemeinsam, bevor sich Irmgard, Bernd und Georg „schick“ machten und ins Casino fuhren. In welches, dass würden sie vor Ort entscheiden.

Bronco und Peter nutzten die Zeit, die gesamten Vorräte einzuräumen, Kuchen und Cookies zu backen, Schälrippchen gleich in Yard[10]-Längen im Gasofen zu garen, Gulasch auf dem Gasherd zu schmoren und sechs Pound[11] Hackfleisch zu Cevapcici und Frikadellen für den Grill vorzubereiten. Denn natürlich hatte auch der schöne große Grill aus der Villa seinen Weg hierher gefunden. Zwar stand er aktuell auf Peters Terrasse – die war wegen der Poolbaustelle nicht gerade ansehnlich –, aber er war weder unendlich schwer noch nicht transportierbar und konnte daher auch auf jeden anderen Platz verschoben werden.

„Sag mal, wann haben wir denn vor, ENDLICH wieder anzufangen?“ Wer von den beiden die Frage stellte, war eigentlich unerheblich. Auch wenn Bronco sie zuerst aussprach, quälte sie die beiden oder eher alle drei doch schon länger.

[10] 1 Yard = circa 90cm

[11] 1 Pound = circa 454g

„Nun", meinte Peter, „ich denke in einer Woche. Ungefähr. Doch meine Frage ist eher, WIE es werden soll. Haben wir bis dahin schon das Tor, die Beleuchtung, die Videoüberwachung fertig und die Auktion hinter uns?"

Bronco schüttelte den Kopf. „Eher nicht. Siehst Du das als eine Bedingung an?"

„Nun, vielleicht nicht als Bedingung, aber…" Das Telefon unterbrach die Diskussion.

„MUSTANG FARM, *Peter´s speaking, how can I help you?* … Ach Tony, Du bist´s, hallo. Wie geht es Dir?" Er stellte das Telefon auf Mithören.

„Oh, frag mich mal lieber nicht. Mir geht es nicht sehr gut. Ich bin heute entlassen worden."

„Was? DU bist ENTLASSEN worden? Warum das denn? Hast Du den Wunsch eines Gastes nach einer besonderen Zutat in seinem Cocktail VOR ALLEN LEUTEN ausgeführt?" Sie mussten alle drei nun doch erst mal sehr heftig lachen.

„Nee, das nicht. Du, sag mal, könnte ich bei Euch mal vorbeikommen? Redet sich leichter."

„Oh, gerne doch, natürlich. Du weißt aber, dass wir umgezogen sind?"

„Ja und nein. Ich weiß, dass Ihr nicht mehr in der Villa seid. Da stehe ich nämlich gerade davor. Wo seid Ihr jetzt?" Peter hatte sich schon vorbereitet und die Geo-Koordinaten aus dem Navi abgeschrieben. Er gab sie nun Tony und hörte, wie dessen Navi sie beantwortet.

Das Ziel befindet sich in einer nicht befahrbaren Zone..

Sie lachten wieder alle auf und diesmal klang das Lachen von Tony nicht mehr so gedrungen.

„Okay, bin in ein paar Minuten bei Euch."

„Gut, wir freuen uns!" Die Verbindung wurde beendet.

Peter und Bronco grinsten sich an. „Endlich mal wieder Besuch in dieser einsamen Einöde, nicht wahr?", meinte Bronco und sie lachten erneut. *Wie gut*, dachte Peter, *dass die Cookies schon fertig waren*.

Nach rund 15 Minuten schob sich eine Staubwolke auf das Haus zu, irgendwo mittendrin ein altersschwacher Chevy. Bronco und Peter sahen sich an, als sie die Wolke aus dem Küchenfenster erblickten und schüttelten den Kopf. „Nein, keine Eröffnung VOR der Befestigung dieser Straße“, entschied Peter, und Bronco nickte ergeben seufzend. Sie gingen aus dem Haupteingang und stellten sich auf ihre Eingangsterrasse.

„Zu den *Waltons* fehlen aber noch ein paar Leute!“, grinste Tony, als er aus dem Wagen stieg. Er hustete sofort.

„Du musst schneller fahren, wenn Du hier herkommst.“, meinte Bronco, „Dann bleibt der Staub hinter Dir.“ Heftig umarmten sie den Freund, es war schon wieder so lange her, fast sechs Wochen, dass sie sich das letzte Mal gesehen hatten. Und dank des Urlaubs und des Trubels mit dem Umzug sowie des Besuchs hatte man auch kaum Telefonkontakt gehalten.

„Herzlich willkommen auf der MUSTANG FARM. Na, was sagst Du?“

„Was kostet das denn im Monat an Miete?“

Sie prusteten beide los.

„Gar nichts! Nicht einen Cent! Wir haben das Anwesen gekauft!“

Das Grinsen fiel aus Tonys Gesicht. „SO VIEL GELD habt Ihr verdient?“

„Na, komm erst mal rein in die gute Stube, es wird langsam kühler. *Welcome!*“

Sie führten einen immer sprachloser werdenden Tony durch das Gebäude, es sah wirklich schon recht wohnlich aus, nur in der Diele 2 zeugten noch Spuren von den nicht fertigen Arbeiten. Die hatten sie sich, zusammen mit Peters Wohnung und vor allem der Poolterrasse für zuletzt aufgehoben.

„Ist Irmgard nicht da?“, fragte der Gast.

„Nein, Mum ist heute mit zwei Gästen aus Deutschland im Casino. In irgendeinem, sie wussten es vorher nicht. Warum?“

„Ach, weil ich sie schon seit Wochen nicht mehr gesehen habe. An der Bar.“

„Ging auch schlecht. Du hättest sie hier mal sehen sollen, sie hat sogar mal richtig gearbeitet. Körperlich, äh, handwerklich... ach shit, das ist ja auch so eindeutig nicht. Also, sie hat wirklich Kartons aus- und bei sich eingeräumt, mal was sauber gemacht, beim Renovieren mitgeholfen."

Tony und Bronco hatten schon bei den Versprechern von Peter zu grinsen begonnen, nun fielen sie lachend in Peters Wohnung ein. Tonys Geräusche verstummten sofort, als sein Blick aus dem Fenster fiel. „Das ist jetzt aber doch nicht wahr oder? Das ist eine Vatermorde-mich, oder wie das da heißt. Oder, nein, ich seh´s schon, Ihr habt ein Foto ans Fenster geklebt!"

Die beiden lachten sich scheckig. „Doch, das ist real und KEIN Foto oder eine Fata Morgana. Das da hinten ist Reno in seiner ganzen Pracht.

„Ach, Du Esel!", schimpfte Tony los. „Das meine ich doch nicht. Okay, es ist eine tolle Aussicht. So schön kommt einem diese Drecksstadt von innen gar nicht vor. Aber ich meine den Pool. Ihr baut hier einen noch schöneren Pool als bei Eurem vorherigen Haus?" Peter überließ es Bronco, nun zu erklären und zu erläutern.

„Aber, setzen wir uns doch in den Salon oder – noch besser – in die Küche. Wir waren gerade am Kochen, als Du angerufen hast."

„Dann habe ich ja doch gestört."

„Ach I wo. Im Gegenteil. Wir freuen uns, Dich endlich mal wieder zu sehen. Wir mögen Dich nämlich."

Dass nun Tony das Flennen anfangen würde, hatten sie nicht erwartet. Doch als praktische amerikanische Hausfrau riss Bronco sofort ein paar wenige Blatt – also rund 2 Meter – Küchenkrepp ab und reichte sie dem Jungen, bevor der auf die Idee kam, in etwaiger Ermangelung eines Taschentuches seinen Ärmel zu benutzen. Bronco meinte, schon ein paar verräterische Spuren auf dem Stoff entdeckt zu haben. Er legte seine Hand beruhigend auf des jungen Mannes Schulter, der momentan so gar nicht wie 26 aussah.

„Sag mal, wie kommst Du eigentlich auf die Waltons?“, fragte Peter und schob den ersten, noch warmen Double-Choc-Cookie ungefragt in Tonys Mund. Übung machte offenbar auch hier den Meister, zumindest verschluckte sich Tony nicht, während er zu antworten versuchte. Er ließ es aber besser bleiben und schluckte erst mal runter.

„Mann ist der gut. Der ist ja viel besser als die, die ich bisher kannte.“

„Ach, Du kennst noch lange nicht alle unsere Talente“, grinste Peter und sah ihn aufmunternd an.

„Ja, ach so. Na ganz einfach: Wie Ihr da so auf der Terrasse vor dem Haus standet... das hat mich direkt an die Serie erinnert. Und außerdem heiße ich mit Nachnamen Walton.“

„Nein! Das ist doch nicht möglich! Bist Du John Boy und nicht gealtert?“ Bronco! Wer sonst? Sie brüllten auf vor Lachen, auch Tony.

Während Peter und Bronco weiter am Herd köchelten, es fehlte noch ihr bekannter spanischer Eintopf mit Chorizo, erzählte Tony, was passiert war.

Das Casino hat mich heute entlassen. Im Endeffekt ohne einen Grund. Und nein, ich habe nichts Besonders und schon gar keine Körperflüssigkeit in einen Gästedrink gemixt, auch, wenn er so aussah. Es war ein auf Joghurt basierter Cocktail.

Doch wir haben seit ein paar Wochen einen neuen Barchef, und der ist nicht nur straight und hasst Schwule, sondern er will auch eines seiner Betthäschen an die Bar stellen. Sie eine Miss Titty mit Fick-Mich-Gesicht. Ha, ich wünsch es ihm dass die Gäste das auch so sehen, denn zudem ist er noch unheimlich eifersüchtig.

Kareem heißt er, ist ein Perser. Sagt mal, habt Ihr nicht auch so was von Eurem vorherigen Besitzer gesagt?

Peter und Bronco nickten.

Nun ja, ich wünsche ihm jedenfalls viel Spaß und ein sehr kurzes Leben an der Bar.

Aber richtig ist auch, er hat schon die ganze Zeit versucht, mich wegzubeißen und nachdem ich zurückgebissen habe und nicht gewichen bin, hat er mir heute im größten Trubel ein schmutziges Glas gereicht, was ich erst bemerkt, als der halbe Joghurtcocktail schon drin war. Natürlich hat es kein Gast bekommen, aber für ihn war es endlich DER Anlass mit dem Beweisstück zum Personalbüro zu rennen und er kam mit der Kündigung zurück.

„Ja, willst Du Dich denn nicht wehren? Das kann doch gar nicht sein, einfach so rauswerfen?“, ereiferte sich Peter.

Bronco beruhigte ihn. „Ruhig, Pferdchen, ruhig, brrrrr. Vergiss nicht, wir sind hier in Amerika. Das ‚*hire and fire*‘ hat sich doch schon bis Europa herumgesprochen. Hier wird es tatsächlich auch gemacht. Ich kenne zwar Eure Gesetze nicht, aber hier Du hast wenig Chancen. ... Und was hast Du nun vor, Tony?“

Wieder mit nassen Augen schaute der Junge die beiden an. „Ich weiß es nicht. Mit der Arbeit habe ich auch mein Zimmer verloren, spätestens zum Monatsende muss ich raus – wenigstens diese Frist hat einmal eine Gewerkschaft bei den Casinos durchgesetzt. Und dann sitze ich auf der Straße.“

„Und was ist mit John, Olivia, Jason, Mary Ellen, Benjamin, Jim-Bob und den anderen?“, fragte Bronco.

„Ähh????“, Tony schaute ihn so rat-, wie auch fassungslos an. Dann endlich huschte der Blitz der Erkenntnis über sein Gesicht, und so, wie er gerade geheult hatte, lachte er wieder. „Oh Mann“, stöhnte er, als dieser Anfall überwunden war und er sich nur noch die Seiten hielt, „so gelacht habe ich schon lange nicht mehr. Der war gut, Bronco. Du bist gut! Dass Du die alle noch im Kopf hast?“

„Wo denkst Du hin! Die Waltons waren eine meiner Lieblingsserien im TV. Sei froh, dass Du nicht Flipper heißt, das war meine andere Lieblingsserie.“ *Typisch Bronco,* dachte sich Peter. Ihm wären die meisten Namen der legendären (und fiktiven) Walton-Familie nicht mal nach langem Nachdenken eingefallen, obwohl er die Serie in seiner Jugend in Bamberg und Nürnberg immer geschaut hatte. Mum war ja nie daheim gewesen.

„Aber jetzt erzählt Ihr mal, was ist denn mit Euch passiert?“, wollte nun Tony wissen. Peter grinste.

„Das ist eine lange Geschichte. Daher zuerst: Du hast Hunger?“

„Woher weißt Du das? Sehe ich abgemagert aus?“

„Na, so ähnlich.“

Und während eines halben Meters Schälrippchen nebst wunderbarer Soße, aufgestippt mit mehreren Scheiben echt deutschen Bauernbrots aus Texas – das von Georg mitgebrachte war schon alle und das aus Texas rannte dem Ende zu – , erzählten die beiden Jungs abwechselnd die Story ab der letzten und dritten Party in der Villa bis heute. Tony kam aus dem Staunen nicht wieder raus.

„Und jetzt habt Ihr also dieses Haus?"

Bronco lachte erneut hell auf. „Wenn Du es so nennen willst? Dazu gehören aber wirklich nur noch ein paar Kleinigkeiten, Du bist an ihnen auch vorbeigefahren. Diese verfallenen Hütten da vorne, die moderne Stallung, der Reitplatz. Dann die halbe Straße, der Berg bis zu den Tälern und alles, was Du hier so siehst."

„Und das für DIESES Geld?" Natürlich hatte Bronco den Betrag genannt. Peter konnte sich nur schwer daran gewöhnen, dass DAS in den USA kein Tabuthema war.

„Nun ja, halt plus der Um- und Ausbaukosten, zum Beispiel der Pool oder eine Verbesserung der Zufahrt. Auch wollen wir links und rechts vom Weg Leuchtsteine einbauen, die Zufahrt in der Nacht beleuchten. Dann kommt noch ein videoüberwachtes Tor dazu…"

„Tja, es gibt noch ein bisschen was zu tun", grinste Peter. „Nur war das eher wohl nicht der Grund für Deinen Besuch. Aber erzähl mal kurz von Dir: Was ist mit Deiner Familie und so?"

„Nix ist mit ‚Familie und so'. Wir stammen aus Iowa. Ich bin ein Nachzügler meiner schon immer alten Eltern. Meine beiden Geschwister leben in New Jersey. Sie wollen nichts mehr von mir wissen. Meine Eltern wohnen jetzt bei Boston und sind schon am Verkalken. Ich telefoniere zwei, drei Mal im Jahr mit ihnen, das war´s aber auch schon. Wenn Du damit wissen willst, ob ich dorthin könnte: Nein. Und ich würde es auch nicht wollen."

Peter grinste nun mit Bronco synchron. „Und da hast Du Dir heute gedacht, dann fahr ich doch einfach mal bei den drei alten Mädels vorbei und schau, ob die nicht…" Peter beugte sich sehr weit von innen über die Küchentheke, an der Tony gerade noch gesessen hatte. Nun musste er sich rüberbeugen, so klein war der „Junge" geworden.

Und so leise kam das „Ja" von „da unten", dass Peter deutlich sichtbar die Hand an sein Ohr legte und dann ein klareres „Ja" vernahm.

„Nun", drückte sich Peter mit deutlich sichtbarer Anstrengung wieder an der Platte hoch, „Bronco, was meinst Du dazu?" Bronco setzte einen inspizierenden Blick auf. Tony meinte hinterher zu Irmgard, er hätte wie der Amtsinspektor geschaut, der an der Bar die Messgefäße überprüft. Er ging um die Theke herum und begutachtete den Jungen schweigend und mit ernstem Blick. „Und, Bronco?"

„Nun ja", setzte Bronco mit bedenkentragender Stimme an, „er ist ja nicht direkt hässlich zu nennen, auch wenn ich überlege, ob ich einen Kater wirklich Tony nennen würde. Mit seinen Katzenaugen… Er soll aber auch gut schütteln können, Cocktails zum Beispiel, okay, die andere Ausstattung dürfte nicht mehr gewachsen sein, also ihn als Mustang zu bezeichnen – vielleicht sollte man das Haus dann doch HO-SE PIPLINE nennen." Jetzt rannte Bronco schreiend durch den Salon, die Treppe rauf und bald wieder runter, durch die Salontür raus und nach einer großen Runde ums Haus auch wieder zurück. Keuchend fielen die beiden auf ein Sofa, gemeinsam auf EIN Sofa, daher hatte Peter es nicht so weit, ihnen den gerade frisch eingeschenkten Eistee zu reichen. Er lachte schon die ganze Zeit. „Also, einverstanden. Du bist aufgenommen. Erst mal. Wir werden dann sehen, wenn Du brav genug bist, ob wir Dich auch behalten können."

„Peter, was meinst Du jetzt mit brav?", kam es sofort, wenn auch noch ein wenig luftarm, von Bronco. Diese Steilvorlage konnte er sich nicht entgehen lassen. „Meinst Du damit, dass er schön aufs Katzenklo gehen und auch nicht erwarten sollte, dass wir ihm die Türe aufmachen, obwohl es hier eine Katzenklappe gibt?"

Sie jubelten mal wieder vor Lachen auf, so kräftig, dass die eben erwähnte Klappe aufging und von draußen zwei Vierbeiner eintraten, um zu sehen, wer da gerade so über den Hof gerannt war und nun schon wieder so laut lachte. Dass von der anderen Seite, aus Peters Wohnung, auch Leo herankam … Tony hatte alsbald wieder drei Katzen um sich, die ihn kräftig anschnurrten. „Siehst Du Bronco, ich habe gerade gehört, dass sie ihm die Nutzung ihres Klos erlaubt haben."

Wie gut, dass diese Katzen an lautes Gelächter gewöhnt waren, es eher als anziehend denn als fluchtauslösend betrachteten.

„Und wo soll er wohnen? Geben wir ihm das schicke Eigenheim da vorne, das Große?", fragte Bronco und Tony spitzte die Ohren.

Peter machte natürlich mit. „Meinst Du das mit dem fließenden Wasser?"

„Ja, natürlich das. Und mit den farbigen Wänden."

„Oh ja, dieses! Wunderbar, optimal. Tony, Du kannst vorne in die 100sqft[12]-Hütte einziehen. Sie hat fließend Wasser – von den Wänden – und diese sind vom Schimmel in allen Farben dekoriert worden.“ Tony blieb der Mund offen stehen. Nächstes Lachen. Wenn das so weiterginge…

Peter öffnete eine Flasche Prosecco. „Auf unseren neuen Mitbewohner und Mitarbeiter. Natürlich wohnst Du hier im Haupthaus, wir haben im Obergeschoss sieben geräumige Gästezimmer, in der Villa hatten wir nie so viele belegt. Denk an die letzte Party, da waren es gerade mal vier Zimmer! Kannst Dir aussuchen, welches Du willst, außer dem einen, das aktuell belegt ist. Wir hätten da eins mit einem riesigen Teddy auf dem Bett.“

Peter wollte eigentlich schon zur Flucht ansetzen, als er bemerkte, dass Tony große Augen bekam. Gemeinsam besichtigten Sie den Raum, und sofort fiel Tony über den Teddy her. Ein bisschen verschämt saß er danach auf dem Bett. „Ihr müsst wissen, ich habe mir schon immer so einen Teddy gewünscht, meine ganze Kindheit lang. Doch es war nie Geld dafür da, und auf einer *state fair*[13] einen schießen? Dazu hätte ich erst mal dort hinkommen müssen. Außerdem entstamme ich einer sehr, sehr christlichen Familie, die gegen Waffen war. AUCH gegen Waffen, aber auch gegen mich… … ***Des Moines***, da wäre jährlich eine *state fair* gewesen, doch wir wohnten in ***Estherville***, das ist so gut wie in der Mitte von fünf Großstädten, doch keine davon ist weniger als 150 Meilen von uns entfernt. Meine Eltern arbeiteten im ***Fort Defiance State Park*** und hatten „für so was“ weder Zeit, geschweige denn Verständnis. Eine *state fair* war in ihren Augen eher mit Teufelswerk gleichzusetzen, zumindest die Jahrmarktbuden dort.“

„Gut, Bronco, eigentlich wollte ich den Raum für Kunden mit kindlichen Wünschen vorsehen, aber…“

---

[12] 10qm

[13] Es gibt in Europa nichts Vergleichbares zu so einer state fair. Sie ist gleichzeitig Kirmes, Messe und regionaler Leistungsschau in einem.

Bronco winkte ab. „SO ein großer Teddy UND dann doch zwei im Bett, das wird eng. Wir schauen einfach nach was Passenderem. Oder wir fragen einen Tischler, ob er uns einen Wickeltisch baut – für Erwachsene."

Sie lachten wieder alle drei. Noch an diesem Abend, als Tony unten in der Küche auch fleißig mitgeholfen hatte, die Spülmaschine zu ent- und neu zu beladen, aufzuräumen und – natürlich – noch alles verkostet werden musste, begaben sie sich erst mal in Peters Wohnung.

„Also wenn Ihr immer so gut kocht, dann muss ich anfangen auf meine Linie zu achten. Ihr müsst auch wissen, meine Mutter kochte sehr gut. Vor der bin ich verwöhnt. Aber Ihr?"

„Tja, das ist halt die unübertreffliche Mischung aus deutscher und mexikanischer Küche. Meine Mum hat den ***Wolf's Diner*** am Golfplatz und sie macht herrliche Hamburger", strahlte Bronco. Sie beschlossen, in den nächsten Tagen mal wieder dorthin zu fahren.

Bevor sich aber Tony in sein neues und eigenes Bett begabt, zeigte er den beiden, WIE dankbar er ihnen war. Seine 18x4cm reichten zwar nicht für Durchbrüche der zweiten Art, aber seine Spendefreude bei so einem Akt in ihm, ließ die Überlegung aufkommen, ob man die Mengen nicht zur Mustangzucht verwenden sollte.

Fahrtensonntag

„Was ist denn heute Nacht passiert?", gähnte Georg die Treppe runter, als ihm Peter von seinem Raum her über den Weg lief. „Wurde eines der Schrottautos von da hinten von Geisterhand wieder lebendig?"

Wie schön, wenn das Gähnen durch ein Lachen erstickt wurde. Es führte unweigerlich zu einem Hustenanfall.

Peter hatte beschlossen, am heutigen Sonntag zum Frühstück Pfannkuchen zu backen, doch natürlich nicht solche amerikanischen Stopf-Teile, die im Mund immer größer wurden, wie er schon damals mit 14 Jahren auf der Rundreise erkannt hatte; er hatte gestern in der Kitchenaid gleich am Anfang einen französischen Crêpeteig gerührt, der reifte nun in der Kühlung seiner Verwendung entgegen.

DANACH beschloss er, so was nur selten zu machen. Zum einen war nach dem Frühstück von den fast zwei Litern Teig nichts mehr übrig. Zum anderen hatte er die ganze Zeit mit einer Pfanne am Gasherd gestanden und für die nun fünf anderen hungrigen Mäuler einen hauchdünnen Crêpe-Fladen nach dem anderen gebacken. Allerdings hatten seine ein bisschen Farbe und waren nicht so bleich, wie die Franzosen sie essen und angeblich sogar mögen. Eine Aussage, die auch beim heutigen Frühstück von allen bestritten wurde.

Nur mit Mühe hatte Peter selbst drei dieser Scheiben abbekommen, einer der Gründe, das nicht mehr oder nur noch gegen Geld machen würde.

Natürlich kreisten die Gespräche am Tisch um Tony und vor allem um gestern Abend im Casino.

„Ich traue es mich ja kaum sagen“, meinte Irmgard zerknirscht und machte eine 2000-Dollar-Verlust-Bittermine. „Aber ich habe gestern 5.380$ gewonnen. Beim Baccara! Dabei habe ich nicht mal gewusst, dass ich das Spiel überhaupt jenseits der James Bond Filme kenne! Ich kenne es auch jetzt noch nicht mal!“

Sie lachten wieder so laut, dagegen waren die Gewinne von Bernd (9.390$) und Georg (2.500$) eher nebensächlich.

„Und trotzdem oder gerade deswegen setze ich in Las Vegas wieder 200$. Das war auch gestern unser Limit gewesen. Irmgard hat aus ihren 200 erst mal an der Slotmachine 400 gemacht, bevor sie begonnen hat.“

Bernd grinste schon in Vorfreude.

Auch der neue Tresor hatte einen Einwurfschlitz, sie alle hatten sich geweigert, das Spielgeld überhaupt anzunehmen. Doch als die beiden am nächsten Morgen abgeflogen waren, fanden sie mit 5.000$ von Bernd dessen halben, mit weiteren 2500$ von Georg aber dessen gesamten Gewinn. Er hatte es ja. Aber keiner der drei hatte damit auch nur gerechnet, dass sie überhaupt noch ein Geldgeschenk bekommen würden. Zusammen waren es von den beiden Deutschen bisher knapp 46.500$ gewesen – „Dafür arbeite ich im Endeffekt ein ganzes Jahr“, kam es tonlos von Tony. Sie nahmen den Jungen in den Arm, auch Irmgard.

Dass er hier nun ab sofort wohnen und mitarbeiten würde, darüber dauerte die kurze Erläuterung länger als die nicht stattfindende Diskussion.

Der heutige Sonntag aber war einem anderen Thema gewidmet, einem Ausflug. Zu den Kochvorbereitungen der Jungs hatte auch die Vorbereitung von Sandwiches gehört. Gut, ein Tag alte Sandwiches schmecken Sch..., daher hatten sie nur dafür eingekauft und am Morgen schmierten fünf Mann frische „belegte Brote“ für alle sechs. Irmgard hatte sich verzogen, „das Näschen pudern“.

„Weiber“, hatte Georg nur geknurrt. „Wenn wir mal Zeit haben, am besten über Skype, erzähle ich Euch von gestern Abend. Ehrlich? Dann lieber Edgar!“

Der Honda war mit den sechs Mann und einer Kühlbox mit Akkukühlung – also keine Eiswürfel von der Tanke – voll beladen und es ging los, aus dem eigenen Gelände hinaus. Schon dieses zeigte das Navi nicht mehr als Straßen an, und so fuhren sie einfach „der Nase nach“.

„Okay“, lachte Bronco, „aber so eine krumme Nase habe auch ich nicht, wie Du jetzt fährst“, und schaute weiter aus dem Frontfenster. Er hatte sich einfach das Privileg des Beifahrers genommen, Georg und Bernd saßen hinter ihnen, Irmgard und Tony in der dritten Reihe.

Sie fuhren nicht existente Straße zu nicht vorhandenen Zielen, nicht einmal die vermuteten Militär-Einfahrten, -Zäune oder -Wachposten waren zu sehen. Es gab also wirklich Straßen, die im echten Nichts endeten. Wobei, diese Wege als Straßen zu bezeichnen, konnte höchstens ein Vierrad-angetriebener Wagen behaupten. Sie bekamen keine Probleme, auch, wenn Peter mutig im Sand wendete, sie blieben nicht stecken, sie mussten nicht einmal aussteigen, um den Wagen leichter zu machen.

Die Leerung der Kühlbox brachte auch keine Erleichterung, denn was sie davon vertilgten, blieb auf ihren Hüften hängen.

Erstmals erkannten sie gleich am Anfang, dass von „Ihrer“ Straße noch eine weitere, bisher vollkommen unbeachtete nach Osten abging, Sie führte nicht weit, aber dennoch zu einem Platz, auf dem weiteres „Großgerümpel“ herumstand, unter anderem ein paar alte Autos in ungefähr dem Zustand von Tonys Wagen, wie der gleich begeistert feststellte, sowie ein unbewohntes Haus mit nichts, was es am Verfallen hindern könnte. Außerdem standen drei LKW-Trailer in verschiedenen Verrottungszuständen dort.

Georg: „Ist das jetzt ein Schrottplatz? Der Beginn davon? Oder das Ende? War hier mal jemand, gab es mal jemanden, der hier gewohnt hat?“ Das Haus zu betreten war ohne Bruchwerkzeug nicht möglich. Bis auf zwei Fenster waren alle Öffnungen mit langzeit-verwitternden OSB-Platten verschlossen. Bei den beiden Fenstern waren diese offenbar abgefallen. Innen war nichts.

„Abenteuerspielplatz?“, mutmaßte Bernd und erklärte: „Wenn so was in Deutschland rumstünde, wäre binnen weniger Wochen vom Ordnungsamt bis zur Bauaufsicht hier ein ständiges Männleinlaufen.“ Er könnte Recht haben, aber Bronco machte mit seinem neuen Smartphone ein paar Fotos und eine Notiz dazu. Vielleicht bekäme er dazu etwas heraus, im Übrigen ein guter

Anfang für einen Artikel. Als er das vorsichtig ansprach, war besonders Georg hellauf begeistert. Er wusste, wie man eine Ausbildung beginnen kann.

DER AUTOR: ES BRÄCHTE NICHTS, HIER JETZT ALLE WEGE ZU BESCHREIBEN. DIESE FÜHRTEN EH NUR VON SAND ZU SAND. WER DAS ALS LESER NACHVOLLZIEHEN MÖCHTE, DEM EMPFEHLE ICH NEBEN DER UNVERGLEICHLICHEN TOUR LIVE VOR ORT, EINFACH EINEN BESUCH IN GOOGLE EARTH.

Richtig war, auch die Fahrgäste erkannten, dass es sich um eine im Normalfall immer gleichbleibende Landschaft handelte. Mal grasten ein paar wilde oder nicht mehr wilde Pferde im Nirgendwo, meist aber war kein Lebewesen zu erkennen. Dass es hier trotzdem Leben gab, darüber konnte Bronco berichten. Peter erkannte mal wieder stolz, dass sein Freund in der Schule offenbar gut aufgepasst hatte.

Am Ende vieler Wege mussten sie umkehren, es ging einfach nicht weiter. Nur, wenn ein anderer Weg oder gar eine Straße erkennbar waren, wagte Peter es, querfeldein zu diesem Ziel zu gelangen. Zurück fanden sie gegen 3pm per Navi. DAS konnte es wenigstens.

Darauf, die Tour als sinnlos oder sinnarm zu bezeichnen, wäre dennoch niemand gekommen. Es ging ihnen, vor allen den neuen *residents,* darum, die Umgebung ihrer neuen Heimat kennenzulernen, viel mehr als bei der Villa aber auch, weil das jetzt ihnen gehörte! Verbindlich. Ein Gefühl, mit dem alle drei, nein, jetzt wohl eher vier, erst mal klar kommen mussten. Die drei erkannten dieses Feeling in sich als neu, denn sie hatten noch nie Grund- und Immobilieneigentum besessen.

Außerdem hatte man im Auto auch sehr gut Zeit zum Reden gehabt. So erfuhren sie erstaunt von Tony, dass der nicht immer Barkeeper gewesen war.

Nein, natürlich nicht! Wie denn auch? Wir Barkeeper haben immer mit Alkohol zu tun und geraten damit in Gefahr, ihn auch zu trinken. Außerdem müssen wir ja auch wissen, wie das schmeckt, was wir dem Gast anbieten. Also beginnt unsere Ausbildung auch erst mit 21. Doch davor hatte ich ja auch schon ein Leben.

Er fasste für die drei anderen kurz noch mal ein paar Sätze zu seiner Jugend zusammen. Am Abend sahen sie mal auf der Karte nach, WO ***Iowa***, ***Des Moines*** und vor allem dann ***Elsterville*** überhaupt lagen.

Ich habe nach der Schule Elektriker gelernt, und ich kann es auch noch. Als Ihr gestern gesagt habt, was Ihr da außen alles noch vorhabt – Leute, ich bin da der richtige Mann für Euch.

Dann habe ich noch ein Jahr bei einer Möbelfirma gearbeitet, also richtig handwerklich und bin dann herumgezogen, Poolboy, Gartenbau, Hausmeis-

ter – bis ich endlich alt genug war und in Reno mit der Barkeeper-Ausbildung anfangen konnte. Ich muss sagen, das war schon immer mein Wunsch, hinter einer Bar zu stehen und freundlich Getränke zu mixen.

„Ja, Poolboy", sinnierte Peter leise, „das war auch mal meine Überlegung gewesen, als ich darüber nachdachte, was ich hier machen könnte. Aber es kam halt alles anders. … Und seit wann bist Du schwul?" Tony lachte.

Schon immer. Ich hatte nie was mit einem Mädchen, wollte immer schon Jungs haben. Das hieß dann im Klartext, dass ich bis zu meiner ersten Lehre gar niemanden hatte, gerade mal ab und zu was mit der Hand. Das aber ist ja schließlich auch Sünde, und Iowa ist sehr fromm. Meine Alten sind noch frömmer. Was glaubt Ihr wohl, warum ich sie nicht mehr sehen will und meine genauso heiligen Geschwister auch nicht mehr?

Sie hätten sicherlich gerne noch mehr gehört, doch ein paar besonders tolle Ausblicke in die Landschaft zogen sie in ihren Bann. Da wurde dieses Thema vorübergehend uninteressant. Man hatte ja auch später noch viel Zeit, es fortzusetzen.

Als sie am Nachmittag heimkamen, waren sie – natürlich! – schon wieder am Verhungern. Bronco beschloss, die gesamte Gruppe kurzerhand zu seiner Mutter einzuladen; ob er dort auch bezahlen würde? „Eher nicht", grinste er zu Peter in der Nacht, „sie spart so viel Geld, wenn ich NICHT bei ihr wohne!"

Vor diesem Gespräch hatten sie noch bedauert, dass der Pool noch nicht fertig war. Den Staub dort drinnen abzuwaschen wäre schön gewesen.

Stattdessen gab es eine Vorbeifahrt an der Villa – man wollte ja unbedingt sehen, ob und wer da eingezogen war. Zu sehen waren nur eine spärliche Außenmöblierung und ein einsames Auto in der offenstehenden Garage. „Na, so toll scheint der Käufer es auch nicht zu haben", ließ Georg einen leicht gehässigen Kommentar fallen, „oder aber, es wird wieder nur so ein Sommerhaus, wie die anderen auch. Hoffentlich konnten die dem Scheich nicht so viel bezahlen, wie der eigentlich wollte." Leider wusste auch Claudia nichts Genaueres, Muhib hatte sich bei ihr seit diesem einen ersten und letzten Mal – ganz am Anfang und noch vor dem Einzug der Deutschen – nie mehr blicken lassen. Aber sie versprach, weiterhin die Ohren offen zu halten.

Der „Abschiedsfick" fiel diesmal noch variabler aus. Was beide deutschen Gäste meinten, sprach Bernd hinterher aus: „Jetzt wissen wir, warum es MUSTANG FARM heißen soll. Das war ein Ritt in die Abendsonne!"

Tony jaulte, dass ihm nicht der Arsch, aber der Magen weh täte, von Bernds Speer angestochen.

„Ha!“, kreischte Bronco, „Das liegt vermutlich eher daran, dass Du neben einem zweiten Hamburger auch noch eine eigene Portion Zwiebelringe bei Mum geordert hast. Das mache ja nicht mal ich so!“

„Es war aber doch so lecker!!!“, kam es kleinlaut von dem Jungen. Ein Kräuterbitter, den man seit Neuestem, nach einem allerersten Besuch in einem Liquor Shop, auch im Haus hatte, erzeugte ein befreiendes Aufstoßen bei allen.

Sie schliefen alle in ihren Zimmern, nach drei Durchgängen reinen Fickens, ohne kräftezehrende Blowjobs davor, hatten alle das Recht, müde zu sein.

Turbulente Woche

Bereits am frühen Morgen um 7am, aber dennoch nach einem guten Frühstück, fuhr Peter die beiden Besucher zum Flieger. Sie hatten sich schon im Haus alle ausreichend verabschiedet. Es war zeitlich doch ein bisschen knapp geworden, aber bei einem Inlandsflug gab es wenigstens kein großes Check-In. Bronco hatte beschlossen, „endlich“ die „ganzen liegengebliebenen“ Arbeiten zu erledigen und spannte Tony dabei mit ein, wie ein gelernter Vorarbeiter.

Es war wirklich eine ganze Menge elektronischer Zettel, die sich auf dem Bildschirm bei Aufruf zusammenfanden: Bob anrufen, Harry wegen Auto für Tony fragen, überhaupt die Auto- und Führerscheinfragen klären, Zeitplan Pool festlegen beziehungsweise mindestens nach Bobs Angaben notieren, endlich wirklich mal im Internet nach einen elektrischen Tor und nach den Wegeleuchten sehen und so weiter. Sie waren noch nicht fertig, als Peter wieder zurückkam, und schickten ihn erst mal in die Küche, das Mittagessen vorzubereiten.

Das Wetter draußen verkündete, dass auch hier bald der Herbst kommen würde. Die Temperaturen waren gesunken, und die Wettervorhersage kündigte für morgen, Dienstag, den 12. Oktober 2009, den kältesten Tag des Monats an, inklusive Regen.

Wie Bob es geschafft hatte, noch an diesem Tag den Bodenverbesserer für die Straße zu organisieren, wollten sie gar nicht erst wissen und Bob mochte es ihnen auch nicht verraten. „Tja“, meinte Peter wieder nachdenklich, „das ist wohl auch die USA, dass die Leute einfach arbeiten, wenn Arbeit da ist, und nicht, wenn es der Kalender vorschreibt.“ Er erntete ein Nicken.

Straßenbeben

Ein Zug aus einem sichtbar schweren Traktor und zwei ebenso schweren Anhängern rollte langsam auf das Grundstück. Die Staubwolke dahinter war nicht so langsam, doch ein guter Wind von Nord blies sie in die andere Richtung.

Das Männchen, das behände vom Traktor kletterte, hätte sie beinahe zum Lachen gebracht, denn es war klein, vielleicht 160cm, und komplett grau. Alles an ihm war grau, die Kleidung, die Haare, die Haut. Selbst die Zähne schienen grau zu sein. „Dieser Mann ist kein Zementfahrer, er ist aus Zement", flüsterte Bronco, was ihm von Tony einen Hieb ein- und Peter in Schwierigkeiten brachte.

„Na, was kommt denn da für ein Monster angefahren!", lachte er und konnte so sein Lachen kanalisieren. „Mann, was für Maschinen. Hi, ich bin Peter, einer der Eigner hier."

„Hi, und ich bin Josh, Ihr braucht meine Hilfe, hat mir Bob gesagt. Hätte heute zwar mit meiner Ollen einkaufen gehen sollen, aber das können wir auch morgen, wenn´s regnet. Dann kann ich nämlich nicht fahren."

„Hallo Josh. Gut, prima und danke. Können Sie uns kurz erklären, was Sie machen werden?"

„Das ist recht einfach. Erst staube ich den Weg noch mehr ein, denn ich verstreue reinen Zement. Dann hacke ich ihn mit diesem kleinen grünen Monster auf dem Anhänger ein und lockere zugleich den Boden. Und als letzten Gang fahre ich mit dem Plattenrüttler drüber und verfestige wieder alles. Für morgen habe ich schon mal Regen bestellt. In ein paar Tagen ist der Zement abgebunden und Euer Weg schon ab morgen so gut wie staubfrei."

„Klingt toll. Heißt aber auch für uns: Alle Fenster zu?"

Er lachte. „Alle Fenster zu und alle Luken dicht, bis ich fertig bin. Ich habe aber schon gesehen, der Wind weht es heute weg, Ihr könntet also Glück haben. Trotzdem. Und jetzt fange ich mal an." Sie lachten, bedankten und verabschiedeten sich erst mal wieder ins Innere des Hauses.

Es klingelte nach fünf Minuten gleich wieder. Josh.

„Ja, welche Fragen hast Du noch, Josh?", Bronco war an der Tür.

„Bob hatte mir noch was gesagt von wegen Lampen und Kabel, die am Rand verlegt werden sollen. Ich hätte da zufällig eine Fräse dabei, damit könnte ich…"

„Ja, sofort! Du bist ein Schatz, Josh", jubelte Tony von drinnen. „Das wäre wunderbar. Einfach auf beiden Seiten je einen 12cm tiefen Graben ziehen, das wäre alles. … Leute, das wird erheblich gerader, als wenn wir es machen würden."

Peter knurrte drinnen: „Vor allem geht es nicht so aufs Kreuz."

Tony lachte. „Das auch, aber eher theoretisch. Oder meinst Du, ich hätte es zugelassen, dass wir hier per Hand schaufeln? Nicht mit Tony, dem Gartenbauer! Wir hätten uns im Baumarkt eine kleine Grabenfräse geliehen und damit die Gräben ausgehoben. Aber so? So finde ich es besser."

Wurde es auch, da Josh diese Gräben ebenfalls aus dem mit trockenem Zement vermischten Sand-Schotter der Straße aushob, und somit durch den Regen auch die Gräben verfestigt wurden, leider allerdings auch das ausgehobene Material. Daher mussten sie dann Sand von der Wegbegrenzung hineinschaufeln. Man kann halt nicht alles haben…

Kriegsrat

„Okay, was steht denn nun in den nächsten Tagen an", fragte Tony, als sie wieder saßen. Bronco holte sein Tablet aus dem Standby zurück.

Sie baten Irmgard hinzu, die sich in ihrem Zimmer versteckt hatte und nun eher missmutig auf die Staubstürme blickte, die sich draußen bereits erhoben. Josh hatte zügig zu arbeiten begonnen, „Fühlst Du Dich nicht wohl?", fragte Peter mitleidend seine Mutter.

Irmgard schüttelte den Kopf. „Nicht wirklich. Irgendein Drink gestern war nicht gut gewesen. Weiß auch nicht. Dabei haben wir nicht viel getrunken. Aber die fahren da ja immer mit den Wagen mit *free drinks* herum…"

„Okay", meinte Tony langsam, „die sind aber auch nicht schlecht, im Sinne von verdorben. Eher im Gegenteil. Denn die kommen fertig gemischt aus der Fabrik, während wir an der Bar jeden frisch aus der Pistole mischen. Alkohol ist auch kaum welcher drin. Die Drinks werden ja an die Spieler verteilt, und betrunkene Spieler schlafen nur am Tisch ein und verlieren nicht weiter ihr Geld." Sie lachten, doch das half Irmgard auch nicht. Selbst auf die eigentlich an sie gestellte Frage, ob und wann sie sich ein eigenes Auto wünscht, hatte sie keine klare Antwort. Also schickten die drei sie ins Bett und wünschten ihr gute Besserung. Sie würden alle halbe Stunde nach ihr sehen, abwechselnd.

Peter hatte seinen Honda lieb gewonnen und wollte ihn behalten. Tonys Chrysler war seiner Ansicht nach nur noch Schrott und soff zudem wie ein Loch. „Ich glaube, der Sprit fließt hinten einfach so wieder raus." Bei rund 7l Diesel auf 100km war das klar. Okay, okay, Peter hatte es in einen für ihn brauchbaren Wert umgerechnet beziehungsweise das Internet umrechnen lassen. Original amerikanisch zeigte er 33 Meilen pro Gallone an. Das war ein Wert, unter dem sich weder Peter noch Irmgard etwas vorstellen konnten. Die Umrechnung nun einfach zu erklären, gelang nicht mal Bronco auf Anhieb.

Es wurde jedenfalls beschlossen, alsbald mal wieder Harry heimzusuchen und mit ihm über eine Abnahme von drei weiteren Autos zu reden. „Nur für mich kein neues, bitte“, warf Tony an. „So viel Geld habe ich auch nicht.“ Damit war das Stichwort Geld gefallen, und Tony benannte seine Ersparnisse auf 20.000$. „Ja, das ist nicht wenig“, grinste er, „aber ich habe ja fleißig gearbeitet und wenig ausgegeben. Wofür denn auch was ausgeben? Kost und Logis waren frei.“ Sie nickten die Infos ab.

„Bronco, Du machst erst mal die *license*, bevor wir über ein Auto für Dich entscheiden, okay? Wie weit bist Du da eigentlich?“, wollte Peter wissen.

„So gut wie fertig. Vergiss nicht, ich kann lesen und habe es sogar getan. Ich hab mir Dein Führerscheinbuch mit aufs Klo genommen und dort durchgearbeitet. Kinderkacke, wenn ich das mal so sagen darf.“ Die drei lachten. Nur Tony schüttelte den Kopf.

„Nee, Kleiner, das wird so nichts. Du bist nicht mehr in der Schule, aber noch nicht 18. Da musst Du 50 Stunden Fahrschule online oder in einer Klasse absolvieren, bevor Du die Lizenz überhaupt machen darfst. Wenn Du 18 bist, fällt das weg. Schau mal beim DMV für Nevada nach, die beschreiben das genau. Wann hast Du Geburtstag?“

„Am 1. Februar“, kam es kleinlaut von Bronco.

„Na, SO lange ist das nicht mehr bis dahin. Wenn Du ihn nun nicht ganz dringend brauchst, dann würde ich ihn an Deiner Stelle dahin verschieben. Spart sehr viel Arbeit und Aufwand. Und hier auf dem Gelände kannst Du genug üben, auch mit meinem Auto.“

„Ihhh! Du willst, dass ich mit den Füßen durch den Boden das Auto anschiebe? Wie ein Tretauto ohne Tretmechanik?“ Sie lachten mal wieder lautstark, was die Katzen dazu bewog nachzusehen, ob nicht mal doch ein paar Streichelhände übrig wären. Sie waren es.

Dass man mit Harry dennoch über drei Autos diskutieren würde, war etwas anderes. Sie riefen ihn sogar gleich an, aber nur, um ihn für Mittwoch, nach dem angekündigten Regen, zu bitten, mit einem Pannenfahrzeug vorbeizukommen beziehungsweise einen Mechaniker zu senden. Er sollte sich den Kleintruck vorne bei der „Siedlung“ ansehen. Harry hörte sich die Geschichte detaillierter an und versprach, auch die anderen Fahrzeuge zu begutachten. Außerdem habe er einen guten Auktionator, der, wegen zu guter Wirtschaft hier, wenig zu tun hätte.

Kurzum, Topher Pinkerton hatte am nächsten Samstag frei und würde heute noch die Werbung dafür schalten. „Ja, das ist absolut rechtzeitig, Sir. Wenn wir die Auktion noch länger ankündigen, haben´s die Leute schon wieder vergessen“. Nächster Punkt abgehakt!

Bob rief an, bevor sie ihn anrufen konnten, und kündigte die nächsten Pooltermine an. „Eigentlich wollte die Fachfirma morgen kommen, aber da es regnen soll, verschiebt sich das alles auf Mittwoch. Sie verputzen den Pool und vorinstallieren schon mal die Technik. Nächsten Montag dann können Schutzvlies und Folie eingelegt werden. Oder wollt ihr jetzt doch lieber Kacheln?“

Peter ließ sich den Preis nennen. Daraufhin beschlossen Bronco und er sehr schnell, doch bei Folie zu bleiben. Um Gottes Willen, sie waren ihrem Geld ja nicht böse!

Nun endlich fanden sie Zeit für die Internetrecherche nach Lampen, Video und dem Tor. Zuerst aber bat Tony darum, auch ins WLan eingebunden zu werden, was natürlich sofort geschah. Er staunte nur über den 22 Zeichen langen Code. Für einen nicht der deutschen Sprache Mächtigen war der wirklich nicht zu erraten, denn er lautete: `Ichliebe175jungeKatzen`. Auch Bronco hatte Mühen mit dem Merksatz. Nun, man brauchte ihn auch nicht alle Tage.

Fanden sie es erstaunlich, dass Tony über ein hochmodernes Tablet und ein ebensolch teures Smartphone verfügte? Beide waren Markenware eines sehr großen Herstellers, und damit teurer als die Geräte der beiden? Sie beschlossen, weder Neidgefühle aufwallen zu lassen, noch sich zu wundern, denn im aktuellen Betrieb, als sie alle drei ihre Tablets gleichzeitig Dutzende von Seiten durchforsten ließen, zeigten sich keine relevanten Unterschiede.

Interessanterweise fanden sie mehr, als sie gesucht hatten.

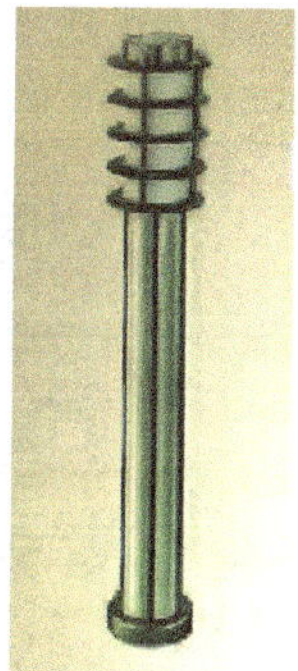

Bei den Lampen entschieden sie sich, neben den alle fünf Yard [14] zu installierenden Bodenstrahlern, auch noch alle zig Yards je eine dekorative Standleuchte aus Edelstahl zu montieren und gleich auch für den Pool solche mit zu kaufen. Dazu kamen noch ein paar Wandleuchten für das Haus rundherum samt Zubehör, wie professionelle Zeitschaltuhren und Dämmerungsschalter vom gleichen Lieferanten, die über ebay günstig zu haben waren. Es war Peter ein innerer Vorbeimarsch, als er die erste größere Bestellung auslöste, die NICHT von Muhibs Konto abgebucht wurde. Wobei ... nein, er musste doch einige Sekunden der Versuchung widerstehen, einfach die Daten von Muhibs Kreditkarte weiterzuverwenden. Der alte Sack hatte schon genug geblutet.

Dass es allerdings auch nicht seines, sondern das Konto von Irmgard war, lag einfach daran, dass die zweiten Gelder der deutschen Besucher immer noch im

[14] 1 Yard = 0.9144m, also rund ein Meter

Tresor lagen und auf Irmgards Konto gehen würden, genauso wie die 38.000$ vorher. Da hatte Jason aber Augen gemacht!

Gleiche Suchergebnisse galten für das elektrische Tor, bei dem sich dank Tony und Internet zeigte, dass noch viel mehr dazu gehörte, als nur ein bisschen Tor, zwei Pfosten und ein Antrieb. „WENN wir das schon machen wollen und die Straße für ein richtiges Ranch-Tor einfach zu schmal ist, dann sollten auf jeder Seite mindestens fünf Yard genauso aussehender Zaun stehen. Also wie ein H. Sonst sieht das nicht aus. Der Zaun hat zudem die Vorteile, außen die Klingel und die Gegensprechanlage, innen den Bewegungsmelder zum Öffnen und zudem die Videokamera aufnehmen zu können, WENN Ihr das so haben wollt. Oder laufen wir zu jedem Öffnen nach vorne?“

Bronco und Peter zogen eine Schnute; so komplex hatten sie es sich eigentlich nicht vorgestellt. Doch die Alternative, gar kein verschließbares Tor, sondern nur eine Bewegungsalarmierung zu installieren, gefiel ihnen ebenso wenig. Die Idee, ein Falltor, allerdings mit Fallrichtung nach unten in den Boden hinein, zu bauen, schied schon mal mit gemeinsamem Lachen darüber aus.

„Unser Problem hier ist“, dozierte Tony, und die beiden wunderten sich besser mal gar nicht, dass er von „unser“ und nicht von „Euer“ sprach, „dass das Grundstück eigentlich gar nicht abzusichern ist. Wer nicht durch das Tor fahren will, weil er nicht gesehen werden möchte, der fährt halt ein paar Yards vorher auf das Gelände drauf. Wie das geht, hast Du gestern selbst vorgemacht, Peter. Die einzige Alternative wäre es, einen elektronisch überwachten Zaun rund um das GESAMTE Gelände zu errichten, dann würde ich aber gleich noch ein Nebengebäude für zwei oder drei Sicherheitsleute dazu bauen, die ihn

dann 24 Stunden überwachen. … Leute, wir sind nicht Fort Knox! Was will man bei uns denn schon klauen? Unsere Unschuld?" Wie gut Gelächter entspannen kann!

Auch jetzt half mal wieder das Internet, in diesem Fall mit Bildern. Sie entschieden sich für die ur-amerikanische Version einer Einfahrt. Hoch und breit genug auch für Trucks. Sie schauten ratlos auf Tony. Der konnte die Gedanken erkennen und lachte.

„Natürlich bauen wir das selbst! Gut, uns fehlen noch ein wenig die Werkzeuge dazu, und das rechnet sich normalerweise auch nicht, sie zu kaufen. Aber wenn ich hier bleiben darf, ich kann damit umgehen, dann ist das auf alle Fälle günstiger, als alles in Auftrag zu geben.

Und so erfreute sich der Baumarkt bei scheußlichem Regenwetter und Eiseskälte von maximal 10°C am Dienstag eines neuen Großauftrags. Doch dazu später.

Sie aßen zu Mittag, ohne Irmgard, die war nicht zum Aufstehen zu bewegen. Am späteren Nachmittag, als die Höllenmaschinen samt ihrem Besitzer Josch wieder abgezogen waren, das blaue Hausdach trotz gegenblasenden Windes einen gräulichen Unterton angenommen hatte und die Fensterscheiben fragten, ob sie nun auf Dauer so blind sein mussten und Irmgard noch immer nicht aufstehen wollte oder konnte, riefen sie einen Arzt aus Reno. Hier musste Bronco helfen. Das amerikanische Ärztesystem war so grundlegend anders organisiert.

Das Internet bot erst mal eine Menge von telefonkostenfreien *0800-helplines* mit Sitz in Minnesota, Seattle oder in der Steppe von Texas – lauter Arztvermittlungsdienste. Doch Reno beziehungsweise Nevada schien so etwas selbst zu haben. Allerdings wusste das auch Bronco nicht, nur Claudia hatte mal wieder den goldenen Tipp für ihre „Zweitfamilie". Es erschien eine junge, langhaarige, blonde und sehr nette Ärztin rund eine Stunde nach dem Anruf. Kurz danach fuhr auch ein Krankenwagen vor und brachte Irmgard in das *Renown South Meadows Medical Center*, laut eigener Homepage *„bundesweit in den oberen 1 Prozent für die Qualitätspflege eingestuft, auf der Grundlage von Maßnahmen für Herzinfarkt, Herzversagen, Lungenentzündung und Chirurgische Versorgung."*

Sie hatten schon alles für sie zusammengepackt, Peter hatte beschlossen, dem Sanka nicht hinterher zu fahren – wozu auch.

„Um im tristen Wartebereich herumzusitzen? Sie wird jetzt eh erst durch die Untersuchungsmangel gedreht. Ich hab Eure Krankenversicherung gesehen –

ich ahne schon, WAS die alles mit ihr machen werden. Das könnte keiner selbst bezahlen!“ Bronco würde wohl wieder einmal Recht behalten.

Damit war gleich das nächste Thema dran: Krankenversicherung.

Sie hatten jeder eine, Bronco auch (noch) über seine Mutter und Tony (noch) über das Casino. Die von Bronco würde mit dem 18. Geburtstag ablaufen und die von Tony mit Ende dieses Monats.

Peter rief gleich mal den Makler an, über den sie ihre Versicherung erhalten hatten, er würde am nächsten frühen Abend hier erscheinen müssen.

„Apropos Versicherungen“, fragte Tony. „Wie ist denn das hier mit dem Haus? Ich meine, vorher, die Hütte hat Euch ja nicht gehört, aber hier?“

Peter zog scharf die Luft durch die Zähne ein und schrieb gleich mal einen Zettel für das Maklergespräch. DAS würde teuer werden, das wusste er.

Der letzte Tagesthemenpunkt war noch die Videoüberwachung. „Nein“, widersprach Tony, „das besprechen wir heute nicht mehr, wäre sinnlos. Warten wir morgen den Makler ab! Wenn es um Einbruchversicherung geht, dann hat er beziehungsweise die Versicherung Mindestanforderungen an das Video.“ Sie hakten auch diesen Punkt ab und verschoben ihn seufzend auf den nächsten Tag.

Das mit Irmgard schlug Peter mehr aufs Gemüt, als er eigentlich gedacht hatte. Sie hatten noch kein Testament gemacht – diese Idee kam ihm auch gerade, und er erwähnte sie. Doch anstatt zu beteuern, dass es doch sicherlich noch lange nicht soweit sei, schauten Tony und Bronco gleich mal im Netz nach und fanden heraus, dass Irmgard und Peter gegenseitig erbberechtigt sind, auch ohne Testament. Immerhin waren sie Mutter und Sohn. Das galt also vergleichbar zu deutschem Recht.

„Wann wollen wir eigentlich eröffnen, und wie?“, fragte Bronco. Peter sah ihn bitterböse an: „Wie bitte?“, und Bronco erschrak diesmal richtig. „Sorry, ich wollte nicht ... ich meine ... es tut mir leid ... aber, verdammt noch mal, Peter, egal, was passiert, das Leben geht weiter. Irmgard ist noch lange nicht tot, und ihr wäre es auch am wenigsten recht, würde die Welt jetzt wegen ihr angehalten werden.“

Peter knurrte nur als Antwort. Dann raffte er sich doch zu mehr auf: „Ja, tut mir leid“, – na gut, „mehr“ hieß ja nicht unbedingt, dass er nicht immer noch knurrte – „Aber ich habe im Moment andere Sorgen. Tut mir leid, dass ich Dich angeknurrt habe. Aber Du hast ja recht, es soll ja nicht schon übermorgen sein.“

Sie diskutierten tatsächlich noch darüber, entschieden aber, dass die Einladung noch ein paar Tage Zeit hätte. Denn es sollte eine richtige Housewarmingparty werden, die allerdings das Schwimmbad noch nicht einschließen würde.

„Na und? Macht doch gar nichts, im Gegenteil! Dann haben wir im November oder Dezember noch mal einen Grund zum Feiern!“, grinste Tony. Peter umarmte ihn, länger und intensiver, als je zuvor.

Das Telefon klingelte. Peter bekam einen so panischen Gesichtsausdruck, dass Tony an den Apparat sprintete.

„Ach Ihr seid es, Georg! Na, wie geht es Euch? ... WAS? WIE BITTE? Schon wieder gewonnen? 29.000$ Ihr beide? Gratulation, Mann, das ist toll!

Jungs, habt Ihr gehört?“

Die Antwort aus dem Salon klang so bedrückt, dass Georg sofort nachfragte und Tony kurz die Probleme Irmgards berichtete. Natürlich wünschten sie alles Gute, gute Besserung, viele Grüße und empfingen Wünsche für eine gute Reise.

Ein Anruf im Krankenhaus erbrachte nichts Neues, es ginge ihr soweit gut, aber die Laborwerte waren noch nicht fertig. Sie schliefe jetzt und das Fieber sei auch zurückgegangen. Na, immerhin etwas!

Bald, müde und ohne Sex, gingen sie ins Bett.

Not singing in the Rain

Zum Singen war keinem zumute an diesem Dienstagmorgen, dem 13. Oktober 2009. Sie waren froh, dass die Klimaanlage auch eine gute Heizung war. Über die Stromrechnung – nun, dank der hauseigenen Solartechnik KÖNNTE sie ein wenig niedriger ausfallen – machten sie sich wenig Gedanken. Die Vorbesitzer hatten die Anlage sicherlich auch rechnen lassen. Es war aber Peter auch schon in längeren Diskussionen mit Bronco aufgegangen, dass ein nachträglicher Einbau konventioneller Heiztechnik fast nicht bezahlbar war. „Außerdem, lieber Peter, es rentiert sich eigentlich nicht. Denn überwiegend haben wir hier Temperaturen, die höher als unsere eigenen Frierpunkte liegen."

„Dein Wort in Gottes großen Gehörgang", hatte Peter damals nur gemeint. Es war wieder so ein Tag gewesen, an dem er sich fragte, was denn Wüste und das vor dem Fenster gezeigte Wetter wirklich miteinander zu tun haben könnten.

Natürlich galt der erste Anruf Irmgard im Krankenhaus. Er konnte sich zu ihr verbinden lassen, sie hatte ein Telefon auf dem Zimmer.

„Ja, es geht mir schon ein bisschen besser. Ich muss irgendeinen hartnäckigen, verschleppten Infekt haben, meinten die Ärzte, ich hänge schon seit gestern am Tropf, bekomme irgendwelche Antibiotika. Und außerdem meinten sie, ich hätte vermutlich Diabetes, aber die Langzeitwerte kommen erst in ein paar Stunden. Gehe mal davon aus, dass ich ein paar Tage hier bleiben muss. Ist doch kein Problem oder?"

„Nein, definitiv nicht", lachte Peter, halb Fröhlichkeit vorspielend, halb erleichtert. „Wir kommen auch ohne Dich klar. Hier läuft alles seinen Gang, und die Woche wird eh sehr arbeitsintensiv werden."

„Ja, das habe ich mir schon gedacht. ... Sie sind hier sehr nett und freundlich zu mir. Ich habe ein Zweibettzimmer, könnte auch ein Einzelzimmer kriegen, aber dann sterbe ich noch mehr vor Langeweile. Kannst Du mir was zum Lesen mitbringen?"

„Hä? DIR zum Lesen? ... Leute, hört mal! Irmgard will was zum Lesen haben. Sie muss wirklich schwer krank sein", rief er in den Raum. Das folgende Gelächter hallte aus dem Lautsprecher des Telefons auch bei ihr wider. „Gut, wir kommen heute noch bei Dir vorbei, die Adresse habe ich ja. Sonst noch was?"

„Ach ja, einen hübschen jungen Mann bitte!" Sie hörten, wie eine weitere Frauenstimme offenbar in ihrem Zimmer aufquiekte, und sie lachten nun alle zusammen.

„Na gut, dann sag Deiner Nachbarin, dass da heute drei sehr hübsche und sehr junge Männer vorbeikommen werden. Aber wir machen jetzt erst mal Frühstück. Cookies bringen wir dann besser nicht mit, das ist nichts bei Zucker." Ein tiefer Seufzer kam von der anderen Seite, und sie legten auf.

Peter ging es schon viel besser, und Bronco schaute auch irgendwo erleichtert drein. Nur Tony hatte eine Art professionelles Dauer-Freundlich-Grinse-Bin-ich-nicht-nett-Gesicht drauf, so was ähnliches, wie es Irmgard normalerweise zur Schau trug.

Sie frühstückten, schauten wieder raus, es regnete immer noch. Schon als Peter am Morgen gegen sieben einmal pinkeln war, hatte es draußen geregnet, es regnete nun weiter und es sah nicht so aus, als würde es aufhören.

„So ein Shit-Wetter", schimpfte er, um gleich darauf von Bronco getadelt zu werden.

„Pete, es mag uns ja nicht gefallen, aber bist Du Dir im Klaren darüber, dass uns dieses Wetter gerade rund 500$ einspart? So viel hätte es nämlich gekostet, wenn Josch auch noch mit einem Wasserverteiler hätte anfahren müssen. Das Komplettangebot ist vorhin per Mail reingekommen. Und außerdem wirst Du in den nächsten Tagen sehen, wie schön es hier aussieht, wenn es mal geregnet hat. Du wirst die Gegend nicht wiedererkennen!"

„Na hoffentlich!" Er ließ sich den Ausdruck des Angebots zeigen, es waren erstaunlich geringe 1.000$, noch ohne die beiden Gräben. Gut Peter hatte keine Ahnung, aber er hatte mit einem Mehrfachen gerechnet. Sofort kam ihm die Überlegung, die gesamte restliche Straße bis unten hin genauso behandeln zu lassen und teilte dies auch den beiden mit. Sie stimmten fröhlich zu – war ja auch nicht ihr Geld.

Als am späten Nachmittag noch die Rechnung eintrudelte, waren es insgesamt 1.200$, Peter wies diese unverzüglich an und teilte Josch mit, dass er nach eigener Terminsetzung auch den Rest der Straße von der I-341 bis oben hin genauso, nur ohne Graben, bearbeiten dürfe. Er möge sich gerne einen Tag aussuchen, nach dem es regnen würde. Die prompte Antwort erfolgte mit einem „THX" – „Dankeschön".

Missmutig warf Peter einen Blick auf den Pool. Der war notdürftig mit einer Plane abgedeckt, um nicht ganz abzusaufen, wie Bernd es gemeint hatte. Sie hatten die Plane in der Mitte auch noch mit einem längeren Holz unterstützt, sie bildete damit ein Zelt und das Wasser konnte abfließen. Normalerweise hätte so ein Zelt die beiden sofort an etwas anderes erinnert und zum Lachen gereizt, heute war das jedoch einfach nicht drin.

Sie beschlossen, nun nicht länger hier Trübsal zu blasen, sondern stattdessen zu Irmgard und zum Einkaufen zu fahren. Einkaufen war eine Tätigkeit, die

Peters Laune immer hob, egal wann, und auch diesmal tat es ihm gut. Mehr als gut. Es normalisierte seine Gefühle wieder.

Natürlich trug auch dazu bei, dass sie für Irmgard auf ihr Tablet Bücher und Lesesoftware gepackt hatten, auch Lade- und Anschlusskabel nicht vergaßen – vor allem aber im Krankenhaus eine recht aufgeräumte, wenn auch unendlich alt aussehende Irmgard vorfanden. Sie hatte alles dabei, nur eines nicht: ihr Schminkzeug. Peter überlegte, doch ihm fiel nicht ein, wann er seine Mutter je ohne „Deko-Stuck" gesehen hatte. Trotzdem, es ging ihr „den Umständen entsprechend" gut, was auch immer die Umstände sein mochten. Das mit dem Diabetes aber schien sich zu bewahrheiten. Erst einmal würde sie jetzt auf Tabletten eingestellt werden.

„Die Doktors meinte, daher käme auch meine dauernde Müdigkeit." Sie lachte. „Und dabei habe ich gedacht, ich hätte nur zu viel gearbeitet – bei dem Umzug!"

Ihr Zimmernachbarin war einige Jahre jünger als sie, nicht hässlich – „wenn man auf Frauen steht", wie Tony, wieder draußen, betonte –, und die beiden schienen sich gut zu vertragen. Es ging Peter schon da viel besser.

Nun erfreute sich die Baumarkt bei scheußlichem Regenwetter und erneuter Eiseskälte von 10°C Höchsttemperatur am Dienstag eines neuen Großauftrags. Irmgard war ja nicht mit dabei, und so konnte Bronco im Baumarkt endlich mal sein Verhandlungstalent austoben. Als nach einer dreiviertel Stunde vier Verkäufern nur noch die Augen aus den Höhlen traten, feierte Bronco einen Gesamtrabatt von 25% auf alle heute gekauften Werkzeuge und eine Blockhütte als Werkstatt. „Ist ja wohl das Mindeste, bei den Umsätzen, die Ihr bisher mit uns gemacht habt", bemerkte er im Rausgehen. Das allerdings musste SEHR schnell erfolgen, denn die beiden platzten beinahe, Tony definitiv vor Lachen. Nur Peter überlegte sich noch, ob lieber vor Scham oder doch vor Gelächter.

Dass Bronco das Ganze auch noch heimlich mit seinem Smartphone als Video aufgenommen hatte, es am nächsten Tag einer amüsierten Irmgard vorführen konnte, war ein weiterer Gag.

Das Gartenhaus aus Naturholz zum Zusammenstecken hatte ihnen besonders deshalb gefallen, weil es im gleichen Blauton gehalten war wie ihr Haus. Sie hatten auch gleich noch zwei Werkbänke und ein paar passende Schwerlastregale dazu geordert... Es würde geliefert werden, vermutlich schon am Mittwoch.

Sie schauten mal wieder bei *El Pollo Loco* vorbei und nahmen da ihre karge, von Kummer getrübte und reduzierte Mittagsmahlzeit ein, im Endeffekt je ein ganzes Hähnchen plus Beilagen. Also ganz, ganz wenig, wie sie alle drei sich gegenseitig versicherten. Die Sorge um die Mutter wurde immer davon gekrönt, dass just dann einer aufstand, um die nächste Schüssel Guacamole zu holen.

Die Werkzeuge hatten sie zum Teil schon im Auto. Sie kurvten noch mal schnell bei Harry vorbei, überbrachten auch ihm die Nachricht von Irmgard im Krankenhaus und besahen sich gleich mal (bei dem Regen vom Büro aus) ein paar Autos. Er hatte noch keinen Mechaniker rausgeschickt. „Oder eilt es Euch so sehr? Bei dem Wetter…" Nein, natürlich nicht. Keineswegs. Ab morgen musste das Haus sowieso den gesamten Tag über mit mindestens einem Bewohner besetzt sein, bei dem Andrang, der kommen würde. Die Baufirma für den Pool, die Blockhütte, der Auktionator wollte vorab mal ansehen, was da alles herumliegt und so weiter. Eine turbulente Woche.

Dementsprechend hatten sie wieder Lebensmittel eingekauft, diesmal auch Kurzbratstücke wie Schnitzel und Kotelett, dazu frische Champignons, echte Sahne, Zwiebeln, Reis und Nudeln. Sie hatten halt alles gekauft, was man so für die Restwoche brauchen könnte, neben der Füllung für die „leeren" Gefrierschränke.

Ein kurzer Blitzbesuch bei Claudia informierte auch diese über Irmgards Zustand. Sie versprach, auf dem Heimweg bei ihr vorbeizusehen. „Ist kein schlechtes Krankenhaus", meinte sie, „vor allem, wenn man versichert ist. Ich war auch schon drin, wegen meiner Knie und Hüften. Aber helfen konnten sie auch kaum, sie meinten nur, ich müsse abnehmen." Sprach´s, nahm mit den Fingern ein paar übrig gebliebene Pommes auf und steckte sie sich in den Mund. Den strafenden Blick von Bronco übersah sie so geflissentlich wie vermutlich schon seit vielen Jahren.

Bis der Makler am Abend kam, hatten sie zu dritt gut damit zu tun, die Sachen ins Haus zu bringen. Sie überlegten, wie man wohl eine regendichte Verbindung zwischen Garage und Haupthaus bilden könnte, doch so richtig fand keiner eine Lösung. Alles hätte das eigentlich schöne Ansehen des Hauses geoder gar zerstört.

Das E-Mail-Postfach erwartete sie mit der Nachricht, dass sie am morgigen Tag mehrere Pakete empfangen sollten, der Absender zeigte, dass es sich wohl um die Lampen handeln dürfte.

„Shit! Wisst Ihr, was wir heute alles vergessen haben, im Baumarkt?", rief Tony aus, als er versuchte, einen Wochenplan aufzustellen.

„Nö. Dich? Oder Dichtmasse für Deinen Arsch, weil wir Dir doch zu groß sind?", neckte ihn Bronco.

„*Buffoon*[15]! Nein. Aber wenn wir Lampen verlegen sollen, dann brauchen wir auch Kabel und Verbindungsmaterial, Bodenverteiler, und so weiter – also das ganze Kleinmaterial." Schraubendreher und andere Kleinwerkzeuge hatten sie heute schon einen ganzen Kasten voll mitgebracht. Es würde eine recht professionelle Werkstatt werden.

„Na, ist ja nicht SO schlimm", meinte Peter, „dann fahren Tony oder ich morgen noch mal schnell hin, oder wir rufen an und lassen es mitliefern. Oder wir bestellen kurz bei ebay noch nach."

Die Lieferfristen bei ebay waren okay, die Preise noch besser. Doch morgen ist morgen und nicht erst in ein paar Tagen – die amerikanische Denkweise von „jetzt und sofort" ging langsam auch auf Peter über. Er beschloss, den heute ausgehandelten Sonderrabatt zu einem Standard zu machen, gegebenenfalls nicht mehr ganz in dieser Höhe. Ein wenig ärgerte er sich schon, dass er die gesammelten Homedepotquittungen nicht aufgehoben hatte, doch ein weiteres Telefonat mit Irmgard erbrachte die überraschende Mitteilung, dass sie es gewesen war, die die Quittungen ordentlich abgelegt hatte. Die drei Jungs beschlossen, Irmgard nach ihrer Rückkehr mit körperlichen Arbeiten zu verschonen. „Dafür setzen wir sie an den Scanner, und sie darf alle Quittungen einscannen und in das Programm einlesen. Da ist eins beim Scanner dabei – hatte ich gesehen –, wir haben es nur noch nie installiert." Das wurde gleich mal Broncos Job, der sich aber auch sofort beschwerte, dass „diese Scheiß-Software nur deutsch spricht". Peter zeigte ihm lachend, dass „Sprache" die Spracheinstellungen anzeigte, und schon konnte auch Bronco die Anleitungen lesen. Das Programm war wirklich einfach zu bedienen.

Als letzten Schritt, bevor der Makler kam, hängten sie noch gemeinsam das von Bronco gestiftete Bild über dem Sofa im Salon auf – es passte absolut perfekt. „Nur da um den Fernseher herum…", mäkelte der Junge mit dem de-

[15] Blödmann

korativen Feingefühl, „Ich weiß ja nicht, was die da mal vorhatten. Für ein Aquarium ist es definitiv zu flach, für eine Nische nicht kuschelig genug und so sieht selbst das größte TV-Gerät darin einfach mickrig aus. Vielleicht ein Homekino mit 100.000$-Profi-Beamer? Haben wir dafür eine Idee?"

Sie hatten, genauer gesagt, sie kam mit der Zeit und lautete auf Fototapete. Oder, vielleicht war auch das mal der Plan: Heraustrennen der Wand und Ersetzen durch eine große Fensterfront. Immerhin befand sich davor „Irmgards" Terrasse.

Es wurde nie etwas aus diesen Ideen, dafür fanden ein paar erotische Bilder hier einen schönen Platz. Junge nackte Männer und darunter der Stuhl mit einer alten Häkeldecke!

Orson Winford

Der Versicherungsmakler war ein gediegener, graumelierter Herr in dunkelblauem Anzug. Peter erinnerte sich nur noch vage an ihn, „so lange" war es schon her (3. Februarwoche des gleichen Jahres!), dass sie mal bei ihm gesessen hatten.

„Nein", lachte Orson, „wir kennen uns noch gar nicht. Sie waren bei meinem Sohn. Der ist aber noch nicht so weit, der macht bisher nur kleine Versicherungen, wie Krankheit oder wie Leben. Nicht aber komplexe Produkte, wie hier."

Er ließ sich ausführlich informieren, auch darüber, was es mit diesem Gästehaus auf sich hatte, und vor allem mit dem „*personal service*" – Peter sah keinen Grund, es ihm zu verheimlichen. Hatte er doch den Verdacht, dass Orson, wie er sogleich genannt werden wollte, an Irmgard Interesse haben könnte. Dem war auch so. Ihm jedoch zu sagen, dass sein Sohn, William, vielleicht auch mal herkommen könnte, das behielt sich Peter für einen nächsten Termin vor.

Orson war weder schockiert noch überrascht, Peter hatte den Verdacht, er wusste schon Bescheid. Immerhin war auch damals der Kontakt zu ihm über Dritte gelaufen, die vermutlich schon informiert waren. *Die Welt ist klein*, dachte sich Peter, *und Reno ist auch nur ein kleines, vertratschtes Dorf*.

Sie beschlossen zum einen ein Rundumpaket für Haus und Hof, gegen alle möglichen Unbilden.

„Okay, Orson, kein Problem. Wasser kann ich mir noch vorstellen. Feuer weiß ich auch, wie es geht. Aber wie bitte mache ich Hagel und Erdbeben?“ Erdbeben zum Beispiel, wenn vier Mann donnernd lachen.

Wegen der Videoanlage hatte keine der Versicherungen – beim versicherten Wert des Hofes nach Schätzung des Maklers in Höhe von 750.000$ ohne dem Pracht-Pool und ohne Solartechnik – besondere Bedingungen. Nur bei dem Schätzwert wurden die drei Jungs ein wenig blass. Der Makler hatte einfach als Vergleichsunterlagen das Portal eines Immobilienmaklers aufgerufen und „vergleichbare“ Objekte, also Staat, Einöde, am Arsch der Welt, Baugröße, Zustand, gesucht. Dass überhaupt eine Videoüberwachung vorhanden sein sollte, wirkte sich aber auch nicht auf die Versicherungskosten aus.

Da die Prämien dennoch bezahlbar waren, schloss Peter das Paket ab.

Für die Krankenversicherung von Tony und Bronco bot er mehrere Gesellschaften an. Er rechnete mit Tony aus, ob sich die mögliche Weiterversicherung für bis zu 18 Monaten bei der Versicherung seines alten Arbeitnehmers rechnen würde, die nach dem *Consolidated Omnibus Budget Reconciliation Act of 1985* (*COBRA*) rechtlich möglich wäre. Sie kamen auf ein deutliches „Nein“.

Allerdings würde Tony bei Peter und Irmgard hier (erst mal) nicht angestellt werden. Gleiches galt für Bronco, der aber nach wie vor mit einem Studium rechnete, und dann würde sich die Versicherung der Mutter weiterführen lassen… Sie beschlossen, Tony müsse sich sofort versichern, für Bronco hätte man noch Zeit. Bei rund 220$ im Monat war die Versicherung im Rahmen des Bezahlbaren (und damit ungefähr so teuer, wie in Deutschland auch), allerdings kam noch eine Zahnversicherung dazu. Sie sollte es Tony wert sein. Georg hatte nämlich von einem länger zurückliegenden USA-Aufenthalt erzählt, als er sich eine Krone ausgebissen hatte. Die Reparatur in New York hatte 560$ gekostet. Er war reisekrankenversichert gewesen, Selbstbehalt 100 DM – trotzdem. Sein deutscher Zahnarzt sah sich hinterher die Reparatur an und meinte, das würde in Deutschland mit 26 DM abgerechnet werden.

Ein zufriedener Orson hinterließ zufriedene Neu-Besitzer. Der Versicherungsschutz galt ab dem heutigen Tag und sicherte den Neuwert des Gebäudes ab, würde es auf dem gleichen Grund wieder errichtet werden. Sonst gab es nur 50%. „Na, das wäre doch auch noch ein Gewinn“, frohlockte Bronco, „375.000$ bei einem Einkaufspreis von – schätzen wir grob – 150.000$.“

An diesem Abend hatten sie endlich mal wieder Sex, zum ersten Mal überhaupt in diesem Haus im Salon. Nur die aus der Villa mitgebrachten Sofas kannten das ja schon. Aber sonst? Hatten Sie es sich nicht getraut, weil Irmgard da war?

Bronco meinte zu Tony: „Quatsch. Wir haben es nur im Salon getrieben, wenn Gäste mit dabei waren, am besten viele."

Sie waren alle drei jung, hatten seit zwei Tagen nichts mehr gemacht, nicht mal in der Früh! Ihnen platzten die Eier. Dementsprechend konnte ein im Triangel gelegter Blowjob nicht schaden. Peter meinte jedoch danach trocken, dass sie beim nächsten Mal besser erst die Matratzen auslegen sollten und dann sich. „Terrakottaboden ist ja so was von hart und außerdem kühl. Das bisschen Teppich macht es auch nicht viel besser!" Sie beschlossen daher, die restlichen Aktionen doch in der Wohnung zu veranstalten, wobei sich neuerdings zeigte, dass die zwei nicht blinden Katzen beim ersten Anschein dieser Aktivitäten darum „baten" den Raum verlassen zu können. Sie „gewährten" es ihnen. Nur Leo störte es nicht. Dass er seine Ohren jedoch bei besonders inbrünstigem Stöhnen auf- und ausrichtete, stellte Tony fest, als die beiden Hausherren miteinander fickten und er mal verschnaufen musste. Zwei Ficks für jeden reichten auch heute. In Anbetracht des arbeitsreichen vergangenen und der noch viel anstrengenderen nächsten Tage gingen sie bald darauf ins Bett. Da war es auch schön kuschelig warm, der Regen draußen hatte erst gegen 9pm angefangen … aufhören zu wollen!

Bautage

Schon am frühen Morgen des Mittwochs, also gegen 9am, tutete ein großer Truck die Bewohner – nein, nicht mehr aus den Betten – aber aus dem Haus. Sie hatten sich vorsorglich Wecker gestellt.

Eigentlich zeitgleich mit den Einzelteilen der Werkstatt-Blockhütte kamen auch Bob, seine Jungs und die Spezialfirma für den Pool. Alles wurde in mehreren Fahrzeugen transportiert. Eines davon erinnerte die Jungs sehr an die Betonpumpe, nur, dass sie diesmal als Putzpumpe verwendet werden sollte. „Für welchen Putz bitte?", fragte Bronco. Bob deutete auf die Straße, auf der sich ein weiterer LKW den Weg bahnte. „Wow, Josch hat wohl wirklich ganze Arbeit geleistet", verkündete er lautstark. Erst jetzt fiel allen alten Bekannten auf, dass die Anfahrten eigentlich staubfrei erfolgt waren.

„Danke Dir für die schnelle Vermittlung, Bob“, grinste ihn Peter an. Er vermied es erneut, diesen Dank mit dem typischen Macho-ich-zerschmettere-Dir-Deine-Schulter-Schlag zu vervollständigen.

Es sah nicht nur wie eine Großbaustelle aus, es wurde auch eine.

„Nein, nein, ich muss gleich wieder weg“, winkte Bob ab. „Aber ich habe vernommen, dass da zum einen Lampen zu verlegen seien. Zum anderen soll sich so ein schwer beladener Truck vom Baumarkt zu Euch in Bewegung gesetzt haben. Dachte mir, wenn Ihr meine beiden Jungs mit brauchen könntet?“

„Meinte er jetzt mitbrauchen oder missbrauchen?“, flüsterte Bronco Peter ins Ohr. Sofort giggerten die beiden, wie Schulmädchen. Wie gut, dass Bob in der Sekunde schon wieder von seinem Smartphone gestört wurde und Jerry und Raúl sich auf der Baustelle umsahen – auf DEN BaustelleN. Es waren ja leider mehr als eine.

„Okay, das mit den Lampen ist noch nicht. Die sind erst für heute angekündigt. Außerdem haben wir das ganze Installationsmaterial einfach vergessen. Wir verlegen nämlich Stromkabel und keine Solartechnik, das gibt besseres Licht. Den Strom holen wir uns, wenn ich das richtig verstanden habe, aus unserer eigenen Solaranlage oder so ähnlich.“

„Ja, so ähnlich“, grinste Bob. „Das erkläre ich Euch ein andermal im Detail. Also, braucht Ihr sie oder nicht?“

„Ach, sie können ruhig hier bleiben. Wenn wir sie nicht mehr brauchen, rufen wir Dich an. Sie können ja auch Unkraut zupfen.“ Peter hatte eine Tätigkeit genannt, die hier im Sand Nevadas außerhalb feinster Villengrundstücke wohl gänzlich unbekannt war und somit dauerte es einen Moment, bis Bob das Lachen anfing.

„Ist okay“, meinte er, immer noch lachend, und pfiff auf den Fingern. Die beiden Jungs kamen sofort, waren offenbar beim Pool gewesen.

„Wow, kann das sein, dass Euer Pool noch größer wird, als der im Sprinter Court?“, fragte Jerry mit leuchtenden Augen.

„Das hoffe ich doch sehr! Wobei, wir haben es nicht direkt darauf angelegt. Ich habe den ‚alten‘ Pool auch nicht nachgemessen. Aber er wird auf alle Fälle schöner.“ Peter zeigte gleich mal allen auf dem Smartphone das Internetbild, das sie als Vorlage verwendet hatten. Es wurde auch der Poolfirma gezeigt, und der Chef der Truppe fand sofort heraus…: „Also, wenn auch dieser Feuerplatz vorhanden sein soll, dann habt Ihr was vergessen, beziehungsweise wir müssen es unbedingt noch nachholen: eine Gasleitung. Ihr braucht gar nicht erst mit Echtholz und so anzufangen, nicht bei dieser Poolart. Wenn da auch nur ein brennender Brocken runterfällt, so schnell kann der gar nicht erlöschen, dass er nicht ein gewaltiges Loch in Eure Folie und das Styropor brennen würde. Also, wer das geplant hat, hatte keine Ahnung von Pools."

Upps. Das war eine Ansage, die weder die Jungs noch Bob gerne hörten. Er war es schließlich, der die Pläne hatte zeichnen lassen. Dass es dann doch kein Architekt, sondern nur eine Bauzeichnerin gewesen war, kam erst jetzt raus. Peter verspürte zum ersten Mal, wenn auch nur sehr kurz, einen gewissen Groll gegen den Mann.

„Okay, lieber Bob", meinte er, nachdem er wieder ein verbindliches Lächeln auf sein Gesicht bemüht hatte, „dann bist Du derjenige, der nun reinfahren und das fehlende Material holen wird. OHNE Berechnung Deiner Zeiten. Das Material zahlen wir, das wäre ja eh gekommen. Du besprichst Dich hier mit den Leuten, was sie brauchen und dann hopp-hopp.

Außerdem bringst Du das Elektromaterial mit, hier ist die Liste, das spart uns eine eigene Fahrt. Okay?"

„Ja", beeilte sich Bob sofort zu versichern, „ natürlich. Ist ja das Mindeste, was ich tun kann. Tut mir leid, aber da hat wirklich niemand dran gedacht."

Fach-Trottel, dachte sich Peter und beschloss, in Zukunft selber besser auf solche Details zu achten. Dass auch Bernd nicht auf die Idee gekommen war, den Gedanken schob er schnell beiseite. Immerhin hatten die beiden den Pool bezahlt und noch sehr, sehr viel mehr. Denn für den Pool war ein Gesamtpreis von rund 12.000$ veranschlagt und nach allen bisher vorhandenen Rechnungen dürfte der Preis auch zu halten sein. Gut, die Außenbeleuchtung käme noch extra, Stein statt Beton würde etwas teurer werden – doch das alles waren Peanuts.

Bob fuhr davon. Die Poolfirma brachte ihre Maschinen und den LKW mit den Putz-Säcken in Stellung. Die Wartezeit, die sie nun brauchten, bis Bob mit den Gasleitungen da war, nutzten sie zur Montagevorbereitung der Installationen. Sie knurrten zwar, dass das so nicht geplant war, doch als Bob zurück kam, waren sie noch lange nicht soweit, den Putz wirklich auftragen zu können. Das Zeltdach hatte weitgehend – aber eben nur weitgehend – das Wasser abgehalten. Alle Löcher für die Unterwasserbeleuchtung mussten noch geschnitten werden, aber dank der LED-Technik waren die Lampen mit Gehäuse so flach, dass sie in 5cm Styropor plus Dickputz und Folie keine weiteren Löcher im Beton verlangten. Die Leerrohre für die Lampen hatten alle Angriffe auf ihr Leben während des Einbringen und Betonierens Gott sei Dank überlebt.

Der Pool war mit 160cm tief genug geplant, um auch noch eine isolierende 10cm dicke Styproporschicht – nicht vom gleichen Hersteller der „billigen“ Wandelemente – aufzunehmen, plus auch noch eine Art Estrich, den die Putzer mit ausbringen würden. Dass das so sein musste, hatte Peter gar nicht realisiert, bevor die trittfähigen Platten nicht ausgelegt waren.

Bobs Gasleitung konnte direkt in diese Bodenplatte eingebettet werden und verschwand noch an diesem Tag unter einer dickeren Schicht grauen Putzmaterials. „Unser Pool soll hässlich werden“, stöhnte Peter am Abend, als er diese Arbeit besah. Alle lachten hell auf. „Ist doch wahr! Er war doch bisher so schön weiß ...“

„...und so wasserdicht wie ein Schwamm. Ich glaube, Ihr wärt gar nicht mehr nachgekommen mit dem Auffüllen, so schnell hätte das Wasser das Becken verlassen“, lachte der Truppenchef. „Wir haben hier einen an sich schon wasserdichten Putz mit Putzgitter verwendet, die Folie dient eigentlich nur zur Sicherheit. Ihr müsst sie dennoch immer wieder überprüfen. Aber das erzählen wir Euch dann, wenn wir sie verlegen.

Für heute sind wir fertig. Es regnet nicht, wir müssen also nichts schützen. Morgen kommen wir wieder, um die Folie vorzubereiten und die Technik zu installieren. Also Pumpen, Filter, Luftpumpen für den Jacuzzi, und so weiter. *See you*!“

Was das Wetter anbetraf, hatte er Recht. Es war ein wundervoller Herbsttag geworden, die Temperaturen waren bereits in der Früh bei Baubeginn bei 14°C gelegen und bis auf 18 geklettert. Es war trocken – den Regentag gestern hatte es fast nicht gegeben, allerdings nur fast nicht.

Denn als Peter an dem Morgen von Unkraut zupfen sprach, war ihm zum ersten Mal aufgefallen, dass die Wüste um ihn herum sich verändert hatte. Nicht nur der „künstliche“ (also von den Vorbesitzern angelegte) Grünbereich vor und neben ihrem Haus sah frischer aus, auch der Sand hatte einen anderen Farbton angenommen. Peter hatte nur keine Zeit gehabt, sich weiter darum zu kümmern.

Die Jungs hatten es zu fünft geschafft, die Werkstattblockhütte aufzubauen. Inklusive der notwendigen Erstellung einer geraden Fläche für die Hütte war das bei 20qm Fläche auch eine körperliche Leistung, für die Jerry und Raúl wie geschaffen waren – aus Sicht der beiden Eigner. Tony half allerdings mit und zeigte, dass er zwar „ein schmales Handtuch" war, aber dennoch Muskeln da hatte, wo er sie heute brauchte.

Das Metall-Streifenfundament war schnell gelegt, dank der vorgefertigten Holzbohlen UND dank Tony, sah die Hütte am Ende des Tages wirklich so aus, wie auf dem Foto. „Ich weiß ja nicht, was wir beide daraus gebaut hätten", griente Bronco Peter an. Die beiden hatten natürlich Hand angelegt, mitgeholfen, aber alles unter Tonys Regie.

„Nun ja", grinste Peter zurück, „vielleicht hätten wir ein Barbie-Schloss daraus erschaffen und dann pink lackiert." Alle fünf lachten. Noch stand die Hütte im Naturholzton da, doch die blaue Farbe war mitgeliefert worden. Die Türen und Fenster waren auch schon weiß. Aber streichen, das würde morgen erfolgen dürfen.

„Ja! Am besten, bevor sich das Holz voll mit Sand zugesetzt hat und wir erst mal der Hütte einen blasen dürfen, bevor wir unsere Pinsel ansetzen." Dass Jerry bei dieser Aussage, die natürlich dem Lästermaul Bronco entstammte, knallrot wurde, Raúl sich aber kaputtlachte, sprach für die beiden.

Ansonsten war der Tag „langweilig" gewesen. Ha! So hätte es dem Tag wohl gefallen. Denn am Abend wusste die drei nicht mehr ganz genau, wem nun welche Arme und Beine gehörten.

Bob hatte bei seiner Anlieferung das Elektromaterial mitgebracht und gleich mal das Bild vom Holz-Einfahrtstor gezeigt bekommen. Er nickte es ab und versprach die umgehende Lieferung der passenden Naturholzstämme. „Nur geschält und ein bisschen geglättet, alles weitere überlassen wir der Natur. Nur einen Bagger und etwas Schnellbeton sollte ich mitbringen, damit wir sie auch einsetzen können."

„Ja, Bob. Und am besten zwei oder drei Mann, die das auch montieren können. WIR schaffen das nicht auch noch."

Dass Bob später dafür sorgte – als kleine Entschuldigung für den Fehler mit dem Pool-Feuer –, dass dieses Tor die im Bild gezeigten Ketten bekam, natürlich elektrisch zu Boden fahrend und sich wieder erhebend, inklusive allem Zubehör, lag wohl eher daran, dass er so ein Set noch bei sich herumliegen hatte und nicht extra kaufen musste. Jerry meinte grinsend, einem anderen Kunden wäre das für seine Villa wohl doch zu profan gewe-

sen. „Für unsere Farm passt es perfekt!", beschlossen die Jungs und hakten auch diesen Punkt ab. Das Schild an sich, das würde Tony malen, wenn Bob dafür auch das passende Stammbrett mitbrächte.

Natürlich kamen an dem Tag auch noch die Lampen per Paketdienst. Dass es SO VIELE Kartons waren, das hatten die Jungs eher weniger gedacht, aber in der Garage war ja mal wieder beziehungsweise noch Platz.

Die (amerikanische) Kaffeemaschine und die Softdrinkfontäne liefen eigentlich den ganzen Tag. Von dem Berg vorbereiteter Frikadellen – auf dem großen Grill gebraten – war nach dem Mittagessen kein Krümel mehr vorhanden, vom Kartoffelsalat ebenso, nur, dass Kartoffelsalat weniger zum Krümeln neigt.

Sie waren so voll beschäftigt, dass Peter – nach einem Anruf im Krankenhaus noch während des Frühstücks – bis zum Abend nicht mehr dazu kam, sich erneut nach dem edlen Befinden seiner werten Mutter zu erkundigen. Er tröstete sich damit, dass er damals, als sie in Nürnberg im Krankenhaus lag, auch nicht dauernd bei ihr war.

Damals gab es Ernst noch in seinem Leben…

Ach, Ernst! Er wurde für einen Moment wehmütig, beschloss aber, dass diese Wehmut aktuell eher einseitig war. Ernst hatte sich nach seinem letzten Besuch damals ganz am Anfang kaum mehr bei ihm gemeldet. Es wurden immer weniger Kontakte. Wenn Peter sich selbst gegenüber ehrlich war, so konnte er diese Kontakte als „eingeschlafen" bezeichnen. Dass Ernst einen anderen, einen „Thomas", hatte, das wusste er ja schon länger. Es machte ihm nach wie vor nichts aus, und so verging der Moment der Wehmut auch mit den nächsten Windhauch, der über das Gelände wehte.

„WindHAUCH?", lachte Bronco, als er – sofort den trüben Moment bei seinem Freund erkennend und ihn danach fragend – dessen Gedanken erfahren hatte. „Ich bin zwar kein Windmesser und habe auch keinen da, aber ich glaube, der würde sich hier rentieren. Wir haben hier Windböen, die sind schon unglaublich! Da merkst Du erst mal, dass wir hier auf einer Bergkuppe sind und nicht im flachen Land oder gar in einem geschützten Tal. Wir werden uns überlegen müssen, ob wir den Pool mit einer Schutzmauer umgeben. Ich habe sonst die Befürchtung, dass der Wind uns das Wasser komplett rausbläst, am liebsten dann, wenn es frisch aufgewärmt wurde, und dann samt uns als Inhalt." Sofort erhoben sich die drei wieder aus dem müden Sofa und liefen in Richtung Pool. Der sah immer noch nicht besser aus, wobei auch Peter zugeben musste, dass das dunkle Grau des nassen Putzes als helles Grau der trocknenden Beschichtung gar nicht SO übel aussah.

„Aber wenn wir hier eine Schutzmauer drum herum ziehen, dann ist doch die schöne Aussicht weg!"

Sie schauten noch an diesem Abend im Internet nach und erkannten, dass entweder die schöne Aussicht ODER ein ganz schöner Batzen Geld weg sein würde. Es würde wohl auf das Zweite hinauslaufen, wenn 15x12m einzu"zäunen" wären... Sie entschieden weise, das könnte noch vielleicht ein paar wenige Tage Zeit haben ... Doch, wenn man gerade so schön mittendrin im Geldausgeben war... Es wurden gleich noch ebay- und Baumarktseiten gequält. Das Ergebnis war eine neue Finanzposition „Glaszaun" mit rund 7.000$. Peter und Bronco seufzten so synchron, dass Tony einen neuen Lachanfall bekam.

Wie gut, dass Tony noch kaum eine Ahnung von den realen Finanzen hatte. Er wunderte sich auch nicht, dass Peter und Bronco sich bei seinem nächsten Satz vor Lachen verschluckten. „Aber Ihr habt doch noch 12.500$ von den Casinogewinnen im Tresor!"

Sie beschlossen daher, Tony zur Verschwiegenheit zu verpflichten. „Gut, Tony, gehen wir mal davon aus, dass Du ab jetzt zu uns gehörst. Deine Arbeits- und andere Kraft hast Du ja gut vorgestellt. Aber was wir Dir jetzt sagen, bleibt absolut unter uns; Du sagst auch Irmgard nicht, dass wir Dich informiert haben, BIS wir das freigeben. Ist das versprochen?" Peters Ton war sehr ernst. Ebenso ernst war Tonys Stimme, als er sich erhob, die Hand aufs Herz legte und bei der Fahne schwor.

Ein eigenartiger Moment für Peter! Nie wäre es ihm, dem nicht mal von der Wehrpflicht Belästigten, in den Sinn gekommen, auf die deutsche Flagge zu schwören, vielleicht noch aufs Grundgesetz, viel eher aber auf die Bibel. Dass Tony das nun so machte, von sich aus und ohne Aufforderung, das ließ ihn einen kleinen Moment sprachlos werden. Natürlich erkannte Bronco sofort, was mit Peter los war. Er kannte ihn schon lange genug um zu wissen, wie fremd seinem Freund dieses amerikanisches Denken immer noch war, auch, welche Rührung ihn gepackt hatte und er beschloss daher, die Information zu übernehmen. Er legte die Finanzverhältnisse der „Familie Prügner-Aspe" vor Tony auf den Tisch. Peter hörte dem aufmerksam und schon nicht mehr gerührt zu. Er freute sich viel mehr über die immer weiter fallenden Lefzen Tonys, der zudem immer weiter in die Couch sank. „Dann … dann seit ihr ja … richtig reich?“, kam es stockend und leise von ihm.

„Ja“, lächelte Peter, „und das ist auch der Grund für die Bitte um Verschwiegenheit. Außer sechs Leuten weiß keiner was davon: ich, Bronco, natürlich Irmgard, jetzt Du, und unsere beiden Freunde Georg und Bernd, die Du ja kennengelernt hast. Ich glaube nicht, dass Ernst, mein Ex, es weiß. Selbst Bob kann höchstens etwas davon ahnen. Und selbst unsere Bank hier weiß es nicht, sie hat keinen Einblick in das Geld, das wir noch in Deutschland auf den Konten haben.“

„Solltet Ihr Orson nicht wegen einer Entführungsversicherung fragen?“

Peter zuckte mit den Achseln. „Solange keiner davon weiß? Und bei nicht mal einer Million? Vergiss nicht, ein Teil des Geldes ist ja schon in dieses Haus geflossen. Ein gar nicht SO kleiner Teil.“

Für großen Sex waren sie heute erneut zu müde. Tony war wohl auch nicht mehr in der richtigen Stimmung. Peter und Bronco gingen nur gemeinsam in ihre schöne Eckbadewanne und spielten hier noch ein wenig mit dem Gedöns. Ob Tony das in seinem Zimmer mit seiner Wanne oder unter der Dusche auch tat, blieb ungeklärt, weil ungefragt.

Der nächste Tag war mit dem vorherigen vergleichbar. Es wurde wieder warm, mit 20°C sogar noch wärmer, Bob brachte seine Jungs in der Früh, versprach die Montage des Einfahrttores für „noch in dieser Woche. Ich habe Euch schon mal gesagt, dass ich nicht ahnte, WIE VIEL Arbeit Ihr hier für mich habt. Ich muss also immer wieder Termine freischaufeln.“

„Bob, wir bedauern Dich, wenn WIR Zeit dazu haben. Aber Du siehst ja, uns geht es genauso, wir haben so viel zu tun! Wir hätten nie geahnt, WIE VIEL Arbeit wir hier haben werden. Wir müssen also den Termin fürs Bedauern ebenfalls freischaufeln!“ Natürlich kam diese Spitze mal wieder von Bronco. Sie lachten alle laut auf, bevor Bob – staubfrei! – vom Gelände bretterte.

Heute mussten sie sich aufteilen.

Bronco und Raúl übernahmen das Anpinseln der Hütte, wobei sie weder die eigenen noch echte Pinsel, sondern Schaum-Rollen verwendeten, den bewusst lösungsmittelarmen Lack zu verteilen. Wie gut, dass Tony noch den Hinweis gegeben hatte, den Boden der Umgebung VORHER mit Folie abzudecken, diese verhinderte nicht nur unschöne Farbkleckse auf dem Sand, sondern blieb sogar auch mit nur leichter Befestigung gut liegen – heute waren die Winde gering bis gar nicht vorhanden. Das hieß aber auch, dass die Temperaturen, ohne jeden Schatten, über heißem Wüstensand auf 40°C anstiegen.

Das Team Tony-Jerry-Peter markierte mit Maßband und Sprühfarbe die Lampenstell- und -einbauplätze und schaffte zumindest die Verlegung der Kabel mit allen Abzweigungen zu beiden Seiten in dem kleinen Graben. Als Jerry auf die Idee kam, doch einfach die Kabelkonfektionierung mit entsprechenden Abständen „offline" zu fertigen, hatten sie schon eine halbe Linie angebracht, brachen diese kreuzbeschwerende Arbeit aber gerne ab, bauten sich im Freien ein paar der nagelneuen, klappbaren Arbeitstische in Reihe auf und konnten im Sitzen in „Fließbandarbeit" Kabel, Wellrohr, Verteiler und Anschlüsse in allen Schritten „endlos" vorbereiten. Ein von der Schlauchlast befreiter Gartenschlauchwagen der Vorbesitzer nahm den Strang auf.

Peter musste mehrfach unterbrechen.

Das Telefonat mit Irmgard im Krankenhaus erbrachte keine weiteren schlechten Nachrichten, sie hatte wirklich Diabetes und außerdem eine Infektion. Ansonsten gehe es ihr gut, und – zum ersten Mal in ihrem Leben – schien sie trotzt Nichtstun mal nicht vor langer Weile zu sterben.

Eine andere Unterbrechung brachte die Ankunft des Auktionators Topher Pinkerton. Mit Peter lief er bis zu dem „Vordergrundstück" und Topher nahm alles detailliert auf. Er nickte die Vorstellung von Peter ab, dass „ein paar Tausend Dollar" schon möglich sein würden.

„*Yes, Sir*, das ist möglich. Die Leute hier sind nicht so arm, wie anderswo auf dem Lande in den USA. *But we will see.*"

Am Nachmittag waren die Stromschnüre gelegt, der erste Strang musste noch mal – ganz knapp vor dem Auslegen – vom Wagen abgerollt werden, da Tony fragte, ob sie denn die Kabelenden für die Lampen auf dem Boden kniend abisolieren müssten. Als sie sich die Lampen genauer ansahen, erkannten sie erschrocken, dass die LED-Steine bereits ein fest verbautes Anschlusskabel besaßen, die Stehleuchten aber oben im Lampenkopf angeschlossen werden mussten. „So eine Scheiße", fluchte Peter ganz unheilig, „das heißt, alle unsere Anschlusskabel sind falsch. Die einen zu kurz, die anderen gar nicht nötig. Und wir müssen doch auf dem Boden herumkrabbeln!"

Das dies nicht notwendig war – die Idee kam von Bronco. Ein alter Servierwagen stand noch ungebraucht herum. Er diente für den ersten Strang als fahrbarer Montagetisch erst mal zur Probe. Am nächsten Tag beim Installieren der

Lampen erleichterte er auch tatsächlich die Arbeit. SO ging es mit weniger Kreuzschmerzen ab, wenn auch nicht ganz ohne.

Bronco und Raúl waren mit dem ersten Anstrich fertig, es war noch genügend Farbe für eine zweite Schicht vorhanden, die dann am nächsten Morgen aufgebracht werden sollte.

Am Abend waren die Poolbauer mit allen Arbeiten soweit durch, dass sie nur noch das Austrocknen des Putzes abwarten mussten. „Wir kommen nächste Woche wieder, Montag oder Dienstag und legen die Folie ein. Wir geben noch Bescheid“, beschied der Truppenchef und diese Gruppe düste ab.

Die Jungs waren mit den insgesamt vier Kabelsträngen für die beiden Seiten fertig, Bob konnte seine Knaben wieder abholen, „unbeschädigt“, wie Bronco ihm am Telefon kichernd mitteilte, natürlich in direkter Hörweite der beiden. Dass Jerry schon wieder rot wurde...

Der Freitag sah alsbald die Werkstatthütte in ihrem zweiten Anstrich. Bronco und Raúl hatten auch ihn aufgetragen. Die Teams Tony-Jerry und später auch Bronco-Raúl kümmerten sich um die Lampenmontage.

„Also bevor ich mir hier überflüssig vorkomme, fahre ich mal schnell zu Irmgard ins Krankenhaus. Soll ich was mitbringen?“, fragte Peter.

Sie beschlossen – nach den Frikadellen vorgestern und dem deftigen Eintopf gestern – heute mal Appetit auf Pizza zu haben, etwas, was die beiden Jungs schon ewig nicht mehr gegessen hatten. Peter servierte bei seiner Rückkehr nicht nur die belegten Teigfladen, sondern auch gute Nachrichten von Irmgard. „Sie bleibt noch ein paar Tage drin, die Ärzte wollten sie noch über das Wochenende zur Beobachtung dabehalten.“

„Zur Beobachtung!“, kreischte Tony wie ein Papageier los. „So nennt man das heute? Die tun am Wochenende nichts mehr, außer nur noch verdammt gutes Geld verdienen. Irmgard ist ja versichert. Was glaubt Ihr, wenn sie auf *Medicaid*[16] drin wäre, dann hätte man sie schon am nächsten Tag mit ein paar Pillen wieder heimgeschickt. Zu Fuß, wenn´s denn sein muss. Vermutlich hätte sie auch zu Fuß statt im Krankenwagen dort antanzen müssen. Mein Gott!“

[16] Eines der staatlichen Hilfssysteme der USA für die Krankenversorgung von Bedürftigen

Dass Peters mitgebrachte Pizzen wirklich lecker waren, enthob ihn nicht der „Strafarbeit", hinter den „Monteuren" die Gräben wieder zuschaufeln zu dürfen. Nach unendlichen langen 10 Yards fiel er vor Erschöpfung fast vom Fleisch, und lachend wechselte Jerry sich gegen ihn aus. Der machte die Grabungsarbeiten doppelt so schnell, schwitzte nicht mal dabei, und das, obwohl es noch wärmer wurde als am Vortag.

Dass sie natürlich bei der Strangfertigung einfach vergessen hatten, dass da auch eine 25m breite Einfahrt zum Vorderbereich vorhanden war, konnte man überleben. Außerdem hatte man eine der hochstehenden Lampen genau mitten in die schmalere Einfahrt zu den Stallungen gestellt. Gut, die Bodenstrahler waren überfahrbar bis 5 Tonnen Radgewicht. Sie konnten also auch mitten in der Einfahrt liegen. Trotzdem schnitten sie vor Ort noch mal das Kabel auf, markierten beiden Einfahrten mit je drei dicht nebeneinander liegenden Bodenstrahlern und je einer Stand-Leuchte links und rechts. Es war alles kein Akt, aber eben ein extra Aufwand.

Ärgerlicher war, dass Tony beinahe zu spät die Erkenntnis kam, dass man das Videokabel und ein Kabel für den Kettenvorhang auch noch in einen der Gräben verlegen sollte. Es waren aber erst zwei Schippen Sand drin, als ihm das auffiel. Gott sei Dank!

Als dann die Lampen ohne Uhr und Dämmerungsschalter erstmals zum Leben erweckt wurden, lagen sich alle fünf Jungs verschwitzt, aber glücklich in den Armen. Sie hatten Glück, es war kein einziger Ausfall dabei.

„Hmmm", schnurrte Bronco, als er mal kurz mit Tony und Peter alleine war. „Raúl fühlt sich immer noch gut an. SEHR gut sogar. Er hat sich heute auch nicht gesträubt, in den Arm genommen zu werden."

„Jerry dafür umso mehr", lachte Peter leise, „es fehlte nur noch, dass er Hände und Füße gegen mich gestemmt hätte. Der arme Junge!"

Als Bob sie abholte, hatte er auch ein wenig Zeit mitgebracht, „für meine Großbaustelle", wie er grinsend meinte. „Das Tor schaffen wir heute nicht mehr, vielleicht am Sonntag."

„Nein Bob, das auf keinen Fall! Ich kann nicht verantworten, dass Du oder Deine Arbeiter den Gottesdienst versäumen und nur deshalb in die Hölle kommen, weil Du am heiligen Sonntag für das neue HAUS DER FREUDEN von Reno ein paar Äste in den Boden stecken musstest!" Diesmal war Peter der mit der schnelleren Antwort gewesen, und sie lachten mal wieder herrlich und entspannend.

Bob besah sich die Fortschritte, lobte weit über Gebühr – wobei, SO WEIT drüber war es auch nicht, wie die fünf befanden. Sie hatten wirklich was geschafft. Es fehlte nur noch die Einrichtung der Werkstatt und morgen der Auktionator.

„Dann sieht das Ding hier langsam mal wieder etwas zivilisierter aus", meinte Bronco mit einer weitläufigen Armbewegung über das gesamte Areal. „Wenn nur schon der Pool fertig wäre!"

Bob lachte. „Wenn wir den JETZT füllen, dann bekommt ihr vermutlich wirklich ein Freiformbecken. Allerdings auch mit freien Beulen in den Wänden. Denkt außerdem daran, dass die Wände immer noch frei stehen. Ich kann sie auch erst dann anschütten, wenn das Wasser langsam kommt. Frühestens ein paar Tage eher. Alles andere bringt nichts, aber der Schaden wäre riesig." Sie nickten leise. Dann sprachen sie noch über die vorgesehene Umrandung des Poolbereichs und Bob seufzte: „Vermutlich habt Ihr Recht mit dem Wind. Es zieht hier ganz schön kräftig. Und klar ist, je dichter der ‚Zaun' wird, desto länger könnt Ihr baden.

Nur ein Problem haben wir dann wieder: So ein Windschutz heißt ja auch, dass er den Wind abhalten muss. Das heißt wiederum, er muss ganz schöne Kräfte aushalten. Das geht nicht mehr mit ein paar Löchern im Sand. Entweder wir hämmern sehr lange Pfähle in den Boden und machen darauf die Säulen fest, oder..."

„Oder?" fragte Tony, der sich wohl gerade vorstellte, wie krumm und schief das werden könnte.

„…oder aber, wir befestigen sie auf Beton. Der ist aber aktuell nicht geplant, wenn Ihr Echtstein verlegen wollt. Dann brauchen wir ihn nicht." Die Frage nach den Kosten stand sofort in den Augen der Jungs, Bob lachte auf und rechnete kurz. Nach einigen möglichen Vorschlägen einigten sie sich auf ein überraschendes Ergebnis. …

In Deutschland war es bereits Samstagmorgen gegen 10 Uhr und erfreut nahm Bernd den Skypeanruf entgegen. Die Lösung wäre eine Betonlösung. **„Braucht Ihr mich denn dabei? Ich habe noch nie gestempelten Beton gemacht. Auf der einen Seite ist das hier in Deutschland nicht so üblich, auf der anderen Seite… Bob, wann willst Du das machen? Ich wäre zu gerne dabei! Vielleicht kann ich die Flugkosten meinem Chef als Weiterbildungsmaßnahme aus dem Kreuz leiern!"** Sie lachten sich kringelig. Die Idee, es SO und nicht anders zu machen, war jedoch einfach bestechend.

„Wenn wir es darauf anlegen, können wir gleichzeitig bis zu drei Farben verarbeiten. Wir lassen den Grundbeton in einer Farbe einfärben, streuen auf den nassen Beton ein zweites Farbpulver und bürsten die Stempel vor dem Eindrücken mit einer dritten Farbe ab. Je nach Druck, also wie fest der Stempel in den Beton drückt, kommen unterschiedliche Farben zum Tragen.

Keine Bange, ich kann das auch nicht, das sind Fachleute, die nichts anderes machen. Ich vermittle hier nur mal wieder und mache die Hilfsarbeiten."

„Okay, Bob, ich bin dabei", schallte es fröhlich aus Nürnberg zurück. „Sagt mir nur den Termin."

„Nun, der wird in der ersten Novemberwoche sein. Dann ist der Beton der Wände ausgehärtet, ich habe es vorhin mal nachgeprüft, das geht. Wir verfüllen und verdichten von außen, während innen das Wasser steigt, der Druck ist dann halbwegs ausgeglichen. Dann kommt der Beton und die Stempler arbeiten ja nass in nass. Also sofort. Vermutlich werden die Fertigbeton dafür verwenden und den mit der gleichen Pumpe einbringen, wie bei der Wandfüllung."

„Gott sei Dank! Ich befürchtete schon, ich müsste wieder schaufeln. Bitte nicht mehr wieder!" Sie lachten alle, und Bernd versprach, Bescheid zu geben.

Als Design einigten sie sich auf „alte Holzplanken".

Auktion

Der Samstag stand ganz im Zeichen der Auktion. Sie war auf 11am angesetzt, doch als die Jungs „vorsichtshalber" mal um 9am nach vorne fuhren, liefen bereits die ersten Besuchergruppen über das Gelände. Topher kam gegen 10 und als er um 12 Uhr fertig war, waren alle Autos, inklusive dem ebenfalls leider schrottreifen Pickup, das (neuwertige) Tor und eigentlich alles, was nicht direkt nur Müll war, verkauft. Viel hatte es nicht gebracht, aber 2.500$ nach Abzug der Auktionatorkosten.

„Da wird sich die Tierhilfe aber freuen", freute sich Bronco. „Wollen wir es heute noch hinbringen oder..."

„Nein“, beschied Peter, „das machen wir nicht. Da sollte Irmgard auf alle Fälle mit dabei sein. Und ich möchte den Scheck auch keiner subalternen Angestellten überreichen, sondern mindestens dem Leiter des Hauses.“

Die Käufer waren meist schon mit Transportfahrzeugen angereist, wer nicht, der holte nun Hilfe oder LKWs. Bis in die späte Dämmerung hinein war auf dem Gelände toller Betrieb. Wie sauber es danach aussah (gar nicht), wie viel des Grobschrotts aber weg war (fast alles), erkannten die Jungs erst am nächsten Morgen.

Irmgards Sonntag

Den Sonntag widmeten die drei Jungs der Ruhe und Irmgard. Endlich mal wieder besuchten alle drei sie, sie konnte auch schon raus, das Bett verlassen und ging mit ihnen im Park beim Hospital ein wenig spazieren.

„Die Doktorin hat mir gesagt, dass ich mich mehr bewegen soll. Als ich sie dann fragte, welche Bewegungen sie denn wohl meine, und sie endlich mal nach meinem Beruf fragte, wurde sie weniger rot als blass. Aber sie hat insofern Recht, da sie die von ihr genannten Bewegungen dann genauer als Spaziergänge definierte. Sie hat mich nach Haustieren gefragt und gemeint, dass ein Hund dafür vielleicht die bessere Möglichkeit wäre, als drei Katzen.“

Sie lachten sich kaputt bei der Vorstellung, die Bronco sofort in eine Vorstellung umsetzte, Katze spielte und sich von Peter an einer imaginären Leine NICHT führen ließ.

Der nächste Besuch führte zu Claudia. Sie hatten in der Woche nicht mal Zeit gehabt, nach ihr zu sehen. Nur Bronco hatte wohl täglich mit ihr telefoniert. „Ja, habe ich! Vom Klo aus! Das war der einzige Ort ohne Baulärm, und wo ich mal nicht beansprucht wurde.“

„Ach, Du hattest Dünnpfiff, und das lief dann sehr schnell?“, kam es von Tony und der nächste Lacher hallte im Diner wider. Dass sie natürlich oder auch trotz dieser kleinen Vorstellung hier aßen, wen hätte es gewundert.

Die Frage, ob man auch Jorge, den Neuen von Claudia, irgendwo mit beschäftigen könnte, war nicht mehr wieder aufgetaucht.

Die langsame Vorbeifahrt an der Villa zeigte ausschließlich verlassene Gebäude. Das Einzige, was sich wirklich von außen sichtbar geändert hatte war, dass ihr Schild nicht mehr am Haus hing. Es war aber auch kein Maklerschild zu sehen.

Daheim legten sie wirklich die Füße hoch, um sofort von drei Katzen angesprungen zu werden, die ihnen deutlichst mitteilten, dass die paar Hände voll Streicheln in der Woche doch wohl nicht ihr Ernst gewesen sein könnten. Das war ja VIEL zu wenig.

Auch die Jungs fanden, dass man sich viel zu wenig gestreichelt hatte. Endlich kam es mal wieder zu einem entspannten, nicht von der Arbeit nur noch müden, Sex-Abend. Dass das schöne große TV-Gerät im Salon ebenso wenig lief, wie das in der Villa, das fiel ihnen schon gar nicht mehr auf. Die Welt drehte sich auch so weiter, ohne dass sie ständig drauf aufpassten. Doch Peter beschloss, NACH den entspannenden Aktionen, doch mal wenigstens in der deutschen Mediathek die letzte Wochenschau herunterzuladen und anzusehen, während Bronco versuchte, eine wenigstens gleichwertige Sendung im amerikanischen Fernsehen zu finden. Er fand sie, doch der direkte Vergleich zeigte sie dann doch so weit voneinander entfernt wie der Neumond dieses Tages von der Erde.

Preperations

Am Montagmorgen rückte die schon bekannte Pool-Truppe an, um die Folie einzulegen. Ein großer Moment, zumindest für die Jungs. Hatten sie vielleicht gedacht, die Folie käme als ein fertiges Stück und würde nur eingelegt... „Nein", lachte der Truppenführer freundlich, der sich endlich mal als Paul vorstellte. „Das geht nur bei einfachen rechteckigen Pools. Wenn die aber noch eine Formtreppe mit drin haben, wird es schon kompliziert. Hier legen wir wirklich Bahnen und verschweißen die chemisch miteinander. Ihr könnt ja zuschauen."

Es war ein kühler – um nicht zu sagen kalter – Tag. Am Morgen noch 14°C, fiel das Thermometer binnen weniger Stunden auf 8°C und verharrte dort, die Jungs daher nicht draußen auf der Baustelle. So interessant waren die Arbeiten nach einer halben Stunde auch nicht mehr anzusehen. Es regnete auch immer wieder, was die Arbeiten außen schwer behinderte – so weit, dass die Arbeiter für diesen Tag abbrachen. „Das hat keinen Sinn, da hält uns die Klebung nicht und Ihr bekommt einen undichten Pool. Die Vorhersage hat für morgen keinen Regen angesagt – für heute allerdings auch nicht. Wir kommen morgen, wenn es nicht regnen sollte."

Peter nickte das ab. Es war keine Arbeit mehr, die ganz dringend erledigt werden musste, bis zur möglichen Befüllung waren es noch zwei Wochen.

Irmgard gab gegen 11am Bescheid, sie könne abgeholt werden. Die drei machten sich und ihr die Freude, zusammen zum Krankenhaus zu fahren und sie in Empfang zu nehmen.

„In Empfang nehmen!", empörte sie sich. „Bin ich denn ein Paket oder so was?" Ihren Humor hatte sie jedenfalls nicht im Krankenhaus gelassen, dafür aber genauere Anweisungen für ihr weiteres Leben mitbekommen.

„Willst Du jetzt einen Hund?", fragte Peter sie direkt im Auto. Sie nickte.

„Ja, wenn´s denn sein soll und mir gut tut? Aber bitte nichts Hochgezüchtetes, sondern einen aus dem Tierheim. Hätte ich in Deutschland auch nicht anders getan. Wisst Ihr, wo eines ist?"

„Und wie!", freute sich Bronco. Er wusste es nicht nur, sie hatten auch den Scheck dabei, etwas, wovon Irmgard noch nicht mal was ahnte.

Irmgard fand sehr schnell einen passenden Hund für sich. „Sie sahen sich und sie hatten sich lieb", zitierte Bronco falsch aus der Bibel. „War das nicht toll? Wobei, ich weiß nicht, ob Du den Hund oder der Hund Dich ausgesucht hast.

Aber noch viel toller fand ich das Gesicht von Mrs. Sedlawitz, als wir ihr den Scheck überreichten! Es muss zwar nicht unüblich sein, dass sie Spenden bekommen, aber selten wohl in dieser Höhe!“

Sie freuten sich alle vier wie die Schneekönige darüber, als sie wieder auf dem Heimweg waren. Das Thermometer jedenfalls war bereits bei den Schneekönigen angekommen… Irmgard fror etwas, als sie aus dem Auto ins Haus stieg, Dabei hatte Peter doch schon eigens vor der Haustüre gehalten und den Wagen erst danach in die Garage gefahren.

Jules, ein Golden Retriever, war problemlos mitgekommen. Das Tierheim hatte die neue Besitzerin / die Spender des Geldes mit einer Grundausstattung Futter, Leine, Halsband und Geschirr beschenkt, ebenso mit Unmengen Tipps für die Tierhaltung. Jules sei ein wohnungs- wie auch für außen geeigneter Hund, er wäre bei der letzten Besitzerin, einer alten, nun verstorbenen Dame, auch immer zwischen drinnen und draußen hin und her gependelt. „Aber“, hatte Frau Sedlawitz gemeint, „die Frau war Mexikanerin.“ Sie wandte sich Bronco zu. „Ich glaube, Sie werden mit dem Hund sprechen müssen!“ Sie lachten alle und Jules zeigte, dass er nicht nur froh war, aus dem dummen Heim entlassen zu werden, sondern, dass er auch deutsch und englisch verstand.

„Mum, willst Du Dich hinlegen?“, fragte Peter seine Mutter nach der hausgemachten Mahlzeit. Sie wären ja alle auch essen gegangen, doch zum einen war dies mit dem frisch adoptierten Hund nicht sinnvoll, zum anderen hatte sich Irmgard dagegen verwehrt. Sie habe in der letzten Woche genug Fertigfraß vorgesetzt bekommen, denn, Original-Ton: „Das Essen dort war mindestens genauso scheußlich wie in Nürnberg in der Klinik.“

„Oh, seit wann kannst Du denn Essen beurteilen?“, Peter musste seine Verwunderung gar nicht spielen. Liebevoll sah sie ihn an.

„Seitdem Du und Bronco gemeinsam kocht.“ Die beiden fielen ihr um den Hals, solch ein schönes Kompliment hatten sie schon lange nicht mehr oder eher noch nie bekommen.

„Nein, ich will mich nicht hinlegen. Nicht schon wieder. Ich habe eine Woche lang gelegen – das hab ich ja nicht mal im Puff so gehabt!“ Sie lachten anständig laut über diese unanständige Äußerung. Zum ersten Mal zündeten sie den Kamin im Salon an und Irmgard kuschelte sich sogar eine Weile davor.

Später zogen sie sich was Warmes an, und der erste Spaziergang samt Jules führte die fünf über das Grundstück nach vorne zum Vorderbereich. Bob war gerade dabei, die Löcher für die Einfahrt auszuheben. Er sprang natürlich sofort von seinem Bagger und begrüßte die Hausherrin so lieb wie eine alte Freundin. Mit Küsschen links und rechts – Bronco fiel fast vom nicht vorhandenen Hocker, als er das sah. Das machten in den USA gerade mal Mexikaner, wenn sie unter sich und ohne Publikum waren.

Bob begrüßte den Hund ebenso freudig wie der ihn, sah ihn sich genauer an und meinte mit fachmännischem Gesicht, der Hund sei gesund und passe zu ihr. „Oh, Du bist nicht nur Baumeister, sondern auch Hundeversteher?“, kicherte Tony und erntete von Bob dafür einen schiefen, mitleidigen Blick.

„Boy, als ich den ersten Hund begraben musste, warst Du noch nicht mal geplant“, beschied er ihm. „Und ja, wir hatten immer Hunde, solange meine Frau bei uns lebte. Danach hatten wir keinen mehr. Sie hat ihren mitgenommen, und von den Kindern war keiner alt genug und fähig, einen Hund zu halten. Und ich? Ich bin ja kaum daheim.“

„Und auf dem Auto oder Bagger?“, wollte Bronco wissen.

Bob zuckte mit den Achseln. „Ich hab´s nicht probiert. Aber langsam ist Jerry alt genug, wenn er Verantwortung übernehmen will? Wo habt Ihr den Hund denn her?“

Tony erzählte es, auch das von der Spende, als sie gemeinsam über den Bereich gingen, sich „die Schäden“ anzusehen. Also das, was noch vorhanden war. Bob nickte. „Ich schicke Euch morgen oder übermorgen den Laster und zwei Leute vorbei, für den Restmüll. Aber wir wollten ja auch die Hütten abreißen, oder habt Ihr Euch das anders überlegt? Vielleicht wollt Ihr sie doch als ‚kuscheliges Feriendomizil für einsame Herzen‘ anbieten?“

Sie lachten mal wieder lautstark und hofften erneut vergebens auf ein Echo. DAS würde es hier wohl nie geben, außer, sie installierten es elektronisch – eine Idee von Tony. Sie konnten sich Besseres vorstellen. „Obwohl? Gegen Eintritt?“, sinnierte Bronco. Sie mussten schon wieder lachen.

Irmgard: „Also ganz klar, Bob, Du reißt auch diese Hütten mit ab. ASAP[17]. Okay?"

„Okay. Für Euch stelle ich bald noch zwei weitere Leute an."

Sie lachten wieder. „Nein, besser nicht. Zumindest nicht langfristig. So langsam gehen die Arbeiten hier zu Ende – und unser Geld…", diesmal war es Bronco, der sanft die Bremse zog.

„Ach Irmgard", schmiss Tony sich an die Frau ran, „jetzt kannst Du Dir vorstellen, was ich die ganze Woche über erleiden musste. Die sind ja SOOOO grausam zu mir! Dabei könnten wir hier noch so viel machen. Einen Palmengarten anlegen, den Pool noch mal vergrößern und vergolden…" Es war ein sehr, sehr lustiger früher Nachmittag, doch der war auch schon bald zu Ende. Ein Langholztruck hupte sich nach oben. Er hatte drei unendlich lang erscheinende roh behauene Holzstämme aufgeladen. Bob winkte ihnen zum Abschied, als er davon eilte. Dass Jules erst mal mit eilen wollte...

„Du magst ihn?", fragte Irmgard den Hund in genau dem Ton, den sie damals hatte, als sie Peter zu seinem Verhältnis zu Ernst – und dann später zu Bronco – gefragt hatte. Es fehlte nur noch, dass Jules verliebt die Augen verdrehte.

Sie besahen sich die restlichen Arbeiten. Die Lampen leuchteten zwar noch nicht, waren auch noch nicht „richtig" angeschlossen. Auch die Videoanlage – „Himmel, die sollten wir aber vielleicht doch erst mal kaufen, oder?", meinte Tony und die anderen nickten beschämt bis bestätigend.

„Ach, wir können halt auch nicht alles auf einmal. Mum, sollten wir uns nicht vielleicht einen großen LKW anschaffen, damit wir leichter unser bisschen Shopping machen können?" Wie gesagt, es war lustig.

Irmgard bestaunte die Werkstatthütte, die immer noch auf ihre Fertigstellung innen wartete, und warf einen Blick auf den unfertigen Pool. Dann meinte sie, ungewohnt leise: „Ich glaube, ich muss mich doch noch mal wieder ein wenig hinlegen. Ich bin müde. Diese Woche war anstrengend für mich." Sie verkniffen sich diesmal ein Lachen oder auch die Frage, was Liegen im Krankenhaus-Bett für eine Anstrengung war. Sie sagten ihr aber, dass sie jetzt sowieso noch mal wegfahren müssten, die Videoanlage erstehen. Das wollten sie zu dritt machen. „Okay!", willigte sie ein, „Ich verlange nicht, dass Bronco bei mir bleibt und über meinen Schlaf wacht. Er darf mit. Aber nur, wenn er 20% Rabatt aushandelt."

Es war kein großer Aufwand, weder der Rabatt, noch die Anlage, mit 8 Kameras und WLAN, sowie mit moderner Digitaltechnik und Alarmierung auch

[17] As soon as possible = so bald wie möglich

aufs Handy, bei Störungen oder Bewegungen im programmierbaren Bereich. Dass letztere Funktion sie mehrfach nächtens aus dem Bett warf, der Überwachungsmonitor dann aber nur ein paar Kojoten zeigte, führte dazu, diese Funktion sehr bald wieder zu deaktivieren. Sie hatte keinen Sinn. So, wie sich überhaupt die Videoüberwachung als sinnarm erwies. Wenn etwas „passierte“, waren es wilde oder auch hauseigene Tiere, die eine Bewegungsspeicherung veranlassten. Das intelligente System war (noch?) nicht in der Lage, einen Annährungsalarm durch böse Menschen von dem eines Tieres zu unterscheiden. Aber es zeichnete wenigstens nur die Alarme auf und nicht von allen Kameras durchgängige Lifestreams mit 24 Stunden am Tag.

Die einzige wirklich nützliche Kamera war dann die, die die Einfahrt überwachte.

Irmgard geht es besser

Irmgard ging es von Tag zu Tag besser. „Ist ja auch kein Wunder, so, wie Ihr mich aufpäppelt“, lächelte sie. „Ich glaube, das Essen in Krankenhaus ist nur dazu da, die Patienten noch kränker zu machen, damit sie noch mehr Geld an ihnen verdienen können.“ Sie nahm regelmäßig ihr Metformin[18], jetzt auch ein paar Wochen lang Darmbakterien – die Behandlung beim Heilpraktiker in Nürnberg hatte sie nicht vergessen. Sie waren hier in der Walmart-Supermarkt-Apotheke mit entsprechenden Präparaten fündig geworden.

„Sag mal, ist Deine Mutter doch bedenklicher krank?“, fragte Tony Peter im Flüsterton draußen, als sie in der Werkstatt die Einrichtung aufbauten und endlich auch die Maschinen von ihren ganzen unnützen Verpackungen und Koffern befreiten.

„Warum, was ist los?“, war Peter hörbar erschrocken.

„Schau rüber! Sie hat einen Besen in der Hand und kehrt die Terrasse! Und heute hat sie schon Salon, Küche, Die-

[18] Diabetesmittel

len UND den Hauswirtschaftsraum geputzt. Und ich habe nicht vernommen, dass Du sie dazu aufgefordert hast!“

Peter prustete los, musste Tony allerdings Recht geben. Sekunden später verließ ein gewisser Bronco mit stolzgeschwellter Brust das Haus in Richtung Werkstatt. „Ach so!“, stöhnten beide auf, irgendwie doch erleichtert.

Nach dem Abendessen setzten sie sich endlich mal wieder im Salon zusammen. Gemeinsam versuchten sie, die Ereignisse der vergangenen und kommenden Tage für Irmgard zusammenzufassen. Darin war sie gut, sie konnte zuhören und sie merkte es sich auch, sprich, es wurde ihr nicht zu viel.

„Okay, Jungs, was haben wir dann weiter vor? Ich meine, außer den Terminen? Wann fangen wir hier wieder an?“

„Willst Du / kannst Du auch schon wieder?“, fragte Peter vorsichtig, sie aber lachte.

„Und wie. Es ist schrecklich, WIE SEHR ich schon wieder könnte.“

„Na, dann nichts wie los! Fang Du schon mal an. Simse Deine Kontakte an. Wir veranstalten eine Housewarmingparty. Ich habe mir überlegt, dass wir das am Wochenende des 31. Oktobers / 01. Novembers machen. Da ist auch Bernd da.“

„WANN? Wisst Ihr eigentlich, dass das der *Nevada Day* ist? Am 30.?“, fuhr Bronco auf. Selbst Tony sah überrascht von seinem Tablet hoch.

„Nee, keine Ahnung. Was ist denn das?“, fragte Peter und Bronco startete ein ad hoc-Kurzreferat über die Feiertage in den USA und diesen Tag, den sie als den Tag der Anerkennung Nevadas als Bundesstaat sehen. „Da sind dann wirklich mal alle Geschäfte und Banken zu und die Leute feiern nur.“

„Na, ist doch toll, klasse, prima. Dann machen wir die Party genau an dem Tag, an diesem Nevada Day. Das passt doch!

Und am Samstag, den 31.11.09, ist dann unsere Party dran. Ich kann ja mal Bernd fragen, ob er da nicht schon dabei sein will.“

„Wollen wir wetten?“, knurrte Bronco und „kurbelte“ seinen Mittelfinger in ausgestreckte Position. Sie lachten ob dieser Show.

„Mensch, mach das bei der Party auch. Lass Dir dazu was einfallen“, kicherte Tony.

Bis zu dem Termin waren es noch 10 Tage, sie sandten Bernd eine entsprechende Message und bald darauf klingelte Skype mit Bernd.

„Gut, ich fliege eh schon am Donnerstag nach drüben“, meinte er. **„Wieder über Las Vegas.“**

„Ach, Du willst Deinen Reichtum noch weiter vermehren?“, fragte Bronco.

„Wenn ich Glück habe? Ja, gerne. Aber sagt mal, was habt Ihr da eigentlich vor?“

„Nun, wir dachten an eine Housewarmingparty. Nichts weiter.“

„Nichts weiter? Ach, dann wird das ja langweilig.“ Der Screen erbebte vom Lachen der vier. „Wollt ihr es nicht zweiteilig machen? Bis 16 Uhr Housewarming, und wer dann noch bleiben will...“

„Müssten wir mit Irmgard durchsprechen. Sie ist ja immerhin auch mit dabei und lädt auch ihre Kunden ein.“

„Ach, verstehe. Gut. Und wenn wir dann für den Tag drauf ...?“

Sie lachten wieder auf und Peter bestätigte: „Zwei Dumme, ein Gedanke!“

Tischlerei

... nach einem Baumarktbesuch mit erneutem Materialeinkauf ...

„Sagt mal, habt Ihr überhaupt noch Platz in Eurem Haus? Bei all dem Zeug, das Ihr bisher gekauft habt?“, es war zufällig der „süße Verkäufer“ hinzugekommen, der Bronco damals das Pferdebild verkauft hatte, und sie überreichten ihm einfach eine Einladung zur Party.

„Komm doch einfach vorbei und sieh es Dir an!“, schlug Bronco vor. Der „Kleine“, der sich nun als Christopher vorstellte – „Miss Chrissy“, wie er ganz leise im kleinsten Kreise wiederholte, leicht rot werdend und kichernd – , sagte zu. „Gerne sogar. Soll ich einen Schlafsack mitbringen?“

„Nein“, lachten sie hell auf, „das ist nicht nötig. Wir haben genug Zimmer.“

„Und auch Betten?“, verdrehte er seine Augen zu Bronco. Sie lachten wieder und bejahten das.

Also nach einem Baumarktbesuch mit erneutem Materialeinkauf sägten und schraubten und bastelten Tony, Peter und Bronco gemeinsam in der neuen Werkstatt, bis Peter nach dem nächsten Ellenbogen im Bauch keuchend konstatierte: „Hier innen ist es einfach zu eng. Für drei Mann + Werkstück + Sonne. Also Sonne, bitte geh raus!“ Sie tat es nicht, also ging er und kümmerte sich endlich mal um den Bürokram.

Zum Beispiel machte er Irmgard mit ihrer neuen Aufgabe vertraut, dem Einscannen der Quittungen. Sie schien sogar so was wie dankbar zu sein, für eine Aufgabe in der Zeit, in der sie keine andere Arbeit hatte.

Die Tage bis zur Party vergingen endlich mal etwas ruhiger. Nur ein paar größere Einkäufe von Lebensmittelvorräten fanden ihren Weg ins Haus. Wie allerdings eine Hundehütte aus Holz zu dem Etikett „essbar“ kam, um unter der Kategorie „Lebensmittel“ abgerechnet zu werden, blieb unklar.

Neben den Kochvorbereitungen für die Party wurde auch diese Hütte aufgebaut. Jules inspizierte sie, hob das Bein, pinkelte sie an und betrat sie nie mehr wieder. Sie wanderte dann in kleinere Stücke zersägt an einem kalten Wintertag in den echten Kamin im Salon.

House-
warming

Übersetzung: Housewarming =
Anwärmen des Hauses =
Einschalten der Klimaanlage auf „Heizen“

Anreise

Diesmal kam ein leise fluchender Bernd auf dem Airport in Reno an. „Warum hat mir keiner gesagt, dass morgen so ein Feiertag ist, an dem kaum noch was geht? Selbst im Flieger von Las Vegas hierher war nur ein einziger Stewart für alle Passagiere da, der war noch dazu alt und hässlich und kontrollierte nur die Bustickets!"

Lachend fielen ihm unsere Freunde Peter und Bronco um den Hals, schoben ihn auf den – ebenfalls erstaunlich leeren Parkplatz – und fuhren ihn ins Haus.

„WOW! Da hat sich ja richtig was getan!"

„Korrekt. Du SIEHST aktuell nur das Eingangstor, die Lampen fallen vielleicht weniger auf. Warte nur ab, wie das heute Abend aussieht!", strahlte Peter mit der Sonne vom fast wolkenfreien Himmel und bei 18°C um die Wette. Er machte eine extra Kurve durch die „2. Siedlung" – sie hatten immer noch keinen Namen dafür gefunden. Bernd staunte Bauklötze.

„Es ist ... wie soll ich´s sagen ... es wirkt alles so viel ordentlicher, sauberer, aufgeräumter", bestätigte er, als auch schon das Auto vor der Eingangsterrasse hielt und Irmgard heraustrat, um den Gast zu begrüßen. Es war eine äußerst herzliche Begrüßung.

Beim Begrüßungs-Mittagessen – sie hatten eigens auf Bernd gewartet – überraschte er sie schon wieder.

„Ich soll Dir Grüße von Marc ausrichten", wandte er sich an Peter. Der stutzte einen Moment, musste überlegen, dann...

„Wie bitte? DER lebt noch?"

„Ja, und wie!", lachte Bernd. „Und er erinnert sich bestens an Dich und die Zeit damals."

Außer Peter und in Bruchstücken Bernd wusste keiner was von „damals". Also durfte ein seufzender Peter sich windend und drehend von dem blonden Marc berichten, dem Hannoveraner Neffen von Georg. „Trägt der immer noch diese *Freddy Scooby Doo*-Frisur?", lachte er am ungefähren Ende seiner Erzählungen. Ungefähr, ach nein, er hatte schon den Großteil der Details mit erwähnt. ALLE waren auch nicht wichtig und ihm auch gar nicht mehr erinnerlich.

„Aber ja doch", grinste Bernd. „Und ehrlich, es sieht immer noch komisch aus. Ich habe Bilder von damals gesehen, Georg hat welche gemacht. Wann war das?"

„Das war", Peter musste nachrechnen, dann wurde er rot, dann wieder blass. „Das muss 2004 im Sommer gewesen sein. Ja, richtig, das war vor unserer legendären Englandreise; Du erinnerst Dich sicher, Mum."

„Natürlich erinnere ich mich. Höchst ungern! Wenn ich nur an das Wetter UND das Essen damals denke! Zwei Mal BRRRRR!" Sie lachten.

„Okay, ich soll Euch also schöne Grüße ausrichten. Er ist aktuell in Nürnberg bei Georg, versuchte gerade im Sommer, mit einem Studium – in Hannover – der Wehrpflicht zu entkommen. Aber bei der Einberufungsuntersuchung wurde dann festgestellt, dass er mit DEN Augen gar nicht diensttauglich sei. Die Nachricht kam, als er schon bei Georg zu Besuch war, das Jubelgeschrei hättet Ihr hören sollen!"

„Wieso, was ist denn mit seinen Augen?", fragte Peter erschrocken.

Bernd winkte ab. „Eigentlich gar nichts. Er ist nur sehr kurzsichtig. Trägt schon seit 10 oder 12 Jahren Kontaktlinsen. Und die sind im Dreck schlecht geeignet. Wusstest Du das nicht?"

„Nein, woher denn. So gut haben wir uns auch nicht gekannt."

„Aber seine Schwanzgröße weißt Du noch auf den Millimeter genau, nicht wahr?" Sie jaulten mal wieder laut vor Lachen auf.

„Sprich, was macht er denn jetzt, so ohne Militär?"

„Na, studieren will er wohl auch nicht, zumindest nicht in Deutschland. Genauer, er weiß noch nicht, was er will. Aber er überlegt, ob er nicht in den USA studieren möchte. Seine Alten haben ja mehr Geld, als sie je verbrauchen können. Und Georg – na, der würde das auch notfalls finanziell unterstützen. So, wie Marc ihn jetzt täglich mehrfach gestützt hat..." Es wurde wieder ein lustiger Nachmittag.

... UND MEIN LEKTOR HAT MIR DIE GANZEN NACHFOLGENDEN GELÄCHTER RAUSGESTRICHEN. – *„STIMMT JA GAR NICHT!"*, WIDERSPRICHT DER LEKTOR.

„Eigentlich wollte er ja jetzt schon mitkommen, aber er hat auf die Schnelle kein Visum gekriegt. Das dauert immer ewig! Ich habe ein 180-Tage-Visum, kann diese Zeit also binnen 10 Jahren in den USA aufbrauchen, bevor ich ein neues beantragen muss. Und Leute, die nach Casino-City fliegen, sind eh gerne gesehen. Man hofft, dass sie verlieren, und wenn nicht, na dann machen sie genug Werbung bei Leuten, die dann kommen und verlieren." Er zuckte mit den Schultern. „So ist nun mal die Welt, es dreht sich nur ums Geld. Oh, siehe da, ich kann ja reimen! Bisher konnte ich nur dichten: Löcher abDICHTEN zum Beispiel.“ Sie jubilierten, freuten sich und boten „dem armen Jungen“ natürlich hier eine Unterkunft an, für den Fall, dass er das Provinznest Reno auswählen würde. „Na, nach ***Fort Lauderdale***[19] will er ganz sicherlich nicht!“, grinste Bernd.

Er warf noch einen Blick auf den Pool und dessen Beton, teilte Bobs Urteil von wegen der Aushärtung und gähnte dann maulzerreissend: „Ich würde mich jetzt gerne etwas hinlegen, wenn ihr erlaubt. Habe mir nur einen Eco-Flug gegönnt und bereue es schon wieder, Hab noch in Las Vegas beim Umsteigeaufenthalt den Rückflug nach Deutschland auf Business upgegradet. Da war so eine fette Elchkuh neben mir, die ist gleichzeitig unter und über der Sitzlehne zu mir rübergeflossen, hat die ganze Zeit geschnarcht, und ich konnte KEIN AUGE zumachen. Hach, wie gut, dass ich heute schon zu Euch kam, im Casino hätte ich ganz sicher verloren, weil ich eingepennt wäre.“

Lachend begleiteten sie ihn in ein schönes Zimmer und bald darauf sägte Bernd die Möbel klein.

Sie fanden nun Zeit, die nächsten Tage noch einmal gemeinsam – ohne Bernd – durchzugehen: Housewarming, dann war für Samstag wirklich eine „Spenderparty“ zusammengekommen – wobei, „zusammengekommen“ falsch war. Dank vier Stieren im Haus konnten sie diesmal 12 Gäste annehmen, diese Anzahl war drei Stunden nach der SMS bereits voll, der Rest musste auf den nächsten Termin vertröstet werden. Der Preis von 600$ beziehungsweise 400$ für die Soldaten, wurde beibehalten. „Trotz des neuen und gemütlicheren Ambientes!“, wie sie in der SMS verkündigt hatten.

Irmgard beschloss, es Bernd etwas nachzumachen, nein, nicht bei ihm oben, sondern in ihrem Zimmer. Sie war immerhin ein anständiges Mädchen und wusste, was sich gehörte. Dass sie zur Spenderparty nicht da sein würde, war bereits vereinbart. Sie würde den Honda nehmen, ein neues Auto anzuschaffen, war zwar beschlossen, aber durch Irmgards Erkrankung hatten sie den Kauf erst einmal verschoben.

---

[19] *Berühmt-berüchtigte Militärakademie, extrem homophob*

An dieses Thema erinnert, rief Peter gleich mal Harry an und erinnerte ihn an die Housewarmingparty. Er meinte, er könne auch noch jemanden mitbringen, wenn er das für Irmgard eigentlich schon ausgesuchte Auto auch mit herfahren würde. Und wie gerne Harry das tat! „Soll ich mit zwei Mann und auch noch einem Wagen für Tony kommen?“

„Also KOMMEN, mein lieber Harry, das wird an DIESEM Tag etwas schwierig. Spenderparty ist erst am Samstag. Und ob Du das durchhältst... Aber die ist eh schon voll. Wegen des Autos gebe ich Dir Tony.“ Er lachte kräftig.

Die beiden waren sich sehr schnell handelseinig. Harry würde mit zwei weiteren Mann und drei Autos anfahren.

Das Auto für Mum würde eine Überraschung werden.

Big Party

Die Hauseinweihungsparty war auf 2pm angesetzt worden, schon ab 1pm strömten Autos und Besucher auf das abgelegene Gelände, auch Harry. Irmgard fiel nur fast in Ohnmacht ob des super-schicken, kupferfarbenen Chevrolet HHR, der gerade mal zwei Jahre alt war. Tony war genauso begeistert von seinem knallroten Chevrolet Silverado Pickup, der ebenso jung war. „Mann, das ist das Auto, das wir wirklich zum Einkaufen brauchen", strahlte er, und Peter überlegte schon mal, wie er die Fracht darauf halbwegs staubfrei halten könnte.

Doch Harry hatte noch mehrere Überraschungen dabei. Die eine war sehr handfest: ein Plane mit Gestänge für genau diesen Pickup, die er als Geschenk mitbrachte. „Zur Hauseinweihung für meine treuen Kunden!", strahlte auch er.

Die beiden anderen Überraschungen waren auch welche; die eine ebenfalls sehr handfest, die andere eher zart. „Das ist Trevor junior", stellte er einen Cowboytypus vor, „und das ist Marvin Borg." Sie waren total unterschiedlich. Trevor, 26, mit gebräunter Haut, wasserblauen Augen unter dunklem, wilden Haarschopf, war tatsächlich Landarbeiter und arbeitete oben bei ***Sparks***[20] auf einem großen Golfplatz als Landschaftspfleger.

„Wow, ich wusste gar nicht, dass die Borg[21] unter ihrer Maske so gut aussehen können", grinste Peter den hellhäutigen schmalen, aber langen Jungen mit seinen rötlich-braunen Haaren und grauen Augen an.

---

[20] Gehört irgendwie zu Reno

[21] Die Borg sind ein in allen Quadranten des Weltalls gefürchtete Species von alles unterjochenden und assimilierende, halb humanoide, halb mechanisierte Lebewesen im Star Trek-Universum.

„Oh, das sind wir alle, solange wir noch jung sind“, antwortete der sofort. „Außerdem werde ich mal die Königin. ICH BIN DER ANFANG, DAS ENDE, DIE EINE, DIE VIELE IST. ICH BIN DIE BORG.“

„Oh, das wäre aber ZU schade. Dann hättest Du ja keinen Unterleib mehr!“ Sie lachten herzhaft und wussten sofort, WER da mit wem sprach und wie gut man sich verstehen würde. „Was arbeitest Du, wenn Du gerade mal keine anderen Völker unterjochst?“

„Oh, ich bin sehr friedlich. Ich will von allen nur das Beste. Ich sitze in der Buchhaltung vom gleichen Golfclub in Sparks und verbuche das Geld der Leute. Wir assimilieren die Welt halt auf andere Weise. Keine Angst, bei uns werden sie mehr verändert, als später – hier verändern wir erst mal ihr Konto!“

Die Party wurde ein toller Erfolg. Fast 130 Gäste kamen und gingen bis in den Abend. Als dann die fertig montierten und geschalteten Lichter angingen, gab es Bewunderungsapplaus. DAS hätte nun keiner gedacht, fast 300yard in voller Beleuchtung.

Den ganzen Tag über wurden frische Hackfleischbälle verschiedener Art und (einfache) Steaks serviert – T-Bones wären bei der Menge unbezahlbar gewesen. Tony grillte das Fleisch und sich, Bernd staunte, dass selbst im November noch 20°C erreicht wurden. Die eigentlich geplante Bar war weder fertig, noch das geworden, was sie geplant hatten. „Sie sieht scheiße aus“, wie Tony selbst zugab. Abgesehen davon wollte man eh keinen Alkohol ausschenken, und das mit der Schanklizenz lag noch in der Zukunft.

Bronco und Peter führten abwechselnd Gästetrupps zum zweiten Bereich und wieder zurück, zeigten den Pool und verwiesen darauf, dass der bis zur endgültigen Fertigstellung wohl leider noch ein paar Wochen brauche.

Bei der zweiten Führung ins „Gelände“ nach vorne, nahm Peter seine Mutter und den ebenfalls mit ALLEN Kindern erschienenen Bob – also mit Jerry und dessen Geschwistern, sowie Raúl – mit nach vorne: „*Mum, it´s your turn.*[22]“

Irmgard wurde leicht rot, etwas, was Peter mit größtem Vergnügen bemerkte, räusperte sich und wandte sich an Bob: „Bob, wir möchten Dir dieses Gelände hier für Deinen Altersruhesitz anbieten. Du findest hier eine Bodenplatte, die nach allen Maßstäben und von Bernd geprüft, Dein Haus tragen kann. Wenn Du es willst.“

Bob klappte in Zeitlupe der Mund auf, deutlich sah man, wie seine Augen feucht wurden, dann fiel er Irmgard um den Hals. „Das wollt Ihr für mich machen?“

[22] Mum, Du bist dran

Peter drehte sich belustigt um, schaute intensiv in die Gegend, um dann zu fragen: „Siehst Du hier noch jemanden mit dem Namen?"

Okay, dass Bob, die Kurzform für Robert, kein so seltener Name war und daher bei den Zuschauern, denen diese Tour ja auch gegolten hatte, sich zwei Arme hoben, führte zur sofortigen Belustigung und entspannte die Situation wieder. „Wir reden nächste Woche drüber, okay?", meinte Bob sehr leise und immer noch feucht.

Die Party an sich war eher unspektakulär. Es kamen eigentlich alle geladenen Gäste, von denen aus der Bank bis hin zu Claudia. Der Versicherungsmakler sah vorbei, der Rechtsanwalt kam länger und zeigte, dass er verheiratet war – überhaupt brachten die Leute ihre Partner/innen mit, sofern sie welche vorweisen konnten. Dass sich Jason erkundigte, wann er mal wieder kommen könnte, aber die Spenderpartys immer noch nicht besuchen wollte, war irgendwie klar. Sie „vertrösteten" ihn auf die Zeit nach der Pool-Fertigstellung.

Claudia blieb nur sehr kurz: „Jorge ist zwar ein guter Mann und auch nett, aber kochen kann er wirklich nicht. Er darf also aktuell nur den Laden offen halten. Ich muss wieder los!"

Sie hatten insgesamt vier Gästezimmer zur Besichtigung geöffnet, das Haus fand große Bewunderung und langsam fühlten die drei sich so, als hätten sie das Haus selbst Stein für Stein aufeinander gesetzt. Bernd löste Tony am Grill ab, als dieser meinte, wenn er so weiter grillte, würde er heute Nacht noch mit seiner Körperhitze das Haus anzünden. Tony wechselte in den Getränkeservice, den bisher Bernd übernommen hatte. Nebenbei sorgte er für ständigen Nachschub an nicht gegrilltem Essbaren auf die kleine Theke. Die privaten Räume blieben verschlossen, anders erwartete das auch niemand.

Der Pool jedoch, obwohl noch nicht fertig, löste immer neue Bewunderungslaute aus und Bronco, der sich abwechselnd mit Peter zur Aufsicht eingeteilt hatte, sah in den Augen manch einer Gattin, wie so ein Prachtexemplar auch in ihrem Garten das „alte" Rechteckbecken mit Stahlleiter ersetzen würde. Bob verteilte reichlich Visitenkarten.

Die meisten Gäste blieben nur eine Stunde. So gab es den ganzen Tag über ein ständiges Kommen und Gehen, bis am Abend die einbrechende Dämmerung die Lichtlein einschaltete und so die letzten Gäste an den Aufbruch erinnerte.

Um 6pm war das Haus wieder „leer".

„Puh, was für ein Tag!", stöhnten Bernd und Tony fast gleichzeitig und klatschten sich für die Synchronität ab. Tony erklärte: „So geht es an der Bar im Casino gerade mal an hohen Feiertagen zu. Und, was meint Ihr? War es eine gelungene Party?“

Jeder gab seinen Kommentar dazu ab, alle waren dieser Meinung. Dass es für das Geschäft nur bedingt etwas bringen würde, war ihnen klar. Wobei…

Trevor und Marvin hatten schon gefragt, ob „man sich mal auch mit weniger vielen Leuten treffen könnte“. Nachdem Peter Marvin eine kleine Privatführung auch in ihre Wohnung anbot, zeigte dieser ihm, WIE GROSS es sich rentieren könnte. Sein Schwanz war mit 25x2.5cm ein kerzengrader Weißspargel, der sich von dem Gemüse nur dadurch unterschied, dass er am falschen Ende, nämlich an der Kuppe, nass war. Das war natürlich ein Problem, das Peter sehr schnell beseitigen musste. Zu mehr als einem recht kurzen gegenseitigen Blowjob kam es bei beiden nicht. Den Rest hoben sie sich für ein andermal auf. Doch als Peter „ganz zufällig“ Bernds Ausstattung erwähnte, bat Marvin um ein sehr viel DRINGENDERES Treffen, ohne Bezahlung. Okay, aber Marvin und auch Trevor waren zwei Typen, die Peter überall auf der Welt und zu jeder Zeit kostenfrei an sich rangelassen hätte. Es durfte ja auch mal einfach nur Spaß machen. Die Idee, die beiden zu einer der nächsten Spenderpartys einzuladen, wollte er noch mit Bronco diskutieren.

Dass Bronco mit Trevor ähnliche Erfahrungen gemacht hatte und Peter später im Bett von einem Monsterkolben von 11x1.6“[23] berichtete, bestätigte beiden, dass sie immer noch Lust auf Lust mit anderen und auch miteinander hatten. Die letzte Lust-Arbeit war ja schon SO lange her!

Gemeinsam, sogar Irmgard half mit, räumten sie die Abfälle weg, die Spülmaschine lief im Dauerlauf und Irmgard schwang den Staubsauger durch Salon und Küche. Die Zimmer hätten auch morgen noch Zeit, ebenso das Nassputzen.

Sehr müde und sehr zufrieden mit dem Tag, gingen sie ins Bett. Peter und Bronco, Tony und Bernd. Ob und was Tony und Bernd noch miteinander machten, verhüllte die Nacht. Das Aufheulen, das mal kurzzeitig zu hören war, wurde ganz sicherlich von Kojoten in der Wildnis verursacht…

---

[23] 28x4cm

Spenderparty, die 4.

Spät, aber ausgeschlafen erwachten sie. Erschrocken stellte Peter fest, dass von den Vorräten kaum noch genug da war, um die abendlichen Gäste zu verpflegen. Er überließ die Hausarbeit den anderen und raste zum Einkaufen.

Nur von den Soleiern hatten sie ausreichend vorproduziert und auch nicht alle rausgegeben, aber dafür mussten nun *pound*weise Frikadellen gebraten werden. Da der Grill aber noch da stand, wo man ihn gestern zurückgelassen hatte, er auch noch nicht sauber war, warf er sie der Einfachheit halber darauf. Am Abend erntete er gesteigerten Dank dafür, dass die Fleischklopse nun noch besser schmeckten, als beim letzten Mal. Es dankten ihm diejenigen, die sich als „Wiederholungstäter“ angemeldet hatten.

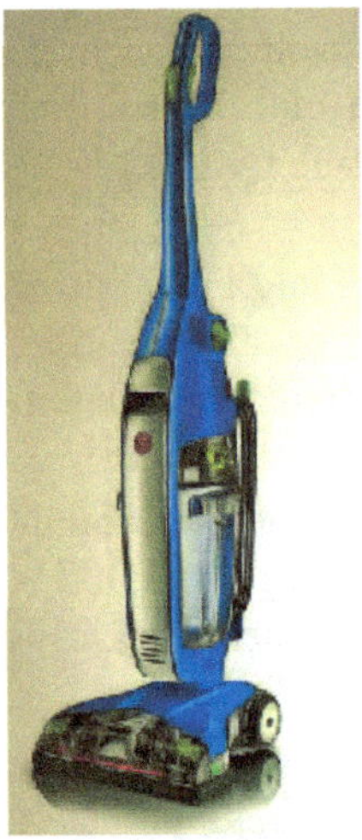

Die Zimmer, der Salon, auch die Terrassen waren wieder sauber. Zu fünft ging so was doch wirklich flott. Nur für die Nassreinigung des Bodens beschlossen die beiden US-Ureinwohner, dass sie besser eine Maschine anschaffen sollten. Die Bestellung eines *floor mate* von Hoover über das Internet war schnell erledigt.

Draußen war es mit 22°C warm genug, so dass sich die vier Mann in leichter Kleidung auf die Liegen am unfertigen Pool legten und eine Stunde Pause und Ruhe genossen. „Heute Abend wird es wieder anstrengend werden“, stöhnte Peter, worauf Bronco sofort stöhnend ergänzte: „Aber befriedigend!“

Irmgard hatte sich auch zurückgezogen, sie würde an dem Abend mal wieder ausgehen, „mein neues Auto spazieren fahren“, wie sie spitzbübisch lächelnd meinte. Ihr schlechtes Aussehen während des Krankenhausaufenthaltes hatte sich hier sehr schnell gegeben. Peter ging davon aus, dass dies überwiegend der guten und teuren Schminkkosmetik in Irmgards Badezimmer zu verdanken war. Die Idee, einen Schminktisch in ihre Wohnung zu setzen, hatte sie bisher abgelehnt, dabei wäre dafür gleich beim Eingang noch SO ein schöner Platz. Peter wäre – auch alleine – diese Wohnung zu klein gewesen, sie aber schien damit zufrieden, vielleicht sogar glücklich zu sein.

Und wenn Irmgards Glücklichsein nicht mehr anhielt? „Na, dann bauen wir halt die Garage auch noch um und setzen draußen einen eigenen Garagenkomplex hin. Platz haben wir da ja genug und langsam auch mehr Autos als Garagenplätze“, schlussfolgerte Bronco. Peter gab ihm dafür mal wieder einen Kuss. „Sag mal Pete, ist Dir eigentlich schon aufgefallen, dass Du an mich Küsse verteilst, wie Irmgard Leckerli an Jules? Immer, wenn er was richtig gemacht hat.“

„Ist das so? Okay. Und wann wedelst Du dafür endlich auch mit dem Schwanz?“ Wundert es uns, dass Bronco dies sofort vorführte? Gut, Irmgard war auch in dem Moment nicht da.

Jules & Co

Jules und Irmgard schienen eine gute Problemlösung für beide. Weder Bronco noch Claudia kannten die verstorbene Vorbesitzerin. Sie wussten auch zu wenig von Hunden, um deren Verhalten wirklich verstehen zu können. Wichtig war ihnen, dass Jules auf Irmgard hörte und, wäre sie mal nicht da, auch bei ihnen dreien sich nicht allzu oft bitten ließ. Immer aber mit der klaren Betonung: „SIE ist mein Leittier!“. Peter, Bronco und Tony konnte es nur recht sein, sie alle drei standen eher auf Katzen.

Jules führte Irmgard mindestens einmal am Tag aus dem Haus, er hatte sie bereits daran gewöhnt, mehr als nur fünf Schritte zu laufen. Peter lobte ihn dafür. „Braver Hund, guter Hund“, meinte er und überreichte ihm eine eigens für ihn gebackene, salzfreie Frikadelle. Schnapp, und weg war sie. „Du musst Frauchen jetzt beibringen, dass Du mehr laufen musst. Dann muss sie einfach mit. Zeige ihr doch mal den Berg!“ Jules schien es verstanden zu haben, er zerrte so lange an der Leine, bis sie wirklich mit ihm um die Bergkuppe ging, danach verzichtete Jules gerne und mit Halsschmerzen auf die Leine, an der sein Frauchen hing.

Es war ja nicht so, dass er nicht auch alleine raus konnte. Doch das Wohl seiner Beschützerin war ihm wichtig.

Was den Jungs, aber vor allem Irmgard erst jetzt auffiel, war, wie sich ihre Umgebung in den letzten Tagen verändert hatte. Seit dem letzten Regen hatte die Wüste zu blühen begonnen, sie blühte immer noch und sie alle fanden es wunderschön.

„Nun ja, ‚wunderschön' ist für mich vielleicht doch noch ein bisschen was anderes", musste Peter natürlich mosern. „Mum und ich waren mal auf der Insel Mainau im Bodensee, DAS war wunderschön. Oder wenn in Nürnberg die Parks blühten."

„DU warst in den PARKS in Nürnberg, wenn es dort blühte? Wie denn das? Gab es da eine weithin bekannte Klappe[24]?" Bronco war schon wieder fluchtbereit aufgesprungen und durfte diesmal auch fliehen, Es HATTE wieder mal kurz geregnet – nicht „es regnete noch" – also jagte ihn Peter mal ein Stückchen quer über das Gelände. Dass Bronco schon immer und immer noch schneller war, änderte nichts an der Tatsache, dass sie beide keuchend und unter dem Gelächter Jules´ wieder ins Haus kamen.

Lina, Kid und Leo

Die drei Katzen waren mittlerweile ein halbes Jahr alt, und damit „aus dem Gröbsten raus". Es wurde Zeit für den nächsten schwereren Eingriff in ihr Leben.

„Wann wollen wir die Kater kastrieren beziehungsweise Lina sterilisieren lassen?", hatte Bronco in der Woche zuvor in die Runde gefragt. Jetzt zog er die Nase kraus und meinte: „Ich bilde es mir hoffentlich nur ein, aber ich glaube, die Kater sind soweit; es riecht schon."

Peter vereinbarte schnellstens mit dem Tierheim einen Termin, dank des noch nicht vergessenen Schecks bekäme er es für beide Kater zusammen für nur 150$.

„Und Lina? Ich meine, wollen wir sie einmal werfen lassen?"

Sie beschlossen ebenso schnell und einfach, dass hier genug Platz für Katzen sei, sich Lina allerdings einen passenden Kater anderswo suchen müsse.

„Ach, da passiert doch nichts!", grinste Tony. „Die beiden Kater sind doch ihre Brüder!" Wieder einmal pflegten sie ihre Lachmuskeln.

[24] Herrentoilette für besondere Treffen

Die Spenderparty

Sie hatten den Beginn der Spenderparty auf 18.00 Uhr gesetzt. Keiner der Gäste war beim Housewarming dabei gewesen, also hatten sie die erste Stunde für die Begehung und Vorstellung des neuen Tummelplatzes vorgesehen. Das hieß natürlich auch, dass weder Tony in Jacobs Rolle mit der „defekten“ Hose schlüpfen, noch Bronco sich für einen heißen Strip kleiden konnte. Es störte ihn nicht. Sie hatten mit ihm dieses Mal was anderes vor. Er freute sich schon darauf.

Dass an diesem Tag auch „traditionell“ Halloween gefeiert wurde – keiner der Gäste fragte danach oder war womöglich schon (un)passend gekleidet gewesen. Und Kids, die nach „tricks or treats“ fragten, die hätten sich vermutlich erst mal von Eltern die ganzen Meilen von der nächsten Siedlung hierher fahren lassen müssen. Peter und Bronco waren froh über diesen „Ausfall“ und Tony hatte dazu keine definierte Meinung. Er hatte Halloween in den Bars natürlich mitgemacht – bei guter Maske gab´s mehr Trinkgeld, sonst aber auch nichts.

Die 12 Gäste bestanden aus 6 Soldaten und 6 Zivilisten, eine schöne Mischung aus knackig und jung und dem nicht gänzlichen Gegenteil davon. Sie waren neugierig und interessiert, kamen bereits beim Rundgang in Gespräche, konnten sich sozusagen beschnuppern. Viele bewunderten den Pool und freuten sich über die Aussage, dass er – sowie fertig – auch den Haus- und Partygästen zur Verfügung stehen würde. Das Eis, das bei den letzten drei Partys immer vorhanden war, war damit schon gebrochen, bevor die Party überhaupt startete. Deshalb beschlossen die Vier kurzfristig, sich die ausgedachten Anfangsprogramme für ein anderes Mal aufzuheben.

Diese Gäste jedenfalls waren schon am Fummeln, als der Rundgang erst halb durch war, und das Auskleiden in der Diele 2 nahm letzte Hemmungen. Die Matratzen lagen schon seit Mittag auf dem Boden und Irmgard war bereits vor gut einer Stunde fröhlich in ihr neues Auto gestiegen und noch fröhlicher in eins der Casinos gedüst.

Wer also jetzt aus Diele 1 kommend – den Durchgang durch den Hauswirtschaftsraum wollte man auch in Zukunft nicht freigeben – über die Küche den Salon betrat, war schon angeheizt und nur wenige Griffe der Gastgeber genügten, schon ging es los. In Ermangelung einer schwulen Sauna in Reno und wegen dem Ruf von ***Steve's Bath*** als „*quirky*[25]“, gab es keine günstigere Alternative für ungehemmten schwulen Sex. Trotzdem mussten sich die Gastgeber voll ins Zeug legen.

Als nach vier Stunden alle Kräfte verspritzt und alle Säfte verdampft waren, begaben sich die ersten Unterhosen wieder an ihre Besitzer. Ein letzter Drink, diesmal auf Wunsch auch ein Gläschen Prosecco[26], benetzte die durstigen Kehlen der Gäste und beförderte klebrige Eiweißreste noch ganz hinab. Auch die vier Hauptstiere waren fix und alle.

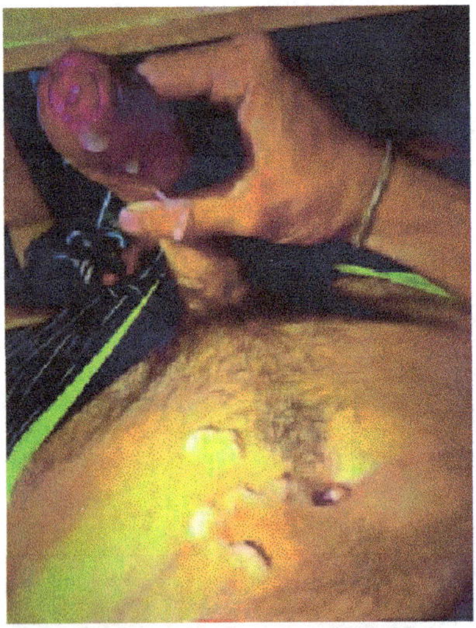

Sie sanken in die nun leeren und immer noch am Rande des Salons geparkten Sofas, Bernd jammerte nach einem Eispack für seine 36cm und verglich seine Pracht mit einem getrockneten Ochsenpenis, der in Tierhandlungen als Hunde-Kaugenuss verkauft wird. „Genau so fühlt er sich an!“, jammerte er, „wie durchgekaut! Kann ich denn nicht jetzt schwimmen gehen?“ Sie lachten heftig. Das Angebot, er möge doch ein schönes Wannenbad nehmen, nahm er aber auch nicht an. „Dann schlafe ich darin ein, und wenn ich aufwache, stelle ich fest, dass ich ersoffen bin. Nein danke! Das würde mir mein Chef nie verzeihen, wo er schon die Flugkosten trägt – Holzklasse! Den Aufpreis für den Rückflug habe ich jetzt aus der eigenen Tasche bezahlt.“ Das war neu, sie waren einfach noch nicht dazu gekommen, auch darüber zu reden. Sie freuten sich, dass er diese exotische Fortbildung genehmigt bekommen hatte. „Ha, von wegen exotisch! Es gibt dafür auch Seminare in Deutschland, doch auch dort müsste ich anreisen und dann kosten die gleich mal ein paar hundert Euronen. Da kam ihn dieser Trip hier billiger. Er hat auch

[25] *Eigenartig, sonderbar, schrullig*

[26] *Promillegrenze in Nevada 0,8‰*

nur vier Tage bewilligt, den Rest hab ich von meinem Überstundenkonto abgezwackt. Na, ist auch eine gute Verwendung hierfür, eine bessere auf alle Fälle, als sie in Nürnberg in meiner Wohnung abzusitzen.“

Sie lachten wieder, räumten noch schnell die gebrauchten Tücher und Laken gesammelt in den Hauswirtschaftsraum, stellten schon mal die erste Maschine an und wankten dann eher ins Bett, als dass sie gingen.

„Ich geb´s ja ungern zu“, meinte Tony beim Bücken nach diesen Tüchern, „aber mir tut mein Arsch heute schon ein bisschen weh.“

„Ist ja auch kein Wunder!“, jubelte Bronco auf. „Du hast es ja nicht kommen sehen – wir schon – dass Dir gleich zwei, oder soll ich besser sagen: zwei gleichzeitig, ihren Riemen ins Loch geschoben haben?“

„Und da habt Ihr mich nicht gewarnt?“, jaulte Tony auf.

„Nö. Warum denn auch? Die waren beide so dünn gebaut!“

Es war schon eine denkwürdige Szene gewesen.

Die Aktionen des Abends hatten nicht nur auf den Matratzen, sondern auch auf den Sofas stattgefunden, mehr, als sich alle drei an die Partys in der Villa erinnern konnten. Tony war bei der letzten Party ja auch dabei gewesen. Und so kam es, dass er über einem der Zweisitzer lehnte, sein begieriges Loch wem auch immer entgegenstreckte. Frisch gegelt blinkte es die Gäste an. Dass Bronco schaufelnd einladende Bewegungen machte, hatte er nicht gesehen. Als er dann erkannte, was da kommen wollte, holte er nur tief Luft und versuchte, aktiv zu entspannen. Zwei sehr lange, sehr saftende (die Gummivorratsbehälter waren bereits geflutet), gut geschmierte Stängel, einer vier, der anderen nur drei Zentimeter im Durchmesser, bewegten sich auf ihn zu, sie grinsten genauso wie ihre Träger. Tony wurde – sehr sanft – auf der Couch auf die Seite gelegt, in passende Höhe zu den Ständern. Die beiden hatten Hilfe von den anderen Gästen, die ihre eigenen anstrengenden Aktionen wegen des unerwarteten Showficks nur zu gerne unterbrochen hatten. Gemeinerweise hatte Bronco diesmal sogar sein Handy zur Hand und filmte den gesamten Vorgang. Ohne Gesichter, das verstand sich natürlich von selbst.

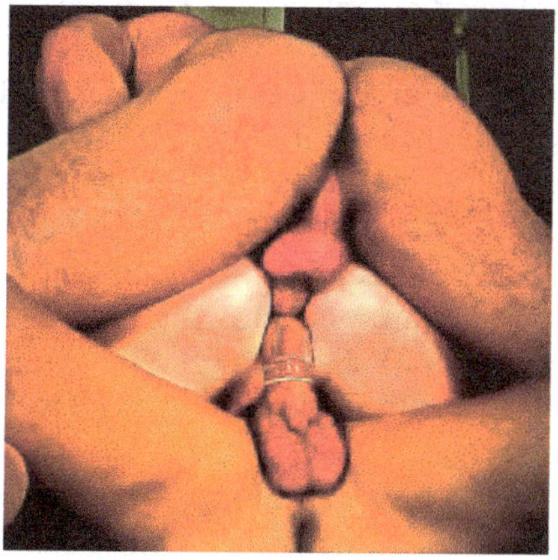

Er führte das Video dann am nächsten Morgen allen noch mal vor – außer Irmgard, auch das war natürlich klar! Als erstes war darauf ein wollüstig schmatzendes Loch mit viel glänzendem Gel zu erkennen. „Und das nennst Du leiden? Also wenn ich das so angucke, Leute, seht Ihr hier das Leiden Christi persönlich?"

„Nein, das sieht mir eher aus, wie Maria Dolorosa im Gefängnis, äh, vor der Empfängnis", kicherte Bernd. Tony versuchte, ihm einen bitterbösen Blick zuzuwerfen. Der Erfolg war ein neues Lachmuskeltraining.

Die Gäste hatten Bronco so platziert, dass sie von je einer Seite in Tony einfahren konnten. Erst schob der mit dem längeren Docht diesen in den Hintern. Das Video gab deutliche geile Stöhngeräusche von sich, die eindeutig von mehreren Leuten ausgestoßen wurden. Als dann der zweite Schwanz von links in das Loch drang, klangen alle Geräusche gequälter. Die von Tony hörten sich nach echter Pein an, die der Zuschauer wohl eher nach Mitleid – Mitleid mit IHREM Schwanz, den sie anscheinend gerade besonders hart rieben.

Es dauerte eine Weile, bis die beiden nicht ganz so harten Teile in Tonys Hintern soweit verschwunden waren, dass deren Träger schon mit den Becken kollidierten. Schätzungsweise dürften es um die 15, 18cm gewesen sein, die sie versenkt hatten. Tony stöhnte, er jubelte oder jaulte lust- oder schmerzvoll, je nach der Bewegung des einen oder des anderen. Schließlich entschieden sich die beiden, dass nur der zweite ficken sollte. Der erste stöhnte sogleich, WIE geil es doch sei, zu ficken ohne selbst ficken zu müssen. Der Lacher der Umstehenden war gut im Video zu hören.

Tonys eigener Schwanz hatte eine helfende Hand gefunden, praktischerweise von der anderen Seite der Couch her. Nur an seinen Mund kam aktuell keiner ran – dazu hätte man Tony mit dem Rücken zur Lehne liegen haben müssen. Auf diese Idee war aber niemand rechtzeitig gekommen.

Die beiden Ficker stachen also gemeinsam in den auserwählten Hintern. Der erste hielt sich zwar nicht ganz an das Bewegungsverbot, was aber nicht zu einem frühzeitigen Herausrutschen führte. Nach nur wenigen Minuten kamen mit sich aufbäumenden Oberkörpern alle drei fast gleichzeitig.

„Könnt Ihr Euch vorstellen, WIE sich diese Menge heißer Soße in mir anfühlte? Ich meine, Ihr gebt jeder für sich ja schon zuchtverdächtige Mengen ab – fragt mich mal, ich habe da auch mal auf einem Hof mitgeholfen, beim Bullenabsahnen ..." – Jetzt mussten sie Video und ihn unterbrechen, so kräftig lachten sie – „... aber diese beiden gaben gemeinsam mehr ab, als Ihr. Wenn ich mir vorstelle, das alles wäre ohne Gummi geschehen – Bronco, krabbelst Du bitte mal unter den Tisch – ja, jetzt, bitte!“ Sie lachten schon wieder, denn Bronco folgte dem Wunsch, natürlich und sofort, und verkündete da unten etwas von „vermutlich einem Wasserrohrbruch“. Alsbald tauchte er wieder zuckergussverschmiert im Gesicht und auf der Brust auf.

„Sag mal, hast Du alle Gummis von gestern ausgelutscht, nach unten geschickt und jetzt diese Menge gesammelt abgegeben?“, grinste er und der nächste brüllende Lacher ließ diesmal sogar die Fenster klirren. Wie schon mal festgestellt, hielten amerikanische Fenster auch nicht das, was europäische versprachen.

Das Video zeigte dann einen langsamen Schwenk über sich schnell bewegende Hände. Allen Gästen, auch denen in der passiven Rolle, war die Benutzung von Gummis empfohlen worden. Der offizielle Grund lautete: „Sammeln der Ergebnisse“ im dafür wieder aufgestellten ½-Gallonen-Glas. Inoffiziell aber machte es die Reinigungsarbeiten danach erheblich einfacher. Man brauchte auch weniger Tücher, zumindest in der Theorie. Der Nachteil war, dass die Abschüsse nun nicht mehr so schön waren und auch nicht auf irgendwelche Bäuche oder Rücken klatschten. Wer das unbedingt wollte, der wurde ja nicht zum Mützchen gezwungen.

„Und was machen wir jetzt mit dem schönen Video? Ins Netz können wir es ja nicht stellen. Ich wüsste nicht mal, wie.“

„Wenn ihr wollt, kümmere ich mich von Deutschland aus darum“, grinste Bernd. „Ich bin in letzter Zeit immer wieder auf den Seiten unterwegs, weil ich überlege, ob ich mich auch mit anbieten sollte, bin ja doch was Besonderes.“

Dass sich sofort vier Handpaare an Bernd schmierten, sollte das wohl bestätigen. Sie beschlossen, es so zu machen und zudem auch noch ein schickes Video mit Bernd und Bronco zu drehen. Oder mit Tony und Peter. Oder mit Peter in Bronco. Oder…

„Aber bitte nicht heute mehr. Ich bin von gestern immer noch ausgelaugt!“

Dieser Satz hätte von allen kommen können.

Der Tresor enthielt zum allerersten Mal seit seiner Existenz – er war ja für hier neu gekauft worden, da sein Pendant in der Villa wirklich „bombenfest“ mit dem Boden verklebt war – Geld aus dieser Art von Verdienst. Die 6.000$ waren zwar lange nicht so viel, wie die Gewinne aus den Casinos, die Bernd und Georg mitgebracht hatten, doch das war selbstverdientes Geld und fühlte sich damit ganz anders an. Dass auch von Irmgard noch 1.200$ – „zwar aus dem Casino, aber nicht von mir erspielt“ – in der Nacht ihren Weg dort hineingefunden hatten, erfreute alle. Über die Verteilung würden sie sich nun, da Tony da war, ernste Gedanken machen müssen, Bernd hatte von vornherein abgewunken. Er brauche das Geld wirklich nicht.

Der Sonntag verlief in Ruhe. Das hieß allerdings nicht faulenzen. Nicht nur die Matratzen mussten in dem wirklich praktischen Klappfach-Schiebetür-Schrank verstaut werden, auch Wasch- und Spülmaschine erwarteten Aufmerksamkeiten. Geputzt werden musste auch wieder. Eigentlich. Denn der *flor mate* hatte sich schon für die Lieferung zum Montag angekündigt und so lange konnte man dann auch noch warten.

Ihr Faulenzen hieß, dass sie gemeinsam mit Jules und Irmgard einen Spaziergang machten, Jules lief diesmal leinenfrei. Als kluger Hund wusste er doch, dass Irmgard nun zwei andere Leute hatte, die verhinderten, dass sie nach dreißig Schritten wieder umkehrte. Es war Sonntag, der 1. November und Peter und Irmgard fragten sich verwundert, wie es in dieser Jahreszeit 20°C haben könnte. Bernd lachte.

„Mein Smartphone zeigt mir an, dass es heute in Nürnberg irgendwas um die maximal 6°C hatte. Das war die Höchsttemperatur! Da haben wir es hier wirklich gut." Noch dazu war es weitgehend windstill. Die Sonne schien vom nur teilweise bewölkten Himmel, und sie setzten sich am Ende des Spaziergangs auf die Terrassen. Irmgard mit Jules auf ihre, die Jungs auf die andere, die mit dem zukünftigen Pool. Mit vier Mann auf den Liegen war der Platz neben der Baugrube schon gut gefüllt. Bei Irmgard hätte man sich wohl auch platzieren können, die Liegen aber zu ihr rüberzuschleppen, dazu fühlte man sich einfach zu faul. Das musste auch mal sein dürfen.

Irmgard zeigte sich wenig angestrengt und fuhr noch mal in die Casinos, verteilte dort auch eifrigst ihre neuen Karten, doch das alles machte den Verlust Tonys an der Bar nicht wieder wett. Er hatte schätzungsweise 500 ihrer Karten verteilt gehabt. Zumindest hatten sie ihm so viele mit der Zeit gegeben, und keine war mehr übrig. Diese kostenfreie Werbung fehlte.

Ein paar Karten von Peter hatte sie auch dabei, wenn jemand speziell reagierte. Keiner aber würde sich hier trauen zu sagen: „Sorry, ich bin schwul." Doch sie wäre eine schlechte Nutte und eine noch schlechtere Mutter eines schwulen Sohns, hätte sie nicht ein Auge für die wirklichen Bedürfnisse der Herren. Dass die so beschenkten meist leicht errötend nickten und die Karte blitzschnell wegsteckten... Einige ihrer und auch Peters Karten fand sie in den nächsten Abfalleimern der Umgebung wieder.

Einen neuen Barkeeper, der ihr sympathisch war und den sie für die gemeinsamen Zwecke einsetzen konnte, fand sie nicht, auch nicht an der Bar im ***Eldorado***, an der früher Tony gearbeitet hatte. Dort war zu ihrem Erstaunen kaum noch eines der ihr bekannten „alten“ Gesichter vorhanden, dafür aber vollbusige Mädchen, die sie sehr an italienisches Fernseh-Show-Beiwerk erinnerten. *„Ihre Titten sind um ein Vielfaches größer als das Hirn des Moderators“*, hatte sie mal gelesen und fand den Satz damals wie heute absolut korrekt. Es war also eine unschöne Wende in dieser Bar eingetreten. Doch auf der anderen Seite lockten diese Tussis genau Irmgards Klientel mit an. Daher verwunderte es sie nicht, dass sie an diesem Abend drei Mal angefordert wurde. Dass es nur 1.000$ ergab, nahm sie mit Achselzucken hin, auch auf Grund ihres Alters. Sie war immerhin auch nicht die einzige Dame, die sich hier auffällig oft zeigte – langsam kannte sie ihre Kolleginnen schon.

Irmgard beschloss, in den nächsten Wochen, wenn dann der Pool wirklich fertig war, diese Damen mal zu einem Kaffeekränzchen einzuladen. „Doch die Damen, die da kamen, waren keine“, ging ihr dabei ein Liedtext durch den Kopf. Sie wusste nur nicht mehr, von welchem Song.

Beim Mittagessen, als auch sie aufgestanden war, war das Lied immer noch in ihr präsent und sie fragte Peter. Der fand es auch schnell im Internet. „Mein Gott, bist Du zu einer Enzyklopädie der unanständigen Lieder geworden?“, wunderte sie sich und er grinste nur.

Mit dem Triebwagen nach Italien

Wohin zieht Tante Frieda immer wieder voller Sehnsucht unterm Mieder?

Nach Italien!

Wohin fährt Lieschen Müller so auf stiller Pirsch nach eingebor'nem Knüller?

Nach Italien!

Wohin reisen Urahne, Großmutter, Mutter und Kind?

Wohin geht die Sehnsucht der einsam verspäteten Mädchen?

Wohin fährt die selten benutze Gemahlin, sobald nur das Reisen beginnt?

Gen-Italien.

Italien, da könn'n sich die Mädchen betät'chen!

Manche Mieze mit'm Gatten, mit ´nem müden,

merkt es zieht sie ganz energisch in den Süden.

Keusch verkündet Tante Lore, was sie lockt, sei die Folklore,

doch im Bettchen träumt'se mächtig von ‚amore‘!

Olle Tantis, die erhoffen sich verstohlen,
ein´ge Chiantis und auf Capri Kapriolen.
Denn es geht die Sage, dort treibt man sehr viel Bodensport
und das Schönste ist nur alles für'n Export.

Komm mit dem Trieb-, mit dem Trieb-, mit dem Triebwagen hin nach Italien.
Da kann man fremd-, kann man fremd-, kann man fremde Gebräuche studier'n.
Denn man begibt, man begibt sich so gern unters Volk in Italien,
um and're Kost, and're Kost, and're Kost, auch wenn's kost', zu probier'n.
Kennst Du das Land, wo die Zitronen blüh'n?
Da kann selbst Omama die Liebe noch erwischen.
In jenem Land, wo die Matronen glüh´n,
und sich als Knabenfischer Fischerknaben fischen!
Und vom Brenner bis zum sonnigen Sorrent hin,
gibt es Penner die bestimmt mit ihnen ... tanzen!
Wenn sie auch zu Hause schwuren,
es gäb´ nie für sie Amouren,
als Touristen sind sie gern für alle Touren!

Weiter südlich wird´n die Küsten etwas steiler,
und die Damen sind da auch schon etwas ... forscher.
War'n sie früher auch mal fein,
sag'n'se jetzt: „Nu musset sein!
Nu avanti, auf Deubel komm raus oder rein!“

Komm mit dem Trieb-, mit dem Trieb-, mit dem Triebwagen hin nach Italien.
Denn da floriert, da floriert, da floriert noch der Fremden-Verkehr.
Das ist so lieb, ist so lieb, ist so lieb an dem schönen Italien,
denn gerne gibt, gerne gibt, gerne gibt man sich hin oder her.
Eines Tages steigt die Meier und die Schmidten,
sehr befriedigt in den komfortablen Schlitten.

Fährt nach Hause widerwillig,
denn ihr rustikaler Knillich
war ihr mehr als recht und außerdem noch billig.
Und zu Hause hat sie dann auf einmal wieder,
keusche Glieder unterm ramponierten Mieder.
Spielt das Opfer, (gar nicht wahr),
süße Gattin rein und klar.
Doch sie weiß schon ganz genau im nächsten Jahr:
Geht´s mit dem Trieb-, mit dem Trieb-, mit dem Triebwagen hin gen-Italien.
Denn da floriert, da floriert, defloriert noch der Fremdenverkehr.
Das ist so lieb, ist so lieb, ist so lieb an dem schönen Italien,
wie gerne gibt man sich, gibt man sich, gibt man sich hin oder her!
Denn in das Land, wo die Zitronen blühn,
fahr'n manche Damen heute gar zu gern alleine.
In jenem Land, wo die Matronen glühn,
da sind die Damen die da kamen
manchmal keine!

Musik Friedrich Meyer, Text(e) Mischa Mleinek, für Brigitte Mira

Gemeinsam übersetzten sie es zum Gaudi der nur englischsprachigen Zuhörer, und Bronco versprach, es mal in Ruhe zu transferieren. Gegebenenfalls würde er sogar versuchen, es in Reimform zum Vortrag zu bringen, wenn er denn mal Zeit hätte und genug Deutsch könne. Er wäre bereits am Lernen.

Ansonsten war der Sonntag wirklich ruhig, nur das Telefon ging immer wieder, und damit viel häufiger als die ganzen Wochen davor. Die erfrischenden Aktivitäten hatten sich herumgesprochen. Die Mund-zu-Mund-Propaganda und vielleicht auch der am Ende des vorherigen Abends erheblich geschrumpfte Kartenstapel seiner Visitenkarten waren halt die beste und preiswerteste Werbung. Auf die Anzeigen in den Stripperheftchen hin war kein einziger Kunde gekommen.

P.S.: Auch „Miss Chrissy", der „süße" Verkäufer aus dem Baumarkt war weder erschienen, noch gekommen. Bronco nahm es mit einem Achselzucken hin. Unzuverlässige Schwestern eben.

Nach diesem ruhigen Tag fühlte man sich wieder gut für die nächste, anstrengende Woche gestärkt. Sie besprachen noch einmal gemeinsam, was denn nun wann passieren sollte. Da passte es gut, dass am späteren Nachmittag Bob hereinschneite. Er erschien aus mehreren Gründen, und wie Irmgard dann am späteren Abend kolportierte, kam er auch sehr gut.

Einer der Gründe lag auf der Ladefläche seines Pickups. So was hatte er auch, staunten die Jungs, denn bisher hatten sie ihn immer nur in dem Honda-ähnlichen SUV gesehen. Dieser „Grund“ auf der Ladefläche musste erst mal wieder mühsam entknotet werden. Erst dann erkannten sie, dass es sich um den versprochenen Kettenverschluss für das Tor handelte, und dankten ihm sehr dafür. Er wiederholte seinen Dank für die Überlassung des vorgefertigten Bauplatzes. Das war auch ein weiterer Grund seines Erscheinens. Wie gut nur, dass in den USA die deutsche Tradition, solchen Dank auch noch mit einem mehr oder minder mächtigen Blumenstrauß zu begleiten, nicht so ausgeprägt war! Vielleicht war Bob ja auch nur eine Ausnahme? Er jedenfalls hatte keine Blumen dabei, was Irmgard sehr dankbar registrierte. Sie alle liebten Pflanzen, aber nicht „*abgeschnittene Geschlechtsteile derselben, die nur zum Sterben verdammt sind*“, wie Peter es schon in Deutschland einmal so treffend und daher merkenswert formuliert hatte. Der dritte Grund war eher einfach, er wollte nur mitteilen, dass die nächsten Bauarbeiten plangemäß am Montagmorgen beginnen würden. Alle stünden in den Startlöchern. Dass er Bernd dabei noch mal freudig extra willkommen hieß, war nur ein kleiner Zusatz. Dass da noch ein vierter Grund für den Besuch war… Irmgard „gestand“ den Jungs, dass Bob auch diesmal nicht bezahlen musste.

„Du magst ihn?“, fragte Peter sie in einem der seltenen nur zweisamen und stillem Momente. Sie antwortete zumindest nicht mit „nein“ oder einem abschätzigen Lachen. „Das ist gut so“, flüsterte Peter und nahm seine Mutter in den Arm.

Endlich!

Keiner wollte es so richtig zugeben, aber allen war die Bauzeit für den Pool jetzt schon „viel zu lang“ gewesen. Sie alle fieberten dem entgegen, das Ding endlich fertig zu haben und benutzen zu können.

„Langsam, langsam“, lachte Bernd am frühen Morgen des ersten Novembermontags 2009, „so schnell geht das auch nicht. Ich bin ja kein kleines Dummchen und habe mir in Deutschland schon mal ein paar Videos angesehen. Einige Firmen aus den USA verkaufen diese Betonstempel wohl auch an Endkunden und haben daher Anleitungen ins Netz gestellt. Es ist eigentlich eine simple Technik, aber gerade mit unserem neuen Becken müssen wir aufpassen, dass nichts von den Zementfarben reinkommt. DAS bekämen wir wohl ganz schwer wieder raus. Und außerdem muss der Beton nach dem Gießen auch wieder mindestens einen Tag abbinden, bevor wir ihn vorsichtig und ohne Schuhe betreten können. Macht sich nicht so gut, wenn da in dem Holzdesign plötzlich ein Abdruck von Irmgards Highheels steckt – oder waren das Deine, Peter?“ Es war der lustige Anfang einer schönen Woche. Weder Irmgard noch Peter hatten jemals Highheels besessen. Die Ansage von Bernd war aber klar und verständlich. Sie hatten ja selbst gesehen, wie weich Beton am Anfang sein konnte.

„Und außerdem müssen wir auch noch unsere echten Styroporfelsen mit Beton verzieren, ich habe gestern Bob noch mal darauf hingewiesen, dass da ein in Holzfarbe eingefärbter Beton wohl eher unpassend wirkt.“ Sie lachten wieder. Das konnten sie sich auch vorstellen. Obwohl, „holzfarben“ war ja nicht Kiefer, sondern eher verwitterte Eiche oder Sekoya, Mammutbaum. Doch Bob hatte eine Lösung zugesichert.

Zuerst erschien Bob mit einem Kleinbagger auf einem Anhänger und begann, von außen sanft die Baugrube zu füllen. Im Pool standen erneut zwei der Pooltechniker, prüften noch mal optisch ihre Arbeit. Mit einem: „Hoffen wir, dass er dicht ist.“, begann das Wasser einzusprudeln. Es sprudelte richtig, denn es lief bereits über die automatische Nachfüllanlage. Allerdings zeigte sich, dass das zu langsam ging. Wie gut, dass die Zisterne auf dem Gelände durch den kräftigen Regen der letzten Woche gut gefüllt war. Aber zur Not war auch Leitungswasser vorhanden. Das Zisternenwasser musste durch den Filter. Das Leitungswasser stank so stark nach Chlor, dass die Jungs bald baten, es abzustellen. Sie holten schnell mal eine „alte“ Tauchpumpe, also aus dem Vorbesitzerbestand und auf dem vorderen Grundstück gefunden, installierten sie nebst dickem Schlauch und entlasteten damit die zentrale Wasserversorgung.

Dass die Zisterne nicht ausreichte... Nun gut, das Mischwasser war laut Test-Set der Pool-Leute lang nicht mehr so chlorhaltig.

Während also das Wasser einlief und nur noch der intelligenterweise im Flies zwischen Putz und Folie eingelegte Feuchtigkeitssensor die Dichtheit der Folie überwachte, bekamen die drei Jungs ihre Schulung für den Pool, die Technik und die Elektronik. Schnell erkannte Peter, dass das hier etwas ganz anderes war als der offenbar billige Pool bei der Villa und dass vor allem sein Wunsch, die Aufbereitung mit viel weniger Chlor zu fahren, auch ganz andere Techniken und anderes Knowhow erforderte. Er war absolut bereit, es zu lernen.

Die Steuerzentrale war im Hauswirtschaftsraum installiert worden, die Kabel führten in den neben dem Pool eingegrabenen Technikraum; er würde eine echte Holzdecke über dem Eingang bekommen, aber erst mal war es nur eine Metallplatte mit vorbereiteter Holz-Styropor-Schalung. die ihn von oben verschloss. Er würde in Ermangelung weiterer Kellerräume nur von oben begehbar sein.

Innen drin befanden sich Filter, Ozongenerator, die Salz-Elektrolyseanlage für die Chlorherstellung, aber auch die Luftsprudelpumpen für den Whirlpool, die Pumpe für den Wasserfall, die Jetstreamtechnik, zwei Wärmetauscher...

„Warum eigentlich zwei?", fragte Peter.

„Ganz einfach", erklärte der Pooltruppen-Chef Paul, „weil der Whirlpool eine andere Temperatur haben muss, als das Schwimmbad. Bringt ihr das große Becken auf die Temperatur, die im Jacuzzi angenehm ist, ist es zum Schwimmen zu warm und ihr verbraucht Unmengen mehr an Energie. Andersherum wäre der Whirlpool mit der Temperatur des Schwimmbadwassers einfach ungemütlich kühl. Außerdem wolltet Ihr ja auch Solarheizung UND Gasheizer haben. Das schließt man nicht direkt an das Becken an, sondern über separate Heizkreisläufe; so ist es technisch korrekt und schont das Material. Ihr habt Euch da eine wirklich edel-teure Version aufschwatzen lassen."

Peter und Bronco lachten laut los. „Paul, bist Du wirklich der Meinung, wir hätten das nicht selbst entschieden? Gut, nicht in den kleinen fachlichen Details, aber wir haben uns von einer Milchfarm im Nirgendwo von Texas..." Nun durfte er die Geschichte von der wohl nach wie vor einzigen Farm in den USA erzählen, die ihren Arbeitern ein eigenes Luxusschwimmbad und Spa anbot. Paul staunte nicht schlecht. Von so etwas hatte er auch noch nie gehört.

Doch, wie der Zufall so spielte, hatte seine Firma auch den Pool bei Muhibs Villa gebaut. Deshalb konnte er sehr schnell und einfach die gravierenden Unterschiede zwischen beiden Poolsystemen hervorheben. „Der sollte wirklich nichts kosten", meinte er, „und er ist damit auch billig. Die Dicke eines Handbuchs sagt noch lange nichts über die Qualität aus."

Sie machten mit der Technikerklärung weiter. Das Wasser lief, die Sensoren blieben still, Bob schaufelte Erde… es wäre fast wie im Himmel gewesen. Wenn sich Peter auch nicht vorstellen konnte, dass im Himmel die Bagger und die dann bald verwendete Rüttelplatte (unter Bernds eigenhändiger Führung nach den ersten zwanzig Zentimeter Erde) so laut wären.

Peter war beim Bau des Beckens der Technikraum riesig und vor allem vollkommen überdimensioniert vorgekommen. Jetzt überlegte er sich, wie er da reinkäme und sich drin bewegen könnte, würde er auch nur zwei Kilo zunehmen. Er beschloss allerdings weise, dass er keine zwei oder mehr Kilo zunehmen könne – er war nun in Amerika, und da erhöhe sich das Gewicht höchstens in *pound.*

Am Ende der mehrstündigen Schulung schwirrte allen der Kopf, das Handbuch bestand gleich aus mehreren Bänden in der Dicke des vorherigen Pools. Doch Paul tröstete sie: „Zum einen sitzen wir in Carson City und können bei Bedarf schnell vorbeikommen. Zum anderen sind auch wir schon modern, und diese Anlage ist noch moderner. Wenn Ihr uns anruft und im Menü der Steuerung den Punkt *remote control* freigebt, können wir direkt von unseren Computern aus auf die Anlage zugreifen und die allermeisten Störungen beheben, Euch entsprechende Hinweise geben oder zumindest den Fehler eingrenzen. Diese Technik ist auch für uns neu und recht selten, weil eben teuer." Peter nickte und fühlte sich mit sich selbst sehr zufrieden.

Die Gasflamme an der künstlichen Feuerstelle könnten sie auch mit ihrem Smartphone steuern. Ebenso waren die wichtigsten Funktionen über eine spezielle App aufrufbar. Selbst über das Internet ginge das, wenn man die Anlage dafür freischalten würde, das aber wollte keiner und sah auch genug Gefahren darin. In Deutschland waren bereits die ersten Fälle aufgetreten, in denen Hacker zum Beispiel die Warmwasserbereitung eines Gefängnisses abgeschaltet hatten.

Es dauerte wirklich bis in den Abend, dass der Pool halbwegs gefüllt war. Der Rest würde über Nacht aus der öffentlichen Wasserversorgung, aber über den Filter nachgespeist werden, außerdem schaltete der Techniker schon die Gasheizung an. „Es scheint zwar morgen wieder die Sonne, aber glaubt lieber nicht, dass das Wasser schon morgen früh badewarm wäre. Die Sonne reicht jetzt im Winter nicht mehr aus. Ihr solltet Euch daher überlegen, ob ihr nicht eine Isolierplane in der Nacht überziehen wollt, doch dafür ist halt ein bisschen wenig Platz da." Das fanden sie auch, seufzten etwas und beschlossen, erst mal die Energiekosten abzuwarten. Das Wasser mit Strom zu heizen, wie in der Villa, wäre noch viel teurer gekommen, als mit dem Flüssiggas. Der Tank war noch sehr gut voll, denn bisher hing nur die Küche an ihm.

Es dauerte ebenfalls bis in den Abend, dass Bob und Bernd mit dem Verfüllen fertig waren. Sie hatten sich, gerade mit dem Verfestigen, streng am Wasserstand orientiert, um die Poolmauer nicht einseitig zu belasten und als Bob zu Mittag fragte, ob er lieber noch einen Mann kommen lassen sollte, der Bernd ablösen könnte, hatte der Deutsche abgewunken. Das war ihm sicherer so. Dass die Arbeit anstrengend war – nun, das gehörte auch ab und zu mal auf einer deutschen Baustelle zu seinem Job, gerade bei so empfindlichen Teilen. „Stellt Euch vor, das ist ja nur Styropor mit einer dünnen Klebefolie außen gegen die Erdfeuchte. Da kann man schon mit einem Buttermesser einen Schaden anrichten", hatte er den Jungs erklärt.

Irmgard hatte sich außer zu den Mahlzeiten und zur Begrüßung Bobs weitgehend unsichtbar gemacht, saß nicht mal auf der Terrasse. Sie kümmere sich lieber um die Akten und Quittungen, erklärte sie Peter, der das recht zufrieden zur Kenntnis nahm.

Müde, die einen schmutzig, die anderen mit lauter nützlichem Wissen von „**A**blassventil" bis „**Z**irkulationspumpe" vollgestopft, trafen sie sich im nur kleinen Kreise zum Abendessen, das diesmal von Tony eigenhändig aufgetaut worden war. Er hatte nach einigen Stunden der Schulung kapiert, dass die Anlage zwar modern war, er so was aber doch schon in den Grundzügen kannte. Er war immerhin auch Poolboy gewesen, auch bei Reichens, die sich ein besseres Privatschwimmbad leisten konnten. Und SO unterschiedlich war es dann auch nicht.

Betonschulung

Für Bernd war am nächsten Morgen der große Tag angebrochen. Neben Bob rückte ein Trupp von vier bis dato unbekannten Leuten an. Nur die mitgebrachte Maschine und das Betonsilo kamen ihnen vertraut vor. DAS war die gleiche Firma, die auch damals den Beton für die Wände geliefert hatte.

Bronco hatte die Aufgabe übernommen, mit seinem Handy die gesamte Aktion zu filmen und als „Lehrvideo“ auch Bernd zur Verfügung zu stellen. Dass er dabei immer wieder Unzulänglichkeiten erkannte und darauf bestand, in absehbarer Zukunft eine vernünftige Videokamera zu kaufen – irgendwie gehörte dies schon zum Erwartungshorizont eigentlich aller. Wenigstens aber hielt er sein Smartphone immer quer, so dass ein bildschirmgeeignetes Breitbild entstand. Und SO schlecht war das Ergebnis dann auch nicht, eher im Gegenteil. Es war ja auch kein billiges Handy gewesen.

Von den bibberkalten 2°C, die das Internet für 7am registriert hatte, stieg das Thermometer mit Aufgang der Sonne sehr schnell auf den Höchstwert von 21°C. Zudem war es windstill, nach Aussage des Deko-Betontrupps das optimale Wetter für diese Arbeit.

„Ja, ist doch klar. Wir arbeiten hier mit hochfeinen Farbpulvern, die fürchterlich gerne davonstauben. Wenn es nicht weht, ist das wunderbar.

Aber trotzdem müssen wir Euren Pool richtig zudecken; Bob hat uns das schon gesagt und wir haben gemeinsam passendes Material dabei. Er brachte die wasserdichten Styroporplatten mit, die auf dem Wasser schwimmen werden, und wir die Baufolie zum Drüberlegen über alles. Zur Sicherheit verkleben wir die auch noch an den Rändern.“

Es war mehr Arbeit, als die Jungs es sich vorgestellt hatten. Sie alle (außer dem Kameramann Bronco) griffen herzhaft zu, selbst Irmgard half mit. Sie verbrauchte einen Großteil ihrer Klebebandrolle bei den Versuchen, die Folie direkt mit dem Wasser zu verkleben – wie gut, dass so etwas zur Grundausstattung in Peters Büro gehörte: graues Panzertape – und dass sie daher nicht noch mal extra wegfahren mussten, um neues zu besorgen.

Bronco zog schon die erste Schnute, denn Pete hätte doch auf dem Weg gleich eine Videokamera…

Trotz Irmgards Hilfe war der Pool dennoch bald staubdicht, die Pumpen, Filter und damit auch die Heizung vorsichtshalber schon abgeschaltet und Irmgard verzog sich lieber nach drinnen, „Büro machen“, wie sie meinte. Das passte wohl wirklich eher zu ihr.

Bob trennte nun Peter und Tony von den anderen. „Für Euch habe ich eine andere Aufgabe, den Beton für die ‚Felsen‘. Wir nehmen zwar das gleiche Material aus dem Silo, aber das für Euch pumpen wir in eine große Wanne und halten es ein bisschen flüssiger. Es ist noch ungefärbt. Dann erst machen wir den Farbbeton für den Boden, den aber auch Stück für Stück. Ihr nehmt den Beton aus der Wanne, wenn Ihr Farbe braucht, dann holt Euch später einen Eimer aus der Maschine.“

„Gut, wunderbar, perfekt. Und wie bringen wir den Beton auf? Ich meine mit Esslöffeln oder wie?“, fragte Peter und Tony und Bob lachten schallend über das ganze Tal.

„BERND! Könntest Du bitte mal?“, der Hilferuf von Peter klang wirklich nach Hilfe und ein seufzender Bernd trabte zu ihnen.

„Kannst Ihnen ruhig zeigen, wie man das Styropor verziert. Ich helfe den Jungs dort, erst mal die Schalungen zu legen, das musst Du ja nicht mehr lernen. Außerdem machen wir eh alles in 5-yard-Abschnitten.“

„Fünf Yard? Ach, 1 Yard = 0.91 Meter, das heißt, für die Dehnungsfugen?“

„Genau, kluger Junge. Lernt Ihr in Deutschland auch so was?“

Es war ein sehr schön auf Video zu erkennendes Rennen, das sich nun ein fliehender, lachender Bob vor einem „wutschnaubenden“ Bernd als Verfolger lieferte. Keuchend kamen sie wieder zurück, nach viel kürzerer Strecke als Bronco und Peter. Bronco meinte, ohne Kamera, „das ist ja auch verständlich. Die beiden sind ja schon SO VIEL älter als wir!“ Zu schade nur, dass beide keine Puste mehr hatten, nun gemeinsam Bronco zu jagen.

„Sag mal“, grinste Tony Peter an – beide hatten natürlich begeistert dem Rennen zugesehen – „ist das hier ein Jungbrunnen? Bob wird immer jünger, Bernd wirkt jugendlicher – tut Ihr hier was ins Essen? Ich meine, ich möchte es schon wissen, damit ich für mich rechtzeitig wieder Pampers kaufe!“ Auch dieser Satz war auf dem Video gelandet. Er wurde dann für das Lehrvideo rausgeschnitten, das Rennen ebenso.

Bernd zeigte den beiden, wie man Beton mit der bloßen Hand verteilte, empfahl ihnen aber für „Eure zarten Häutchen“, doch einen Schutz zu verwenden. Dass Peter in die Wohnung eilte und gut sichtbar ein paar Pariser rausbrachte, sorgte vor allem beim Betontrupp für einen Lacherfolg. Die metallisch glitzernden Tütchen wanderten dann aber doch in die eine Hosentasche, und Peter zog zwei Paar Haushalts-Gummihandschuhe ans der anderen. „Ah, so wird ein Schuh draus“, grinste Tony. Sie besahen sich ihre Arbeitsfläche erst mal, rauten sie mit einer groben Metallbürste nach Bobs Tipp an, entfernten die von der Sonnen-(UV)-Strahlung schon geschädigte Oberfläche. Noch waren ein paar Minuten Zeit, bis dann die Wanne neben ihnen stand und mit dem Schlauch mit grauem Beton gefüllt wurde.

Sie fühlten sich wie im Kindergarten beim Sandkuchen backen, als sie wirklich handweise den kühlen Schlamm auf die weiße, raue Oberfläche auftrugen, feststellten, dass die höhere Feuchtigkeit dieser Mischung schnell von dem saugenden Untergrund angezogen wurde, und bald hatten sie den Bogen raus. Es entstand eine wilde Felslandschaft, die bald auch täuschend echt aussah. Ab und zu ein paar Hände mit dem nun braun aus dem Schlauch quellenden Material vermischt, später auch mit vorsichtig verteilten Farbstäuben, auf erdfeuchtem Material verteilt, patiniert, sah das Ergebnis täuschend echt aus.

Derweil waren die Arbeiten mit der Plattenherstellung in vollem Gange. Es erschien wirklich wie ein Wunder. Der frische bräunlich gefärbte Beton in den maximal 5x5m großen Bereichen eingefüllt, per Hand gerüttelt, mit langen Bohlen glattgestrichen und dann mit den ersten beiden Farbpulvern nacheinander mit einer weichen Bürste bestäubt („nicht per Hand werfen, das gibt zu viele Flecken") – das sah noch ganz gewöhnlich aus. Doch dann kamen die langen Gummischablonen, die mit dem dritten Farbpulver ungleichmäßig be-

pinselt waren, und sie wurden ganz sorgfältig von den Spezialisten gesetzt. Als sie sie dann wieder abhoben, sahen die erstaunten und erfreuten Eigner, inklusive Irmgard (!) und Bernd, dass der Beton nun wirklich eine Holzstruktur hatte.

Sie hatten mit dem Muster der langen „Holz"-Stempel am Haus begonnen, so dass einige Feinarbeiten an der Hauskante hier nicht notwendig waren. Trotzdem aber zeigten die Fachleute Bernd an einem Beispiel, wie man – wollte man zum Beispiel ein Steinplattenmuster erzeugen – an unzugänglichen Stellen mit einem breiten Spezialmeißel die „Fugen" bis an die Wand hin vervollständigen konnte. Sie hatten sogar eigens eine eigene Platte nur zur Ausbesserung von Fehlern in den Oberflächenstrukturen mitgebracht, die sehr flexibel anzulegen war. In den weichen Beton wurden die Stempel mit der Hand, dem Körpergewicht oder auch mit einem größeren Stößel eingedrückt.

Es blieb trotz überwiegender Windstille eine sehr staubige Angelegenheit!

Der Vorarbeiter hatte in Bernd bald den Betonfachmann ohne Stempelkenntnisse erkannt und ihn unter seine Fittiche genommen. Bernd erhielt an dem Tag tatsächlich eine Komplettschulung, auch für die Details, die hier nicht notwendig waren, da es über Nacht nicht regnen würde. „Wenn Regen droht, musst Du den Beton schützen. Dann streust Du ein Fasermaterial auf, welches das Wasser aufnimmt und verhindert, dass es den noch empfindlichen Beton auswäscht.“[27]

Es dauerte diesen Nachmittag und den ganzen nächsten Tag, um alle Flächen rund um den Pool so zu fertigen. Bronco hatte seine Mum angerufen, und zum Mittagessen erschien Jorge mit einer ganzen Box voll frischer, köstlicher Hamburger, einer Großmenge Pommes. Ins Haus wollte sich keiner mit diesen Klamotten trauen, so voller Betonreste und vor allem Farbe, wie sie waren. Für den zweiten Tag hatte Peter noch am Vorabend Steaks geholt, die auf dem Grill und damit ebenfalls draußen zubereitet und dann gegessen werden konnten. Er dankte Gott heimlich für das perfekte und regenfreie Wetter.

Nach dem ersten Arbeitstag kehrten die Bauarbeiter in ihrem Auto nach Hause zurück, und die Jungs? Sie betraten das Haus durch die Diele 2, nackt bis auf die Unterhose, die Sachen wurden vorsichtig sofort in eine Waschwanne im Hauswirtschaftsraum gelegt und baldmöglichst der Waschmaschine zugeführt.

Einige Teile waren danach ausgehärtet und nicht mehr zu gebrauchen. Sie hätten gut in einem modernen Garten als Skulpturen ausgestellt werden können. Sie lachten sich darüber halb kaputt. Die Idee, sie WIRKLICH aufzustellen, kam dann zu spät, da hatten sie die Hosen und Shirts schon zerbröselt.

„Und was jetzt?“, fragte Bernd die Fachleute am Abend des zweiten Tages. Der Chef grinste ihn an.

„Jetzt müsst ihr warten. Mindestens zwei, besser drei Tage. Dann kommen wir, kehren die überflüssigen Farben ab, reinigen alles mit dem Hochdruckreiniger und DANN könnt ihr das Becken wieder öffnen.“

---

[27] *Wer Lust auf dieses in Deutschland immer noch wenig bekannte Verfahren bekommen hat, kann in Youtube unter „concrete stamping“ eine ganze Menge von How-to-do-Videos finden. Die Stempeltechnik funktioniert auch für Wände.*

„WAS? SO SPÄT?“, ächzten Peter und Bronco synchron, der Mann lachte.

„Wenn Ihr Euch Euren teuer veredelten Beton nicht zerstören wollt, ja!

Aber auch dann könnt ihr nur vorsichtig darüberlaufen. Es ist ganz normaler Beton. Auch der braucht rund 30 Tage zum fertigen Abbinden. Dann kommen wieder wir, reinigen noch mal und lackieren den Beton. Ich habe das mit Bernd schon besprochen. Er möchte gerne einen Zweikomponenten-Polyurethanlack haben. Gut, das können wir machen, der kostet aber mehr.“

„Hält aber auch jahrelang im Gegensatz zu dem Acryl, das Ihr hier üblicherweise nehmt und alle Jahre erneuern müsst“, knurrte Bernd belustigt. Der Chef nickte und verabschiedete sich.

„Noch 3 Tage? Und ich hatte gehofft, wir könnten heute endlich schwimmen!“, stöhnte Bronco im Haus, und die anderen stimmten ihm ausnahmsweise geschlossen zu.

„Bronco, Vorfreude ist die schönste Freude. Wir haben jetzt so lange gewartet, jetzt können wir noch einen Tag länger warten.“

„Okay. Was haltet Ihr davon, wenn wir jetzt zur Villa fahren und dort baden? Mum sagte, da sei keiner mehr.“

Tony und Peter lachten hell auf. „Glaubst Du wirklich, die haben die Heizung und die Pumpen über den Winter angelassen? Nur, damit vielleicht mal ein paar Fremde drin baden können? Also, wenn ich die wäre, hätte ich das Haus mittlerweile mit einem mit der Polizei verbundenen Alarmsystem ausgestattet. Der Pool war bei uns nur deshalb im Winter warm, weil wir dort waren!“

„Tja, Jungs, ich muss Euch leider dran erinnern, dann bin ich nicht mehr da. Genauer gesagt, morgen Mittag geht mein Flieger nach Las Vegas, und am Donnerstag fliege ich wieder zurück nach Deutschland. Ich könnte noch einen Tag bleiben, aber wenn wir nicht baden können. … Ab Montag muss ich wieder arbeiten.“ Das war soweit natürlich alles bekannt, trotzdem waren die drei Jungs und dann auch Irmgard ehrlich traurig. „Aber, nun sagt, was kann ich Marc ausrichten?“

„Ohhh“, Peter leckte sich langsam über die Lippen, „er kann kommen, so oft er will, und so bald als möglich auch erscheinen. Er soll halt einfach mit uns skypen.“

Der Abend wurde noch ein sehr schöner. Die vier verausgabten sich und ihre Samenlager, denn es war ja auch für längere Zeit das letzte gemeinsame Mal. Bronco versprach, noch den Rest der Arbeiten mit dem Handy aufzunehmen und Bernd dann den fertigen Film zuzumailen.

Drei Tage Unruhe

Als am Mittag das Flugzeug nach Las Vegas mit Bernd an Bord startete, ließ es drei Freunde zurück, die ihn gemeinsam begleitet und verabschiedet hatten. Irmgard hatte dies schon am Haus getan, meinte, sie müsse nicht auch noch dabei sein.

Nach einer „Plünderung“ der Supermärkte – die hauseigenen Lager zeigten schon wieder gähnende Leere – kehrten sie nach Hause zurück und fanden Irmgard auf einem freiwilligen Spaziergang über das Gelände.

„Freiwillig?“ lachte sie. „Von wegen! Aber Jules hat so gedrängelt! Als könne er nicht alleine raus.“

„Der hält sich halt dran, was wir ihm aufgetragen haben“, kam es sofort von Bronco.

„Und das wäre?“

„Ganz einfach: Er soll Frauchen mindestens einmal am Tag Gassi gehen lassen. Also Irmgard, heb Dein Beinchen am nächsten Strauch und pinkle hin! Ich glaube, damit machst Du ihm die allergrößte Freude.“

Lachend leerten sie den Wagen und setzten sich nach dem Verstauen der Vorräte erst mal zusammen, Termine besprechen.

„Gut, wie geht es denn nun weiter? Marc lassen wir einfach mal außen vor, wir wissen weder, wann noch ob er kommt, äh, erscheint“, begann Peter.

„Oh, er wird. Beides“, grinste Bronco. „So, wie Ihr ihn beschrieben habt? Er kommt bald. Aber ich wette natürlich nicht drauf. Ich mag keine Wetten.“

„Konkret“, wiederhole Peter, „wie geht es weiter? Wann fangen wir wieder an, Einzeltermine zu vergeben, oder reicht es uns, vier Mal im Monat eine Spenderparty zu veranstalten, oder was haben wir vor?“

„Auf alle Fälle auch Einzeltermine!“, bestätigte Tony sofort. Bronco konnte nicht direkt antworten, nickte nur heftig und verschluckte sich dennoch an einem Kartoffelchip. „Und ab wann? Gestern?“ Sie lachten.

„Okay, dann schicken wir heute die nächsten SMSs raus an die Kunden. Wann ist das nächste Rudelbumsen? Samstag?“

Sie beschlossen, so schnell wie möglich wieder in die Vollen zu gehen, maximal zwei Kunden pro Tag und Mann. Peter erstellte auch für Tony einen Kalender und gab ihm die Zugriffsrechte über sein Tablet auf alle Termine. Sie informierten Irmgard über diesen „Neustart“. So glücklich hatte sie schon lange nicht mehr dreingesehen. „Verdammt, ich bin nun mal ´ne Nutte aus Leidenschaft“, lachte sie.

Die Zimmer im OG wurden alle noch mal inspiziert, jetzt schon Sonderwünsche, wie ein Teddybär-Kinderzimmer, ein SM-Studio oder so, anzubieten, hatten sie nicht vor.

„Aber was machen wir denn bei der nächsten Party? Wieder einen Rundgang? Wie soll das überhaupt werden?", fragte Bronco.

„Nun, am Samstag können wir den Beton zumindest normal betreten und das heißt konkret, dass die Gäste auch baden können."

„Dann sollten wir Bob Dampf machen, damit endlich in der Diele 2 auch die Duschen und Toiletten fertig sind. DAS war am letzten Samstag ja kein so toller Zustand", empfahl Bronco und hatte auch schon den Hörer in der Hand. Bob bestätigte stöhnend, dass bis Samstag alles fertig sein werde. Das Reinigen des Betons würde am Freitag stattfinden. „Machst Du das selbst?"

„Nein, besser nicht. Man kann in dem Stadium noch recht leicht Schäden am Beton ausbessern, hat mir die Firma erklärt. Und es gibt immer mal wieder Chips und kleine Risse bei dem Verfahren. Aber den Glas-Windschutz, mit dem sollten wir noch etwas warten." Die Gruppe nickte es ab. Das war irgendwie einleuchtend.

Abgesehen davon: sie hatten das Material noch nicht mal bestellt.

Natürlich liefen sie sofort hinaus, zogen die Schuhe aus und suchten nach solchen Fehlern, nur um festzustellen, dass sie bei dem vielen Pulver nichts fanden, dafür aber nicht wussten, wie sie mit den dreckigen Füssen voller Farbstaub wieder ins Haus kommen könnten. „Uns fehlt definitiv noch eine Außendusche", meinte Tony, aber die beiden anderen widersprachen ihm.

„Die hätten wir besser vorher geplant. So finde ich sie nicht mehr sinnvoll und auch nicht notwendig. Der Dreck bleibt ja nicht, eher im Gegenteil. Wenn ich Bernd richtig verstanden habe, ist der Boden nach der Versiegelung so sauber, dass Du davon essen kannst. Habe ihm dann natürlich gesagt, dass so was bei uns gar nicht notwendig wäre, wir hätten ja schließlich Stühle und Tische." Dass Bronco diesen Kracher gebracht hatte, war doch irgendwo klar.

Ein grober Wochenplan wurde entwickelt. Noch an dem Abend orderten sie im Internet Glas und Stützen für den Windzaun, Lieferung am 24. oder 25.11, wie mit Bob besprochen. Die Montage sollte am 26. erfolgen. Dank einer aktuellen Sonderaktion kostete alles zusammen nicht 7, sondern nur 5.500$.

Der Einkaufszettel für morgen sah eine Videokamera vor, allerdings in bezahlbarem Rahmen.

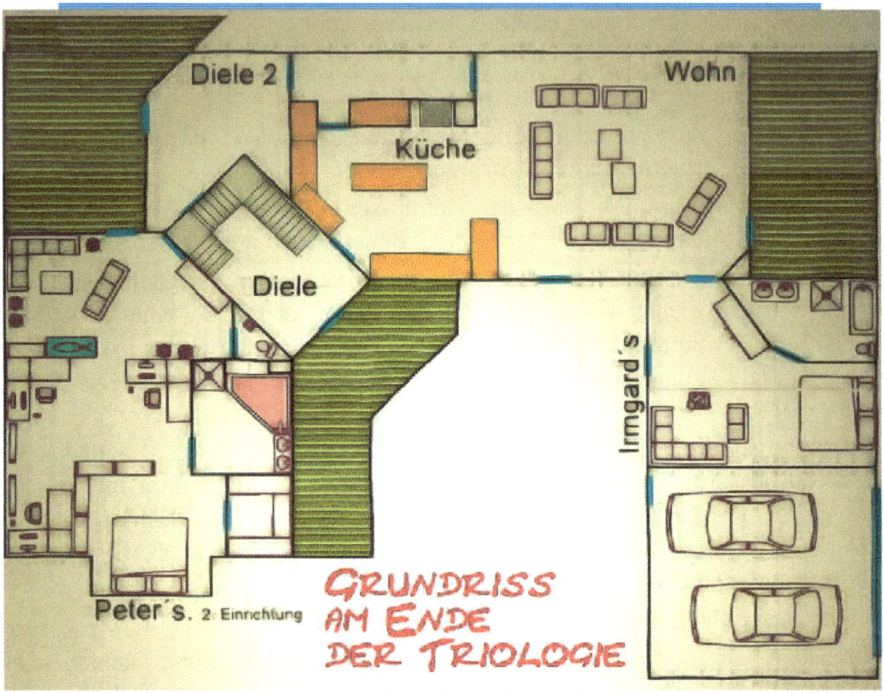

Peter informierte Irmgard auch über diese Ausgaben noch, sie begann schon mal die Augen zu verdrehen. Ausnahmsweise saß er mit ihr bei sich alleine im Büro, Bronco und Tony richteten das Abendessen. „Dann langt es aber langsam, mein lieber Sohn. Sonst ist mein Konto wieder auf dem Stand, das es vorher hatte."

„Von welchem ‚Vorher' sprichst Du, LIEBSTE Mum? Von vor dem Auszug aus der Villa? Oder vor Deiner Jugend?" Sie drohte ihm eine Ohrfeige an.

„Ja, so knapp ungefähr, etwas weniger."

„Was? SO WENIG Geld haben wir bisher ausgegeben?" Sie nickte.

„Na, dann geht es uns ja absolut gut! Vergiss nicht, wir haben das Geld nicht sinnlos verprasst, sondern in Immobilienkapital umgewandelt. Auf der Bank wird es aktuell nur vernichtet. Lass uns mal zusammenrechnen. Du hattest

	412.000	gehabt.
+	154.000	kamen vom Scheich dazu
-	80.000	für das Haus
+	38.000	Casino
+	7.500	Casino

„Sag mal, wer führt hier Buch, Du oder ich?"

Peter lachte. „Na, ich habe wenigstens die Einnahmen im Kopf, Du die Ausgaben. Nennt man paritätische Aufgabenverteilung. Und jetzt hast Du noch auf den Konten?"

„Rund 300.000$ zum aktuellen Wechselkurs gerechnet."

Peter tippte auch diese Zahl in sein Handy, Kopfrechnen war noch nie seine Stärke gewesen.

„Dann sind es ja wirklich nur 181.000$ für dem Umbau, die Autos, den Pool, das ganze Kleinzeug... Mann, Frau, weißt Du, was wir dafür alles bekommen haben?" Peter jubelte.

Irmgard nickte langsam. „Ja, ich verstehe das auch langsam. Irgendwie. Aber ich bin solche Zahlen einfach nicht gewöhnt."

„Okay. Ich mache es Dir leichter. Wir schieben von meinem Konto 100.000€ auf Deines. Dann fühlst Du Dich besser."

Sie küsste ihn. „Wehe, wenn Du das machst! Ich warne Dich. Zum einen müsste ich dann in Deutschland schon wieder ein neues, weiteres Konto anlegen, zum anderen gehört eines Tages eh mal alles Dir."

„Oder mir und Bronco, sowie Bob und seinen Kindern?"

Sie sah ihn groß an. „Wie meinst Du das?"

„So, wie ich es sage. Es ist doch deutlich zu merken, dass da mehr ist, als nur ein bisschen mögen. Stimmt´s oder hab ich Recht?"

Sie wurde rot. Sogar unter ihrer, heute allerdings einfachen, Tagesschminke schien es hervor und es gefiel ihm. Es gefiel ihm, dass seine Mutter auch noch zu solchen Gefühlen fähig war. „Nun ja... ich weiß nicht so recht ... ich ... ... ich hab einfach keine Erfahrung mit so was."

„Na, dann wird es vielleicht Zeit, sie endlich mal zu machen. Alt genug dafür bist Du ja."

Der Ruf wegen Essens eilte durchs Haus und enthob ihn, sich schon wieder unter einer heranfliegenden Hand bücken zu müssen. Schlagkräftig war sie ja, seine Mutter, das musste er zugeben. Er lachte in sich hinein.

Beim Essen sah er keinen Grund, die bisherigen Gesamtkosten dieses Hauses nicht zu erwähnen, was die anderen beiden als absolut selbstverständlich ansahen, Irmgard, ihrem Gesichtsausdruck nach, eher weniger. Aber als sie erkannte, dass das für die anderen das selbstverständlichste Gespräch der Welt war...

Dass Bob für den Abriss der Hütten nichts berechnen würde, „als Ausgleich für die Hausgrundlage", wussten sie jetzt noch nicht.

Seit langer, langer Zeit zum ersten Mal wieder träumte Peter von seinem Flämmchen[28]. Er hatte es nicht gerufen, er stand nur unvermittelt vor dem Schrank, doch diesmal war dieser verschlossen. Er musste ihn erst mal selbst öffnen.

Von innen blinzelte ihn das Flämmchen verschlafen wirkend an.

„Oh, welch seltener Gast in unserem Hause", zischte es leicht spöttisch. „Du suchst Kontakt zu mir?"

„Nein", meinte Peter leicht verwirrt, „eigentlich nicht. Aber der Schrank ist gerade vor mir aufgetaucht. Ich glaube, ich schlafe."

„Welcher Schrank?"

„Der, in dem Du und die anderen Gefühle ... ach, egal, das tut wahrscheinlich nichts zur Sache. Aber es freut mich, dass es Dir gut geht. Du hast sogar etwas Zynismus gelernt."

„Täusche Dich nicht, lieber Peter. ICH bin es nicht, der etwas lernen oder vergessen kann, das bist nur Du. Vergiss nicht, ich bin ein Teil Deines Unterbewusstseins oder, anders gesagt, dessen Repräsentant. Kann ich etwas für Dich tun?"

Peter merkte, wie er sich in dem Schrank umblickte. Er sah eigentlich noch genauso aus wie er ihn aus seinen vorherigen Träumen kannte, mit all den Spinneweben, den kleineren und größeren Lämpchen. Erstaunt entdeckte er eine weitere, nicht mehr so kleine Lichtquelle und als er näher trat, sah er, dass es mehrere Lämpchen auf einem Fleck waren.

„Das sind Deine Freunde", beantwortete das Flämmchen die ungestellte Frage. „Sie stehen zusammen, sie stehen hinter Dir und, wenn Du genau hinsiehst, hinter Euch. Du hast Glück. Mit allen."

„Ja, ich glaube, das weiß ich. Ich mag sie auch. Alle. Es sind nette Leute."

„Na, na, na! Nett ist die kleine Schwester von Scheiße!", schimpfte das Flämmchen los. „Fällt Dir keine bessere Bezeichnung ein?"

„Ich liebe sie?", fragte Peter vorsichtig, von der neuen, heftigen Art des Flämmchens überrascht.

„Klingt schon besser. Ist auch nicht falsch, stimmt sogar in jedem Sinne. ... Nun, ich habe nichts dagegen."

„Das wäre ja noch schöner. Ich stehe zu mir und meiner Art.

---

[28] *Für alle, die erst mit diesem Band „Peterchen" zu lesen begonnen haben: Das Flämmchen ist die „Zündflamme für seine Gefühle" in seinem Unterbewusstsein und hatte sich ihm während seiner Pubertät erstmals vorgestellt.*

Okay, wenn das alles war, was Du mir nicht zu sagen hattest, kann ich dann schlafen?"
„Tu das. ICH habe Dich nicht gerufen. Aber wolltest Du vielleicht doch einen Rat von mir?"
„Ich? Nicht, dass ich es aktuell wüsste. Wenn, dann melde ich mich bei Dir. Schlaf gut!"
„Du auch."
Mit diesen nonverbalen Worten zog sich Peter aus dem Schrank zurück, der verschloss sich von selbst wieder, und Peter schlief ein, zufrieden mit sich und der Welt.

Als das Haus wieder erwachte, war es schon Donnerstag. Am Samstag würde die nächste Party steigen, genug potent(iell)e Besucher waren noch von der letzten Einladung übrig geblieben, es würden auch nur noch maximal neun werden können. Drei pro Gastgeber. Alles andere wäre mörderisch.

Erstaunt fiel ihnen beim Frühstück ein, dass der Donnerstag auch Bernds Abreisetag aus Las Vegas ist. Sie warfen ihn wohl aus dem Bett, als sie anläuteten. Er war aber bald wach.

„Nein, danke, mir geht es gut. Aber ich bin erst vor drei Stunden ins Zimmer. ... Ja, wieder Sunset Station, das gefällt mir am besten. ... Nein, diesmal war es nicht so toll, die Glücksfee hatte wohl anderweitig zu tun, denn ich habe nur 1.000$ gewonnen. ... Mein Flieger? Der geht heute am Abend. Ich bin dann morgen in Deutschland. Frag mich lieber nicht, was für ein Tag das dann sein wird, ich HASSE diese Zeitverschiebungen und das Rechnen damit. Vermute mal, bis ich wieder in Nürnberg bin, ist es auch dort Abend, und ich werde hundemüde sein. Wau, wau. Grüße an Jules und Eure Katzen. Melde mich wieder, wenn ich daheim bin. CU! ... Ja, ich sage Marc Bescheid. Natürlich!"

Die ersten Schritte nach draußen führten – natürlich zum Pool.

„Sagt mal, findet ihr eigentlich auch, dass die Feuerstelle da oben komisch aussieht? Irgendwo nackt!", fragte Tony in die Runde, und natürlich mussten sie ihm recht geben.

„Aber der Poolmensch hat uns davor gewarnt, dort auch Echtholz zu verbrennen. Deshalb auch das Gas", konterte Peter schwach.

„Ja, aber stellt Euch mal vor, wir schalten jetzt das Gas ein." Er fand sogar auf Anhieb den richtigen Button in der Poolzentrale und... es passierte nichts.

Also so gut wie nichts. „Seht Ihr! Das ist es, was ich meine. Gas verbrennt üblicherweise farblos. Wir könnten jetzt natürlich Kochsalz in die Flamme streuen, dann wird sie gelb, aber wie sieht das aus?“

„Na, bestimmt nicht, wie auf dem Katalogbild, das wir als Vorlage genommen hatten.“

Sofort eilte Peter in die Wohnung, holte das Tablet und dort das Foto auf den Screen. „Ja, seht Ihr? Die haben über dem Feuer noch einen Felsen und außerdem ist es ein Abendbild. Wir sollten das also am Abend ansehen.

Und den Fels darüber, den können wir nicht machen. Wir haben ja Styroporfelsen, und unsere Feuerschale haben wir eigens deshalb aus dickem Beton geformt. Tony, schalt mal wieder ab, nicht, dass der Beton jetzt noch reißt.“ Tony machte es, und die unsichtbaren Flammen erloschen genauso unauffällig. Die Jungs waren ein wenig ratlos. „Los kommt, wir müssen eh in den Baumarkt. Lass uns dort fragen, was die anbieten.“

„Gute Idee“, bestätigte Bronco, „aber habt Ihr Euch eigentlich schon mal überlegt, was wir mit dem Kettentor machen? Lasst es mich einfach so nennen, das ist leichter.“

„Was willst Du damit machen? Meinst Du, ob wir es pink lackieren sollen?“, fragte Tony. Er durfte gleich seinen Arm reiben.

„Nein, ich meine, wollen wir jedes Mal nach vorne laufen, wenn einer mit der Trillerpfeife oder – als Indianer – mit Rauchzeichen signalisiert hat, dass er reinkommen möchte? Habt Ihr Euch das Zeug nie angesehen? Das funktioniert mit Strom: die Klingel, die Gegensprechanlage und auch die Ansteuerung mit Kabel. Das alles aber haben wir nicht gelegt!“

Betreten sahen sich die drei an, Peter zog scharf die Luft zwischen den Zähnen ein – eine Angewohnheit, die er eigentlich glaubte, schon lange abgelegt zu haben. Irmgard hatte immer wieder berichtet, er hätte das als Kind gerne gemacht, wenn er sauer war. Diesmal war er sauer, aber vor allem auf sich. „Shit!“

„Genau: Shit! Was tun?“

Sie gingen in die Garage, wo die Ketten sich über Nacht und von ganz alleine wieder in einen Knotenhaufen gelegt hatten; der Haufen interessierte diesmal nur nicht, nur die Ansteuerung.

Bronco: „Ich habe eine Idee. Wir fahren gleich auch bei einem Elektronikladen in Reno vorbei, da gibt es einige, die auch eine Werkstatt haben. Vielleicht können die meine Idee umsetzen.“

„Und die wäre?“

„Ach Kinder, lasst mich nur mal machen. Let´s go?"

Sie sagten noch Irmgard Bescheid, aber sie wollte nicht mit. „Außerdem habe ich ja mein eigenes Auto, wenn mir die Decke auf den Kopf fällt. Ich mach' derweil Telefondienst. Zudem soll doch Bob kommen, die Dusche fertig machen."

Peter grinste breit und klebte sich vor der Abfahrt noch schnell einen elektronischen Notizzettel in den Bildschirm, dass sie beim Telefonprovider einen Anrufbeantworter einrichten sollten oder eine Weiterleitung.

Der Baumarkt verkaufte ihnen mit freudigem Lächeln einen fertigen Stapel Kamin„holz" aus Keramikmaterial, das bei Erhitzen auch glühen sollte.

„Habt Ihr das gesehen? Habt Ihr gesehen, wie dieser Typ versuchte, das Preisschild zu verstecken, BEVOR wir mit ihm über den Preis verhandeln konnten?"

„Ja", lachte Peter, „ich habe gesehen, dass Du beinahe geplatzt bist."

„Grrr aber auch." Sie hatten das schwere Teil mit ihren 20% Standardrabatt erhalten – auf den Preisschild-Preis.

Die Videokamera und auch die von Tony angedachte Lösung für das Kettentor fanden sie beim Elektronikmarkt. „Ach, das ist doch ein übliches Problem", lächelte der Verkäufer. „Viele Leute rüsten ihre Einfahrten nach, da gibt es natürlich Funksysteme. Und wenn da nichts zwischen dem Tor und dem Haus ist, also kein Gebäude und so, dann funktioniert das auch auf Eure Entfernung.

Aber sagt mal, man hört über Euch ja Einiges! Ihr sollt eine tolle Einweihungsfeier gehabt haben, irgendwann am letzten Wochenende?"

Sie verteilten schon mal die Karten von Peter und Irmgard. Für Bronco gab es bewusst noch keine und für Tony? „Es hatte sich noch nicht ergeben." Ob der Verkäufer mal kommen würde...

„Hast Du die Augen nicht gesehen, Peter?", grinste Bronco. „Der ist total auf Dich abgefahren, nicht auf mich und auch nicht auf Tony."

„Ach nein", wand sich Peter wie eine schüchterne Prinzessin, „das kann ich mir gar nicht vorstellen. Außerdem, was soll ich denn von so jemandem verlangen?"

„Na, dass er einen schönen Schwanz hat", griente Tony und sie lachten.

Die Idee, dass ein Gong im Haus vielleicht besser klänge als laut geplärrtes „BREAKFAST", die hatten sie wieder mal vergessen. Peter notierte sie für den nächsten Baumarkteinkauf.

Bob war mit den Sanitäranlagen, und so mit allen Bauarbeiten (endlich!) fertig geworden. Er kündigte für die nächsten Wochen an, dass er nur noch vorne aufräumen würde. Die Jungs nahmen es dankbar zur Kenntnis. Bob auch.

Sie brauchten die beiden Tage, um das Kettentor, die Gegensprechanlage und die Kamera mit der Elektrik und Elektronik so zu verbinden, dass sie funktionierten. Für die nächste Party aber beschlossen sie, die Einfahrt einfach offenzuhalten, nachdem sie auf dem Video in der Nacht erkannt hatten, dass sie nichts erkennen konnten.

Peter fiel sofort das geeignete Gedicht dazu ein:

> Die Fahrt zum Mond hat sich gelohnt!
> Nun weiß die Wissenschaft
> im Grunde ganz gewissenhaft
> dass sich die Fahrt zum Mond nicht lohnt.
> Drum hat die Fahrt zum Mond
> sich schließlich doch gelohnt!
>
> Es startet unerwartet
> ein Professor nach dem Mond.
> Wollt' horchen und erforschen
> was dort oben alles wohnt.
>
> Das Jahrhundert war verwundert
> denn sehr lange blieb er nicht.
> Nein, er kehrte heim zur Erde
> und gab folgenden Bericht:
>
> Die Fahrt zum Mond hat sich gelohnt!
> Nun weiß die Wissenschaft
> im Grunde ganz gewissenhaft
> dass sich die Fahrt zum Mond nicht lohnt.

Drum hat die Fahrt zum Mond
sich schließlich doch gelohnt!

Touristen, Alpinisten!
Sprach der weitgereiste Herr
Sie müssen nämlich wissen,
so ,ne Reise ist sehr schwer!
Weder Kino, noch Kasino
und die Kälte hundsgemein.
Ich verkaufe und versaufe
die Rakete und geh heim!

Die Fahrt zum Mond hat sich gelohnt!
Nun weiß die Wissenschaft
im Grunde ganz gewissenhaft
dass sich die Fahrt zum Mond nicht lohnt.
Drum hat die Fahrt zum Mond
sich schließlich doch gelohnt!

Paul Kuhn

„Infrarot ist ja ganz schön", moserte Tony bei dem Test am Freitagabend, „aber die wenigen Dioden reichen halt auch nicht weit. Ihr seht ja", er deutete auf den Monitor, auf dem sich Irmgards Auto gerade mal als Silhouette abbildete, „dass wir von Irmgard gar nichts erkennen. Also, was heißt das?"

Sie seufzten zu dritt und dirigierten Irmgard wieder zum Haus zurück. Per Handy, denn die Gegen-Sprech-Verbindung war eine Gegen-Stumm-Verbindung geblieben, zumindest dann, als man sie brauchte. Sonst, wenn die Jungs einfach mal so „in die Weite lauschten", hörten sie „die Bronchitis eines Sandflohs", wie es Bronco mal wieder messerscharf formulierte.

Dass in der nächsten Woche der Techniker der Elektronikfirma vielleicht eine persönliche Einladung bekommen könnte...

Doch das war eigentlich gar nicht das wichtigste Ereignis an diesem Freitag, auch nicht, dass Bronco einen Kunden hatte, der sich, nach Ansicht von Broncos Angebot doch lieber von ihm reiten ließ als umgekehrt. Es war ein mittelalter Mann mit mittelprächtigem Aussehen und mittelprächtiger Ausstattung. Also uninteressanter Durchschnitt, wenn er nicht bezahlt hätte.

Viel wichtiger war, dass schon am Morgen die Betonfirma kam und ihren Dreck beseitigte. Ein sehr kräftiger und noch lauterer Industriesauger fing den vom Besen aufgewirbelten Farbstaub ab, nahm danach das Schmutzwasser vom Hochdruckreinigen auf, und – siehe da – der Boden erstrahlte wie neu!

„Kein Wunder!“, lachte der Chef und begann auf den Knien, nach Fehlern zu suchen und diese auszubessern. „Der ist ja auch neu!“

„Dann lass durchaus ein paar kleine Schäden drin, wenn sie wie Holzschäden aussehen. Dann ist der Kontrast zum Haus nicht so groß.“

Die Mannschaft brauchte nicht lange. Sie nannten als nächsten und letzten Termin die erste Dezemberwoche für die Lackierung.

„Hurra! Wir können baden! Wer kommt mit?“, plärrte Peter in Hauslautstärke. Obwohl sie alle im Salon versammelt waren. Allerdings nicht lange, denn schon Sekunden nach dem Aufruf waren Irmgard in ihrer Wohnung, Tony im Obergeschoss und Bronco nebst Peter in ihrem Zimmer verschwunden. Nach nicht mal einer Minute erschienen alle schon wieder beim Pool.

„HALT! Erst Duschen, dann rein! *Ladys first*!“, rief Peter. Schon stand Bronco unter der neuen Dusche, zum großen Gelächter aller.

Bewusst hatten sie keine hässliche Stahltreppe eingeplant, über dekorative Innenstufen – das war ein Fertigteil gewesen – betrat sich das edle Becken wundervoll, und nun war es wirklich Irmgard, die den Vortritt hatte. „Alter vor Schönheit“, hatte die gelächelt, erst geziert eine Zeh ins Wasser gesteckt, die Temperatur für … „IHHH! Das ist ja eiskalt, das Wasser!“

Erschrocken prüfte Peter sofort mit dem Finger nach, musste seiner Mutter Recht geben, raste zur Zentrale – und bekam einen Lachanfall.

„Okay, tut mir sehr leid, Baden fällt heute flach. Wir mussten doch wegen der Schwimmplane alle Pumpen abschalten. Davor war auch noch nicht viel geheizt worden. Wir können jetzt erst anfangen. Sorry!

Kinder, betet um viel Sonne morgen, damit wir den Pool wenigstens am Abend bei der Party schon nutzen können, aber ob er dann richtig warm ist? Der Techniker meinte, das dauere mindestens 24 Stunden. Wir könnten ja den Heißwasserkocher aus der Küche noch zum Aufheizen mit verwenden...“

Sie lachten, froren und eilten wieder ins Haus. Es war schon den ganzen Tag nur 16, 17°C warm gewesen. Jetzt, wie immer, wenn die Sonne verschwand, waren es nur noch 11°C, und damit richtig kalt – im Haus aber natürlich nicht!

Der Gasheizer für das Wasser bullerte die ganze Nacht über.

Wieder 'ne Party

Die Sonne ging auch am Samstag auf. Die Poolregelung teilte ihren Benutzern mit, dass die Temperatur der Solarleitungen auf dem Dach ausreichend hoch sei und deshalb zwei Heizungen das Wasser auf die gewünschten Grade bringen würden. Sie freuten sich und begannen schon mal nach dem Frühstück, den Salon für die neue Party umzubauen. Es würde auch die Zeit nach dem Mittagessen dafür reichen, doch sie hatten beschlossen, dazwischen noch ein wenig zu ruhen. „Wir sind immerhin nicht mehr die Jüngsten."

Der Abend begann wie beim letzten Mal. Aber Zehen, Finger wie auch ein Thermometer zeigten an, dass der Pool ausreichend badewarm war, gerade noch 1, 2 Grad würden fehlen, aber die hätte die Gasanlage bis Mitternacht wohl auch noch geschafft. Selbst der Whirlpool hatte schon seine Temperatur.

„Kein Wunder", kicherte Peter, als er in den zwei Stunden vor dem Eintreffen der Gäste den Bildschirm der Zentrale zum gefühlt zwanzigsten Mal kontrollierte, „da ist ja auch viel weniger Wasser drin."

Das künstliche und unbrennbare Kaminholz „brannte" sehr dekorativ unter der röstenden Wärme der Gasflamme, die Entwickler hatten zudem offenbar genug Mineralien eingebracht, um die Flammen sichtbar zu machen und zu färben.

Es waren wieder andere Gäste als beim letzten Samstag. Zwei Stammgäste aus der Villenzeit waren ebenfalls erschienen, und der Rundgang war erneut ein voller Erfolg. Die drei Jungs wurden gelobt, als hätten sie bei dem Haus selbst und höchstpersönlich Stein auf Stein gesetzt.

Irmgard befand sich bereits auf dem Weg ins Casino.

Der „wahnsinnige Pool" (O-Ton eines Gastes) war der neue und natürliche Mittelpunkt geworden. Nur die Außentemperaturen verhinderten, dass alle Aktionen dort stattfanden, zumal es sich im Wasser immer noch schlecht fickte. Der Poolfilter zeigte sich auch dem größeren Besucherandrang gewachsen, das Wasser blieb klar und roch gut. Allerdings behauptete Peter am nächsten Morgen, dass bei der offenbar erfolgten Rückspülung eine Frage mit „Sperma?" auf dem Screen erschienen sei.

Auch dieses Mal war kein Show-Act oder eine weitere Attraktion notwendig, der Pool tat mehr als nur seine Pflicht. Hätte die Farm in einer Wohngegend gelegen, es hätte die Beschwerden wegen Lärmbelästigung nur so gehagelt. Aber in dieser Ödnis?

Um einmal der Wahrheit die Ehre zu geben, sei gesagt: SO öde war es hier draußen dann doch nicht. Das nächste Haus in Richtung Reno war immerhin nur rund 250m Luftlinie entfernt, aber über eine ganz andere Zufahrtsstraße zu erreichen. Wenn man so wollte, war es öde, aber doch nicht abgelegen. Zum anderen Haus hinüberzulaufen, das wäre weit und dank Berg und Tal auch sehr anstrengend gewesen.

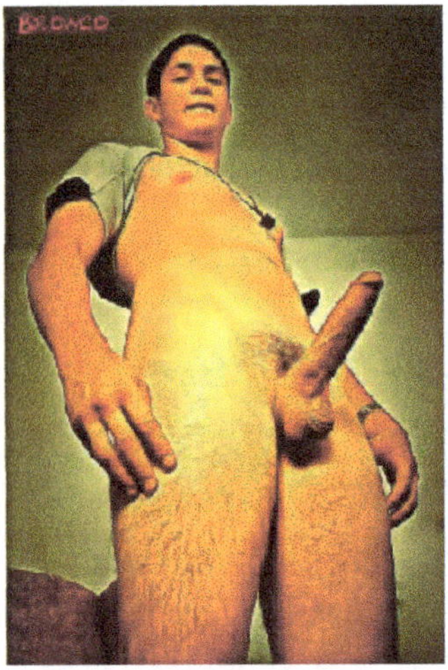

Das Gerücht, diese Nachbarn wären bei der Hauseinweihung oder der Auktion oder gar bei beiden mit dabei gewesen, hielt sich hartnäckig.

Trotz allem wurden Peter, Bronco und Tony von den Kunden durchgängig gefordert. Peter traf es so häufig, dass er darum bat, man möge ihn wenigstens mal eine Viertelstunde verschnaufen lassen, bevor jemand, während er von einem dritten gefickt wurde, unter ihm hing und ihn zusätzlich zu melken versuchte.

Doch auch Tony klagte ein leises „ich kann nicht mehr“. Er hatte bis zum sechsten Mal durchgehalten. Bronco war in der „Trefferliste“ gleichauf. Nur Peter schaffte es mit Mühe noch einmal mehr, klagte aber dann, dass sich eine weiße Fahne aus seinem Schlitz geschoben und gewedelt hätte – das weltweite Zeichen für Kapitulation.

„Sex kann auch Arbeit sein“, stöhnte er, als sie den letzten Gast verabschiedet hatten. Tony ließ bereits die Eiswürfel aus dem Bereiter durch einen *Crusher* laufen, um einen Eispack für seinen Schwanz zu bekommen. Nur Bronco steckte es leichter weg. „Kein Wunder, er ist ja auch der Jüngste!“

Allerdings hatte es sich diesmal noch mehr gelohnt. Der Payday, also der 1. oder 15. eines Monats lag zu diesem 7.11. schon in so weiterer Ferne, so dass diesmal keine Soldaten, nur Normalzahler kamen. Für spätestens nächstes Jahr – so beschlossen sie – würden sie die Preise für diese Gruppe um 100, für die Soldaten vermutlich um 50$ anheben, alleine wegen des Pools.

Ein letzter Blick schweifte über das „Chaos“ im Salon, über die nun wieder größeren Handtuchberge (wegen des Badens), und die Jungs fielen rechtschaffen müde ins Bett.

Sonntag, Ruhetag

Mit gestern hat in der MUSTANG FARM eine neue Ära begonnen. Der nagelneue Pool der optischen und technischen Luxusklasse wurde eröffnet und den geladenen Gästen zur freien Verfügung gestellt. Allen fiel auf, dass das Schwimmwasser weniger nach Chlor roch, als das Wasser aus der Leitung.
Die stolzen Gastgeber bedanken sich für den reizenden Abend.

Bronco hatte diese „Nachricht" in so überzeugendem Vorleseton dargeboten, dass Tony und Peter aus der Küche wirklich um die Ecke in den Salon schielten, aus welcher Zeitung der Junge denn zitiere.

Bronco lachte laut auf. „Aus gar keiner. Aus welcher denn? ICH habe keine abonniert. Und Ihr? ... Aber meint Ihr nicht, es wird langsam mal Zeit für eine eigene Homepage? Natürlich bewerben wir dabei nur das neue und komfortable Gästehaus, das freie HBO[29], den Pool ... und den persönlichen Service erst ganz am Ende. Ohne Details. Was meint Ihr?"

Dafür waren sie alle, auch Irmgard.

Sie hatte sich zum Brunch schon aus den Federn gequält. Doch so spät war es bei ihr gar nicht geworden. Statt drei Hotelterminen hatte sie gestern ausgerechnet nur verheiratete Männer erwischt, von denen zwei ihre Probleme mit dabei hatten. „Meine Frau sitzt bei den Slotmachines", meinte der eine, „und füttert sie mit 50 Cent-Stücken wie früher unsere Kinder mit Brei. Ich spiele lieber Karten oder Roulette. Es kann sein, dass sie mal ins Zimmer geht, aber mich hier in den Casinos finden? Da hat sie keine Chance. Ich fände sie dort im Übrigen auch nicht. Also, wenn ich mal für zwei Stunden nicht da bin..." Lächelnd hatte ihm Irmgard ihre Karte überreicht, und er hatte Sonntag, 1pm als Termin vereinbart. Mit dem zweiten lief es ähnlich, er würde gegen 4pm erscheinen. Sie fühlte sich glücklicher und spazierte nach dem Brunch auch gleich mal mit Jules durch die Gegend.

---

[29] Bezahlfernsehen in den USA

„Also, was ist mit der Homepage?“, bohrte Bronco noch mal nach.

„Nun ja, gerne. Aber ich habe keine Ahnung, wie man so was macht!“, antwortete Peter. Selbst Tony zuckte mit den Schultern.

Doch das Internet bot auch hier schnell und einfach Hilfe. Ihr Internetprovider hatte einen kleinen und einfach zu bedienenden Baukasten im Angebot und solange es nur um eine einfache Werbeseite ohne Shop oder Reservierungssystem ging, war der sogar im Monatspreis mit enthalten.

Sie setzten sich gemeinsam im Büro zusammen, und binnen weniger Stunden stand ihre erste Homepage. Auf dunkelgrünem Grund platzierten sie prominent den Schriftzug der Farm, dazu passend ein paar Abendfotos vom Tor, dem Haus und dem Pool. Peter musste seine Kamera erst mal suchen und dann entstauben, so lange hatte er sie schon nicht mehr gebraucht. Er schämte sich ein wenig dafür. Damals, bei der Englandrundfahrt, hatten Ernst und er diese moderne Digitalkamera dabei, für viel Geld von Peter gekauft. Er hatte sie immer noch. Sie war damals eine Weltneuheit, doch Irmgard verstand von so etwas so wenig, dass er sie ihr als „bezahlbares Gebrauchtmodell“ vorstellen konnte. Geschichte, die jetzt schon Realität war, nur, dass aus „bezahlbar“ wohl eher „unverkäuflich“ geworden war.

Am Sonntagmittag rief Bernd an, meldete sich als „**angekommen und nicht ‚gut angekommen**‘“. Sein Flug von Las Vegas nach Frankfurt hatte Verspätung wegen eines Triebwerkproblems, kam dann erst nach Mitternacht in Frankfurt an und der letzte ICE nach Nürnberg war schon gefahren, der nächste noch ein paar Stunden hin. Er nahm sich ein Hotelzimmer und dann einige Züge später. „**Und jetzt bin ich also wieder hier. Die Hotelkosten zahlt mir die Fluggesellschaft**“, knurrte er, und sie lachten.

Im Casino war er nicht weiter erfolgreich gewesen, hatte 100$ verloren, es machte ihm nichts. Seinen Grundsatz, maximal 200$ insgesamt zu verlieren, hatte er nicht aufgegeben. „**Ich soll Euch im Übrigen von Georg, Ernst und auch Marc einen schönen Gruß ausrichten. Es geht ihnen gut. Marc wird Euch in den nächsten Tagen kontaktieren. Ich habe ihm schon gesagt, dass ihr am Sonntagmorgen erst mal ausschlafen und Eure Löcher kühlen müsst.**

Aber sprecht, was macht der Pool?“

Wie gut, dass sie den Anruf im Salon, und damit auf einem Tablet, entgegengenommen hatten! Peter schaltete die Kamera um und machte sich auf den Weg. Bernd staunte wirklich: „**Mann, so toll ist das geworden?**“

„Ja, dank Deiner Hilfe. Aber es ist noch nicht fertig. Der Windschutz fehlt noch und der Lack auf dem Fußboden. Aber dann!“

Sie berichteten abwechselnd vom Badeversuch im Eiswasser am Freitag, dem gestrigen gelungenen Abend, dem Lob der Gäste, und ständig klang ihr Dank an den Freund mit. „**Ach, hört schon auf. Das hätte jeder getan. Außerdem bin ich Euch ja dankbar. Nur wegen Dir, Peter, habe ich endlich meinen schon so lange gehegten Wunsch, mal in die USA zu fliegen, realisiert. Hätte sonst wahrscheinlich noch fünf Jahre gewartet. Und damit habe ich in den Casinos mehr Geld gewonnen, als ich sonst im halben Jahr verdiene. Also: ich habe zu danken!**“

Bronco versprach ihm nochmals, den Film zu schicken. Bernd bat aber um „gleich“, und nicht erst nach der Lackierung des Bodens im Dezember. Er müsse seinem Chef etwas vorweisen. Bronco war den restlichen Tag gut beschäftigt.

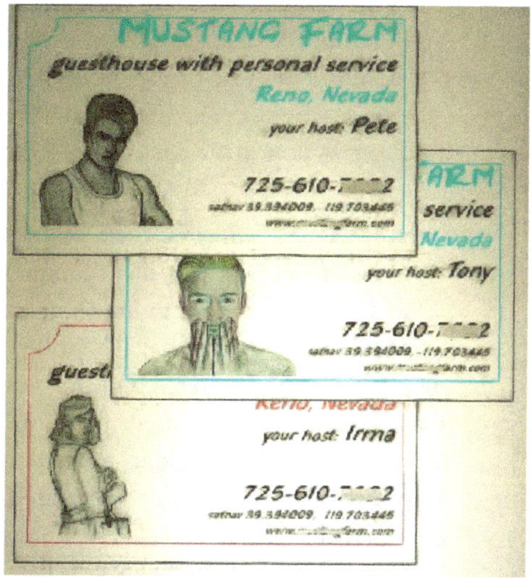

Peter ebenfalls, er kreierte neue Visitenkarten mit der Homepageadresse und den Koordinaten. Tony zeichnete von sich eine Strichgrafik, in der nur seine goldenen Katzenaugen farbig und das Haar ein wenig getönt waren. Peter ließ sein Foto auch minimal kolorieren, nur Irmgards Grafik gefiel allen so am besten, wie sie war.

Das Fotolabor bekam einen neuen Großauftrag zugeschickt.

Nach dem Spaziergang mit Jules testete Irmgard mit den Jungs zusammen zum für sie ersten Mal den Pool – die Begeisterung der Jungs übertrug sich sofort auf sie. „Das ist ja wirklich ein ganz anderes Wasser, als bei der Villa, so viel weicher!“, schwärmte sie. Sie probierten die ganzen Gimmicks des Pools aus, den hochmodernen und leistungsstarken Jetstream, der – im Gegensatz zum Pool in der Villa – hier so gut wie gar nicht sichtbar war, den Luftsprudler, der am Boden einen Bläschenteppich entwickelte, aber auch den Whirlpool, dessen wirklich noch wärmeres Wasser „auch meine müden Gelenke entspannt“, wie sie seufzte. Das Gasfeuer war am Tag optisch witzlos, doch bei der heutigen Außentemperatur von kühlen 13°C wärmte es wenigstens ein wenig. Die Jungs beschlossen, ein leises Gebläse dahinter zu montieren, das die Flammen gerade nicht aus-, die Wärme aber nach unten auf die Beckenoberfläche blasen konnte. Dass das so leicht nicht war und nach einem Telefonat mit der Fachfirma auch schnell fallen gelassen wurde, lag unter anderem an der Gefahr der Kohlenmono- und – dioxidvergiftung durch die Verbrennungsgase. Sie dachten daher lieber an einen im Kunstfelsen versteckten elektrischen Heizlüfter, der im Winter beim Baden angeschaltet werden konnte.

Irmgard empfing ihre beiden Kunden und Peter eine Reihe von Telefonaten mit Terminvereinbarungen. Für die nächste Woche sah der Kalender fast schon wieder so aus wie früher in der Villa. Dass einer der Termine Trevor und Marvin vom Golfplatz war…

„Ne, ich habe einen anderen Vorschlag für Euch", meinte Peter, klärte erst mal die Vorlieben ab (keine besonderen und beidseitig bespielbar) und lud sie kostenfrei für den nächsten Samstag ein. „Ihr beide seid einfach da und entlastet uns ein wenig. Gestern, das war wirklich anstrengend gewesen, dabei waren es nur neun Gäste. „Ihr bekommt kein Geld dafür, aber dafür mehr Schwänze und Löcher, als Ihr sonst im ganzen Monat habt." Dass die beiden so ungleichen Typen ein Paar waren, hatte wirklich keiner der drei gewusst.

Schon wieder war Peter am Einschlafen, als der Schrank erschien. Diesmal schon geöffnet, das Flämmchen erwartete ihn.
„Na, Dir ist doch eine Frage eingefallen?"
„Jein. Keine Frage. Aber ich wollte mal schauen, ob ich auch zwei andere Flämmchen sehen kann; die von Irmgard und Bob."
Das Flämmchen schüttelte die Spitze seines Lichtkegels, das sollte wohl das Synonym für den Kopf darstellen. „Das geht leider nicht. Sie sind nicht hier. Okay, das war falsch. Sie sind schon hier, aber nicht in der Art, die Du meintest. Du kannst hier nur sehen, was direkt Dich betrifft. Also Dein Verhältnis zu Irmgard oder zu Bob, aber nicht deren Verhältnis untereinander. Oder, wie sich Bob mit seinen Kindern oder gar Raúl versteht." Während das Flämmchen so sprach, leuchteten die Lichtpunkte der genannten Namen für einen Moment heller.
Er lachte leise, als er erkannte, dass zwischen der Erhellung aller vier Kinder Bobs und der von Raúl himmelweite Unterschiede lagen. Er beschloss, sich doch mal etwas intensiver um diesen Jungen zu kümmern, ihn mal zu kitzeln und dann zu sehen, was dabei rauskäme. Er musste ja nicht unbedingt schwul sein, aber mit so einem verklemmten Jerry die ganze Zeit zu verbringen, war auch nicht gut für ihn.
Bei der Betrachtung der seelenruhig vor sich hinflackernden Flamme von Bob schlief er wieder ein.

A week like yesterday

Mit dem Montag startete eine Woche wie in früheren Villenzeiten. Noch nicht ganz zwei Gäste pro Tag und Gastgeber hatten sich angemeldet und erschienen auch. Wenn genügend Zeit war, war der Pool ebenfalls gefragt. Meist war genug Zeit.

Aber die Temperaturen sanken in der Nacht immer wieder auf Minusgrade und auch tagsüber zeigte das Thermometer unerbittlich in Richtung Winter. Der Kamin im Salon wurde immer wieder angezündet. Bob hatte beim Aufräumen des vorderen Geländes noch größere Mengen Kaminholzvorräte gefunden und schaffte diese LKW-weise immer wieder zum Haus. Genauer gesagt, Jerry und Raúl brachten das Holz her, freuten sich, hier auf dem Gelände auch ohne Führerschein fahren zu dürfen.

Zu Peters Erstaunen kamen die kalten Winde jedoch nicht von den Bergen herab, sondern aus südlicher Richtung. Doch grundsätzlich interessierte das wenig, solange er kalt war. Der Gas-Tank leerte sich beträchtlich und musste tatsächlich schon nachgefüllt werden. Die Jungs beschlossen also eine Isolierungslösung für den Pool.

Doch zuerst wurde am Montag der Elektronikfirmen-Techniker gerufen. Er versprach sein Vorbeikommen gegen 3pm am Montag. Der nächste Kunde wurde erst für 5:30pm erwartet, so dass alle drei bibbernd im kalten Wind am Tor standen und dem Techniker interessiert zusahen. Als Peter die deutsche Redewendung „wie ein Schwein ins Uhrwerk“ übersetzte, stimmten sie ihm lachend zu. Sie verstanden nicht, was gemacht wurde, Hauptsache, es funktionierte.

Für die bessere Sicht empfahl der Techniker LED-Scheinwerferbeleuchtung der Einfahrt, mit oder ohne Bewegungsmelder, aber auf alle Fälle sollte das Schild auch ohne Bewegung erkennbar sein. Peter seufzte künstlich auf. Irgendwie musste er ja zeigen, wie unangenehm ihm das ständige Geldausgeben war.

„Nur ein Problem habt ihr jetzt wohl“, grinste der Techniker, als sie im Haus waren. Zum einen war es draußen wirklich zu frisch. Zum anderen hatten sie seine Worte der Neugierde im Laden nicht vergessen. Zum dritten...

Nein, das Dritte traf nicht zu, zumindest nicht offiziell. Schon vorne am Tor hatte Norton Punch von seiner Freundin gesprochen, und dass die ihn eigentlich auf die neue Farm aufmerksam gemacht hätte. Woher sie das wisse? Er lachte. „Monica arbeitet im Tierheim, dort, wo Ihr den Hund hergeholt habt. Wie geht es ihm und auch den Katzen?“

„Äh – gut. Woher weiß sie von unseren Katzen?“

Norton zuckte mit den Schultern. „Reno ist nur ein Dorf. Da spricht sich alles herum.“

Peter und Bronco lehnten sich nun tief in ihre Sessel zurück. „Was für ein Problem jetzt noch?“

„Na, ganz einfach“, lachte Norton. „Wie kommt Ihr denn rein, wenn keiner im Haus ist? Die Anlage kurzschließen oder die Kette per Hand schieben? Geht beides nicht. Wenn sie kurzgeschlossen wird, schaltet sie ab und kann nur mit diesem Spezialschlüssel wieder aktiviert werden. Und die Kettenmotoren haben eine Sicherheitssperre.“ Er lachte noch lauter, als er die verdatterten Gesichter der Jungs sah „Na, ich habe mir schon gedacht, dass Ihr nicht dran gedacht habt. Daher habe ich was mitgebracht. Die Anlage kann von sich aus schon RFID-Chips lesen, also elektronische Schlüssel. Reichen erst mal 5 Stück? Sind auch nicht allzu teuer. Ich muss sie nur noch einmal anlernen.“

Dankbar nahmen die Jungs die Plastikstäbchen in die Hand, fast ehrfurchtsvoll. Tony wollte seinen schon an den Schlüsselbund hängen, als Norton ihn zurückforderte: „HALT! Ich sagte, ich muss die noch anlernen. Dazu brauche ich sie alle noch mal. Ich kann natürlich auch Deinen ganzen Bund mitnehmen, aber…“ „Aber…“ war einfacher.

„So“, meinte er nach einem Schluck Cola. Kaffee boten sie ihren Gästen nur noch auf Wunsch an, der deutsche Kaffee war den Amerikanern zu stark. Tony hatte sich jedoch schon an ihn gewöhnt, ohne jedes Mal Herzrasen zu bekommen. „So, jetzt bin ich mal ganz gemein. Frage: Wie schließt Ihr denn Eure Außentüren? Ich habe da gerade bei Tony einrn Schlüsselbund gesehen…“

Tony hatte ihn noch in der Hand und klingelte damit.

Sie hatten für jede einzelne Türe jeder einen eigenen Schlüssel. Bei mittlerweile sieben Außentüren hatten sie mit wasserfestem Stift die Schlüssel nummeriert und auf jedes Schloss ein Etikett mit der Schlossnummer geklebt. Norton lachte hell auf.

„Okay, okay, ich sollte nicht lachen. Man lacht Kunden nicht aus. Aber wisst Ihr, dass das Steinzeittechnik ist?“

Nach einem knapp halbstündigen Vortrag hatte Peter den Auftrag für sieben elektronische Türschlösser unterschrieben. Für die Garage war der Öffner auf einer Säule zu bedienen, bequem vom Auto aus. Er seufzte wieder tief. „Wenn Mum das erfährt, sie erschlägt mich“, jammerte er, und seine beiden Mitbewohner versuchten wenigstens für ein paar Sekunden, ihr Lachen zu unterdrücken. Es waren doch nur 2500$, inklusive Montage! Norton versprach sein baldiges Wiederkommen.

Jetzt allerdings zwickte ihn die Neugierde. Zu deutlich war erkennbar, wie gerne er den offenbar reichlich kolportierten Pool sehen wollte, und er fiel auch dementsprechend in sanfte Ohnmacht. Peter schüttelte allerdings gleich den Kopf: „Nein, wir haben heute leider alle drei noch Termine; das würde mit Baden zu knapp werden. Aber wenn Du vorher anrufst, wenn Du wegen der Türschlösser kommst, dann können wir die Zeit so legen, dass Du auch baden kannst. Einverstanden?“ Norton strahlte über das ganze Gesicht, fuhr mit den Transponder-Chips noch mal nach vorne, programmierte sie ein und verabschiedete sich dann.

„Weißt Du, dass Du ein kleines Miststück bist, Peter?“, fragte Bronco, als die Haustür wieder zu war. „Du hast ihm nicht gesagt, dass wir hier ‚leider‘ keine Badehosen für Gäste haben!“ Sie lachten alle drei herzlich und ein bisschen gemein auf, freuten sich jedoch auf den nächsten Besuch des ansehnlichen jungen Mannes. „Vergesst aber nicht: Eine Freundin zu haben ist eher ein Grund, als ein Hindernis!“

Marc rief erst am nächsten Morgen über Skype an. „Ja bitte?“, fragte Peter, als ihn das fremde Gesicht auf dem Monitor anblickte. „Wer bist Du?“ Er hatte in dem Moment schon nicht mehr an Marc gedacht,

„Peter, erkennst Du mich nicht mehr? Ich bin's, Marc!“

„MARC? DU? Mann, Du bist ja richtig erwachsen geworden!“

„Du auch! ... Es sind immerhin über fünf Jahre her, dass wir uns zuletzt gesehen haben. Georg hat mir schon erzählt, was Ihr so gemacht habt. Und jetzt auch noch mal Bernd.“ Peter war wirklich davon überrascht, wie Marc jetzt aussah. Und von wegen „*Fred Scooby Doo*“-Frisur, offenbar war Marc erst beim Friseur gewesen. Er sah blendend aus.

Sie unterhielten sich nicht sehr lange, dann rückte Marc schon mit der „Neuigkeit“ rüber, dass er sie gerne besuchen wollte. Peter tat ein wenig erfreut überrascht und lud ihn herzlich ein. „Sag mal, was kostet bei Euch eine Übernachtung beziehungsweise ein Zimmer pro Monat? Ihr habt ja ein Gästehaus, sagten Georg und Bernd.“ Peter wollte schon abwinken, doch Marc unterbrach ihn schon in den Anfängen: „Keine Diskussion, ich bezahle das. Du erinnerst Dich vielleicht, dass meine Alten in Geld schwimmen. Das hat sich nur noch verschlimmert, langsam ersaufen sie darin. Da mache ich doch so was nicht kostenfrei, und sei ja nicht zu billig!“

Als Peter zaghaft 500$ erwähnte, erbebte sein Bildschirm vor Lachen. „Okay, 2.000, das ist das Minimum. Jedes Billigmotel in Reno verlangt schon 1.000 und das ohne alles. Ihr habt einen angeblich sagenhaften Pool – ja, Bernd hat mir ein paar Fotos gezeigt – und zu essen gibt es bei Euch auch. Das ist überall woanders extra. Also bitte, ja? ... Wann kann ich kommen?“

„Sofort, wenn Du willst.“

„Sofort? Mit Vergnügen!“

„STOPP, das war nicht vereinbart! ... Vergnügen kostet extra!“

Sie jubelten lachend und Marc versprach, ihnen die Daten zu schicken, sobald er sie habe. „Ist nicht so einfach, ich fliege ja nicht Economy. Das ist mir zu unbequem. Business sollte es schon sein. Aber vermutlich über Las Vegas.“ Als Peter dann mal „ganz zufällig“ nach etwaigen Flugpreisen schaute, wurde er doch ein wenig blass. Unter 3500€ war nichts zu haben.

Die Nachricht wurde freudig im Haus aufgenommen. Dass aus dem kleinen Marc von damals, dessen Foto Peter herumgezeigt hatte, heute so ein gut aussehender Mann geworden war, das wollte Peter als Überraschung lassen.

Der neue Dauergast kündigte sich noch im Lauf des Tages für Freitag dieser Woche an, die Nachricht enthielt auch noch eine Zeile „Miete okay“. Ein Rückflug war noch nicht gebucht.

„Oh weh“, war der Kommentar von Irmgard. Und dann: „Wann fangen wir an, anzubauen?“

Bobs Arbeiten vorne auf dem Grund fielen nur auf, wenn man daran vorbeifuhr. Das gesamte Gelände war so gestaltet, dass man vom Haupthaus diese zweite Bauregion wie auch die Stallung nicht sehen konnte und auch Baulärm war kaum zu hören. Es gab insgesamt viel weniger Geräusche als bei der Villa durch den naheliegenden *Arrowcreek Parkway*. Gegenüber Nürnberg herrschte hier Totenstille. Manchmal war es selbst Peter zu leise, er war dann froh über das Sirren der Ventilatoren von Klimaanlage und Rechnern. Ständig irgendwelche Musik laufen zu lassen, war er nicht gewöhnt. Bei der ersten Party hier im Haus hatten sogar alle vergessen, dafür zu sorgen. Er brachte das Thema zur Sprache, und die anderen lachten.

„Und womit willst Du die Musik wiedergeben? Hast Du hier auch nur einen Lautsprecher entdeckt?“, fragte Bronco.

Neben den noch für das Tor fehlenden Leuchten, fanden sie bei ebay auch günstige DLNA[30]-Lautsprecher, einen davon sogar wetterfest und gebraucht. Dadurch kamen sie auf die eigentlich perverse Idee, die Gäste bereits am Tor mit Musik zu begrüßen. Die Entfernung war über WLan machbar, wie die Torsteuerung gezeigt hatte. Natürlich sollte das nur zu Partys und Festlichkeiten stattfinden.

Bob war schon am Montag bei Irmgard aufgeschlagen, lange „saßen“ sie bei ihr in ihrem Zimmer zusammen, dann begehrte Bob „als Erfrischung“, den Pool auszuprobieren und Bronco gab Peter einen derben Klaps auf den Hintern, weil er Bob dafür nur eine der engen Schwimm- und nicht der weiten Retro-Badehosen überreichte. Er gab Bob jedoch auch danach keine andere…

Bob hatte „ganz schön was in der Hose!“ Das bestätigten sie sich danach gegenseitig, NACHdem Bob weg war, aber noch beVOR Irmgard wieder bei sich im Zimmer verschwand.

„Ihr seid mir ganz schöne Ferkel!“, schimpfte sie lachend.

„Oink, oink, Muttersau“, kam es sofort von Tony und ein heranfliegendes Ufo in Form eines Sofakissens traf ihn direkt. „Au, au, die droht nicht nur, die haut gleich!“

[30] *Digital Living Network Alliance. Systemübergreifende Technik, um Musik und Video über das WLan zu übertragen.*

Als letzte Überlegung des Tages kam noch mal das Thema Poolisolierung zum Tragen. Nachdem niemand am Anfang dran gedacht hatte, dass ein Freiformbecken sowieso nicht gut für abrollbare Planen geeignet war, wollten sie es erst mal mit Plattenabdeckungen versuchen, und zwar mit diesen wasserdichten Styropor Platten, die Bob zur Schutzabdeckung bei den Betonarbeiten damals verwendet hatte. Er hatte sie sogar noch auf Lager, hatte sie nicht anderweitig verbrauchen können. Schon in der Mitte der Woche deckten sie den Pool gegen den nächtlichen Frost ab. Es wurde immer kälter, eine Ausnahme für viele Wochen würde im Rückblick nur der Dienstag, 17.11., mit sagenhaften 21°C bieten. Alle anderen Tage dümpelten um und gerne auch unter 10°C herum. Es war Winter, ganz eindeutig.

Bronco berichtete vom Lake Tahoe, dass es dort in den Höhen im Skigebiet schon Schnee gäbe, Peter schauderte es bei dem Gedanken, hier könne so was Schreckliches auch passieren.

Norton erschien am Donnerstagnachmittag. Sie hatten an dem Abend keine Termine mehr gebucht. Er installierte überall die Schlösser, und erst nach einigen Stunden war er damit fertig.

Natürlich wurde er zum Abendessen eingeladen. Es gab mal wieder ein Gulasch mit Nudeln, und er schlug zu, als hätte er wochenlang nichts gegessen. „Deine Freundin kann wohl nicht kochen?“, fragte Bronco mit unschuldigstem Engels-Gesicht und zuckersüßer Stimme.

„Ach die? Weiber! Die könnte zwar, aber sie WILL nicht. Wisst ihr, ich bin schon recht schlank. Aber sie? Sie glaubt, mit 110pound[31] immer noch zu dick zu sein, und springt gerade auf den Vegetarismus-Zug auf. Wenn ich das nur sehe, könnt´ ich schon kotzen. Da kann ich ja gleich auf die Wiese vor dem Haus!“ Sie lachten heftig und gaben den nächsten Nachschlag auf den Teller. Mit Schwimmen würde dann wohl nicht mehr viel werden, aber baden...

NATÜRLICH hatte er keine Badehose dabei, der gute Junge. Er wurde rot, als er stotterte, die habe er vergessen.

„Tja, was machen wir denn da...“, rätselte Bronco mysteriös. „Weißt Du, eigentlich tragen wir beim Baden auch keine.“ Irmgard war schon wieder auf

[31] 50kg

dem Weg in ihr Reich, man hörte nur ein Glucksen aus der Richtung, als sie die Türe schloss.

„Aber ich kann doch nicht...“

„Nicht? Nun ja, mal sehen. Sollen wir Dir vielleicht eine Unterhose von uns geben, oder reicht auch ein Handtuch?“ Bronco hatte schon eines in der Hand und hielt es einen halben Meter weit vor sich. Norton prustete los.

„Na, ich weiß ja nicht, ob das was bringen würde. Und so lang ist meiner auch nicht.“

„Ach, das wollten wir eigentlich gar nicht wissen“, kam es sofort mit Engelsgesicht und angestrengt aufgeblasenen Pausbacken von Putte Bronco. Sie brüllten alle vor Lachen auf.

Norton blieb auch bei der nächsten Frage rot: „Ist es richtig, was man in der Stadt über Euch sagt?“

Mehr Fragezeichen in den Gesichtern konnten die drei nicht darstellen, abgesehen davon, dass sie wirklich von dem offenbar mächtigen Klatsch und Tratsch nichts mitbekommen hatten. Wenn das auch nur halbwegs stimmte, was Norton von sich gab, würden sie ihn sich als Quelle warmhalten müssen. „Ich weiß nicht, was sagt man denn so alles?“ Bronco hatte die Gesprächsführung übernommen. Peter und Tony war es lieber so, so konnten sie besser gegen ihr Lachen ankämpfen.

„Na ... ich hörte... dass ..., ach es ist mir aber auch so peinlich...“ Bronco drehte seine Ohren direkt zu dem Stotterer hin. „Ihr sollt schwul sein?“, schoss es dann blitzschnell aus ihm heraus. Es fehlte nur noch, dass Norton gleich in Deckung ging.

„So? Sagt man das? Ladys, was meint ihr dazu?“, wandte sich Bronco an die beiden anderen, die jetzt das Lachen kaum noch zurückhalten konnten. „Ob die Gerüchte eventuell Recht haben könnten?“ Die zwei pressten schon die Lippen zusammen, die Backen ebenfalls aufgeplustert, schüttelten aber mit dem Kopf.

„Könnten sie?“, flötete nun Peter, dann prustete er richtig los. „Ja, sie haben Recht. Wir sind alle schwul, ich meine natürlich bis auf meine Mum. Aber die steht auch auf Männer!“

Norton brauchte eine Sekunde, dann lachte auch er los. „Okay, danke, dass Ihr so ehrlich seid. Ich darf sagen, ich bin es nicht.“

Bronco übernahm wieder das Gespräch: „Zwingt Dich auch keiner. Und keiner verlangt von Dir, dass Du ein Kind kriegst. Also was ist, sollen wir jetzt nach Badehosen für uns alle suchen oder ...“

Norton winkte ab. „Es geht sicher auch ohne. Habe ich zwar noch nie gemacht. Meine Eltern haben keinen Pool, wohnen auch weiter im Norden, in ***Valley Falls*** in Oregon. Das sind von hier 280 Meilen oder gut 5 Stunden Fahrt an der Sierra entlang. Es ist ein Kaff, das wohl nur deshalb besteht, weil dort zwei Straßen zusammenkommen. Es dürfte in der Rangliste der uninteressantesten Orte Amerikas ganz oben stehen.“ Sie versuchten amüsiert, es sich vorzustellen.

„Uns hat schon die Steppe Richtung Las Vegas gereicht“, brummte Bronco und Norton nickte. „Das ist so ähnlich und doch komplett anders. Sind halt Berge und Wälder. … Und hier in Reno, da haben wir auch keinen Pool; das war ja unser Ausgangsthema. Also, ich bin so ein Baden gar nicht gewöhnt. Wo kann ich mich ausziehen?“

Sie zeigten ihm die Diele 2 und verschwanden in Peters Wohnung. Bronco nannte es „die letzte Ruhe vor dem Sturm. *Attention Ladys*, unser Auftritt!“

Norton betrat die Terrasse aus der Diele, die Jungs aus der Wohnung, alle hatten sich schnell geduscht… Und der Mund von Norton klappte nach unten.

Schnell huschten sie ins warme Wasser. Draußen waren es mittlerweile alles schrumpfende Temperaturen von 6°C geworden. Das Wasser aber hielt nach wie vor und mit frischem Gas die eingestellten 82°F[32]. Bewusst hatte Peter noch keine Luftsprudelaktion aktiviert, nur der Wasserlauf lief bereits und leichte Dampfwolken lagen über den Becken.

„Hast Du Beschwerden, Norton? Fehlt Dir was? Du siehst so blass aus?“ Krankenschwester Bronco konnte es nicht lassen. Es dauerte ein paar Sekunden, bevor die Worte durch die Ohren Nortons in seinem Gehirn ankamen. Vermutlich hatten sie schon den Umweg über den Schwanz genommen, nur um festzustellen, dass der sich noch auf dem Weg ins Ungewisse befand.

„Nichts, nicht wirklich. Aber … die sind ja RIESIG?“

Dass nun Tony an sich und ihm hinab ins kristallklare Wasser sah, war natürlich der Brüller. „Wieso? So groß ist er doch gar nicht, nur bisschen größer als Deiner!“ Peter hatte Norton schon auf ausgefahrene 16x3cm geschätzt und würde Recht behalten.

„Dich meinte ich ja auch weniger. Sorry, Tony“, kam es gedrückt aus dem Gast, das „sorry“ bedeutete wohl, dass er gerade erst erkannt hatte, was er da gesagt hatte. Da könnten ja einige Männer beleidigt sein, nicht aber Tony.

„Ja, das hatte ich mir fast schon gedacht“, lachte der, „aber ein kleinerer Schwanz passt auch leichter in enge Löcher.“

---

[32] 28°C

Norton wurde schlagartig wieder rot und dann wieder blass. Als er an sich heruntersah, die anderen dem Blick folgten, erkannte Peter, dass seine Schätzung korrekt war. Er schaltete nun gnädige Luftbläschen ins Wasser und Norton sah ihn dankbar und verblassend an. Er ahnte nicht, was Bronco nun im Schleier der Bläschen bei sich und Peter tat. Wobei – so viel tun musste er gar nicht.

„Wir haben da auch noch einen Whirlpool, der ist noch wärmer. Oder möchtest Du erst mal gegen den Jetstream schwimmen?", fragte Peter und Norton entschied sich lieber für passive Massage als aktive Arbeit.

Mit dem gleichen freundlichen Lächeln wie bisher erhoben sich Peter und Bronco aus den Fluten – ihre Lanzen geradeaus aufgeSTÄNDERt. Nortons Unterkiefer klappte wieder nach unten. „Ähhh", stöhnte er heiser, „ist der ... sind die ... echt?" DAS Gelächter hallte nun wieder ins Tal.

„Was sonst?", keuchte Peter und stieg in den Whirlpool hoch. „Na, komm hoch. Wir beißen nicht." Zögernd folgte Norton. „Und wir erschießen damit auch niemanden."

„...der es nicht will", ergänzte Tony, und Norton stöhnte auf. Dass sein Schwanz die ganze Zeit über steif geblieben war und nun noch eine etwas andere Feuchte zu zeigen begann... Er bemerkte es vermutlich gar nicht.

„Du darfst sie gerne anfassen, wenn Du möchtest oder Dich überzeugen willst, dass wir nicht gerade mit den Luftbläschen zwei Luftballons aufgeblasen haben", grinste ihn Bronco an, als er endlich und seufzend in das noch wärmere Wasser hinabsank. „Eigentlich eine blöde Frage: ‚Ist der echt?' Was sonst? Aber die hören wir immer wieder." Erstaunlicherweise folgte Norton der Empfehlung, und erst Bronco, dann Peter stöhnten leise und wohlig auf.

„Ja, ich kann es mir vorstellen", lachte Norton leicht gequält. „Aber es ist so ... so unglaublich. Wenn ich mal so was zufällig auf einem Bild gesehen habe, dachte ich immer an meine Fähigkeiten mit Photoshop & Co."

Nein, selbst Bronco fragte nun mal nicht nach, WELCHE Bildchen da Norton SO ZUFÄLLIG irgendWO gesehen hatte. Er wusste, es kam eh gleich noch mehr.

Unter Wasser zuckte etwas, schon bevor Peter die Jacuzzi-Funktionen aktivierte. Nun aber traten Norton die Augen aus dem Kopf und diesmal wussten die Jungs, dass es nicht an ihnen oder ihren Schwänzen lag. Sie hatten sich so gesetzt, dass Norton als braver Hetero die weiteste Entfernung zu beiden abschätzend, genau auf der sehr tief sitzenden Massagedüse saß. „Oh! Der Pool ist ja noch unanständiger als Ihr!", rief er und erzeugte damit die nächste Lachwelle. „Der ... der ... der versucht mich zu ficken!"

Das nächstgelegene Haus zu der Farm lag auf dem nächsten Hügel, rund 250m Luftlinie entfernt. Ob man das Lachen dort noch hören konnte?

„Woher weißt Du denn, wie sich das anfühlen könnte?“, fragte Bronco und Norton blinkte den Pool rot an. „Ach, daher! Hatten wir uns das gedacht, Jungs?“, fragte er in die Runde, und die drei grinsten.

Norton sank in sich und im Wasser zusammen, dumm nur, dass man im Wasser auch untergehen kann. Prustend und spuckend kam er wieder hoch.

„Ja, habe ich. Aber damals war ich noch ganz, ganz jung.“

Sie lachten erst mal. So langsam fiel die Spannung von Norton wieder ab. „Und jetzt bist Du ein alter Mann, kommst zwar mit Deiner Freundin nicht klar, aber…“, begann Bronco einen seiner beliebten unvollendeten Sätze, etwas, was seiner Meinung nach die Denkleistung der Gesprächspartner oder -gegner erhöhte. Sie tat es auch hier.

„…aber trotzdem. Wenn ich mir vorstelle, auch nur einen von Euch, den Kleinsten, also Tony, in mich zu bekommen – nein danke. Ich würde platzen. Damals – es war nur einmal – war der viel dünner und kürzer, und da konnte ich schon schlecht laufen.“

„Hach“, fächelte Peter sich geziert die eiskalte Nachtluft zu, „das können wir Dir ja SO WAS von nachempfinden!“

„Ja!“, fuhr Tony im gleichen Ton fort, „vor allem, wenn da vier oder fünf Kerle nacheinander in mir waren…“

Quietschendes Gelächter wurde durch Nortons herabfallende Miene ergänzt. „Dann heißt das wohl, dass auch das zweite Gerücht über Euch richtig ist? Dass ihr hier warme Partys veranstaltet?“

„Oh!“, jaulte Bronco auf und warf nun seine Hand gegen die Stirn. Wie dumm nur, dass er sie falsch geführt hatte und sie damit voller Wasser war. Er prustete erst mal, die anderen lachten hell auf. „Diese Leute! Sie sind ja SO schlecht! Solch bösartige Verleumdung! Gerücht! Boshaftigkeit! WIR und WARME Partys? … Die sind brühheiß, mein Lieber!“, bellte er nun wie ein angriffswütiger Kojote den erschrockenen Norton an.

Es wurde langsam Zeit. Die Jungs waren heute nicht ausgehungert, die Ständer auch schon längst wieder auf Normalmaß ge“schrumpft“. Doch das war bei Peter wie bei Bronco auch noch beachtlich. Außerdem wurde es im Kopfbereich langsam kühl. Sie huschten aus dem Wasser und ins gut geheizte Haus, duschten sich ab und zogen sich um – brav getrennt.

„Norton ist ja nicht hässlich, aber mein Gaydar springt nicht wirklich bei ihm an“, meinte Tony analysierend. „Vermutlich ist er zu 10, 20% schwul, der Rest ist Hete.“

„Ach, Du klassifizierst nun schon in Prozenten? Ist ja interessant. Machen wir bald mal eine Statistik?“, frotzelte Bronco, und sie lachten schon wieder.

Norton wurde verabschiedet. Das Kettentor senkte sich sogar automatisch bei der Anfahrt. Auch das hatte er heute noch installiert. Von innen bewirkte das der Bewegungsmelder, von außen das Schloss oder die Fernsteuerung. Norton war ein guter Junge und jemand, den man sich für solche Arbeiten merken müsste. Ihm war es auch egal, dass die Farm die Beleuchtung für das Tor nicht bei ihnen gekauft hatte. „Warum sollte mich das stören? Ich bin in dem Laden nur Angestellter. Es ist eine riesige Kette. Von den Verkäufen habe ich nichts. Auch nicht, wenn mein Onkel hier Filialleiter ist.“ Sie lächelten ihm hinterher.

Marc´s arriving and coming

Pünktlich landete die Maschine am Freitag, dem 13.11.2009, auf den Airport von Reno. Hier Gäste abzuholen, war für Peters Honda schon ein normaler Weg geworden.

Wie gut, dass Peter Marc am Bildschirm gesehen hatte – er hätte ihn nicht wieder erkannt. Tja, fünf Jahre sind bei 16, 17jährigen eine sehr lange Zeit und aus dem hübschen Jungen mit der sonderlichen Frisur war unbestreitbar eine Schönheit geworden.

Peter war alleine erschienen, die anderen hatten noch Kunden, diesmal waren Bronco und Tony gemeinsam gebucht worden. Nach einem etwas heftigeren Kunden am Vortag war es Peter gar nicht so unrecht, dass er heute Morgen nur einen hatte, der ihn ficken wollte, den aber sein Schwanz nicht interessierte. War auch mal eine Seltenheit.

„Etwas Salbe mit einem Verband auf das leicht eingerissene Vorhäutchen aufgetragen…“

„Spinnst Du?“, fuhr Peter dabei auf und Bronco an, „Du willst mir doch nicht allen Ernstes ein Pflaster DA VORNE draufkleben? Ganz abgesehen davon, wie ich dann pinkeln können soll, wie soll das wieder runtergehen? Oder WAS willst Du damit dann alles abreißen?“ Bronco hatte natürlich ein dickes großes Pflaster mitgebracht, eines der Sorte, die schon von normaler Haut eigentlich nur mit Spiritus zu entfernen war – so eine richtig ekelige Billigversion. Er lachte sich kringelig, zog hinter seinem Rücken dann eine leichte Mullbinde vor und verpackte das edle Arbeitswerkzeug damit fachgerecht. In der Hose getragen sah es nun noch dicker aus, als sonst. Etwas, was Marc SOFORT sah.

„Sag nur, DER ist auch noch größer geworden?“, grinste er, traute sich aber besser nicht, noch in der Ankunftshalle da hinzugreifen.

„Könnte es sein, dass Du immer noch die gleiche große Sau bist wie damals? Oder ist die auch noch gewachsen?“

Marc lachte. „Du irrst, mein Lieber. So ein süßes Ferkelchen, wie ich es damals war, nennt man Frischling. Jetzt bin ich ein Ferkel, und die alte Sau habe ich mir für in zehn Jahren vorgenommen.“ Lachend verließen sie das Terminal und stiegen in Peters Wagen. „WOW! So vornehm bist Du hier?“

Jetzt musste Peter schon wieder lachen. „Na, vornehm ist dann doch noch was anderes. Aber den hier habe ich günstig gebraucht gekauft, genauer gesagt, mein Freund Bronco hat sich zwar beim Verkäufer nicht auf den Schoss gesetzt, aber den Preis trotzdem um ein paar tausend Dollar gedrückt, dafür die Leistung um fast ebenso viel erhöht. Er hätte dem Verkäufer auch einen geblasen, im Laden, hätten wir damals schon gewusst, dass der nicht nur auf meine Mutter steht!“

„HILFE! Lass mich sofort aussteigen! Wo bin ich denn da hingeraten? Nach Sodom oder Gonorrhoe? Oder heißt die Stadt hier doch Syphilicity?“

„Nein“, lachte Peter, „weder noch. Das ist immer noch die kleine Spielhölle Reno, *the biggest little town in the world*[33]. Aber wo wir jetzt hinfahren ... Na, in den Augen einiger Religiöser, ach, was sage ich, ALLER Religionsapostel, sind wir die Hölle samt Teufeln in persona. Sie haben sich vermutlich nur nicht darauf geeinigt, wer der Oberteufel ist. Und glaube mir eines, auch wenn wir noch lange nicht alle kennen, hier gibt es beinahe mehr Kirchen als Supermärkte, und davon haben wir schon einen ganzen Haufen!“

Sie fuhren direkt auf die Farm. Der für das Wochenende geplante Sonntagsausflug würde ihm die Gegend zeigen. Marc hatte ja Zeit, hatte sich erst mal für einen Monat, das heißt bis kurz vor Weihnachten, angesagt.

Im Haus wurde er von allen anderen herzlichst in Empfang genommen. Irmgard hatte heute ebenfalls Kunden gehabt, daher ihr Business-Makeup aufgelegt und sah dementsprechend gut aus, was ihr einen eleganten Handkuss von Marc einbrachte. Dass Bronco ihm sofort auch die Pfote hinstreckte und ebenfalls so geehrt wurde, ließ das Haus – zum ersten Mal mit Marc – vor Lachen erzittern. Peter war sich sicher, dass es nicht das letzte Mal sein würde.

Marc hatte naturgemäß Hunger, das Essen in der Businessklasse nach Las Vegas war zwar gut, aber auch schon wieder lange her, und das Sandwich in der Holzklasse des Fliegers hierher war so fest mit der Packung verklebt, dass beides nur gemeinsam hätte verspeist werden können. „Ich bin doch nicht

[33] *Die größte kleine Stadt der Welt*

wahnsinnig und zahle 1300 statt 80 Euro für nur eine Stunde Flug – außerdem gab es die Businessklasse auf dieser Strecke heute gar nicht."

Sie hatten zeitlich mitgerechnet, das Mittagessen verschoben, und so genoss Marc erstmals auf amerikanischem Boden echte amerikanische Hamburger. So gerne Bronco seine Mutter mochte und ihr Umsätze bescherte, so hatte er doch in den letzten Wochen immer wieder mit kleineren Mengen experimentiert. Er war dabei zu sehr guten Ergebnissen gekommen, die dennoch wieder anders schmeckten als die Burger seiner Mutter. „Zum einen will ich ihr keine Konkurrenz machen, zum anderen habe ich das Fleischrezept von ihr geklaut und zum dritten esse ich nicht ungern lieber zwei kleinere als einen solchen Riesenburger", hatte er seinen erstaunten Freunden verkündet. Dass sie zudem auf echter Holzhitze gegrillt wurden, machte sie sowieso anders als bei Claudia. Nichtsdestotrotz aß man auch bei ihr gerne, wenn man gerade in der Nähe war.

Dass sich neben den Burgern auf dem Grill im Freien auch einige Hähnchenteile befanden ... Marc hatte in intensiver Befragung vergeblich versucht herauszufinden, ob ihnen die Grillhitze lieber war, als die Eiseskälte draußen. Es würde lustig werden.

Sie führten ihn den schon üblichen Rundgang durchs Haus und ließen ihn ein Zimmer auswählen, was Irmgard zu der erneuten lautstarken Frage bewog, wann sie denn anbauen würden. „Mum", informierte sie Bronco (!) sofort, „Marc hat sich hier eingemietet. Und ganz offiziell sind wir ein Gästehaus und nichts anderes. Egal, welche Ferkeleien Du da sonst noch so treibst." (FÜR DIE LACHER GILT ERNEUT DER SATZ VON VOR EINIGEN SEITEN.)

Der Pool war warm, das Wetter so richtig kalt, 8°C, „gefühlte Temperatur um die -5", wie Marc, nass von der Dusche und noch nicht vom Poolwasser geküsst, verkündete. „Warum habt ihr hier keine Gasheizstrahler unter dem Dach? Das würde sicherlich was bringen!"

Diese Teile waren in Deutschland schon wieder unbeliebt geworden, weil sie sehr energiefressend waren. Doch das war Deutschland und hier die USA, und hier sah man viele Dinge anders – musste viele Dinge anders sehen. Peter hätte sich zum Beispiel nie träumen lassen, dass er im Auto im Sommer überhaupt eine Klimaanlage bräuchte. Aber hier ging es fast nicht ohne, schon gar nicht, wenn der Asphalt auf einem Supermarktparkplatz mit 50°C von unten das Auto aufheizte und von oben die Sonne reinbrannte. Bronco hatte ihm berichtet, dass weiter südlich, wo es wirklich heiß wurde, die Leute dann auf dem Parkplatz die Motoren laufen ließen, nur, um die AC zu betreiben. Dazu gab es ein eigenes Zusatzmodul für die Autos, so dass man den Schlüssel abziehen konnte.

Marc war trotz gutem Flug, aber dank Jetlag müde, so dass sie nur ein paar Kleinigkeiten besprachen und noch eine kleinere Abendmahlzeit, kalt, zu sich nahmen.

„Ja, ich will hier wirklich studieren, nicht nur offiziell. Andererseits zahlt mir das mein Alter sonst nicht. Außerdem scheint er heilfroh zu sein, dass ich aus dem sündigen Deutschland ins fromme Amerika geflohen bin, bei einer gediegenen deutschstämmigen Zimmerwirtin eine bescheidene Unterkunft fand und zudem auch noch verpflegt werde. Gut, Letzeres war ihm wohl weniger wichtig, aber er erhoffte sich hier vermutlich so was, wie die Quäker[34]. Gibt es hier in dem Haus dann wenigstens Kellogg´s?"

Die anderen schauten etwas dumm, nur Bronco grinste (schon wieder). „Ja und nein. Ja, natürlich haben wir *cereals* hier. Und nein, wenn Du glaubst, Kellogg´s sei eine Quäker-Gründung. Das ist eine weit verbreitete Fehlmeinung. Es waren die Sieben-Tages-Adventisten, die erstmals die Getreideprodukte als gesunde Alternative zu der üblichen fleischbasierten Ernährung vermarkteten."

„Ist es nicht erstaunlich, was mein Frauchen so alles weiß?", schrotzte Peter, und alle lachten wieder.

Sie besprachen grob die nächsten Tage, dann durfte sich Marc auf sein Zimmer begeben. „Morgen Abend ist Spenderparty. Da wir wussten, dass Du kommst und noch zwei weitere „Stiere" anwesend sein werden, haben wir diesmal die Rekordzahl von 18 Gästen zugelassen. Es ist unsere Aufgabe, sie auch auf draußen zu verteilen. Wegen der Gasheizer fragen wir heute oder morgen noch im Baumarkt nach, ob die uns welche leihen können, denn die Idee ist gut."

„Heute noch? Es ist – Moment, die Uhr zeigt hier ja eine andere Zeit…"

„Es ist 9pm. Ja und? Wir sind in den USA, schöner junger Mann", schmeichelte ihm Tony und empfing dafür einen Blick, der auch Eisberge hätte schmelzen lassen können. „Bei uns in den Städten haben Bau- und Supermärkte an jedem Tag und rund um die Uhr geöffnet. Keine Angst, JEDE Arbeitsschicht kennt uns und empfängt uns mit rotem Teppich! Nur der Metzger, den sich unsere Queens als Lieferanten für das Frischfleisch ausgesucht haben, hat so was wie europäische Öffnungszeiten. Ich musste mir erst mal erklären lassen, was das ist."

---

[34] *Sehr pietistische Religionsgruppe, im 17. Jh. aus England eingewandert, die angeblich beim Gebet vor Ekstase zittern. Zittern = to quake. Sie bezeichnen sich nicht alle als Christen, gehören heute aber zur christlichen Kirche. Sie sind sehr hilfsbereit und verdammen die Unterdrückung anderer.*

„Gut“, fuhr Peter fort, ER war noch lange nicht müde. „Am Montag haben unsere Kater dann ein einschneidendes Erlebnis“, er machte die passende Scherenbewegung mit den Fingern, und sie lachten. „Und dann geht es auch schon wieder los mit Kunden. Nicht mehr als zwei am Tag für uns Männer, Irmgard kann mehr vertragen – aber bei ihr sind es meist weniger.“

Irmgard servierte einen traurigen Augenausdruck zu der Aussage, um sofort zu klagen, dass der letzte so dürr gebaut war, dass sie fast schon einen Scheidenkrampf bekam, um ihn überhaupt noch zu befriedigen. „Nur dank meiner guten Übung ging es doch noch, und er war zufrieden. Ich kann´s Euch Eure Qualen nachempfinden!“

Marc lachte und gähnte zugleich wie ein Nilpferd, sie schickten ihn nun wirklich ins Bett. „Träum was Schönes, träum von mir!“, rief ihm Bronco nach, bevor sich die drei wirklich noch zum Baumarkt aufmachten.

Am nächsten Morgen standen drei geliehene Gasheizer auf der Poolterrasse und machten das Baden vor dem Frühstück auch bei 4°C Außentemperatur angenehm. Dass die Gasflaschen, eine pro Heizer, schon nach wenigen Stunden leer sein würden, hatte ihnen der Verkäufer gesagt. Eine dauerhafte Lösung dürfte notwendig werden, aber das war nichts mehr, was man selbst zusammenbasteln sollte. Auch in den USA explodierten immer mal wieder Häuser wegen Lecks in der selbst mit „echtem Wrigleys“-Kaugummi abgedichteten Gasleitung.

Die beiden „neuen Stiere“, Trevor und Marvin, erschienen schon gegen 15 Uhr, „zum Aufwärmen“. Kommen wollten sie allerdings erst um einiges später.

„Ja, wir haben uns extra zwei Tage aufgespart“, meinte Trevor mit Blick auf die Halbstangen der anderen, vor allem auf die von Marc.

Die anderen hatten gestern gar keinen Sex gehabt, auch nicht vor oder nach dem Baden. Doch jetzt schwoll auch Marc beim Anblick der anderen an, und Peter meinte: „Du bist da wirklich auch noch mal gewachsen?“

„Wenn Du das sagst? Ich weiß es ehrlich nicht mehr. Viel ist es nicht, aber ich habe meine Maße von damals nicht mehr im Kopf. Es sind nun 27x4.5cm.“ Peter rechnete es für die Amerikaner gleich auf 10.62x1.77 Inch um – per Taschenrechner. Das machte die Augen noch größer. Die Vorfreudetropfen zeigten, wie sehr man sich auf den Abend freute. Nun aber durfte der Poolfilter wieder die erste Eiweißportion „zum Eingewöhnen“ bekommen, wie Bronco feixte, und sie sprangen in die Fluten. Kein Jetstream, immer noch nicht! Sie würden wirklich alle Kräfte am Abend brauchen.

Irmgard verschwand mit ihrem kupferfarbenen Chevy in Richtung Casino. Die Party der Jungs war auf 7pm angesetzt, Anreise ab 6pm. Die ersten erschienen um 5.30.

18 Gäste, das war wirklich einsamer Rekord. Daher hatte Marc, das alte Ferkel, schon mal wieder eine Idee. Ihm war die dicht gewordene Behaarung in Broncos Arsch aufgefallen, er meinte, das sei heute eigentlich gar nicht üblich und schon gar nicht *en vogue*. „Was hältst Du davon, wenn wir Dir vor den Leuten die Ritze rasieren? So richtig schön mit handgeschlagenem Rasierschaum, Pinsel und Rasiermesser?“

Bronco sah sehr skeptisch drein. Marc lachte. „Keine Panik, ich hab damit Übung. Ich meine, mit dem Rasieren mit dem Messer. Ich mag keine Rasierapparate, aber auch kein Sauerkraut in meinem Gesicht. Ich rasiere mich selbst nur so. Ich habe alles dabei! Bei 2x32kg Gepäck konnte ich das auch. Es passiert Dir nichts. Wenn Du aber dann heute Abend auch genauso ein Gesicht machst, so panisch dreinschaust? Nur wegzucken solltest Du nicht, denn dann könnte was passieren.“

Die Skepsis von Bronco blieb, da aber die anderen drei Marc zustimmten, gab er sich geschlagen. „Okay, aber nur, wenn wir dazu den Figaro von Rossini spielen.“ Große Augen bei Peter, fragende bei Trevor. Marvin grinste.

Bronco: „Schaut nicht so dumm! Wir hatten AUCH Musikunterricht auf der High School. Musik ist ja auch Mathematik und damit eine Art Naturwissenschaft.“ Nun, das mit dem Lied sollte kein Problem sein, für das Rasieren hatten sie sich eine kleine Szene überlegt und wieder fiel Peter ein, dass sie immer noch keine Scheinwerfer hatte. Er „klebte“ gerade den nächsten gelben Zettel im Computer an die Pinnwand, als die Klingel schon das erste Auto ankündigte. Von da an ging es Schlag auf Schlag.

Peter spielte Türsteher und Kassierer, obwohl der Payday erst in zwei Tagen war, waren schon 6 Soldaten mit dabei, einer raunte ihm zu, er habe sich das Geld eigens für die Tage geliehen. Er bekam dafür von Peter einen dicken Kuss. Danach war Peter am Ende zehn Küsse los, die nachfolgenden Gäste wollten auch so begrüßt werden. Na, wenn´s nicht mehr war ... Man war ja schließlich keine Nutte und musste sich nicht an die Kussabneigung dieser Branche halten.

Mit 18 Mann wurden die Fächer im Matratzenschrank knapp, ach, vor allem die jüngeren Gäste waren da kompromissbereit und teilten sich eines. Der erste Gang war erst mal der in „diese *absolutely marvelous* Poolanlage“. Er erfolgte dank der Gasstrahler diesmal sogar mit angenehmen Gefühlen außerhalb, so angenehmen, dass die Gäste sich auch nach dem Bad noch ein paar Minuten länger draußen aufhielten, bevor sie doch die noch angenehmere Wärme des Hauses suchten. Denn eines war auch klar: Im Haus war es bei Spenderpartys immer besonders gut geheizt. Als nächster Gang verschwanden die ersten Snacks und Getränke vom Buffet in den Mägen, bevor sie noch eiweißhaltigere Schlucke aufnahmen und die Aktionen langsam anliefen. Immer noch waren einige draußen im Becken und im Whirlpool, das würde sich den Abend über nicht ändern – so, wie Peter es vorhergesehen hatte. Es war ja wirklich so: Öffentliche Schwimmbäder gab es in Reno nicht[35]. Er erinnerte sich, dass damals Alan Vergleichbares von ganz Texas gesagt hatte, die Hotels hatten zwar alle Pools, aber in die kam *„John Sixpack*[36]*“* nicht rein. Es war also schon eine Sensation an sich, so sehr, dass die eine oder andere Anfrage lautete, was denn ein Poolbesuch alleine kosten würde, also ohne Party. Peter versprach, die Interessenten nach Absprache „mit dem Haus“ per SMS zu informieren. Dass er auf diese Weise an die Handynummern von Leuten kam, die nur mit anderen mitgekommen waren...

Die Gäste erfreuten sich der zahlreichen Mannschaft und der noch zahlreicheren anderen Gäste, doch insgesamt wurde es weniger gemütlich, als eher eng. DAS waren dann doch zu viele Leute. Vielleicht im Sommer, wenn man auch draußen...

Als die erste Runde weitgehend vorbei war, wobei man von richtigen Runden nicht sprechen konnte, stimmte Marc ein Oh- und Weh-Geschrei an. Er war deutlich sichtbar mit der Hand durch Broncos Spalte gefahren und verkündete, dass dieser Junge viel zu viele Haare darin hätte. Er nahm ihn sich, legte ihn dekorativ über eine Sessellehne, öffnete die Spalte weit mit beiden Händen und ließ alle tief in Broncos Inneres blicken. Dass Marvin den Einblick mit einer Handleuchte unterstützte, war Peters Blitzidee gewesen. Das Urteil des Publikums war erwartungsgemäß gemischt. Nicht allen waren es zu viel Haare, aber als Marc sein Rasiermesser aufblitzen und Peter den Sänger Pavarotti über die Lautsprecher ertönen ließ, da stöhnte die Menge doch geil auf. Die allermeisten anderen Aktionen wurden gestoppt, so eine Darbietung sah man höchst selten.

---

[35] *Das hat sich bis heute (2018) nicht geändert. Es gibt zwar eine nette SPA, doch die Preise sind mit zum Beispiel 25$ für 1 Stunde Wannenbad in angeblichem Thermalwasser höher, als bei uns in Deutschland die Tageskarte in einem Wellness- und Spaßbad.*

[36] *Synonym für „Otto-Normalverbraucher“*

Marc schlug nochmals den weißen Seifenschaum auf und pinselte den braunen Arsch gut ein. Marvin spielte weiterhin Beleuchter, und unter dem Klatschen des Publikums – nein, nicht der Hände aneinander, eher an andere Körperteile – rasierte Marc den dunklen Jungen fachgerecht. Dass Bronco dabei jammerte und drohte: „Wehe, wenn Du mich schneidest", sorgte für diverse Lacher. Als aber Marc fertig war, dies mit einem Klaps auf den Hintern bezeugte und Peter sofort die Arie „*Der Hölle Rache kocht in meinem Herzen*" aus der Zauberflöte erklingen ließ, kam es zu echtem Applaus und noch mehr Gelächter.

Bronco lag noch da, jammerte ob der Unbill, und es bedurfte keiner ausgesprochenen Einladung, dass sich einer der Soldaten, ein besonders gut gebauter, sehr wirklich ansehnlicher Stier, in ihm versenkte. Bronco jammerte mal probeweise weiter, es törnte die anderen nur noch mehr an. Schon lagen die nächsten Hintern offen für das zweite und dritte Programm, auf den Lehnen, den Matratzen, und sogar auf dem Küchentisch hatte sich ein Gast hingelegt. Marc fuhr seine 27x4.5 in den aufquiekenden Hintern in der Küche. Peter nahm sich einen hübschen Soldaten auf einem Sofa vor. Trevor schob sich auf der Matratze in den nächsten. Marvin und Tony gehörten zu den Hintern, die sich öffneten. Sie fühlten sich zu klein (Tony) beziehungsweise zu dünn (gebaut). Dennoch wurden sie beide an dem Abend noch mehrfach angefordert – als Aktive für ein paar Männer, die bisher noch nichts Passendes für ihr enges Loch gefunden hatten.

Das ½-Gallonen-Glas, immerhin 1.9 Liter, wurde voller und voller. Die Kondome gehörten zum Service des Hauses, und so hatte auch keiner Bedenken, sich zum Schutz der Möbel auch als Passiver eines drüberzuziehen.

Der Pool diente zur zwischenzeitlichen Entspannung, und langsam bildete sich ein sanfter Reigen zwischen drinnen und draußen, wobei „draußen" nicht bedeuten sollte, dass man im warmen Wasser die Hände nur bei sich behielt.

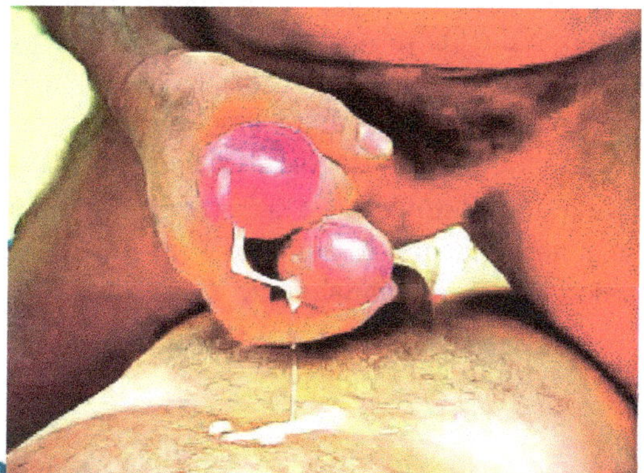

Bis auf die aufgeschleckten oder gleich in den Rachen geschossenen Portionen und denen, die der Poolfilter zu ertragen hatte, landete das meiste im Sammelglas – es war ja wirklich nur ein Gag. Nur, als am Ende – nach den üblichen vier Stunden (also gegen 11pm) war auch hier die Luft raus – Peter das Glas auf die Küchentheke stellte und die Leute dran vorbeigingen, da staunten doch einige erheblich.

Nach einer Trinkgeldbox hatte allerdings auch diesmal keiner gefragt.

„Wow, was für ein Abend", stöhnte Marc, als nur noch die Jungen im Pool saßen, also inklusive Trevor und Marvin. „Ich meine, ich bin ja schon einiges gewöhnt, aber dass mir einer 600$, das sind immerhin fast 500€ dafür zahlt – Peter! Dir geht es wohl genauso? – das ist schon viele Jahre her. Oder? Damals zählte noch unser blutjunges Alter! ... Du erinnerst Dich noch, damals im Hauptbahnhof? Der Alte, der uns 250 pro Pimmel bezahlt hatte, seinen allerdings nicht mitrechnete?" Natürlich mussten sie nun Trevor und Marvin erzählen, wie sie sich kennengelernt hatten und was sie damals machten. Auch Tony hörte sehr interessiert zu, so viele Details hatte er davon noch nicht vernommen.

„Das heißt also, wir sitzen hier mit lauter professionellen Nutten im Pool? Marvin! Wo sind wir da hingeraten!", stöhnte Trevor entsetzt und zur Belustigung aller.

„Da, wo wir hinwollten. Nur haben wir es uns nie getraut", antwortete der Angesprochene schlagfertig.

„Ja, das stimmt", seufzte Trevor. „Ich war froh, wenn mir einer mal ´nen Zwanziger in die Hand drückte, wenn ich ihm auf dem Golfplatz einen geblasen habe."

„WAS? Direkt auf dem Golfplatz? Mittendrauf?", kreischte Bronco entsetzt. „Und ich dachte immer, um auf einem Golfplatz zu reüssieren, müsse man nur das Loch offen halten – für den Ball, meine ich!" Die drei Neuen sahen Bronco belustigt an, dann brachen sie in Gelächter aus. Die Frage nach der allgemein und grundsätzlich frechen Schnauze war auch hier nicht mehr fern.

Müde löschten sie die Gasheizer und gingen in die Betten. Trevor und Marvin hatten sie gleich am Nachmittag schon ein Zimmer angeboten, was die beiden jetzt gerne annahmen.

Sonntag, der Tag der Herren

Der Tag der Herren begann nach langem Ausschlafen mit einem Brunch.

„Sagt mal, was war denn hier los?“, schnüffelte Irmgard angelegentlich aus ihrem Zimmer. „Hier riecht´s ja schlimmer als bei uns im Puff direkt nach Weihnachten!“ Der Tag begann also fröhlich.

„12 Vollzahler und 6 Soldaten. Macht 9.640$. Und, wie erfolgreich warst Du?“

„Oh, ich hab heute um vier keine Lust mehr gehabt, auch noch den weiten Weg bis zum Tresor zu gehen. Frag nicht! Mal wieder ein Gangbang eines Gewinners. 1.800$, Wo sind die Eispacks?“ Wofür Bronco einen Eisdildo gegossen hatte, wusste keiner. Dass er ihn nun aus der TK-Truhe holte und ihn Irmgard mit einer tiefen Verbeugung überreichte...

„Ich hab‘ ihn eigentlich für mich gemacht, für den Fall, dass Marc mich doch beim Rasieren schneidet. Aber da war er gut gewesen. Schade, dass er noch nicht in mir gut war...“ Das fein zerkaute Rührei verteilte sich über dem Tisch und brachte etwas gehäckselten Speck gleich mit. Peter eilte, um die Sauerei geübten Schwungs wieder wegzuwischen.

Sie besprachen den heutigen Tagesplan. Doch statt einen Ruhetag durchzuführen, reklamierte Marc die schlechte Beleuchtung am Tor. „Wenn da ein Auto mit fünf Schlägern kommt, sieht man es nicht. Habt ihr wenigstens Waffen im Haus?“ Die anderen sahen sich groß an, dann schüttelten sie den Kopf.

„Nein, auf die Idee sind wir noch nicht gekommen, und ich glaube, das wollen wir auch nicht“, antwortete Peter endlich. „Wer uns Böses will, ist eh schneller als wir und meist geübter. Wir haben sogar die Videoüberwachung am Haus wieder verringert und einen Teil der Kameras zurückgegeben – die reagierten auf jeden Hasen oder Kojoten, und natürlich auf unsere Katzen. Das Haus hier ist nicht zu sichern – und wir wohl auch nicht.“

Ob Marc mit der Antwort zufrieden war, würde sich noch zeigen müssen.

Trevor und Marvin boten sich noch an, bei der Montage der schon vorhandenen Lampen zu helfen, so war diese „Arbeit“ schon nach gut einer Stunde erledigt. Sie verabschiedeten sich mit Dank und meinten, sie würden gerne mal wiederkommen, aber nicht am nächsten Wochenende. „Ein bisschen tut mir mein Arsch doch schon weh“, gestand Trevor. „Ich war halt bisher überwiegend Marvin gewöhnt.“

„ÜBERWIEGEND?“, kreischte der sofort auf. „Oh! Was soll denn das heißen? Oder, genauer gefragt, WER war denn da noch dran beziehungsweise drin in den letzten Jahren?“

Der schmächtige Marvin zog den kräftigen Cowboy Trevor am Ohr durch die Haustüre und zum Auto. Ein Bild für die Götter, das nur noch schöner hätte sein können, wäre Marvin nicht 5cm größer als Trevor gewesen. Sie blickten ihnen lachend nach, winkten Ade. Sie waren sich sicher, die beiden würden wiederkommen.

„Nun, Marc, wie wäre es mit ein wenig Sightseeing? Die Sehenswürdigkeiten ansehen?“, fragte Tony.

Marc nickte zögernd. „Und ich dachte, die hätte ich gestern schon gesehen?“ Lachen. „Aber ja, gerne, doch bitte zuerst noch mal den Wochenplan durchgehen, ich hab das vorgestern gar nicht mehr richtig mitbekommen.“

„Was macht denn Dein Jetlag?“

„Ach, der liegt gerade noch im Bett und jammert mir nach. Doch das ist nun mal so, da kann auch ich nichts dran ändern. Na, wenigstens geht es mir besser als dem armen Bernd, der ja nach wenigen Tagen schon wieder heimflog.“

„…der aber hier nie über Umstellungsprobleme gejammert hat“, kam es sofort von Bronco.

„Nun ja, der ist ja vielleicht auch ein echter Mann!“

„Du wirst mir heute auch noch zeigen dürfen, was für ein ECHTER Mann Du bist“, knurrte ihm Tony ins Ohr und knabberte daran. Es sah zu süß aus, als Marc bei dieser Aktion von Tony dahinschmolz, erzitternd und sich an ihn schmiegend.

„Sag mal, kannst Du eigentlich tanzen?“, fragte ihn Tony.

„Ja, natürlich. Du auch? Warum?“, entgegnete Marc.

„Kapellmeister Peter! Dein Typ wird verlangt! Legt mal einen Tango auf!“

Erstaunt kam Peter der Bitte nach. Die Matratzen waren gerade erst weggeräumt, die Sofas standen noch am Rande – nach wenigen Takten hatten die beiden Jungs den gemeinsamen Rhythmus raus und legten einen so schmissigen Tango aufs „Parkett“, dass selbst Irmgard aus ihrem Zimmer kam, um den beiden zu applaudieren.

„Macht Ihr so was auch bei den Partys?“, fragte sie.

„Nein Mum, noch nicht“, lachte Bronco. Zum einen, weil er gerne lachte, zum anderen über das nun dämliche Gesicht von Marc (wegen „Mum“). „Gestern war ich dran. Ritze rasieren. SCHRECKLICH! Ich habe Bäche von

Angstschweiß von mir gegeben, dass mich Marc ja nicht schneidet. Aber dann hat er VORNE das Messer angesetzt!"

„Oh, so eine unverschämte Verleumdung. So ein bösartiges Gerücht! Ich habe Dir da vorne kein einziges Haar gekrümmt!", rief Marc sofort.

„Stimmt! Von Haaren habe ich DA ja auch nichts behauptet!", heulte Bronco und hielt sich sein Gemächt mit beiden Händen. Brüllendes Gelächter tobte durch den Raum. Endlich mal wieder.

„Das bringen wir zur nächsten Party", verkündigte Peter. „Aber: für nächstes Wochenende haben wir noch keine. Erst wieder in 14 Tagen. Fürs Wochenende haben sich schon einige Einzelkunden angemeldet, die zum Teil zwei von uns haben wollen, zum Teil aber auch nicht genug geoutet sind, um beim Rudelbumsen mitzumachen."

„Tja", nickte Irmgard verstehend, „für solche Leute hatten wir in Bamberg eine eigene Garage mit verdecktem Zugang. In Nürnberg leider nicht mehr."

Sie lachten schon wieder, alleine bei der Vorstellung, obwohl... „Moment mal, Mum, seit wann haben Klosterbrüder denn Autos?", diesmal kam die Frage von Peter. Irmgard zuckte mit den Schultern und verschwand wieder, um gleich darauf von Jules Gassi gegangen zu werden.

Irgendwie hatten sich Marc und Jules noch nicht miteinander bekannt gemacht. Doch als die beiden sich jetzt sahen, hechteten sie fast schon aufeinander zu und rollten über den Teppich, als wären beides junge Hunde. Dabei traf das besonders für Jules nicht mehr zu. Es war der Moment, in dem Peter sich doch freute, dass hier in diesem Salonbereich Teppich lag und nicht das Tanzparkett, das er sich gerade beim Tango noch gewünscht hatte.

„Hach", meinte Marc, als er Jules und sich abgeschüttelt hatte, „eigentlich bräuchten wir für solche Feste eine Scheune."

Peter und Bronco sahen Tony groß an, brachen in Lachen aus. „Na, dann komm mal mit. Wie gesagt, wir machen jetzt Sightseeing."

Sie sattelten die Pferdestärken des Honda und fuhren vor. Nicht, weil der Weg zu Fuß heute zu weit oder das Wetter zu schlecht gewesen wäre, sondern, weil sie wirklich noch weiter wollten, Marc die Stadt und vor allem die Uni zeigen. Jetzt erst schnallte der Junge, dass das, was sie kurz beim Lampenmontieren gesehen hatten, auch noch zu dem Gelände gehörte und staunte. „Mit Pferden wollt Ihr dies hier zur Mustang Ranch umbauen?"

„Einspruch Euer Ehren", kam es sofort von Tony. „DAS geht nicht. Ich meine, der Name. Die *Mustang Ranch* gibt es hier schon, das ist ein Hetero-Puff in ***Sparks***, am Ostrand von Reno, aber eben nicht mehr im ***Washoe Coun-***

ty.“ Peter und Bronco spitzten die Ohren, das war selbst ihnen nicht bekannt und Tony gab gleich mal einen Abriss über die rechtliche Situation der Prostitution in Nevada[37]. „Aber das mit der Scheune geht auch sonst kaum. Die drei haben ihr gesamtes Vermögen in den Pool am Haus versenkt und Du siehst ja, wie gerne der angenommen wird. Hier im Stall jetzt den von Dir vorgeschlagenen Großraum für Partys einzubauen – dann wäre hier kein Pool. Außerdem, ehrlich – meinem Arsch reicht eine solche Party pro Woche vollkommen aus, und mein Schwanz jammert auch leise vor sich hin.“ Dass Marc sofort seine Hand GANZ vorsichtig an Tonys Vorderseite legte und nur ganz sanft drückte, ließ die katzenäugige Schönheit aufstöhnen. „Mach nur so weiter und ich lasse mich gleich hier von Dir ficken.“

Das hatte er nicht umsonst gesagt. Warum allerdings Marc ein paar Pariser aus seiner Hosentasche ziehen konnte – der wollte doch nicht etwa im Auto?

Ein passender Sattelbock stand schon herum, die Hose von Tony war „einfach verschwunden“, hing nun über einer Futterraufe, Tony über dem Bock, und seine blanke Furt strahlte Marc an. „Wie eine Jungfrau“, meinte der erfreut, und das vermutlich erste große Lachen seit langer Zeit hallte durch die halboffene Stallung.

Marc trat erst mal neben Tony, öffnete geziert langsam seinen Reißverschluss, fuhr mit dem Finger ein, strich innen entlang, zog den Finger heraus und leckte ihn sich mit halboffenem Mund erotisch ab. Erst dann nestelte er an seinem Hosengürtel und dem Knopf – „Wo hast Du denn gelernt zu strippen?“, fragte Peter belustigt und ebenfalls schon geil.

Nun, der Stall war für mehrere Pferde gebaut, es gab auch mehrere Holzböcke und als Marc seine Hose endlich abstreifte, hing Bronco auch schon über dem zweiten Bock, Aug‘ in Aug‘ mit Tony. Beide – nun als Aktive ausgewählte Stecher – massierten sich ihre Schwänze steif. Jedoch – nein, natürlich nicht sich selbst, sondern gegenseitig, zogen sich je ein Kondom über. Dass Peter mit Bronco bare fickte, war eine Sache nur zwischen ihnen beiden. Gerade mit Marc hätte Peter doch erhebliche Bedenken.

Sie stöhnten alle vier leidenschaftlich auf, als sich die langen Bolzen von Marc und Peter in die beiden nur jungfräulich aussehenden Löcher schoben. Die Penetrierten gingen mit jeder Bewegung mit, und ein pornografisches Ballett schönster Art entwickelte sich, auch deshalb, weil sich Tony vor Marc von dem unbequemen Holzbock erhoben hatte und so von Marcs langem und

---

[37] *„Ja, aber“ lautet die. Nevada ist der einzige Bundesstaat der gesamten USA, in dem Prostitution von den Landkreisen offiziell erlaubt werden kann. In Reno und Las Vegas, zum Beispiel, ist sie verboten. Die* MUSTANG FARM *gehört jedoch noch zu Reno.*

dickem Schwanz von unten her gefickt wurde. Es war eine Aktion, die Bronco und Peter nur staunend betrachteten, es für ein paar Stiche auch probierten, bis Peter erkannte, dass seine Beinmuskeln dafür immer noch nicht geeignet waren. Er glaubte sich zu erinnern, dass Marc ihn damals direkt geritten hatte, in der Hocke, doch so ganz sicher war er sich der Erinnerung nicht … ach, es war ja auch egal.

Alle vier waren sie Profis, wussten, was ihnen selbst, aber auch ihren Kunden besonders gut tat und besonders gefiel. Peter wie Marc waren lang genug gebaut, um auch die zweite Schleuse zu durchbrechen. So viel Sex hatten Tony, Peter und Bronco auch noch nicht miteinander gehabt, dass sie schon alle Tricks ausgetauscht hätten! Also war es diesmal Tony, dem es die Augen rausdrückte, als Marc, in Blickverständigung mit Peter, Tony wieder auf den Bock legte, diesen zweiten Muskelverschluss durchbohrte und die mageren Strohreste am Boden einen Megaschuss aufnahmen. Bronco kam ähnlich, nur leiser. Für ihn war es schon Übung, aber dank der neuen Kulisse und des sowieso vorhandenen Erotiksounds hier, verstärkte er seine Stöhn- und Schreilaute noch, und vier Mann ahnten, dass diese Stallung SOLCHE Geräusche noch nie gehört haben dürfte.

Der Wunsch, eigentlich „gleich“ noch einmal diese Aktion mit getauschten Rollen durchzuführen, wurde aus „*grundlegender Rücksicht auf die Allgemeinzustände der geschwächten Impotenzen*“ (Bronco) auf den Abend verschoben.

„Wie war das eigentlich vorhin, mit ‚Mum‘, lieber Bronco? Habe ich da was verpasst, oder hat Peter doch einen mir verheimlichten Bruder? Denn, entschuldige bitte, mein Lieber, Du siehst zwar noch jung aus, aber vor fünf Jahren hättest Du doch schon geboren sein müssen.“ Sie waren auf dem Weg in Richtung Downtown, als Marc diese Frage stellte und ein grinsender Bronco ihn aufklären durfte.

Sie besahen sich die Casinos und die Uni von außen, gingen zu Claudia essen und Bronco stellte seine richtige Mutter Marc vor. Korrekterweise muss es allerdings anders herum formuliert werden, denn erst stellte er seiner Mutter Marc und dann umgekehrt vor. Er wusste schließlich, was sich gehörte.

Mit gewisser Freude vernahmen die Freunde, dass Jorge endlich einen Job gefunden hatte und arbeitete. „Gefunden?“, jaulte Claudia auf, wurde aber sofort leiser. „Was glaubt ihr, wie oft ich treten musste! Hier in Reno keinen Job zu finden, geht eigentlich gar nicht. Dieser faule Hund! Aber jetzt muss er was tun, muss ran. Heute schläft er sich aus, für morgen früh, da geht es los.“

„Oh, was macht er denn dann?“

„Straßenbau! Für was anderes wollte ihn keiner nehmen, ich ehrlich auch nicht. Die paar Stunden, die er hier hinter der Theke stand, haben mich immer mindestens einen Gast gekostet. Den kann man nicht auf die normale Menschheit loslassen."

„Oh Mum! Höre ich da schon Absatzbewegungen von Dir?" Grimmig sah sie ihn an, dann nickte sie grinsend.

Tony sofort: „JETZT weiß ich, woher unser *chubby cheek* Bronco DIESES Grinsen hat!"

Sie lachten alle wieder laut, und Claudia verkündete, dass sie „ihrem" Jorge noch eine letzte Chance gegeben hatte. „Ja, was glaubt Ihr denn? Dass ich mein Geld sauer verdiene, damit er sich durchfüttern lässt? Nicht von mir!" Die Jungs stimmt ihr sofort zu. „Dann besser alleine. Mit Deiner Rückkehr kann ich wohl nicht mehr rechnen, *hijito mío*[38]?", fragte sie. Lachend verneinten Peter und Bronco gemeinsam.

„Zumindest nicht in absehbarer Zeit. Aber danke für das Angebot, wenn Peter mich rauswirft oder ich ihn einfach nicht mehr ertragen kann mit seiner Art…" Peter sah ihn scharf an, meinte nur „Na, dann mal raus damit, was Dir alles nicht an mir passt!", sie lachten wieder, und Bronco meinte dann: „Nein, alleine schon der Pool ist es wert, dass ich SEHR leide! UNTER ihm!"

Wie viel die anderen Gäste von dem Gesprächsinhalt mitbekommen hatten, war nicht klar, aber sie lachten alle kräftig mit. Essen und Unterhaltung endete

[38] Mein Söhnchen

damit, dass Claudia noch für diesen Sonntagabend ihr Erscheinen in der MUSTANG FARM ankündigte, sie fahre nach Diner-Schluss nur schnell nach Hause und hole sich einen Badeanzug. Diesmal blieben die Jungs stumm und boten ihr nicht an, dass man auch ohne schwimmen könnte. Und die Badekleidung von Irmgard verleihen? Irmgard würde in jedes Teil von Claudia GUT zwei Mal reinpassen.

Auf dem Rückweg zeigten sie Marc noch die verlassene Scheich-Villa; es stand immer noch kein Maklerschild dran, aber ob er sie nun wirklich verkauft hatte, das hatte nicht mal Claudia herausbekommen.

Daheim informierten sie Irmgard über beides, Irmgard beschloss, der Freundin im Wasser Gesellschaft zu leisten, und meinte wegen der Villa: „Nun, für uns ist es doch kein Verlust gewesen, oder seid Ihr anderer Meinung?“ Es war niemand, der sich einer SO WEISEN Aussage widersetzen könnte.

Es musste noch geputzt werden, Irmgard hatte trotz der Bodenreinigungsmaschine nicht Z/Sauberfee gespielt – „Sie ist ja eine herzensgute Mutter. Aber eine Hausfrau wird sie nie mehr werden. Na, wie gut, dass ich genug Frau dafür bin!“, lächelte Peter die Jungs an und gab damit das nächste Stichwort. Nun durfte er „Frau“ spielen, und Bronco überließ ihm den Vortritt beim Fick durch Marc, nur um Marc zu flüstern, dass er nach einem solch alten Bock doch sicherlich noch Lust auf ein junges Füllen hätte. Dankbar sah und hörte Peter zu, wie Tony sich den frechen Lümmel für diese Aussage schnappte und übers Knie legte. Bronco schrie jämmerlich. „Au, au, au, das tut ja weh! Nicht so feste. Au, das tut immer noch weh, au, au, au, ah, ah, oh, oh, mehr! Tiefer!“ Wie schön 27x4.5cm in einen Arsch einfahren können, der vom Lachen seines Trägers erschüttert wird!

Marc zeigte nun den anderen, was er unter Showfick verstand und so langsam entwickelte jeder der vier für sich im Kopf ein Programm für eine Party, die eventuelle Startprobleme haben sollte. Wenn es denn so was mal geben würde.

Das Baden mit Claudia wurde das nächste und letzte Highlight des Tages. Der stetige Lobgesang ob des tollen Pools, der schönen Beleuchtung, des heißen Feuers, des Wasserfalls, der romantischen Abendstimmung, der Wärme der Gasstrahler … war Balsam auf den gar nicht geschundenen Seelen, sie nahmen es trotzdem wie eine Wellnessbehandlung auf.

Gemeinsam badete alle zusammen, endlich durfte der Jetstream auch mal zeigen was er konnte, und als Claudia erst kurz vor 11pm die Farm verließ, waren alle Besitzer einfach nur glücklich.

Die nächsten Wochen

Die Wochen bis Weihnachten verliefen insgesamt ruhig und gradlinig, also endlich mal nicht mehr so hektisch. Die Ankunft eines weiteren geilen Stechers mit vielen, vielen Inch hatte sich schneller als gedacht herumgesprochen, die Kunden kamen unterschiedlich, aber bis zu acht am Tag nur für die Jungs, bis zu zwei für Irmgard – manch ein Haushalt wäre um solche Tageseinkommen im Monat froh. Dass man Marc – zumindest im ersten Monat – als „Frischfleisch", noch dazu „direkt aus Deutschland importiert", verkaufen konnte, machte ihn noch teurer. Für die Einnahmen hatte man einen vernünftigen Verteilerschlüssel gefunden, wobei die Mietzahlungen von Marc ans Haus gar nicht über ihn, sondern direkt auf eines von Irmgards deutschen Konten flossen. Das war erheblich günstiger so.

Ei, welch ein Ei-Verlust!

Wie vereinbart, verloren die beiden kleinen Kater am Montag nach Marcs Ankunft ihre Testikel. Ob sie darüber froh waren oder nicht, konnte keiner so genau erfahren. Sie schmusten danach aber noch lieber miteinander als mit Lina, die langsam ihre eigenen Wege ging und nicht mehr dauernd im Haus war. Kid hatte sich offenbar entschieden, Leo zu unterstützen. So war er es, der einen der Angestellten zu Hilfe holte, hatte sich Leo mal wieder irgendwo in einem Regal verstiegen und kam nicht mehr runter. Nach draußen ging Leo nur selten, zumindest bisher. Marc aber meinte, wenn es draußen wieder wärmer wäre, würde er sich wohl gerne in die Sonne legen.

Als die nächsten beiden Partys stattfanden, waren die beiden Kater noch „bettlägerig", im wahrsten Sinne des Wortes, denn sie kurierten ihren natürlich vorhandenen Wundschmerz auf Peters und Broncos Bett aus. Wenn sie sich unbeobachtet glaubten, aber einer der Jungs „zufällig" durch ein Fenster hereinsah, rauften und tollten sie vergnügt miteinander, zum Teil auch alle drei. Sowie jedoch einer den Raum betrat, ließen sie Gesicht, Muskeln, Buckel, und was sie sonst noch hatten, fallen und gaben kläglich miauend den Bediensteten die Schuld an ihrem unerträglichen Leiden. – Katzen sind eben gute Schauspieler und noch bessere Menschenversteher.

Ein Hund hat ein Herrchen.
Eine Katze hat Angestellte.

Merksatz für alle, die weder Hunde noch Katzen haben.

Kleinere Arbeiten

Die Kunden wurden langsam in den Alltag mit eingebunden, beziehungsweise es normalisierte sich der Alltag mit den Kunden. Einer kam, der andere ging, wenn einer der „Mustangs“ noch nicht zu sehr verausgabt war, konnte der Kunde auch wählen, das kostete zwischen 0 und 200$ extra – je nach Aussehen des Kunden. Sonst musste er das nehmen, was er gebucht hatte. Besonders ekelige oder unangenehme Kunden lehnten Peter und Bronco auch hier ab. Die beiden anderen lernten dies ebenfalls schnell. Es machte ihren Ruf nur elitärer.

Da die großen Arbeiten im und am Haus vorbei waren, hieß das aber auch, dass sie wieder Zeit für sich selbst fanden, auch miteinander Spaß hatten, denn Sex mit Kunden und das Vergnügen untereinander waren meist sehr leicht zu trennen. Nur einige wenige Soldaten und der eine oder andere Trucker, die im Laufe der Zeit kamen, verbanden beides. Die neue Situation bedeutete aber auch, dass ihnen langsam die vielen kleinen Aufgaben auffielen, die noch übrig geblieben waren.

Endlich hatte Josh(ua) die restliche Straße befestigt. Es hatte lange gedauert! Erst am 19.11. kündeten Geräusche von dieser Arbeit. Es sollte am Freitag, den 20.11. regnen, doch dass am frühen Nachmittag Schnee fallen würde, hätte niemand gedacht. Aber es war eh so ein komisches Wetter. Am Donnerstag war es weitgehend windstill, so dass Joshua seine graue Hautfarbe durch den Staub auffrischen konnte, in welchem er fast erstickte. Dann zeigte die „ganz zufällig“ ins Haus geflatterte Wetterstation mit Wind- und Regenmesser sowie Datenaufzeichnung, dass in der Nacht auf Freitag gegen vier die Temperatur von -1°C auf 11°C stieg – binnen einer Stunde! – sowie ein Wind von Null auf 50km/h aufkam. Vermutlich brachte der die Südwärme mit sich. Doch der Wind blieb und schwoll auf fast-Orkanstärke mit 70km/h an. Gegen Mittag stürzte die Temperatur wieder auf 2 bis 3°C ab, Schneefall setzte ein, um dann urplötzlich bei gleicher Temperatur zu Regen zu werden. Nur die Taupunktberechnung im PC zeigte einen möglichen Grund, denn der Punkt schwankte an dem Tag wie die Stimmung einer Frau in den Wechseljahren. Selbst Jules zwang an diesem Sturmtag Frauchen nicht zum Gassigehen. Er erledigte in großer Eile seine Notdurft in einem Eck des U-förmigen Hauses und war schneller wieder drinnen, als er rausgegangen war. „Hundewetter“ wäre der richtige Begriff gewesen.

Wegen des Sturms sagten mehrere Kunden ab, das war kein Problem und man verschob die Termine freundlicherweise.

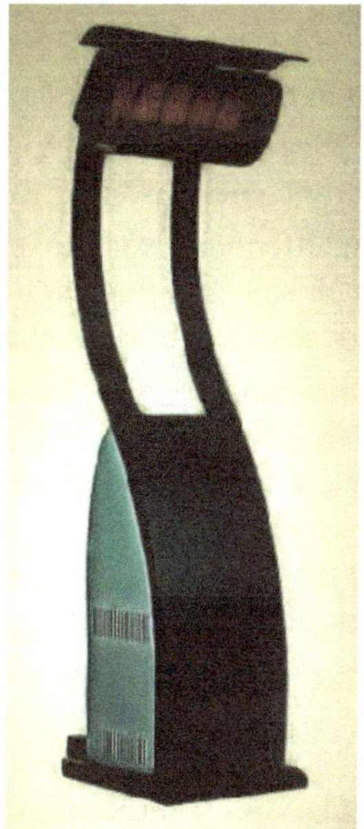

Als sie allerdings während einer besonders starken Windattacke nach draußen schauten und auf dem Pool die Isolierplatten auf dem Wasser einzeln und stolpernd das Fliegen lernen sahen – sie wurden nie wieder gesehen – wurde unverzüglich eine neue, fest montierte Isolierfolie, natürlich mit elektrischer Aufrollung geordert. Abrollen hingegen ging nicht ganz automatisch, dazu war der Pool doch zu frei geformt.

Die geliehenen Heizstrahler waren, vor dem Katzentransport zum Tierarzt, gleich noch zum Baumarkt gebracht worden. Eine Fachfirma kam, machte ein Angebot für fest installierte Gasheizer. Die Jungs lehnten dankend und lachend ab. Für den Preis würden sie viele, viele Jahre lang Gas auch in Flaschen kaufen können. Sie entschieden sich für einen leistungsfähigen Strahler in schönem Design und vor allem mit Rädern.

Ein weiterer Punkt war die Fahrzeugbeschriftung, von Tony angeregt. Sie entschieden sich für einen einfachen Schriftzug „MUSTANG FARM – GUESTHOUSE“ und einer zentralen Telefonnummer für alle Fahrzeuge. Das ließen sie in Folie schneiden und aufkleben.

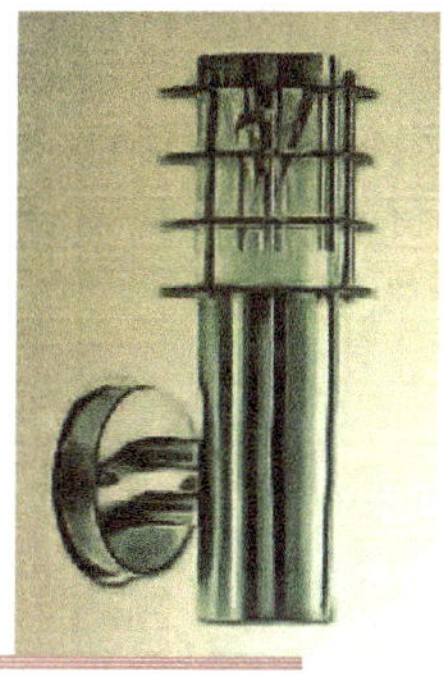

Eine „letzte“ Aufgabe, vor den bereits terminierten Arbeiten am Pool, war noch die Hausbeleuchtung. Löcher von den ehemaligen Videokameras waren noch genug vorhanden, sodass sie hier formschöne und stilgerechte Außenleuchten an Haus anbrachten, die nachts die Fassade beleuchtete.

Warum dann das Licht ausgerechnet mit einem „***Gute Nacht, John Boy***[39]“ ausging…

---

[39] *Berühmter End-Satz jeder Episode der Waltons*

Als sie auf einer ihrer Erkundungstouren mal im Gewerbegebiet von Sparks das Hinweisschild zur „Mustang Ranch“, dem angeblich so berühmten Bordell fanden und ihm nachfuhren, kamen sie nur bis zu dem freundlichen, alten Pförtner, der die Parkplatzeinfahrt bewachte. Er sah die Aufschrift, grinste sie an und meinte: „Hier gibt es nur *beautiful ladys, no boys*. Tut mir leid, aber ich glaube, Ihr seid hier falsch.“ Sie lachten, stiegen trotzdem aus und unterhielten sich ein wenig mit „Joe“.

„Sagt mal, hat sich das mit uns wirklich schon herumgesprochen?“, fragte Bronco genauso überrascht, wie es die anderen auch waren.

„Offenbar“, seufzte Tony. „Ich müsste mal ein paar alte Kollegen anrufen. – Ach shit, Irmgard sagte ja, hinter der Bar stünden überhaupt nur noch Atombusen und keine Männer mehr. Mal sehen, vielleicht kriege ich noch jemanden.

Ich sehe das Problem eher darin, dass wir illegal arbeiten. In einem Gebiet, in dem Prostitution verboten ist. Die hier, die haben die Erlaubnis erhalten, und ich habe schon früher gehört, dass sie sehr strenge Gesundheitsauflagen haben. Die Frauen werden wohl wöchentlich getestet – mein Gott, die Arme müssen ja aussehen, wie bei aktiv Heroinsüchtigen – und im grell neonbeleuchteten Empfangsraum, wo die Dame auch über die Preise verhandeln MUSS, sei sie verpflichtet, ihn zu untersuchen, ob irgendwelche erkennbaren Anzeichen von Geschlechtskrankheiten an seinem Teil sind. Sie dürfen daher vermutlich auch ohne Kondom bumsen.“

Die drei schüttelte es. „Nee, besser nicht. Weder die wöchentlichen Kontrollen, wir machen sie ja monatlich und auch Du, Marc, wirst Dich daran halten. Noch jeden Kunden auf Syph und Ähnliches testen. Ich möchte mit den allermeisten auch nichts ohne Gummi machen – und die Kunden sind damit zufrieden.“

Marc meinte: „Ja, einer sagte mir diese Woche, es sei hier so natürlich und nicht künstlich wie bei den Weibern. Ich glaub ja nicht, dass der nur die Perücken und Silikontitten meinte!“

Sie lachten wieder, aber die Nachricht, wie weit ihr „Ruhm“ schon gedrungen war, musste erst mal verdaut werden. Es war ein zweischneidiges Schwert.

„Macht Euch keine großen Gedanken darüber“, lächelte sie Irmgard an. „Zum einen sind wir kein Bordell. Man kann sich bei uns die Jungs nicht aussuchen, wie im Schaufenster.“

„Ach, nicht?“, kam es sofort von Bronco und sie lachten. Das entspannte.

„Außerdem habe ich erst kürzlich den Polizeichef von Reno hier gehabt, als Kunden. Das wusste ich vorher auch nicht, und er hat es mir erst danach gesagt. Er meinte aber, wir bräuchten uns keine Sorgen zu machen, solange hier keine Drogen auftauchten. Außerdem ließ er die Vermutung fallen, dass wohl ein anderer höherer Politiker der Stadt schon bei den Spenderpartys dabei war. Er kannte sogar diese Bezeichnung."

„Und wann wolltest Du uns gnädigst davon informieren?", blaffte Peter sie an. Er war wirklich angepisst. Doch Irmgard behielt ihr Lächeln bei.

„Heute, jetzt. Ihr wart ja nicht da. Er schon."

Sie holten erst mal alle tief Luft und dann den Prosecco aus dem Kühlschrank. Das war ein Gläschen wert.

Marc

Marc hatte sich wirklich zur Uni fahren lassen, bereits am Montag, also zusammen mit den Heizstrahlern in den Baumarkt und den Katzen zum Kastrieren. „Dass Du das aber ja nicht verwechselst!", jammerte er im Auto zum Gelächter von Peter. Die anderen beiden waren daheim geblieben, räumten noch hin und her und vielleicht sogar auf. Marc sorgte mit einem Katzenkorb in der Hand eigenhändig dafür, dass die Richtigen ihre Eierchen verloren, den anderen Korb trug Peter. Dann erst fuhren sie in die Uni, Marc fackelte nicht lange, immatrikulierte sich schon mal an der *Mackay School of Earth Sciences and*

Engineering für Geophysik, etwas, was er in Deutschland jederzeit und viel günstiger hätte studieren können. „Aber ich hab ja schon gesagt, dass mein Alter froh ist, wenn ich weit weg bin, je weiter, desto besser, und das Geld ist den beiden eh egal."

„Ich dachte immer, Du hättest so ein gutes Verhältnis zu Deinen Eltern gehabt?“, meinte Peter. Marc winkte ab.

„Ja, das war mal. Bis ich 18 wurde und ihnen mitteilte, dass ich für die Enkelkinderproduktion wohl eher nicht zur Verfügung stünde. Das hat vor allem ER nicht so ganz kapiert. Meine Mutter hat zwar das Geld, aber nicht das Sagen. Und darum bin ich hier und froh, Euch gefunden zu haben. Mit Euch macht es ja auch mehr Spaß!“

„Und Du bist sicher, dass Du DAS studieren willst?“

Marc zuckte fröhlich mit den Schultern. „Woher soll ich das wissen? Ich weiß nicht mal, was das ist. Ist mir auch egal. Viel werde ich nicht dort sein und wechseln, das kann ich immer noch. Vielleicht zu Journalismus, wie Bronco es möchte.“ Peter seufzte tief.

Marc kaufte sich ein Auto, natürlich ein nagelneues, auch von Harry. Immerhin etwas! Seinen Führerschein aus Deutschland hatte er leicht für die USA anerkennen lassen. Peter seufzte erneut tief.

„Was ist los Peter?“
Der Schrank war offen, das Flämmchen flackerte Peter munter an. Er hatte es auch diesmal nicht bewusst gerufen.
„Gut, dass Du mich fragst. Ich weiß es nämlich nicht.“
„Okay. ... Du machst Dir Sorgen wegen Marc. Richtig?“
„Könnte sein. Nur, warum mache ich sie mir?“
„Hast Du Dich schon mal bewusst gefragt, was Marc für Dich bedeutete und heute bedeutet?“
„Ja, natürlich, das weißt Du doch. Er ist ein Freund.“
„Sicher?“
Peter stutzte. So gerne er sein Unterbewusstsein mochte und das Flämmchen als Ratgeber annahm, doch musste es immer so unangenehme Fragen stellen? Er antwortete erst mal nicht.
„Als Ihr beide Euch kennengelernt habt, war Marc ein netter Junge mit großem Schwanz, großer und frecher Schnauze und hat Dich in die richtige Bezahlwelt eingeführt, nicht nur ein bisschen Taschengeld. Richtig?“
Peter lachte leise auf. „Natürlich ist das richtig. Du hast schließlich den Überblick, Du bist das Flämmchen MEINES Unterbewusstseins. Also musst Du Recht haben. Leider.“
„Warum leider?“
„Weil Marc nicht mehr der ist, der er mal war.“

„Du bist aber doch auch nicht mehr, wer Du mal warst."
„Habe ich mich auch so verändert?"
„Diese Frage kann ich Dir nicht beantworten. So etwas sieht man immer nur aus der Entfernung und da bin ich, das Zündflämmchen Deiner Leidenschaft, in Dir wohnend, das komplette Gegenteil. Ich bin näher an Dir dran als Du selbst, wenn Du die saloppe Formulierung mal so akzeptierst."
Peter lachte erneut auf. „Du hast ja sogar Humor!"
„Wenn´s denn unbedingt sein muss?" knurrte das Flämmchen wieder in seinem normalen, eher schulmeisterlichen Ton.
„Dann gib mir einen Rat. Was soll ich tun?"
„Mach das, was Du schon seit Tagen machen willst. Rede mit ihm, in Ruhe und am besten alleine. Ohne Tony, ohne Bronco. Wobei natürlich Bronco immer die besten Erkenntnisse hat. Also kannst Du ihn auch dabei haben. Aber rede DU. Wollte Tony nicht mit Irmgard mal wieder ins Casino, um zu sehen, was sich dort so alles verändert hat, vielleicht alte Kollegen an anderen Bars finden?"
Peter nickte. „Ja, das hatte er gesagt. Aber Marc will auch ins Casino."
„Na, dann lass ihn gehen. Du weißt doch genau, dass Marc dort spielen wird, etwas, was weder Irmgard noch Tony vorhaben.
Du kannst Marc nicht halten."
Das Flämmchen wurde kleiner und kleiner, es zog Peter aus dem Schrank heraus, während er das Gefühl hatte, das Flämmlein weiche immer weiter zurück.
„Du kannst Marc nicht halten."
„Du kannst Marc nicht helten."
„Du kannst Marc nicht helfen."
Das Echo des letzten Satzes war immer leiser geworden. Doch, shit, Moment mal, was soll das für ein Echo sein, dass sich im Hall verändert?
Peter überlegte einen Moment, ob er noch mal aufwachen sollte, und war darüber schon eingeschlafen.

Marc musste am nächsten Morgen in die Uni, Tony wollte in der Werkstatt „endlich mal das Chaos beseitigen, bevor wir noch mal eine Maschine doppelt kaufen", und Irmgard war mit Jules draußen. Es war ein klarer Tag mit der hier typischen „teilweisen Bewölkung", was ja immer bedeutete, dass die Sonne schien und ein paar Wolken am Himmel waren. Bronco und Peter saßen im Büro in ihrer Wohnung.

„Na los, sag schon! Was ist los?" Peter schreckte aus seinen erneuten Gedanken auf. Hatte er das mit dem Flämmchen gerade jetzt erst taggeträumt, oder war es wirklich letzte Nacht gewesen? Er konnte es nicht einordnen. „Sorry, ich wollte Dich nicht erschrecken. Aber Du bist heute so still, das ist ungewohnt."

Peter stand auf, ging zu Bronco rüber, zog ihn vom Stuhl hoch und nahm ihn in den Arm. „Ich weiß. Mir geht da was durch den Kopf, die ganze Zeit schon."

„Marc."
„???? Woher weißt Du ????"

Bronco lachte. „Pete! Ich kenne Dich nun fast ein Jahr. Ich liebe Dich und ich hoffe, Du mich auch immer noch. Ich weiß auch, dass Du Marc nicht liebst. Du magst ihn – irgendwie – doch Du hast Probleme mit ihm. Genauso wie wir alle."

„Fast ... ein ... Jahr?", wiederholte Peter, immer noch in Gedanken. „So kurz erst? Mir kommt es vor, wie eine halbe Ewigkeit."

„WAS? SO alt soll ich in dieser kurzen Zeitspanne geworden sein?", kreischte Bronco entsetzt auf, und Peter verfiel in unbändiges Lachen. Er lachte und lachte und lachte. Auch Bronco lachte mit.

„Weißt Du", keuchte Peter unter schwerer Luftnot, „was ich so an Dir liebe? Dass Du den Dingen immer wieder die Spitze abbrichst, nichts so ernst nimmst und doch nicht oberflächlich bist."

Bronco lächelte, als er antwortete: „Das ist vermutlich die Mischung der Kulturen. Als Mexikaner nehme ich die Sachen nicht so leicht, als Ami geht mir vieles am Arsch vorbei. – Oh nein, shit. Das sollte es ja gar nicht! Es soll ja rein!" Sie lachten schon wieder. „Aber jetzt im Ernst, welche Probleme hast Du mit Marc?"

Peter seufzte. „Wo soll ich da anfangen? Ich weiß es nicht einmal genau. Aber ich komme emotional aktuell nicht mit ihm klar. Er erscheint mir nicht..."

„…nicht ehrlich?"

„Ja, das könnte es sein. Wie gesagt, ich weiß es nicht. Ich mache mir nur meine Gedanken."

„Das tun wir, glaube ich, alle. Ich selbst finde ihn nicht verkehrt. Mir ist er ein bisschen zu oberflächlich, nur auf seinen großen Schwanz fixiert, und sonst ist nichts dahinter. Dass er hier herkam, ist okay, noch dazu, weil er eine recht gute Miete bezahlt. Immerhin sind wir ein Gästehaus, und da hätten wir es viel schlechter treffen können. … Er fickt gerne und auch gut. Ich habe von Dir noch keine Klagen gehört, und ich klage auch nicht. … Aber, falls es das ist, was Dich quält: Ich weiß auch nicht, was er hier eigentlich will. Er passt nicht hierher. Mit seiner Art würde ich ihn eher in Las Vegas, L.A. oder San Francisco sehen als im doch sehr ländlichen Reno. Und trotzdem: WAS WILL er HIER? So, wie er sich in der Uni angemeldet hat! Er hat sich offenbar nicht mal vorher damit beschäftigt, was die hier anbieten, geschweige denn, was er möchte oder was ihm liegt. Aus meiner Sicht ist es wirklich nur eine Flucht aus dem Elternhaus, wobei er die Nabelschnur des ständigen Geldflusses vorsichtshalber nicht mal antastet, geschweige denn durchtrennt." Peter freute sich erneut über die metaphorische Ausdrucksweise seines Freundes. Es war ihm klar, dass Bronco spätestens am nächsten Herbst wirklich Journalistik studieren wird. Mit seinen wortgemalten Bildern dürfte er Leser oder Zuhörer begeistern. . Vielleicht könnte er das Studium auch schon ein Semester eher anfangen? Koste es, was es wolle! Gut, Broncos Konto schwoll immer weiter an und könnte die Studienkosten mittlerweile leicht decken, doch selbst wenn nicht – Peter wäre sofort bereit, diese Kosten auch zu 100% zu übernehmen, von seinem eigenen Geld, das inzwischen eher „Vermögen" genannt werden sollte.

„Du könntest Recht haben. Ich habe so ähnliche Gedanken. Doch, was wollen wir machen?"

Bronco grinste seinen Freund und Partner frech an. „Nichts. Gar nichts. Ganz einfach.

Warum sollten wir denn auch? 2.000$ Miete im Monat ist mehr, als wir je an Miete bekommen haben, egal von wem. So viel frisst er nicht, dass das wirklich zu Buche schlagen würde, und die anderen Nebenkosten? Unerheblich! Es droht uns noch lange nicht die Gefahr, keine Zimmer mehr für wirklich Fremde zu haben – wobei, ein schwules Studentenhaus mit lauter so gut zahlenden Mietern? Was könnte Besseres passieren?"

„Und was soll das auf Dauer werden?"

Bronco lachte auf. „Da bin ich ganz fatalistisch. Lass den morgigen Tag seine eigenen Sorgen mitbringen. Wir können nicht in die Zukunft sehen, und ich würde das auch nicht wollen. Ich vermute nur zwei Möglichkeiten, weiß aber auch nicht, welche zuerst kommt. A) Er wird feststellen, dass das Studium nicht seines ist, gegebenenfalls mehrfach wechseln und dann aufhören. B) Sein Alter wird den Geldhahn zudrehen. Eines von beidem kommt als Erstes.

Und dann? Dann wird er wieder nach Deutschland zurück gehen. Oder zumindest raus aus den USA, denn er hat hier nur ein Visum für ein Studium, keine Greencard, keine Aufenthaltserlaubnis. Gut, mit viel Geld könnte er die Behörden vielleicht davon überzeugen, dass er ein Gewinn für die USA sei, aber das glaube ich nicht, und außerdem, ER hat ja gar keines. Wenn ich das richtig verstehe. …

Dein Problem ist, lieber Peter, dass er nicht mehr der Junge ist, den Du damals kurz kennengelernt hattest. Ich betone ‚kurz'."

Peter nahm seinen Freund fest in den Arm. Sie hatten sich mittlerweile auf eines der Sofas gesetzt, den Blick auf den Pool gerichtet, aus der Sitzposition eher nur auf den Whirlpool und den Feuerfelsen *„rock of flames"* genannt, aber das reichte ja aus. „Vermutlich hast Du recht, wie meistens", meinte er leise. „Also tun wir so, als wäre alles in Ordnung?"

Bronco lachte wieder auf. „Peter! Du bist hier in Amerika! Hier tun alle so, als sei alles in Ordnung, bis das Gegenteil wirklich nicht mehr zu leugnen ist.

Nur, dass die meisten Amerikaner davon dann überrascht sind. Wir beide aber, wir haben es schon vorher geahnt. Wir sind also seelisch gewappnet."

Peter seufzte tief und schwer. Die beiden beschlossen, in den Pool zu gehen. Ein bisschen Heißwassermassage im Whirlpool täte ihnen gut, und sie tat es auch.

Der Pool

Die erst mal wirklich letzten Arbeiten am Pool fanden fristgerecht statt. Am 26. November, dreieinhalb Wochen nach dem Gießen des Bodenbetons, kam Bob mit mehreren Arbeitern, die an diesem windstillen Tag Unmengen an Löchern in die feste Platte bohrten. Mit genau solchen Unmengen von Dübeln und edelstählernen Schrauben verdübelten sie die Pfosten. Immer einen Pfosten, dann die Glasplatte, dann erst den nächsten Pfosten, so dass es zu keinen

Ungenauigkeiten kommen konnte. Am Tag darauf brachte die Poolfirma die formgerecht zugeschnittene Abdeckfolie nebst Aufrolltechnik. Es sah gar nicht mal so hässlich aus wie befürchtet, der Kasten wirkte eher wie eine Sitzbank. Es hatte länger gedauert, denn Peter hatte noch darauf hingewiesen, dass ihr Pool lange nicht so viel Chlor enthielt wie übliche US-Pools und daher die Gefahr von Algen- und Bakterienbefall bei der Folie groß wäre. Sie hatten sich nach längerer Fachdiskussion für eine silberhaltige Folie entschieden, die an sich desinfizierend wirkte, doch diese musste erst mal bestellt werden. Bronco witzelte, dass sie mit dem neuen Windschutz nun eigentlich auch in die Wüste gehen und ihre davongeflogenen Styroporplatten zusammensammeln könnten. Die würden jetzt nur noch durch einen Tornado vom Becken abgesaugt werden können. „Da hätteste ja auch eher drauf kommen können", knurrte Peter belustigt, aber die Profiabdeckung sah natürlich VIEL besser aus und war auch binnen einer knappen Minute ein- oder ausgerollt. Nur beim Ausrollen musste man etwas mit der Hand nachhelfen, damit die Decke auch die Beckenränder fand. Kräftige Neodym-Magnete hielten sie dort an den eigens aufgeklebten Metallplättchen.

Am Donnerstag, dem 3. Dezember, war es dann soweit. Nur dem Windschutz und den Heizstrahlern war es zu verdanken, dass die Betonfirma überhaupt den 2-Komponenten-PU-Lack auftragen konnte. Der Gruppenchef war am Tag vorher schon da gewesen, hatte die Oberfläche inspiziert und für gut befunden. Es stank wie auf einer Chemiabfallhalde, als erst die Grundierung und dann am nächsten Tag die Endlackierung aufgetragen wurde. Dieser Bereich war in der Zeit plus einem ganzen Tag zur Aushärtung nur mit Spezialschuhen zu betreten und musste dank der nun wirklich einsetzenden Wintertemperaturen von einigen Minusgraden noch viel länger äußerst vorsichtig behandelt werden.

An diesem Wochenende fand bewusst keine Spenderparty statt, und die Einzelgäste konnten leider auch nicht in den Pool. Dafür erfreute der echte Holzkamin im Salon all die Gäste, die gar keinen oder nur einen „künstlichen" Gas-Abklatsch ihr Eigen nannten. Gerade Soldaten fanden so etwas nicht in der Kaserne.

Spenderpartys und Kunden

Bis zum nächsten großen Ereignis, Weihnachten, hatte sich die Situation insgesamt wieder eingespielt. Marc besuchte die Uni fleißiger, als Peter und Bronco befürchtet hatten, seine Aktionen mit Kunden beschränkten sich daher auf die Wochenenden. Er bekam dann auch kein Geld dafür, es störte ihn nicht.

Peter, Bronco und Tony hatten jeder weiterhin ihre durchschnittlich zwei durchschnittlichen Kunden am Tag, mal nur einen, mal drei, mal zu zweit, einmal sogar zu dritt – doch das kam dem Kunden so teuer, dass er sich entschied, lieber an den Spenderpartys teilzunehmen. Das war ihnen auch recht.

Die Partys fanden je nach Bedarf statt, nicht aber am Nikolaus-Wochenende, der – zur Überraschung der Deutschen – hier gar nicht bekannt war, vor allem nicht am 6. Dezember. Der Pool war ja auch noch nicht begehbar, nur zur Not und zum mehrfach notwendigen Auswechseln der Gasflaschen.

Weihnachten wirft seine Schatten voraus

In den USA nannte man den Nikolaus Santa Claus, aber einen festen Tag, wie in Deutschland, gab es für ihn hier nicht. Irmgard berichtete von ihren gelegentlichen Ausflügen in die Casinos, dass dort immer wieder „dickliche ältere Männer mit roten Mänteln und weißen Haaren und Bärten“ auftauchten und den Casinobesuchern kleine Geschenke überreichten. Zu einem der großen Supermärkte in Reno sollte auch einer kommen, doch als sie versuchten, den Termin herauszufinden, war das *Event* auch schon wieder vorbei. Nur ein Foto fanden sie an der Pinnwand des Supermarktes.

Natürlich dekorierte sich die Stadt mit Lichtern und Christbäumen. Bei dem sowieso allnächtlich und ganzjährig vorhandenen Blinken und Funkeln aller Casinos jedoch fiel das kaum noch auf.

Als am 6.12. allerdings erstmals „richtig“ Schnee und das Thermometer auf -7°C fiel, waren sie froh, dass im Salon der Holzkamin kuschelige Wärme erzeugte. Nicht, dass die Klimaanlage es nicht schaffte, in den Wohnräumen war es angenehm temperiert, doch an die Stromrechnung wollte Peter lieber nicht denken. Vielleicht besser ausgedrückt, er dachte sich den rasenden Stromzähler nach Deutschland, und was das dort bedeuten würde. Hier kostete der Strom immerhin nur die Hälfte, und sie hatten zusätzlich durch die Solarzellen eine eigene Energieerzeugung. Die Zellen funktionierten auch jetzt. Zwar mussten die Jungs regelmäßig raus, den Schnee von den Glasplatten fegen, aber die Zellen arbeiteten bei der „teilweisen Bewölkung" – es schneite überwiegend in der Nacht – noch besser als bei Hitze und lieferten so mindestens einen Teil des Stroms. Bronco hatte schon im Sommer darauf gedrängt, als keiner ihn brauchte und der Preis damit niedriger war, einen kräftigen Generator als Notstromer anzuschaffen. Der stand nach wie vor in der Garage, wurde aber in diesem Winter nicht benötigt. Der öffentliche Strom fiel nur ab und zu mal und nur für ein paar Minuten aus, die stationären Computer hatte Peter sowieso mit einer USV[40] versehen.

Dafür kam es an den Schnee- und dann an den Eisnebeltagen zu Kundenausfällen. Als Marc von der Uni einen grippalen Infekt mitbrachte, sagte Peter für eine Woche alle Termine ab und die MUSTANG FARM mutierte für diese Woche zum „KRANKEN HAUS DER KRANKEN GÄULE", wie Bronco es trotz (oder wegen?) eigenen Fiebers kurzerhand auf die Homepage setzte. Es war interessanterweise nicht die Woche, in der die Temperaturen auf sagenhafte -19°C fielen.

Irmgard und Peter hatten darauf bestanden, keine schulmedizinischen Medikamente zu nehmen. Bronco und Tony mussten aber recht massiv dazu überredet werden. Da sie sich jedoch als zu leidend und zu schwach befanden, selbst in den Supermarkt zu fahren und dort die Antibiotikaregale zu plündern, im Haus sowas aber definitiv nicht vorhanden war, ließ sich Irmgard vom Krankenhaus beraten und fand wirklich eine ganze Reihe Heilpraktiker in Reno. Die hießen hier zwar *naturopathic* oder *alternative practitioners / physicians*, wurden aber mit „ND" für *naturopathic doctors* abgekürzt. Auch ein „OMD", ein Facharzt für orientalische Medizin war vorhanden. Nie hätte sie gedacht, dass die Auswahl so groß wäre, und nach dem ersten Besuch einer Heilpraktikerin auf der Farm ging es der ganzen Bande auch bald besser. Schon in der Woche vor Weihnachten konnten sie wieder Druckablässe, die letzten vor dem Fest, anbieten.

Irmgard erkannte erstaunt noch einen Unterschied zum deutschen Heilpraktiker: Die Heilpraktiker hier durften keine Spritzen setzen.

Über Weihnachten nahmen sie keine Termine an. Peter hätte auch nie erwartet, dass zu der Zeit überhaupt Anfragen reinkämen. Es waren dann doch aber

[40] Unterbrechungsfreie Stromversorgung

so viele, dass sie für Samstag, den 26.12., eine Spenderparty ausriefen und binnen weniger Stunden voll bekamen: 12 Mann, davon 10 Soldaten!

Es schneite Anfang Dezember.

Es schneite etwas in der 2. Dezemberwoche.

Es regnete am 21. und schneite ein wenig am 22.

Weihnachten erfreute sich mit herrlichem, wolken- und schneefreiem Sonnenschein bei klirrenden Minusgraden. Dafür begann es am 27.12. am Abend wieder zu schneien. „Also so hatte ich mir ‚*white christmas*' auch nicht vorgestellt", knurrte Peter halb säuerlich, halb belustigt, „dass es UM Weihnachten herum, nicht aber AN Weihnachten schneit. So ein Beschiss aber auch! Und so viel Schneespraydosen, wie wir bei dem Haus bräuchten…!"

Das laut hallende Gelächter aller fünf bestätigte seine Wünsche.

Aller fünf?

Ja, Marc war weder vor, noch über Weihnachten nach Hause geflogen. Eigentlich ja nur für einen Monat eingemietet, hatte er am 1.12. gleich die ganze nächste Monatsmiete bezahlt und verkündet, dass er erst mal hierbleiben werde. Ihm mache das Studium mehr Spaß, als er gedacht hatte. Er bekam auch keine Einladung nach Deutschland zu seinen Eltern. Nur Georg bot ihm an, zu kommen, doch da lehnte er genauso dankend ab, wie es Georg und Bernd taten, jetzt Reno zu besuchen. Sie hatten sich zuvor die Wetterverhältnisse schildern und auch zeigen lassen und sehr gerne beschlossen, lieber daheim zu bleiben. „Bei uns wird es wieder vor dem Heiligen Abend schneien und an den Feiertagen ist es üblicherweise so warm, dass wir draußen Eis essen gehen könnten. Nein danke, wir kommen lieber im März oder April mal wieder, wenn es bei Euch auch schöner ist. Auch", grinste Georg neben Bernd in die Kamera, „wenn mich Euer Pool schon SEHR interessieren würde."

„Na, der steht dann sicherlich auch noch", lachte Bronco. Die weihnachtsfeiertäglichen Gespräche zeigten die Korrektheit der deutschen Vorhersage: 7°C PLUS über Weihnachten in Nürnberg.

„Sag mal“, meinte Bronco nachdenklich zu Peter, „haben wir da was verpasst?“

Peter sah ihn genauso fragend an. „Du meinst, weil Bernd jetzt schon wieder bei Georg ist? Du glaubst nicht an Zufälle?“

Das nächste Gespräch, SEHR bald nach dieser Frage, erbrachte die leicht verlegen grinsende Antwort. Edgar war ja schon länger bei Georg ausgezogen, Ernst hatte seinen festen Freund Thomas, wohnte auch weiterhin in der Dachwohnung bei Georg, dem aber das riesige Patrizierhaus im Nürnberger Stadtteil St. Johannis auf die Dauer zu einsam geworden war. Und da bei Bernd, der mitten in der überwiegend denkmalgeschützten Innenstadt wohnte, eine kräftigte Mieterhöhung anstand, hatten die beiden Einsamen beschlossen, dass es sich zweisam besser einsamen ließ. Also war Bernd kurzerhand zu Georg gezogen. Georg war in Langzeitbeziehungen geübt. Bernds längste hatte ein Jahr gedauert. Georg war 34, Bernd 32, und sie beschlossen, dass ihre wilden Jahre zwar nicht unbedingt vorbei sein, aber vermutlich nicht mehr so wild würden. Es war eine vernünftige Entscheidung, die sich mit der Zeit auch zu einer mehr als nur freundschaftlichen Beziehung entwickeln sollte. Oder war die mehr-als-freundschaftliche Beziehung doch schon eher da? Es war auch egal. Aber so was von. *Man hätte es nur zu gerne gewusst...*

Der größte Akt, laut Bernd, war der Umzug der Fische und ihrer drei Aquarien, wobei sie im neuen gemeinsamen Wohnzimmer als dekorative Umrandung einer neuen Couchgarnitur „glücklich“ schienen. Dass Georg den Umzug gleich zu einer großen Umbauaktion im Haus genutzt hatte, war eine andere Sache. Die riesigen Räume unten, ehemals selten bis nie benutzte Speise- und Empfangssäle wichen dem neuen großen Wohnzimmer und einer hochmodernen Ess-Küche in Edelholz und Edelstahl. Dass Georg zugleich noch einen einfachen Lift hatte einbauen lassen, zeugte von Geld und von Weitsicht in Anbetracht des nahenden, hohen Alters. Der Lift verband nun die Wohnbereiche des Erdgeschosses mit den Schlaf- und Bürobereichen des 1. Stocks, wobei gleich noch ein geräumiges Gästezimmer eingerichtet wurde – in einem der Räume, die ehemals Edgar beherbergten. Dass der Lift auch noch bis ins Dach führte...

Georg würde ein paar Bilder schicken und den Rest beim nächsten Besuch mitbringen. „Wenn ich mir den wieder leisten kann[41]“, lachte er.

[41] *Georg gehört zu einer alten Patrizierfamilie, und Geld war nie sein Problem, würde es auch nie werden.*

Studium des Journalismus

„Ich glaube, man muss in dieses System hineingeboren sein, um es auch nur ansatzweise zu verstehen“, stöhnte Peter, und Bronco lachte. Er hatte soeben versucht, Peter zu erklären, dass das amerikanische Notensystem nicht bei so unmöglichen Kleinigkeiten wie „A“-„E“ als Noten aufhörte.

„Glaube aber bitte nicht, dass der Umkehrschluss auch stimmen würde, dass alle, die damit aufgewachsen sind, es verstehen. Wir hatten eigene *tutorials* in der High School, um die ganzen Indices, von unseren A-E Noten umzurechnen, und zwar in die beiden verwendeten GPA[42] -Systeme, dann in das SAT-System und dann noch in den ACT und den *academic index* … im Internet existieren ganze Seiten nur für die Rechenarbeit!

Aber, ich mach´s Dir einfach: Mit meinem GPA von 4.8 und dem ACT von 34 habe ich einen *academic index* von 240 und bin damit weit, weit über jeder Mindestanforderung für Stipendien, hier *scholarships* genannt. Ich habe mich auch rechtzeitig beworben und habe die *presidential scholarship* erhalten. Das sind 8.000$ pro Jahr für vier Jahre und das heißt damit…“

„Das heißt HURRA!“, rief Peter lautstark, riss seinen Freund aus dem Stuhl und tanzte mit ihm durch die Wohnung. … Okay… es war das, was die beiden „tanzen“ nannten.

Das nächste, das *spring semester* lief vom 25. Januar bis 19. Mai, das *fall semester* vom 23. August bis 22. Dezember. Wie schon vor längerer Zeit kostenmäßig überschlagen, würde das Studium über 40.000$ in den vier Jahren kosten, Geld, das eine normale Familie ohne Stipendien und staatliche Hilfen nur schwer aufbringen könnte. Trotz Stipendium blieben bei Bronco immer noch rund 16.000$ übrig plus Lebenskosten. Peter vermutete mal, dass es auch in den USA so etwas wie eine „Ausbildungsversicherung“ geben dürfte. Das wäre am Ende nichts anderes als ein langfristiger Sparplan. Doch auch Bronco wusste nicht, dass Claudia so etwas nicht abgeschlossen hätte.

Sie freuten sich noch mal gemeinsam über die guten Noten, und dass eine gute Ausbildung an der renommierten *Reynolds School of Journalism* für ihn möglich war. WIE VIEL Peter mit seiner Strenge bezüglich des letzten halben Jahres Schule noch dazu beitragen hatte, war unklar und sollte unklar bleiben.

---

[42] GPA. Das amerikanische Schulnotensystem ist nicht mit dem deutschen vergleichbar und schon gar nicht einheitlich. Alt und dominant ist die Bestnote 4.0, neu die Bestnote 5.0. 1.0 wäre die schlechteste. Stipendien sind an der Universität von Reno ab einem GPA von 3.2 möglich.

Sie erkannten auch – nicht etwa anhand des Berichts von Marc, oh nein – aber an einer Computerberechnung über Marcs Situation, dass er für das gleiche Studium rund das Doppelte bezahlen musste. Er war kein *resident* in Nevada.

Zudem galten diese Kosten und das aktuelle Stipendium nur für den Bachelor. Der Master of Arts würde für 3 Semester noch mal rund 12.000$ Gebühren kosten – und sei damit „besonders günstig", wie die Uni betonte.

Als Peter diese Kosten und auch die Aussichten Broncos mit Georg per Skype besprach, nickte der die Gebühren ab. „Ja, das ist wirklich noch gar nichts. Die berühmten Universitäten können es sich leisten, ein Vielfaches zu verlangen. In Harvard bist Du bei gut 50.000$ inklusive Wohnen – PRO JAHR." Peter schlackerte mit den Ohren und Georg lachte. „Ich freue mich für Bronco. ... Doch, wenn wir schon mal reden, was ja so selten ist." (nur einmal pro Woche im Minimum) „Was macht denn Marc? Wir hören von ihm eigentlich gar nichts."

„Wir auch nicht. Er wohnt und lebt zwar hier, ist bei den Spenderpartys aktiv und passiv mit dabei, nimmt am Wochenende oder ab und zu am Abend auch mal einen Kunden an, aber sonst? Er redet nicht drüber und weicht aus, wenn wir ihn drauf ansprechen. Wir haben es dann einfach bleiben lassen."

Georg nickte bedenkenschwer mit dem Kopf. „Ich habe, nein, WIR haben schon so was befürchtet, in dem Fall seine Eltern und ich. Hat er dazu was gesagt?"

Peter berichtete was sie wussten. Und das alles stammte eigentlich aus den Anfangszeiten Marcs im Hause. Mittlerweile war es – das wurde ihm in dem Gespräch mit Georg soeben klar – sehr still darum geworden. Marc lebte im Haus, sonderte sich nicht ab, war aber auch nicht großartig da – er lebte sein eigenes Leben. Georg nickte das ab. „Das werde ich Arne mal sagen, Du weißt schon, das ist sein größerer Bruder. Mit dem verstand er sich immer recht gut, und der ist auch die eigentliche Verbindung zwischen Elternhaus, Marc und mir. Aber auch Arne sagt, er habe sich länger nicht mehr gemeldet. Wir sind mit der Situation unzufrieden."

„Und, was habt Ihr vor?"

Georg zuckte mit den Schultern. „ICH habe gar nichts vor. Ich bin nur der Kontaktmann, eher sogar der Geheimdienst. Das Gespräch sollte auch unter uns bleiben. Aber wenn ich Arne richtig verstanden habe, warten die in Deutschland jetzt auf seine *credits*[43], und wenn da nicht genug kommen…“ Er ließ den Satz offen.

Sie besprachen nun noch ein bisschen Broncos Studium, Georg würde Bronco selbst noch zu dem Stipendium und den guten Schulnoten gratulieren. Er kannte sich immerhin in Grundlagen mit dem amerikanischen Notensystem aus, und seine Überlegungen, doch mal ein oder zwei Semester in den USA zu geben, waren noch nicht vom Tisch. Reno bot eben doch Mechatronik unter dem Begriff *mechanical engineering* an. Am Ende des Gesprächs hatte er die Zusage in der Tasche, hier natürlich wohnen zu können.

Sie verabschiedeten sich…

„Aber was machst Du dann mit Bernd?“

„Ach, das werden wir schon sehen. Seine Firma in Deutschland würde ihn zwar sehr vermissen, aber seit der Fortbildung mit dem Stempelbeton bei Euch bekommt er auch ganz andere Angebote.“ Georg lachte auf. „Wenn es nach mir ginge, müsste er überhaupt nicht mehr arbeiten. Ich habe genug Geld. Und wo meine Geschwister ihre fetten Weiber noch fetter mästen können, kann auch ich einen Partner aushalten. Doch das will Bernd auf keinen Fall.

Aber ich könnte mir vorstellen, dass er mitkommen würde.“

Sie verabschiedeten sich…

„Ach ja, noch was; hatte ich ganz vergessen“, fragte Peter. „Irre ich mich oder hattest Du nicht zwischendurch mal noch einen anderen?“

„Ach ja, Werner. Komm, vergiss es! Das war ein einmonatiger One-Night-Stand. Als ich dann eine meiner Uhren vermisste und mein Geldbeutel immer dünner wurde, habe ich ihn rausgeworfen, Mit Strafanzeige – so was lasse ich mir doch nicht gefallen. Der hat wirklich einen gesucht, den er abziehen konnte.“

„Und, war er dafür wenigstens gut?“

Georg lachte laut auf. „Nein, nicht mal das. Die Nutte war schlecht und teuer!“

---

[43] *Credits sind international anerkannte Punkte in den Bachelor- und Master-Studiengängen seit der Reform von Bologna. Daraus aber zu schließen, dass sie auch international vergleichbar wären…?*

Sie verabschiedeten sich…

„Und wie geht es Ernst?“

„Na, dem geht es gut. Wenn Du wissen willst, ob er Dich immer noch vermisst, dann muss ich Dir leider sagen: Nein! Wir reden natürlich immer wieder von Dir oder über Dich, auch, wenn Thomas dabei ist. Die beiden sind immer noch zusammen. Wir haben ein schönes Weihnachten miteinander gefeiert. Silvester waren sie bei Thomas Eltern im Knoblauchsländle[44] draußen, ich glaube, in Almoshof oder Höfles oder Boxdorf. Ach, ich weiß es nicht mehr. Ist auch egal. Aber sie scheinen Ernst zu akzeptieren.“

„Ernst ist ja auch ein ganz lieber Junge. Wenn ich in Deutschland geblieben wäre, wer weiß, aber vermutlich wären wir noch zusammen.“ Georg nickte.

Sie verabschiedeten sich.

Diesmal endgültig. Bis die nächsten Tage.

---

[44] *Agrargegend im Norden Nürnbergs, in der vor allem Kleingemüse, wie Knoblauch, Zwiebeln, Lauch, Sellerie, aber auch der berühmte Baiersdorfer Meerrettich, angebaut wird.*

Weihnachtsfest

Es wurde ein eigenartiges Weihnachtsfest, eigenartig deshalb, weil es das erste Fest außerhalb Deutschlands für Peter und Irmgard war.

Marc hatte Weihnachten mit seinen Eltern meist in Sankt Moritz, auf den Seychellen oder im hohen Norden verbracht, seltenst aber daheim.

Tony war auch in den letzten Jahren zu Weihnachten nicht bei seinen Eltern oder Geschwistern gewesen. „Wie denn auch? Ich wohne so ungern in der Kirche – und da haben sie den Großteil der Zeit verbracht."

Nur Bronco und Claudia hatten Weihnachten regelmäßig daheim UND hier in Reno gefeiert.

„Endlich mal Weihnachten in Familie!", freute sich Peter begeistert, als sie am Heiligen Abend alle versammelt waren. Irmgard, Peter, Bronco, Tony, Marc und Claudia sowie Kid, Lina, Leo, Jules und mehr:

Sie hatten kurzerhand Broncos Mum nicht nur eingeladen, sondern auch einquartiert, der Diner bliebe schon immer über die zwei Weihnachtstage geschlossen, hatte sie erklärt. Sie hatte die Einladung gerne angenommen. Ihren „Ex-Jorge" gab es nicht mehr, er hatte auch die letzte Stelle bei der Baufirma nur für eine Woche durchgehalten, und sie ihn daraufhin rausgeworfen.

Claudias beide Katzen, die Geschwister von Lina, Kid und Leo, hatte sie einfach mitgebracht, und Jules zeigte sich zum ersten Mal begeistert von den kleineren Vierbeinern. Mit Lina und Kid war er auf Distanz geblieben, nachdem die sich und Leo gegen das „hündische Verhalten" mit einem gezielten Hieb auf seine empfindliche Nase gewehrt hatten, aber jetzt kamen mit „James und Joyce" zwei Katzen hinzu, die bei Claudia schon Hundeerfahrung gesammelt hatten und den goldenen Vierbeiner gekonnt umgarnten. Es waren Bilder für die Götter: Die vier sehenden Katzen und Jules und mittendrin der blinde Leo, der sich von der großen Hundezunge sehr viel effektiver sauber gemacht fühlte, als von den kleinen Zungen seiner Geschwister. Und so viel bequemer, als mit der eigenen.

Natürlich stand auch ein Weihnachtsbaum im Salon, ein echter sogar! Als Kontrast zu Weihnachten lockte auch an den Tagen der Pool. Der Gas-Tank nahm seit der Isofolie die wirklich frostkalten Nächte gelassen hin. Die Solarheizung half tagsüber die Temperatur recht gut zu halten, und der Gasheizer zeigte der alles protokollierenden Zentrale nur selten tagsüber seinen Einsatz an. Man war ganz einfach glücklich.

Die Mahlzeiten sollten typisch deutsch sein und so gab es zu eigens aus Texas herangeflogenem Holzofenbrot am Heilig Abend Bratwürstchen und wertvolles, weil von Bernd zuletzt importiertes, Sauerkraut. Das in den USA hergestellte Sauerkraut enthielt Bi-Sulfite, also Schwefelverbindungen, auf die Irmgard mit allergischem Husten reagierte. Am 1. Weihnachtsfeiertag servierte die Küchencrew einen großen, gefüllten Puter; Gänse gab es hier fast nicht, und wenn, dann waren sie absolut unbezahlbar teuer. Truthahn hingegen...

Aber sie hatten sich an deutsche Gänserezepturen gehalten. Also schmeckte das würzige Putenfleisch wie eine würzige Gans, mit Klößen und Rotkraut und je einem Bratapfel mit Vanilleeis zum Nachtisch.

Es waren einfach schöne Tage.

Natürlich gab es auch Geschenke, die von Peter und Bronco an Claudia fielen größer aus, ebenso, wie das von Claudia für Peter und Irmgard. „Ich bin ja so froh, dass mein Sohn hier bei Euch gelandet ist. Ich hatte mir schon ein bisschen Sorgen gemacht, dass er falsche Freunde kennenlernen und auf die schiefe Bahn geraten würde."

Man dankte für das Lob und lächelte fein. Irmgard mit viel Übung, Tony mit Barkeeper-Professionalität, Marc, weil er so genau nicht hingehört hatte und Peter und Bronco mit Mühe. Wenn Claudia nur ahnen würde, WIE schief diese gerade Bahn wohl aus ihrer Sicht wäre, auf der sich Bronco befand...

Sie fanden auch Zeit, ein wenig über das neue Jahr zu sprechen, vor allem über Broncos Studium. Peter hatte den Eindruck, Mutter und Sohn hätten das Thema bisher nur am Rande gestreift. Nun war es auf alle Fälle intensiver, Bronco hatte sich schon mit Infomaterial vorbereitet.

Das Frühlingssemester würde am Montag, den 25. Januar starten.

„Nur noch einen Monat", stöhnte Bronco, als er mit Peter wieder in der Wohnung und dort im Bett lag. „Ich weiß noch nicht mal, ob ich mir das zutraue!"

Peter war nicht müde, von was auch an diesem Tag, und schneller, als er gedacht hatte, lag Bronco mit nacktem Hintern auf dem Bauch und – bekam diesen versohlt. Nach allen Regeln der Kunst.

Klatsch, Klatsch. „Was weißt Du nicht?" Klatsch. „Ob ich mir das zutraue." Klatsch. „Wie bitte?" Klatsch. „Mir zutrauen!" Klatsch. „Ich verstehe Dich so schlecht." Klatsch. Klatsch. „Ja, ich traue es mir zu."

„Na endlich!" Der Po war gut durchblutet worden und wurde diese Nacht nicht mehr weiter belastet. Sie hatten ja vorher schon beide den Weihnachtsfick...

Chrismas Donation Party

Für den 26.12. „musste“ tatsächlich und unbedingt eine Spenderparty organisiert werden. So viele Anmeldungen hatte es gegeben, vor allem von den Soldaten – die konnten die Jungs doch nicht enttäuschen. Die armen waren mutterseelenallein auf ihren einsamen Posten mitten in der Wüste, umgeben von lauter Heteros mit schlechter Laune, die jammerten, dass sie nicht bei ihren Familien sein DURFTEN. Die schwulen Soldaten waren im Regelfall froh, dass sie nicht bei ihren Familien sein MUSSTEN. Aber etwas Abwechslung? Die gemeinschaftliche Entscheidung, keinen Feiertags-Aufpreis zu verlangen, war schnell getroffen. 400$ pro Person waren auch genug und vom Weihnachtruthahn noch so viel übrig, dass sie diese „Reste“ gut servieren konnten. Immerhin hatte das Vieh schon ohne Füllung fast 20pounds[45] gewogen.

Zehn Soldaten, zwei unverheiratete Normalzahler – es wurde eine sehr junge und damit mal wieder sehr anregende Party, auch für die Jungs. Peter, Bronco und Tony hatten sich in einfache Santa Claus Kostüme verpackt, den Einlass machte diesmal Marc, verkleidet als der hier gar nicht bekannte Knecht Ruprecht mit der Rute. Erst hatte er eine richtige Rute. Als die Gäste dann alle drinnen waren und die drei Santas zu einem lustigen Medley aus Weihnachtsliedern alle Töne und Melodien missachtend die Treppe hinunter“purzelten“, legte er die drei dekorativ mit dem Hintern nach oben über eine Sofalehne und klopfte mit der Rute auf den Hintern herum. Als die drei sich programmgemäß vor Lachen fast einmachten, zerriss Marc die billigen Kostüme, legte die Ärsche frei, zog aus seiner Kutte seine eigene „Rute“ und verhaute damit vor dem johlenden Publikum alle drei Hintern.

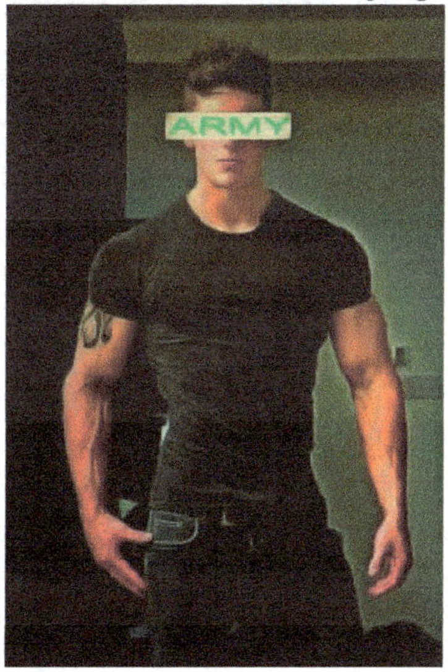

Wie er seine Rute bis dahin schlaff gehalten hatte? „Mit ein paar Eiswürfeln“, verriet er hinterher.

Das war der gelungene Start für den Abend, diesmal waren die Gäste noch weitgehend angezogen, die ersten drei Stecher machten sich in voller Montur

[45] 9kg

bereit, Marcs Rute wurde sofort in einem Gästehintern angefordert, die anderen Gäste zogen sich mehr oder minder schnell aus. Der Pool kam erst später dran. Das war ein ganz anderer Ablauf als sonst, und damit selbst für die beiden Wiederholer (Soldaten) nicht „langweilig“.

Es stellte sich bald heraus, dass zwei der neuen Soldaten gar nicht schwul waren, sondern nur mal was erleben wollten. Also hatte Tony mit seinem wenigstens optisch kleineren Schwanz (4cm im Durchmesser sind nun mal nicht wirklich klein), zwei Aufgaben. Irmgard anfordern wollte keiner. Sie war im Haus geblieben, dort aber brav in ihrem Zimmer mit Jules.

Wirklich mal überwiegend hübsche Kerle steckten ihre gut gebauten Schwänze in alle möglichen Löcher der anderen. Die meisten zeigten sich als *versatile* und ließen sich auch ficken. Zwei machten es sogar draußen im „Schein“ der Heizstrahler auf einer Liege.

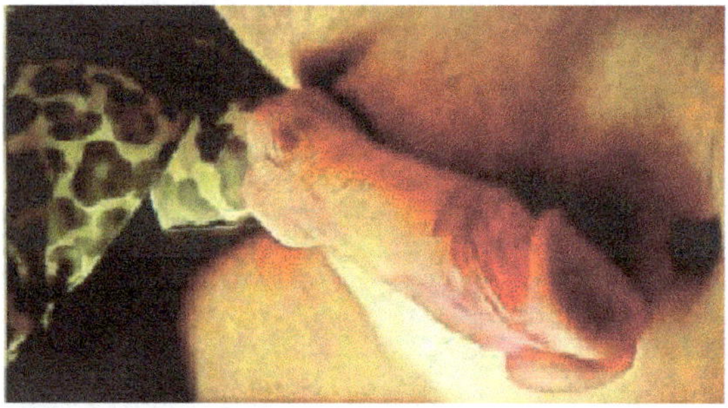

„Warum nicht? Wir müssen auch sonst mal bei Nachtmärschen unterwegs campieren. Meint Ihr, da ist es wärmer?“ lachten sie und die anderen, vor allem die Nicht-Soldaten, mit.

Auch die Jungs des Hauses kamen auf ihre Kosten. Es machte mit den meisten wirklich Spaß, etwas, was in dem Gewerbe die absolute Ausnahme war. Es war für sie wie ein zweites Weihnachtsgeschenk.

Die beiden Wiederholer hatten sogar je ein kleines Geschenk mitgebracht, eine Geste, die Peter und Bronco fast zu Tränen rührte. Es war ein kleiner Kuchen in Weihnachtsmannform, es stellte sich heraus, dass einer der beiden in der Stützpunktküche arbeitete und ihn dort organisiert hatte. Die beiden bekamen dafür einen richtigen Kuss, was sie noch richtig rot werden ließ.

Man freue sich auf die nächste Party, verkündeten die meisten, als sie wie üblich gegen 23 Uhr das Haus verließen. Nur die beiden Nicht-Soldaten hatten am Haus und aneinander offenbar Gefallen gefunden, fragten nach einem Zimmer und erhielten es natürlich, inklusive deutschem Frühstück am nächsten Morgen. Versprochen und gegen Aufpreis!

230$ war auch der aktuelle Nachtpreis in Reno in guten Hotels, die aber fragten bei der Anmeldung viel zu viele Daten ab.

Silvester

Silvester in Reno war, kurz gesagt, ein Reinfall oder wäre einer gewesen, hätten die Deutschen darauf vertraut. Aber schon im Vorfeld hatte Bronco die Erwartungen gedämpft, und Tony hatte gemeint: „Las Vegas, ja, da ist was los. Und in den ganz großen Städten an den Küsten. Aber hier? Ich bin jetzt schon ein paar Jahre hier, und da ist nie wirklich was passiert. Wer zum Jahreswechsel hierher kommt, will spielen. Wer Silvester und Spielen sucht, fliegt von vornherein nach Las Vegas. Manchmal frage ich mich überhaupt, was Reno für eine Berechtigung hat. Gut, es war die erste Stadt, in der man sich ab circa 1900 schnell scheiden lassen konnte. Das gibt es noch heute, ebenso, wie schnelle Hochzeiten. Aber Reno war auch vor Las Vegas da, als Goldgräberstadt gegründet.“

„Ja, und als die Goldgräber weg waren, weil das Gold im Preis verfiel, hat die Stadt durchs Glücksspiel überlebt, auch, wenn dies über 20 Jahre lang verboten war. Las Vegas kam erst ab 1940, 1950 so richtig in die Gänge.“ Bronco bewies wieder einmal, dass auch er die Heimatgeschichte beherrschte.

Natürlich stiegen einige vereinzelte Raketen in der Stadt auf, doch ein richtiges Spektakel?

Tony: „Das einzige wirkliche Spektakel, das Reno bietet, ist das *Burning Man Festival*. Ich war einmal dort, mir hat es gelangt, mitten in der Wüste! Wer kein Wohnmobil hat, hat auch keine Duschen. Und das acht Tage lang – das Wasser auch in einem WoMo reicht in der Regel nur für 2-3 Tage. Was glaubt Ihr, wie die gestunken haben! Und das kostet auch echtes Geld. Für ein Fahrzeug 500$ PLUS Eintritt pro Person von 900-1.800$. Außerdem ist es gar nicht in Reno, sondern in ***Black Rock City,*** und damit lächerliche 125 Meilen vom Reno-Airport – und von jeglicher Zivilisation – entfernt im Norden. Es wird nur mit Reno in Verbindung gebracht, weil die Flugzeuge hier landen.“ Sie beschlossen, das weder ansehen zu müssen, noch Kunden von dort haben zu wollen. Nach dem dortigen finanziellen Aderlass machte vermutlich auch ein guter Fick keinen Spaß mehr.

Die hauseigene Silvesterfeier war allerdings schon sehr schön. Sie hatten diesmal Freunde eingeladen. Weihnachten war das Fest der Familie, aber zu Silvester? Und sie kamen alle.

Harry, Bob, Jerry und Raúl, Trevor und Marvin, nur Tony hatte niemanden mehr gefunden, den er noch aus den Bars kannte und Marc meinte noch niemanden in der Uni gefunden haben. Claudia wollte mit einer Freundin nach

Las Vegas fliegen, dort das neue Jahr begrüßen. Sie gönnten es ihr und nach dem gleich beschriebenen Telefonat, war es sicherlich auch besser so.

Als drei Tage vor Silvester das Telefon klingelte, Peter wie üblich eine Terminvereinbarung annehmen wollte, kreischte er plötzlich so laut, dass das Haus zusammenlief. „I K E ! Du lebst noch?“

„Offenbar, ja, sonst könnte er wohl schlecht anrufen. Oder haben wir hier schon eine Verbindung ins Jenseits? Sind wir vielleicht selbst schon tot?“ Bronco konnte seine freche Schnauze nicht halten und sie lachten natürlich.

„Leute stellt Euch vor, er wird kommen!“, jubelte Peter, als das Telefonat zu Ende war.

„Ike. Na und?“, gelang es Bronco eiskalt und vollkommen uninteressiert zu antworten, noch das blöde Gesicht von Peter abzuwarten und erst dann in Hurra auszubrechen. Die anderen platzten vor Lachen.

„Ja, Ike kommt über Silvester! Endlich mal wieder. Und noch besser: Auch Paul wird kommen!“ Das war natürlich für die anderen eine echte Jubel-Nachricht, also für Bronco und auch Irmgard. „Er hat gesagt, sie hätten eigens ihre Touren so gelegt, dass sie hier vorbeikommen könnten UND sie wollen gleich zwei, drei Tage bleiben. Ike kommt von Las Vegas und muss hoch nach Seattle, während Paul irgendwo bei SF ist und nach Chicago soll, bis jetzt. Aber das hier ist fest und sie kommen von Silvester bis mindestens 2. Januar. Ein Doppelzimmer würde genügen.“ Das war eine wirkliche, echte Freude.

„Wie, 13 Mann? Mann, das geht nicht!“, ließ Marc sich kläglich vernehmen. „Mit 13 ein Jahr zu beginnen – das bringt Unglück!“

Bronco stöhnte auf. „Oh weh, gilt dieser Unsinn auch bei Euch? Ich habe davon in meinem ganzen Leben nie was mitbekommen. Aber wenn Ihr wirklich meint? Dann laden wir noch Jason ein, von dem haben wir so lange nichts mehr gehört.“ Sie lachten alle, irgendwo erleichtert. Das komische Gefühl, einen dreizehnten am Tisch sitzen zu haben, so wie Judas Iskariot – der Dreizehnte am Tisch des Herrn und Verräter von Jesus – wäre keinem angenehm gewesen. „Es wird ja eh keine Sexparty werden, mit Bob und Jerry und Raúl und…“

„Nimm uns nicht alle Hoffnungen!“, stieß Tony hervor und alle lachten wieder.

Jason sagte hocherfreut zu, er war ja noch nie in der Farm gewesen, war von den beiden auf die Zeit „nach der Fertigstellung des Pools“ vertröstet worden. Nun, dieser Pool WAR nun fertig, endlich, wie sie übereinstimmend seufzten.

Sie fuhren schon zwei Tage vorher einkaufen, brachten zwei klappbare Esstische aus dem Gastronomiefachhandel mit und bauten daraus im Wohnzimmer den Speisebereich auf. Dort, wo sonst immer die Matratzen lagen…

Die Küche dampfte und brodelte diesmal kaum. Sie hatten sich auf Peters Wunsch hin entschieden, Fondue anzubieten. Zu seinem Erstaunen gab es das in den USA tatsächlich, es hatte sogar Tradition, aber keine aktuelle Akzeptanz mehr. Zu fett, Fleisch, oder gar WEISSbrot in KÄSE! „Nur gut, dass keiner unserer Gäste auf diesen neuen Wellen der Essensunkultur schwimmt“, verkündete Bronco strahlend, als er den nächsten Esslöffel vollfetter Mayo in die Soße gab.

Peter musste noch mal in die Stadt. So viele Soßen und Zutaten – sie hatten nicht annähernd genug Schälchen dafür, aber ein Asia Supermarkt konnte mit einem ganzen Stapel günstiger Kunststoffschalen dienen.

Danach reichten die beiden neuen Tische nicht mehr aus, die Fläche musste durch den Esstisch der Küche erweitert werden – wie gut nur, dass die Tische die gleiche Höhe hatten. Es hätte sonst echte Probleme gegeben, der Gastromarkt hatte in diesem Jahr keinen Nachschub mehr an Tischen zu bieten und das waren die letzten beiden gewesen.

Man war glücklich und mit sich zufrieden.

Als erstes hupte eine mächtige Truckfanfare, bevor die Klingel einen neuen Gast am Tor ankündigte.

„Ike! Toll, dass Du da bist. Ich mache auf, aber bitte fahre an der Linkskurve nach rechts. Ich komm Dich abholen!“

Das war der erste Shuttleservice des Abends. Der Honda glitt nach vorne auf das zweite Areal des Geländes und holte einen nur noch Bauklötze staunenden Ike dort von seinem LKW ab.

„Willkommen auf der MUSTANG FARM, mein lieber Ike, Hotte-hotte-hüh!“, rief er und nahm den Trucker-Cowboy in den Arm. Der knuddelte einfach zurück.

„Ich hab‘ Euch so vermisst!“

„Wir Dich auch, wir Dich auch. Aber jetzt komm erst mal an! Nimm Dein Zeug mit, Du hast ja ein Zimmer mit Paul zusammen gebucht, der dürfte auch bald kommen, äh, erscheinen. Wir haben ein Stück zu fahren.“ Dass Peter dieses Stück besonders langsam fuhr, die Helligkeits- und Zeitsteuerung der Wegebeleuchtung wegen des Feiertags außer Kraft gesetzt und ständig an war – der Eindruck auf Ike war enorm. Gut, 250m sind nicht unendlich lang, wenn die aber zum gleichen Grund gehören…

„Und das habt Ihr alles … gepachtet? Gemietet?“

„Gekauft, mein lieber Ike! Gut, es war sehr günstig, aber es ist auch riesengroß, wenn Du das auch nicht direkt siehst, 30acre. Wir befinden uns hier auf und zwischen zwei Bergbusen.“ Ike lachte, denn Peter hatte *„mountain tits“* gesagt. Wie eine schwere Limousine kurvte er den Honda in Richtung des hell erleuchteten Haupthauses und Ike bekam den Mund nicht mehr zu.

„Das ist alles Euer?“, staunte er ungläubig.

„Ja. Und noch ein bisschen mehr. Es gehört noch eine Pferdestallung dazu und da, wo Du geparkt hast, ist Dir vielleicht die Bodenplatte für ein nächstes Haus aufgefallen. Da wird Bob sein Haus drauf bauen; ihn lernst Du heute noch kennen, er ist aber nicht schwul.“

„WAS? Ihr habt auch Heteros eingeladen?“

„Ja, Dich zum Beispiel. Dachten wir zumindest immer.“ Sie lachten. „Bob ist nicht schwul, sein Sohn Jerry – na, der will es auf keinen Fall sein. Des Sohnes Freund Raúl dagegen… Na, Du wirst Zeit haben, Dir selbst ein Bild zu machen. Nun aber erst mal rein in die gute Stube!“

Wie schön, dass kaum, dass Ike in der Diele war, Bronco schon den nächsten Ankömmling im LKW ankündigte, die Kette wieder runterließ und Peter nach vorne brauste. Er wiederholte die Prozedur mit ähnlichem Ergebnis, nur dass Paul solche Geländegrößen kannte. Seine Hühnerfarm in Kanada, damals, war nicht kleiner gewesen.

Die beiden Truckerfreunde begrüßten sich, als hätten sie sich ewig nicht mehr gesehen, was ja auch stimmte. Es dürfte auch fast ein Jahr gewesen sein. Jason hatte ebenfalls schon geklingelt und war wohl sehr vorsichtig (er hatte recht lang vom Tor zum Haus gebraucht) herangefahren.

Es begann die Hausführung für die drei, während die weiteren Gäste Stück für Stück oder Paar für Paar eintrudelten. Die offenen Münder der Trucker und Jasons wurden zum Dauerzustand. Zuerst ging es nach oben zum Zimmer für Ike und Paul, einem mit einem besonders komfortablen Bad. Als sich aber dann aus der Diele 2 der erste Ausblick auf den Pool öffnete, fielen sie ganz vom Glauben ab und beinahe in Ohnmacht. Peter grinste mit Bronco um die Wette, der hatte den Türdienst Tony überlassen, diesmal war ja auch kein Eintritt zu kassieren und Broncos ureigenstes Misstrauen, vor allem gegenüber Marc, war gegenüber Tony schon lange nicht mehr da.

Sie zeigten nun den Pool auch von außen, wiesen auf den schönen gestempelten Fußboden, die Gasheizer und den effektiven Windschutz hin und versprachen, dass der Pool natürlich auch zu benutzen sei. Freigelegt war er schon. Den Trick mit dem Matratzen-Kleiderfach-Schrank mussten sie erst erklären, denn die beiden LKW-Fahrer kannten ja die Spenderpartys nicht. Als sie jedoch erfuhren, dass die nächste schon am 2.1. stattfinden würde, stand ihre Abreisezeit ganz klar fest: definitiv danach!

„Und dabei ist Ike doch gar nicht schwul, SAGTE er“, grinste Bronco.

„Und Paul war auch eher verheiratet als irgendwas anderes“, ergänzte Peter. Die beiden Genannten grinsten schief. Jason fragte nach, ob auch er hier übernachten könne – er konnte und durfte natürlich auch.

Wieder im Salon angekommen, hielt Irmgard eine kleine Empfangsrede für alle Gäste. Sie standen da, bekamen je ein Glas mit Prosecco in die Hand gedrückt – wer nicht mehr heimfahren wollte oder konnte – die sieben Gästezimmer voll zu belegen, war schon immer ein Wunsch gewesen. Bis jetzt waren nur… „Peter, ich habe mir mal kurz eine Liste für die Zimmer geschrieben, um ja keinen Fehler zu machen. Stell Dir vor, Jerry oder Raúl müssten dann bei uns in der Wohnung nächtigen!“

„Oh, welch ein SCHRECKLICHER Gedanke. Kannst Du bitte alle anderen Zimmer vergeben?“ Sie lachten leise, als sie die Liste durchgingen.

Zimmer 1	Tony
Zimmer 2	Ike + Paul
Zimmer 3	Trevor + Marvin
Zimmer 4	Jason
Zimmer 5	
Zimmer 6	
Zimmer 7	Marc

Die Gästeliste

- Harry
- Bob, Jerry und Raúl
- Trevor und Marvin
- Tony
- Marc
- Ike und Paul
- Jason
- Peter, Bronco, Irmgard

… 14 „Mann“, es würde kuschelig werden.

Da keiner der Gäste schon am Verhungern war, gaben die Jungs – Peter und Bronco hatten wieder die Leitung übernommen – zuerst den Pool frei, zeigten auch den restlichen Anwesenden die nicht von Matratzen belegten Staufächer und die Berge von Handtüchern. Schon bald tummelten sich alle Gäste in den verschiedenen Wassern von Schwimmbecken und Whirlpool. Zum Schwimmen war jetzt kein Platz mehr, daher hatten sie schon die Massageschläuche angeschlossen, zur wiedererkennenden Freude der jungen Besucher. Alsbald standen die „Erwachsenen“ Schlange, um ihre verspannten Rückenmuskeln mit hartem Wasserstrahl massiert zu bekommen. Zusätzlich platterte natürlich auch die Schwalldusche ihren harten Wasserfall ins Becken.

Wie schnell zwei Stunden vergehen können! Bis alle Gäste wieder drinnen, geduscht, getrocknet und sittsam angezogen waren, hatte Tony schon die Isoplane über das Wasser gezogen. Bei dem Übergang von hohen plus 3 auf minus 3°C war das nicht verkehrt. Wenn die Gäste noch mal baden wollten – das Aufrollen ging schnell und auf Knopfdruck. Es war also beides keine Arbeit.

Die Badezeit hatte die Crew diesmal nicht mit den Gästen im Wasser verbracht, auch Marc nicht, obwohl er schon einige sehnsüchtige Blicke gesendet, aber auch empfangen hatte. Bronco fragte ihn, welchen der Gäste man ihm wohl heute Nacht aufs Zimmer legen sollte, dann hätte man mehr frei. Seine Antwort lautete, wie erwartet: „Am liebsten alle“. Alte Drecksau!

Sie hatten die ganz große Tafel gedeckt. Es war ja alles vorbereitet: Alle Soßen und Dips, Fleisch- und Gemüsestücke, Gürkchen und Mixedpickles befanden sich in den kleinen China-Schälchen, mit Folie abgedeckt auf Tabletts in der kalten Garage. Die Brühe und das Öl standen schon in den Fonduetöpfen startbereit auf dem Gasherd. Das frische und selbst gebackene Fladenbrot mit oder ohne Oliven, aber immer mit Knoblauch, harrte im Ofen nur des Einschaltens. „Decken“ des Tisches hieß eigentlich nur, dann noch einen Platz an jedem Gedeck für das Glas zu finden. Es wurde echt eng auf den drei Tischen. Drei Fonduetöpfe, zwei mit Brühe, einer mit Sonnenblumenöl boten den Gästen Abwechslung bei der Zubereitung. Dass in der Garage noch ein Schokofondue, passend kleingeschnittene Früchte und eigens dafür gebackene wenig süße Cookies warteten, musste ja keiner jetzt schon erfahren.

„Liebe Gäste!“, unterbrach Peter das allgemeine Geplauder. „Nachdem meine liebe Mutter Irmgard Euch schon alle hier so warm willkommen geheißen hat, fällt es uns fast schon schwer, noch WÄRMER zu sein.“ Gelächter aller, Jerry wurde nicht mal rot. „Wir haben beschlossen, Euch alle zu diesem Silvester einzuladen. Zum einen haben uns Bronco und Tony glaubhaft versichert, dass hier in Reno mit glanzvollen Silvesterpartys nicht viel los sei, zum anderen haben wir es aus reinem Eigennutz getan.“ Dumme Gesichter, fragend. „Ja, schaut nur so dumm! Wir waren so eigennützig, nach meiner langen Kindheit, also der Zeit, die ich erst in den letzten Wochen abgelegt habe, an diesen Tagen nicht allein sein zu wollen. Ihr wisst ja, dass Irmgard und ich aus Nürnberg kommen; dort haben wir oberhalb der Burg gewohnt. – Ich sage Euch, wenn wir zu Silvester ein Feuerwerk sehen wollten, so brauchten wir nur die paar hundert Yards zur Burgmauer zu laufen und blickten über die ganze große Stadt. – Seht Ihr, so sehr habe ich mich hier schon akklimatisiert, dass ich Yard sage und nicht Meter.“

„Ja, das machst Du aber auch erst seit dem Moment, wo ich Dir haarklein verklickern musste, dass Yard und Meter keine so großen Unterschiede sind. Leute, stellt Euch vor, wie der am Anfang Foot mit Metern gleichgesetzt hatte! Wisst Ihr, WIE GROSS da unter Grundstück war? Das ging fast bis rüber zum *CircusCircus*!“ Die Gäste lachten laut über Broncos (geplanten) Einwurf. Ein bisschen hatten sie schon an dieser Rede gearbeitet.

„Grrr. Musst mir ja nicht auch noch vorwerfen, dass Du derjenige hier bist, der ein *presidential scholarship* für sein Journalismusstudium erhalten hat, und ich nicht. ... Ich hab´s aber auch gar nicht beantragt.

Und nun freue ich mich, ach, ich glaube sogar, wir freuen uns alle, dass wir hier zusammen sind. Wir kommen jetzt gleich...“ gezieltes „Buh“ von Tony, Marc und Bronco „... hach, diese Jungferkel auch immer! Nein, wir kommen nicht so, sondern mit den heißen Töpfen. Also bitte Vorsicht, heiß und fettig!“

„Im Übrigen, wenn´s einer noch nicht erkannt hat: heute gibt es ganz altmodisches Fondue. Na, die Kids wissen vielleicht nicht mehr, wie man das isst. Lasst es Euch also mal von den ganzen alten Leuten erklären, die hier auch am

Tisch sitzen." Das Brot war noch nicht serviert, es hätte vielleicht die eine oder andere Flugbahn beschrieben. So gab es nur „haha"-Laute in verschiedenen Ausprägungen zu hören. „Ansonsten wünsche ich uns allen einen guten Appetit – ja ich weiß schon, den habt ihr schon seit gestern trainiert –, und denkt daran, wir haben Zeit." Eine Verbeugung und Applaus beendeten die Ansprache, die heißen Töpfe, das noch heiße frische Brot und die nächsten Getränke wanderten auf den Tisch. Diesmal gab es auch Alkohol, Bier, Wein und Sekt; das Bier aus Deutschland, der Rest aus Italien.

Es wurde ein fröhliches Schmausen. Sie hielten sich an den Vorschlag, langsam zu essen, auch die „Kids", die ja doch keine mehr waren, taten es. Dass auch sie heute ein Gläschen Wein bekamen – Ike sprach Peter leise in der Diele darauf an. Der lachte. „In Deutschland üben sich die Jugendlichen schon mit 14, 16 im Komasaufen. Gut, das überleben nicht alle, aber das sehe ich nicht so tragisch. Denn aus dem Rest werden noch lange nicht alle Alkoholiker. Außerdem ist Bob dabei, das ist der Vater von Jerry und er hat Raúl irgendwie so was wie adoptiert. Geh mal davon aus, dass keiner besoffen sein wird!"

„Du meinst, das sollte auch für uns gelten?", grinste er.

„Na, wenn Du mit Paul nicht umsonst ein Zimmer teilen willst... Gut, Ihr seid auch noch länger da."

Gegen 23.30 Uhr blies Peter langsam zum Aufbruch. Natürlich würde man spähen, ob man von einem Feuerwerk über Reno überhaupt was sehen würde. Doch auch sie selbst hatten im Windschatten hinter dem Pool ein paar Flaschen eingebuddelt und ein paar Raketen vorbereitet. Sie gingen alle raus, diesmal über den Vorderausgang und dann um das Haus herum. Die Sektgläser liefen ihnen auf dem Tablett hinterher, Tony war wirklich ein guter Barkeeper. Die gesamte Pool- und Außenbeleuchtung erlosch fünf vor zwölf und Bronco stolperte beinahe über seine eigenen Füße, als er im Dunkeln den Gästen folgte. Aber nur beinahe, es war Vollmond und dieser leuchtete zwischen den Wolken hervor. Wären es nicht reale -3 und gefühlte -10°C, bei Gott sei Dank nur schwachem Wind aus Süd, wäre der Abend noch schöner gewesen.

Man jubelte das alte Jahr weg und das neue herbei. So manche Bitte an Gott oder an das Universum mochte lauten, 2010 nicht mehr ganz so turbulent werden zu lassen. Sie prosteten sich alle zu, wünschten sich gegenseitig viel Glück, Erfolg, Liebe, Gesundheit, Geld und was auch immer – hier war keiner dabei, der es nicht ehrlich gemeint hätte.

Sie sahen ein paar Raketen über Reno explodieren, ihre eigenen bildeten über ihren Köpfen wunderschöne Blumen, doch im Vergleich zu jeder Stadt in

Deutschland war es gar nichts. Dabei war Reno doch halb so groß wie Nürnberg! Sie gingen bald wieder rein.

Während bei anderen Silvesterfeiern jetzt getanzt, gesoffen oder dumm geredet wurde (möglichst über die anderen), war hier der Pool erneut das natürliche Gesellschaftszentrum. Diesmal tollten die Gastgeber mit im Wasser, auch Bob und Irmgard.

Peter stand im Wärmestrahl eines Heizers. Ein neues Tablett mit Sektgläsern, aber auch mit Mineralwasser war erschienen. Er brachte es fertig, mit einem Löffelchen das Glas zum Klingen zu bringen, ohne es zu zerdeppern, und sprach: „Auch wir, die MUSTANG FARM, wünschen Euch allen alles Gute im neuen Jahr. Möget auch Ihr unser Haus in diesem Jahr füllen, möge Euer Segen auf uns ruhen und umgekehrt. ... Ein Toast:“ – Pause, Stille –

„Auf das Geheimnis des Lebens.“

Die anderen murmelten den Satz nach, die Frage war in die Gesichter geschrieben. Peter lächelte.

„Es war einmal ... im Jahr 2003 zu Silvester.

Mum hatte entschieden, dass ich groß genug sei, auch mal ohne sie ins neue Jahr zu kommen, denn mein Freund Ernst und ein weiterer Junge, Mike aus Köln, waren bei mir. Wir drei gingen zum Jahreswechsel auf die mittelalterliche Nürnberger Burg, wie schon erwähnt vorne an die Mauer, und sahen auf die Stadt.

Als der größte Trubel vorbei war, grüßten wir B-Engel höflich ein älteres Ehepaar, die grüßten zurück und antworten dann mit diesem Satz.

Ja, wir drei haben da genauso fragend geschaut wie ihr. Erstaunt blieben wir stehen, drehten uns um. Alle drei gleichzeitig. Die beiden ‚Alten‘, vielleicht um die 50 Jahre alt, lächelten uns freundlich an, sagten aber kein Wort mehr.

Das Geheimnis des Lebens:

Es zu ertragen!

*Zu meinem ganz großen Erstaunen war es Ernst, der DIE Frage stellte: ‚**Und das wäre?**' Die Antwort: ‚**Es zu ertragen!**'*

Das IST das Geheimnis des Lebens, oder zumindest eines davon. In diesem Sinne wünschen wir uns und Euch alles Gute in 2010!"

Der Applaus brandete erst langsam, nachdenklich, dann immer intensiver auf.

Der Tag hatte auch für die anderen schon früh angefangen, gegen 1.30pm wurde man langsam müde. Der Tisch war gemeinschaftlich mit Jason, Jerry und Raúl abgeräumt worden, das Geschirr hatte sich schon teilweise in die Maschine übergeben – Reste gab es so gut wie keine.

Die ersten begaben sich zu Bett, es waren Ike und Paul.

Irmgard: „Sag mal, hast Du was dagegen, wenn wir Jerry und Raúl auch ein Zimmer geben? Bob meinte, er habe schon etwas zu viel getrunken…"

Peter lachte leise. Bob hatte gerade mal drei Gläschen Wein über den ganzen Abend genossen und am Sekt nur genippt. Das war nichts, was ihn über die in Nevada gültigen acht Promille bringen würde. Aber das war ja wohl auch weniger der Grund. Sehr breit lächelnd bestätigte er den Wunsch seiner Mutter, sie gab ihm, danach Bronco und Tony einen dicken Kuss und es waren die zweiten, die weg waren. Die Jungs grinsten sich an.

„So, Jerry, Raúl, Ihr möchtet auch ein Zimmer? Einzel oder Doppel?" Die beiden sahen sich verlegen an.

„Sind das überall Doppelbetten?", fragte Jerry dann zögernd.

„Ja, wir haben keine Einzelbetten. Wer bei uns übernachtet, möchte das weniger." Wie schön, Jerry mal wieder knallrot zu sehen. Peter hatte ihm diese Antwort nicht erspart.

„Wenn ich dann ein Einzelzimmer haben könnte? Wenn´s nicht zu viele Umstände macht?"

Peter grinste, nickte und gab den beiden Jungs je ein Zimmer. Nur Zimmer mit Verbindungstür, die konnte das Haus auch Raúl nicht bieten. Er hatte den Blick gesehen. *Na gut, da ging doch noch was,* dachte er sich.

Zimmer 1	Tony
Zimmer 2	Ike + Paul
Zimmer 3	Trevor + Marvin
Zimmer 4	Jason
Zimmer 5	Raúl
Zimmer 6	Jerry
Zimmer 7	Marc

„Okay, das sind unsere beiden letzten Zimmer. Raúl, neben Dir schläft Jason. Jerry, Marc neben Dir." Warum Peter diese Info verteilte, war natürlich überhaupt nicht klar, und doch so klar wie das Poolwasser. Raúl grinste unsicher, Jerry ließ bei unsicherem Blick das Grinsen besser weg. Peter wünschte eine gute Nacht, und bald waren auch Bronco und er im Bett, das Haus wurde ruhig.

Gute Nacht, John Boy!

2010

„Odyssee 2010 – Das Jahr, in dem wir Kontakt aufnehmen"
(Roman von Arthur C. Clarke)

Bei den Jungs hieß das: ***die Nacht, in der Kontakte erneuert wurden***

Neujahr – Peter's talking

Das neue Jahr begann, wie eigentlich jeder Tag beginnen sollte: mit Ausschlafen. Dass es damit in Bälde vorbei sein dürfte, war mir auch klar. Bronco hatte schon mal einen Stundenplan vom letzten Jahr aus der Uni geholt und wir erkannten gemeinsam, dass das, was Georg noch von seinem Studium berichtet hatte, mit dem heutigen Studium nichts mehr zu tun hat. Der Bologna-Prozess hatte die gesamte Studienlandschaft auf den Kopf gestellt, das früher mögliche „Studentenleben" ist einer ausschließlich erfolgsorientierten Ausbildung gewichen, in der nicht mal mehr Zeit für die für so viele Studenten überlebensnotwenigen Studentenjobs ist. Das hat nicht nur weitreichende Folgen für die Universitäten und Studenten, sondern es wirkt sich zum Beispiel auch auf die vielen Betriebe, die sich früher dieser Studenten bedienen konnten, aus.

Ich habe im Internet ein Zitat dazu gefunden:

> Im Kern der Umstellung des universitären Bildungssystems stand in den vergangenen zehn Jahren der Bachelor als ‚erster berufsqualifizierender Abschluss'. Die aus der Bologna-Deklaration von 1998 übrigens nur hierzulande so erfolgte Ableitung einer unbedingten Forderung nach ‚Beschäftigungsfähigkeit' der Hochschulabsolventen hat eine fast vollständige Transformation des universitären Auftrags nach sich gezogen: weg von der ‚allgemeinen Menschenbildung durch Wissenschaft', hin zur Berufsausbildung.
>
> *Dieter Lenzen*[46]

Dem ist wenig hinzuzufügen. Das Studium ist zur reinen Industriemaschine verkommen und züchtet nur noch Fachidioten. Nicht nur in Deutschland.

[46] Erziehungswissenschaftler und seit 1.3.2010 Präsident der Universität Hamburg

Ich sehe es als meine Aufgabe, Bronco vor diesem Fachidiotentum zu bewahren. Allerdings mag Journalismus an sich so einem Ausbildungsschema konträr gegenüberstehen.

Ein wichtiger Punkt an der *Reynolds School* ist die Mehrsprachigkeit ihrer Studenten. Neben Englisch muss mindestens eine Fremdsprache gelernt werden: spanisch, deutsch, französisch oder auch chinesisch. Bronco könnte es leicht haben und Spanisch lernen. Immerhin kann er es schon. Als er mich ansah und mir verkündete, dass er Deutsch wählen würde und wir ihm dabei helfen sollten – ehrlich, da stand mir Pipi in den Augen.

Ich meine, ich weiß ja nicht, wie lange es mit Bronco halten wird. Auch mit Ernst hatte ich mir eine recht dauerhafte Zukunft vorstellen können, bis mein Leben durch Irmgards Entscheidung – und am Anfang war es erst mal nur ihre – vollkommen auf den Kopf gestellt wurde. Es ist nicht so, dass ich nicht gerne mitmachte, und schon gar nicht, dass ich Irmgard Vorwürfe machen würde ... es ist wunderbar, wie es jetzt ist. Ich meine es nur im Zusammenhang mit den möglichen Zukunftsaussichten.

So, nun wird es langsam Zeit, dass wir uns aus dem Federn erheben. Es gibt heute kein Frühstück, sondern gleich einen Brunch, alles andere wäre ja Unsinn. Doch bevor ich mich aufraffe, bitte ich Gott und das Universum – so ganz sicher bin ich mir immer noch nicht, wen oder was es nun wirklich gibt und wer oder was, wenn überhaupt, eine Macht hat – dass dieses Jahr genauso gut laufen möge, wie das letzte.

Es wird Veränderungen geben, das spüre ich, und das ist mir auch klar. Das muss sein, aber bitte vielleicht nicht gleich wieder ein Umzug.

...

Ob ich deswegen etwas spüre?

Ha, nein. Eher nicht. Eigentlich gar nicht. Ich sehe keinen Grund darin. Wir sind nun hier, haben – und das ist einer der wenigen Punkte, in dem ich Muhib „dankbar" bin – eine dauerhafte Aufenthaltserlaubnis. Was kann ich mehr bekommen? Das wissen wir alle noch nicht.

Natürlich haben wir im Oktober gejubelt, als in Nevada die gleichgeschlechtliche Partnerschaft (*domestic partnership*) möglich wurde und man ihr viele Rechte einräumte. NUR, das alles gilt nur für Nevada-Bürger.

Das heißt, es ist bis heute noch unklar, ob eine offizielle Partnerschaft zwischen Bronco und mir möglich wäre und was sie uns brächte. Wie eine Ehe die „automatische" Staatsbürgerschaft (nach drei Jahren)? Wohl eher nicht. Es wird Broncos Aufgabe sein, sich da genau zu informieren, vielleicht ein gutes Thema für sein Studium.

…

Ob ich ihn „heiraten" würde? Aber sicher doch! Jetzt und jederzeit. Ich kann mir vorstellen, dass es mit uns lange hält. Wir sind einfach auf einer Wellenlänge.

Ha, welches Ehepaar kann das schon von sich sagen? Ich habe in meiner Schulzeit von genug Ehen gehört, die zur Katastrophe wurden. Das kann ich mir mit Bronco einfach nicht vorstellen. Und zur Not kann man eine Ehe auch wieder scheiden lassen. Das ist heutzutage auch kein Drama mehr.

Ich wünsche mir also für dieses Jahr für uns alle alles Gute und viel Kraft. Auch für unsere Kunden.

Ich freue mich schon auf morgen.

Neujahr – Bronco's talking

(Bronco räkelt sich in seinem Bett wie eine Katze, die alles (!) von sich streckt.)

Oh, ich habe gut geschlafen!

War das nicht ein tolles Fest gestern? Wir haben uns amüsiert, ohne Sex zu haben! Mann, das ist echt selten geworden!

...

Was ich mir von diesem neuen Jahr wünsche?

Ach, eigentlich nichts Besonderes. Ich freue mich eher darauf.

Natürlich wünsche ich mir auch etwas: uns allen Gesundheit, Freude am Leben, Peter und mir eine gute Partnerschaft, nette Gäste und – vor allem – mir Freude am Studium. Wenn´s nach meiner Vorfreude geht, wird es toll.

Dass ich in den nächsten vier Jahren dann nicht mehr so viele Kunden haben kann, ich glaube, das überlebe ich. Weniger heißt ja nicht Null. Aber, ich habe schon bei der Durchsicht eines Musterstundenplans gesehen, wie dicht das Studium von den Zeitabläufen her wird. Ich werde sogar immer wieder in der Uni-Mensa essen, hier lustigerweise „Downunder Cafe" genannt. Warum auch immer. Denn Downunder bezeichnet ja eigentlich Australien, Neuseeland und die Pazifikinseln. Vielleicht nehme ich mir auch Sandwiches mit für mittags und wir essen abends warm. Oder beides gemischt – ach, wir werden schon sehen. Ich habe vier, eher sechs Jahre Zeit, mich ständig zu ändern.

Sechs Jahre, mein Gott, wie lang das klingt. In einem Monat werde ich 18. Vor sechs Jahren? Gut, in die Windeln habe ich da nicht mehr geschissen, aber was in dieser langen, kurzen Zeit alles passiert ist! Wahnsinn!

Ich kann´s mir eigentlich gar nicht vorstellen, was IN sechs Jahren sein wird. Dann bin ich 24 und hoffentlich nicht nur viele tausend Dollar für das Studium ärmer, sondern um einen Beruf reicher. Was dann passiert?

Na, auf alle Fälle will ich hier bleiben, bei Peter. Ich liebe ihn. Wirklich, ehrlich und von ganzem Herzen. Ich glaube, er mich auch. Und wenn wir eines Tages doch mal heiraten können – ich glaube, wir würden mit die ersten sein. Dann wäre sein Aufenthalt hier auch gesichert, als mein Ehemann. Nach nur drei Jahren könnte er die Staatsbürgerschaft bekommen, und ich glaube, die will er!

Oder umgekehrt?

Wir heiraten in Deutschland – nach deutschem Recht – und ich bekomme die Staatsbürgerschaft dort? Auch eine tolle Idee! Dann läge ich mit meiner Wahl von Deutsch als Fremdsprache sogar gleich richtig.

Ich freue mich auf 2010!

Willkommen, neues Jahr!

Neujahr – Irmgard's talking

Guten Morgen, Du neues Jahr! Ich wünsche Dir, dass es Dir so gut geht, wie mir gerade.

Ich kann mich gar nicht mehr erinnern, dass ich mal mit einem Mann im Bett AUFGEWACHT bin. Das soll ja nicht heißen, dass meine Kunden nicht oft genug „echte Männer" waren, die nach dem Sex erst mal einschliefen. Meist war es dann bei mir nur der Übung zu verdanken, dass ICH es nicht schon WÄHREND ihrer Beackerung tat.

Aber so richtig mit und neben einem Mann aufzuwachen? Die ganze Nacht verbracht zu haben, wie ein Ehepaar?

Oh doch, ich erinnere mich schon. Zumindest an damals. Da hieß der Mann Eugen und war meine erste und bisher einzige – ehrlich und bedauernd festgestellt – echte Liebe. Das Ergebnis war Peter, der ist nun bald 20 – Ihr könnt Euch also vorstellen, WIE lange das alles schon her ist.

Und heute? Heute Morgen, am ersten Morgen eines neuen Jahres, wache ich neben Bob auf. Er grunzt noch im Schlaf. Ja, wirklich! Er grunzt! Nicht stark oder laut, aber anders kann man diese Geräusche nicht nennen. Ich finde sie lustig. So, wie ich die meisten Besonderheiten von Männern eher als lustig denn als nervig empfinde. Ich glaube, das macht mir das Leben leichter.

Wie heißt der alte Aberglaube? Was man in der Nacht zu Neujahr oder am Neujahrstag macht, macht man das ganze Jahr? Nein, ich müsste lügen, wenn ich das unangenehm fände. Ich muss mich nur streng hüten, heute dann einen Putzlappen anzufassen oder mich gar in die Küche zu stellen. Mir vorzustellen, DAS das ganze Jahr über zu machen? Welch schreckliche, abtörnende Vorstellung!

Weniger abtörnend ist es, mir vorzustellen, an Bobs Seite aufzuwachen. Häufiger, täglich? Na, ich will´s ja nicht gleich übertreiben, lassen wir das die Zeit entscheiden.

...

Wie bitte? Ob ich ihn mag?

Ich geb´s ja zu, ich habe mir über diese Frage auch schon meine Gedanken gemacht. Früher, da habe ich über so eine Frage gelacht; wenn eine Kollegin meinte, ich fände einen Gast mehr als nur „nicht unerträglich". Aber bei Bob?

...

Pfui! Was für ein Gedanke! ... Mir wäre der NIE in den Sinn gekommen! Dass eine Heirat mit Bob mir die US-Staatsbürgerschaft bringen könnte. An so was denke ICH doch nicht, ich bin doch nicht berechnend!

Aber auf der anderen Seite? Es wäre natürlich ein Grund mehr. Er hat zudem schon vier eigene Kinder und gar keine Lust, noch mehr zu produzieren. Dass ich das gar nicht mehr kann, werde ich ihm mal in einer ruhige Stunde verklickern. Bald sogar, für den Fall, dass er da doch noch Wünsche hegt.

Er und Peter verstehen sich gut, Jerry ist – nun ja, Peter hat vermutlich Recht, wenn er meint, dass nur getroffene Hunde bellen. Auf mich macht Jerry einen recht ambivalenten Eindruck, was seinen Sex angeht. Bei Raúl bin ich mir da gar nicht mehr so unsicher.

...

Wie bitte? Ob ich schon von oben, von den Gästezimmern was gehört hätte?

NEIN! Wie denn auch! Das hier war mal eine Garage. Als wir sie haben umbauen lassen, hat Peter auf die Wärmedämmung, auch nach oben und unten, Wert gelegt. Diese Dämmung dämmt auch den Schall.

Aber warum? Was sollte ich gehört haben?

...

Dass da heute Nacht ein paar Türen gingen? Ich bitte Euch, natürlich! Wir sind ein gastliches Haus der Freuden, um nicht zu sagen ein Freudenhaus!

...

Ach so! Jerry und Raúl haben getrennte Zimmer! Und Raúls Tür und die von Marc... OH! Das wäre ja mal eine neue Info.

Natürlich habe ich es im Pool gesehen, wir haben ja auch schon nackt gebadet. Jetzt, wo Peter sich mir gegenüber in allem geoutet hat, hat er auch keine Scheu mehr. Bronco eh nicht und Marc? Na, das Ding würde ich gerne mal im festen Zustand sehen, der ist sicher noch länger als der von Peter. Nur Tony, der schlägt ein bisschen aus der Reihe, aber ich glaube, er hat damit keine Probleme.

Und Ihr seid sicher, es war dann Marcs Tür? Und nicht die von Jason? Der würde doch viel besser zu Raúl passen. Typ, Alter, etc. Und nein, Ihr müsst gar nicht erst fragen, ich weiß nicht, wie der gebaut ist. Der Badehose von gestern Abend nach auch SEHR lang. Aber er ist ein Ami und da könnte es mal wieder Knetgummi bleiben. ... Ach, ist mir auch egal.

Aber ich könnte Robert, seinen Onkel, mal wieder einladen. Der hat den Pool noch nicht gesehen. Ich glaube nur weniger, dass Jason diese Einladung überbringen wird. Dass der eher an meinen Jungs interessiert ist, sieht ein Blinder mit Krückstock. Aber Robert wohl nicht. Der ist eher ein typischer Schürzenjäger.

...

Was Bob dazu sagen würde?

Gar nichts. Er hat dazu nichts zu sagen. Das ist mein Job, mein Beruf, der wird es auch bleiben, bis mich keiner mehr haben will. Im Übrigen hat er schon was dazu gesagt. Er weiß es und ist damit einverstanden. Na, ich hoffe nur, das ändert sich nicht. Ich will nämlich nicht gerettet werden, und ich liebe den Sex mit fremden Männern zu sehr, als dass ich mich nur auf einen einzigen beschränken möchte. Ich bin halt eine Nutte ... von Kopf bis Fuß.

So. Und jetzt bin ich eine Frau, die schon wieder Hunger hat. Werde mal Bob vorsichtig wecken.

„Guten Morgen, Bob!"

Brunch

Die Jungs hatten für den Brunch schon ein bisschen was vorbereitet. Crêpes- und Waffelteig hatten seit gestern Zeit gehabt, das Mehl ausquellen zu lassen. Die Brühe wurde mit den kleingeschnittenen Resten der Gemüse und des Fleisches aufgekocht, ein paar Glasnudeln machten sie nicht ganz so leer, denn, wie schon gesagt, viel Zeugs war nicht mehr übrig.

Peter buk Crêpes, Bronco die Waffeln, Tony und Marc bereiteten Tisch, Wurst- und Käseplatten vor – es wurde ein ruhiges, schönes, langsames Frühstück. Man hatte Zeit. Selbst in Amerika waren am Neujahrstag die allermeisten Läden geschlossen, nicht zwangsweise, also vom Gesetz her, sondern freiwillig, das heißt von der Belegschaft eingefordert.

Auch Jason hatte „frei", wohin er sich daheim abgemeldet hatte, wollte er nicht genauer verraten, das heißt also, ganz sicherlich nicht auf die MUSTANG FARM.

Eigentlich hatten einige Gäste noch vor dem Frühstück Baden gehen wollen. Doch als sie endlich aufgestanden waren, hatte wohl der Duft nach Waffeln, Crêpes, gebratenem Speck und Eiern sie zu sehr an den Magennerven gepackt und nach unten an den Tisch gezogen. Der Pool war auch danach noch da.

Und er war da! Er wartete auf alle. Und alle, denn auch die, die bald gehen wollten, badeten vorher noch.

Trevor und Marvin gehörten zu den ersten. Sie hatten beide offenbar noch Familien oder andere Freunde, die sie sehen wollten, sollten oder mussten.

Bob musste seine anderen drei Kinder bei den Großeltern abholen, Jerry hielte es hier nicht, nur…

„Kann ich vielleicht noch etwas bleiben? Ich würde zu gerne noch baden!", kam es recht leise von Raúl zu Peter, und der musste sich wegdrehen, damit Raúl nicht sah, wie sehr er gleich platzte.

Sie waren in Richtung Pool gegangen, noch schnell mal in Peters Wohnung rein, ein Bereich, den Raúl noch nicht kannte und wo er sich erneut staunend umsah. „Du kannst ruhig lachen", meinte er mit rotem Gesicht, aber fester Stimme. „Ich mag Jerry wirklich, aber…"

„Er Dich nicht so. Nicht so, wie Du ihn", ergänzte Peter und Raúl nickte. „Dann habe ich das heute Nacht richtig gehört, WELCHE Türen bewegt wurden?" Raúl platzte fast vor Röte. Peter lachte leise. „Wie schön, dass Du es endlich auch kapiert hast. Wir wissen es schon lange von Dir."

Es folgte nun, was nach solchen Aussagen immer kommt, Raúl fiel in einen Sessel und wurde käsebleich. Peter holte aus dem Wohnungskühlschrank eine frische, kalte Cola und schenkte sie ihm ein. Raúl fragte nach dem Wann, Wie und Warum, Weswegen. Peter lächelte, während er geduldig die Fragen beantwortete. „Du kannst gerne noch eine Nacht bleiben, ich glaube, Jason bleibt auch. Er war es doch, oder?“ Wieder rot aufblühend, nickte Raúl. „Soweit ich das verstanden habe, hat sich Jason bis übermorgen daheim abgemeldet, wohin auch immer.“

„Nach Las Vegas, zu Freunden.“

„Ach so, dahin wehte ihn also der Wind! Na gut. Das mit den Freunden stimmt ja, und Reno und Las Vegas – so ein großer Unterschied ist das auch nicht!“ Jetzt musste Raúl wieder mal lachen. Peter informierte ihn über die für morgen geplante „Spender“party, wieder ein Wort, bei dem Raúl hell auflachte und versprach, sich das noch zu überlegen.

„Die ersten Gäste kennst Du schon, Ike und Paul, die beiden Trucker. Die sind zwar beide eigentlich *straight*, aber mit uns macht es ihnen offenbar auch Spaß. Sie werden morgen zum ersten Mal bei so einer Party sein. Und wir sind natürlich da.“

„Und Irmgard?“

Peter zuckte mit den Schultern. „Das kann ich für morgen nicht sagen, sie hat sich vermutlich auch noch nicht entschieden. Normalerweise geht sie in solchen Abenden in ein Casino an die Bar und knüpft da Kontakte.“

„Das heißt, es ist wirklich richtig, dass sie eine … eine …“

„… eine Nutte ist. Ja“, ergänzte Peter freundlich. „Und um gleich alle Zweifel auszuschließen: Wir machen die Partys auch nicht umsonst. Du, das ist keine Frage, Du würdest nichts zahlen, Jason zahlt auch nicht. Aber die anderen schon. Und wir wissen zwar, WER alles kommen will, aber nicht, wer sich hinter den Telefonnamen wirklich verbirgt. Es sind aber auch diesmal richtig knackige Soldaten dabei.“ Raúl sah sofort interessiert hoch, und die Badeshorts… Peter lachte leise auf. „Ach, DAS wäre Dein Geschmack? Nicht zu alt, Muskeln, kurze Haare?“ Auf den Shorts bildete sich ein feuchter Fleck. „Oh, so sehr?“

Raúl nickte hochrot und blickte beschämt auf seine Hose. „Und was mache ich denn jetzt?“

„Was möchtest Du denn machen? Die Hose wechseln? Warten, bis sie von alleine trocknet? Dich verstecken, in der Hoffnung, dass er wieder abschwillt?

Nur, das funktioniert meist nicht, nicht in Deinem Alter. Glaub mir, ich war auch mal so jung. ... Oder doch was anderes?"

„Magst Du mir bei dem ‚anderen' helfen? Bronco ist mit Jules raus, habe ich gesehen. Abgesehen davon – ihr habt ja offenbar beide nichts gegen..."

„Nein!", lachte Peter, „Wir haben beide nichts dagegen, auch nicht, wenn mal nur einer was hat. Bei den Kunden ginge es ja gar nicht anders. Und außerdem weiß Bronco auch schon lange, dass Du zumindest nicht zu 100% hetero bist; wir haben beide nur auf Dein Outing gewartet. ... Was möchtest Du denn machen?"

Die Röte aus Raúls Gesicht war verschwunden. Außer den Badeshorts hatte er noch ein T-Shirt und Sandalen an – noch. Er war aufgestanden, hatte seinen haarlosen, jungen und schon angenehm muskulösen Oberkörper entblößt und war auf Peter zugetreten. Seine Hand glitt bei Peter direkt von oben in dessen Badehose und fuhr leicht erschrocken wieder raus, um sofort zurückzukehren.

„Okay, ich bin nicht wirklich erschrocken. Ich habe mir seit dem ersten Baden damals in der Villa schon so was vorgestellt. Das gab ein paar sehr feuchte Nächte."

Peter lachte zustimmend. Das konnte er sich vorstellen. Er wollte es dem jungen Hispano zwar nun nicht mitteilen, aber ihm war es zumindest damals immer wieder so gegangen. Er hatte ja schon eine Ahnung und auch die Übung, Ahnungen + Konturen zu realistischen Vorstellungen zusammenzusetzen. Raúl legte den fremden Schwanz frei und schneller als erwartet, war der in Raúls Mund verschwunden, nicht ganz – das wäre ein Wunder!

Die ganze Aktion fand bereits im Bürobereich, hinter Aquarium und Schrankwand statt, somit nicht von der Poolterrasse aus einsehbar. Obwohl, wenn das jemand gesehen hätte... Bob oder Jerry ... der Wagen von Bob stand nicht mehr auf dem Parkplatz. Und Irmgard? Ihm wäre es egal gewesen, doch er wusste auch, dass sie nun sehr schnell in ihrem Zimmer verschwinden würde, um der drohenden Gefahr etwaiger Hausarbeit zu entgehen. Er schob also den Jungen zum Bett und damit in den Sichtbereich vom Pool aus – wenn man sich ein wenig bemühte, konnte man von draußen was sehen. Raúl schien die mögliche Zuschauerschaft nicht zu bemerken, sie bildete sich jedoch schon. Leise und vorsichtig, winkte Ike erst Paul herbei, die Gasheizer liefen schon wieder. Heizer + Windstille durch den Schutz + 7°C Höchsttemperatur = man erfror nicht gleich, auch nicht als Voyeur.

Ike's talking

Oh, ein leckerer Brunch. Richtig, wir wollten eigentlich schon vor dem Essen Baden gehen, aber als ich runtergesehen habe, da war der Pool noch abgedeckt, und draußen war es bibberkalt. Na, so dringend haben wir es ja auch nicht nötig. Da waren dann andere Sachen doch schöner und vor allem kuscheliger.

Außerdem, an den Gedanken muss ich mich erst mal gewöhnen können, ich beziehungsweise wir haben nun noch zwei Tage Zeit UND eine heiße Party vor uns! Das gibt´s sonst eigentlich gar nicht, diesmal noch nicht mal über Weihnachten. Wir freuen uns auf morgen.

Aber jetzt ist der Brunch vorbei, Trevor und Marvin – ja, ich weiß, eigentlich sind wir beide ja nicht schwul – aber die beiden werden morgen wohl leider nicht auf der Party sein. Schade. Sie sind schon abgefahren. Auch Bob und sein Sohn Jerry. Hach, der kommt mir so bekannt vor, so war ich damals auch, in dem Alter. Eigentlich noch sehr viel länger. Hoffentlich lernt dieser Junge es eher, dass es auf allen Seiten Spaß machen kann. Momentan sieht es eher nicht so aus.

Aber dieser Raúl? Der und Jason? Und ja, auch ich habe heute Nacht die Türen knarren hören. Ist halt kein neues Haus mehr, und ich habe einen leichten Schlaf. Hat mich schon ein paar Mal vor einem Überfall gerettet, weil ich die herumtappenden finsteren Gestalten rechtzeitig gehört hatte und dann die 40.000V-Sicherung am Wagen aktivierte. Hei, wie das immer pitscht, wenn die dann das Blech anfassen! Macht so richtig Spaß.

Jetzt aber ist Peter in seine Wohnung zum Umziehen gegangen, wir sind schon badefertig runtergekommen, Tony hatte den Pool eröffnet. Dass Raúl offenbar Peter gefolgt ist, das hatte ich gar nicht gesehen. Aber als

ich mich draußen, auf der beheizten Terrasse, noch mal umsah, mir noch mal die tolle Anlage bei Tag ansehen wollte, da fiel mein Blick ganz zufällig auf eine mir sehr bekannte Bewegung in Peters Wohnung.

Nein, ich bin doch nicht neugierig! Aber es könnte ja ein böser Einbrecher sein, jemand, der Peter was rauben wollte. Vielleicht sogar seine Unschuld!

Und dann sah ich es. Peter schob Raúl zum Bett, der hatte schon diesen glücklichen Gesichtsausdruck drauf – und Peters dicke Stange im Mund. Das MUSSTEN wir uns ansehen. Ich winkte also Paul zu mir und wir bekamen mal so etwas live zu sehen. Hatte ich bisher eigentlich noch nie.

Mir wurde so heiß...!

Gut, Raúl blies Peter noch nicht ganz geschickt, nach dessen Blick zu urteilen. Er hatte uns nämlich entdeckt und nur fröhlich zugegrinst. Meine Hand war schon an Paul und seine bald in meiner Badehose, während Raúl sich sichtbar abmühte. Aber Peters Schwanz ist wirklich ein starkes Teil, und vor allem so hart!

Lächelnd schob Peter den braunen Jungen dann auf das Bett, auf den Rücken, die Beine ließ er vorne herunterhängen und der schätzungsweise 7.5inch[47] lange Zapfen stand leicht gekrümmt nach oben. Er schien mir auch richtig fest zu sein. Tja, manchmal haben kleinere cocks auch ihre Vorteile. Raúl jedenfalls schien beglückt zu sein, als Peter seine Lippen über den Schwanz schob. Jedenfalls schaute er nicht hierher und wir freuten uns, das alles sehen zu können. Peter blies ihm nun einen, er ist da sehr geschickt, Raúl verdrehte immer wieder die Augen, warf den Kopf hin und her, leise Schreie tönten durch die Scheiben und plötzlich ließ Peter den Jungen frei. Der wollte sofort mit seiner Hand an den Schwanz...

---

47 9cm

1<

Ach, so ein gemeiner Kerl, dieser Peter! Hatte er ihn doch nur bis zum „fast fertig" geblasen und verhinderte jetzt, dass Raúl weiter machte? Okay, das mag bei so alten Böcken wie bei uns funktionieren, nicht aber bei einem jungen Stierchen, wie Raúl. Auch ohne Hände, der krumme Schwanz rieb nun direkt auf der Bauchdecke, er hob und senkte das Becken hektisch und mit einem hörbar unterdrückten Schrei schoss er eine Ladung ab.

MANN! WAS für eine Ladung! Da kann ich ja fast neidisch werden und ich komme schon mit Macht.

Aber Peter hatte wohl beschlossen, die Show für uns noch nicht ganz zu Ende sein zu lassen, er beugte sich wieder vor und leckte nun mit gut sichtbarer Zunge – was für ein Schauspieler! – den Bauch des Jungen ab. Dass er dabei ständig an den zitternden Schwanz stieß, Raúl sich immer wieder aufbäumte... Peter erhob sich, nahm seinen eigenen steifen Ständer und zugleich den patschnassen von Raúl in die Hand – Mann, wie geil ist das denn! – verteilte etwas von Raúls Saft auf beiden Schäften und rieb sie gemeinsam. Sehr lange hatte er nicht Zeit, dann stöhnten beide gemeinsam auf, Peter beugte sich weit nach hinten, die Steifen immer noch in führender und reibender Hand, und nun ergoss sich ein Soßensee auf Raúls Bauch. Der schaute Peter glücklich an, drehte den Kopf beiseite und wurde unserer erstmals gewahr.

Ich wäre in dem Moment wohl aufgesprungen und davon gerannt, er aber nicht! Nein, er zuckte zwar zusammen, erschrak wohl ein wenig, doch – dieses Grinsen gleich darauf! – seine Hand fuhr in die neue Brühe und verteilte alles großflächig auf seinem Bauch. Dabei grinste er direkt uns an und jetzt ...

... jetzt muss ich mal einen Eimer Wasser holen, die Hauswand wieder saubermachen. Paul gibt auch so viel ab, wie ich, und zwei Bäche laufen nach unten. So viel Sex ohne zu ficken! Das sollten die Weiber in den Puffs uns mal nachmachen!

Nach diesem Besuch in Peters Zimmer war für Raúl klar, dass er auch an der Party teilnehmen würde.

Der Tag verging ruhig, gelassen mit Baden, Spaziergang über das Gesamtgelände – etwas, was Ike, Paul und Jason ja noch nicht kannten und Jules überglücklich machte.

Die Jungs spielten Küchencrew, zauberten deftiges Essen aus der Truhe und bemerkten dabei, dass sie am 3.1. spätestens wieder einkaufen und kochen müssten. Zu verhungern drohte aber noch keiner.

Irmgard besuchte am Abend – und zum ersten Mal überhaupt – Bob. Dass sie Raúl immer noch nicht mitnehmen sollte, nahm sie mit einem leichten Hochziehen der linken Augenbraue amüsiert zur Kenntnis.

So waren es zum Abendessen nur schwule Jungs, die sich zusammenfanden und schon mal „probeweise" ein paar der Matratzen im Salon ausbreiteten.

- Raúl
- Tony
- Marc
- Ike und Paul
- Jason
- Peter und Bronco

Acht geile Männer und ein Frischling dabei ... ein Traum, nur nicht unbedingt für Raúl. Er „gestand" auf intensive Befragung, dass er schon mal Schwänze geblasen und sich hatte blasen lassen, auch, dass er schon mal aktiv gefickt hatte, Frauen, aber auch einen Mann.

„Nein, das Blasen, das hat keine der Frauen gewollt, nur Männer." Aha, das Übliche! „Nur, ich möchte gerne auch mal gefickt werden – aber alle hier sind so riesig!"

Peter überlegte, Bronco tuschelte mit ihm, Peter grinste. Er ging ans Telefon, nannte bewusst keine Namen und nach knapp 30 Minuten, in denen die Jungs Raúl schon mal zeigten, wie man auch nur mit einem Finger im Hintern zum Orgasmus kommen kann, hielt ein Auto vor dem Haus.

„Na, welches Auto braucht da meine Hilfe?", grinste Harry in die Runde und wurde gleich überrascht bis freudig begrüßt.

Ike meinte später, er wäre nie auf die Idee gekommen, dass Harry schwul sei. „Ist er auch nicht nur, er ist bi. So wie Du. Und wie Du gesehen hast, hat er den dünnsten Schniedel von uns allen, nicht mal ein Inch. Und hast Du auch gehört, WIE freudig Raúls Loch ihn empfangen hat?"

Sie alle hatten es gehört. Es war nicht zu überhören gewesen. Das Fingern hatten sie Ike und Paul überlassen. Sie würden von der ganzen Runde ja die einzigen sein, die morgen auch bezahlen müssten. Party UND Zimmer UND All inclusive. Dafür durften sie gerne ein Bonbon haben, vor allem auch, da Raúl zwar nett und recht sauber, nicht aber gespült war.

Als Harry ankam, hatte Raúl sich gerade erholt, war auch wieder genug bei Kräften, um dem Neuankömmling zu zeigen, wie viel Musik er im Blut hatte, und er strippte Harry zu den Klängen von *Sway* von *The Pussycat Dolls*.

Harry fand das geil, die anderen auch, Raúl STAND schon die ganze Zeit und tropfte, Harry aber auch, und Raúl wurde klar, dass er DAS wohl vertragen würde. Gemeinsam richteten sie die beiden her. Harry wurde „angekleidet“ und gegelt, leise noch mal darauf hingewiesen, dass der Junge nicht gespült war, er grinste nur. SO lange kannte er diese Art von Reinigung auch noch nicht.

Um Raúl kümmerten sich nun andere Hände, halfen ihm beim Finden der besten Doggy-Position. Falls Peter dabei wieder der Gedanke an einen individuell höhenverstellbaren Tisch kam, so sprach er ihn gerade jetzt nicht aus – das konnte auch noch zehn Minuten warten. Die Ritze von Raúl war sauber, nun wurde sie eingegelt. Dass Harry Appetit hätte, die Ritze vorher zu lecken, davon ging keiner aus, und Harry hätte es auch nicht gewollt. Zumindest machte er keine Anstalten.

Auf der anderen Seite, Harry war es auch schon gewöhnt, immer mal wieder entjungfern zu dürfen, knapp 2.5cm im Durchmesser waren nicht so viel, dass sie gleich ein Trauma hinterlassen würden.

Harry schubberte erst mal mit der Schwanzspitze in Raúls Ritze, der stöhnte wohlig auf, dann setzte die Spitze am Loch an und gab ein wenig Druck. Der Sound von vorne änderte sich sofort von wohlig auf schmerzhaft und das Loch sperrte zu. Nun, sie waren alle keine Jungfern mehr, sie kannten die Tricks. Dass es Bronco war, der mit einem kräftigen Klatschen auf Raúls Hintern die Einfahrt freischaltete, war purer Zufall. Doch Raúl merkte sich sehr wohl, WER es gemacht hatte. Er war aktuell nur zu sehr beschäftigt, um darauf mit mehr zu reagieren, als mit einem Aufjaulen. Doch Jaulen hin oder her, Harry nahm – entweder absichtlich oder doch aus Mangel an Erfahrung – wenig Rücksicht und als seine Schamhaare an Raúls nacktem Arsch ankamen, stoppte der Junge sofort seine Geräuschkulisse und fragte erstaunt: „War's das schon?“ Mit dem nun ausbrechenden Gelächter aller, inklusive ihm selbst, hatte er sich auch entspannt.

Harry fickte ihn ordentlich durch. Von „nach allen Regeln der Kunst“ hätte keiner sprechen mögen, doch bei einer Erstbesteigung war das auch nicht notwendig. Im Gegenteil! Sie alle gönnten es dem Jungen, dieses allererste Mal auskosten zu können. Solche Gefühle ließen sich kaum wiederholen. Vor allem, wenn sie positiv gewesen waren. Sie wurden es.

Raúls Dauerständer klebte immer noch an seiner Bauchdecke. Die Spannung der natürlichen Krümmung – Ike nannte es später „Bio-Kurve" – hielt ihn da oben, nicht aber das Precum. Das rann, mit einem kurzen Umweg über den Bauch, in dicken Fäden auf das Sofa . Es tropfte nicht, nein, es bildete wirklich zähe, dickflüssige Fäden.

Raúl jubelte auf, als Harrys Schwanz seine Prostata massierte. Der dünne, aber 23cm lange Spargel war zu weit mehr fähig, vielleicht sogar zum zweiten Durchbruch, vor allem, wenn das Gegenüber einen so schmächtigen Hintern hatte. Das alles aber wäre etwas für die Zukunft. Und so begnügte Harry sich, sie beide zu einem schönen Orgasmus zu vögeln. Der bei Raúl bedeutete, dass nun dicke Batzen seines eigenen Spermas von seinem Kinn nach unten tropften.

Als Harry sich zurückzog, massierte er trotzdem noch mal dessen Anus-Muskel und Raúl schoss hechelnd, aufschreiend und heiser die nächsten beiden Ladungen ab, die zweite wieder bis zum Kinn, die dritte landete diesmal direkt auf dem Sofa. Dass Peter sich nun den schönen Schwanz von Raúl griff, ihn noch mal rieb, trieb Raúl in eine senkrechte Knieposition. Es war eigentlich schade, dass Harry sich schon so früh zurückgezogen hatte. Raúl verdrehte die Augen, stöhnte irgendwas auf Spanisch von wegen „es bastante" (von Bronco als „es reicht" übersetzt) und schoss noch zwei Mal ab. Dann lag er auch schon auf dem Sofa, in seiner Soße – das liebte er offenbar wirklich.

Er drehte sich mit glücklichem Gesicht auf den Rücken, sah ein wenig aus wie ein Engel, der nach zwei Wochen Verstopfung endlich mal wieder aufs Klo gekonnt hatte, und ließ die Spenden der anderen hoch Erregten gerne auf sich regnen, platschen oder schießen – je nach Spender. Bronco grinste breit, und man ging davon aus, für den morgigen Partyabend eine neue Attraktion zu haben.

Peter sprach Raúl am Ende des Abends, erneut im Pool, auf seine „Entjungferung" an: „Ich dachte gar nicht, dass Du so musikalisch bist!"

Raúl grinste: „Du kennst nicht mal die Hälfte meiner verborgenen Talente. Ich mag ja äußerlich unscheinbar wirken…"

„… oh, meinst Du, wir sollen Dich wenden? Bronco, holst Du schon mal das große Küchenmesser zum Aufschneiden?"

Das folgende Kreischen klang weniger musikalisch.

„Nein“, meinte Raúl danach, also nachdem sich auch die anderen erholt hatten, „aber ich kann auch ein bisschen singen, der Musiklehrer meinte, ich hätte keine schlechte Stimme. Soll ich?“

Peter zuckte zustimmend mit den Schultern und Raúl sang

I will follow him, Sister Act 1
I will follow him
Follow him wherever he may go
And near him I always will be
For nothing can keep me away
He is my destiny

I will follow him
Ever since he touched my heart I knew
There isn't an ocean too deep
A mountain so high it can keep
Keep me away
Away from his love

PETER: Zu vermutlich unser aller größter Überraschung stimmte Tony mit ein. Uns fiel die Kinnlade runter, denn Tony hatte, ebenso wie Raúl, eine wundervolle Stimme.

I love him, I love him, I love him
And where he goes I'll follow, I'll follow, I'll follow

Jetzt begannen Ike und Paul, den neuen Rhythmus auf dem „Terrassenholz“ zu klopfen.

„AUA! Das ist ja – Mensch, das ist ja eine Gemeinheit! Ich dachte, das wäre echtes Holz“, jaulte Paul auf und rieb sich die Fingerknöchel. Die anderen, inklusive der Sänger, gingen blubbernd im Pool unter.

Als wir uns wenigstens ein wenig erholt hatten, machten die beiden weiter, wenn auch dank des Wassers leider nicht mehr ganz so intonationsrein. Nur Ike und Paul klopften nicht mehr, auch nicht auf der dafür durchaus brauchbaren Randabdeckung des Pools – die war aus Kunststoff.

I will follow him
Follow him wherever he may go
There isn't an ocean too deep
A mountain so high it can keep
Keep me away

We will follow him
Follow him wherever he may go
There isn't an ocean too deep
A mountain so high it can keep
Keep us away
Away from his love

Tony stimmte nun den Wechselgesang mit an. Seine Stimme kam ein wenig höher als die von Raúl; natürlich reichte er nicht an Wendy Makkena heran, aber sonst…

(I love him) Oh yes I love him
(I'll follow) I'm gonna follow
True love, he'll always be my true love
(Forever) From now until forever
I love him, I love him, I love him
And where he goes I'll follow, I'll follow, I'll follow
He'll always be my true love, my true love, my true love
From now until forever, forever, forever
There isn't an ocean too deep
A mountain so high it can keep
Keep us away

Away from his love

Ursprung als Song: Peggy March, 1963

Wie schon mehrfach festgestellt, fickt es sich im Pool nicht gut.

Aus vergleichbaren Gründen klatscht es sich auch nicht so toll, und so fiel das Lob für beide sehr wortgewaltig aus.

„Machen wir so etwas auch für die Partys? ‚THE SINGING STALLIONS‘[48] zum Beispiel?“, fragte Bronco und alle lachten schon wieder. Aber das Lachen war zustimmend.

Müde und mit dieser unvergesslichen Melodie im Kopf, gingen sie alle ins Bett. Der nächste Abend würde wieder anstrengend werden.

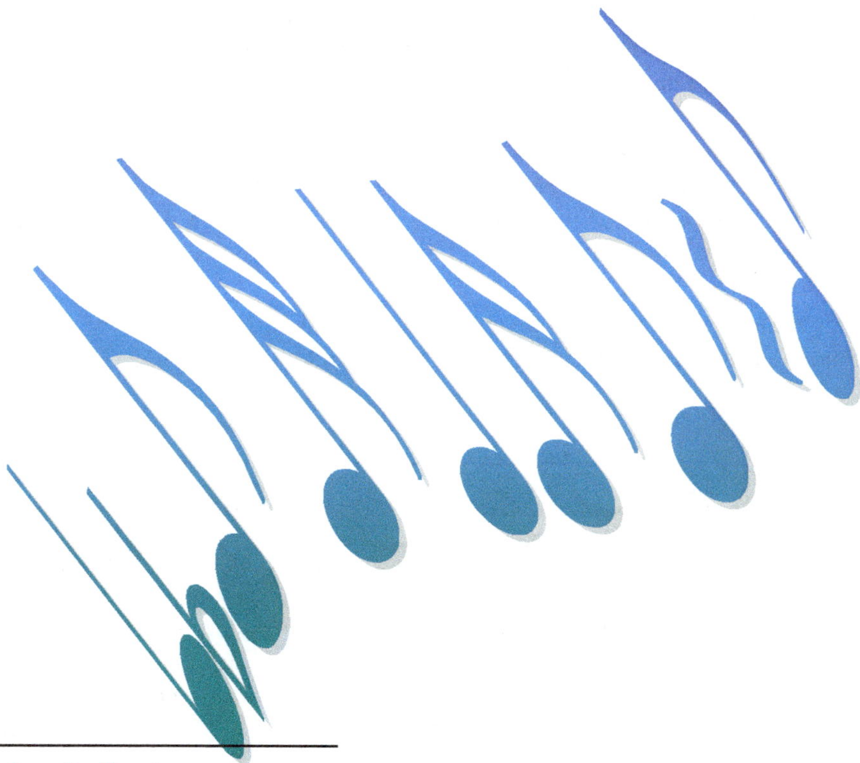

[48] *Die singenden Hengste*

Die erste Party im neuen Jahr – und doch schon Nummer 9

Der Morgen begann mit einem normalen Frühstück, die Gäste wollten in die Stadt, und Tony und Marc begleiteten sie. Irmgard kam erst recht spät am Vormittag wieder zurück und sah glücklich aus. „Bin ich auch“, meinte sie leise, von Peter darauf angesprochen. „Wir reden drüber, wenn die ganzen Gäste weg sind, okay?“ Natürlich war das okay. Viel zu reden gab es ja nicht. Bob war zum Freund der Familie geworden, vielleicht weniger von den Jungs als vom Mädchen, und da das Mädchen hier insgesamt wenig Freunde hatte, war dies eine gute Entwicklung.

Das Haus war urplötzlich leer geworden. Irmgard hielt sich in ihrem Zimmer auf. Sie wollte weiterhin möglichst keine Hausarbeit sehen oder sie gar machen müssen. Die Gäste würden erst gegen Abend wieder kommen – Peter, Bronco und Raúl waren alleine.

Okay, nicht ganz. Das „Nicht-Alleine-Sein“ kündigte sich schon mal mit drei verschieden klingenden Maunzern an. Die beiden Chef-Jungs saßen bis dahin auf ihrer Couch zu zweit. Nun fanden drei Katzen, dass dies eine optimale Gruppe sei, sich links, rechts und in die Mitte zu setzen. Vier Hände streichelten drei Katzen SEHR gut.

Eigentlich wollten sie ja ein wenig in die Zukunft schauen, vor allem das Studium besprechen. Doch immer kommt es anders, und doch…

Freunde und solche, die es wohl weniger waren … und viel mehr

Natürlich hatten die beiden ihre verschiedenen Freunde nicht vergessen und diese sie auch nicht, mit Georg, Bernd und Ernst auf der einen, Alan und seinen Leuten auf der anderen Seite. „Ist ja wirklich auf der anderen Seite – der Welt“, grinste Bronco und Peter gab ihm Recht. Was auch sonst? Bronco hatte es so gut wie immer auf den Punkt gebracht.

In Peters Gymnasium hätte man so jemanden wie Bronco als Klugscheißer bezeichnet, hier in seinem College war dies nicht üblich gewesen. Hier herrschte eine andere Lernauffassung. Laut Bronco war die aber für die USA und staatliche Schulen gar nicht so üblich. „Ich vermutete schon damals, dass es an der geringen Zahl schwarzer Schüler bei uns im College lag“, meinte er und fing sich von Peter sofort einer Verwarnung ein, von wegen Vorurteilen. Er zuckte mit den Schultern.

„Ich weiß ja, dass das rassistisch klingt, man so was auch eigentlich auch kaum noch sagen darf, aber es ist so. Wir haben in Reno 3.1% Schwarze, in New York 15% und in Chicago 30%. Wir haben hier in Reno 22% Hispanics, in New York 23% und in Chicago 28%. Wir haben hier eine High School, die im nationalen Ranking obere Plätze gewonnen hat. Alleine die *Reynolds School* hat schon sechs Pulitzer Preisträger hervorgebracht und gehört zu den 200 besten Universitätslehrstühlen der USA. *So what?* Woher kommt der Unterschied? Doch nicht daher, dass wir hier die: „crème de la crème“ der Lehrer haben? HIER in Reno? Die gehen nicht nach Reno, schon gar nicht an eine staatliche Uni. Und doch haben wir wahnsinnig viel gelernt. Die Schwarzen kommen hier gar nicht bis in die High School. Und die, die es schafften, die haben sich den Weißen im Lernen angepasst.

Lieber Peter, ich bin als Mexikaner gewiss der Falscheste, wenn es um Rassismus geht. Wir haben auch Berichte und sogar Videos aus Schulen gezeigt bekommen, in denen viele Schwarze in einer Klasse sind. So ein Verhalten – es mag ein Einzelfall sein – wäre bei uns nicht möglich gewesen. Dass Lehrer oder andere Schüler einfach niedergebrüllt wurden, schon gar nicht mit unsinnigen, substanzlosen Sprüchen hirnfreier Aussage, das Ganze womöglich gleich als Rap – Kindergartenniveau, kleine Krabbelgruppe.

Oder auch, dass wir sie nicht verstanden haben, weil sie kein vernünftiges Englisch sprachen, obwohl sie hier geboren sind. Einer ihrer weißen Lehrer meinte, das sei fast schon eine eigene Sprache. Ein Beispiel habe ich mir gemerkt: ‚*I gonna gemme a Coke.*‘ Da fehlt an sprachlicher Korrektheit so gut wie alles, wie Du ja selbst hörst. Wenn ich im Fernsehen schwarze Leute von der Straße höre – ich habe Probleme, sie zu verstehen.“

Peter beschloss, diese Behauptung in Bälde mal nachzuprüfen. Damals in den USA hatte er Verständigungsprobleme mit Nicht-Weißen auf seine mangelnden Sprachkenntnisse geschoben. Allerdings war er in Texas problemlos klargekommen und die Texaner sind für ihren schrecklichen Akzent bekannt.

„Es gab da mal einen schwarzen Schriftsteller oder so was in der Richtung, der hat seine schwarzen Mitbürger in den USA als ‚asozial, kriminell und dumm‘ bezeichnet oder so ähnlich. Ich habe schon mal versucht, das Zitat wiederzufinden, aber vermutlich ist es aus lauter *political correctness* selbst in Google gelöscht worden. Es gab damals einen bösen Aufschrei – nur selbst der hat blitzschnell an Substanz verloren.

Weißt Du, was meine Mutter mit mir gemacht hätte, hätte ich seinen solchen Satz wie den mit der Cola so gesagt? Oder wäre ich mit Hosen herumgelaufen, die aussehen, als hätte ich die Pampers seit drei Tagen nicht mehr gewechselt?“

Peter musste lachen, ob er wollte oder nicht. Es war ihm höchst unrecht, dass Bronco so dachte, doch sowie er begann, selbst zu überlegen, seine wenigen Erfahrungen mit dunkelschwarzen Menschen in Deutschland, wie auch hier zu reflektieren, so fiel ihm nur die Musik ein. „Aber dafür sind sie im Musik gut“, meinte er schwach.

„Ja“, Bronco lächelte fein; er grinste mal nicht, das ging also auch. „Aber wem nützt das? 12-13% der US-Bürger sind Schwarzafrikaner. Das wären rund“, er nahm sich einen Taschenrechner, „rund 36 Millionen Menschen. SO viel Musik verkaufen wir auf der ganzen Welt nicht.

Interessant für mich wird es, wenn es keine reinen Schwarzen mehr sind, also ‚weiße‘ oder schokobraune Menschen mit reingemendelt wurden. Dann ändert sich plötzlich das ganze Sozialverhalten, das Lernen, die Sprache und vor allem das Benehmen. Ich weiß ehrlich nicht“, er seufzte tief auf, „ob es doch an den Genen liegt. Es gibt ja auch Ausnahmen, unseren aktuellen Präsidenten Obama und seine Frau, zum Beispiel.“

„Musst Du es so pessimistisch sehen, um den Begriff rassistisch mal wegzulassen?“

Bronco seufzte wieder. „Ich mag mich auch nicht dafür. Denn, wie gesagt, ich bin ja auch kein Weißer, noch nicht mal gemischt. Mein Vater war Mexikaner, meine Mutter ist Mexikanerin. Bei ihr ist das seit Generationen unverändert so. Von meinem Vater weiß ich es nicht, gehe aber mal davon aus.

Ich mag es nicht, über andere nicht gut zu reden!“

Peter lachte nun hell auf. „Okay, ich verstehe! Aber meinst Du nicht, dass Du dann besser Theologie oder Philosophie studieren solltest, statt Journalismus? Ein Journalist pinkelt immer jemanden ans Bein. Und je besser er ist, desto weniger achtet er drauf, wer der Angepinkelte ist.

Du solltest vielleicht nur drauf achten, Dich nach dem Studium nicht unbedingt bei einer schwarzen Zeitung oder einem schwarzen Fernsehsender zu bewerben!“

Jetzt lachte Bronco hell auf und die leichte Niedergeschlagenheit, die Peter an ihm während seines ganzen referatreifen Vortrags verspürt hatte, war verschwunden. Er grinste. „Ich weiß gar nicht, ob es noch eine nur von Schwarzen geleitete und für Schwarze gedruckte Zeitung gibt. Wenn ich jetzt mal pinkeln darf, dann behaupte ich nein, denn sie lesen auch nicht. Viele sollen funktionale Analphabeten sein, das aber kann ICH nicht beurteilen. Die bei uns in der Schule waren es definitiv nicht. Sie waren genauso gut, wie wir. Ich vermute mal, wenn sie in Rudeln auftreten, macht sie das dumm."

"Du meinst, weil es sogar geneidet wird, wenn einer mehr weiß? Eine künstliche Dummheit oder Verdummung, die zur Realität wird?"

„So ähnlich. Wie gesagt, ich vermag es nicht zu sagen, aber vermutlich sollte ich langsam lernen, mich damit auseinanderzusetzen.

Raúl, was meinst Du dazu?"

Raúl sah fast erschrocken hoch. Er hatte nicht geschlafen, aber während der gesamten Diskussion keine Silbe, nicht mal einen Laut von sich gegeben. „Ich? Was soll ich dazu sagen?" Peter sah ihn aufmunternd an. „Nun ja, im Endeffekt gebe ich Bronco recht. Ich bin nicht auf seiner Seite – keineswegs – vor allem nicht so krass. Ich habe zwar keinen wirklich schlechten Abschluss gemacht, aber gut wäre auch ein bisschen was anderes. Ich bin lange nicht so klug, wie Bronco.

Ich sehe da noch einen ganz andere Faktor: das Elternhaus. Meine Eltern sind dumm, Arbeiter, einfach. Ich bleibe dumm, werde einfacher Arbeiter. Broncos Mum?"

„HALT, mein lieber Raúl!", lachte Bronco auf. „Meine Mum Claudia hat nur eine ganz simple und einfache Schulbildung in Mexiko hinter sich, und das nicht mal für viele Jahre. Sie ist nicht dumm, aber wenn Du von ihrer Bildung ausgehst..."

„Vielleicht weniger von der Bildung, als von der Bildungsbereitschaft? Deine Mutter hat nur Dich als Kind, sie hat alles in Dich gesetzt. Wir sind sechs Kinder, Alejandro und Jimena, unsere Eltern, hatten gar keine Zeit, sich um jeden von uns intensiv zu kümmern. Ich bin sicher, dass Deine Mutter Dich täglich gefragt hat, ob Du Deine Hausaufgaben erledigt hast?"

„Oh ja, und wie!", Bronco lachte nun weniger. „Den Rest, also den Schliff im letzten halben Jahr, den habe ich allerdings von Peter bekommen. Er hat mich gedrillt und mich gezwungen, erst meine Hausarbeiten zu machen, bevor ich überhaupt etwas zu essen bekam."

Jetzt musste Peter hell und laut auflachen. „So eine Gemeinheit aber auch! Ich habe Dich NIE vom Essen abgehalten. Nun, das Ergebnis sieht man aber auch…“

Ein rasender Bronco sauste hinter einem rasenden Peter durch das Haus. Raúl lachte sich schlapp. Als sie wieder keuchend auf dem Sofa Platz genommen hatten, saßen alle drei Katzen auf Raúl und ließen sich dort streicheln. Lachen kannten sie ja zur Genüge, doch rennende Jungs? Die waren ihnen zu gefährlich. Raúl ließ sie Luft holen, indem er weitersprach.

„Siehst Du, selbst das hat mir gefehlt. Es hätte aber auch nichts mehr genützt, ich war schon früher nicht so gut, wie Du – glaube ich.

Auf der anderen Seite: jetzt ist es eh zu spät.“

„Zu spät für was?“, fragte nun Peter. Raúl zuckte mit den Schultern.

„Für ein Studium, zum Beispiel. Ich habe keinen ausreichenden GPA, um überhaupt ein Stipendium zu bekommen, aber selbst mit dem größten Stipendium, wie es Bronco erhält, könnten es sich meine Eltern nicht leisten. Oder ich nicht, denn sie erwarten von mir, dass ich nun endlich Geld verdiene und es daheim abliefere oder dass ich ausziehe und dann trotzdem möglichst Geld abliefere. Ich wüsste nicht mal wovon!

Das ist das, was ich dazu sagen will: Es gibt Leute, die einfach nicht die Chance bekommen. Und die Schwarzen gehören noch mehr dazu als ich. Wie Bronco so schön und richtig sagte, würden die meisten an unserem College nicht mal die Aufnahmeprüfungen schaffen. ICH habe sie geschafft. Aber ob es mir was nützen wird?“

Peter begann langsam zu erkennen, dass auch hinter Raúl mehr steckte, als er gedacht hatte. Der Junge war nicht dumm, nur dumm gehalten. Im fiel sofort wieder Joe von Alans Farm ein, und was Alan über Joe erzählt hatte.

Die drei schwiegen eine kleine Weile. Außer dem leisen Laufen der Computerventilatoren, der Klimaanlage und dem lauteren Schnurren von drei sich zufrieden auf Raúl räkelnden Katzen war nichts zu hören. Eine himmlische Stille.

Dann äußerte sich Peter: „Bronco, Du meinst, das wird Dein Grundthema im Studium werden? Wie kamst Du überhaupt drauf?”

Bronco lachte hart auf. „Durch Zufall. Also, das erste Mal, an das ich mich erinnere, darüber explizit nachgedacht zu haben? Du kennst diesen Song von Sam Cooke?

Don't know much[49] about history
Don't know much biology
Don't know much about a science book,
Don't know much about the french I took
But I do know that I love you,
And I know that if you love me, too,
What a wonderful world this would be.

Sam Cooke

Du wirst lachen, aber ich fand das Lied gar nicht schlecht, bis ich einmal das Teil zwischen meinen Ohren eingeschaltet hatte. Bislang war es nur zu einem Ohr rein, zum anderen raus geflossen, hatte seinen Rhythmus und die Melodie hinterlassen. Und dann wurde mir eines Tages plötzlich bewusst, WAS der da eigentlich singt: Es macht ihm überhaupt nichts aus, dass er dümmer ist als ein Pfund Salz, Hauptsache ist, dass er weiß, wo er seinen Schwanz reinstecken kann. Und das ist dann eine wundervolle Welt.

Ich kannte Sam Cooke nicht, musste erst mal recherchieren, doch als ich ein Bild von ihm sah, war ich überhaupt nicht überrascht, dass er ein Schwarzer ist. Mal nicht wegen der Sprache, aber vom Text.

Ich kann mir keinen Weißen und noch viel weniger einen Hispano oder Mischling vorstellen, der SO WAS freiwillig von sich behaupten würde. Wenn der sein Zeugnis mit B-Durchschnitt bekommt, geht er gar nicht erst zu der Abschlussfeier oder versinkt durch den Bühnenboden in tiefster Scham. Raúl HAT ein besseres Zeugnis bekommen UND er ist nicht durch die Bühne gesunken. Also verstehe ich auch nicht so ganz, was er nun will.“

Peter seufzte und nahm seinen Freund in den Arm. Worte hatte er gerade keine mehr, was selten für ihn war. Es artete in eine Dreierumarmung aus, welche die drei Katzen doch wieder auf Sicherheitsabstand gehen ließ. Das könnte gefährlich werden, wenn auch jeder der drei Jungs auf sie achtete.

[49] *Ich weiß nicht viel über…*

Wie anfangs gesagt, sie hatten ihre Freunde nicht vergessen. Dank der E-Mail-Technik funktionierte auch kurzfristige Kommunikation, und so erhielten alle Freunde ungefähr den gleichen Silvester-Text:

> Mein lieber **
> ich glaube, es ist mal wieder die Gelegenheit, uns allen für einen neuen Anfang im unendlichen Lauf der Zeiten alles Gute zu wünschen. Es ist nur ein symbolischer Übergang, nicht mehr, nicht weniger und doch bedeutet er uns Menschen so viel. Oder so wenig?
> Na, egal. Das Leben ändert sich an diesem Tag definitiv nicht mehr oder weniger als an anderen Tagen. Warum sollte es auch?
> In diesem Sinne wünschen wir Euch alles Gute im Neuen Jahr 2010!
> Eure Freunde Peter und Bronco oder Bronco und Peter

Die Reaktionen waren schon eingetroffen. Heute am 2. Tag des neuen Jahres, schien es fast so, als sei es schon wieder alt.

Sie bekamen an diesem Tag aber auch „Anrufe“ aus Texas und dem *Good Old Germany* mit persönlich ausgesprochenen Wünschen.

Tango marcial

Bronco hatte den gestrigen „Auftritt“ von Raúl nicht vergessen. Außerdem war da noch die Geschichte mit dem Tango, den Tony mit Marc getanzt hatte. Er überspielte auf Peters Handy ein paar Tangos und die Karaokeversion von „*I will follow him*“ aus Sister Act. Peter erfuhr davon nur am Rande, er hatte eigene Büroarbeit zu erledigen, worunter er aktuell überwiegend verstand, einmal stichpunktartig nachzukontrollieren, ob Irmgard auch alles richtig eingeordnet hatte. Sie hatte, und er überantwortete ihr diese Arbeit nun vollständig.

„Du meinst, ein bisschen was kann ich auch mal tun?“, grinste sie ihn an, als er mit dieser Info und Bitte zu ihr in ihr Zimmer gekommen war.

„Wenn Du es so siehst? Ja. Du hast sicherlich bemerkt, was für eine Arbeit das über die ganzen Feiertage jetzt war. Wenn Bronco nicht bald mit dem Studium beginnen würde, dächte ich mal langsam an Urlaub. Du bist keine Hausfrau und so möchten wir Dir weder Fondue noch Puter anvertrauen, aber wenn Du den Bürokram erledigst, dann ist uns damit schon viel geholfen.“

Irmgard nickte. „Ja, ist okay.“

„Oh! Kein Widerspruch?“

„Peterchen! Du weißt doch, ich kann Dir gar nicht wiedersprechen!“

„Du kann immer noch charmant lügen“, grinste er. Sie lachte damenhaft. „Aber trotzdem könntest Du heute mal den Putzlappen schwingen, der ja bei uns ganz komfortabel Putzmaschine heißt, und die Fliesen reinigen. Danach solltest Du auch den Teppich saugen, hier im Salon. Bronco und ich müssen noch die Gästezimmer reinigen. Jason verbringt die nächste Nacht nicht mehr bei uns, und Jerry und Trevor mit Marvin sind ja schon weg.“

„Mussten denn Jerry und Raúl jeder ein eigenes Zimmer bekommen?“, knurrte sie leise. Peter lachte.

„Ich weiß nicht, ob sie das MUSSTEN, aber sonst hätte sich Raúl vermutlich nicht zu Jason getraut. Das sollte es uns wert sein. Ist ja nicht so viel Arbeit, aber sie muss gemacht werden. Und heute Abend ist ja wieder Party.

Was wirst Du machen? Bist Du wieder unter Bob oder im Casino?“

Irmgard funkelte ihn an: „Wutz[50]!“

„Oink, oink. Wie heißt die Mutter eines Frischlings? ... Also: wo bist Du?“

„Ich werde mal ins ***Harrah´s*** gehen. Dort war ich noch nicht, ich meine auf Arbeit. Mal sehen, wie es dort ist.“

„Ach, lassen sie Dich in die anderen schon nicht mehr rein?“

„Stinktier!“

„Mum, Du bist wieder mal typisch weiblich unlogisch. Entweder Wutz ODER Skunk. Beides geht nicht. Typisch! Wie nennt man diese Logik? Gynäko-Logik?“

Lachend floh er vor einem Kissen, dem ein Kugelschreiber folgte. Das Kissen war gutmütig und prallte an der Tür lautlos ab, während der Kugelschrei-

[50] Fränkischer Begriff für Wildsau

ber den harten Kontakt mit der Realität des Lebens übel nahm und zerschellte. Irmgard saugte auch die Einzelteile später mit auf. Sie wusste ja, was sich gehörte – noch dazu in den eigenen Räumen.

Die Jungs hatten genug damit zu tun, die Partyverpflegung vorzubereiten beziehungsweise aus dem Lebensmittellager zu holen, wozu sich die Garage langsam mauserte. Peter beschloss, mit Bronco und Tony alsbald über eine Alternative nachzudenken – für die Autos. So ging es nicht wirklich weiter.

Als die Hausgäste am späteren Nachmittag zurückkamen, hatten sie vereinbarungsgemäß schon gegessen. Tony hatte sie in eines der Buffets der Casinos geführt. Sie waren dementsprechend gesättigt. Da Peter, Bronco, Raúl und Irmgard nur eine Kleinigkeit zu sich genommen hatten, waren die Jungs eigentlich jetzt schon wieder hungrig, aber in Anbetracht einer schlanken Linie…

Der Salon war sauber. Viel zu saugen oder zu wischen hatte es auch nicht gegeben. Es lagen ja noch die Matratzen von gestern da.

Irmgard kam berufsmäßig geschminkt aus ihrem Zimmer. „Also ich weiß ja auch nicht, aber ich muss unbedingt mal wieder zum Friseur! Ich sehe aus, wie eine gebrauchte Zahnbürste!“ Sie lachten alle, beeilten sich aber, ihr das Gegenteil zu versichern, Jason empfahl ihr einen guten Coiffeur und sie verschwand. Man winkte und lachte ihr nach.

Viel Zeit war nicht mehr. Bronco zerrte Raúl, Marc und Tony in die Wohnung – zur Reinigung. „Nein, Peter, ich mache jetzt nichts Unsittliches mit den dreien. Erstens mache ich so was nicht, ich bin ein anständiges Mädchen. Und zweitens bekomme ich immer Kopfschmerzen davon.

DARLING! Hast Du irgendwo meine Aspirin gesehen?“

Party

Die Party begann wie immer. Die ersten Gäste kamen ab 5.30pm, heute mal wieder von Peter mit dem Schatzkästchen empfangen. Er bekam dabei eine Idee, aber die würde wohl JETZT nicht mehr realisierbar sein.

Was sich gegenüber der Villa verbessert hatte, war der Partystart im Pool. Sich umzuziehen und dort hineinzuspringen war doch etwas ganz anderes, als zu strippen und sofort zu fummeln anfangen. Diese leicht beschämte Ratlosigkeit war nicht mehr da. Die Mitarbeiter Tony und Marc waren ebenso verschwunden.

Peter kam kaum dazu, sich zu wundern. Bronco war da, das war also kein Thema. Er hatte auch keine Zeit zu fragen. Es hatten sich 6 Normalzahler und 12 Soldaten angemeldet – ihr Zahltag lag frisch zurück. Diese hier hatten über die Feiertage Dienst gehabt – und damit heute frei – und noch drei Unangemeldete mitgebracht. „Traurig“ seufzend hatte Peter die höhere Gästezahl akzeptiert. Als in der Menge der Anreisenden auch noch Trevor und Marvin erschienen und fragten, ob „Mann“ vielleicht Hilfe benötigen würde, strahlte Peter sie so an, dass sie sich ganz überrascht zeigten. „Infos kommen später“, meinte Trevor noch und schon zogen die beiden sich ebenfalls aus. Jason gehörte als Nichtzahler auch zum Team, es würde wieder passen: Peter, Bronco, Marc, Tony, Jason, Trevor, Marvin – sieben plus Raúl für 21 Gäste. Über die Platzprobleme würden sie sich in den nächsten Tagen Gedanken machen müssen.

Die allgemeine Gästebegrüßung durch Peter fand schon im beziehungsweise am Pool statt, als sich hinter Peter leise die Türe zu seiner Wohnung öffnete. Drinnen war es stockdunkel, die Tür offenbar frisch geölt, dank der kurzen Ansprache waren alle Augen auf ihn gerichtet. Noch dazu, weil er sich leicht über seine Retro-Badehose strich und diese – gar nicht Retro – ihr Geheimnis zumindest sichtbar aufbäumen ließ.

„Nun, Marc-Darling, wollen wir uns mal die Sehenswürdigkeiten des Landes hier ansehen?“, fragte Tony laut im Touristen-Besichtigungs-Ton und Marc nickte.

„Oh ja, gerne, sind denn hier welche?“ Spätestens jetzt hatten die beiden die Aufmerksamkeit der Zuschauer und die ersten Lacher. Tony wies mit weiter Handbewegung über die nasse Menge.

„Ach so“, antwortete Marc mit Enttäuschung in der Stimme und drehte sich leicht weg. „Wenn DAS alles ist, dann kann ich auch wieder gehen und noch ein bisschen schlafen. Ich bin müde. Das sieht ja aus wie am Fisherman‘s Wharf in San Francisco!“ Brüllendes Gelächter. Der Fisherman´s Warf ist für seine Seelöwenkolonie berühmt.

„Oh, Du bist noch müde? Warum? Was macht denn Dein Jetlag?“

„Ach, der liegt gerade noch im Bett und jammert mir nach. Er hat Sehnsucht nach mir. Mir geht es wie dem armen Bernd, der noch dazu nach wenigen Tagen schon wieder heimflog. Der hat hier aber nie über Umstellungsprobleme gejammert.“

„Nun ja, der ist ja vielleicht auch ein echter Mann!“ Seufzendes Nachlachen aus einigen Publikumsmündern verkündete, dass der eine oder andere Wiederholer da war. Peter grinste sich eins. Wie gut, dass er sich in den Lichtschatten stellen konnte. Wie schlecht, dass der Licht- auch der Wärmeschatten war

„Soll ich Dir mal zeigen, was ich für ein ECHTER Mann bin?“, knurrte Marc Tony gut hörbar ins Ohr und knabberte daran. Es sah zu süß aus, als Tony unter dieser Aktion an Marc dahinschmolz, erzitternd und sich an ihn schmiegend.

„Sag mal, kannst Du eigentlich tanzen?“, fragte ihn Marc.

Tony: „Ja, natürlich. Du auch? Warum?“

Marc: „Kapellmeister Peter Petronowitsch! Dein Typ wird verlangt! Legt mal einen Tango auf!“

Endlich konnte Peter seinen Mondschatten wieder verlassen, und tat so, als wäre er bass erstaunt. Recht schnell erklang aus seinem Zimmer *La Cumparsita*, der spätestens seit „*Some Like it Hot*[51]“ weltweit bekannte Tango.

Die beiden Jungs begannen, einen tollen Tanz auf die unechten Holzdielen zu legen, diesmal mit Tony als Frau. Woher er die Rose in seinem Mund gezaubert hatte, fand Peter erst später heraus. Sie fehlte in dem künstlichen Gesteck in ihrem Zimmer.

Die Jungs im Becken – da war keiner, der diesen Tango nicht kannte – riefen ihre Kommentare passgenau dazwischen: „Daphne, Sie führen schon wieder!“ und „Oh, Verzeihung!“ Das Schluss-„Ole“ kam auch von allen. Ob es geplant war oder nicht, wusste keiner außer den Akteuren, doch bei der letzten Schlussverbeugung klatschten Marc und Tony ins Wasser.

Peter klatschte so wild, dass er selbst „das Gleichgewicht verlor“, ebenfalls im warmen Nass landete, und zwar mit den Worten: „Wartet, Sugar will auch noch mit!“ Bronco und Raúl kamen hinterher … der Partyanfang war bestens gelungen.

Alles Weitere wurde der gleiche Erfolg wie bei der letzten Partys auch. Raúl hielt sich beim passiven „Vergnügen“ noch ein wenig zurück, doch als er eines blonden, blauäugigen und bildhübschen Soldaten ansichtig wurde, der nicht ganz SO groß gebaut war, ging er erst in die Knie und dann auf alle Viere. Peter hatte in dem Moment gerade frei und verkaufte der Menge Raúl als „echte Jungfrau“.

---

[51] „Manche mögen´s heiß“, 1959. Billy Wilder (Regie). Marilyn Monroe, Tony Curtis, Jack Lemmon

„Hallo junger Mann! Ach, da auf der Brust hast Du Deinen Namen tätowiert? Oh, okay! Du heißt also Rosalinde?“ Brüllendes Gelächter! Alle anderen Aktivitäten waren bereits, seit Raúl die Hundestellung eingenommen hatte, unterbrochen worden. Das hatte man nicht erwartet, auch Peter nicht! Es war ein Spontaneinfall gewesen.

„Ich bin Ron“, korrigierte der so bildhübsche Neuling, dass sich Peter an James erinnert fühlte. Der hatte auch so was wie 22x3cm, mittelweich.

„Oh, dann hat Deine Brust gerade eine Erektion und daher den Namen gestretcht?“

Ron machte gut mit: „Yes Sir. Seitdem ich hier bin, bin ich in Erregung, Sir. Und ich möchte, wenn Sie es gestatten, mein Füllhorn diesem Jungen nicht nur zum Tranke anbieten, Sir.“

„Wow Leute, hört Euch das an! Schon der Anblick unseres Hauses hat ihm einen *hard-on*, sogar ein Füllhorn beschert? Grandios! Musst Du mir mal erzählen, wie das geht. DAS ist mir nämlich noch nicht gelungen.

Aber sorry, ich wollte Euch nicht stören. Nur unterbrechen, sozusagen *Coitus interruptus*. Ich muss Dich nämlich auf etwas hinweisen: Unser Raúl ist nämlich noch absolute Jungfrau.“

„Ach, der auch?“

AUTOR: DAS MIT DEM PERMANENTEN LACHEN UND DEN PROBLEMEN MEINES LEKTORS, JETZT AUCH VERLEGERS, DAMIT, DAS HATTE ICH JA SCHON MAL ERKLÄRT.

„Ja, der auch. Und wie bitte? Du willst Jungfrau sein?“

„Aber natürlich. Ich bin am 30.8. geboren. Ich bin eine Virgo[52].“

Das Lachen entspannte auch Raúl, der aber offenbar beschlossen hatte, das Theater der Entjungferung diesmal bühnenreif mitzumachen. Danach waren Bronco, Peter und Tony überzeugt, dass Raúl nicht nur „ein bisschen schwul“ ist.

Raúl blickte also erst mal angstvoll auf Rons Schwanz. Dass er ihn gerade erst mit Begeisterung geblasen hatte, schien

[52] Sternbild der Jungfrau

vergessen, auch von Ron. Der bemühte sich, das Teil steif zu bekommen – ein nicht ganz einfaches Unterfangen. Der Vergleich zu James damals kam Peter sofort erneut in den Sinn. Einer von Rons Kameraden griff nun nach dem Stück, und jetzt wurde er sofort „hart". Ein grinsendes Raunen ging durch den Raum. Hatten sich da zwei gerade erst gefunden, oder war da schon länger was im Gange...? Egal, die Show durfte weitergehen.

Zwei andere Handpaare kümmerten sich gerade im Raúls Popo. Er wurde geöffnet, die zarten Backen sanft zur Seite gezogen, das Loch schaute sich ängstlich um und wurde sofort von einer Ladung kühlen Glibbergels erfasst, wie ein Badender von einer unerwarteten Welle, und es benahm sich auch so. Es fehlte nur noch, dass es sich schüttelte. Der Verteiler benutzte seinen eigenen Pinsel, um das Gel zu verteilen, und Raúl schnaufte geil auf. „Ohh!", stöhnte er zur Freude aller Zuschauer.

Das regte Ron auch sichtbar an. Ihm war zwischenzeitlich ein Kondom von eilfertigen Händen übergezogen worden, das Reservoir begann sich mit dem Aufstöhnen des Knaben schon zu füllen. Peter dirigierte. „So, mein lieber Raúl, dann wird dies heute Deine Einführung in die Welt des echten Sexes, der echten Freude, wie es sie nur unter Männern gibt. Bist Du bereit?"

„Ja, aber bitte VORSICHTIG! Ich hatte noch nie und der ist auch so groß und..." Er brach seinen Jammersatz ab und ließ lieber ein perfekt qualvolles Gesicht in die Menge blicken. Peter schaute sehr zufrieden.

Ron wurde von weiteren „Mitarbeitern" an Raúl herangeschoben, gleich zwei hatten ihn, mit einer Hand auf den Arschbacken, mit der anderen Hand an seinem Schwanz gepackt. Beide Handpaare streichelten noch, um unbedingt die Steifheit zu erhalten, und führten den Soldaten an seinem Gewehr zu Raúls Loch. Er setzte an und – nichts passierte.

Raúl hatte beschlossen, das Loch erst mal zuzuhalten, aber dafür laut aufzustöhnen. Bronco drehte sich schnell weg, damit niemand sah, wie sehr er grinsen musste. „Raúl, entspannen!", mahnte Peter freundlich, doch bei einem neuen Vorstoßversuch jaulte Raúl erst recht auf. Peter hob die Hand. „Du hast es nicht anders gewollt!", drohte er, und Raúl schrie auf. Nicht, weil ihn die Hand schon getroffen hätte, sondern...

Ron war drin! Raúl hatte bewusst und rechtzeitig geöffnet. Der Schrei war nur ein weiterer Teil des Theaters, und sein Stöhnen und Jammern klang nun so herzzerreißend echt, dass die anderen allesamt schon wieder zu tropfen begannen.

„Ron, schön langsam! Unser Frischfleisch ist es noch nicht gewöhnt, eine so schöne Stange dahinten reingeschoben zu bekommen", mahnte Peter als Moderator. „Mach mal eine kleine Pause, damit sich der Kurze dran gewöhnen kann, äh, *I am SO sorry*, ich meinte natürlich eine kurze Pause, damit sich der Kleine dran gewöhnen kann." Peter war gezielt in Raúls Mundnähe gekommen, der hatte die Gelegenheit in Form des Halbsteifen von Peter ergriffen und sich in den Mund geschoben. Peter schrie überzeugend überrascht auf. „Oh, Ron! Jetzt sei aber wirklich vorsichtig! Der Kleine hat ... AU ... der Kleine hat gute ... AU ... scharfe Zähne!" (Hier darf das Lachen mal wieder erwähnt werden.) „Also Ron, schieb Dich nun langsam rein! Ja, langsam. So ist´s gut – AU – nein, das war zu fest. Leute! Ich spür hier jede Bewegung von Ron in Raúl an meinem kostbaren Stück!"

Ron musste auch lachen, doch das schien seine Standfestigkeit nicht zu beeinträchtigen. Langsam schob er sich vorwärts, ständig von Peter kommentiert.

„Ah, das war wohl Deine Eichel, die jetzt gerade durchgeflutscht ist? Oh, sie scheint mir dicker zu sein. ICH spüre es – er beißt nicht mehr so fest zu! Und – oh, Raúl, bitte! Bitte nicht zubeißen – jetzt streichelt Ron nur über Deine Prostata. Das tut nicht – AU – weh, sondern eigentlich gut. Raúl! AUA! Nicht beißen!" Peter packte Raúl an den Haaren und „zog" ihn daran ein wenig ab. Mit halb offenen Mund schaute er erleichtert in die Menge. „So ist es schon besser", und atmete tief durch. „Hmmm, ja, das tut ihm jetzt gut. Ron, streichle ein bisschen mehr seine Drüse! Einer von Euch anderen – schaut doch mal, was da unter Raúl so herumhängt!"

„Da hängt gar nichts, das klebt schon fest an seinem Bauch", erklang bald eine Stimme von unter Raúl hervor. „Ich versuche mal, ob ich den herunterbiegen kann, ohne ihn abzubrechen. ... Oh, der schmeckt ja gut! So richtig nach frischem Hengstfüllen!"

„Was Du nicht schon alles hattest!", klang es lachend aus der Menge zurück.

Wieder meldete sich Peter: „Und jetzt, Ron, ganz langsam ein bisschen bewegen. Ja, so. Ja, Du weißt doch noch, wie es eine Dampfeisenbahn machte. Die hattet Ihr hier ja auch mal. Langsam rein und langsam wieder raus. Ja, so ist es gut. Oh, ja, jah, jahhh!", schrie er auf, als würde er jetzt schon kommen. Dass Raúl dabei eine kräftige Schluckbewegung machte – bühnenreif!

Doch auch unter Raúl war es nicht ruhiger geworden. 19cm lassen sich verbiegen und leicht drehen. Der Gast unter Raúl hatte Gesellschaft bekommen Es musste ein Soldat sein, denn nur jemand mit absolut durchtrainierten Bauchmuskeln konnte sich in dieser Position ohne Handstützen so halten und zugleich Raúls Eier lecken.

Plötzlich rief Peter: „Oh, was macht Ihr da? Wow, das ist ja ... Raúl! Das ist ja Wahnsinn! Oh, Raúl, oh Du bist gut, Kleiner, oh ...! Ron, mach weiter! Ja, stoß Dich in ihn hinein, und ihr da unten, ja leckt ihn kräftig, und … Oh, wunderbar, oh, herrlich, Raúl Deine Zunge! Oh, oh! Leute macht schneller, macht´s noch besser, Ron, schieb rein, los, tu was für Dein Geld, mach!" – Ron fickte Raúl nach allen Regeln der Kunst. Dass aber sich ein Mund und eine weitere Zunge unten um ihn kümmerten, bedeutete schnell… „Oh, Raúl", tönte es von unten, von der Zunge, „ziehen sich Deine Eier immer weg, wenn Du gleich kommst?", und schon spuckte Raúl Peters Schwanz aus, schrie richtig laut auf, und von unter ihm hörte man die Geräusche eines Ertrinkenden. Ein paar hektische Bewegungen zeigten Ablösung da unten. Doch wen interessierte das schon? Gerade kam auch Ron in einem sehens- und hörenswerten Orgasmus, tief drinnen in Raúl, mit einem mächtigen Brunftschrei. Schnell zog er Schwanz und Präser aus dem Hintern, riss den vollen Gummi herunter. Derjenige, der ihn vorhin steif gerieben hatte, griff sich den saftenden Nassschwanz und rieb ihn weiter. Ron bäumte sich auf, jubelte, und sein geriebener Schwanz verteilte Zwischen-Cum in großzügigen Spritzern. Eine fremde Hand ging zu Rons Eiern, nahm diese in die Hand und zog sie im Eierbehälter nach unten. Ron schrie noch mal und noch lauter auf und kam. Als der Eiermann weiterzog, war dies wie eine dieser alten Wasserpumpen im Garten, bei jedem Zug kam ein weiterer Ausstoß, ergoss sich über den gesamten Rücken von Raúl, vom Haaransatz bis runter, so lange, bis die Tanks leer waren.

Kraftlos sanken die Akteure in sich zusammen. Auch Peter tat so, als sei er von seinem eigenen, von Raúl geschluckten und damit unsichtbaren, Erguss geschwächt. Eilfertig reichten Bronco und Tony den sechs Mann frische Getränke. Klebriger Applaus klatschte zwischen den Händen der Zuschauer. Raúl lag erschöpft auf den Matratzen, schon knieten zwei Gäste über ihm, sich den Erguss des saftigen Soldaten streitig zu machen. An Ron selbst hing auch schon ein Absahner. Während der blonde Schöne oben seine eiskalte Cola in sich schüttete, zuzelte unten der andere Gast den Rest aus den Lagern. Ron sah RICHTIG erschöpft aus, während Raúl Peter schon wieder von unten angrinste. Natürlich ließen es sich die beiden nicht nehmen, dass Peter den armen, schwachen Raúl nach der Säuberungsaktion hochzog und ihn stützend zum Pool führte. Dies war dann der Auftakt für eine zweite Badepause.

Sie schritten den anderen voran. „Gut gemacht", murmelte Peter ihm zu.

„War mir ein geiles Vergnügen", kam genauso leise die Antwort.

Die Gäste beschäftigten sich im Wasser dann nicht nur miteinander, sondern auch mit den fünf anderen Schönheiten des Hauses. Dass diese, also Bronco, Tony, Trevor, Marvin und Jason auf Broncos Geheiß zuletzt den Pool enterten, sich alle gezielt schon halbsteif erst mal „umsahen", damit allen zeigten, was sie zu bieten hatten, und dann erst ins Wasser sprangen, ließ gleich neue Gruppen bilden. Es kam bald zu verschiedenen Ficks, auch mal ein Sandwich mit Tony vorne war dabei. Die allermeisten Aktionen fanden im Salon statt, und Peter freute sich schon auf den Sommer. Man würde dafür noch ein paar Überlegungen anstellen müssen.

Die nächste und letzte Runde war nach einer weiteren halben Stunde durch. Je nach Alter und Konstitution hatten einige schon jetzt nur noch zugesehen und müde getropft. Das war Peters Aufmerksamkeit entgangen, aber der Endbericht „seiner Leute“ erzählte von vielfältigen Aktivitäten auch an ihnen. Nur er selbst war heute mal weniger gefragt gewesen. Ob es ihm unangenehm war? Eher nicht.

Er hatte Ron auch noch abbekommen, diesmal Ron in passiver Haltung. James damals, er erlaubte sich zum letzten Mal einen Gedanken an ihn. Der war ja eigentlich Kunde seiner Mutter gewesen und nicht schwul. Er wollte auch nicht noch mal ficken, auf Blasen stand er nicht (wie selten!), und um gefickt zu werden, dafür empfand er Peter als zu groß. Aber gegenseitiges Streicheln – Peter spürte, wie alleine bei dem Gedanken daran das Blut noch stärker in seinen Schwanz schoss. Ron sah etwas ängstlich auf das Teil. Peter hatte nicht hingesehen, doch er kannte seinen Anhang und wusste, dass der noch mal ein wenig dicker geworden war. Und er tropfte schon.

Ron ließ erst mal seine Zunge über die nasse Kuppe gleiten, bevor Peter vor ihm und schön sichtbar die Tüte mit dem groß aufgedruckten „XXL“ aufriss und sich die Gummihaube von beiden Händen geführt überstrich. Nur, dass er sie gleich richtig herum aufgesetzt hatte, zeigte die Übung; der Rest den erotischen Reiz, den er zeigen wollte. Er wusste, dass es in dem Business nicht sehr häufig war, wirklich anregende Gefühle zu haben, doch bei diesem Jungen? Er könnte fast der Zwillingsbruder von James sein. Nur, dass dieser James damals kein Tattoo getragen hatte. Aber das wäre ... Peter schob den Gedanken beiseite. „*Hic rhodos, hic salta*“, fiel ihm in diesem Moment der Spruch seines Geschichtslehrers wieder ein: „Hier ist Rhodos, hier wird gesprungen.“ Nicht, dass er nicht zum Sprung und zu noch viel mehr bereit war, aber dieses Rhodos war Rons und nicht James′ Arsch, der ihn nun anblinkte. Von fleißigen Helfern war er schon frisch gegelt. Eine weitere Hand hatte sich seines Stängels angenommen, als er gerade daran dachte, selbst noch Gel aufzutragen. Er erinnerte sich vage an einen Spruch von James Bond: „*Warum etwas selbst tun, wenn es ein anderer tun kann*“. Nur der Film war ihm klar: *You Only Live Twice - Man lebt nur zweimal*. Er genoss die fremde Hand an seiner Stange, die noch dazu nicht nur Gel, sondern auch eine leichte Massage spendete und ihn seinem Gegenpart zuführte – wieder am Schwanz. Peter seufzte leise auf, woraufhin er spürte, wie der Dritte sich freute. Wer es war? Er hatte schon bei der ersten Party aufgegeben, sich alle Namen zu merken, zumal die meisten auch noch falsch waren.

Ron lag auf dem Rücken in passender Höhe auf einem Sofa, die Beine schon angezogen. Offener konnte eine Rosette ihren Beglücker nicht empfangen. Ron stöhnte mit einer annehmbaren Mischung aus geringem Schmerz und großer Lust auf. Peter beschloss, jetzt und hier das volle Programm zu fahren. Etwas, was er bei Einzelkunden nur noch selten machte. Die meisten dankten es ihm nicht. Und Ron? Er würde es sehen.

Ron hatte die Augen geschlossen. So konnte Peter Trevor und Bronco zu sich winken. Sie standen gerade in der Nähe herum und waren immer noch nicht zu verbraucht, um den restlichen Körper des Soldaten zu streicheln, mit den Händen und auch mit ihren Schwänzen, wenn sie wollten. Und wie sie wollten! Ron stöhnte noch mehr auf, er hatte kurz einen Blick auf die beiden anderen geworfen, dann die Augen mit einem wohligen Grunzen wieder geschlossen.

Peter fickte den Mann in den ersten Himmel, genauer gesagt, bis vor die Himmelstür, knapp davor. Die schon lange gewohnten Zeichen für einen Orgasmus waren auch bei Ron vorhanden, er hielt punktgenau da an, wo Ron gerade kommen wollte. Der riss die Augen auf, gab einen entsetzten Schrei von sich und fing sofort an zu jammern. WAS er jammerte, das war das Gleiche, wie alle anderen auch. „Du kannst doch nicht – ich war gerade soweit – ich wollte …"

Peter antwortete darauf nur mit seinem üblichen „Ich weiß" und ließ ihn trotzdem auskühlen. Der Gast jaulte auf.

Bronco und Trevor hatten ihn weiter gestreichelt, nur die Muskeln und den Brustkorb. Bronco nickte Peter zu, und der schob wieder an. Wie die Dampflok, die er zuvor zitiert hatte, fickte er langsam immer schneller werdend wieder bis zum nächsten „ich wollte kommen". Spätestens seit diesem Moment waren die anderen nur noch Zuschauer. Nur das Tropfen war insgesamt geringer geworden, nicht wegen der nachlassenden Geilheit der Show, sondern wegen der nur noch geringen Vorräte.

Als Bronco das nächste Zeichen für die Wiederaufnahme gab, jaulte Ron los: „Jetzt aber bitte fertig machen! Ich kann nicht mehr, ich wollte schon gerade wieder, ich weiß nicht ob es noch geht!" Er konnte Peters siegessicheres Grinsen nicht sehen, er hatte wieder die Augen zu. Peter nickte Bronco zu, der wusste, was jetzt kommen würde und was seine Aufgabe sein sollte.

Er nahm Rons dauerlaufenden Ständer-Schlauch in die Hand. Trevor verteilte schon mal das gesamte Pre- und sonstwas-Cum auf dem halbfesten Teil. Peter massierte ihn leicht, immer mehr, immer kräftiger und klopfte immer mal wieder an die zweite Schleuse an. Ron jubelte, jaulte und stöhnte gleichzeitig. Peter und Bronco verstanden sich nun blind. Peter zog sich ganz raus aus dem Arsch. Ron riss erschrocken den Kopf hoch. Bronco massierte weiter. Peter schoss im Blindflug in das Loch, das gar nicht mehr wusste, wie ihm geschah. Broncos Hand raste. Ron wollte aufschreien. Bronco stoppte seine Bewegungen, drückte den Schwanz ab ... und Peter durchbrach die zweite Schleuse. Ron gab mit weit offenem Mund keinen Ton von sich, dann ließ Bronco los und Schrei und Schuss waren eines. Ein Schrei, ein Schuss. Ein Schrei, ein Schuss. Ein Schrei, ein Schuss. Ein Schrei, ein Schuss. Dann ließen die Schreie nach, die von Ron. Die der anderen kamen gerade auf, die fremden Soßen wurden zwischen den Masseuren hindurch auf Ron geschleudert. Der nahm sie gar nicht mehr wahr, war zu sehr mit seinem Inneren beschäftigt, wo ihn Peter nun ganz tief drinnen mit kleinen Bewegungen noch zu Ende stimulierte. Als Peter aufschrie und kam, erfolgte beides auch noch mal fast zeitgleich bei Ron.

Noch einen weiteren und allerletzten Orgasmus beim langsamen Herausziehen seines Schwanzes hatte Peter diesmal bewusst weggelassen. Er hoffte, dass Ron noch mal, ein andermal erscheinen möge und dafür wollte er sich noch ein Gimmick aufheben.

Keuchend, mit rasendem Puls, von Bronco gehalten, befand sich Ron am Rande eines Kollapses. Ein feuchter, aber nicht zu kühler Lappen kam durch Tonys Hände auf seine Brust, ein bisschen zum Leidwesen der anderen Anwesenden, die gerne noch die Spermasammlung aufgeschlürft hätte. Aber das Wohlbefinden eines Gastes hatte nun mal Priorität. Die hochgelagerten Beine sorgten zudem dafür, dass nicht nur das Blut leichter wieder zum Herzen, sondern die Eiweißmenge noch stärker in das Tuch strömte.

Nach fünf Minuten ging es Ron auch schon wieder „besser“. Noch etwas wackelig und dafür gestützt, stand er auf, gab Peter einen Kuss und hauchte ein „Danke“. Peter antwortete leise: „Sehr, sehr gerne“, eine nicht übliche Antwort bei normalen Kunden. Aber hier hatte es ihm selbst mehr Freude gemacht, als manche Nutte und sicherlich auch seine Mutter es als bedenklich angesehen hätten.

Die Luft war nun bei allen raus. Man schlurfte noch mal eher als das man ging zum Pool. Das Außenthermometer zeigte wieder -3°C! So langsam gewöhnten sich auch die amerikanischen Mitarbeiter an die fremde Einheit, zumal die Thermometer zwei Skalen hatten und sie daher vergleichen konnte. Im Gegenzug konnte auch Peter allmählich mit °F etwas anfangen.

Der Pool bot nun erstaunlich mehr Platz als am Anfang. Bronco witzelte frech, dass die nicht mehr ausgefahrenen Ständer sich nun wohl nicht mehr im Wege stünden, und das Lachen klang glücklich, erschöpft und müde. Sie waren halt immer noch Männer, und Männer würden am liebsten schon nach einer Aktion erst mal schlafen, nach so einem Abend aber…

Das Poollicht „fiel plötzlich aus". Bronco gab Peter beruhigende Handzeichen, dass alles in Ordnung sei. Die Wohnungstür zu ihrer Wohnung glitt auf und Raúl auf die Terrasse, Tony auf ihn zu. Sie nahmen sich an den Händen, und die Menge verstummte.

Tony wandte sich an die Anwesenden: „Dass wir uns heute so nett und privat treffen können, verdanken wir nur einem. Nein Pete, diesmal bist nicht Du gemeint, sondern etwas Anderes, viel Größeres. Und ja, Pete, es GIBT Größeres als Dein Selbstbewusstsein." Lachen aller, inklusive Peter. Er wusste wirklich nicht, was nun passieren sollte. „Das Größte, was wir haben, verdanken wir einem, unserem Staat Amerika." Wieder Applaus, doch immer noch ahnte keiner was.

Ganz, ganz leise erklang eine neue Melodie aus der Wohnung, wurde schnell lauter, und Peter trat blitzschnell in den Schatten zurück, denn niemand sollte seine einschießenden Tränen sehen. Er hatte sie erkannt. Doch diese Vorführung? Die hätte er nicht mal träumen können.

Al Bano & Romina Power - Libertà

TONY: The night falls on the shoulders of a man who goes away

RAÚL: Besides the darkness he'll take away with him a secret

TONY: Between houses and churches a woman is searching for who's not there anymore

RAÚL: And in the name of you, how many people won't ever come back.

BEIDE: Freedom, you made so many people cry
Without you, there's so much solitude
Till living will have a purpose
I will live in order to have you.
Freedom, when a choir will rise

It will sing in order to have you.

TONY: There's white paper on people's pain and skin
RAÚL: Everyday the cynicism towards poor people is growing
TONY: But a sun rises at night in the heart of the weaks.
BEIDE: And out of the silence a voice will be reborn
TONY: Searching for you
BEIDE: Freedom, you made so many people cry
Without you, there's so much solitude
Till living will have a purpose
I will live in order to have you.
TONY: Searching for you.

TONY: Freedom, without ever crying again
RAÚL: Without you, there's so much solitude
BEIDE: Till living will have a purpose
I will live in order to have you.
In order to have you.

Al Bano & Romina Power

Bronco trat an Peter heran, zog den tränenüberströmten Jungen an sich heran und sprach: "Nicht weinen, Sugar." SOFORT ergänzte die Menge: „Kein Kerl ist das wert." Brüllendes Gelächter, herzlichste Gratulationen, Einladungen für Auftritte…

Ron war eher unbemerkt aus dem Wasser gestiegen. Dank des Gasheizers konnte man es auch nackt und nass halbwegs draußen aushalten. Doch sofort reichte Bronco ihm eines der großen Trockentücher. Ron war auf die Sänger zugetreten, bedankte sich im Namen aller laut und bat sie für zwei Sekunden in die Wohnung. Bronco wurde hereingerufen, während die Männer im dunklen Pool warteten. Nur die Außenbeleuchtung war noch an,

Noch einmal andere Sounds ertönten, und drei Mann traten durch die Türe. Ron, hinter ihm Tony und Raúl. Die beiden blieben hinter ihm. Als Lead-Stimme erklang die von Ron mit John Denvers wohl berühmtestem Lied. Die Jungs fielen bei „*Life is old there*" ein, und die Männer im Pool sangen sofort den Refrain mit.

Take Me Home, Country Roads

Almost heaven, West Virginia
Blue ridge mountains, Shenandoah river
Life is old there, older than the trees
Younger than the mountains, blowing like a breeze
Country roads, take me home
To the place I belong
West Virginia
Mountain mamma, take me home
Country roads

All my memories, gather round her
Modest lady, stranger to blue water
Dark and dusty, painted on the sky
Misty taste of moonshine, teardrop in my eye

Country roads, take me home
To the place I belong
West Virginia
Mountain mamma, take me home
Country roads

I hear her voice in the morning hour she calls me
Radio reminds me of my home far away
Driving down the road I get a feeling
That I should have been home yesterday, yesterday

Country roads, take me home
To the place I belong
West Virginia
Mountain mamma, take me home
Country roads

Country roads, take me home

To the place I belong
West Virginia
Mountain mamma, take me home
Country roads
Take me home, down country roads
Take me home, down country roads

John Denver

Das Licht im Wasser ging wieder an, und die alte Behauptung, dass Schwule gerne Heulsusen seien, bewahrheitete sich auch hier. Wie gut, dass Wasser eh nass war und man die tränenden Augen damit begründen konnte.

Es war nun schon nach Mitternacht, die Gäste drängten langsam zum Aufbruch, nicht schnell, aber endgültig. Sie bedankten sich alle überschwänglich bei den Darbietern und dann beim Hauptgastgeber Peter. Diesmal forderten ein paar Soldaten (!) noch mal das „Opferkästchen" an, und die Trinkgelder summierten sich auf weitere 200$.

„Sag mal Ron, Du hast ja eine wundervolle Stimme", hörte Peter im Hintergrund Bronco sprechen und drehte sich um. Tony, Bronco, Raúl und Ron standen in der Küche, abseits des Trubels.

Ron zuckte mit den Schultern, Peter drückte Kästchen und Verabschiedungen Marc in die Hand. „Ich gratuliere Dir, ich gratuliere Euch allen. Ich muss sagen, ich bin absolut platt."

„Oh warum? War ich so anstrengend?", feixte Ron fröhlich, und die vier lachten. Peter wurde nun von Marc noch mal zurückgerufen, vier der Gäste begehrten noch eine Übernachtungsmöglichkeit, zwei Doppelzimmer. Ihnen konnte natürlich sofort geholfen werden.

Jason hatte ebenfalls noch Zeit, gesellte sich zu den anderen, gratulierte auch nochmals, und nach einer halben Stunde waren an Gästen nur noch Jason, Ron und die Übernachter da.

„Musst Du nicht in die Kaserne?", fragte Bronco Ron. Der schüttelte den Kopf.

„Nein und natürlich ja. Aber erst wieder morgen Abend. Nur, shit, ich bin mit Juke gekommen, ist der schon weg?" Er rannte zur Türe, wo ein wartender Wagen bereitstand. Sie redeten kurz und heftig. Ron kam zurück.

„Sagt mal, könnte ich auch hier übernachten? Ich glaube, ich möchte was mit Euch besprechen. Ich zahle es auch." Peter winkte ab.

„Natürlich kannst Du hier schlafen. Wir fahren Dich auch morgen in Deine Kaserne zurück, wenn die nicht gerade 100 Meilen weit weg ist.“

„Nein“, lachte Ron auf: „Oben bei Spanish Springs. Danke! Ich sag draußen schnell Bescheid.“

Zehn Minuten später saßen die Jungs inklusive Jason noch auf den Sofas „zusammen“, wenn man das so bezeichnen darf, da alle Sofas um den großen Raum herum dicht an den Wänden standen. Tony gab bekannt, dass Pool, Licht und Wärme gesichert seien, und Ron antwortete darauf: „Aye, aye, Sir!“. Sie lachten alle.

„Ja, so ein Bordbuch, wie in Star Trek auf der Enterprise, das könnte ich mir hier auch langsam vorstellen“, grinste Bronco. „Aber jetzt bin ich zu müde, um es noch zu drucken.“ Sie lachten wieder. Marc kam mit einem Tablett mit Prosecco.

„Number One, Bronco hat mich dazu aufgefordert, Commander, aber ich möchte so frei sein, ihm zuzustimmen. Dieser Abend hat das Prädikat Extraklasse verdient.“

„Danke, Guinan[53]. Und wenn es nicht nur bei diesem Abend bliebe?“, meinte Ron in die Runde. Sie sahen ihn groß an. „Nun ja, ich bin nicht mehr lange bei der Army. Es ist nicht meins. Ich dachte immer, da käme ich zu einem großen Männerhaufen, von denen auch einige schwul sind ... Ja, sie sind es, aber nicht, dass da was in der Kaserne stattfinden würde und immer ein Motelzimmer mieten oder so? Wenn man dann zu zweit öfter mal zusammen rausfährt, fängt schon das Mobbing an, nicht nur verbal – das störte mich ja nicht –, sondern richtig ätzend.

Ich hatte mich ursprünglich für ein Musikcorps beworben, kam aber dann hierher, in den Staub, den Sand, der Einöde. ... Bitte – nichts gegen Sand und Staub, ich komme aus Phoenix, Arizona, da ist es genauso, aber diese Abgeschiedenheit!“

„Verstehe ich das richtig“, fragte Tony langsam, „Du denkst an eine Musikkarriere?“

Ron nickte. „So oder so ähnlich. Nur bitte, können wir morgen darüber reden? Ich bin wirklich hundemüde. DER DA“, er deutete auf einen auflachenden Peter, „der hat mich so richtig fertig gemacht. Ich weiß zwar ‚wie und warum – ja, ich bin aufgeklärt, ich hab extra noch einen Kurs für angehende

---

[53] Whoppie Goldberg spielte die Barkeeperin Guinan in Star Trek.

Dragqueens mitgemacht – ", grölendes Lachen, „aber so hat mich noch keiner rangenommen. Danke Dir, *carassing Pete*[54]."

Peter ging der Mund auf, eher, er klappte auf, seine Augen starrten Ron groß an. Der lachte leise. „Ja, ich bin´s. ‚James' habe ich mich damals bei Euch genannt, und ich sehe, Du erinnerst Dich. Doch geht das auch alles morgen?"

Peter nickte, den Mund immer noch halboffen, die anderen schauten fragend, dann riss Peter ihn nochmals weit auf, um richtig zu gähnen. „Alles morgen, beziehungsweise HEUTE. Marc, was hast Du mit den anderen wegen Frühstück ausgemacht?"

„11am Brunch. Sie haben schon bezahlt."

Ron wollte nun auch seinen Geldbeutel rausziehen, doch Peter hielt die Hand fest. „Du nicht. Du bist unser Gast. *Again*." Ron grinste extrem breit, gab der Reihe nach Küsschen auf die Wange und verschwand.

„Darf ich mit ihm…?", fragte eine ungewohnt leise Stimme. Jason.

„Ja, wenn er es auch möchte?", lachte Peter jetzt wieder und fühlte, dass, bliebe er noch länger auf, er auch auf den nassen Matratzenbezügen einschlafen würde.

Die Jungs löschten das Licht, Lüften war nicht angesagt, nicht bei den Minusgraden draußen. Es würde halt bis morgen nach jungen Böcken und viel Moschus müffeln.

[54] Streichelnder Peter

Ideen

Die Woche der Ideen begann wie das neue Jahr, turbulent.

Keiner war wirklich vor 10.30 wach, und als sie sich um 11 im Salon trafen, trat auch eine frisch aussehende Irmgard aus ihrem Zimmer. „Was war denn HIER gestern los? So hat es ja noch nie – geduftet."

Bronco lachte hell auf. „Guten Morgen, schöne Frau. Sag´s nur richtig. Hier stinkt´s gewaltig. Du kannst schon mal lüften. Wir haben gleich Brunch, das Haus ist bis zum letzten Bett voll."

„Nö, nicht, dass ich wüsste", kam es fröhlich von ihr. „Bei mir war noch Platz!" Sie lachten und lachten damit auch den herabschleichenden Gästen entgegen.

Tony kam vom Pool und verkündete: „Klar Schiff!" „Es lagen nur 15 tiefgekühlte Kondome auf dem Boden, also gar nichts", grinste er. „Der Pool ist schon offen." In Richtung Treppe setzte er fort: „Die Gäste erhalten die Möglichkeit, Frühsport zu machen. Der Pool ist bereits offen. Ich habe den Jetstream auf Schwimmen eingestellt, und" – ein Blick in die Küche bestätigte es – „der Brunch braucht noch einen Moment." Die vier Hausgäste lachten und nutzten die Gelegenheit.

Tony übergab das Räumkommando für den Salon an Marc und half Bronco, Raúl, Peter und Jason in der Küche. Ron unterstützte Marc, und bald sah der Salon wieder so aus, wie immer: „Er ist wieder bewohn- und nicht nur befickbar", befand Ron laut, und der nächste Lacher des Tages rollte durch den Raum.

Erst langsam war Peter aufgefallen, dass Marc sich insgesamt sehr wenig an allen Aktionen beteiligt hatte. Auch jetzt hatte er von sich aus nichts getan, erst auf Tonys klare Ansage hin. Peter nahm sich vor, mit Marc einmal zu reden. Auf der anderen Seite: Marc zahlte eine sehr gute Miete und musste nicht mithelfen.

„Marc, was ist morgen mit der Uni?", fragte Peter.

Marc zuckte mit den Schultern. „Was wird schon sein? Ganz normaler Unterricht. Ich geh schon wieder hin." Peter fiel bei dem leicht patzigen Ton Marcs sofort wieder das Telefonat mit Georg ein. Er beschloss, bevor er mit Marc sprach, Georg zu kontaktieren.

„Und Jason, wirst Du nicht erwartet?"

„Mag schon sein. Aber ich bin´s langsam leid. Ich bin jetzt 23 und Ende Januar fertig mit meiner Ausbildung. Ich mag mich nicht dauernd herumkommandieren lassen. Wobei, nein, das ist eigentlich falsch. Sie kommandieren mich nicht, aber sie versuchen mich zu überwachen."

„Die wissen, dass Du schwul bist, ganz einfach", konstatierte Bronco trockener als die Cornflakes, die er sich gerade aus der Packung in die Schüssel goss. „Sie sagen es Dir nur nicht."

„Und ich sage es ihnen auch nicht. Ich mag einfach nicht."

„Angst?"

„Vielleicht. Aber – ich glaube, wir sitzen wegen was anderem hier."

„Richtig: wegen einem leckeren Brunch", lächelte Irmgard, wandte ihren Blick zu Ron. „Ich freue mich, James, dass Du auch mal wieder den Weg hierher gefunden hast, wenn auch nicht zu mir."

Ron fiel mit dem Gesicht auch der Toast aus der Hand. Das Brot landete unvorteilhaft auf seinem Rührei, wovon nun leichte Fettspritzer auf seinem Hemd zeugten. Bronco und Tony bliesen schon die Backen auf. Peter lachte los, und die beiden Soldaten unter den Gästen jubelten. Nur die zwei Normalzahler schauten ratlos.

„Mum, das ist Ron. James war nur sein Fakename, damals. Da hatte er sich noch nichts getraut. Ich habe ihn auch sofort erkannt. Nur das Tattoo, das scheint neu zu sein." Ron lief knallrot an.

„Aber eines wissen wir auch noch nicht: Bist Du nun hetero oder schwul, lieber Ron", fragte nun Irmgard.

Anstelle einer Antwort verschluckte Ron sich erst mal, der Krümel bekam Kinder und diese landeten auf dem Tisch. Tony holte grinsend ein Wischtuch. DAS kam ja bei jedem zweiten Essen vor. Als er sich wieder enthustet hatte, antwortete er: „Nein, Ma´am, ich bin nicht ‚oder' sondern ‚und'. Ich bin Bi. Aber das macht mir das Leben in der Army auch nicht leichter, im Gegenteil. Ich werde aus dem Betrieb austreten."

Nun berichteten sie erst einmal von dem gestrigen Abend – dem künstlerischen Teil natürlich nur, wobei sich Peter (beleidigt?) fragte, ob seine Show auf und in Ron, nicht auch einige „künstlerische Elemente" enthalten hatte. Irmgard hörte aufmerksam zu.

„Und Du willst nun Profisänger werden? Im Übrigen, nenn mich bitte Irma oder Irmgard, nicht Ma´am", meinte sie am Ende der Erzählung zu Ron. Der nickte.

„Okay, Irmgard. Aber ich möchte nicht unbedingt in einem Casino arbeiten. Ich will mich nicht als *Dolores von Cartier II.*[55] verheizen lassen. Die verdienen nichts und machen sich nur die Stimmen kaputt."

Tony nickte beifällig. „Habe ich zur Genüge erlebt. Deshalb habe ich es auch noch nicht gemacht."

„Und ich bin der Jüngste! Ich hatte noch nicht mal ´ne Chance!", krähte Raúl fröhlich. Sie lachten wieder alle.

Sie besprachen alle gemeinsam, inklusive der Hausgäste, das Für und Wider, bei Ron vor allem den Verlust des sicheren Einkommens und der tollen Kameradschaft. Doch diese beiden Worte waren noch nicht richtig ausgesprochen, da lachten die Soldaten auch schon. Es ging auf 1pm zu, der Brunch wurde abgeräumt, das heißt, die leeren Teller, Schüsseln und Körbe wurden weggebracht. Übriggeblieben war weniger, als es einem Spatzen zum Überleben gereicht hätte, gäbe es hier welche. Baden wollte aktuell keiner mehr, so dass Tony die „Energiesparmaßnahmen" einleitete.

„Tja, der Junge hat doch hier was gelernt", feixte Peter zu allen anderen. „Von diesen nervigen Deutschen, die ständig überlegen, was DIESE Energie nun auch noch kostet." Die anderen lachten wieder.

Die zahlenden Übernachtungsgäste verabschiedeten sich, jetzt erst stellte sich heraus, dass die drei Soldaten in je einer anderen Kaserne waren. Peter begann langsam, Rons Situation zu verstehen. Auch Ike und Paul mussten wieder los, sie versprachen hoch und heilig, bei der nächsten Gelegenheit wieder aufzutauchen. Vielleicht schafften sie es sogar wieder gemeinsam.

„Und was ist denn mit Dir, Jason?", fragte Irmgard beim gemeinsamen Abräumen. (Das bedeutete, dass sie am Tisch stand und den Jungs abwechselnd die Sachen rüberreichte. Na, wenigstens ein bisschen was an Haushaltshilfe!)

Jason zuckte mit den Schultern. „Ich kann Gitarre spielen, recht gut sogar, meinte man in der Schule. Aber das ist schon wieder lange her. Singen kann ich nicht."

„Ich auch nicht", lachte Peter. „Wenn ich für jeden richtig getroffenen Ton Finderlohn bekomme, verhungere ich!"

„Ich habe das absolute Gehör", verkündete Bronco. „Ich höre absolut gar nichts!" Brüllendes Echo!

[55] Whoopie Goldberg in Sister Act

„Dann solltest Du als Journalist Musikkritiker werden“, meinte Tony sofort. „Die haben auch keine Ahnung von Musik oder sind verkrachte Musiker, die keiner hören wollte. Aber sie können die anderen gut kritisieren.“

Sie lachten wieder alle, Peter erinnerte sich an ein Lied von einem bösen Wiener Liedermacher Georg Kreisler, das genau dieses Thema behandelte. Mal sehen, vielleicht würde er mal danach suchen.

„Was ist eigentlich mit Dir, Marc? Hat die Muse Dich schon geküsst?“, wollte Bronco wissen.

Marc lachte auf, und Peter fiel es schwer sich dran zu erinnern, wann Marc das letzte Mal von sich aus gelacht hatte. „Ja, hat sie. Sie hat dann das Gesicht verzogen und sofort ausgespuckt. Nein, ich bin nicht musikalisch. Nicht auf unserem Piano, noch auf der Hammond, noch beherrsche ich Gitarre, Flöte oder Geige. *Nothing at all.* Ich kann gerade mal ein paar Noten als Noten erkennen. Aber Tanzen, das kann ich. Ich bin also nicht ganz amusisch.“

Sie diskutierten noch eine ganze Weile über das Thema Musik allgemein. Speziell stimmten die Jungs a cappella ein paar Songs an, um mal zu hören, ob es denn klänge. Natürlich beurteilten das auch Irmgard, Peter und Bronco mit, selbst Marc ließ sich zu dem einen oder anderen Kommentar herab. Genau das war es bei ihm auch: herablassen(d).

Peter bat Bronco, mit in die Wohnung zu kommen.

„Ist Dir an Marc irgendwas aufgefallen?“, fragte Peter seinen Freund direkt.

„Aufgefallen? Mein Gott, wenn Du mich nach einer Liste fragen würdest, was mir NICHT aufgefallen ist, sie wäre kürzer.“

„Ach, ich liebe es, wenn Du mich „Deinen Gott“ nennst“, schmiegte sich Peter an den Jungen heran und bekam dafür auch sofort eins auf den Hintern. Sie lachten. „Was ist mit ihm los?“

„Ich weiß es auch nicht, sag Du‘s mir. Er verschließt sich in letzter Zeit immer mehr. Hat er Liebeskummer, ist er unglücklich, hat er zu wenig Sex? Passt das Studium nicht oder die Uni?“

Peter zuckte mit den Schultern. „Wollen wir was unternehmen, und wenn ja, was sollen wir tun?“

Jetzt war es an Bronco, die Schultern zu heben. „Ich weiß es auch nicht. Schau, er bringt gute Miete ein, bisher pünktlich. Was, wenn wir ihn einfach als Mieter behandeln, der halt ab und zu mal mitfickt? Aber eigentlich will ich das nicht und Du auch nicht, das weiß ich schon. Was meint Georg?“

Peter berichtete ihm ganz knapp das wenige, was er wusste, und die beiden beschlossen, Georg alsbald anzurufen. Jetzt wäre es in Deutschland schon nach

Mitternacht vom Sonntag auf den Montag. „Obwohl“, fiel es Peter ein, „die Unis in Deutschland fangen alle erst nach dem 6.1. an. Heute haben wir den 3.1. in Deutschland. Aber okay, es ist zu spät für jetzt.“

Als sie wieder in den Salon traten, befanden sich Jason und Ron im Aufbruch. „Ach, da seid Ihr ja“, rief Ron fröhlich, „wir wollten Euch gerade rufen. Jason meint, er müsse langsam heim, aber er würde mich noch hinten auf seinem Pickup mitnehmen und bei der Army vor dem Tor abkippen. Wir telefonieren uns aber bald wieder zusammen, vielleicht sehen wir uns diese Woche noch mal. Ich weiß nur noch nicht, wann ich Dienst habe.“

„WAS arbeitest Du da eigentlich?“, wollte Bronco wissen.

Ron verzog sein Gesicht sofort auf geheimnisvoll, blickte sich hektisch nach Mithörern um. „Das darf ich Euch gar nicht sagen, so streng geheim ist das! Es war letzte Woche nur so schrecklich, den ganzen Alien-Schleim wieder abzubekommen.“ Er brüllte vor Lachen über die be- und entgeisterten Gesichter seiner Zuhörer. „Schön wär´s“, meinte er schließlich, „dann würde mir der Laden vielleicht sogar technisch Spaß machen. Aber so? Es ist lediglich tristes Dienstschieben unter der Erde. Andere machen es über der Erde, das ist aber der einzige Unterschied. Allerdings bin ich auch nur ein kleiner Sergeant E-4, nicht mal *specialist*, also gar nichts. Ich erfahre auch sicherlich so gut wie gar nichts. Wie gesagt, mir gefällt es nicht.“

Sie verabschiedeten sich, und (endlich?) war das Haus leerer. Marc war verschwunden, Irmgard musste mit Jules raus (oder umgekehrt?). Bei den eiskalten Temperaturen würden sie aber nicht sehr lange bleiben. Das würde Jules Irmgard eher nicht antun.

Er, mit seinem wärmenden Fell, erinnerte sich an die kurzen Tage mit ein wenig Schnee, wie begeistert er da war. Während Lina und Kid am Fenster saßen und Leo erzählten, WIE ABARTIG dieser Mitbewohner wäre. Dass sie das auch über die Zweibeiner meinten, wenn diese mal wieder freiwillig und fröhlich in dieses Becken, das sie „Pool“ nannten, sprangen – wer hätte in solchen Zeiten Zeit, ihnen zuzuhören.

„Und was ist mit Dir, Raúl? Musst Du nicht heim?“, fragte ihn Peter.

„Nicht unbedingt. Wenn Ihr mich rauswerft, dann gehe ich natürlich beziehungsweise bitte Euch mich zu fahren. Aber sonst? Es erwartet mich keiner. Denk daran, Pete, auch ich bin aus der Schule raus, und mir droht nicht mal ein Studium. Ich hab´s ja schon mal erwähnt: Zum einen habe ich keine ausreichenden Noten für mehr als die Minimal-Stütze vom Staat und zweitens niemanden, der mir den Rest bezahlen könnte. Drittens will ich gar nicht studieren.

Bitte versteh mich recht! Nicht, dass ich was gegen Lernen hätte, aber ich bin der Meinung, wir brauchen hier auch nicht studierte Leute. Ein Koch mit Hochschulabschluss – kann der eigentlich abschmecken? Oder, wie Tony, wer soll denn all diese Arbeiten machen? Gut, ein Psychologe als Barkeeper wäre sicherlich interessant und ein Philosoph im Gartenbau. Aber Arbeiter bei Firmen wie Bobs, die klüger sind als der Chef? Das geht meist nicht gut."

Peter und Bronco lachten leise. Bronco meinte: „Aber Du hast Dir immerhin Gedanken gemacht. Bist Du denn schon zu einem neuen Ergebnis gekommen?"

Raúl schüttelte den Kopf. „Nein, das noch nicht. Ich kann mir vorstellen, das Baugewerbe zu lernen, vielleicht so was wie Euer Freund Bernd. Vielleicht liegt es mir auch, Beton zu gestalten, wie es die Firma mit Eurer Terrasse gemacht hat. Aber das ist ja nur EINE Technik, ich habe schon im Internet herumgeschaut, man kann Beton auch mit Säuren und Laugen farbig werden lassen oder einfach bemalen. Ich weiß es noch nicht.

Gärtner? Eher weniger, wenn ich daran denke, dass bei mir selbst Kakteen eingehen?

Lasst mir mal ein bisschen Zeit! Es drängt noch niemand außer meiner Familie nach Geld, und ich will mich in diesem Jahr ein wenig umsehen. SO arm sind meine Leute nicht, dass ich unbedingt jetzt schon was dazuverdienen MUSS, um mich oder gar die Familie zu erhalten. Sie hätten´s nur gerne beziehungsweise erwarten es. Reno ist nicht so arm und meine Familie arbeitet überwiegend in den Casinos. Das sind recht sichere Jobs." Tony lachte freudlos auf. „Ja, okay, Du warst da eine Ausnahme. Das kann immer wieder passieren. Aber, sei ehrlich, wenn Du gewollt hättest, Du hättest sofort hier oder in Las Vegas einen neuen Barkeeper-Job bekommen." Tony nickte leicht betreten. Raúl gab dazu keinen weiteren Kommentar ab.

„Also dumm bist Du schon mal nicht", meinte Peter nachdenklich und erntete dafür ein freundliches Lächeln von Raúl. „Vielleicht fällt uns auch was ein. Arbeit haben wir hier mehr, als wir gemeinsam schaffen können. Wenn ich so denke, was mir gestern alles noch eingefallen ist..." Sofort waren die anderen ganz Ohr. Doch Peter hatte noch etwas anderes auf dem Herzen. „Aber zuerst eines. Wir haben kein Problem damit, wenn Du hier bist. Auch für längere Zeit. Gut, vielleicht kannst Du nicht immer ein eigenes Gästezimmer haben."

„Oh Tony, darf ich zu Dir ziehen?"

„Willst Du meine Maria sein?", fragte Tony spöttisch und sofort begann Raúl zu singen. Gut, seine Stimme konnte die Höhe einer Frau nicht erreichen, aber es klang sehr amüsant, wie die beiden Männer, jetzt stehend, umeinander balzten. Und es klang GUT.

Tonight, West Side Story
MARIA / Raúl
Only you, you're the only thing I'll see forever
In my eyes in my words and in everything I do
Nothing else but you
Ever

TONY
And there's nothing for me but Maria
Every sight that I see is Maria

MARIA
Tony, Tony
TONY
Always you, every thought I'll ever know
Everywhere I go you'll be

TONY & MARIA
All the world is only you and me
MARIA
Tonight, tonight
It all began tonight
I saw you and the world went away
Tonight, tonight
There's only you tonight
What you are, what you do, what you say

TONY
Today, all day I had the feeling
A miracle would happen
I know now I was right

TONY & MARIA
For here you are
And what was just a world is a star
Tonight

Tonight, tonight
The world is full of light
With suns and moons all over the place

Tonight, tonight
The world is wild and bright
Going mad
Shooting sparks into space

Today, the world was just an address
A place for me to live in
No better than all right

But here you are
And what was just a world is a star
Tonight

Good night, good night
Sleep well and when you dream
Dream of me
Tonight

Leonard Bernstein

Die Zuhörer hielten alle erst mal den Atem an. Dann begann Irmgard zu klatschen. Sie war mit Jules über die Haustüre reingekommen und einfach stehen geblieben.

„WOW", sagte Peter ergriffen. „Das war einfach ... einfach großartig! Und es passte so schön. Tony ist im Musical ja auch ein Weißer."

Raúl grinste. „Es passt noch viel besser. Ich bin nicht nur braunhäutig, ich heiße mit zweitem Vornamen auch noch Maria. Raúl Maria Jorge Guerrero lautet mein voller Name."

„Ihr wollt daran arbeiten?", fragte Irmgard.

„Wenn ich kann und darf?", kam es von Raúl.

Peter lachte. „Wer sollte es Dir verbieten? Wir etwa? Nein mein Lieber, wir unterstützen Euch. Richtig, Mum, Bronco?"

Sie besiegelten dieses Versprechen mit gemeinsamem Applaus.

„Und jetzt, liebe Mitbürger, zieht es meine müden Knochen in den Whirlpool. Wer kommt mit? Wir könnten dort alles Weitere besprechen, was ich noch bereden wollte", kam es von Bronco. Lachend waren sie schneller nackt, als Irmgard in ihrem Zimmer verschwinden konnte.

„Wie schade, was mir DA alles entgeht!", seufzte sie so leise, dass es auch die Jungs in der Diele noch hören mussten. Sie lachten.

Peter begann seine Ansprache an die drei. „Also Leute, ich bitte um Mitarbeit und damit meine ich auch Dich, Raúl. Frag mal Tony, den haben wir ja auch aufgenommen, der arbeitet auch voll mit. Dafür, mein lieber Freund, wollte ich Dir erst mal richtig Danke sagen. Wirklich Danke. Ich bin froh, Dich zu unserem Team zählen zu dürfen."

„Darf ich auch mit reinkommen?", kam eine weibliche Stimme von der Türe her und hoch erfreut bat Peter seine Mutter sofort in ihre Mitte. Sie hatte einen züchtigen Badeanzug an, die Jungs aber waren nackt.

„Sollen oder wollen wir uns auch was anziehen?", fragte Peter direkt, doch die Jungs winkten ab.

„Nee, lass mal. Die Bläschen verdecken alles. Du, Irmgard, dürftest auch ohne kommen." Tony spielte Gentleman. Na, er hatte ja auch das kleinste Fleisch zu verbergen.

Irmgard lachte. „Nein danke. DAS wollt ihr gar nicht mehr sehen. Ich wundere mich sowieso immer, dass ich noch genommen werde. Aber vielleicht gehe ich da schon als die ‚schrullige Alte' durch!" Sie lachten alle heiter auf.

Im Pool war es richtig schön warm. Der Whirlpool hatte eh noch ein paar Grad mehr als das Schwimmbecken, gemäß der Empfehlung der Fachfirma 37°C im Winter. 36°C im Sommer. Oder weniger, das würde man dann sehen.

Aber außerhalb des Pools? Ein paar Grade knapp über Null waren alles, was die Sonne an Wärme durch das übliche „*partly clouded*", die teilweise Bewölkung, schickte. Für die Solaranlagen reichte es eigenartigerweise dennoch. Und sie froren nicht.

„Well!", nahm Peter seinen Faden wieder auf. „Mir sind seit gestern eine ganze Menge Dinge durch den Kopf gegangen, Dinge, die ich noch verändern, verbessern möchte. Ich möchte gerne Eure Meinung dazu hören."

„Um dann wieder nur zu machen, was Du willst?" Bronco verschwand „ganz aus Versehen" unter Wasser und kam prustend und spuckend wieder hoch. „Immer, wenn man mal die Wahrheit sagt. Aber sprecht nur, ehrwürdiger Meister!"

Peter zog die Mundwinkel zu einem maliziösen Lächeln zusammen. „Okay. Zuerst einmal stelle ich fest, dass die Partys nach wie vor gut besucht werden. Dies war immerhin schon die Neunte, und ein Ende ist nicht in Sicht. Nur, entweder bauen wir an, oder wir müssen die Besucherzahlen stärker begrenzen. Irmgard, gestern kamen schon die ersten zwei, die nicht angemeldet waren." Sie grinste nur breit. Das kam ihr aus dem Puff so bekannt vor, auch, wenn es dort keine Partys gab. Entweder herrschte gähnende Leere, oder der Teufel war los.

„Wo willst Du etwas an- und ausbauen? Das Thema hatten wir ja erst vor ein paar Tagen, und die Pferdestallungen haben wir gemeinsam abgelehnt", kam es von Tony.

„Genau. Also wenn, dann müssten wir hier erweitern. Nur wie?"

Die anderen schüttelten recht gleichzeitig die Köpfe. „Keine Chance, es geht nirgendwo mehr hin. Anderenfalls müssten wir abreißen, was neu gebaut wurde, diesen Pool zum Beispiel. Aber wenn Ihr größere Partys machen wollt: Wie eng wurde es denn gestern hier im Pool?" Irmgard konnte auch logisch denken – wenn sie wollte. Etwas, was Peter eigentlich erstmalig damals beim Beerdigungsunternehmer wegen des Todes ihrer Mutter aufgefallen war.

„Schon sehr eng", kam die Antwort von Bronco. „Also groß anbauen ist nicht drin. Vergiss nicht, knapp hinter dem Pool geht es schon bergab! Da ist also eigentlich kein Platz. Und vorne? Nein, das lehne ich nach wie vor ab. Wir bauen doch kein Wellnesshotel auf, nur mit zu wenigen Betten.

Was böten wir denn den verwöhnten Kundinnen in der Woche? Heiße Sandpackungen mit der Garantie, dass er in JEDE Ritze dringt?" Die Täler echoten leider immer noch nicht das Gelächter. „Nein. Mein Vorschlag ist: Begrenzung auf eine feste Anzahl! Notfalls können wir mal einen oder zwei zusätzlich reinlassen. Gestern waren es 21! Aber, ich hab schon mitbekommen, die drei unangemeldeten Soldaten haben den vollen Betrag bezahlen müssen?“

Peter grinste. „Nicht ganz. Aber 500 statt 400. Sie haben es gemacht. Aber diese 100$ mehr sprechen sich sicherlich rum und sind damit eine gute Erziehungsmaßnahme. Wir haben wirklich fast nichts mehr zu Essen da – und das, obwohl wir schon für18 plus eigene Leute kalkuliert hatten.“

„Aber es hat sich doch gerechnet, oder?“, fragte Irmgard.

Peter nickte. „Sicherlich. 9.400 plus 200 Trinkgeld.“

„Mein Gott, so viel? Da habe ich mit meinen 800$ ja GAR nichts bekommen von den zwei Mann. ... Nur bitte, wofür Trinkgeld?“

„Für die Musikdarbietungen, liebste Mum“, antwortete Bronco und erntete erneutes Gelächter.

„Tja, schade, dass unsere zarten Stimmchen nicht aufgezeichnet worden sind“, klagte Raúl im Ton einer zutiefst gekränkten Diva.

„Bist Du Dir da so sicher?“, grinste Bronco. „Ich kann es hier im Wasser nicht vorführen, aber ich hab das Handy mitlaufen lassen. Bei allen Songs.“

„WOW! Du bist ein Schatz!“, warf sich Raúl auf ihn und küsste ihn ab. „Pete, gibst Du mir dann bitte einen Spaten?“

Peter, verwundert: „Wofür einen Spaten?“

„Schätze werden doch vergraben, Dummerchen, das weiß doch jedes...“ Das „Kind“ ging im eigenen Blubbern unter. Bronco drückte noch mal nach.

„Aber, liebste Mum Irmgard, wie kommst DU denn dazu, Peter auch schon mit ‚mein Gott‘ zu titulieren?“ Raúl war schon wieder an der Wasseroberfläche und konnte daher mitlachen.

Sie beschlossen, für den Sommer direkt neben dem Pool einen Garten anzulegen, aber nur für den Sommerbetrieb als Ausgleichs- oder gar ausschließliche Aktionsfläche. Pläne würden sie im Laufe dieser Woche schon mal entwerfen können.

„Wollt Ihr das mit der Musik weiter anbieten?“, wollte nun Irmgard wissen. Sie sahen sich an und nickten alle. Nicht ganz synchron, aber gemeinsam.

„Ja, auf alle Fälle“, beschied daher Peter. „Es kommt sehr gut an. Ich meine, wir machen hier zwar keine Dance-Party, aber einen Eröffnungssong und ein Abschiedslied – warum nicht? Wenn die Leute mehr wollen und sich unsere Künstler darauf einigen können – wir hätten hier auf dem Gelände sogar Platz für ein eigenes Musikfestival.“

„Und wie nennen wir das? SERMON OF THE MUSTANG HILLS?[56]"

Peter konterte: „Bronco! Hat Dir schon mal jemand gesagt, dass Du ein ganz loses Mundwerk hast?"

„MIR? Aber mir doch nicht. Ich mit meinem engelreinen Gefieder."

Peter putzte gleich mal die „Kotflügel", während er übersetzte, wie Engelsflügel mit „*car wings*" zusammenhängen.

„Gut, nächster Punkt. Langsam wird´s mir nämlich kühl. Wir kommen jetzt zu den Investitionen." Irmgard stöhnte entsetzt auf, die anderen lachten.

„Zum einen brauchen wir einen Ficktisch. Wir haben es gestern gesehen, wie unbequem es werden kann, wenn die Höhen nicht passen. Also einen Tisch, der stabil genug ist notfalls für zwei, weich gepolstert, gegebenenfalls beheizbar und vor allem stufenlos höhenverstellbar. So was, wie eine hochkomfortable Massageliege."

„Abgehakt, ist genehmigt", kam es sofort von Bronco.

„Danke! Weiter im Text! Wenn es hier Musik gibt, brauchen wir auch den entsprechenden Sound, also gute, wetterfeste Lautsprecher für hier draußen. Ob Stereo oder 5.1, das müssen wir uns noch überlegen und auch schauen, was es gibt. Vermutlich bleiben wir bei 2.1, sonst müssen wir kilometerweise Kabel um den Poolbereich legen.

Und wir brauchen Licht."

„Oh ja!", stimmte Bronco begeistert zu. „Jungs, wir alle halten jetzt unsere Taschenlampen hoch, damit Pete keine Kabel legen muss! Denn diese Lampen müssen hinter den Pool und strahlen von da das Haus und diese Bühne an. Okay, Bühne – andere würden es Tellermine nennen. Frag bezüglich Mine mal Ron! Der will übrigens auch gerne bei uns mitsingen, wenn er aus der Army raus ist."

„Habe ich das richtig gehört, noch ein fester Mitarbeiter? Wann bauen wir am nächsten Gästehaus?", stöhnte Irmgard auf.

„Bald, liebste Mutter, bald. Ich weiß auch schon wie und wo. Wenn Bob sein Haus da vorne baut, setzen wir einfach eine Etage mit eigenem Eingang drauf. So haben wir ganz schnell eine Reihe weiterer Zimmer. Ihr werdet doch sicherlich in eurem hohen Alter keine Treppen mehr im Haus steigen wollen? Außerdem dürften 120qm, rund 1200sft, für ein älteres Paar doch reichen, oder?

[56] Die Bergpredigt der Mustangs

Kinder sollen ja keine mehr zu erwarten sein!" Ein Wasserschwall traf den lachenden Sohn.

„So, dann habe ich nur noch eine, jetzt wirklich winzige Kleinigkeit. Ist ein bisschen verrückt, aber sicherlich machbar. Ihr kennt alle die Holzkiste für das Geld. Gestern musste ich sie mehrfach leeren, während ich kassierte – das sah echt Scheiße aus, wenn das Geld da so überquillt. Gibt es keine Geldschatulle mit doppeltem Boden?"

Ratloses Schweigen beherrschte den Pool – das muss diesem so ungewohnt vorgekommen sein, dass die Filteranlage einen hörbaren Rülpser ausstieß. Sie lachten alle. Technisch gesehen, war das nur die Umschaltung von oder auf Filterspülung. Bei 15 gefrosteten Parisern außerhalb des Pools dürften es auch einige Eiweißreste bis zu dem Filtersand geschafft haben.

„Doch, das gibt es", meinte Tony langsam. „Genauer gesagt, ich weiß, wer uns so was herstellen kann. Das wäre ein Zauberartikel, und hier in Reno sitzt die Filiale eines Herstellers aus Las Vegas. Die könnten so was schon haben oder uns auch bauen. Kostet halt ein paar Dollar."

Peter nickte es ab. „*Okay, it's your job, Tony.* Und zuletzt müssen wir dringend über Urlaub reden. Nicht mehr hier draußen, mir wird langsam echt kühl. Außerdem brauchen wir die Kalender dazu."

Sie verließen die warmen Gewässer und zogen sich an. Tony isolierte die Becken wieder. Poolpflege schien sein Job geworden zu sein. Dass er vorher noch den Dolphin-Reinigungsroboter im Wasser versenkte, gehörte wohl dazu.

Die Urlaubsfrage war rasch geklärt: Es gab keinen! Nicht vor dem Ende des ersten Semesters, das heißt, nicht vor dem 20. Mai.

„Das kommt davon, wenn man schulpflichtige Kinder hat", krähte Bronco und brachte schon wieder alle zum Lachen. Peter merkte mal wieder ein aufsteigendes Gefühl, WIE sehr er Bronco liebte und das nicht nur, weil er so amüsant sein konnte. Irmgard aber wäre von Broncos Studienzeiten nicht betroffen und könne alleine entscheiden, gegebenenfalls halt zusammen mit Bob.

„Du wolltest aber doch auch mal ein paar Deiner Kolleginnen hierher einladen. Sag uns Bescheid, dann halten wir dafür einen Termin kundenfrei und backen auch. Schönes deutsches Gebäck." Irmgard lächelte und versprach es.

Sie fuhren alle gemeinsam zu *El Pollo Loco*. Da war auch Marc plötzlich wieder dabei, und drei Autos brachten sieben Leute den kurzen Weg zu dem Grill. „Man ist ja schließlich in Amerika! Da quetscht man sich nicht in nur eine Kiste", lachte Peter, ein bisschen unglücklich über den Umweltfrevel. Der hatte allerdings noch einen anderen Grund. Irmgard würde von hier aus gleich zu Bob oder zur Arbeit fahren.

Die Jungs wünschten ihr nach der neuen Völlerei viel Spaß – „bei was auch immer" – und kehrten ihrerseits gleich mit zwei beladungsfähigen Autos im Supermarkt ein, um die leeren Vorräte dringend wieder aufzufüllen. Das Hackfleisch nahmen sie diesmal von dort mit, aber nur, um sich hinterher darüber zu beschweren, welch schlechte Qualität es gehabt hatte. Sehr viel Wasser, noch mehr Fett.

Ihr Metzger hatte schon geschlossen gehabt.

Vor dem Studium

Die geplanten kleineren Investitionen waren schnell erledigt. Die Lautsprecher installierten sie an einem nicht ganz so kalten Tag, wobei: „Wer 6-12°C als warm bezeichnet, hat seine Jugend wohl bei den Eskimos verbracht.“ Wieder so ein Satz von Bronco. Peter begann sich diese Sätze zu notieren. So schuf er eine kleine Bibliothek für spitze Formulierungen, die Bronco sicherlich später gut brauchen könnte, falls ihm mal nichts einfiele. WENN dieses Wunder denn geschehen sollte!

Bei der Bühnenbeleuchtung hatten sie sich für Akkulampen entschieden, die hielten zwar nicht sehr lange durch, aber für zwei Songs und die Ansprache reichte es vollkommen. Sie waren zudem flexibel. Sie konnten aber auch nicht erst hinter dem Pool aufgebaut werden – so viel Licht gaben sie nicht. Dass Broncos kluge Erkenntnis, wenn man sie schon in Bühnennähe installiere, man dann auch kabelgebundenes Licht hätte kaufen können, diesmal etwas zu spät kam? Es wäre günstiger gewesen, wie wahr. Doch wer wollte bei den Einnahmen der letzten Wochen da noch über Kosten reden?

Partyroutine & andere Gäste

Die Gäste kamen ab der 2. Januarwoche wieder vermehrt zu Einzelterminen und die Gästelisten für die Partys füllten sich so, dass sie alle 2 Wochen eine Party veranstalten konnten. Zwar mit „nur“ 5-6.000$ pro Party an Einnahmen, aber dafür war es auch entspannter.

Für den Zauber-Geldkasten war zwar jemand gefunden worden, der Kostenvoranschlag war aber wirklich bühnenreif, und das viele Geld war Peter der Gag nicht wert. Er bestellte im Internet lieber eine etwas größere Holzkiste mit schöner Schnitzerei.

Die Partys wurden langsam Routine. Als endlich der „Ficktisch“ geliefert wurde, hatte man nur ein Problem: Wohin damit während der Woche?

Die Garage wurde immer kleiner.

Musik & Arbeiten

Die Arbeiten der „Musikgruppe“ liefen im Januar kaum an. Es war einfach zu kalt, um daran zu denken, woanders zu singen als in den heimischen vier Wänden. Sprich, die Atmosphäre war noch nicht die richtige. Trotzdem wurde nun jede Party musikalisch begleitet.

Als Eröffnungsmusik hatten sie gemeinsam „*The Final Countdown*“ von *Europe* herausgesucht und spielten diesen Titel nach einer Reihe von Liedern von *Queen* in der ersten inoffiziellen Stunde der Anreisen über die gesamte WLan-Soundanlage des Hauses, schon beginnend am Tor, fortgesetzt über den Salon und nun auch draußen am Pool.

Dann traten Tony und Raúl auf, ab und zu kam auch Ron vorbei, doch er war ja noch in der Army.

Die anderen Arbeiten liefen immer dann „auf Hochtouren“, wenn die Jungs, also Peter, Bronco, Tony und nun auch Raúl – nicht aber Marc – mal gerade keine Kunden hatten. Wobei die Kunden bei Raúl noch recht wenige waren, er traute sie sich noch nicht so zu, konnte dafür aber teuer als Frischfleisch verkauft werden. Sein neu via Jason angelegtes Konto erfreute sich diverser Schwellungen. Jason eher über den direkten Abbau etwaiger Schwellungen an ihm.

„Ist das also beschlossene Sache, das mit dem Gartenbereich?“, fragte Peter in die Arbeitsrunde, die sich im Büro eingefunden hatte. Die Jungs nickten.

„Nur, wie stellst Du Dir das genau vor?“, fragte Tony.

Peter skizzierte mit ein paar wenigen Strichen auf einem Blatt Papier ein Quadrat und das war´s auch schon. „So, diesen Garten schaffen wir an der Treppe, die vom Pool aufs Gelände führt. Vielleicht 20-25yard im Quadrat. Ich hätte gerne Rasen und einen undurchsichtigen Zaun in Mannshöhe drum herum. Innen ein paar Liegen oder Ähnliches, vielleicht sogar einen ‚antiken‘ Springbrunnen.“

„Oh ja“, kicherte Raúl, „einen mit lauter nackten Männern!“

„So ähnlich“, grinste Peter.

„Aber ein Quadrat? Das ist ja hässlich!“, stöhnte Tony auf und Bronco und Raúl stöhnten gerne mal mit. Auch ohne Sex.

Sie beratschlagten gemeinsam, warfen Skizzen auf Papier und in den entsprechenden -korb, bis schließlich ein Vieleck entstand, mit einem Brunnen in der Mitte.

„Okay, dann schlage ich mal vor, dass wir Bob wieder in Anspruch nehmen; Er wird das wohl machen müssen“, meinte Bronco und eilte davon. Denn ganz zufällig war Bob mal wieder im Hause. Bronco hoffte, er würde ihn und Irmgard nicht stören. Als Bob dann ins Büro kam, hatte er die Hose zumindest schon hochgezogen, meinte, Bronco habe gerade nicht mehr gestört, und grinste dreckig.

„Ich freue mich immer, wenn die Leute befrieden sind, äh, ich meine natürlich zufrieden“, lächelte Peter. „Wir müssen mal ein bisschen was mit Dir besprechen.“ Knapp führte er die Überlegungen aus und genauso schnell und knapp kam von Bob das Konzept: Ein bisschen den Boden ausheben, eine wasserfeste Folie, in die aber regelmäßig Löcher gestanzt wird, damit das Wasser nicht dauerhaft darin stehen bleibt, auf die Folie ein Geotextil-Vlies zum Schutz, dann gute Komposterde für die Rasenaussaat. Bewässert wird mit eingelegten Tropfschläuchen. „Dann habt ihr einen immergrünen Rasen im Sommer, ohne dass er beregnet werden muss, das heißt, die Oberfläche ist immer trocken. Das spart Wasser und mit einer kleinen Filteranlage könnten wir auch Abwasser, zum Beispiel aus dem Schwimmbad, dafür verwenden, dann kostet das Wasser gar nichts mehr.“, erklärte Bob. Als Zaun lehnten die Jungs Metallgitter mit Auflage ab, plädierten eher für einen blickdichten Holzzaun mit Rinde oder so.

„Oder so…“, meinte Tony zweifelnd, „das passt doch nicht hierher. Peter, gib´s zu, das ist deutsches Design.“ Peter zeigte sich deutlich zerknirscht. Tony und Bob lachten. „Aber wir haben in Amerika so was schon seit vielen hundert Jahren gemacht, denk mal an die ganzen Forts im Wilden Westen. Da hat auch niemand reinschauen können. Das war alles reines Holz, einfach geschnitten und sonst nichts. Und was würde wohl besser zu einer MUSTANG FARM passen, als das?“ So schnell war man sich selten einig geworden. Dass dazu noch die Andeutung eines Ausguckturms kam…

Bob versprach, bald ein Angebot zu unterbreiten.

„Wann wirst Du mit Deinem Haus anfangen, Bob?“, fragte Bronco. Bob zuckte mit den Schultern.

„Ich weiß noch nicht mal, wie es aussehen soll. Irgendwie ist mir die Bodenplatte zu rechteckig. Da etwas Kleineres draufbauen, nur, um keine Schuhschachtel zu bekommen…?“ Sie verstanden ihn und sofort war das Angebot da, die Platte nur als Grundlage zu nehmen und zu erweitern. Bob lächelte. „Danke, das gefällt mir schon besser. Ich weiß es aber trotzdem noch nicht. Ich weiß auch nicht, aus WAS ich es bauen soll."

„Und wie wäre es mit dem Material, mit dem wir den Pool gefertigt haben? Oder, vielleicht sogar besser, wenn auch teurer, mit dem, was uns Bernd als Infos mitgebracht hat? Es sieht mir erheblich stabiler aus", brachte Peter eine Idee in die Diskussion, die er schon länger gewälzt hatte.

„Auch eine Option. Nur, es eilt mir ja wirklich noch nicht. Wann kommt Bernd eigentlich mal wieder? Vielleicht dass ich das mit ihm bespreche?"

Peter und Bronco zuckten synchron mit den Schultern. „Wir wissen es nicht. Es hat noch nichts dazu angekündigt. Er muss ja auch mal wieder ein bisschen was arbeiten, wenn mir auch das Internet meldet, dass es in Nürnberg aktuell Dauerschnee und Frost gibt. Ich glaube, da betoniert es sich schlecht. Aber beim nächsten Gespräch werde ich mal fragen."

Bob bedankte sich. Da sonst nichts mehr zu besprechen war, ging er wieder zu Irmgard, oder hieß das „auf"?

Georg

Der schon länger wegen Marc angedachte Anruf bei Georg erfolgte in der zweiten Woche des Jahres. In der ersten war niemand an den Computer gegangen.

„Oh, tut mir ja leid, ich habe vergessen, Euch zu benachrichtigen. Bernd und ich waren mal kurz zum Skifahren in den Bergen", grinste Georg in die Kamera. Das Bild begann zu wackeln, gut sichtbar wurde das Tablet wohin getragen und eine schneeweiße Oberfläche erschien in nächster Nähe; langsam zog Georg das Tablet weg und die Jungs lachten auf.

„Ein Gips? Bernd, hast Du versucht Pistenraupe zu spielen?", jubelte Bronco.

„GRRR. Hat dem Jungen schon mal jemand gesagt, dass er ein fürchterlich freches Mundwerk hat?", knurrte es zurück. „Aber nein und nein. Es ist kein Gips, nur ein fester Verband. Ich habe mir auch nichts gebrochen, sondern nur kräftig verstaucht." Der nun gezeigte Blick aus etwas weiterer Entfernung zeigte den sitzenden ganzen Bernd mit nur einem bandagierten Fuß und einer winkenden, unbandagierten Hand. „Hallo Mädels, wie geht es Euch? Habt Ihr auch Schnee?"

„Nein“, lachte Peter, „Gott sei Dank nicht. Gut, vielleicht oben in den Bergen am Tahoe, aber hier? Da schneit es mal einen Tag und dann ist es auch schon wieder weg. ... Also, was hast Du dann getan, wenn Du nicht die Piste bis auf den Felsen abrasieren wolltest?“

„Jetzt fängt der auch noch an!“, stöhnte Bernd entsetzt. „Hat Bronco etwa auf Dich abgefärbt? ... Nein, das habe ich auch nicht. Ich bin nur aus dem Lift gekippt.“

„Oh, verstehe. Vielleicht aus einem Sessellift? Aus 50yard über dem Boden?“, kicherte Bronco sofort, und Bernd verzog wieder sein Gesicht.

„Stinktier. Peter, wie viel sind 50 Yard?“

„Rund 45m“, antwortete der sofort.

„Okay, nein, das sähe anders aus. Ich bin aus einem Schlepplift gekippt. Ich habe diese Dinger schon immer gehasst wie die Pest und versuche sie zu vermeiden. Nur hier ging das nicht.“

„Och, und dann haben Dich ein paar bildhübsche, knackige Bergretter im Akia[57] ins Tal gefahren? So richtig heißa-juchei über Stock, Stein und Sprungschanzen?“

„Oh, oh, Bronco, mit Dir wird es mal ein schlimmes Ende nehmen! Peter, liebster Peter, was will Dein Freund unangemessener Frechheiten jetzt studieren?“

„Prügelstrafe für unbotmäßige Journalisten“, grinste Peter frech. Dann unterhielten sie sich kurz über die aktuelle Situation, Georg kam wieder ins Bild.

„Tja, die aktuelle Situation“, meinte er mit leicht sorgenvoller Miene. „Das, was Marc an *Credits* liefern wird, entspricht keiner Norm oder Vorgabe. Mindestens 15 *Credits* im Semester sind das Mindeste, üblich sind 20, und er wird mit Mühe 10 schaffen.“

„Was heißt das?“, fragte Peter.

„Das heißt, seine Tage in den USA sind gezählt. DAS akzeptiert die Einwanderungsbehörde nicht als Studium. Dann wird Papa ihm den Geldhahn zusperren. Und dass ihr ihn kostenfrei weiter bei Euch wohnen lassen würdet...?“

„Nein, das glaube ich, kommt wohl weniger in Frage“, meinte Bronco nun ernst. Er berichtete Georg über die aktuelle Situation und das immer kühlere Verhalten, das Marc an den Tag legte. „Ich weiß nicht genau warum, er redet ja nicht darüber und weicht aus, wenn wir ihn darauf ansprechen. Also haben wir es aufgegeben. Aber ich, ich glaube, auch wir, wir haben den Eindruck, dass er

---

[57] Rettungsschlitten der Bergwachten

hier nicht so glücklich ist, wie er gehofft hatte. Ein großer Schwanz und ein aufnahmebereites Loch alleine genügen halt doch nicht fürs Glück. Und da er bei den Kunden auch kaum ein Lächeln hervorbringt, wählen die Kunden lieber einen von uns. Das halbe Inch mehr Länge bringt´s dann auch nicht."

Peter fügte hinzu: „Im Endeffekt ist er nur noch ein normaler Hausgast hier, einer, der gut bezahlt. Aber das war's dann auch schon. Auf den Partys ist er mit dabei und sonst? Er meldet sich nicht ab oder zurück – das muss er natürlich auch nicht –, unter einem Freund verstehe ich jedoch was anderes. Er war damals ganz anders..."

„Ja, das ist richtig", seufzte Georg. „Selbst Arne und Jamy, seine Brüder meinten das schon, bevor er weg ist. Ihr wisst ja, mit denen habe ich den eigentlichen Kontakt, und daher auch die Information. ... Seid also nicht zu überrascht, wenn er eines Tages abreist. Bald vermutlich."

Die Jungs nickten. Der Gedanke war nicht schön, kam aber auch nicht unerwartet. Diese 2.000$ im Monat...

„Aber ich habe noch eine andere Nachricht für Euch", grinste Georg wieder. „Ich hatte doch schon mal mit Euch über eine Option gesprochen, in Reno an der Uni zu unterrichten." ... Kunstpause, wie gemein! ... „Nun, ich wollte fragen, ob ihr für zwei arme deutsche Wanderer noch ein bescheiden Nachtlager anbieten könntet?"

DER Jubel lockte sogar Irmgard aus ... nun, aus ihrem Zimmer wohl weniger, sie war gerade im Hauswirtschaftsraum gewesen, etwas Wäsche zustellen. Auch so eine grässliche Hausfrauentätigkeit, aber immer noch besser als Bügeln. Sie klopfte bei den Jungs und als sie im Sichtbereich der Kamera erschien und sie sich begrüßt hatten, fragte Georg auch sie noch mal, und Irmgard war wirklich hellauf begeistert.

Sie besprachen noch kurz die Termine und erfuhren, dass es bereits nach dem Wintersemester in Erlangen losginge, irgendwann Anfang April. „Ja, es ist blöd, ich weiß", meinte Georg, „aber die Studienzeiten in Erlangen und Reno unterscheiden sich so krass. Bei Euch geht das neue Semester ja schon am..." „21. Januar!", krähte Bronco dazwischen, und sie lachten. „Genau... jetzt bald los. Ich habe hier bis 10. Februar aber noch Vorlesungen zu halten, danach die ganzen Abschlüsse... Das Semester hört hier erst am 31.03.18 offiziell. Gleich danach hoffen wir auch loszukommen. Äh ... Bernd kommt mit, das ist doch klar, oder?"

Die Jungs jubelten ihr „ja".

„Und was macht Dein Haus in der Zeit?", fragte Peter.

„Oh, dem wird es gut gehen. Ernst und Thomas wohnen ja noch drin. Sie übernehmen auch während meiner Auslandszeit die Hausmeistertätigkeiten. Das tun sie eh schon die ganze Zeit. Und wenn was Größeres ist? Dann können sich gefälligst auch mal meine Geschwister drum kümmern. Beziehungsweise Ernst kann mich ja auch anrufen. Wir sind ja heute nicht mehr aus der Welt!"

Sie versprachen sich, einander terminlich auf dem Laufenden zu halten. Noch bevor die Woche rum war, verkündigte Skype auch schon die Vorabnachricht, dass Marc die Unterstützung zum Februar verlieren würde.

Skype teilte dies den Jungs mit, nicht aber Marc…

Marc, CU

Der Auszug von Marc erfolgte „überraschend". Die Jungs wussten es ja schon, doch Marc zögerte die Nachricht hinaus bis zum vorletzten Tag.

„Ich bin von daheim zurückgerufen worden", teilte er am Frühstückstisch recht lapidar mit. Natürlich taten die anderen erst mal überrascht, auch Irmgard spielte gerne mit.

„Oh, warum denn?", flötete Peter.

Bronco, im gleichen Ton: „Hoffentlich keine Familienprobleme oder so?"

Marc rang sich ein deutlich bemühtes Lächeln ab. „Nein, das nicht. Gott sei Dank. Aber vielleicht haben sie Sehnsucht nach mir."

„Und Du nach Ihnen?", fragte Bronco sofort und konnte sein Grinsen gerade so unterdrücken.

„Und wie! Wie nach Fußpilz oder juckendem UND nässendem Hautausschlag", knurrte Marc und jetzt konnten sie alle loslachen. Das war ja lustig.

„Hast Du zu wenig in der Uni gemacht?", bohrte Bronco weiter. Wenn er dieses unschuldige Engelsgesicht auch später bei seinen Befragungen noch beherrschte, so prophezeite ihm Peter noch größere Berufschancen. „Obwohl, Du warst doch die ganze Zeit dort. Oder etwa nicht?"

Marc brummte etwas Unverständliches und gab keine Antwort. Man gab sich damit zufrieden. Erst mal. „Und wann geht es zurück?"

„Am 22.1., übermorgen."

„Oh, so bald schon?", erstaunte sich auch Peter.

„Ach, wie schade! Dann bist Du ja bei meiner Einschulung in die Uni gar nicht mehr da! Und dabei habe ich gedacht, Du schenkst mir eine richtige Schultüte. Davon hat mir Peter nämlich erzählt, dass es so was in Deutschland gäbe. SCHADE!", jammerte Bronco im Kleinkinderton und sogar Marc musste etwas lachen.

„Sei´s drum. Es ist nun mal so, und wenn ich kein Geld mehr bekomme, kann ich auch nicht mehr hier bleiben. Das Studentenvisum ist dann auch nicht mehr gültig. ... Und ja, es liegt an meinen Noten. ... Und um die andere, eigentlich unverschämte Frage zu beantworten, ja, ich war die ganze Zeit in der Uni. Aber vielleicht ist studieren insgesamt nichts für mich."

„Hast Du schon mal an Modeln gedacht? Bei Deiner Ausstattung würden andere Unterwäschemodels doch in Ohnmacht fallen. VIELLEICHT sogar Dir zu Füssen oder in den Schoss. Wäre doch auch etwas, oder? Oder Film? Vor der Besetzungscouch musst DU wohl keine Angst haben." Wie schön, dass sich Raúl langsam auch traute, seine Meinung zu sagen. Sie war so gut, dass Marc neu auflachen musste.

„Nun ja, ich danke Euch erst mal für die Zeit. Ich fliege Economy nach Las Vegas, bleibe dort noch ein paar Tage – ich bin ja nicht verarmt – und versuche da noch mein Glück, so wie Bernd. Und erst dann ist der Flug gebucht. Ich werde mich also erst in der nächsten Woche bei Euch melden.

Das Restgeld für den Monat könnt Ihr behalten, ich habe die Termine nicht gemacht." Er stand auf und verschwand nach oben, um bald darauf mit seinem Auto davonzufahren.

„Eigentlich tut er mir fast ein bisschen leid", meinte Tony. „Glaubt ihr ihm, dass er wirklich die ganze Zeit in der Uni war? Warum hat er dann aber keine *Credits* oder zu wenig?"

„Hat er nicht einfach zu spät angefangen, im Dezember? Erst nach einem halben Semester? Er hatte doch das Visum erst so spät bekommen", rätselte Peter. „Ach, egal. Wir können es nicht mehr ändern. Wir können ihm nicht mal beratend helfen, wenn er nicht mit uns spricht.

Ihn auch noch als Mitarbeiter hier halten – dazu hat er zu wenig getan. Das hatten wir mit Georg schon besprochen. Marc hat sich ja immer mehr abgesondert, eigentlich nur noch bei den Partys war er dabei gewesen. Sehen wir es einfach so: Er war ein Gast, aber nicht mehr der Kumpel von damals. Wobei damals eben auch schon über fünf Jahre her ist und nur eine sehr kurze Zeit von knapp zwei Wochen bedeutet. Wir waren ja nicht ineinander verliebt. ... Hoffen wir, dass er in Deutschland wieder oder eher endlich Fuß fasst. Nur ein schöner Schwanz ist halt wirklich zu wenig."

Mit diesen Worten war das Thema erst mal beendet.

Die Abreise Marcs erfolgte so unspektakulär wie die vieler anderer Gäste auch. Er wollte nicht zum Airport gebracht werden, den Wagen nähme dort wieder Harry entgegen. Sie verabschiedeten sich herzlich, am Abend vorher war er bei einem kleineren internen Fick in Peters Wohnung dabei und doch nicht dabei.

Er war mit den Gedanken schon nicht mehr da.

Sein Flieger startete gegen 11am, um 11.30am klingelte das Telefon, Harry war dran. „Kann ich mal kurz vorbeikommen?“, fragte er Peter.

„Aber gerne doch. Zum wem von uns möchtest Du denn heute? Oder zu allen vieren gleichzeitig, so eine wilde Sause?“

„Ach, Du bist und bleibst ein sexsüchtiges Monster. Nein, zu keinem direkt und nicht deswegen. Ich wollte kurz etwas besprechen.“

„Okay“, meinte Peter langsam und aus tiefer Brust heraus, „komm wenn Du kannst, ich kann immer, wenn Du kommst.“

„Schweinerei!“

„Oink, oink.“

„In einer halben Stunde!“ Klick. Peter sah den Hörer ein wenig verwundert an und machte sich mit Raúl wieder an die Mittagessen-Vorbereitung. Er plante mal besser eine Person mehr ein. Das *‚sexsüchtige Monster‘* ging ihm nicht aus dem Kopf – SO hatte ihn noch niemand genannt.

Nach einer knappen halben Stunde, der Braten in der Röhre roch schon richtig verführerisch, läutete es am „Tor“, und als Bronco auf den Monitor sah und die Kette runterfuhr, rief er etwas verwirrt die anderen zu sich. „Ist das nicht das Auto von Marc?“ Gleich darauf bremsten vor dem Haus zwei Autos. Schon stieg Harry aus dem fraglichen Wagen und kam lächelnd auf die bereits aufgehende Haustür zu.

„Mann, Peter, so habe ich die Einfahrt noch nicht bewusst erlebt. So vornehm? Mit elektrischer Kette und Video?“

Peter lachte. „Du hast beim letzten Mal wohl nur an Deinen Schwanz gedacht? Ja, typisch Mann! Aber da hatten wir das alles schon. Es ist ja auch mehr Optik als Schutz, das Gelände hier kannst Du gar nicht schützen. Wir haben auch viele der Kameras wieder abgebaut. Sie bringen uns nichts. Vor allem, wenn sie in der Nacht immer wieder durch unsere Katzen oder streunende Kojoten ausgelöst wurden. So hoch konnten wir die Alarmwinkel auch nicht einstellen, dann hätten Gangster unten durchkriechen können.

Unsere Unschuld ist also schutzlos den bösen Männern ausgeliefert!" Sie lachten mal wieder ganz herzhaft auf. „Aber sag, was führt Dich hierher. Und: ist das nicht der Wagen von..."

Harry grinste wie sonst Bronco. Die Jungs waren dank des nahenden Essens sowieso alle zusammen. „Ja, das ist der Wagen von Marc. Ich soll ihn Euch bringen. Genauer gesagt, warte mal..." Harry zog einen Zettel aus der Tasche. „Ich hab´s mir eigens aufgeschrieben, damit ich es nicht vergesse, denn ich soll es wortwörtlich so ausrichten:

> Das ist die Schultüte für Deine Einschulung an der Uni, lieber Bronco. Ich glaube, sie entspricht mehr Deinem Alter und ich brauche ihn nicht mehr. Steuern und Versicherungen für die nächsten beiden Jahre sind bezahlt. Ich wünsche Dir in Deinem Studium mehr Glück und Erfolg, als ich es hatte.

Tja, ich glaube, ich kann Dir gratulieren."

Bronco brach wirklich an Peters Schulter zusammen. Er heulte so laut auf, dass Irmgard erschrocken aus ihrem Zimmer kann, bei Harrys Anblick sofort ihr professionelles Lächeln einschaltete und den rar gewordenen Gast begrüßte. Raúl berichtete in kargen Worten. Irmgard erlaubte sich, ihr Erstaunen zum Ausdruck zu bringen: „Das hätte ich jetzt nicht von ihm erwartet. Doch noch ein edler Zug. Schön! Bronco, ich gratuliere Dir. Das ist die wohl größte Schultüte, die ich je gesehen habe!"

Schniefend und schon wieder matt grinsend kam ein „Danke" aus Bronco Mund.

Sie luden Harry zum Essen ein, der lehnte mit Verweis auf seinen Fahrer draußen ab. Aber auch ihn mitzubringen? „Nein, der ist dafür nicht angezogen."

„Oh, das macht uns doch gar nichts aus, oder? Er darf gerne nackt kommen", kicherte Tony.

„Um Gottes Willen nein! Wenn seine Frau auch nur eine Silbe davon erführe, dass er irgendwo nackt herumlief, geschweige denn wo …! – Nein, ich brauche meine Mitarbeiter noch, und er ist ein guter. Ob er als Kastrat immer noch so gut wäre? Ich sollte den Wagen nur gleich herbringen, das habe ich getan. Ich komme gerne mal wieder."

„Auf alle Fälle Harry!", kam es von Peter und Irmgard gleichzeitig. Sie schauten sich alle drei an, und die ganze Gruppe, inklusive Bronco, prustete los.

„Na, das nenn ich mal eine Überraschung.", meinte Peter, immer noch erstaunt. „Und was machen wir bis zu Deinem Geburtstag[58] mit dem Wagen?"

„Ach, das sind doch nur noch ein paar Tage. Bis dahin fahre ich ihn hier auf dem Gelände spazieren.

EIN EIGENES AUTO! MANN, ICH FASSE ES NICHT!", jubelte er plötzlich los und das Mittagessen schmeckte allen noch mal so gut. Der schale Geschmack, von Marcs Abreise hinterlassen, war verschwunden.

Natürlich besichtigten sie den Wagen ausgiebig. Das schöne Sonnenwetter bei mäßig bedecktem Himmel brachte „erfrischende" 2°C – nur Bronco schien nicht zu frieren. Vorsichtshalber fuhr Peter den Wagen in die Garage. Da war es wenigstens nicht ganz so kalt und dank der Tiefkühlschränke auch „geheizt".

„Der hat ja sogar eine Kindersicherung!", kreischte der Bengel zur Freude aller. „Peter! Dann können wir´s ja doch noch mal versuchen. Wollen wir gleich, hier im Auto?" Er zog schon die Hosen runter und kniete sich auf den Sitz.

---

[58] *Frage meines Lektors: Warum Geburtstag und nicht Semesterbeginn: Na, weil Bronco erst mit 18 den Führerschein ohne die 50 Pflichtstunden davor machen kann. Gegebenenfalls ginge das auch schon mit dem Unibeginn, aber da wäre der Verwaltungsaufwand recht groß – für 7 Tage.*

„Du willst wohl, dass meiner vor Kälte steif wird?“, lachte Peter. Die anderen beschlossen trotz des Spaßes, lieber ins wärmere Haus zu gehen. Wenn man da nicht immer noch über den Hof gehen müsste…

Es war ein schicker, weißer Honda Fit[59], ein viertüriger Kleinwagen, natürlich mit Automatikgetriebe (es soll ihn aber auch in den USA mit Schaltgetriebe gegeben haben), und niedrigem Verbrauch. Peter stöhnte entsetzt auf.

„Ich komme mit Euren komischen Mengenangaben für den Verbrauch nicht klar! MPG 27-35 – das klingt für mich unendlich viel!“, jammerte Peter, als sie jetzt alleine waren. Bronco lachte.

„*Miles per Gallon* ist die Maßeinheit. Und damit ist sie besser, je höher sie ist. Mal sehen, wie Marc ihn gefahren hat.“ Schon saß er hinterm Steuer und fummelte am Bordcomputer herum. „Oh, er hat nur 23 geschafft? Wie ist DER denn gefahren! Hat der nur Vollgas gegeben? Und hier, Peter schau mal, wie viel er gefahren ist! 3000 Meilen in nicht mal zwei Monaten?“ Peter beschloss, dass es auch ihm in der Garage zu kühl sei, um das zu diskutieren. Sie gingen ins Haus zurück und fanden Tony und Raúl doch nur wieder im Freien, im warmen Whirlpool. Sie gesellten sich schnell dazu. Wenigstens einer der beiden Heizstrahler machte den Weg ein bisschen angenehmer.

„Wenn das so weitergeht mit unseren athletischen Schwimmübungen, dann brauchen wir den Pool im Winter eigentlich gar nicht, nur den Whirlpool. Kostet ganz sicher weniger Energie“, knurrte Peter belustigt. Es war halt doch ein Unterschied, ob der Pool zum Schwimmen mit 28°C oder der Whirlpool zum Relaxen mit 37°C einlud. „Aber was anderes ist Bronco und mir gerade bei dem Auto aufgefallen. Marc hat nicht nur gerade mal 23 MPG geschafft. Er ist auch über 3000 Meilen gefahren, in 2 Monaten. Wie weit ist die Uni von hier weg?“

„17 Meilen“, kam die Antwort sofort aus Bronco geschossen. „Das heißt also, geben wir ihm noch ein paar kleine Umwege, 40 Meilen am Tag. Pro Monat hätte er 20 Tage in der Uni sein können. Vergessen wir einfach mal Weihnachten! Das wären 40 Tage mal 40 Meilen und damit 1600 Meilen.

Verdammt, wo ist der mit dem Ding rumgekurvt?“

„War es vielleicht doch kein Neuwagen?“, warf Tony ein. Sie beschlossen, alsbald Harry anzurufen.

„Doch, doch, der Wagen war neu. Also vielleicht 50 Meilen nach den Probefahrten durch uns. … Was meint Ihr? 3000 Meilen nur für den Weg zwischen Euch und Uni? Nein, das geht gar nicht.“ Harry wusste auch nicht mehr,

[59] In den meisten Ländern als Honda Jazz verkauft

Bronco ließ es keine Ruhe und der rechnete anhand des Kalenders die richtige Tageszahl aus – es waren tatsächlich knapp 40. Sie konnten es sich nicht erklären.

„Aber egal", beschied Raúl zum Ende der Diskussion, „einem geschenkten Gaul schaut man nicht hinter die Kiemen. Der Wagen ist so gut wie neu, und damit das neueste Auto auf dem gesamten Gelände. Was willst Du mehr?"

„Nichts, natürlich.", bestätigte Bronco und gab Raúl einen Kuss. Der glitt gleich waagrecht auf den Sessel.

„Oh, oh, ohhh! Bitte mach weiter! Was glaubst Du, wie lange ich schon darauf gewartet habe! Küss mich wach, Prinzenrolle!" Das sofort einsetzende Kreischen schallte durchs ganze Haus. Blitzschnell hatte Bronco seine Hände an Raúls Hüften am Arbeiten.

„Von wegen PrinzenROLLE! Ich bin nicht dick! Ich habe noch keine Unze zugenommen!"

Dass nun Peter ein sehr zweifelndes „Ähhhhmmmm" von sich gab...

Natürlich machten sie gleich eine Probefahrt und fuhren bei Claudia vorbei, um ihr das vorzeitige Geschenk zu präsentieren. Peter stand vorsichtshalber hinter ihr, wohl aber eher, um dann einen Schritt zurückzutreten, sollte sie in Ohnmacht fallen. Bei der Masse hatte er berechtigte Bedenken ob seiner Knochen und Gelenke gehabt. Er glaubte danach auch, ein bisschen Neid in ihren Augen zu entdecken, noch intensiver als die Frage: „Warum für Dich?". Dabei hatte Claudia natürlich ein eigenes Auto, und dieser Honda wäre für sie sowohl hinter dem Lenkrad, als auch im Kofferraum viel zu eng gewesen.

Sie stellte die Frage nicht, das war vielleicht auch besser so. Denn wirklich beantworten hätte keiner der Jungs sie können.

Ein neues Leben

Einverstanden.
Studenten aber mögen bezweifeln, dass Studieren heute noch Leben ist.

Erstes Semester

Vielleicht nicht ganz ein neues Leben, aber immerhin ein neuer Lebensabschnitt begann für Bronco am Montag, dem 25. Januar 2010.

Noch fuhr ihn einer aus dem Haus zur Universität, das sparte auch die recht horrenden Parkgebühren. Sie waren ein Grund, warum sich Bronco vor der fahrenden „Schultüte" überlegt hatte, sich nur ein kleines Motorrad zu kaufen, das kostete im Semester viele hundert Dollar weniger zum Parken, doch mit dem Geschenk waren diese Überlegungen auch hinfällig geworden.

Er bestand aber darauf, dass auch sein Auto beschriftet werden würde. Nur den Schriftzug „*personal service*" wollte ihm Peter dann doch nicht zugestehen. „Der schädigt den Lack sehr schnell", meinte Peter grinsend, „wenn da irgendein Autoschlüssel darübergekratzt wird, weil er den verschiedensten Leuten zu intim ist. Vergiss auch eines nicht: Das ist die erste Lehranstalt, in der Du Dich outen wirst. In der Schule hattest Du es doch nicht getan, oder?"

Bronco schüttelte den Kopf. „Nein, zumindest ich nicht und nicht aktiv."

„Ach, Du hast passiv Deinen Arsch hingehalten? Dann ist es ja ZU SCHADE, dass ich das nicht erfahren habe!", kicherte Raúl.

„Altes Ferkel! Für ein ‚Alte Sau!' bist Du noch zu dürr. Nein, das auch nicht. Natürlich nicht. Aber Du weißt ja, dass es immer die anderen eher wissen, als man selbst." Diese altbekannte Tatsache konnten alle bestätigen.

Frechheiten

Das Leben regelte sich recht schnell neu ein. Der Stundenplan hielt Bronco davon ab, auch in der Woche Kunden zu empfangen. Wenn am Wochenende keine Party war, teilte Peter ihn dann mit ein, denn nicht jeder kannte die Jungs schon. So war es an ihm, die Kunden zu beraten und die Kunden und Gastgeber zueinander zu führen.

„Manchmal komme ich mir vor, wie ein Gemüseverkäufer, der den Leuten erklären muss, dass Rosenkohl und Auberginen einfach nicht zusammenpassen", stöhnte er nach einem besonders zähen Telefonat, bei dem der Kunde sich dann auch noch „Bedenkzeit" erbat. „Oder aber, die geilen sich bei dem

Telefonat schon so auf, dass es ihnen genügt, sich bei den Gedanken daran einen runterzuholen. Kostet ja nichts."

„Und wenn wir eine kostenpflichtige Rufnummer dafür schalten?", kam sofort Tonys Idee.

Raúl winkte ab, und Peter schaute auch recht zweifelnd. „Ach, so viele sind es ja nicht. Ich möchte das nicht, das klingt ja noch mehr nach Puff. Als Gästehaus haben wir freundlich unsere Kunden über die Zimmerqualität zu beraten."

„Ach, und da verkaufst Du uns dann als die unterschiedlichen Matratzen?", kam es von Raúl.

Peter schaute erst ihn, dann Tony verwundert an. „Sag mal, irre ich mich oder ist der dabei, langsam in Broncos Fußstapfen zu treten? Der wird ja von Tag zu Tag unverschämter!"

Tony lachte. „Ja, den Eindruck oder eher diese Befürchtung habe ich auch. Oder mischt Du uns was ins Essen? Nur, ich merke für mich noch nichts davon!" Sie lachten wieder hellauf und fahndeten ab sofort nach der Droge, die braune Jungs im Gästehaus so frech machte. Sie fanden sie auch irgendwann still und heimlich: Sie nannte sich Freiheit. **Libertà**. Den Song sangen sie nach wie vor am Ende jeder Party.

Standard

Das Leben regelte sich nicht nur ein, es wurde insgesamt auch etwas ruhiger. Peter hätte es ungern zugegeben, er wusste es vorher vielleicht auch nicht, aber jetzt stellte er fest, dass die letzten turbulenten Monate doch sehr an ihrer aller Kondition gezerrt hatten, außer an der von Bronco und Raúl. Ersterer ging in der Uni auf. Ihm machte das Studium richtig Spaß, was sie so gut wie jeden Abend beim Abendessen zu hören bekamen, wenn er vom aktuellen Tag berichtete. Sie begannen langsam – für Peter und Irmgard eine echte Umgewöhnung – mit Bronco mehr deutsch zu sprechen, was den Erfolg hatte, dass auch Tony und Raúl immer mehr von dieser absonderlich fremden und auch ungewohnt schwierigen Sprache verstanden. Wenn die drei es sprachen, klangen zwar immer noch stark die Muttersprachen heraus, doch man lernte sie langsam auch verstehen.

Geburtstage

Eine Woche nach Bronco Studienbeginn, am Sonntag, den 31.01.2010 hatte Raúl seinen 19., am Tag drauf Bronco seinen 18. Geburtstag. Sie feierten ihn (natürlich?) an diesem Montag am Nachmittag in der MUSTANG FARM und luden dazu ihre Familien ein. Es war das erste Mal, dass sie die Familie Raúls kennenlernten, die Familie Guerrero. Der Vater, Alejandro, war ein schlanker attraktiver Mann und Peter wusste sofort, woher Raúl sein gutes Aussehen hatte. Würde der Vater bei Peter antichambrieren, er müsste kein Kunde sein, damit Peter ihn erhörte. Noch dazu trug er – etwas unvorteilhaft gekleidet – eine hässliche, aber weiche „sportliche" Hose, also so was wie eine Jogginghose, mit sehr guten Abbildungseigenschaften. Als Raúl den Blick Peters bemerkte, also nach circa 3 Sekunden, grinste er nur und nickte wie zufällig mit dem Kopf. Jimena Regina, die Mutter, hingegen glich Claudia in ein paar Jahren und war nur wenige Pfunde leichter. Sie strahlte die Gemütlichkeit einer übersüßten Sahnetorte aus, einem Teil, das sie sich nicht hatte nehmen lassen, mitzubringen. Dazu kamen noch weitere fünf Geschwister, alle jünger als Raúl, ein bisschen wie Orgelpfeifen und mit Namen, die sich Peter nicht hatte merken können. Bronco eher, ihm waren „Juan, María Regina, Jesús und die Zwillinge Valeria und Miguel" bekannt, „ – von alt nach jung. Du musst sie Dir nicht merken, es reicht, wenn Raúl nicht durcheinander kommt." Peter hatte sofort den gleichen Eindruck wie damals bei Ernsts Familie, dass sie zwar den Sohn etwas vermissten, aber auch froh waren, wenn ein Esser weniger am Tisch saß.

Von Broncos Familie kam natürlich Claudia und brachte das Abendessen in Form noch roher Hamburgerzutaten mit, die auf dem Holzkohlengrill gebraten werden sollten. Es war draußen zwar nicht warm, aber 11°C am Abend war auch keine Temperatur mehr, bei der die Fleischteile auf dem Grill anfrieren würden. Zudem briet Claudia sie.

Wen sie noch mitbrachte, war eine echte Überraschung: „Tante Citlali? Mann, bist Du groß geworden!" Die Anwesenden schauten erst mal mit großen Augen und offenem Mund, dann brachen sie in ein so unbändiges Gelächter aus, wie es selbst eine Party nie geschafft hatte. War es doch genau der Satz, den Erwachsene immer Kindern sagen, wenn sie sie nach drei Tagen wieder sehen.

Es wurde ein heiterer Nachmittag. Jason, Harry, Bob und Jerry kamen, Jason entschuldigte seinen Onkel Richard, der auf die Bank aufpassen müsse. „Ja, entweder er oder ich! Ich bin ja auch bald fertig mit der Ausbildung. Ob ich aber dann dort bleibe – ich hab´s immer noch nicht entschieden."

„Und zu wem bringen wir dann unser Geld?“, fragte Peter sofort.

Jason grinste frech. „Och, das könnt Ihr weiterhin bei mir abliefern. Je mehr, desto besser!“ Wie schön, dass es sich nach dieser klebrigen Süßtorte nicht gut rannte – man bekam vor lauter Klebkraft den Mund nicht richtig auf, um Luft zu holen. Raúl hatte dies schon vorausgeahnt, hatte sich in seiner Zeit hier dem anderen Geschmack der Europäer angepasst (wie auch Tony und Bronco) und hatte die Torte, die noch dazu vor lauter künstlicher Schlagcreme anstatt echter Sahne nur noch fester stand, in besonders dünne Stücke zerteilt. Vielleicht auch auf Broncos Weisung.

„Señora Irma, ich hoffe, mein Sohn macht Ihnen nicht zu viele Probleme”, sprach Alejandro Irmgard mit diesem Latino-Feuer in den Augen an, das viele Frauen schwach werden ließ. Irmgard war auch das schon gewöhnt und sie reagierte lediglich freundlich darauf.

„Aber keineswegs, Señor Guerrero” „Alejandro, bitte, Señora!”, „Gerne. Nein, keineswegs, Alejandro, er macht überhaupt keine Probleme. Er ist liebenswert, zuvorkommend, fleißig, nett und hilft, wo immer er sieht, dass es nötig ist… Außerdem sind es meine Jungs, die überwiegend mit ihm zusammenarbeiten, weniger ich.“

„Señora, Entschuldigung”, meinte Jimena Regina vorsichtig, „aber von wem reden Sie hier? WIR sprechen von Raúl!“

Claudias Backen hatten sich immer mehr gebläht. Tante Citlali, ihre Augen weit geöffnet, schien die gesamten Erwachsenen auf einmal im Blick zu halten. Claudia prustete los. „Hah! Das ist genau das, was ich die ganze Zeit sage! Als Bronco hier mal unterkam, während ich nach Mexiko zu der Hochzeit geflogen bin, haben sie mir hinterher genau das Gleiche gesagt! Ich habe damals gesagt: ‚Diesen Jungen kenne ich nicht!‘“

Die anderen lachten hellauf, auch die etwas älteren der jüngeren Geschwister von Raúl. „Wir auch nicht bei dieser Äußerung über Raúl! Faul, dumm und gefräßig, das wären eher unsere Beschreibungen“, grinste Juan, der älteste der anderen Geschwister, vermutlich um die 16, 17. „Du hast Dir auch schon die ersten Rettungsringe zugelegt.“ Zum Beweis griff er Raúl direkt in die Seite. Raúl quiekte auf.

„Juan, Du bist und bleibst ein Schandmaul. Außerdem, wann hast Du das letzte Mal in den Spiegel geschaut? Da hättest Du genau diese Beschreibung gesehen. Und im Gegensatz zu mir, hast Du bereits deutliche Speckwülste“, fuhr Raúls Hand seinem Bruder in die Seite. Der ging senkrecht hoch, und die Balgerei der beiden endete, gut geführt von Raúl, im Pool. Angezogen.

Entsetzt sahen sich die Eltern an, die Mutter wollte sich schon hochrot entschuldigen – doch Irmgard und die Jungs lachten sich kaputt.

Peter, grinsend: „Ist es nicht wunderbar, wie gut die beiden sich verstehen? Ich finde es herrlich. Und, glauben Sie mir, Señora, bei uns geht es öfter so zu, wie bei fröhlichen Füllen.“ Er betete – erfolgreich – darum, dass nun niemand fragen würde, warum das Anwesen hier ausgerechnet MUSTANG FARM hieß, aber vermutlich hielten sie es für einen althergebrachten Namen.

So konnte man sich irren.

Die Balgerei jedenfalls war der Auftakt für die anderen Kids, neugierig den kämpfenden Geschwistern nachzulaufen und begeistert aufzuquietschen, als sie den Pool sahen. Mama hatte offenbar schon weisungsgemäß, Badesachen für alle mitgebracht. Bob und Harry erklärten sich sofort bereit, die Aufsicht zu übernehmen, damit die restlichen Erwachsenen die mit unausgesprochener Spannung erwartete Hausführung erhalten konnten.

Tony, Jason und Bronco deckten geräuschlos den Tisch ab und richteten schon mal Teller und Besteck für das Abendessen vor. Als Tisch war wieder die gleiche Tafel verwendet worden wie zu Silvester. Man bekam langsam Routine, auch für Familienfeste.

Raúl und Bronco hatten schon am Sonntag ein paar von Raúls Sachen in ein eigenes Gästezimmer geräumt, so weit war Raúl noch nicht, dass er seinen Eltern erzählen wollte, dass er und Tony zusammen schliefen. Zudem meinte er nach wie vor, er wisse es von sich ja immer noch nicht genau. Auch das Bett bekam einen „*used look*“, die Eltern akzeptierten es fraglos und weitere Fragen nach den Gemächern der anderen Mitbewohner, wurden besser gar nicht erst gestellt. Auch diese Familie lebte lieber mit einer kleinen Unwissenheit als mit der großen Wahrheit.

Die Kids hatten draußen einen großen Spaß. Die Heizstrahler verbreiteten angenehme Temperaturen, und alsbald landeten auch die anderen Gäste im Pool, aus dem sich Bob und Harry verabschiedeten. „Das wird mir nun da drin zu eng“, meinte Bob zu Irmgard und Harry ergänzte, „und es ist nur noch wenig Wasser übrig.“ Zu bemerken sollte vielleicht sein, dass Tante Citlali genauso voluminös war, wie die beiden Mütter.

„Zu dritt haben sie die Wasserverdrängung einer Motorjacht“, frotzelte Tony, und alle lachten. Von der Hausbesatzung war außer Raúl niemand mit im Pool. Es musste nicht sein, sie hatten das Vergnügen ja täglich.

Kaum waren die Poolfreuden vorbei, begann auch schon das Abendessen. Peter stöhnte, dass er gerne noch eine Pause gehabt hätte. Bronco lachte.

„Dann kennst Du mexikanische Feste nicht. Die fressen drei Tage lang ununterbrochen, und das komischerweise, ohne zu kotzen. Mir war das schon immer zuwider. Was glaubst Du wohl, warum ich so ungern mit Mamita in die ‚Heimat' gefahren bin? Denn unser Besuch war ebenfalls ein Fest – am Ende dann auch von uns bezahlt. Wir ‚hatten ja Geld'."

„Das ist gut, lieber Bronco. Denn wenn ich auf Dir nur noch wie auf einem Ballon läge und versuchen müsste, überhaupt irgendwohin zu kommen, dann würde ich wahrscheinlich höchstpersönlich einen Staubsauger nehmen und Dir das Fett absaugen. Und DA UNTEN finge ich an!"

„Ihh, Du Ferkel. Mum Irmgard! Hilfe, er will mich mit ´nem Staubsauger kastrieren!" Sie lachten alle auf, die Gäste waren noch mit dem Umkleiden beschäftigt. Bis auf…

„Raúl, kann ich Dich mal kurz sprechen?", klang Juans Stimme unheilvoll in aller Ohren. Okay, ob es bei allen UNHEILVOLL klang, wussten die Jungs ja nicht, wohl aber bei Peter und Bronco. Kurzer Augenkontakt versicherte, dass Raúl mit der Situation alleine klarkommen würde. Die beiden gingen raus auf die nun leere Poolterrasse; die niedriger gedrehten Strahler spendeten immer noch genug Wärme.

Tony und Bronco halfen Claudia mit dem Grill draußen, Jason bot sich als Zutatenträger an, Bronco sollte nicht so viel tun, er war ja das zweite Geburtstagkind.

„Bronco, wie ist das mit Raúl? Ist er auch…?", fragte ihn seine Mutter.

Bronco nickte. „Ja, der ist auch schwul. So, wie Tony und auch unser Jason hier. Nur bei den beiden ist es noch nicht offiziell. Also bitte…"

„ICH? Ich kann schweigen wie ein Grab!"

„Ach, und warum habe ich dann schon fünf Mal einen Lautsprecher aus Opas Gruft holen müssen?" Lachend und kreischend stob er über den Hof davon, Eine hinterherjagende Claudia wäre nur in schwerer Atemnot verendet. So drohte sie nur lachend mit der Grillzange.

„Sagt mal, ist der immer noch so frech?", fragte sie in die kleine Runde.

„Nein, keineswegs!", verkündigte Tony im Brustton der Überzeugung. „Im Normalfall ist er noch viel frecher. Und das Schlimme dabei ist, er bringt seine kleinen und großen Gemeinheiten sofort druckreif raus. Ich weiß ja nicht, ob er sich die vorab formuliert – aber denke nur mal an die Begrüßung von Tante

– wie heißt sie noch mal?“ „Citlali.“ „Ach ja, Tante Citlali. Sorry, aber ich kann mir die mexikanischen Namen nicht merken.“

„Ich mir auch nur noch schwer“, lachte Claudia, „ich bin auch schon zu lange weg. Man verliert die Bindung.“ Sie schien ein wenig traurig zu sein. Bronco nahm sie in den Arm. Er war natürlich wieder zurückgekommen, und die Grillzange diente nun auch nur noch dem vorsichtigen Wenden der zerbrechlichen Burgerpatties.

„Aber dafür hast Du jetzt uns. Nicht nur mich, denn mich hattest Du ja schon immer, aber auch die neue Familie. Und vielleicht auch die Familie von Raúl mit dazu, wenn Du das willst. Ich bin sicher, wenn die heute Deine Hamburger probieren und Du ihnen sagst, wo Du zu finden bist – sie sind nicht reich, aber auch nicht ganz arm. Raúl hat mir gesagt, sie gingen hin und wieder mal essen. KFC, McDonalds und so – da hast Du doch beste Chancen, und sie bekommen bei Dir viel besseres Essen.“ Bronco bekam dafür einen Kuss auf die Wange.

Die ersten Patties waren fertig. Alles wurde reingetragen, und Claudia montierte die monströsen Teile mit blitzschneller Routine. Allerdings: so groß war der Grill auch nicht. Während sie draußen schon wieder Nachschub briet, halbierten Bronco und Raúl die Brötchen von oben nach unten (das waren dann immer noch zwei Burger von McDonalds im Vergleich), und Raúl schnitt für die kleineren Geschwister sogar nur Viertel und diese auch noch essbar klein. „So ein großes Maul haben die noch nicht“, grinste er, worauf Bronco seines aufriss und zeigte, dass ein Hamburger zumindest in voller Höhe problemlos hineinpasste. Es wurde ein recht lustiges Essen.

Natürlich schmeckten die erste, die zweite und die dritte Portion der Bratlinge im Brötchen allen sehr gut, bis Harry nach der dritten Hälfte laut aufstöhnte: „Ich kann nicht mehr! Nicht einen einzigen Bissen!“

Die anderen stimmten ihm sofort zu. Bob rief nach „was zum Verdauen“, und beide mexikanische Familien bewiesen, dass sie vorgesorgt hatten. Plötzlich wanderten vier eisgekühlte Flaschen *Mezcal*[60] gleichzeitig auf den Tresen, die Gäste stöhnten entsetzt-begeistert auf, und bis auf die Kleinen durfte Tony jedem ein Glas eingießen. Danach war eine der Flaschen leer. Die anderen…

„Nein, wir müssen ja alle noch fahren“, stöhnten die Gäste. Nur Juan schaute verlangend, was ihm sofort einen strafenden Blick von Raúl einbrachte. Das nun folgende Augenduell sahen nur wenige, und vor allem die nicht, die es nicht sehen sollten, aber danach erhielten die Nicht-(mehr)-Autofahrer Juan,

---

[60] Mexikanischer Agavenschnaps, üblicherweise 40% Alkohol

Jimena Regina, Tante Citlali – und, siehe da, auch Bob und Jason! – je ein weiteres Glas.

Peter grinste erkennend. Wobei: Jason hatte ihn direkt wegen einer Übernachtungsmöglichkeit gefragt. Bei Bob und Irmgard war das mit dem Fragen wohl nicht mehr so notwendig. Und Jerry würde von Claudia mit in die Stadt genommen und heimgebracht werden, er würde Papa über die Nacht vertreten. Es war keine ungewohnte Situation.

Gegen 8.30pm verschwand erst Raúls Familie mit herzlichem Dank; die Kinder hätten morgen wieder Schule.

„Jerry, Du kannst gerne auch hier übernachten", nahm Peter den Jungen beiseite. Der grinste schief.

„Und bei wem im Bett soll ich dann schlafen?"
„Oh, Du hast die freie Auswahl!"

„Nee, danke mal lieber. Da bin ich besser daheim. Außerdem muss ja jemand auf die Kids aufpassen. Und meine Freundin erwartet noch meinen Anruf."

„So, so, eine Freundin hat er schon, der Herr. Na, hoffentlich erwartet sie nur Deinen Anruf und nicht noch etwas von Dir..."

„Peter Pruegner, Du bist und bleibst eine alte Sau. So was mache ich nicht, zudem passe ich immer auf, und außerdem kommt das Kind erst in fünf Monaten!" Sie brüllten vor Lachen auf. Jerry musste dann eiligst bestätigen, dass DIES ein Scherz gewesen war, bevor Bob davon hören könnte. „Nun, ich weiß zumindest, wie ich mich schützen kann."

„Oh, DAS wissen wir auch", grinste Peter maliziös und handelte sich dafür einen verdienten, aber auch nur leichten blauen Fleck ein.

Es war eine schöne Feier geworden. Sie saßen noch alle im Salon zusammen, und die zweite Flasche *Mezcal* durfte ihren Boden zeigen. Nur Bronco zeigte sich genauso standhaft wie der Boden, er wolle morgen ohne schweren Kopf in die Uni gefahren werden. „Oh weh, gefahren werden!", stöhnte Peter auf und stellte sein volles Glas wieder hin. Das war dann wohl sein Job.

Tony winkte ab. „Ich fahre ihn, ich trinke fast nichts, wie Dir vielleicht aufgefallen ist. Als Barkeeper konnte ich das auch nicht und hatte so meine Tricks."

Die durfte er Peter dann am nächsten Tag einmal zeigen ... als Peter wieder nüchtern war. Das Zeug hatte es in sich, aber einen *hangover*[61] hatte am nächsten Morgen auch keiner. Die Spirituose war also von guter Qualität ge-

[61] Kater

wesen. Die beiden anderen Flaschen überlebten noch die beiden nächsten Partys.

„Sprich, Raúl, was hat Dein Bruder von Dir gewollt?“

Raúl wurde nur leicht rötlich, zuckte aber mit den Schultern. „Er hat mir nur auf den Kopf zugesagt, dass hier alle anderen schwul wären und ich auch.“

„Hey!“, protestierten Bob und Harry sogleich, Harry ETWAS weniger, „aber wir doch nicht!“

Man lachte. „Und was hast Du ihm geantwortet?“

„Dass ich es selbst von mir noch nicht genau wüsste, ich auch Mädchen mögen würde beziehungsweise schon gehabt hätte und er bitte den Mund halten sollte, weil er sonst seine Knochen NACH dem großen Fleischwolf wieder zusammensetzen könnte. Ihr müsst wissen, mein Vater arbeitet in einer Fleischfabrik und die haben SEHR große Fleischwölfe!“

„WAS? Der gutaussehende Mann ist Metzger?“, entfuhr es Peter.

Raúl lachte sich einen ab. „Ja, das ist er. Gelernt sogar. Und ja, ich habe Deinen Blick schon gesehen. Du hast Recht, er IST groß gebaut, einiges mehr als ich. Aber ich glaube nicht, dass er damit auch mit Männern was macht. Ich habe nicht das Gefühl.“

„Aber mit anderen Frauen“, meinte Irmgard fröhlich, und Raúl musste zumindest dem Verdacht zustimmen.

Jason schlief bei Peter und Bronco auf dem Sofa, Bob neben…

Katerstimmung

Wenn vorher geschrieben stand, dass Peter keinen Kater hatte, so stimmt das natürlich nicht. Im Gegenteil, er hatte sogar drei.

Und als in früher Morgendämmerung eine schlanke Gestalt sich daran machte, das Bett der beiden schlafenden zu erobern, erkannte diese Gestalt, dass in dem Bett zwei Kater und eine Katze ebenfalls schliefen. Leise protestierend verließen die drei Vierbeiner die kuschelige Schlafstatt, doch damit war das „geheime Anschleichen“ vorbei, die Morgenlatten aber nach wie vor gerne für allerlei Liebkosungen empfänglich.

Dass sich in das Zimmer recht leise auch noch Raúl und danach Tony schlichen, erzeugte die seltene Situation von einem wilden Fick, vollkommen von jeglichem Essen unbelastet. – Ähm, sollte man die gestrige Völlerei vergessen haben?

Jason quetschte sich mit Freude in Broncos Arsch, Raúl spielte mit Peter und Tony ein flottes Sandwich. – So früh morgens hatten sie schon lange keinen so ausgedehnten Sex mehr gehabt.

… Bronco kam eine Stunde zu spät in die Uni.

Am folgenden Samstag feierten die beiden Jungs ihren Geburtstag nochmals mit Spender-Gästen zusammen. Jason wie auch Harry waren auch wieder eingeladen. Jason erschien und kam mehrfach. Es war die insgesamt 12. Party und langsam sprach sie sich als eine Art Institution herum.

Gartenbau

Im März hatte Bob mit dem Gartenbau begonnen. Das Angebot war mehr als anständig gewesen. Der Aushub war binnen eines Tages erfolgt und einfach auf dem Gelände aufgeschüttet worden – als kleiner neuer Hügel auf einem anderen Hügel. „Oder als ein weiterer Pickel auf einem Arsch“, hatte sich Bronco wieder mal bildlich passend geäußert.

Nach wenigen Tagen war der Rasen angesät und harrte nun des nächsten Regens. Da dieser nicht so kam wie bestellt, musste noch von oben bewässert werden, die in den Boden in footbreitem Abstand eingelegte Tropfbewässerung war zwar betriebsbereit, aber Samen haben noch keine Wurzeln, die sich nach dem tränkenden Nass strecken könnten. Das würde ein paar Wochen dauern.

Natürlich hatte Bob ganze Arbeit geleistet und die Tropfbewässerung schon an die Poolwasserentsorgung angeschlossen. Damit das Chlor nicht schaden würde, wurde das Poolwasser erst mal in einem unterirdischen Tank „abgelagert“ und konnte über einen Stutzen bei Bedarf getestet und gegebenenfalls neutralisiert werden. Perfekte Technik!

Der Zaun würde in den nächsten Wochen aufgebaut werden, nachdem endlich der Springbrunnen geliefert worden war. Der löste einige Diskussionen aus.

„Sag mal, muss der Brunnen teurer sein, als die gesamte Anlage? Der kostete ja fast so viel, wie unser Schwimmbad!“, jammerte Bronco.

Peter lachte. „Du übertreibst mal wieder. Das Schwimmbad kostete erheblich mehr als diese lächerlichen 15.000$. Und ich finde ihn einfach schön!“

„Schön ja, wenn man auf altrömisch steht. Aber auch ein bisschen groß. Fast 14ft[62] im Durchmesser! Der gehört auf einen großen Platz oder in einen Park.“

„Oh, Du meinst, wir sollten ihn nicht hinten in den Garten, sondern vorne vor dem Haus auf die grüne Insel setzen? Schatz! Eine wundervolle Idee! Machen wir sofort. Ich rufe Bob an, der räumt das Gemüse dort ab, zieht die Fläche gerade und wir lassen sie betonieren und in Marmordesign anmalen!“ Schreiend durfte sich Peter nun bei Eiseskälte rund um die frisch ausgehobene Fläche jagen lassen. Keuchend hielt er sich an der Außenwand des Hauses fest, um festzustellen, dass man so schwitzend besser nicht ungeschützt außen blieb. Sie gingen wieder rein.

[62] 4.20m

„Also wenn wir da vorne was hinsetzen, dann einen Westernbrunnen oder so. Aber nichts aus dem alten Rom. Oder liegt Rom seit Neustem in der Wüste? Was glaubst Du, wie das aussieht!", ereiferte sich Bronco, und Peter gab ihm nicht nur einen Kuss, sondern auch Recht. Das mit dem Brunnen auf dem Vorplatz war nur ein Spaß gewesen. Aber im Garten?

Sie entschieden sich für einen erheblich billigeren, erheblich kleineren Brunnen – das Katalogbild zeigte auch hier ein ansehnliches Teil – und bestellten diesen, Lieferzeit: mindestens vier Wochen. Nun, der Rasen würde länger brauchen.

Kleine Feiern

Eine große Freude wurde mit einem kleinen Fest gefeiert, weil Bronco es Anfang März endlich zeitlich schaffte, seinen Führerschein zu machen. Es wunderte eigentlich niemanden, dass er damit kein Problem hatte und sofort bestand. Sie feierten es mit einem Essen bei Mamita Claudia.

Eine weitere Feier fand in Nürnberg statt und wurde nach Reno nur kurz kolportiert: Georgs 35. Geburtstag. Es bedauerten nicht alle, dass die Feier nicht auf der Farm gefeiert werden konnte – zu „nicht allen" gehörten Ernst und sein Freund Thomas. Ein Besuch ein andermal hingegen stand durchaus auf dem Plan. „Dann aber zu einer warmen Jahreszeit", grinste Ernst in die Webcam, und Peter empfahl ihm „wärmstens" den August. „Oh, das wird weniger was. Da haben wir in Bayern ja Sommerferien, wie Du Dich vielleicht noch erinnerst und da stehen Familien mit Kindern an erster Stelle der Urlaubsberechtigten. Wir können entweder eher oder später; wir werden sehen." Bei dem Skype-Telefonat erfuhr Peter auch noch mal – er hatte es einfach vergessen –, dass Thomas Engländer war und ebenfalls im Einzelhandel arbeitete, sogar in derselben Kette und zeitweise in der gleichen Filiale. Dort hatten sie sich offenbar auch kennengelernt.

Sie versprachen Georg, auch hier eine Feier für ihn auszurichten, „solltest Du doch noch dieses Jahr bei uns aufschlagen", meinte Bronco düster, worauf hin Raúl einen Meteor imitierte.

Apropos Raúl

Aus dem einmal übernachtenden Gast hatte sich Raúl zum nächsten festen Bewohner und Mitarbeiter des Hauses gemausert. Er schlief nach wie vor bei Tony, und die beiden wurden so was wie ein festes Paar, trotz des enormen Altersunterschiedes von sechseinhalb Jahren.

Im Übrigen hielt es, nachdem Bronco seinen Führerschein hatte, auch Raúl nicht mehr lange, und er machte seinen nur eine Woche später. Dass er kein eigenes Auto hatte, störte ihn weniger, mittlerweile gab es so viele „eigene“ Fahrzeuge auf dem Gelände, dass immer eines frei war. Peter kam sich langsam vor wie Alan, ein Gedanke, der ihn mit großem Vergnügen erfüllte. Nur, dass er halt keine Milchkühe absahnte.

Natürlich hatte sich Bronco bei Marc bedankt, als dieser sich erst fast zwei Wochen nach dem Abflug aus Reno „zurück“ meldete. Marc nahm das Danke emotionslos entgegen.

Bist Du glücklich?

„Bist Du glücklich?“

Peter schreckte im Traum beinahe hoch. Er hatte an alles Mögliche und Unmögliche gedacht, war nach drei Kunden auch berechtigt müde, zumal der Pool jetzt für jeden Kunden bedeutete, dass er auch benutzt werden wollte. Dass Peter deshalb die Preise um je 50$ angehoben hatte, und doch war das nur ein kleiner, unbedeutender Nebeneffekt. Nirgendwo in den USA konnten Kunde und Gastgeber so freizügig und noch dazu unter freiem Himmel in warmem Wasser plantschen oder gar mehr machen – eh der Traum vieler Kunden. Die Frage, was denn wohl NUR ein Poolbesuch kosten würde, hatte sich mittlerweile erübrigt, es hatte keiner mehr gefragt.

Dies und mehr war Peter beim Einschlafen leise durch den Kopf geglitten. Bronco lag schon neben ihm, und dessen leisen Atemgeräusche hatten Peter auch in das Reich der Träume geleitet. Nun, wie gesagt, schrak er beinahe hoch.

„Oh, Du bist´s!“, begrüßte er das Flämmchen, das ihn hell und klar aus dem ewigen und tiefen Dunkel des Schrankes anflackerte. „Ich hatte Dich heute gar nicht erwartet.
Du willst wissen, ob ich glücklich bin?
Nun, ich glaube schon. Momentan läuft alles so, wie ich es mir vorstelle. Wir kommen neben der Arbeit auch zur Ruhe. Ich vermute mal, das wird sich auch bald wieder ändern.“
„Ist Unruhe Unglück für Dich?“
Peter lachte auf. „Nein, sicherlich nicht. Nein. So etwas habe ich noch nie gedacht. Aber es tut mir aktuell gut, wenn es ruhiger ist. Warum fragst Du, hast Du einen bestimmten Grund?“
Das Flämmchen schien mit den Augenbrauen zu zucken. Dabei hatte es so was gar nicht. Es kam Peter nur so vor. „Jein“, meinte es zögernd. „Ich habe mich nur heute mal mit einem Kollegen unterhalten.“
Peter prustete los. „Wie? DU hast Kollegen? Wie bitte kann ich mir das vorstellen? Du bist doch MEIN Unterbewusstsein, mein geistiges Leben. Wie soll das gehen?“
Das Flämmlein lächelte. „Ach Peter, Du weißt doch: *Es gibt mehr Dinge zwischen Himmel und Erde, als Eure Schulweisheit sich träumen lässt*[63]. Das gehört dazu. Was heißen soll, ich kann es Dir auch nicht erklären. Du solltest es einfach so akzeptieren.
„Gut“, meinte Peter heiter. „Und wessen andere Flamme war das?“
„Die Flamme von jemandem, der Dir nahesteht.“
Peter stöhnte auf. „Oh je, oh je! Das sind so viele. Bronco, Raúl, Tony, Mum, Georg, Bernd, Ernst...”
“Oh, eine interessante Reihenfolge ist das jetzt aber geworden!”, lächelte die kleine Flamme. „Erinnerst Du Dich noch, dass diese Reihe vor gerade mal einem Jahr ganz anders geklungen hatte?“
Nein, Peter erinnerte sich nicht daran, nicht mal daran, dass er schon mal so eine Reihe gebildet hatte. Er war sich nicht mal sicher, ob es überhaupt eine solche Reihe der Wichtigkeit oder gar Wertschätzung gegeben hatte. Aber das Flämmchen hatte – natürlich – mal wieder Recht. Es war eine neue Wertigkeitsreihe entstanden. Es lächelte eigenartig.
„Doch hast Du jemanden vergessen.“
„Habe ich? Wen denn? Harry, Bob, Jerry...“
„Nein. Marc.“

[63] Horatio in Shakespears Hamlet

„MARC?", erstaunte sich Peter. „Marc stünde mir nahe? Das wäre mir aber neu!"
„Tja, so ist das nun mal mit den unterschiedlichen Betrachtungsweisen. ER stand Dir sehr nahe. Du ihm weniger. Das war der Unterschied."
„Häh? Willst Du mir damit etwa sagen, dass Marc sich in mich verliebt hätte?"
„Vielleicht nicht direkt, aber so ungefähr: ja. Er mochte Dich mehr als Du jetzt ihn." Ein Windhauch kam auf, das Flämmlein flackerte unruhig. Es schien sich wie mit einem Mäntelchen schützen zu wollen und zog sich dabei in den Background wieder zurück. „Denk darüber nach!", hörte er noch, bevor der Schrank vor ihm wieder seine Außenseite zeigte. Diesmal hatten sich die Türen nicht geschlossen, er war wie durch die Tür hindurchgefahren. *Die Technik wird auch hier immer fortschrittlicher*, dachte er noch, bevor er lächelnd einschlief.

Es war der Samstagmorgen vor der 15. Party, der 13.03.2010. Sie saßen zu zweit im Büro, Tony und Raúl waren mit dem Pickup zum Einkaufen unterwegs. Bei der Außentemperatur musste selbst Hackfleisch oder Fisch noch nicht gekühlt werden. Obwohl – langsam wurde es März und das Wetter zwar nicht besser, aber wärmer. Heute war eine Ausnahme, wie auch schon mal ein paar Tage in der 3. Februarwoche, als das Thermometer einen Sturzflug von 16 auf 9 und dann auf 0°C machte. Gestern waren es noch 14°C, heute am Vormittag 2°C.

BESSER hingegen hätte das Wetter nur werden können, wäre es vorher schlecht gewesen, doch Peter kannte es nun seit einem Jahr und wusste, dass „teilweise Bewölkung" hier der normale Standard war. Richtig massive oder gar keine Wolken, ebenso wie Niederschläge, gab es eher selten, auch im Vergleich zu Deutschland.

Jules war Irmgard Gassi führen, das Telefon läutete gerade mal nicht. Sie hatten sich für diese 15., die „Jubiläumsparty", ein paar Besonderheiten überlegt, eigentlich nur das Buffet betreffend, so, wie auf der 10. auch. Doch die war ja „schon" im Januar gewesen. Wirklich mit nur 14 Tagen Abstand waren die Partys veranstaltet worden, aber diesmal war die Nachfrage zu groß gewesen und Bronco meinte spitz, dass die Frühlingsgefühle wohl genauso sprießen würden, wie die Natur draußen. „Dann müssen wir eben häufiger gießen", hatte Tony daraufhin gestöhnt, und so war seit der letzten Party gerade mal nur EINE Woche vergangen. Sie nur an Samstagen zu veranstalten, hatte sich bewährt. Für den heutigen Abend war einmal Seafood auf die Karte gestellt worden, und die beiden Einkäufer hatten den Auftrag, gut und trotzdem günstig zu kaufen.

Es war seiner Erinnerung nach das erste Mal, dass Peter über seinen Traum oder das Flämmlein überhaupt mit Bronco sprach.

Peter versuchte, das eigentlich Undefinierbare seiner Traumempfindungen zu beschreiben, vorsichtig und langsam und war ganz erstaunt, dass Bronco einfach nur nickte. „Ja, so was kenne ich auch", meinte er nach Peters Bericht. „Es ist bei mir kein Schrank, keine Flamme, eher eine Welle. Weißt Du, ich war noch nicht oft am Meer, aber die beiden Male – das hat sich mir wohl so eingeprägt. Diese offene, unendliche Weite, das kalte klare Wasser – diese Energie. ... Wenn mich heute solche Überlegungen überkommen, denke ich immer daran. Die Sonne über dem Strand, die doch nicht so richtig warm macht..."

„Brrr – hör auf! Wo wart IHR denn am Meer? Habt Ihr Badeurlaub in Alaska gemacht?"

Bronco rutschte vor Lachen vom Stuhl. „Nein ... nein", japste er und rieb sich den schmerzenden Hintern, „es war nur in Kalifornien, etwas nördlich von San Francisco, nannte sich *Wildcat Campground*, ist staatlich. Da war ich mal mit einer Jugendgruppe; der Platz war recht einfach und schlicht, auch nicht per Auto zu erreichen, aber wir hatten Fahrräder mieten können. Wir waren so eine kirchliche, katholische Jugendgruppe. Da war ich, glaube ich 11 oder 12. Und bevor Du fragst: nein, da ist nichts passiert, in keiner Weise. Keines der Mädchen wurde schwanger und wir Jungs auch nicht." Peter lachte. „Gut. Das waren zwei Wochen, es war schon okay, weil wir

alle endlich mal rauskamen. Die meisten hatten einen ähnlichen sozialen Status wie ich. Sie waren nicht ganz arm, keinesfalls reich, die Eltern berufstätig. Es war einfach mal was anderes und vor allem das, was wir in der Schule in Geschichten immer wieder über Feriencamps gelesen hatten, nur eben viel,

viel kleiner, vielleicht 20 Leute inklusive Betreuern. Das Schönste war die Umgebung. Der Platz war eine Wiese, ein bisschen oberhalb des Meeres. Zum Strand war es nicht weit, und wir haben jeden zweiten Tag einen anderen Ausflug gemacht. Zu den tollen ***Alamere Falls***, ins ***Bear Valley***. Auf dem Rückweg mit dem Bus haben wir dann für zwei Tage in ***San Francisco*** Station gemacht und dort die Stadt erkundet, inklusive ***Cable Cars***, ***Fisherman's Warf*** und ***Alcatraz***. Es war eine schöne Zeit. Nur eben Baden gehen, das hat sich kaum einer getraut, und wenn, dann ist er nach wenigen Sekunden wieder aus dem Wasser gesprungen. Das ist dort echt schrecklich kalt."

Peter erinnerte sich zu gerne an seine Tage in Frisco, im letzten Februar, gerade mal vor einem Jahr und doch schon SO lange her. Er dachte an diese tolle und teure Stadt, das beschissene Wetter, und daran, dass er mal unterhalb der ***Golden Gate Bridge*** – oder war es am ***Marshall's Beach***? – seine Finger ins Meer getunkt und erschrocken wieder zurückgezogen hatte. Er berichtete Bronco kurz davon. Der lachte.

„Ja, ist ja auch kein Wunder. Oder anders gesagt, die Gefangenen von Alcatraz konnten zwar ins Meer fliehen, aber keiner kam am Ufer an, zum einen, weil es so eiskalt ist, auch im Sommer, zum anderen, weil es da so viele Haie gibt!"

Peter sah ihn ganz erschrocken an. „Dann kann ich ja froh sein, dass ich meinen Finger noch habe!"

„JAAAH", wieherte Bronco. „Und noch mehr, dass Du nicht ganz rein bist. Haie, glaube ich, stehen auf lange, harte Würste!" Sie kringelten sich vor Lachen. Dann wurde Bronco wieder ernst. „Aber Du hast mir von Deinem Traum nicht von ungefähr erzählt, oder?"

Peter nickte. „Ja, es ist wegen Marc." Er berichtete in knappen Worten. „Könnte das sein?"

Bronco brauchte nicht lange zu überlegen. „Aber sicher doch. Im Gegenteil, es würde sogar vieles erklären, zum Beispiel warum er immer seltener da war, am Anfang enthusiastisch, am Ende..."

Peter nickte wieder, diesmal langsam und „weise". „Habe ich ihm Unrecht getan?"

„Mit was denn? Also, wenn Du ihn nicht in unser aller Abwesenheit zur Schnecke gemacht hast – oh, pardon, DAS mochte er ja gerne, seine Schnecke zeigen und füllen lassen ..." Peter musste schon wieder lachen, obwohl ihm das Thema eigentlich zu ernst war. Bronco schaffte es einfach meistens, den Dingen unnötigen Ernst zu nehmen. „Also: nein. Ich sehe es so.“ Die beiden saßen in ihren DX-Racer-Bürostühlen, die Arme auf die Armlehnen gestützt, Bronco legte nun seine zwei Zeigefinger erst an die Nase, dann fuhr er den Kopf hoch, so dass sie am Kinn landeten. Es sah ungeheuer intelligent und wissend aus, Peter bestätigte das sofort. Bronco grinste.

„Nein, Bronco, das Grinsen passt nicht zu der Intelligenz. Das musst Du Dir bei dieser Geste noch abgewöhnen.“

Bronco nickte ergeben. „Okay, okay. Ich sehe es so: Marc und Du, Ihr wart Euch damals nicht unsympathisch. Ihr habt miteinander mit und ohne Kunden gefickt, noch dazu am Anfang unter einem Schleier der Heimlichkeit. Unterbrich mich, wenn ich es mir falsch gemerkt habe. Dann seid Ihr, also Mum, Du und Ernst nach England in den Urlaub gefahren und als Ihr zurückkamt, war Marc schon wieder in Hannover. Über Georg hattet ihr ab und zu Kontakt.

Du hattest Ernst und warst voll mit ihm beschäftigt, und so, wie ich Euch beide verstanden habe, habt Ihr Euch auch geliebt. Kann ich ja verstehen. Aber, okay, die Zeit hat es geändert beziehungsweise der Umzug hierher.

Ich kann mir gut vorstellen, dass Marc erst, als er von Georg gehört hat, dass Du hier in Reno bist, also erst viel später, als wir bisher annahmen, auf die Idee kam, hier zu studieren UND Dich wiederzusehen, konkret, er hat sich Hoffnungen gemacht.

In dem Zustand überhört man doch gerne die Hinweise der anderen, dass da noch jemand sein könnte. Und ich bin sicher, Georg hat dies Marc auch gesagt. Dieser Jemand bin ich. Vielleicht ist Marc davon ausgegangen, dass Du ihn siehst und mich in den Abfalleimer wirfst. Pech nur, dass unsere Abfalleimer so klein und die Müllpresse nicht stark genug ist.“ Peter platzte wieder vor Lachen. Bronco fiel mit ein. Er hatte alles gesagt, was dazu zu sagen war, und womöglich hatte er den Nagel auf den Kopf getroffen. Ob er Recht haben könnte? – Georg würde es vielleicht beantworten können.

Peter freute sich nun noch mehr auf die beiden.

15. Party, 13. März 2010

Wenn die Zeit kommt, in der man könnte, ist die vorüber, in der man kann.

Sie waren nicht aufgeregt, warum auch. Eher gespannt, was die Einkäufer ergattern konnten. Sie hatten Tony und Raúl inzwischen auf Schnäppchenjäger getrimmt. Peter gab seine Produkt- und Preiskenntnisse dazu, Bronco sein Verhandlungsgeschick.

Das Gespräch war zu Ende, als fröhliches Hundebellen die Rückkehr wohl aller vier „Mann" ankündigte, die der Einkäufer und die von Jules mit dem Gassi-geh-Opfer.

„Brrr, ist das kalt da außen!", jammerte Irmgard, als die beiden Jungs in die Diele traten. „Und ich dachte, es wird endlich mal Frühling!"

„Gemach, gemach, schöne Frau. Die Frühlingsgefühle werden auch Sie noch erreichen", flötete Bronco auf Deutsch, entwich rasch der fliegenden Hand und alle lachten. Selbst Jules schien amüsiert.

„Was steht heute Abend für Dich an, liebste Mum?", fragte Peter zuckersüß, und sie schaute ihn so an, als habe sie davon Zahnschmerzen bekommen.

„Ach je, Ihr wolltet mich ja heute schon wieder aus dem Haus jagen. Nun, ich glaube, ich muss mal wieder was für den Familienunterhalt tun und gehe mal wieder in ein Casino. Bob hat heute keine Zeit, irgendwas mit den Kindern." Sie nickten.

Die Einkäufe waren das, was sich Peter vorgestellt hatte: Lachs roh und geräuchert, Crablegs, Cocktailshrimps sowie größere Mengen ungebackenen Kroepoeks.

„Das Krabbenbrot frittieren wir erst eine Stunde vor den Gästen, damit es keine Chance hat, weich zu werden", gab Peter die Anweisungen. „Die Krabbenbeine sind ja schon fertig – also ich weiß wirklich nicht, was Ihr Amis an den Dingern findet. Ich finde nicht mal IN den Beinchen was, das man essen

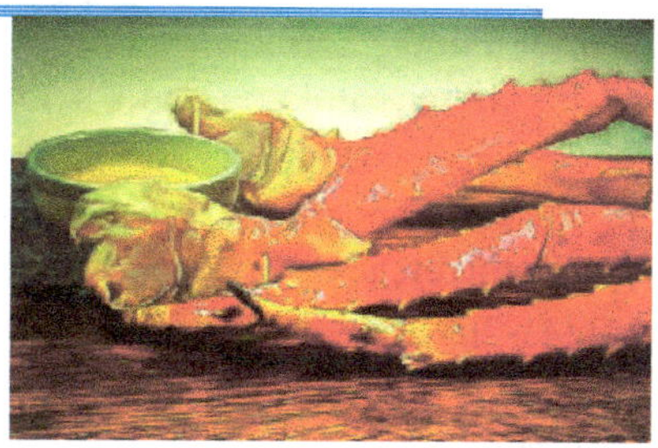

kann. Diese eine dürre Faser!“ Sie lachten schon wieder. „Ist doch wahr! Sieht zwar toll aus, aber wenn Du nach einer halben Stunde das Teil endlich aufgebrochen, Dir die wunden, blutigen Finger verbunden hast, darfst Du mit einer Nadel darin rumbrockeln und schauen, dass Du vielleicht doch was rausbekommst. Ich meine, einen Vorteil haben sie: Bei dem Arbeitsaufwand und dem Ergebnis KANNST Du nicht dick werden!“ Die anderen kugelten schon mal in Richtung Boden.

Der Lachs wurde zu Tartar geschnitten, das Dressing dazu vorbereitet, damit vor den Gästen zu vermischen. Die Cocktailshrimps wurden zu Shrimpscocktail, nachdem sie endlich aufgetaut und vor allen von den 20% Wasser abgetropft waren, mit dem sie hier gefrostet worden waren. Peter erinnerte sich in düsterem Zorn, dass es in Deutschland nur 10% Wasser gewesen wären UND das Zeug günstiger war.

Lachs und dann auch Schinken, Käse, Salami wurden im Akkord zu kleinen Kanapees geschichtet, OHNE Zahnstocher. „Ich will ja nicht überall ein Fähnchen hinhängen, ‚Vorsicht Holz!‘ oder so, nur um keine Schadensersatzklage zu bekommen, weil einer ihn mitgefressen hat. Nein danke. Dann sollen sie lieber leichter zerfallen“, krähte Peter und klopfte das kleine Brot mit entschlossenem Gesichtsausdruck noch einmal extra fest. Die nächsten kleinen belegten Weißbrotscheiben wurden ein wenig ungleichmäßiger durch die immer wiederkehrenden Lachanfälle.

Eine leckere cremige Gemüsesuppe war schon seit letzter Woche in der Truhe und taute gerade auf – es würde ein schönes Buffet werden, etwas aufwendiger als Frikadellen und Soleier, aber nicht unbezahlbar. Sie schufteten bis 4pm, die Gäste würden üblicherweise ab 5.30pm kommen, obwohl eigentlich nach wie vor 6pm angegeben war. Wer wollte da aber so genau sein…

Und wie sie kamen!

Jason war als Verstärkung „engagiert“, Die Crew bestand also aus fünf Mann.

Es kamen 10 Soldaten und 5 Zivilisten + 1 nicht angemeldeter. Dass es die 15. Party war, hatten sie vorher nicht angekündigt. Dass es eine kleine Feier geben werde, war als Überraschung gedacht. Doch erst mal gab es eine Überraschung der ganz anderen Art.

„Mr. Falkner?“, rief Bronco plötzlich aus, als er einen der Zivilgäste sah. „Tom Falkner, Biologie und Chemie?“

Die Szene erstarrte – komplett – und noch etwas kompletter der Gast. Wie gut, dass die anderen Ankommenden so dicht neben ihm standen, dass sie ihn sofort stützen und zu einem Sessel führen konnten. Bronco war überrascht, mittlerweile hatte auch Raúl gesehen, wer da erschienen war – und ging auf den Gast zu. „Tatsächlich, Sie sind es?“

„Bronco? Raúl?“, kam es krächzend aus dem Hals des Gefragten – die anderen hingen an diesem Hals, den Lippen oder seinen Worten – er konnte es sich aussuchen.

„Ja, wir sind es. Willkommen auf der MUSTANG FARM zur 15. Spenderparty.“

Peter hatte das „Problem“ bemerkt, drückte Tony die Geldschatulle in die Hand und eilte zu der kleinen Gruppe. Mittlerweile hatten sich einige auch direkt drumherum geschart. „Gibt es ein Problem? Hallo, mein Name ist Peter Prügner, ich bin der Chef hier. Wo kann ich helfen?“ Der Gast auf dem Sessel war nicht hässlich oder alt, beides eher im Gegenteil. Vielleicht 30, 32 Jahre, seine blonden Haare auf modern geschnitten, dunkelblaue Augen sahen ihn mit einer gewissen Verzweiflung an. Peter wollte eigentlich den alten Polizeispruch: „Bitte gehen Sie weiter, hier gibt es nichts zu sehen“, loslassen, ließ es in letzter Sekunde aber doch bleiben. Er wusste, dass so ein Spruch im Regelfall genau das Gegenteil bewirkte.

Bronco übernahm die Vorstellung. „Peter, das ist einer unser Lehrer von der High School, Tom Falkner. Tom, das war doch der richtige Vorname, oder?“ Tom nickte automatisch. „Und er ist nun wohl ein wenig erstaunt, uns hier zu sehen, Raúl und mich.“

Peter lächelte ganz bewusst, als er antwortete. „Tom, das ist für uns kein Problem, Bronco und Raúl sind nicht mehr Ihre Schüler. Wenn es aber für Sie ein Problem ist, ich bin sicher, wir können ein Fahrgelegenheit einrichten.“

Die Farbe kehrte langsam wieder in Toms Gesicht zurück, er hatte sich auch wieder gefangen. „Äh … Peter, nein … äh, ich glaube, es … ist äh kein … Problem. Ich war nur einen Moment … sehr überrascht. Ich kenne die beiden seit einigen Jahren. Nur eine Bitte habe ich … es erfährt doch niemand, oder?“

Bronco grinste, setzte sich neben ihn und sprach sehr leise. Die anderen Gäste hatten sich schon wieder überwiegend verzogen, SO interessant war das auch nicht. Schließlich hatte hier jeder irgendeinen Beruf (ohne würde sich das wohl keiner leisten können) und die meisten auch irgendeine Reputation zu verlieren. „Tom, WAS soll keiner erfahren? Dass Sie hier sind? Niemand erfährt von uns irgendwas. Es wäre ja auch für uns unangenehm, denke bitte daran, wir sind hier NOCH im Washoe County. Sie wissen, was das heißt?“ Tom nickte zögernd. „Also. Und was noch? Dass Du schwul bist? Ach, das wissen alle, die ein Gefühl dafür haben, glaube mir. Schon in der Schule. Na und? Solange Du dort nicht so zarten, hübschen, kleinen Jungs nachstellst, wie Raúl und mir, ist das Deine Privatsache. Also, keine Angst! Nicht mal Peters Mum ist heute da, die Dich sehen könnte, sie sitzt gerade schon an irgendeiner Casinobar und wartet da auf Angebote. Für sie. Verstanden?“

Tom nickte. Er brauchte doch noch einen Moment und vor allem einen eisigen *Mezcal*. Danach ging es ihm sichtlich besser. Er zog sich wie die anderen aus, hüpfte in den Pool, lobte den Gesang der Jungs über alles, machte auch mit, hielt sich aber sorgsam von seinen Ex-Schülern fern, blieb lieber bei den Soldaten. Dort fühlte er sich vielleicht auch wirklich wohler, er war auf die Party ja nicht wegen gerade mal nicht mehr Minderjährigen gekommen. Die Soldaten waren ungefähr in seinem Alter, und als er sich wirklich ausgezogen hatte, hätte man ihn vom Körperbau und offenbarem Trainingszustand nicht von ihnen unterscheiden können.

Die Musik lief bereits seit 5pm: Queen, ein bisschen Abba, ein bisschen Al Bano und Romina Power. Letztere waren zumindest diesem Publikum weniger bekannt, als die Jungs inklusive Peter es gedacht hatten. Immerhin ist Romina die Tochter des Filmstars Tyrone Power, der allerdings schon 1958 verstorben ist.

Zur offiziellen Eröffnung um 18.00 ließen sie wieder von *Europe The Final Countdown* erklingen – das war Standard geworden. Ron hatte sich zwar immer wieder gemeldet, doch sein Ausscheiden aus der Army ging wohl langsamer vonstatten, als von ihm selbst erwartet. Er hatte an diesem Abend bedauerlicherweise wieder Dienst oder vielleicht gar nicht mehr frei, weil „böse Jungs, die aus der heiligen Vaterlandsverteidigung ausscheiden wollen, gar keine Rechte mehr haben“, wie Raúl unkte. So blieben wieder „nur“ die Stimmen von Tony und Raúl, *Libertà* konnten sie jetzt noch nicht singen, denn dies war der standardmäßige Partyabschluss geworden. So präsentierten sie diesmal ein musikalisches Duell. Irmgard und Peter hatten den Text ins Englische übersetzt. Sie erinnerte sich mit Vergnügen daran, dass sie diese Platte der „Unartigen Lieder“ auch in ihrer Jugend nur im Geheimen hatte hören können.

Die Wahl-küren

Tony — *beide* — *Raúl*

Ich werd´ Schönheitskönigin!

Dazu bist Du viel zu dünn,
auch stimmt nicht Dein Busenmaß.

Quatsch nicht dämlich, dummes Aas.

Hoi, mal nicht so ordinär,

Zicke

Nutte

Fickmaleur!

Grüß mir schön Dein Fräulein Mami!

Huh, das sag ich meinem Ami!

Schluss Du olle Tüte,
Dein heiseres Gekrächz,
passt nicht zur Elite
des weiblichen Geschlechts.

Wir sind dünn aber doof,
wir sind doof, aber süß.
Hübsche Haut,
hübsche Füß,
det is alles.
Sanfter Blick,
frecher Sinn
bringt uns Glück
und Gewinn,
bloß im Kopf ist nichts drin,
det is alles.

Wir sind nicht etete,

wir sind nicht petete,

wenn Dummheit weh täte,
wir würden schrei´n bis nach Luzern.
Wir sind dünn aber doof,
wir sind doof, aber süß,
doch die Herrn,
ganz intern,

ham des gern.

Schönheit ist ein Weltgeschäft,
drum wird es gern nachgeäfft,
denn für´n flotten Damenpark
zahlt man gerne ein paar Mark.

Und der Unternehmer schlau
ruft Berlin zur Nabelschau
na, und nach den Mords-Reklamen,
alle, alle, alle kamen.

Leider ham wir keene
Beteil´gung von dem Hund,
wir zeig´n unsere Beene
und der stößt sich gesund.

Wir sind dünn aber doof,
wir sind doof, aber süß.
Hübsche Haut,
hübsche Füß,
det is alles.
Sanfter Blick,
frecher Sinn
bringt uns Glück
und Gewinn,
bloß im Kopf ist nichts drin,
det is alles.
Man muss es nur versteh´n,
die Jury anzuseh´n
und mit ihr auszugeh´n –
da musste früher schlafen geh´n!
Wir sind dünn aber doof,
wir sind doof, aber süß,
denn wer doof ist,
der hat´s immer schön.

Nelson Neumann

Die Gäste johlten, dann ging es bald rein. Was diesmal wichtiger war, Pool, Buffet oder Ficken – das wurde bis zum Ende nicht so klar. Je vier *pound* Lachs und Shrimps waren zuerst vernichtet, die Kanapees folgten bald.

Und trotzdem war es kein Bade-Fress-Treffen. Die Gäste kamen zu ihrer Entspannung, und die Jungs stellten auch nach der 15. Party fest, dass es keine Routine wurde und sie zudem jedes Mal bis zum letzten Tropfen ausgelehrt worden waren. Viel mehr als vier Orgasmen waren bei keinem drin. Den „Rest", die gefüllten Kondome im Glas, zählten sie am Ende mit spitzer Pinzette – so pervers waren sie dann doch nicht – und kamen auf 59 Stück. Eine gute „Ausbeute", vor allem, da ja auch der Sandfilter aus dem Pool und die Waschmaschine aus den Tüchern nicht mehr zählbare Portionen wuschen.

Es war wieder eine gelungene Party geworden, die Gäste waren zufrieden, die Gastgeber waren zufrieden, Jason war zufrieden, und die Kasse zeigte sich gut gefüllt. Ob die Gäste auch genauso befriedigt waren wie die 5 Jungs, das würde man nie erfahren. Aber bei acht neuen Handynummern, inklusive der von Tom...

„Nur mit einem bin ich überhaupt nicht zufrieden", schimpfte Bronco leise. „Wir haben so gut wie nichts von dem Essen abbekommen. Ich meine, ich bin es ja schon gewöhnt, dass ich nur Sperma schlucken darf und ansonsten hungere. Tut ja meiner zarten Linie auch gut! Aber gerade heute, bei dem Buffet!" Peter zerfloss gleich vor Mitleid mit seinem Freund und – erstaunlicherweise – auch gleich mit den anderen und sich selbst. Keinem war es anders ergangen. „Hunger!", krähte er und zeigte mit Leidensmiene überdeutlich mit dem Finger in seinen Mund.

Tony kicherte, stand mühsam auf – „Oh, einer von den fünf heute muss wohl doch etwas groß gewesen sein!" – und ging zum Kühlschrank.

„Darling, tut Dir was weh?", kam es sofort sorgenvoll von Bronco. „Dabei dachte ich immer, dass ‚eng' bei Dir ein sehr dehnbarer Begriff sei!"

„Oh, Du ausgeleierte Schlampe! Du große Giftnatter, an unserem Busen genährt! Ich und dehnbar! Dabei bin ich so jungfräulich..."

„...wie Deine Mutter, ja, ich weiß schon." Bronco war aufgestanden und schmiegte sich jetzt an Tony ran. „Darf ich Dich jetzt endlich Jesus nennen? ... Hmmmm! Kinder! Die alte Oma hat doch tatsächlich was für uns aufgehoben! Ja, schaut mal! Dieser frische Lachs – der lebt sogar noch!"

Sie konnten schon wieder nicht mehr vor Lachen und beschlossen, Bronco weitere böse Äußerungen zu untersagen, während sie aßen. „Hmmm, das ist wirklich lecker", schwärmte Raúl. „Wenn ich auch nicht ganz weiß, woher

WIR hier eingeweichte Tampons haben. Oder was hast Du für uns unter den Schinken und Käse als Grundlage gelegt?"

„Jetzt fängt der auch noch genauso an! Peter, HILFE!", kreischte Tony entsetzt auf, während Peter sich bemühte, ERST zu schlucken und dann zu lachen. Es gelang nur zum Teil.

„Raúl, Du möchtest nicht zufällig Kabarettist werden?", fragte ihn Peter.

Raúl winkte ab. „Eher nicht. Aber vielleicht springe ich Bronco bei, wenn ihm mal keine Boshaftigkeit einfällt."

„Oh, Du willst mich bespringen? GERNE, aber bitte heute nicht mehr. Ich bin müde. Aber, auf der anderen Seite, wenn mir mal nichts Böses einfallen sollte – da passiert das eh nicht!"

Lachend gingen sie ins Bett. Die letzten Aufgaben des Tages insgesamt waren schon lange verteilt, den Pool zu streicheln und ihm eine gute Nacht zu wünschen, die Katzen – nein, besser nicht mit der Isolierfolie abdecken, sondern – zur Ruhe rufen, Jules vertrösten, dass Frauchen sicherlich bald heimkommt, und so weiter.

Ach ja, und Jason Gute Nacht sagen. Der war einfach noch mal diese Nacht geblieben.

„Gute Nacht Jason!"

„Gute Nacht John Boy!"

Große Ereignisse werfen . . .

… erst mal alle aus dem Bett.

Oder...

Es war der Sonntag nach der 15. Party. Keine Uni rief zu noch nachtschlafender Zeit in die Hörsäle. Diesmal gab es kein Mini-Spielchen, als Jason zu den beiden unter die Decke kroch. Gut, die drei Katzen machten erneut nicht gerade fröhlich Platz, aber bis auf Leo war ihnen der Anblick der nun unwiderruflich folgenden Aktivitäten offenbar immer noch nicht angenehm. Vielleicht erinnerte er zumindest Kid daran, was er nicht mehr konnte?

Leo hingegen hatte weniger Probleme damit, er mochte nur das Schaukeln nicht. Fasziniert unterbrach Jason seine Zweihand-Akrobatik und beobachtete den blinden Kater, wie der seinen Weg aus dem Bett fand. Leo begab sich geradeaus in eine Richtung, fühlte dort offenbar, wie hart oder weich der Rand unter seinen Pfoten war. Die beiden Jungs hatten dem Bett einen seitlichen kleinen Flügel verpasst, den Leo als Treppe nutzen konnte und die Kante davor mit etwas Schaumpolster verändert. Diese weichere Stelle suchte und fand der Kater, ging dort vorsichtig erst mit einer, dann mit beiden Vorderpfoten auf den Flügel und sprang dann ins Ungewisse. „Dieser Mut!“, schüttelte Jason den Kopf, „ich weiß nicht, ob ich ihn hätte.“

Nicht nur er, auch die beiden hatten schon wieder Lust, auf was auch immer. Diesmal entschieden sie sich für einen ausgedehnten Fick Peters in Jason, während Bronco den Feuerwehrschlauch des Bankenlehrlings aussaugte.

Dass sie alle danach offenbar erst mal Lust auf Baden und noch nicht auf Frühstück hatten, traf sich gut, und so plantschten fünf ausgelassene Jungs bei Außenwerten von immerhin knapp über 2°C im warmen Wasser.

Skype

Kaum saßen sie beim Frühstückstisch, „klingelte“ auch schon das Tablet und kündigte einen Skypeanruf an.

„Ach, hallo Georg und Bernd! Schön. Dass Ihr auch mal anruft“, gähnte Peter.

„Wow, das klingt aber WAHNSINNIG begeistert, was meinst Du, Bernd?“, kam es lachend von der anderen Seite her.

„Entschuldige! Zum einen sind wir GERADE ERST aufgestanden, zum anderen habe ich den Mund voll. Sonst hätte ich vielleicht auch eine Begrüßungsarie gesungen."

„Oh nein, danke!", lachte es noch mehr zurück. „Wir wissen, WIE GUT Du singen kannst. Also lieber nicht."

„Warum? Florence Foster Jenkins ist auch berühmt geworden."

„Ja, aber die hatte doch noch erheblich mehr Geld als Du. Vermute ich zumindest mal."

„Ach, wir haben Jason hier sitzen. Der hat zumindest Zugriff auf mehr Geld als wir." Peter schwenkte die Kamera über einen fröhlich winkenden Frühstückstisch.

„Guten Morgen zusammen, wünsche einen schönen – was habt Ihr gerade? – ach, ja, Sonntag. Den haben wir auch, gerade noch. Morgen früh müssen wir wieder – nein, das ist gelogen. Bernd hat seinen Jahresurlaub genommen, und ich habe vorlesungsfreie Zeit und dann ein Auslandsjahr. Ich muss da in irgend so eine Kleinstadt in der Einöde der USA, ich weiß gar nicht mehr, wie die heißt." Marmeladentröpfchen, kleine Cornflakes und Schinkenteilchen verteilten sich auf dem Tisch. „Wir rufen an, um ENDLICH die Termine klarmachen zu können. Hätte auch nicht gedacht, dass die mich noch so lange missbrauchen wollen. Aber sie bezahlen es wenigstens. Also: ..."

Georg gab nun die aktuellen Flug- und Ankunftstermine bekannt. Sie würden am Donnerstag, dem 19. März 2010, um 6pm in Reno landen. „Nach einem Zwischenstopp in Las Vegas?", fragte Bronco mit kaltem Lächeln.

„Worauf Du einen lassen kannst!", lachte Bernd zurück. Was keiner erwartet hatte, geschah. Bronco knatterte sofort einen kräftigen Furz hinaus, legte damit alle anderen sichtbar flach und eilte selbst zu Fenstern und Türen, um den Giftgasalarm wieder zu beenden.

„Siehst Du, was der gerade getan hat?", jammerte Peter, nachdem er sich mit bläulich-leichenblassem Gesicht wieder vor den Monitor schob. Er zeigte mit dem Arm in eine Richtung, die außerhalb des Kamerabereichs lag. „Da hinten stehen unsere Blumen! Die lassen schon die Köpfe hängen. Und dabei haben wir nur Kunstblumen!"

Es würde eine sehr lustige Zeit werden. Sie freuten sich schon alle darauf.

Arrival

„Pünktlich“ landete der für 6pm avisierte Flieger aus Las Vegas um 10pm. Okay, die beiden hatten schon aus Vegas angerufen und die Verspätung, wegen was auch immer, angekündigt. Als die nächste Maschine dann in der Luft war, zeigte das Internet auch die mögliche Abholzeit an. Die Jungs, diesmal fuhr Peter nur alleine, hatten also nicht am Airport warten müssen – Peter hätte es auch sicherlich nicht getan. So weit sind 13 Meilen ja auch nicht. Er hätte eigentlich mit dem Aufsetzen der Räder des Fliegers auf dem Asphalt erst losfahren können, er wäre immer noch rechtzeitig angekommen.

Jubelnd begrüßten sich die drei Freunde. „Und wo sind die anderen? Ist das Orchester außen?“, fragte Georg mit „sichtbarer“ Enttäuschung. Es war gut, dass Peter alleine gefahren war. Waren es beim letzten Mal nur vier Koffer á 32kg für die beiden gewesen, waren es jetzt sechs. „Ach, die paar Euro Übergepäck!“, lachte Georg. Bernd grinste Peter leise ins Ohr: „Richtig. 80€ pro Koffer – wir flogen schließlich Business Class. Diesmal habe ICH mich durchgesetzt. War auch super. Aber First Class bietet die Condor gar nicht an. Alle anderen hatten sonst wo Zwischenstopps auf dem Weg nach Las Vegas, in Huston zum Beispiel. ‚Husten, ich habe ein Problem, keuch, keuch!‘ – vor allem kosteten sie den drei- und vierfachen Preis. Das hat dann auch er eingesehen. ´S ist manchmal gar nicht so leicht mit den Altreichen“, lachte er.

„Peter, nicht so schnell bitte!“, mahnte Georg, als Peter schon Lok spielte und einen der drei Trolleys zum Ausgang schob. „Wir müssen noch zum Sperrgepäck!“

„Ähhh?“, Peter klappte den Mund wieder mit der Hand zu, und Bernd grinste noch breiter. Sie passten gemeinsam auf die Koffer auf, während Georg davonstob. Er kam mit zwei edlen Rössern zurück. Und Peter klappte erneut die Kinnlade runter. „Stahlrösser?“, meinte er ungläubig? „Wofür sind die denn?“

„Damit wir hier nicht einrosten, lieber Peter“, grinste Georg, und Bernd ergänzte: „Die haben nun mal wirklich nichts an Aufpreis gekostet. Von Frankfurt nach Las Vegas. Nur hierher dann schon. Das war dann mehr, als die Dinger wert sind.“

„Hohoho! Bernd, sei mal nicht so abschätzig. Diese ‚Dinger‘ sind edle deutsche Markenräder und kosten ein paar tausend Euro pro Stück.“

„Na hoffentlich hast Du sie gut versichert. Sonst sind die hier ganz, ganz schnell weg, das verspreche ich Dir“, lachte Peter. Gemeinsam machten sie sich dran, das ganze Gepäck zu verstauen. Es ging nicht. Die Räder hatten keine Chance. „Also, liebe Freunde. Entweder, wir legen die beiden Räder jetzt auf die Straße und ich fahre einmal darüber. Dann bringe ich sie rein. Oder…"

„Oder??" echote es.

„Oder ich rufe Tony an, der soll mit dem Pickup kommen und – natürlich – auch ein paar weiche Decken mitbringen, damit die „Tierchen" gut liegen. Okay?"

Sie warteten GERNE die 20min, bis Tony vor Ort war, erst mal einen Lachanfall bekam und dann erst die Jungs begrüßte. Georg kannte er noch nicht, und sehr interessiert ‚beschnupperten' sie sich. „So, Schluss jetzt, mir wird kalt!" beschwerte sich Peter. „Abtasten, wer da was hat oder ob Georg was in Nürnberg vergessen hat, könnt Ihr auch daheim." Er musste nicht auch noch vor allen Leuten von „auf der Farm" herumtönen, die Wagen standen in gutem Licht und ein paar Zuhörer lungerten immer herum. So auffällig sollte dieser Besuch dann doch nicht werden. Peter verteilte dennoch schon mal Visitenkärtchen, vor allem an die Taxifahrer.

Den Tag über war es „richtig warm" mit bis zu 21°C gewesen. Jetzt war es nicht mehr kuschelig, aber mit im Eingangsbereich gefühlten 15°C auch nicht mehr ganz so bitterkalt.

Daheim wurden die Fremden von der gesamten Truppe auf das Herzlichste empfangen. Dass Jason schon wieder da war, war eigentlich gar nicht aufgefallen. Es wurde eine sehr, sehr innige Begrüßung.

„Sagt mal, SO VIELE seid Ihr jetzt geworden?", staunte Georg aus dem Sessel, ein Glas Begrüßungsprosecco in der Hand. „Ich dachte, Irmgard, EIN solcher Bengel sei Dir eigentlich genug." Sie lachten mal wieder. Es war Freitag, keine Uni würde am nächsten Morgen frühes Aufstehen verlangen, so zog sich der Abend bis in die Nacht. Am nächsten Tag war auch keine Party geplant, die kam erst wieder in einer Woche.

„Ach, apropos ‚so viele': Ron hat angerufen, während Du weg warst, Peter. Er wird jetzt bald entlassen!", verkündete Raúl.

„Oh, hurra! Endlich!", freute sich Peter, die beiden Neuen zogen die Augenbrauen fragend hoch.

„Entlassen? Aus dem Gefängnis?", fragte Georg.

„Ja, so ungefähr", lachte Peter. „Dieses Gefängnis heißt *army* und war eine der offenbar vielen hier verborgenen und unterirdischen Anlagen. Bernd erin-

nert sich sicher an die Fahrt nach Las Vegas, wo wir so viele sehr gut erhaltene Farmhäuser in gottverlassener Umgebungen gesehen haben?“

„Wie könnte ich DAS je vergessen“, griente Bernd. „Ich weiß auch noch, wie wir uns vorgestellt hatten, dass man da durch das Garagentor reinfahren und innen statt Küche, Wohn- oder Schlafzimmer nur ein einsames Pförtnerhäuschen auf einem großen Parkdeck vorfinden würde, mit einem Aufzug nach unten.“

„Ach, wie in Andromeda, tödlicher Staub aus dem Weltall[64]?“, fragte Georg.

„Ja, so ungefähr. Die sehen hier wirklich so aus“, griente Bronco und zeigte zum Beleg ein paar Screenshots aus dem Film. „Die habe ich heute mal in der Uni in einer langweiligen Stunde gemacht. Dachte mir schon, dass das Thema bald aufkommen würde.

Na, was sagt Ihr? Kommt Euch die Gegend nicht bekannt vor? So sieht es doch hier bei uns auch aus, auch wenn das dort angeblich zwischen Las Vegas und Phoenix gewesen sein soll. *Fort Mohave* ist dort ‚in der Nähe‘, aber zum einen ist das ja damals fiktiv gewesen. Zum anderen könnte das genauso hier sein. Erinnert Euch mal an unsere Fahrten hier um unser Gelände herum!“ Sie mussten ihm Recht geben.

„Nun ja“, lachte nun Jason auf, „ich habe Ron damals doch heimgefahren. Es war wirklich ein bisschen *spooky*[65]. Da oben hinter *Spanish Springs* in den Ber-

64 1971

gen."

DU SIEHST NICHTS AUFFÄLLIGES, LIEBER LESER? GENAU DAS IST ES JA! AUCH, WENN DIESES BILD AUS GOOGLE EARTH IST, ICH HABE ES LIVE AUCH SCHON SO UND SO ÄHNLICH GESEHEN.

„Ach, wirklich da?", Bronco war ganz Ohr.

Jason winkte ab. „Ja, da oben. Aber er wird Euch nichts darüber sagen können; er darf nicht, bis zu seinem Tod. Da stehen um die 30 Jahre Haft drauf, meinte er zu mir – ich hätte es ja auch zu gerne gewusst. Aber für Dich, Bronco, da könnte DAS doch ein höchst interessantes Thema werden?"

„*Perhaps*?", grinste Bronco.

„Heißt das, das Ron auch hier einziehen wird?", fragte Irmgard schwach.

Wieder grinste Peter ein „*perhaps*", verbesserte sich aber gleich. „Nein, das ist erst mal sicher. Immerhin, liebste Mum, ist das hier ein Gästehaus."

„Und wann bauen wir an?"

„Gegenfrage: Wann fängt Bob endlich an?" Sie lachten, es klang bei Irmgard nur nicht ganz so heiter.

Die Besichtigung von Pool und Umgebung hatten sie für den nächsten Tag vorgesehen. Nur das Tor, die automatische Kette und die wirklich ansehnliche Wegebeleuchtung waren Georg und Bernd jetzt schon positiv aufgefallen.

[65] gespenstisch

Sie bekamen das schönste und größte Gästezimmer. Als Mietpreis hatte Georg 3.000$ im Monat für *all Inclusive* und beide Personen angeboten, es war diskussionsfrei angenommen worden.

Great you are here

„Haben wir Euch eigentlich schon mal gesagt, wie toll wir es finden, dass Ihr endlich hier seid und das nicht nur für ein paar Tage?“, fragte Peter am nächsten Morgen und die beiden verneinten unisono. „Na, dann müssen wir das doch gleich mal nachholen. Mädels, auf sie mit Gebrüll!“ Wie eine Horde Kinder jagten die Jungs auf die Besucher zu, warfen sie auf die Sofas und sich dann darüber.

„Hilfe! Irmgard Hilfe!“, klang es krächzend unter den vielen Küssen, Umarmungen und Erdrückungen hervor. Irmgard war gerade mit Jules in ihrer Zimmertür erschienen. Doch statt zu helfen, lächelte sie nur. Aber Jules? Der raste sofort heran und „half“. Eine solche Massenbalgerei war genau das richtige für ihn. Als erfahrener, älterer Hund wusste er genau, was er nicht tun durfte, um an der nächsten Freude dieser Art wieder teilnehmen zu dürfen. Er biss niemanden und er hob auch kein Bein. Aber mit seiner langen Zunge abschlecken, die feuchte Schnauze in jede sich bietende Öffnung stecken – okay, es waren nur die Öffnungen zwischen den Menschen, nicht an den Menschen selbst – das durfte er. Denn schließlich war man schon dabei gewesen, original amerikanisches Frühstück für die gesamte Mannschaft zuzubereiten, etwas, was es so selten gab, dass auch die „Urbewohner“ sich darauf freuten. So war die Balgerei auch nur von kurzer Dauer. Man musste wieder an die Herde und Toaster zurück, damit nichts verbrannte und vor allem die Frühstückszubereitung weitergehen konnte. Den echt amerikanischen Butterersatz ersetzte man durch echte Butter.

Als Belohnung für sein gutes Verhalten fiel für Jules diesmal „etwas“ gebratenes, ungewürztes Hackfleisch ab. So konnte ein Hundetag gerne beginnen.

Weder Georg noch Bernd hatten den Pool bisher in voller Pracht live erlebt. Vom neuen Garten war ihnen noch nicht mal berichtet worden, wobei dieser immer noch nicht fertig war, der Brunnen fehlte. Der Zaun jedoch…

„Tja, den mussten wir dann doch schon ganz eilig aufbauen lassen“, lachte Raúl. „Als nach ein paar Nächten die ersten Bewässerungsschläuche rausgerupft worden waren – keine Ahnung, wer das war und warum. Sie waren auch nicht geklaut worden. Vermutlich war es irgendein Tier, vielleicht ein neugieriger Kojote. Jetzt müssen wir ein Zaunelement halt wieder abschrauben, wenn endlich der edle Echt-Beton-Brunnen kommt, den wir bestellt haben."

„Oder es war ein Wildpferd, das das frische Grün erneut genießen wollte. Es sah ziemlich wüst aus, sage ich Euch", lächelte Peter.

Die Wärme der Heizstrahler hatte es ermöglicht, ohne Frostbeulen auch nackt dem kurzen Vortrag zu lauschen, doch jetzt lockten die warmen Fluten mit leichtem Gegenstrom, und alsbald tollten sieben mehr oder minder junge Männer im Wasser. Jules hatte es gesehen, sich aber an das Verbot erinnert, in den Pool zu hüpfen und lieber Irmgard wieder an die Leine genommen.

Dass er nach der Jungs Bad gleich noch mal mit ihnen herumrennen konnte, das hatte selbst er nicht geahnt. ER brauchte ja die Leine nicht, sie war nur dazu da, die immer noch bewegungsfaule Irmgard zu ziehen. Also sprang er ohne die Einengung vor und hinter und neben der Gruppe wie wild herum, erfreute sich dieser Freiheit und zeigte schon mal, welches Loch in der Erde am ehesten nach frischer Spitzmaus oder Fuchs roch. Sie zu fangen, war sowohl ihm als auch offenbar Kid und Lina zu aufwendig. Die zweibeinigen Futterdosenöffner waren zuverlässiger und Spitzmäuse eh nicht so gesund.

„Ihr seid soweit also fertig", meinte Bernd während der Tour. „Die Straße ist bis unten befestigt?" Peter nickte. „Dachte ich mir gestern schon. Es hat viel weniger gestaubt als am Anfang. Das ganze Gerümpel ist weg, die Hütten hier sind abgerissen" – so im Überblick hatte Peter das auch noch nicht betrachtet. Er machte sich einen Knoten ins Ohr, dass er sich bei Bob einmal dafür bedanken musste. „Nur eines fehlt hier noch: Bobs Haus. Wann will er anfangen?"

Raúl: „Oh, da ist noch gar nichts klar. Ich habe erst vor ein paar Tagen mit Jerry gesprochen, der wusste es auch nicht. Meinte nur, Bob habe aktuell so viel Arbeit. ... Was hast Du eigentlich vor, hier zu machen? Georg will ja Studenten ärgern, wenn ich das richtig verstanden habe. Aber Du? Du bist doch vom Bau?"

Bernd nickte. „Ich weiß noch nicht, was ich hier machen werde. Ich dachte, ich frage mal herum, wer einen Betonbauer brauchen kann. Als Lebenspartner von Georg habe ich sogar eine befristete Green Card erhalten."

„ALS WAS?", fuhr Peter herum. „Sagt nur, Ihr habt ...?" Bernd und Georg konnten sich im Grinsen kaum überbieten. Oder war es eher ein Strahlen? „Das ist ja ... Mann, das ist wundervoll ... oh, wie irre! Wann, wie, wo, erzählt!" Die beiden lachten los.

„Langsam, langsam. Ja, wir haben uns verpartnert. Im Januar schon. Alles Weitere wird sicherlich auch Irmgard interessieren, und außerdem haben wir eine Menge Bilder mitgebracht. Thomas, der Freund von Ernst, ist ein recht guter Fotograf. Ist eh ein toller Junge."

„Ich weiß schon, wer Thomas ist", knurrte Peter mit rasender Eifersucht in Blick und Ton, wartete kurz die erstaunte Reaktion ab, dann lachte er los. „Ich gönne es Ernst, dass er glücklich ist. Ist er doch, oder?"

„Aber noch viel mehr würde er ihm ewiges Unglück gönnen", frotzelte Bronco und durfte den Weg zum Haus daher im Sprint absolvieren, dicht gefolgt von Peter. Hechelnd kamen beide vorne an und ließen sich auf die Holzbänke der Eingangsterrasse fallen.

„Nix für so alte Frauen wie uns!", keuchte Peter, als die restliche Gruppe feixend nachkam. Nur Jules war mit ihnen gerannt, dann zurückgelaufen, wieder zum Haus, noch mal zur Gruppe – er hatte den Weg fünf Mal gemacht und war kein bisschen außer Atem. „Schau mich nicht so an, Jules! Auf vier Beinen läuft es sich einfach schneller. ... Aber, wie ist das, habt Ihr den beiden schon Bescheid gegeben, dass Ihr gut angekommen seid?"

„Ja, gestern Abend schon per SMS. Und heute Morgen vor dem Frühstück kurz per Skype. Wir sollen Euch alle hier schön grüßen, die mehr oder minder bekannten. Aber ich weiß, die planen ja auch, hierher zu kommen. ...

Und jetzt? Was machen wir heute? Es ist Samstag, am Montag muss ich mich in der Uni vorstellen und ein bisschen was muss ich hier noch einkaufen."

„Was denn noch alles?", stöhnte Peter, als sie wieder ins Haus gingen. „Ich meine ja, Bronco und ich haben schon viel Zeugs. Aber wenn wir das in sechs solche Riesenkoffer packen würden, dann wären unsere Schränke leer. Oder hast Du auch einen Schreibtisch mitgenommen?"

„Nein, einen Sekretär!", grinste Georg und nun war es Bernd, der sich Georg einfach mal zu Brust nahm. „WIE BITTE? Du hast Deinen Sekretär von der Uni mitgenommen? Diesen dürren, bleichen, blonden Vincent?

Ihr müsst wissen, Leute, da steht er nämlich ungeheuer drauf. Ist ein Hiwi, also ein schlechtbezahlter Hilfswissenschaftler, und Georg ist so was von geil auf den! Er kriegt ihn nur nicht."

„Wer sagt denn das?"

„Was war das jetzt! Davon höre ich ja das erste Mal!"

„Nun ja. Ich hab ihn bekommen und gleich wieder ausgespuckt. So dürr und bleich wie er, ist auch sein Schwanz, nur, dass der noch bleicher ist, in eine weiße Hülle eingepackt."

„IHHHH“, kreischte es ihm nun vielstimmig entgegen. „Ist der hetero?“

„Offenbar und wie! Er hätte sich auch nur einen blasen lassen mögen, das mache keine seiner Tussis. Na, jetzt weiß ich auch, warum! Ich musste in der Kantine sofort ein Stück Torte holen, so eine ganz grässliche, die ich sonst nicht mal esse, wenn ich eingeladen bin. Aber die war dagegen noch...“ Mit größtmöglichem Bedauern lachten sie alle den Herrn Professor aus, auch Bernd lachte mit. Dass sie sich bei der Verpartnerung Monogamie versprochen hätten, war wohl eher nicht der Fall. Sie setzten sich mit frischen Getränken aus der neuen Fontäne zusammen. Die alte Fontäne war in den letzten Wochen ausgewechselt worden, sie hatte ja immer nur halb funktioniert, auch nur maximal 3, damit real nur 2 Getränke ausgegeben: Cola und Wasser. Die neue war eine KoolTap mit 7 verschiedenen Postmix-Getränken plus Wasser. OBERhalb des Schrankes nahm sie nur wenig mehr Platz weg, als die alte.

„Gut, was möchten wir heute also machen?“, nahm Peter das Thema auf. „Wir haben heute und morgen frei. Wir haben eigens für diese beiden Tage keine Termine angenommen, wobei, als ich den Namen Bernd am Telefon habe fallen lassen, da musste ich sofort einen weiteren Kalender anlegen. Bernd, hier sind die Login-Daten. Du, Georg, hast ja schon geskyped, das heißt, Dein Tablet hat sich einfach wieder eingeloggt. Wunderbar. *Mi casa es tu casa*, Bronco hilf mir beim Übersetzen!“

„Mein WLan ist auch Euer WLan“, grinste er. Er hatte den Satz auf Deutsch gesprochen und die beiden schauten verblüfft.

„Sag bloß“, kam es nun ebenfalls auf Deutsch von Georg, „Du sprichst Deutsch?“

„Nein, noch nich. Ick sprecken noch wenig Deutsch. Aber ick lernen als sweite Fremdspracke in Uni. Und nun war es das, viel mehr kann ich noch nicht. Aber Irmgard und Peter versuchen uns auch Deutsch beizubringen, wir lernen es alle“, antwortete Bronco nun wieder in seinem sehr sauberen Englisch. Von Georg bekam er dafür ein Küsschen, Raúl warf sich sofort an Bernd, holte sich dort ebensolche Süßigkeit ab. Peter blickte lächelnd wie Gott-Vater auf „seine Familie“, schaute zu Georg, und der beantwortete nun die Fragen.

„Nun ja, wir brauchen noch ein bisschen was. Zum einen habe ich schon entdeckt, dass die Reifen von den Rädern den Flug nicht überlebt haben. Also neue Schläuche und Reifen. Dann brauchen wir noch ein bisschen Kosmetika und so.“

„Hach ja!“, kreischte Bernd auf, „Frau Gnädige benötigen doch dringend ihre Antifaltencreme. Sie meinte in Deutschland, die gäbe es hier sicher auch in der 5-Liter-Packung!“

Bevor sie alle losbrüllen konnten, mischte sich Raúl ein: „Nein, liebe Freunde, DAS wird es hier nicht geben. … Wir sind in Amerika. … Wir haben keine Liter, wir messen nur in Gallonen!“

Das laute Lachen lockte selbst Irmgard aus ihrem Zimmer – es klang nicht nach Haushalt –, und sie gesellte sich zu ihnen. „Nein, Peter, Du musst nicht fragen. Ich habe alle Quittungen bis zum gestrigen Tag eingescannt.“

„Bis zum gestrigen Tag?“, fragte Peter ungläubig. „Aber gestern waren wir doch gar nicht einkaufen. Es gab keine Quittungen!“

„Oh shit! Ich glaube, ich brauche langsam mal eine Brille. Dann habe ich doch einen Liebesbrief im Computer gespeichert? Kinder, lasst mich raus, ich muss ihn löschen, bevor Ihr ihn entdeckt!“ Sie löste den nächsten Lachanfall aus.

„Okay, also eine Gallone Antifaltencreme. Was brauchen wir noch weiter für Dich, LIEBLING?“, fragte Bernd zuckersirupsüß.

„Siehste Mum, so verändert man sich, wenn man heiratet. In dem Fall, sich verpartnert!“, lästerte Peter. Irmgard wusste natürlich nicht, wovon die Rede war, sie war nicht noch mal mit rausgegangen. Im kreativen Durcheinander erzählten Tony, Jason und Raúl von der gesetzlichen Verbindung, und auch Irmgard gratulierte ihnen.

„Bringt meine Jungs nur noch auf schlechte Gedanken!“, knurrte sie leise. Das Knurren musste Peter von ihr haben.

„Aber Mum“, kicherte Raúl, „das geht doch gar nicht. Wenn wir alle Deine Jungs sind, dann wäre das ja Inzucht, und da kommen lauter kleine missgebildete Enkelchen raus. Das können wir doch nicht machen!“

(LACHEN SIEHE ALLGEMEINHINWEIS.)

„Und ob meine Mutter so begeistert wäre, ihren allerliebsten Sohn abzugeben? Na, das glaube ich eher nicht“, sagte Jason und äußerte zum eigentlich ersten Mal heute etwas Konstruktives. „Ihr solltet wissen, ich habe noch zwei weitere Brüder. Mein älterer Bruder Porky, tut nur so, als hätte er eine Arbeit, ist aber so was von faul, dass er nach einem Monat regelmäßig rausfliegt. Und mein jüngerer, Steve, ist auf dem besten Weg, auf die schiefe Bahn zu gelangen, die sich im Regelfall sehr schnell als eine sehr gerade entpuppt, Drogen und so.“

„Du hast einen Bruder mit dem Namen Porky?“, wollte Georg erstaunt wissen.

Jason winkte ab. „Nein, natürlich heißt er nicht so. Er heißt Paul, aber ich nenne ihn nur Porky. Was glaubt Ihr, warum ich so gut rennen kann? Ich habe Beinmuskeln wie eine Preisringerin! … Aber taugen tun sie beide nichts – die

Brüder, nicht meine Beine! Tja, arme Mum. Es wird ein schwerer Schlag für Dich werden, wenn Du mal erfährst, dass Dein einziger wohlgeratener Sohn schwul ist. Pech!“

„Und wann soll das sein? Ich meine, dass Du Dich outest?“

Jason zuckte fröhlich mit den Schultern. „Ich lege keinen gesteigerten Wert darauf. Aber ich bin Ende des Monats mit meiner Lehre fertig. Dann wird die Fragerei wieder losgehen, von wegen Freundin und so. Ich sei ja langsam alt genug dafür und als fertiger Bankkaufmann? Mal sehen. Notfalls muss ich dann hier einziehen.“

„Nein Peter!“, rief Irmgard blitzschnell aus, „nicht noch ein Zimmer! Erst, wenn Bob vorne gebaut hat!“

Endlich kamen sie mit der To-Do-Liste weiter.

Es war ja nicht so, dass sie nicht auch einkaufen mussten, Vorräte auffüllen, und vor allem Sachen kaufen, für das, was sie noch nicht zubereitet hatten, sich noch nicht trauten und bei dem sie auf die geballte Kochkunst der beiden Franken …

„Sagt mal“, meinte Peter scheinheilig, „Ihr könnt doch immer noch so gut kochen, wie früher, oder?“

„Aber sicher doch!“, strahlte Bernd.

SOFORT hatte Georg Peters Hand an der Hüfte und fuhr schon mal kreischend hoch. „Dachte ich mir´s doch“, rief der Zugreifer, „dann habe ich mich doch nicht getäuscht. Georg hat eine ganze Ecke zugelegt!“

Unter dem großen Gelächter tastete sofort Tony auch bei Bernd nach, meinte aber: „Na, bei ihm weniger. Außer vielleicht da?“, und griff ihm in die Mitte. Irmgard lachte auf, es sollte wohl verlegen klingen, doch sie blieb sitzen, den Blick darauf gerichtet.

„Tony, pfui! Wir haben eine Dame im Raum!“, zischte Bronco den anderen „Angestellten“ an. „Da gehört es sich nicht, einfach mal so einem Mann an den Schwanz zu greifen und noch viel weniger, ihn rauszuholen!“

Bernd lachte. „Irmgard, ich glaube, das ist auch besser so. Ich stehe so wenig auf Frauen, dass er durch weibliche Betrachtung sofort zusammenfällt. Tut mir leid – für Dich!“ Irmgard lachte nun auch laut auf und winkte ab.

„Einen letzten Einkaufspunkt habe ich noch auf meiner Liste“, meinte Georg. „Nur eine Kleinigkeit. … Wir brauchen mindestens noch ein Auto für mich und eventuell auch für Bernd eines.“

„Und das nennt der eine Kleinigkeit!!!“, stöhnte Bronco auf. „Zwei Autos! Na gut, dann werde ich mich mal wieder erbarmen und Harry auf den Schoss hüpfen. Wir gehen doch zu Harry, oder?“

„Du sei ganz brav! Ich weiß ja nicht, was Du mit Marc gemacht hast, aber er hat Dir seinen Neuwagen geschenkt? Das verstehe ich immer noch nicht so ganz.“ Georg schüttelte den Kopf

„Ich auch nicht, ehrlich gesagt. Aber lass das doch ein Thema für heute Abend sein. Wir haben jetzt erst mal genug zu tun. Und Harry ist auch nicht bis in die Nacht da.“

Zu Harry würde vermutlich der erste Weg führen, nach dem zum Metzger, denn auch der hatte an Samstagen nicht ewig geöffnet.

Irmgard blieb daheim, „Bob wird vermutlich noch kommen“, meinte sie vornehm zurückhaltend lächelnd und die Jungs machten sich diesmal in zwei Autos auf den Weg. Das eine war Peters geliebter Honda, das andere Tonys Pickup, dessen Steuer er großzügig Raúl überließ und dessen Fahrkünste mit der Hand an der Handbremse notfallbereit begleitete. Sie kamen nur fünf Minuten später beim Metzger an als die andere Truppe und waren ein wenig verschwitzt. Fahranfänger, auch okay. Im Gegensatz zu Bronco hatte Raúl wenig Gelegenheit gehabt oder genutzt, vorher zu üben. Jetzt hatte er Zeit dazu.

Jason hatte sich verabschiedet, zur nächsten Party wäre er sicher wieder da, man könne ihn einplanen. Das hieß für die Gastgeber, dass wieder eine große Gästezahl kommen konnte, bei jetzt sieben „Nutten“!

Der Metzger kam hinter der Theke hervor. Er hatte auch Bernd sofort erkannt und begrüßte die Truppe mit Handschlag. Sie kauften gleich mal die Vorräte für mindestens eine halbe Woche. Steaks, Hack und Rippchen landeten in einer Kühlbox auf dem Pickup. Verschiedene rohe und gekochte Schinken, Salamis und eine Art Bratwurst folgten. Der Metzger bedankte sich für eine Mehrere-Hundert-Dollar-Rechnung.

Rinderrouladen, Nierchen, Kalbsleber, Schweinenetz oder Lammkeulen mussten sie bestellen. Der Metzger versprach Lieferung am Montagabend, DAS hatte er nicht da. Nur bei Kalbsbries und –hirn winkte selbst Peter ab. Das war beides nichts, was er essen würde, und damit seine Freunde erst recht nicht. Dass Bronco wenige Tage später mit einem mexikanischen Bries-Rezept seiner Mutter kam und es doch – wunderbar köstlich – auf dem Speiseplan landete...

Im Baumarkt griffen sie beim Sonderangebot eines weiteren, dritten Gefrierschrankes zu; Die beiden Deutschen, also Bernd und Georg, schüttelten lachend den Kopf. Tony konnte nach Hause fahren, die Fleischwaren schon mal

verstauen, sie verboten ihm aber bei Strafe, auch nur zu versuchen, den Tiefkühler alleine vom Wagen zu heben.

Der nächste Haltepunkt war Harry. Bronco brauchte ihn nur anzusehen, um einen weiteren seufzenden 5%-Rabatt auf einen Neuwagen für Georg zu erhalten. Harry durfte mehrfach seufzen. Es wurde kein großes Auto, aber ein Suzuki Jimny Club, ebenfalls geländegängig. Nur mit den 30MPG konnte auch Georg nichts anfangen, und mühsam rechnete das Harry auf 7,8 l/100km um. Die 17.000$ zahlte Georg per Kreditkarte. Bronco hatte ihm rund 4.000$ erspart und ein paar Extras beschert: ein besseres Radio, besseres Innenlicht sowie einen Satz Winterreifen für die Berge und den Schnee dort.

Bernd hatte sich gegen einen Neuwagen gewehrt, er wollte ein Arbeitsfahrzeug und entschied, erst einmal den Neuen von Georg zu probieren. Das wäre auch der richtige Jeep für ihn, und Harry hatte ein paar recht ansehnliche und bezahlbare Gebrauchte für rund 8.000$ auf dem Hof stehen, ohne Rabatt (bis jetzt).

Der Supermarkt freute sich wieder über einen Großeinkauf. Peter wunderte sich zwar, warum da niemand mal nachfragte, aber vermutlich hatte sich das „Gästehaus“ schon herumgesprochen. Damit war klar, dass man auch größeren Bedarf haben könnte.

Georg grinste draußen dann Peter an. „Du bist schon zum richtigen Amerikaner geworden, nicht wahr? Wie Du Dich benimmst, mit den Leuten sprichst, cool verhandelst…“

Peter zuckte mit den Schultern. „Möglich. Mir selbst fällt das gar nicht so auf.“ Bronco setzte sich ans Steuer und fuhr die Gruppe gut und sicher heim, Peter und Georg saßen hinten auf der zweiten Rückbank. „Weißt Du, für mich ist das immer noch wie ein Traum. Ich denke dann, jetzt wache ich auf und das alles ist nie gewesen. Aber ich bin noch nicht aufgewacht.“ Er lachte leise auf. „Denk nicht, dass das alles wirklich nur ein Traum wäre, im Sinne von toll und schön. Es hat auch seine Schattenseiten. Zum Beispiel das mit unserer Heizung, alles elektrisch. Das ist so eine Energieverschwendung, in Deutschland würde man uns dafür steinigen.“

„Na, vielleicht nicht ganz so, da gibt es auch elektrische Heizungen, aber die arbeiten anders und meist noch über Nachtspeicherung. Du hast natürlich Recht, ganze Häuser mit Klimaanlagen zu heizen, das dürfte es wohl kaum geben."

„Hier ist das Gang und Gäbe. Ich wünschte, ich könnte es ändern."

„Warum machst Du es dann nicht?"

Peter zuckte mit den Schultern. „Es scheint fast komplett unbezahlbar zu werden, soweit wir mal nachrecherchiert haben. Aber so?" Er wusste es selbst noch nicht genauer, doch der Floh im Ohr war nun da.

Noch am Nachmittag fingen sie mit dem Kochen an. Natürlich war der Gefrierschrank nicht nur abgeladen, sondern auch schon aufgestellt, Peter wollte sich eine passende Strafe gerade einfallen lassen, als Tony kläglich auf Bob deutete. „Er ist schuld! Er hat gesagt, er hebt ihn gleich alleine runter, wenn ich ihm nicht helfe. Ich konnte das nicht zulassen!", heulte er fast, und alle lachten mehr als kräftig.

Bob bestätigte das: „Ich konnte das wertvolle Teil da doch nicht liegen lassen. Aber bitte erst morgen einschalten, damit sich die Kühlflüssigkeit wieder beruhigt. Es kann sonst Probleme geben." Georg nickte, für die anderen war es wohl eher Neuland. „Wenn ich darf", fuhr Bob fort, „entführe ich nun mal Irmgard. Ich habe da an der ***Emerald Bay*** ein zauberhaftes Lokal entdeckt und möchte sie dorthin einladen. Ich war schon so oft bei Euch essen."

„Aber gerne doch, Bob, Sir", lächelte Peter ihn großzügig an. „Ich verspreche Ihnen auch, sie wird sich anständig benehmen. Nicht wahr Mum? Komm her, lass Dir ein Küsschen geben und – mein Gott, wie siehst Du denn wieder aus! – nicht mal richtig anziehen kann sie sich!" Peter zog und zupfte an den (natürlich perfekt sitzenden) Kragen und Linien des schicken Blusons herum und – komisch – auch die eingeborenen Jungs quietschten vor Vergnügen und Wiedererkennung. Offenbar waren diese Sätze und Tätlichkeiten einer Mutter gegenüber ihren Kindern international, ebenso, wie die Spucke-Hand zum Bändigen der Frisur.

„Well", meinte Peter in der Küche, als sie alle zusammen einträchtig putzten, hackten, brieten, garten und auch gleich mal Teige für Kuchen und Brot rührten, „wie sieht denn nun unsere Gesamtplanung aus? Du bist erst mal für zwei Semester hier engagiert, oder wie ist das, Georg?"

„Richtig. Aber Du weißt, wie amerikanische Arbeitsverträge sind. Demnach bleiben wir vorerst mal ein Jahr. Ungefähr. Eure Semester liegen komplett anders als unsere. Deshalb kann ich ja auch jetzt noch nicht richtig anfangen, sondern erst im nächsten Semester, ab Ende August. Bei der Rückkehr nach Nürnberg ist es wieder einfacher: Hier hört es Mitte Mai auf und geht bei uns im November wieder los.“ Bronco hatte alle Datumsangaben abgenickt, Peter wusste damit, dass Georg da kein Fehler unterlaufen war.

Während der schwarze Marmor in den Kuchen zementiert wurde, der Biskuit sich im Ofen aufblies, der erste Sauerteig seit ihrem Einzug hier das Licht der Welt zu ergären anfing, kamen sie endlich auf das Thema, das Peter schon lange auf den Nägeln brannte: Urlaub!

„Ihr wisst ja, wie schnell unser letzter Urlaub vorbei war. Ich will nicht sagen, dass uns hier die Decke auf den Kopf fällt oder wir überarbeitet sind...“ Ein sehr lauter, sehr allgemeiner Weh- und Jammerlaut unterbrach seinen Satz. „Okay, okay wir SIND sehr überarbeitet und – AUA – die Decke fällt. Ich hatte mir nur früher eigentlich nicht erträumt, dass ich von den USA nicht viel mehr sehen würde als Walmart, Homedepot und Safeway in Abwechslung. Als Mum und ich ankamen, sind wir über Sacramento und die Sierra Nevada hierher gefahren. Es war herrlich, obwohl noch Februar! San Francisco würde ich so gerne mal wieder sehen, ohne dass es dort eiskalt ist, und Sacramento auch. Wir haben es kaum angeschaut, denn bei Regen und 12 Grad machte es keinen Spaß.“ Er lachte hohl. „Das Gemeine war, dass an unserem Abreisetag das Wetter besser wurde.“

„Ach, da wollte ich auch schon immer mal hin“, stöhnte Bronco, und Raúl konnte gar nicht schnell genug nicken. Dass auch Tony einstimmte...

„Na gut, dann sollte dies tatsächlich ein Urlaubsziel sein“, meinte Peter.

Tony winkte ab. „Mach´s mal nicht ganz so groß. Drei Tage reichen auch.“

„Wofür?“, widersprach Bronco sofort. „Für Sacramento alleine vielleicht! Oder notfalls vielleicht für Frisco. Doch wenn ich schon mal dort bin, dann will ich auch was sehen. Peter hat da völlig recht. Rechnen wir mal zwei Tage Sacramento, drei Tage San Francisco, zwei Tage San Jose...“

„Was willst Du denn in San Jose?“, fragte Bernd etwas erstaunt. „Ich kenne das nur aus James Bond, *Im Angesicht des Todes,* das liegt über dem Sankt Andreas Graben und gehört zum Silicon Valley.“

„Sehr gut!“, lobte Bronco, „aber da gibt es noch mehr. Zum einen ist da das ***Winchester House***. Und obwohl wir ein naturwissenschaftliches College waren, haben wir auch Waffenkunde gehabt. Und dort eben ist das Haus von den Winchesters. Es muss ein irres Gebäude sein, da die alte Sarah Winchester erst ihr Baby, dann bald darauf ihren Mann verlor und glaubte, dies sei die Rache der Toten, die durch eine Winchester ums Leben gekommen waren. Sie hat in ihrer Verzweiflung offenbar ein Medium aufgesucht, und das hat ihr geflüstert, dass sie selbst unsterblich würde, wenn sie an ihrem Haus ununterbrochen bauen lassen würde, 24 Stunden, jeden Tag des Jahres. Das Haus muss der Wahnsinn sein und hat angeblich sogar eine Regenwasserrecyclinganlage. ... Sie ist natürlich gestorben, aber mit diesem Haus wurde sie tatsächlich unsterblich."

„Was mein Frauchen so alles weiß!", staunte Peter.

„Ebenfalls James Bond, *Der Spion, der mich liebte*", kam es sofort von Bernd.

„Richtig! Gratulation. Auch James Bond Fan?", freute sich Bronco.

„Und wie! Ich habe sie alle und alle dabei. Ein Koffer ist nur mit Festplatten voll!"

„Uih! Vielleicht erlaubt Pete dann auch mal ganz ausnahmsweise, dass wir den TV anmachen. Ich meine, er hat ja Recht, bei dem schrecklichen Programm hier. Wir haben das sicherlich teure Teil so gut wie nie angeschaltet. Gut, wir haben es ja auch nicht bezahlt, es stand schon hier.

Aber, noch was zu San Jose. Außer, dass man dieses Haus besichtigen muss, egal, ob man Waffen mag oder verabscheut, gibt es da noch etwas: ***California's Great America***. Es ist der Freizeitpark in den USA mit der wohl größten Dichte von Achterbahnen. Und ich LIEBE Achterbahnen! Das weiß ich spätestens seit Las Vegas. Ich will da unbedingt rein!" Sie lachten mal wieder und erklärten sich einverstanden.

„Wenn ich auch was vorschlagen dürfte", meldete sich ganz leise und zaghaft Raúl und kassierte dafür fast eine Tracht Prügel.

„Natürlich darfst und sollst, sogar musst Du. Denn Du wirst mit dabei sein. Du bist selbstverständlich eingeladen, und außerdem, wenn, dann ist das ein Betriebsausflug. Nur Mum wird wohl eher nicht mitkommen, wenn ich das mit Bob richtig sehe. Doch dazu nicht jetzt, erst mal zu Deinem Vorschlag." Peter wusste, dass Raúls Idee sonst untergegangen wäre. Er wunderte sich nur über diese plötzliche Zurückhaltung. Doch Raúl hatte auch noch kein eigenes Konto und seine bisherigen Kundenkontakte waren sehr wenige direkte gewesen, die darauf hätten eingezahlt werden können. Bisher hatte er immer das Geld Peter „für meine Unterbringung hier" gegeben. Das würde sich bald ändern müssen.

„Tja, ich habe da auch was gehört. Genauer gesagt, es ist ein Teil der Geschichte, die mich interessiert. Diese ganze Gegend zwischen Sacramento und der Sierra ist Goldgräbergegend. Eigentlich die Gegend, in der das kalifornische Goldfieber ausgebrochen ist. Da soll es eine Stadt **Columbia** geben, die sich ganz der Geschichte verschrieben hat und ein einziges, lebendiges Museum ist. Soll toll sein, hat unser Geschichtslehrer berichtet. Auf dem Rückweg würde ich zu gerne ein paar Tage im ***Yosemite Nationalpark*** verbringen. Der ist ja weltbekannt."

„Okay", fasste Bronco nun zusammen, Zettel und Stift in der Hand, und machte eine Strichliste: „Von Reno nach Sacramento, 1 Tag in Sacramento 2 Tage. Nach Frisco fahren – lassen wir uns dafür einen Tag Zeit. Gibt ja sicherlich unterwegs auch was zu sehen. Frisco 3, San Jose 2, vielleicht noch Monterey 1, Columbia 1, Yosemite 2, Rückfahrt 1. Macht zusammen 14 Tage – prima, zwei Wochen.

Bei sieben oder gar acht Mann – ich glaube, bis dahin gehört Ron auch zu uns, ist ja nicht vor der Sommerpause in der Uni – mit welchem Wagen wollen wir DAS fahren? Mieten wir uns einen eigenen Reisebus?"

Sie lachten, diskutierten, besprachen und verwarfen sofort die Option, mit zwei Autos zu fahren – bis das Wort „RV" beziehungsweise „Campingbus" fiel. Sofort surfte Broncos Tablet durch das Netz und kam zu dem erstaunlichen Ergebnis, dass sie für das größte aller Wohnmobile mit offiziell 7 Plätzen für zwei Wochen nur 1.800$ bezahlen müssten – viel weniger als was zwei günstige Motelzimmer plus zwei Autos kosten würden. 1400 Freimeilen waren inclusive.

„Okay", meinte Raúl etwas zweifelnd, „und wer fährt dann dieses Schiff? Es ist immerhin 30 Fuß[66] lang!"

„Ach, das schaffen wir schon! Die Straßen in Amerika sind ja breit", grinste Georg. „Wenn ich mir vorstelle, ich würde mir die Nürnberger Innenstadt damit ansehen wollen – da bekäme auch ich Angst. Aber das würde auch keiner machen. Wir werden außerhalb, vielleicht auch auf einem Campingground parken und dann die Stadt von da aus erkunden. Meist gibt es ja so was wie Busse."

Raúl schaut gleich mal nach „*RV-Grounds*" und wurde so gut wie überall fündig. Bis auf den Termin war die Reise nun vereinbart, jetzt war erst mal wieder die Küche dran. Auch mussten noch mit Irmgard reden.

Irmgard hatte keine Probleme damit, dass sie alleine das Haus bewachen sollte. „Zum einen habe ich ja Jules bei mir, zum anderen muss sich jemand auch um die Katzen kümmern und zum dritten vermute ich fast, dass Bob dann hier

---

[66] Etwas über 9m

übernachten wird, jede Nacht. Seine Kids sind aus dem Gröbsten raus. Und Jerry wolltet Ihr ja wohl nicht mitnehmen?“

Sofort begannen Bronco als Zuschauer und Raúl als Jerry vorzuspielen, wie sich Jerry wohl in einem vollen Camper umziehen würde. Raúl verdrehte sich dabei so um die eigene Achse, dass er über das eigene Handtuch stolperte, das er gerade aus dem Regal gezogen und keusch vor sich gehalten hatte, natürlich mit 20cm Abstand, damit die Zeltstange nicht hervorstand. Sie lachten sich wieder mal kringelig.

Der zweite Urlaubsplan, Alans Milchfarm, wurde nochmals verschoben. Man blieb weiterhin in Kontakt mit Alan & Co, hin und wieder ließ man sich auch ein Brot (natürlich gegen Bezahlung) schicken. „Aber Texas im Sommer? Nein danke!“, stöhnte Tony. „Ich habe das einmal mitgemacht. Nie wieder! Wisst Ihr, wir jammern hier zwar über die niedrigen Temperaturen auch im Hochsommer, schwitzen schon bei 77°F[67], aber das ist dort eigentlich die niedrigste Nacht-Temperatur. Es werden gut und gerne mal 122°F[68] im Schatten, doch wenn ich Peter richtig verstanden habe, gibt es davon dort sehr wenig. Außerdem sollten wir nicht vergessen, dass das neue Semester schon Ende August anfängt, wir also eh nur entoderweder machen können. Aber Texas über Weihnachten? Da ist hier mit Kunden doch auch weniger los?“

Peter und Bronco zuckten mit den Schultern, das wussten sie nicht, das bisher erste und einzige Weihnachten im letzten Jahr hatte noch unter dem Motto „Umbau“ gestanden.

„Bronco, jetzt erzähl mir endlich, was Du mit Marc gemacht hast, dass er Dir sein Auto überschrieben hat“, bohrte Georg das „alte“ Thema erneut an.

Bronco lachte auf. „Wie schon mal gesagt, gar nichts. Ich kann mir nur vorstellen, dass ich ihn gedauert habe, so mittellos und klein, zart und süß, wie ich nun mal bin.“ Donnerndes Gelächter.

„Mittellos – mit einem Kontostand von über 80.000$“, warf Peter ein und Bronco erschrak wirklich ein wenig.

„Was? So viele sind es schon? Ihr mögt es mir ja nicht glauben, aber ich habe seit Tagen nicht mehr draufgeschaut.“ Dann berichtete er knapp über das Vorgehen von Marc und dass der Wagen vom Airport hierher gebracht worden war – also so gut wie anonym.

---

[67] 25°C

[68] 50°C

Georg schüttelte nur sanft den Kopf. „Ich weiß wirklich nicht, was in den Jungen gefahren ist. Der klang doch so hoffnungsvoll, als er hier rüber geflogen ist, so voller Zuversicht!“

„Könnte es sein, dass Du ihm nicht eindringlich genug von meiner Existenz berichtetest? Dass er sich noch Hoffnungen auf Peter gemacht hat?“

„Nein, auf keinen Fall, also nicht aus meiner Sicht. Ich habe klar und deutlich zu ihm gesagt, dass Peter ‚da drüben‘ einen Neuen hat, mit dem er sich sehr gut versteht. Aber vermutlich wollte er das nicht hören. Nun … Du könntest durchaus Recht haben.“

„Und, wie geht es ihm jetzt?“, fragte Peter.

„Ich weiß es nicht, nicht im Detail. Er ist ja nicht über Nürnberg zurückgeflogen, sondern über Frankfurt nach Hannover. Ich habe ihn also nicht mehr gesehen, nur ein paar Telefonate, nicht mal Skype. Ich weiß es nicht. Aber auf der anderen Seite: wenn er nicht reden will – er ist alt genug, um das zu entscheiden. Ich hoffe nur, er macht nicht wieder Unsinn.“ Acht Ohrenpaare schwenkten nun direkt auf Georg, inklusive dem von Jules, der sich mit Marc ja besonders gut verstanden hatte. „Nun ja. Was ich Euch jetzt sage, könnte etwas sein, was nicht mal seine Brüder oder Eltern wissen. Aber Marc hat sein eigenes Taschengeld ein bisschen mit ‚verbotenen Substanzen‘ aufgebessert. Nicht mit den sogenannten harten Drogen, aber das, was aktuell als ‚Badesalze‘ oder ‚chinesische Kräutermischung‘ deklariert wird. NOCH ist es in Deutschland nicht verboten, aber das wird bald kommen.[69] Die Cathinone leiten sich namentlich von Khat, dieser Alltags-Kau-Droge in einigen afrikanischen Ländern ab. Jetzt sind es aber synthetisch hergestellte Amphetamine. Und bevor Ihr fragt, ich habe mich nur wegen Marc darüber mal schlau gemacht.“

Tony pfiff durch die Zähne. „Das würde ja einiges erklären!“ Er berichtete nun über die Diskrepanzen zwischen dem Tachostand und den eigentlich möglichen gefahrenen Meilen. Sie gelangten zu der Vermutung, dass Marc auch hier mit diesen Sachen gehandelt habe. „Aber uns ist in seinem Zimmer nichts aufgefallen.“

„Machen wir morgen“, gähnte Bernd, „Wenn Ihr nichts dagegen habt. Aber ich für meinen Teil bin sehr müde. Jetlag. Immer noch.“

„Ach, und wir dachten, Ihr wäret schon vorher für ein paar Tage in Las Vegas gewesen?“, fragte Bronco sofort.

---

[69] Rechtsgeschichtlicher Hinweis: das Verbot kam in Deutschland 2016

Bernd winkte ab. „Nein, hat nicht funktioniert. Diesmal lag es an den verfügbaren Flügen in die USA. Ach“, ihm schien ein Gedanke zu kommen, „Du meinst, weil wir nichts über unsere Gewinne in den Casinos erzählten? Konnten wir nicht, es gab noch keine.“

Sie alle gingen mal wieder relativ bald in ihre Zimmer, nicht alle aber gleich auch ins Bett. Georg und Bernd waren immer noch nicht zu den interaktiven Vergnügungen gekommen. Also beschäftigten sich diesmal Jason, Bronco und Peter mit Tony und Raúl, bevor sie einschliefen. Sonntag war ja auch noch ein Tag.

Wasser-Unfall

Am Sonntagmorgen war Peter heilfroh, dass Bernd im Hause war. Über Nacht war sein Aquarium im Büro trüb geworden, die ersten Fische schwammen schon mit dem Bauch nach oben und während die anderen den Brunch zubereiteten, evakuierten Peter und Bernd die noch Überlebenden in eine Wanne mit frischem Wasser. „Tja, da ist Dir das Wasser wohl umgekippt. Wenn Du sagst, Du habest nichts anders gemacht als sonst, dann ist dies einer dieser unvorhersehbaren Zwischenfälle, mit denen Aquarianer bis zu einer bestimmten, aber sehr, sehr großen Beckengröße immer wieder mal leben müssen.“

„Wie groß wäre ‚sehr, sehr‘ groß?“ fragte Peter natürlich gleich und Bernd lachte.

„Na, vielleicht dieses Zimmer, geflutet bis unter die Decke?“

„Okay, ich gebe mich geschlagen. Ich glaube nicht, dass Bronco da mitmachen würde.“ Sie lachten. Das Aquarium wurde über den Tag vollkommen abgelassen, Deko und Pflanzen vorsichtig entfernt und gerettet, was zu retten war. Der Aquariumkies erfuhr eine „Feuerbehandlung“ auf mehreren Blechen im Backofen.

„Das sterilisiert ihn, dann müssen wir ihn sehr gründlich spülen, damit auch der ganze jetzt verbrannte Dreck rausgeht und dann heißt es, das Becken wieder neu ansetzen. Vielleicht auch mal zusätzlich noch ein paar neue Fische, es könnte sein, dass die aufgrund von Inzucht zu schnell auf einmal gestorben sind.“ Sie hatten insgesamt zwei Tage immer wieder mit dem Becken zu tun, bis es erneut ungefähr so da stand, wie es vorher war. Die Pflanzen hatten die beiden besser entsorgt und neue gekauft, die Deko war mit „desinfiziert“ worden, und das Becken bekam ein neues Design. Sah ja auch viel besser aus als vorher, da es beim Umzug alles nur hatte schnell, schnell gehen müssen.

Bernd zeigte Peter und Bronco, wie man den Sauerteig für das Bauernbrot weiterführte. – Dass nun der Wunsch nach einem eigenen Holzofen aufkam, ei, wer hätte das gedacht!

... Was sollte man auch anderes denken! Am Abend schon war einer bestellt. Nur wohin er gestellt werden sollte, darüber diskutierte man noch bis zur Anlieferung in einer Woche. (Er kam auf die Eingangsseite in die Nähe der Salon-Außentüre, und damit in die Nähe der Küche.)

So was wie Normalität

Die gründliche Zimmerdurchsuchung von Marcs ehemaligem Zimmer hatte nichts erbracht. Wenn er also mit was auch immer gehandelt haben mochte, er hatte es nicht im Haus aufbewahrt. Eine doch beruhigende Vorstellung. Auf diverse Versuche, ihn mal von Reno aus per Skype zu erreichen reagierte er nicht.

Georg stellte die Verbindung zu Arne her, dem größeren Bruder, und der meinte lapidar, dass Marc langsam alt genug sein sollte, selbst klar zu kommen. Er sei ausgezogen, wohne nun sehr viel einfacher, aber eben auch „unkontrolliert“ in der Gegend um Hannover. Wenn er sich wieder melden würde... nein, Georg wollte nicht unbedingt, dass Marc etwas ausgerichtet würde. Marc war alt genug, er wusste, dass Georg ihn kontaktiert hatte, wenn er sich nicht melden wollte, wäre es seine Sache.

Mit dem Montag fing der Alltag an. Bronco nahm Georg mit in die Uni und am Abend wieder zurück, der neue Wagen für Georg würde erst am Mittwoch fertig werden. „Du und Deine ganzen Sonderwünsche“, hatte Harry am Telefon nur geknurrt, und sie lachten beide. „Das hast Du nun davon!“ Es störte weder Bronco noch Georg.

Wenn Bernd raus wollte, so tat er das nicht alleine, und damit war immer ein Auto frei. Er durfte sogar fahren, endlich etwas Fahrpraxis bekommen, denn einen Führerschein haben und wirklich fahren können... „Ich habe in den letzten Jahren immer in und direkt um Nürnberg gearbeitet, da gab es genug Großbaustellen. Ich hatte schon länger kein Auto mehr, das hätte nur viel gekostet und nichts gebracht, Bei meiner Wohnung gab es nicht mal einen Stellplatz dafür und für 200 Euro im Monat ins Parkhaus? Nein danke. Außerdem, seitdem ich bei Georg wohne, haben wir ja sein Auto, aber natürlich ist er überwiegend damit gefahren.“

Sie würden beide ihre Führerscheine noch umschreiben lassen müssen.

Als dann am Mittwochabend Harry das neue Auto brachte, war die Freude dennoch groß. Gemeinsam „bestaunte“ man die neue Karre. Jules hob sofort ein Bein am Reifen und markierte auch diesen Wagen als „seinen“. „Na, dann kann ja nichts mehr passieren, wenn Jules drauf aufpasst“, lachten sie gemeinsam und Jules wedelte zufrieden mit dem Schwanz.

Holzofen

Der Holzofen wurde am Montag, dem 29. März 2010, geliefert. Zum Entsetzen Peters lud der LKW mit seinem Ladekran zwei Paletten mit lauter Bauteilen, nicht aber einen vollständig montierten Ofen ab. Der sofort herbeigerufene Bernd bestätigte Peter, dass es doch sinnvoll gewesen wäre, hätte er sich die Verkaufsanzeige insgesamt durchgelesen. „Ich wusste, dass er so geliefert wird. Und ehrlich? Ich bin froh darüber. Wir müssen ihn zwar aufbauen und dann zwei Wochen warten, bis wir ihn heizen können, aber ein fertiges Schamottegewölbe in einem Stück heil hierher zu schaffen, würde an ein Wunder grenzen. Und an die glaube ich nicht. Es bringt uns gar nichts, wenn wir das Ding dann anheizen, der Transportriss sichtbar wird und das Gewölbe zusammenstürzt. Gut Ding will Weile haben! Wir vier haben damit in den nächsten Tagen eine wirklich schöne Aufgabe. Wirst sehen, es macht Spaß.“

Okay, Peter konnte sich unter „Spaß haben“ was anderes vorstellen. Er verzog sich auch bald „wegen wichtiger anderer Aufgaben“, aber Raúl, Tony und Bernd schafften es auch ohne seine Hilfe, die fast 500kg Bauteile zu einem ansehnlichen Ofen zusammenzusetzen. Es war ein vollständiger Bausatz für einen Spottpreis geliefert worden.

Am Montag spielte das Wetter gut mit, bei warmen 20°C. Am Dienstag war Zwangspause angesagt. Bei eisigen Temperaturen regnete und schneite es abwechselnd. Ab Mittwoch verhalf einer der Heizpilze vom Pool der kleinen Gruppe zu nicht klammen Fingern. Bis es wirklich Sommer werden würde, gab es noch ein paar solcher harten Kälteeinbrüche, an die sich alle gewöhnen mussten.

Bobs Haus

An einem der Abende in dieser ersten Woche war Bob mal wieder zu Besuch. Ob er länger bleiben würde oder nicht – diesmal hatte er ein wenig Zeit mitgebracht, und sofort begann Bernd ihn wegen seines Hauses zu fragen.

„Wann, mein lieber Bernd, soll ich das denn noch machen? Ich komme vor lauter Arbeit nicht mehr über die Runden, wollte Dich eh schon fragen, ob Du nicht Arbeit suchst." Bernd grinste und sie kamen zu mehreren Entscheidungen. Zum einen würde Bernd *asap*[70] bei Bob anfangen. Zum anderen würde er den Hausbau Bobs auf dem Gelände leiten.

„Okay, aus was möchtest Du das Haus bauen?", fragte Bernd.

„Ach, ich würde normalerweise mauern. Und wenn das EPS-System für den Pool nicht so schlecht wäre..."

Bernd lachte. „Ich weiß ja nicht, wer Dir das empfohlen hat. Aber ich hatte genug Zeit in Deutschland und habe mal recherchiert. Es gibt eine ganze Reihe Hersteller von sogenannten *ICF, Insulated Concrete Forms*, also diesen Styroporbausteinen, in den USA und eigentlich sind alle besser als das gehabte. Mir schwebt BuildBlock® vor, wobei ich feststellen musste, dass keines an die Komplexizität europäischer Systeme herankommt – die Details machen es aus. Macht aber nichts, ich glaube mit BB können wir arbeiten."

„Wenn Du meinst? Weißt Du, ich bin eher der Hand-Typ, nicht der mit dem Computer und Internet. Das ist was für meine Jungs."

„Und die haben Dir nicht geholfen?"

„Wo denkst Du hin! Jerry hat aktuell mal wieder eine Freundin und mit der Probleme. Ich sag´s ja nur höchst ungern. Aber seitdem Raúl hier wohnt und die beiden nicht mehr ständig zusammen sind, ist er richtig unleidlich geworden."

Bob lachte kräftig, Bernd stimmte mit ein. „Und was willst Du machen? Ihn hierher schleppen und auch in eines der Zimmer stecken, diesmal zwangsweise mit Raúl zusammen, so lange, bis ihm die Eier platzen und er doch mal was

---

[70] As soon as possible = sbwm = so bald wie möglich

mit ihm macht? Nur, ich glaube Raúl will nicht mehr. Er und Tony, das scheint mir was Ernsteres. Ich glaube, Raúl meint, er habe bei Jerry lang genug antichambriert."

„Was habe ich in Jerry?", kam eine Stimme von der Küchen-Dielen-Türe her, Raúl war ungehört aufgetaucht.

„Du hast in Jerry lange genug gebohrt, ohne auf Öl zu stoßen", übersetzte Bernd lachend seinen Satz, und die allgemeine Heiterkeit wuchs.

„Okay, dann kannst Du mir das System ja mal zeigen. Vermute mal, für ein einstöckiges Haus wird es nicht zu teuer."

Bernd verschluckte sich gerade. „Was sagtest Du, einstöckig? Bob ... ich meine ... äh, hast Du mal mit Irmgard darüber gesprochen?" Bob schüttelte den Kopf. Bernd seufzte. „Immer ich. Immer die kleinen Dicken mit nur einem linken Fuß.

Also wir, das heißt, die Farm, brauchen noch ein ganzes Stockwerk in Deinem Haus. So, wie das hier aussieht und in einem Jahr gewachsen ist, sind unsere sieben Zimmer da oben bald voll – mit eigenen Leuten. Es sind dann keine Gästezimmer mehr vorhanden. Sowie ich Peter verstanden habe, würden sie gerne Dein gesamtes Obergeschoss nutzen und einen eigenen, separaten Eingang dazu bauen. Die Gesamtkosten für dieses Geschoss übernehmen sie."

„Uppff." Bob war erst mal ruhiggestellt. Das hatte er so nicht erwartet. Ob es eine freudige oder eine bestürzende Information für ihn war... „Ich glaube, ich muss mal genauer mit Irmgard sprechen", meinte er, stand auf und verabschiedete sich in Richtung Irmgards Zimmer. Es wurde dort nicht laut, aber man hörte auch diesen Abend nichts mehr von den beiden.

Jason hatte ja schon verkündet, dass er Ron an einer der versteckten Kasernen westlich von Spanish Springs abgeliefert hatte, doch als Ron nun am Mittag des 1. April 2010 abgeholt werden wollte, musste Peter allein nach Koordinaten fahren. Der „befahrbare Weg“ endete laut Navi noch weit vor dem Koordinatenpunkt, doch es war heller Tag und so was wie ein Fahrweg – harter Sand in weichem Sand – erkennbar. Sein Vierradantrieb meisterte auch diesen Weg problemlos und, obwohl er es kaum noch hoffte, er sich hoffnungslos verfahren wähnte, war da auf einmal ein Zaun mit Tor und ein ihm zuwinkender Ron.

Ron stieg ein, winkte vom Auto aus zum Zaun zurück. „*Goodbye* und sicher nicht mehr *see you*! Ich hab so die Schnauze voll, das wirst Du mir gar nicht glauben, Peter.“, er beugte sich zu seinem Fahrer rüber und gab ihm einen Kuss auf die Wange, „Ich bin ja so was von froh, dass ich erst mal bei Euch unterkommen kann!“

Als Gepäck hatte er drei Sporttaschen, das war alles. „Ja, staune nur. Mehr habe ich nicht. Was glaubst Du denn, wie viel in so einen Spind passt? Wir wurden da gehalten wie die Mäuse!“

Peter schnupperte angelegentlich. „Ach, deshalb riechst Du so!“

Er rieb sich gleich darauf seinen Arm.

Sie fuhren schnell beim Safeway vorbei. Ron brauchte „zivile Klamotten“. „Oder soll ich bei Euch in den abgewrackten Militärsachen herumlaufen?“

„Oh ja!“, stöhnte Peter begeistert. „Bitte! Zum einen glaube ich, dass da einige Kunden drauf stehen würden. Zum anderen sind es sicherlich gute Arbeitsklamotten.“

„ARBEIT?“, entsetzt starrte Ron Peter an.

Der lachte. „Ja natürlich, was hast Du denn gedacht? Sand düngen, Teppiche mähen, Unkraut sähen, Wüstenfüchse zähmen, den Pferdestall ausmisten, Inventur im Pool machen, das heißt, die Wassertropfen zählen – WIR schaffen das alles nicht mehr.“ Ron sah ihn noch entsetzter an, dann viel der Groschen und lachte mit los.

„Okay, ich biete mich für das Rasenmähen an. Wohin soll ich dann den gemähten Sand kippen?“

„Ich nehme Dich beim Wort, lieber Ron. In ein paar Tagen ist unser Rasen nämlich tatsächlich das erste Mal dran. Und weißt Du, wie man den berühmten englischen Rasen hinbekommt?“ Ron schüttelte etwas zögerlich den Kopf.

„NICHT? Ganz einfach: 3x am Tag mähen und das 700 Jahre lang.“ Nun klärte Peter Ron darüber auf, dass sie einen kleinen Rasengarten angelegt hatten und Ron blieb bei seiner Zusage. Er würde den Rasen pflegen.

„Sehr gut, braver Junge. Eine Effilier- und eine Nagelschere haben wir schon. Du glaubst doch sicherlich nicht, dass wir hierfür einen Rasentraktor kaufen werden?“ Sie brüllten nun wieder vor Lachen, aber tatsächlich beschaffte Tony in den nächsten Tagen auch einen der ersten Mähroboter auf dem Markt. Er war zwar erheblich teurer als der notwendige kleine elektrische Rasenmäher, aber dafür ein schönes Spielzeug. Peter hatte zwar geschluckt, nach einem Werbevideo aber sein Okay zu einer Ausgabe von rund 1.000 statt 100$ gegeben. Ron bekam eines der Gästezimmer und langsam wurde es wirklich wieder eng in der Farm.

Zimmer 1	Tony + Raúl
Zimmer 2	Ron
Zimmer 3	(kommendes Musikzimmer, zeitweise)
Zimmer 4	
Zimmer 5	
Zimmer 6	
Zimmer 7	Georg + Bernd

Von den sieben Gästezimmern waren nur noch vier frei und am übernächsten Samstag, der Party Nummer 17, auch schon im Voraus reserviert. Da sich aber sehr schnell zeigte, dass die stimmakrobatischen Übungen der drei Möchtegern-Tenöre auf die Dauer nicht vom unfreiwilligen Publikum zu ertragen waren, wurde Zimmer 3 für die Nicht-Party-Zeiten zum Musikzimmer umgerüstet. Das Equipment musste bei Gastbelegung in die Garage geschleppt werden. Alternativ dazu in der Garage zu üben, war nur im Sommer möglich, sie war nicht beheizbar und mit dem riesigen Tor auch so gut wie nicht isoliert.

„Wenn wir wirklich feststellen, dass wir so was wie ein bisschen Erfolg haben“, meinte Tony zu den beiden, „bin ich sicher, wir können hier auch noch einen Übungsraum aufbauen. So was, wie die Blockhütte der Werkstatt. Platz ist ja genug da und so teuer ist die auch nicht.“

Bereits zu dieser 17. Party zeigten die „MUSTANG FARM BOYS“, dass die Übungen etwas gebracht hatten, und die ersten Stimmen aus dem Publikum nach „Zugabe“ und „Aufführung?“ wurden lauter. Die Jungs winkten ab. Noch. Doch selbst Peter erkannte, dass sie tatsächlich besser wurden.

Die Partys an sich waren immer ähnlich. Gut, jetzt mit 8 Hengsten an Bord … Aber mehr als 20, 22 Gäste, das ging einfach nicht. Der Pool war zwar mit 11x4m plus Eingangsbereich recht groß, aber dann auch voll. Und drinnen ging es nicht viel besser zu. Tony hatte sogar noch eine ganze Garderobe in der 2. Diele unterbringen müssen, die Fächer reichten nicht mehr aus.

Die Bank musste allerdings nach so einer Party jeweils weitere 10.000$ irgendwo verstauen. Die 200, 300$ Ausgaben für das Buffet waren dagegen lächerlich wenig.

Irmgards Umsätze hingegen schrumpften. Peter hatte den Eindruck, sie habe aktuell genug von den Männern. Das, was sie vermutlich auch als Liebe zu Bob empfand, deckte wohl ihre Gefühlswelt ab. Abgesehen davon war Bob noch im besten Mannesalter. Mit 44 stand er voll im Saft und war so richtig bereit, noch mal was Neues zu wagen. „Könnte es mit den beiden besser kommen?“, meinte Peter eines Nachts zu Bronco, bevor sie einschliefen. Bronco: „Ja. Wie mit uns.“ So schlief man gerne ein.

Lina

Es war ebenfalls im April, als Lina ins Haus tigerte, sich an Bernds Bein rieb und ihm mitteilte, dass sie schwanger sei und bald hier niederzukommen gedenke. Leise seufzend bauten Bronco und Peter in ihrer Wohnung die „Kiste“ wieder auf, zufrieden schnüffelte Lina daran, erkannte sie wieder und beschloss, sie zu akzeptieren.

„Warum habt Ihr jetzt gestöhnt?“, fragte Bernd.

„Nun, ich weiß auch nicht“, antwortete Peter, „aber DIESE VERANTWORTUNG! Ich komme mir vor, wie ein Vater!“

Sie ju-bellten zusammen mit Jules mal wieder vor Lachen.

„Nein, Lina, Du kannst auch als Schwangere durch die Katzenklappe nach draußen. Du musst nicht immer drauf warten, dass wir Dir die Tür öffnen, ich bin doch kein Ventilator!“, schimpfte Peter sanft mit der hochschwangeren (oder niederträchtigen?) Katze. „Und wenn Du das Futter draußen begehrst? Das gleiche steht auch hier in der Küche. Ihr habt vier Sorten Trockenfutter. Draußen das ist mit Turkey. Das gibt es auch hier drinnen. Schau einfach auf die Schüssel, da steht ein ‚T‘ drauf!“

Tony, Raúl und Bernd johlten mit.

Holzofen, Teil 2

NEIN! DER HOLZOFEN WAR NICHT IN ZWEI ODER GAR MEHRERE TEILE ZERFALLEN. DIESES KAPITELCHEN SOLL LEDIGLICH AUF DIE FORTSETZUNG HINWEISEN!

DASS IHR MICH ABER AUCH IMMER SO FALSCH VERSTEHEN WOLLT!

Am Sonntag nach der 17. Party wurde der Holzofen feierlich eingeweiht. Das Sauerteigbrot, von Bernd zu seiner Ankunft hier angesetzt, war schon längst wieder aufgegessen, ein neues noch nicht geplant, aber man musste den Ofen ja auch erst mal testen. Hausgemachte Pizzen waren dazu perfekt, und schon beim Party-Vorkochen hatte Bernd den Teig nach einem uralten original italienischen Rezept aus dem Internet vorbereitet. „Ja!", hatte er dann den Partygästen verkündet, „Das Rezept ist so alt, dass ich es noch mit Analogwählscheibe habe antelefonieren müssen, um es abzurufen, stellt Euch das mal vor.

Der Teig lag nun nebst den vorbereiteten Zutaten für eine klassische Margherita sowie eine „Salami e Funghi" bereit, die Tomatensoße sog das Aroma aus den frischen Kräutern, und gespannt standen sie alle da, inklusive Bob. Bei 16°C, aber voller Bewölkung, spuckte der Ofen erst mal eine weitere Wolke in den Himmel. Dann brannte das Holz richtig an, und nach einer guten halben Stunde zeigte das Türthermometer eine Innenhitze von gut 400°C. Genau nach Anweisung kehrten sie mit dem Stahlbesen das verglimmende Holz aus dem Backraum, fegten ihn mit einem weichen Besen schnell durch, und ein nasser Lappen entfernte auch den letzten Krümel – „HALT!", rief Bernd. „Ohne ein wenig Asche schmeckt die Pizza nicht. Wir in Franken sagen: ‚Vom Dreck wern die Säu fett'. Also, lasst ein bisschen was drin! Es ist echtes, unbehandeltes Holz." Die vier Franken lachten, für die anderen musste Georg es übersetzen, dafür reichte Broncos Deutsch noch nicht aus.

Eine kleine Probepizza, Pizza Marinara, gelang auf Anhieb, und keiner hätte gedacht, dass diese so schlichte Pizza, nur mit Tomaten, Olivenöl, Knoblauch und Oregano, so toll schmecken könnte.

Etliche große Pizzen verließen bald in rascher Folge den Ofen. Am Ende klatschten sich alle Esser ab, weil sie sich zu dieser „großen Investition" durchgerungen hatten.

Der Brunnen für den Garten hatte ein Mehrfaches gekostet...

April & Mai 2010

Die beiden Monate verliefen wie das Wetter. Das war üblicherweise „*partly clouded*“, die Tage ruhig und „wie immer“. Es erschienen drei Geburtstage auf dem Kalender, der von Irmgard, dann kam Peter und schließlich Bernd. Wobei der von Peter, sein 20., direkt mit der 19. Party zusammentraf, ein Termin, den Peter absichtlich nicht in der Partyreihenfolge ausfallen lassen wollte.

Schon bei der 18. Party wurde der Holzbackofen für die Gäste mit genutzt. Das Anschüren ging leicht, und insgesamt machte es wenig Arbeit. Außerdem war es eine schöne Abwechslung. Mal ganz abgesehen davon, dass wohl fast jeder Gast, inklusive der Soldaten, einen Grill daheim beziehungsweise in der Kaserne stehen hatte, nicht aber so einen Backofen. Neben dem fränkischen Holzofenbrot mit echtem hausgemachtem Sauerteig und keinem Hefezusatz, von dem auch ein ganzer Laib mit wärmsten Grüßen per Fedex zu Alan´s Diary Farm geflogen wurde, waren erstmals Pizetta und Bruschetta im Angebot.

Zu Peters Geburtstag schlug Bernd vor, eine ganze Schweinekeule im Brotmantel zu servieren, und hatte damit auch das Vergnügen, die Keule Scheibe für Scheibe abzusäbeln, während Peter „seinen Geburtstagfick“ erhielt, im Endeffekt ein Gangbang aller in ihm. Der arme Junge konnte die nächsten beiden Tage wirklich nicht gut laufen. Nur der Eisdildo, von Bronco fürsorglich gegossen, zerschmolz in der Resthitze des Ofens schneller als in Peters Arsch.

Die folgende 20. Party war schon wieder eine Jubiläumsparty, wobei die Pizzen, diesmal in Tranchen serviert, die bisherigen Jubiläums-Lachs-und-Shrimps in der Beliebtheit über-, im Preis jedoch gnadenlos unterboten. Dass Peter ausrechnete, dass alleine diese drei Partys schon die Kosten für den Ofen wieder eingespielt hatten... „Du musst wirklich immer so knausrig sein“, schimpfte Bronco.

An Bernds Geburtstag feierten sie gleich Georgs mit und nach. Zu allen diesen Geburtstagsfeiern waren natürlich die aktuellen Freunde eingeladen. Erstaunlicherweise hatte auch Bronco schon ein paar in der Uni entdeckt, die „nicht ganz so übel waren, wie der Rest“ – Original-Ton Bronco.

Und so geschah es zu Peters familiärer Geburtstagfeier, die sie vorsichtshalber am Sonntag danach, und damit auch nach der Party, angesetzt hatten, dass erstmals in der neueren Geschichte dieses Hauses und dieser Farm ein nicht verwandter weiblicher Gast eingeladen wurde: Mary Ann. Sie studierte Journalismus, genauso wie „ThreeJ“, wie John John junior genannt werden wollte. Bronco hatte gemeinsam mit ihnen angefangen und sie saßen zusammen in diversen Kursen.

Bronco hatte von vornherein verkündet, dass Mary Ann lesbisch und ThreeJ stockschwul sei. Beide waren voll geoutet und – zur Überraschung auch von Bronco – ein Paar für die Öffentlichkeit. „So eine Blamage aber auch“, schimpfte Bronco zu Peter in der Küche, als die Gäste sich fürs Schwimmbad bereit machten, „DAS habe ich nicht gewusst!“

„Und was ist daran blamabel, mein Lieber?“

„Dass ich es nicht VORHER wusste, das darf mir als Journalist doch nicht passieren! Ich muss den Hundehaufen riechen, bevor ich reintrete!“

Peter hielt sich mit Mühe an der Tischkante fest. „Also ThreeJ als Hundehaufen? Na, ich bitte Dich! Zum einen riecht er sehr viel besser, und zum anderen ist er zum Anbeißen süß. Ich weiß also gar nicht, was Du willst!“

„Mein Ego!“

„Ach, liebster Bronco, das wird sich in Deinem Leben noch so oft im Staub mit allerletzter Kraft winden, dass Du gar nicht mehr weißt, wie oft Du es schon aus der Hundescheiße geholt hast.“

„Danke! Geliebter Peter! Du machst mein Herz glücklich mit den Aussichten auf meine rosige Zukunft. Sie scheint mir eher braun zu werden, bei so viel Hundekacke!“ Alleine schon der letzte Satz veranlasste Bernd und Georg zu lautem Gelächter. Der Dialog musste wiederholt werden, natürlich vor allen, und wurde der Gag auch in den nächsten Studientagen.

Beiden neuen Gästen gefiel es sehr gut, doch Mary Ann auf eine der Partys einzuladen war wenig sinnvoll und ThreeJ? „Tut mir leid, es würde mich ja sehr reizen. Aber zum einen wird der hier“, er deutete einen Stock tiefer, „auch durchblutet nicht viel größer. Zum anderen ist meine Familie hier sehr bekannt, sprich, es sind hohe Tiere. Mein Alter ist in der Polizeiführung in einer hohen Position, eine Tante Richterin, zwei Onkel sind Anwälte. Einen davon kennt Ihr beziehungsweise er kennt Euch, soweit ich das weiß, Steve George Jackson. Der hat doch Eure Verträge gemacht. Ich weiß auch nur davon, weil ich damals als Aushilfe und Ferienjobber vor der Uni in seiner Kanzlei ausgeholfen habe. Der weiß zwar, was hier abgeht, aber wenn er wüsste, dass ich hier zu einer Party ginge... Dass ich mit Bronco befreundet bin, das ist wieder was anderes."

Peter zuckte mit den Achseln, denn er hatte natürlich beim Baden gesehen, was ThreeJ hatte oder eben nicht, Süß zu sein alleine genügte für eine Party oder gar für Kunden definitiv nicht, und ob diese zerbrechliche Gestalt einen mittelgroßen Schwanz durchhalten würde? ThreeJ schien seine Gedanken erraten zu haben und grinste. „Oh nein, da hinten, da bin ich sehr gerne aufnahmebereit. Ich hab ja jetzt gesehen, was Ihr hier zu bieten habt – musste aufpassen, dass ich im Becken keinen Steifen bekam. Ich hab halt auf Mary Ann gestarrt. Das bringt mein Blut schnell wieder aus der Wallung. Aber bei Euch? Ich wüsste nicht mal, wen ich als Erstes nehmen wollte."

„Na, dann komm halt mal in der Woche, alleine, dann kannst Du uns *hintereinander* ausprobieren. Ob Du dann noch laufen kannst? Ich habe heute nach der gestrigen Party so meine Probleme damit, denn natürlich hatten meine Jungs verkündet, dass ich Geburtstag habe. War ja gestern. Es tut mir heute noch etwas weh."

ThreeJ lachte leise und mitfühlend auf. „Wie viele waren es denn?"

„Was? In mir? Ach weißt Du, ab zehn verzähle ich mich immer und hab es daher gar nicht probiert." Sie lachten wieder beide, und Peter fand den Jungen nett. Aber endlich mal nicht als einen, den er hier noch als Hengst einspannen könnte, außer vielleicht zur Entjungferung von ganz engen Ärschen, denen selbst Tonys 18x4 zu groß wären.

Dass Mary Ann am Abend alleine heimfuhr, er aber von Trevor und Marvin mitgenommen wurde... Die beiden waren für die gestrige Party nicht auch noch eingeladen gewesen und klangen darüber nicht unbedingt unfroh.

Zwar hätten Peter, Bronco, Tony, Raúl, Bernd, Georg und Jason alle gerne mal in ThreeJ gerührt, doch so endete diese familiäre Geburtstagfeier „früh" und komplett unsexy am nicht zu späten Abend. Man hatte gestern genug gehabt, und das galt für all.

Der nächste Tag war zudem ein ganz normaler Arbeits- beziehungsweise Uni-Tag, auch für Georg, der wider Erwarten schon mitten im Semester in den Unibetrieb eingebunden worden war. Noch nicht mit einem eigenen Seminar, aber so konnte er den Fachbereich und alle Mitarbeiter besser kennenlernen. Er begrüßte diese Vorgehensweise.

ThreeJ erschien wirklich in der nachfolgenden Woche noch einmal ganz alleine und hielt tatsächlich Bronco, Bernd und Peter – in dieser Reihenfolge – aus, ohne danach zu hinken, aber dann reichte es auch ihm. „MUSTANG FARM – ja, der Name passt wirklich, denn ich weiß, dass mein Onkel gerne immer mal wieder in die Mustang Ranch geht. Ihr wisst doch, was das ist?" Bis auf Georg nickten sie alle, und der war schnell aufgeklärt. ThreeJ lachte. „Ich weiß nur nicht, wo da die Mustangs sein sollen! Mein Onkel bestimmt nicht, der ist ungefähr so gebaut wie ich. Muss wohl in der Familie liegen. Und nein, ich hatte noch nie was mit ihm, Gott bewahre, aber er hatte mich mal in einem Hotel mit in die Sauna eingeladen. Einmal und nicht mehr wieder! Ich weiß ja nicht, was er erwartet hatte, vielleicht, dass ich auf die Weiber dort reagieren würde, die da drinnen ihre Fettwülste oder alternativ Silikontitten ausbraten lassen wollten?"

ThreeJ wurde ein netter Freund und gerne wieder eingeladen. Mary Ann allerdings fühlte sich unter „all den Männern" doch ein bisschen deplatziert und erschien nicht wieder. Mit typisch freundlicher, typisch nichtssagender, typisch amerikanischer „Begründung".

Bob als Baumeister

Bob hatte endlich mit Irmgard über „sein Haus“ da vorne gesprochen, und als sie ihm noch mal bestätigte, dass sie und Peter die Kosten für das Obergeschoss übernehmen würden, hatte er auch keine Einwände mehr.

Immer wieder saß er mit Bernd zusammen, hatte ihn auch mal aushilfsweise auf einer der Baustellen beschäftigt, doch so viel Arbeit war es dann offenbar auch nicht, dass es das Arbeitstier Bob nicht schaffen würde. Dafür aber gediehen die Hauspläne. Wie schon mal von ihm angedeutet, gefiel ihm der Schuhkarton-Grundriss gar nicht. Als der Architekt fertig war, zeigten die Computerskizzen ein schönes Atriumhaus mit rund 160qm Grundfläche inklusive eines Innenhofs und eines zweiten Geschosses, das über vier Wohnbereiche verfügte. Jeder dieser Wohnbereiche war über eine eigene, außenliegende Freitreppe zu erreichen. Dass diese Treppen jeweils mittig zu jeder Seite und im rechten Winkel wie Strahlen zum Erdboden gingen, gab dem ganzen einen ungewöhnlichen Maja-Touch. Bobs Eingang hingegen lag auf einem Eck – ein aparter Bau, der sicherlich in der Gegend seinesgleichen suchen würde. Daher verzichteten sie auch auf ein Schrägdach und ließen, von den Wohnungen her begehbar, ein gemeinsames Flachdach entstehen, das man auf Wunsch noch begrünen könnte.

Wasser war auch kein Problem. Nach den guten Erfahrungen mit dem von den Gästen stark frequentierten und trotzdem überlebenden Garten an der Farm, hatte Bernd vorgeschlagen, gleich eine europäisch-moderne Wasser- und Heizungsanlage zu installieren, bei der Grau- und Schwarzwasser von vornherein getrennt würden, damit genug Wasser für die Bewässerung auch noch anderer Flächen zur Verfügung stünde. Somit würde das Haus auch rundherum über Rasengarten verfügen können.

Für die Heizung kam eine Luft-Wärmepumpe mit unterstützender Gastherme zum Einsatz. Nur die Klimaanlage musste konventionell geplant werden. Hier waren energiesparende Systeme erst in anderen Größenordnungen möglich.

Dass das ganze Objekt dennoch bezahlbar bleiben würde, lag einzig daran, dass sie wirklich mit den BB-Styroporsteinen bauten und der Bau „in der Familie“ gemacht werden sollte. Bernd rechnete pro Etage mit 2 Tagen, erntete dafür von Bob einen lauten Lacher.

„Lach nur ruhig“, grinste Bernd. „Wer zuletzt lacht, lacht am besten, heißt es bei uns. Ich brauche nur ein paar wenige Leute dazu: mich, Raúl, Jerry und noch zwei Arbeiter von Dir. Das war´s. Wir werden im Juni/Juli zwei Wochen in den Urlaub fahren, in der Zeit könntest Du eigentlich schon die Bodenplatte fertig machen, so dass wir gleich danach anfangen können. Wäre das möglich?“

Bob nickte matt. Er wollte es ja nicht direkt zugeben, doch als Irmgard und er sich gegenseitig ihre Finanzen offenlegten, erkannten sie auch an seinen Zahlen, dass die Banken an diesem Haus höchstens an den Überweisungen, nicht aber an Zinsen verdienen würden. Das allgemeine Zinsniveau für Sparguthaben war noch mehr im Keller als die Bauzinsen. Jason, nun fertiger Banker und der Einfachheit halber erst mal bei der *BoA*, der *Bank of America* geblieben, versicherte, dass man gerne auch noch eine Million Dollar mehr finanzieren würde, wenn Irmgard in die Bürgschaft mit einstiege. Sie lehnten dankend und lachend ab.

„Ja, ja, so ist das halt. Wenn Du kein Geld brauchst, dann werfen es Dir die Banken hinterher“, meinte Irmgard dazu in der versammelten Runde, inklusive Jason. „Aber wenn Du es wirklich nötig hättest, dann spielen sie Mr. Scrooge. Aber wir danken Dir, Jason. Wenn Du allerdings auch noch auf unserem Gelände DEIN eigenes Traumhaus bauen möchtest – ich glaube, Peter und Bronco hätten nichts dagegen, Dir ein Stück Land hier günstig zu verkaufen.“

Da winkte Jason lachend ab. „Dann lieber noch etwas weiter draußen oder, im Gegenteil, in einer Lage wie Eure erste Villa. Die hätte mir ja auch gefallen.“

„Diese Villa, mein lieber junger Freund“, nahm Peter den ein Jahr älteren in den Arm, „war zum einen nicht optimal, zum anderen viel zu teuer im Bau und zum dritten noch sehr viel teurer im Betrieb. So baut man heute nicht mehr – wenn man denken kann.“ Da musste Jason nicken. Die Betriebskosten der Villa waren auch über seine Bank gelaufen, allerdings über Muhibs Konto. Doch das hieß ja nicht, dass er sie nicht hätte einsehen können – wenn er wollte. Und WIE er gewollt hatte!

Dieses Gespräch fand am 8. Mai statt, einem Samstag, den zufällig und überraschend das Los als Bernds Geburtstag entschieden hatte. Er wurde auch direkt an diesem Tag gefeiert., diesmal mit italienisch mariniertem Rinderfilet im hellen Ciabatta-Teig und natürlich aus dem Holzofen. Dazu kam eine große Auswahl typischer Antipasti und ein erfrischendes Zitronen-Tiramisu für eine ganze Reihe von Gästen, inklusive Bob und allen Kindern, Claudia, Jason, wieder ThreeJ, aber auch Trevor und Marvin. Bob würde diesmal heimfahren, vermutlich Irmgard mitnehmen, und so standen am Abend andere Aktivitäten zur Wahl. Dass immer wieder kleine Pizette den Ofen betraten und bald darauf darum baten, aus der Gluthölle herausgeholt zu werden, erfreute besonders die jüngeren Geschwister von Jerry. Aber auch er, Claudia oder Jason kannten in ganz Reno keine einzige Holzofenpizzeria.

„Warum aber soll ich Peter und Bronco fragen und nicht Dich, Irmgard?“, fragte Jason wegen des Grundstücksangebots.

Sie lächelte. „Ganz einfach, weil diese Farm eines Tages den beiden gehören wird. Sie sind die neue Generation, während Bob und ich uns langsam schon auf Enkel freuen werden.“

Den Umstehenden blieb der Mund offen stehen, auch Peter und Bronco waren überrascht. „Heißt das“, fragte Peter, als er sich schnell wieder gefangen hatte – SO fremd war ihm der Gedanke ja nicht –, „dass Bronco und ich da bald als Brautjungfern auftreten sollen?“

Platzendes Gelächter aller Umstehenden, Wiederholungen einzelner Worte oder – gemeinerweise – des Fragments „Jungfer“ und Andeutungen von wegen „weißem oder rosa Tutu?“ hallten noch länger zwischen den Hügeln hin und her.

Irmgard und Bob standen da und lächelten schließlich, als auch sie sich vom Lachen erholt hatten. „Ja“, meinte Irmgard, „ich hätte es vielleicht nicht ganz so ausgedrückt, aber im Prinzip ist es richtig. Bob und ich möchten gerne heiraten, und zwar, bevor das Haus gebaut wird. Dann gehört dieses Haus uns bis zu unserem Tod. Alles weitere werden wir noch in kleinerer Runde besprechen. ... Eigentlich bin ich eine fürchterliche Plaudertasche, ich wollte es heute noch gar nicht verkünden!“ Sie lachten wieder alle und gratulierten.

„Und, was sagen wir nun dazu?“, fragte Bronco Peter, als sie nach anstrengender After-Party (im wahrsten Sinne des Wortes) alleine in ihrem Bett lagen. Jason war ausnahmsweise mal nicht geblieben, irgendeine familiäre Pflicht rief ihn.

„Was sollen wir denn dazu sagen, Deiner Meinung nach!“

„Du sollst nicht immer mit Gegenfragen auf eine Frage antworten. Du bist doch kein gelernter Jude, die machen das immer!“

„Bist Du sicher?“

„GRRRR! Schon wieder! Und ja, bin ich. Du bist nicht beschnitten.“

Sie lachten wieder herzhaft, dann wurde Peter ernst. „Ich gratuliere Mum und Bob aus ganzem Herzen. Und wir werden schauen, dass sie uns die Farm vorher überschreibt!“

Der nun folgende Lacher von Bronco gipfelte in einem „Du bist unmöglich!“ von Bronco und einem „Merkst Du das jetzt erst?“ von Peter.

In dieser Nacht erschien Peter wieder sein Flämmchen. Er nannte es nicht mehr „DAS Flämmchen“, sondern „sein Flämmchen“. Er hatte nach dem letzten Mal und dem Gespräch darüber mit Bronco erkannt, dass er nicht der einzige war, der so etwas hatte. Bei dem einen war es die Gestalt einer Zündflamme, bei dem anderen erschienen die Wellen der See.

„Du überlegst, ob Deine Freude über Deiner Mums Hochzeit echt ist?“, brachte das Flämmchen das Thema sofort zur Sprache und Peter nickte.

„Ja, ich habe da etwas Zweifel. Ich meine, ich weiß ja, dass die beiden sich gut verstehen, ahne, dass sie sich lieben, und ich bin mit der Hochzeit auch einverstanden. Aber meine böse Aussage vorhin, dass sie bitte vorher und dann gleich auch mir UND Bronco die Farm überschreiben solle... das zeigt mir, dass ich doch Zweifel habe.“

„Ach, Du meinst, sie soll die Farm besser NUR Dir und NICHT auch Bronco überschreiben?“, fragte das Flämmchen zurück.

Peter blieb der Atem stehen. Im Traum geht so was ja besser als im wirklichen Leben und so dauerte es eine gefühlte Ewigkeit, bevor er wieder Zeit zum Atmen, und damit Luft zum Denken hatte. „Wie bitte?“, keuchte er heraus. „DARAN soll ich gedacht haben?“

Das Flämmchen lachte leise auf und erzitterte dabei lustig. „Nun, das wäre doch auch eine Möglichkeit, oder? Du willst aber MIR gegenüber doch nicht behaupten, Du habest nie daran gedacht? Vergiss nicht, ich bin Dein Unterbewusstsein und eigentlich das Zündflämmlein für Deine Gefühle."

Peter wurde rot. So rot, dass er das Schrankinnere ein wenig auszuleuchten begann, und er sah nun besser. Die Flamme, die er schon früher als Bronco erkannt hatte, züngelte ruhig im Irgendwo umher.

„Doch, ich habe daran schon gedacht. Aber das muss Ewigkeiten her sein."

„120 Tage, 22 Stunden und 8 Minuten", antwortete das Flämmchen wie aus der Pistole geschossen. Nun musste Peter lachen.

„Musst Du mich so vorführen? Ich gebe es ja zu. Aber es ist, wie Du selbst sagst, ein alter Gedanke. Sicher, wenn wir das hier erben, dann nicht mit gleichen Rechten. Dafür wird Irmgard schon sorgen, genauso wie dafür, dass die Wünsche der Kinder von Bob nach seinem Tod nicht überhand nehmen oder gar eine weitere Frau hier etwas erben kann. DAS waren und sind meine Überlegungen. Ich kenne meine Mutter nun schon recht lange; sie wird dafür Vorsorge tragen wollen, dass ich selbst im schlimmsten Falle, wenn mich alle verlassen würden, nicht auf verlorenem Posten dastünde."

Der Flüsterfunk unter den Flämmchen hatte zeitgleich wohl auch Bronco erreicht. Obwohl, der Junge hätte ebenso wie Peter nicht sagen können, wann er sein wässriges Pendant zu dem Flämmchen sah.

„Hallo Bronco, wir haben uns schon lange nicht mehr gesehen", wogte die Welle dem am Strand liegenden braunen Jungen zu.

„Hallo, Meer. Du hast Recht. Tut mir leid, dass ich Dich nicht gefragt habe, aber in der letzten Zeit war einfach viel zu viel los."

„Du musst Dich bei mir nicht entschuldigen. Aber heute, glaube ich, hast Du ein paar Fragen."

Bronco seufzte auf. „Ja, Du hast – wieder einmal – Recht. Eigentlich hatte ich gehofft, Dir diese Fragen in einer ruhigen halben Stunde am Strand von wo auch immer auf unserer Campingtour stellen zu können, aber nun sind die Ereignisse wohl schneller da, als wir weg."

„*Siempre a tu servicio* – Du weißt doch, dass ich immer für Dich da bin. Du kannst mich immer fragen, brauchst nicht unbedingt das Meer dazu."

„Ja, ich weiß schon. Aber … ach, ich fand es halt einfacher."

Die Welle spritzte belustigt hoch. „Ach, deswegen fragst Du mich so selten? Soweit ich mich erinnere, bist Du erst zweimal in Deinem Leben am Meer gewesen."
Bronco lachte verlegen. „Ja, aber ich habe Dich trotzdem auch sonst mal gefragt. Ich bin nicht so ... so ... wie soll ich sagen ... so sinnlich wie Peter."
Die Welle machte vor Lachen einen Salto. „Du und nicht sinnlich? Bronco! *No te quites méritos!* Stell Dein Licht nicht immer unter den Scheffel. Du bist ein sehr nachdenklicher Mensch, sehr tiefsinnig, wenn Du auch gerne den Clown hervorkehrst."
„Ist das falsch?", fragte Bronco leicht erschrocken.
„Keineswegs! Überhaupt nicht. Was wäre die Menschheit ohne Leute, die sie zum Lachen bringen können. Denk doch nur an Deine neue Familie! Wie viel weniger würden die lachen, wenn Du nicht wärst? Wäre das nicht schade? Mal wieder die Fensterscheiben klirren hören, weil Du passgenau einen unbändigen Lacher ausgelöst hast?
Aber das ist momentan nicht Dein Problem, wenn ich das richtig sehe. Im Übrigen Peters auch nicht."
„Ach, Du kennst Peters Probleme?"
„Bronco, Du darfst alles essen – tust es ja auch –, musst aber nicht jedes Geheimnis kennen. Außerdem sollst Du nicht immer von Dir ablenken. Später als Journalist mag dies gut sei. Wenn Du eigentlich gar nicht da bist, nimmt man Dich weniger wahr, und Du erfährst mehr. Aber bitte nicht gegenüber Deinem eigenen Ich. Bewahre Dir dabei Deine Größe!
Also? Wovor hast Du Angst?"
Bronco wollte sich eigentlich erst noch über die Aussage bezüglich Essen ärgern, gestand sich aber grinsend ein, dass die Welle so Unrecht nicht hatte. Er beschloss, DIESES Thema nicht aufzugreifen – die Gefahr, dass er mitten in der Nacht Hunger bekäme und aufstehen würde... „Habe ich Angst? Das ist mir nicht mal bewusst. Ich mache mir Gedanken, ja, aber gleich Angst? Was hätte ich zu verlieren außer einer Liebe und einer Illusion? Ich befürchte, ich werde in meinem Leben noch manche Illusion den Bach runtergehen sehen."
„Das bleibt nicht aus", bestätigte die Welle und glitt dabei ruhig an den Strand und wieder zurück. „Aber was meinst Du? Ist auch Deine Beziehung zu Peter eine Illusion?"

„Das weiß ich eben nicht. Oder anders gesagt, für mich weiß ich, dass es keine ist. Aber ist es eine für ihn?“

Die Welle schüttelte sich und helle Tropfen flogen wie Diamanten durch die Luft. „Du kannst nicht in die Zukunft sehen. Da ich aber ein Teil von Dir bin, kann ich es auch nicht. Ich weiß also auch nicht, was die Zukunft ergeben wird. Aber eines kann ich Dir versichern: Aktuell ist diese Partnerschaft für ihn genauso klar wie für Dich. Mein Kollege bei ihm bestätigt mir das.“

...

„Soll mich das beruhigen? Kann mich das beruhigen? Darf es mich beruhigen?“

„Welch poetische Formulierung! Gratulation. Aber auch das kann ich Dir nicht beantworten. Das musst Du selbst entscheiden. Du weißt aber, dass Du die Frage schon längst beantwortet hast.“

Bronco hörte in sich hinein und lauschte dem beruhigenden ewigen Klang der Meeresbrandung. Er wurde innerlich ruhig, zum ersten Mal seit vielen Wochen. Seine Unruhe wich mit jeder neuen Welle, die in ihrem endlosen Marsch an der Küste brach.

Er wäre aber nicht Bronco gewesen, wäre ihm nicht, bevor er wegdämmerte, noch diese Anekdote eingefallen:

„Liebling, hast Du gesehen, wie die Welle mich küsste?“ „Ja, habe ich. Aber ich habe auch gesehen, wie sie sich danach erbrach.“

Mit seinem Bronco-typischen *Chubby-Cheek*-Grinsen schlief er nun ein.

Sonntagsfreuden

Der Vorteil von einem Samstag ist, dass ihm immer ein Sonntag folgt und dieser Sonntag besonders für Studenten arbeitsfrei ist. Eine „Erkenntnis“, die Bronco zum Sonntagsfrühstück gerne bekannt gab. Mit entsprechendem Gelächter und Applaus.

Sie hatten es sich schon länger angewöhnt, alle im Haus am Sonntag ausschlafen zu lassen. Nach einer Spenderparty brauchte man die Regeneration sowieso, aber auch eine Geburtstagfeier war nicht weniger anstrengend, wenn auch eher nicht körperlich. Kam aber beides zusammen...

So war auch beschlossen worden, an Sonntagen im Regelfall einen Brunch anzubieten, das sparte Küchenkapazitäten. Auf die Idee, einen Koch zu engagieren, war noch niemand gekommen. Der würden hier in Reno, bei dem Arbeitsmarkt jedoch, entweder recht teuer oder nur schlecht sein. Die vier – jetzt sechs – Jungs kochten zudem alle zu gerne, und jeder hatte ein gewisses Talent. Alle Talente zusammengenommen ergaben gute Gesamtergebnisse.

Und so freute es sie natürlich, verwunderte sie aber weniger, dass von Erian und Alan aus Texas nach Eintreffen ihres Brotes dort ein Lob ob der Qualität eintraf. Bernd hatte das Rezept auch schon im Computer erfasst, so dass die erprobte Grundrezeptur fixiert war.

Ein weiterer Vorteil von Sonntagen und dem Ausschlafen war, dass man neben anderen erfreulichen Tätigkeiten nach dem Aufwachen auch mal miteinander reden konnte, mit etwas Glück sogar nur zu zweit – ein Glück, das man sonst eher erzwingen musste.

An diesem Sonntag redeten Peter und Bronco gleichzeitig los, brachen gleichzeitig wieder ab, der erneute synchrone Ansatz endete in einem Lachen, und nachdem sie sich endlich auf eine Reihenfolge geeinigt hatten, besprachen sie gemeinsam eine Liste der Dinge, die vor der Hochzeit Irmgards gemacht werden sollten.

„Du weißt, dass ich schon gar nicht, aber auch Du kein Recht auf irgendwas von Irmgard hast“, meinte Bronco nach dieser Gedankenliste.

Peter nickte. „Ist mir schon klar. Aber ich kann mir nicht vorstellen, dass Mum etwas gegen meinen Willen machen würde. Dazu sind wir uns beide zu wichtig.

Auf der anderen Seite – wir hatten das Thema ja auch schon – können wir beide noch nichts zusammen machen. Wir können weder heiraten noch eine Lebensgemeinschaft eingehen. Falls sich die Gesetze nicht über Nacht geändert haben, geht das nur mit zwei Leuten aus dem gleichen Staat.“

Bronco seufzte. „Ja, ich weiß. Ist echt dämlich, aber ich kann es auch nicht ändern. Auf der anderen Seite ist es vielleicht gar nicht verkehrt, wenn wir noch ein paar Jahre warten müssen, dann habe ich noch Zeit, mir zu überlegen, ob ich Dich wirklich lebenslänglich ertragen will!“ Den Sprung aus dem Bett war hatte er gut vorhergeplant. Denn sofort wollte sich Peter auf ihn werfen, ihn gehörig durchkitzeln, doch so landete er nur kreischend auf einem frisch verlassenen Kissen. Sie lachten mal wieder kaputt und bedauerten, dass der Pool immer noch über Nacht abgedeckt war (und dies im Sommer wohl auch bleiben würde, da die Nächte auch da kühler als das Wasser waren), und sie nicht sofort hineinspringen konnten. Es würde immerhin eine (!) lange Minute dauern, bis die Elektrik den Pool freigezogen hätte …

… oder auch nicht! Denn die anderen hatten offenbar eine ähnliche Idee für Frühsport und platschten beziehungsweise schwammen schon jetzt und diesmal sogar bereits immer zu zweit gegen den jetzt kräftig eingestellten Jetstream, bevor sie der Hunger ins Haus trieb. Irmgard und Jules waren noch nicht da, würden vermutlich erst am Abend kommen, denn die Kinder von Bob und Jules verstanden sich prächtig. Die einzigen, die moserten, waren die drei Katzen, dass ihr Sonntagsbrunch, im Regelfall aus ein paar Brocken Rinderhack bestehend, so spät kam.

Ernste Termine

Skype klingelt.

„Na, wir dachten uns schon, dass ihr am Sonntag spät aufsteht. Wir haben eigens mit dem Anruf gewartet“, grinste Ernst aus dem Monitor, und die Jungs begrüßten ihn auf das Herzlichste.

„Ernst, das ist doch klar. *With so many ol'ladys!*“, kam es aus Ernsts Hintergrund, und ein weiteres feixendes Gesicht schob sich ins Bild.

„Thomas, Du altes Schandmaul!“, schimpfte Georg. **„Ernst, hast Du ihm immer noch keine Manieren beigebracht? Dabei warst Du doch so wohlerzogen, als du von Peter kamst.“**

„Ach, das kann der auch? Davon habe ich noch nichts bemerkt“, kommentierte Bronco strohtrocken und gut hörbar diese Neuigkeit.

„Was darf ich als Grund für die Ehre Ihro unerwarteten Anrufs vermerken?“, fragte Peter nun hochvornehm näselnd, und schon wieder lachten sie laut auf.

Georg: **„Wenn ihr kommen wollt, gewöhnt Euch schon mal dran. Das hier ist ein Haus voller Lästerzungen, eine bösartiger als die andere!“**

Wenn dich die Lästerzunge sticht,
so laß dir dies zum Troste sagen:
Die schlechtsten Früchte sind es nicht,
woran die Wespen nagen.

Gottfried August Bürger

„Huch, welch eine Gemeinheit!“, jaulte Tony auf. „Dabei bin ich der brävsten eine. Ich bin so zurückhaltend und so lieb. Und außerdem wohlerzogen und hochmoralisch anständig. ... Ja! Ich hab in diesem Jahr noch kein Kind bekommen!“

Als sie sich endlich alle halbwegs beruhigt hatten, standen die Termine auch schon fest. Weder Thomas noch Ernst waren schon alt genug, um in Casinos gelassen zu werden, so dass sie zwar über Las Vegas fliegen, nicht dort aber pausieren würden. Anreise am 3. Juni, Abflug...? „Nun, wir müssen spätestens am 23.6. wieder zurückfliegen.“

„WAAS? SO lange wollt ihr uns auf die Nerven gehen?“, jaulte Bronco auf.

Ernst lachte. **„Okay, wir buchen den Rückflug flexibel. *Thomas, how shall we know, we can stand them THAT long!*“** Peter staunte nicht nur über die neuen Englischkenntnisse von Ernst, sondern viel mehr darüber, dass er die Frage in dem typischen Singsang alter englischer Damen von sich gegeben hatte. Ein Sound, den es hier in den USA überhaupt nicht gab. *Ach ja,* fiel ihm ein*, Thomas ist ja Engländer. Das würde heiter werden!*

Jubel und Lachen brandete erneut auf und überschüttete die Gruppe wie eine große Meereswelle.

Sie würden natürlich nur Economy fliegen, je 32kg Gepäck hatten ihnen zu reichen. **„Wieso? Sollen wir auch noch Blei in die Koffern tun? Wenn wir 2x32kg packen, sind unsere Schränke leer! Aber okay, dann können wir ja Thomas' großen Teddybären noch mitnehmen.“** Der Bildschirm zeigte nun einen durch die Wohnung rasenden Ernst, dicht von Thomas verfolgt. Dass Thomas dabei ständig irgendwelche Plüschtiere aller Größe in Wurfgeschosse verwandelte...

Mit den Beteuerungen, wie sehr man sich aufeinander freue und dass sie langsam weiter frühstücken wollten, weil ihre Eier sonst kalt würden, – nun ja, den Kommentar darauf kann man sich ja wohl denken – verabschiedeten sie sich. Die genaue Uhrzeit bekämen sie noch. Peter trug schon mal eine Zimmerbelegung für die drei Wochen im Computer ein.

Mit dem fixierten Besuchstermin von Ernst und Thomas stand dann auch der Terminplan für den Campingurlaub fest:

- 29.06.2010 Anmietung, Abholung des Busses, Einräumen, etc.
- 30.06.2010 Abfahrt
- 14.07.2010 Rückkehr
- Rückgabe nach Reinigung einen Tag später

Nicht, dass man eigens auf diesen Anruf gewartet hätte, aber außer einer ungefähren Reisezeit war es zu noch keiner wirklichen Festlegung gekommen. Man hatte einfach keine Zeit dafür gefunden.

Der Camper wurde auch so gebucht, wobei sie sich erst einmal darum stritten, wer was bezahlen darf. Sie einigten sich auf Vorkasse durch Peter und dann eine ordentliche Buchführung aller entstehenden Kosten vom Sprit über die Kondensmilch zum Frühstückskaffee bis hin zu Eintrittsgeldern. Letztere würden bei acht Mann auch einen kräftigen Batzen Geld ausmachen.

Der Busverleiher bestätigte umgehend.

Besprechungen

Am Montag darauf setzte sich Peter mit seiner Mutter in Ruhe und alleine zusammen, und sie besprachen grundlegenden Bedenken ob Irmgards Zukunft und der ganzen Überschreibungen. Peter wurde schnell klar, dass er und Bronco nicht die einzigen waren, die Fragen dazu hatten und Probleme dabei sahen. Auch Irmgard hatte schon weiter gedacht – Peter hatte es von ihr gar nicht anders erwartet. Auch ihr war klar, dass eine Hochzeit einen anderen Rechtsstatus hätte als nur eine Liebesbeziehung zwischen zwei Männern.

Sie brachten die Liste der Problempunkte zu Papier. Bronco sollte sie sich am Abend auch noch durchsehen, gegebenenfalls ergänzen. Danach wäre es am besten, einen Anwalt zu engagieren, der die sehr komplex werdenden Regelungen in einen Vertrag fassen würde. Die auch von Irmgard angestrebten Ziele entsprachen weitgehend denen von Peter, nämlich, dass Bobs Familie das Grundstück nicht zerteilen dürfte, dass Bronco wie in einer Zugewinngemeinschaft seinen Anteil bekäme, gegebenenfalls nach einigen Mindestjahren des Zusammenlebens, und vor allem wohl, dass Irmgard das immobile Vermögen auf Peter überschrieb. Das Bankvermögen zu überschreiben wäre unsinnig, da genügte eine Überweisung.

Bronco empfand die Ideen als sehr gut und auch ausreichend. „Wenn wir dann wirklich mal auch in den USA heiraten können, dann kann das ja alles hinfällig werden", meinten die beiden zu Irmgard.

Sie hatten natürlich auch alle anderen Möglichkeiten ausgelotet. Doch selbst nach Deutschland zu fliegen und dort eine Lebenspartnerschaft zu schließen, wäre mit keinem Ausländer, der nicht dauerhaft in Deutschland lebt, möglich gewesen. Ganz abgesehen davon, dass diese Verbindung in den USA keinerlei Rechtswirkung gehabt hätte.[71]

[71] *Gleiches galt umgekehrt. Die Lebenspartnerschaften in den USA waren sogar auf die einzelnen Bundesstaaten beschränkt. Inwieweit ein solches Paar aus zum Beispiel Nevada, in einen anderen Bundesstaat verzogen, dort welche Rechte gehabt hätte, konnte ich leider nicht herausfinden. Der Autor.*

Mustangs

Ausnahmsweise ist mal NICHT von Autos die Rede!

Die Wüste blüht

Das Wetter war in den letzten Wochen kontinuierlich besser geworden. Die Feuchtigkeit durch Schnee, Tau und Regen hatten die Wüste ergrünen und immer wieder erblühen lassen – sie sah richtig gut aus!

Doch Peters Erinnerungen an wirklich „blühende Landschaften“, nämlich an die Coburger Gegend, wo er bis zu seinem fünften Lebensjahr gewohnt hatte, lagen schon fast unendlich lange zurück, und Irmgard hatte nie einen eigenen Garten besessen. Sicherlich, Nürnberg ist keine öde und trostlose Stadt, doch was Grünflächen anging, stand sie bei ihnen nicht an erster Stelle der Erinnerung.

Und so empfand Irmgard die immer weitläufigeren Spaziergänge mit Jules als angenehm und freute sich auch über kleine Pflanzen, Sedumgewächse oder auch die einen oder anderen Wildtiere, die ihr auf den Wanderungen „quer Feld ein“ begegneten. Natürlich hatten die meisten Tiere vor dem Gespann Zweibeiner-Vierbeiner mehr Angst als umgekehrt und nahmen Reißaus. Doch auch eine kalifornische Gopherschildkröte ist „nur“ eine Schildkröte und dementsprechend langsam. Als Irmgard während eines ihrer Spaziergänge ihre Jungs aufgeregt zu sich rief, hatte sich sogar diese Schildkröte schon in ihrem Erdbau verbuddelt, noch bevor diese – endlich – da waren. Das Einzige, was das Herbeirufen bewirkt hatte war, dass Raúl Jules daran hinderte, die Schildkröte wieder auszubuddeln – diese Tiere sind hochgradig geschützt und im Renoer Klima noch dazu höchst selten.

Bekanntschaft mit anderen Wüstenbewohnern machte Irmgard, wie gesagt, eher weniger. Lediglich ein Skorpion überlegte sich, ob es gegen diese Übermacht sinnvoll sei, den Stachel aufzustellen oder zu fliehen. Er entschied klug.

Ein etwas größeres Säugetier fand sich jetzt erst wieder ein, der Mustang. Sie hatten die Wildpferde über den Winter eigentlich gar nicht vermisst, eher das eine bemerkt, das vermutlich im Garten den Schaden angerichtet hatte, doch als sie jetzt wieder in kleineren Gruppen durch die Gegend und über ihren Hügel strebten, ständig auf der Suche nach fressbarem Grün, da fielen sie wieder auf.

Peter überlegte schon, ob er nicht vielleicht Heu kaufen und in Raufen aufstellen sollte. Doch als sie nach etwas Internetrecherche feststellten, dass man zwar Bausteine für Bob für minimales Geld von Oklahoma nach Reno karren könnte, dass aber bei einer LKW-Ladung Heuballen, zum Beispiel aus Kalifornien, nur über die Sierra Nevada rüber, der Transport teurer als die Ware käme, akzeptierte er, wenn auch bedauernd, dass die Wildtiere auch ohne Zusatzfütterung hier in den letzten Jahrhunderten überlebt hatten.

„Tja, was haben wir denn überhaupt mit unserer Stallung vor?“, fragte er in die Runde, als sie mal wieder eines Abends zusammensaßen und erntete erst mal selten einmütiges Achselzucken.

„Ich habe keine Ahnung“, meinte Tony. „Nicht davon, was wir machen wollen, noch von Pferden überhaupt, und ich glaube, so geht es hier allen. Das heißt dann aber in der Folge, dass wir für Pferde eigens jemanden einstellen müssten. Ich habe nur mal gehört, dass das eine recht anstrengende Arbeit sein kann.“

„Ich könnte mir sehr wohl vorstellen, mit Pferden zu arbeiten“, überraschte Raúl die anderen. Er hatte sehr leise und leicht zögernd gesprochen, sicher war er sich nicht. Auf der anderen Seite hatte er immer noch keine Vorstellung eines Berufs. „Aber das müsste ich erst mal irgendwo lernen.“ Raúl bekam den Auftrag, sich schon mal umzusehen.

Georg: „Ich meine, wir haben hier ja nichts zu sagen. Aber eine MUSTANG FARM, auf der nicht ein einziger Vierbeiner außer Jules herumläuft – das ist doch auch ein bisschen lächerlich. Also ich finde, es müssen ein paar Pferde her, da gebe ich Tony Recht. Im Nürnberger Raum Richtung Osten, Peter denk an die Hersbrucker Gegend und die Fränkische Schweiz, da gibt es

sehr viele Pferdehalter. Allerdings meist Edelgestüte mit Rennpferden reicher Unternehmer. Zeitelhack war da ein ganz bekannter gewesen, dem gehörte ein großer Stahlhandel in Schwaig. Er soll mal, viele Jahre ist´s her, für einen solchen Gaul über 500000 DM bezahlt haben."

Peter: „Nein, ich glaube, DAS haben wir hier nicht vor, oder, Jungs? Wir legen alle unsere Gelder zusammen und bekommen dafür einen einzigen Vierhufer, der dann das Falsche frisst und binnen ein paar Tagen elendig krepiert? Nennt man das dann den ‚totes Kapital'?" Böses Gelächter.

„Wusstet Ihr eigentlich, dass Bronco auf Spanisch ‚wildes, junges Pferd' heißt? Nur das mit dem unberittenen Mustang, das passt bei mir wohl eher nicht mehr." Bronco erzeugte den nächsten großen Lacher.

Peter: „Raúl, Du kümmerst Dich mal um das Thema. Aber ich habe da noch eine andere Idee: Warum rufen wir nicht einfach mal wieder Alan an? DER hat doch Erfahrungen mit Pferden und Kühen und Jacob ist doch sicher auch noch bei ihm. Zumindest hat er nichts anderes gesagt."

Es war gerade noch Zeit und sie hatten auch Glück. „Hi, Leute! Wow, schon lange nichts mehr voneinander gehört. Ihr habt Glück, wollte gerade raus, zu unserem Rodeo!", meldete sich ein gut gelaunter Jacob auf dem Screen.

„Rodeo?", echote Peter, „trägt man DAS heute dazu?"

Jacob grinste und ließ die Kamera über seinen fast nackten Körper gleiten. „Na, was hast Du denn dabei getragen, in den kurzen Tagen, die Ihr hier wart?"

Lachen, dann Vorstellung der Gruppe. Jacob staunte ob des wundersamen Zuwachses. „Und da sagt man immer, Schwule könnten sich nicht vermehren! Also wir sind hier ja auch das Gegenbeispiel davon. Am Anfang gerade mal vier und jetzt müssen wir für die Abende schon Nummernkarten vergeben, weil es sonst zu eng wird!" Sie johlten unanständig, und dann kam Peter zur Sache. Sie erfuhren, dass die Mustangs vom *Bureau of Land Management (BLM)*[72] gejagt, zusammengepfercht, die Hengste kastriert werden, und dann in eingepferchten Gebieten leben. Man kann diese Pferde als untrainierte oder trainierte Tiere kaufen. „Braucht Ihr mich dazu? Ich meine, Pferde einreiten, das kann ich. Das habe ich als Cowboy gelernt."

„Tja, das wäre natürlich wunderbar. Aber was würde denn Alan dazu sagen?"

---

[72] Mächtige Landvergabebehörde, teilt zum Beispiel auch Weideland des Bundes für die Viehbewirtschaftung zu. Ist dann viel günstiger als eigenes Land. Bei den riesigen Flächen, die alleine in Nevada oder Texas zur Verfügung stehen erscheint mir das Vorgehen durchaus verständlich. In Deutschland nennt sich eine vergleichbare Behörde „Bundesanstalt für Immobilienaufgaben". Der Autor.

Jacob zuckte mit den Schultern. „Er würde es sicherlich nicht so gerne sehen, da hast Du natürlich Recht. Aber auf der anderen Seite, bin ich hier auch angestellt und habe meinen Urlaub. Und den könnte ich doch bei Euch machen oder? Mal wieder mein Lasso schwingen?"

„Ihh, pfui, Du bist mir aber eine alte Sau, äh, ein alter Hengst. Sag mal, ist das Lasso beim fleißigen Schwingen da unten noch länger geworden?"

„Wollt ihr mal sehen? Ich komme heute ja wohl doch nicht mehr zum Reiten, dank Eures Anrufs." Das Tablet kippte wieder, und statt des fast nackten Jacob stand nun ein ganz nackter mit harter, ausgefahrener 27x5cm-Stange da. Ein „Wow" aus der Gruppe kam von denen, die ihn noch nicht kannten. Bronco grinste nur breit und nahm Peter das Tab aus der Hand. Er schwenkte es und – siehe da – alle Hosen waren unten und präsentierten in unterschiedlichen Reibungen die unterschiedlichen Prachtstücke. Jetzt kam das „Wow" von der anderen Seite. Es dürfte der allererste Internet-Skypecam-Sex gewesen sein, den die Jungs je veranstaltet hatten. Dass natürlich gleich mehr gezeigt wurde...

Bernd fuhr seinen langen Dünnen in den aufstöhnenden Raúl ein. Dem war Peter immer noch zu dick, aber Bernds Dicke und vor allem dessen Länge hatte ihn seit Bernds Ankunft zu seinem zweiten Lieblingsstecher gemacht. Tony hingegen ließ sich gerne von Raúl ficken, nahm aber nun ebenso gern auch Georgs 20x4-Angebot an. Bronco zeigte sich in Ron ... und Peter? Irgendeiner musste ja die „Kamera" führen. Gepflegt massierte Jacob dabei seine lange Stange. Sie schafften es sogar, alle halbwegs zeitgleich abzuspritzen.

Wie gut, dass Irmgard mal wieder unter Bob, äh, natürlich BEI Bob weilte.

Jacob bot seine Hilfe und Beratung auch per Skype an, wobei er noch mal darauf hinwies, dass sie sich erst mal in Reno umhören sollten. „Fragt mal Tante Google, die weiß sicherlich, wer in Nevada für die Mustang-Adoption zuständig ist. Und kauft auf keinen Fall wilde Mustangs, bevor ihr einen Fachmann dafür habt. Ich kann einen von Euch ausbilden, aber…" „Mich!", krähte Raúl dazwischen und stellte sich jetzt so ins Bild, dass man weniger seinen Schwanz als ihn sah, Jacob lachte und nickte. „…okay, Dich. Du bist?" „Raúl, ein Mitschüler von Bronco und ich lebe jetzt auch hier." „Ach? Versucht ihr Alan´s Diary Farm nachzubauen? Das muss ich ihm aber sofort sagen! Vom Brot habe ich ja schon gehört. Es schmeckt wirklich wie bei uns."

„Danke! Und nein, versuchen wir nicht. Wir haben hier weder Weideflächen noch genug Wasser für Kühe. Das hier ist Wüste. Es ist nicht weit weg, gerade mal acht Meilen, von unserer vorherigen Villa", grinste Peter in die Kamera.

„Aber den restlichen Betrieb…?"

„Du meinst die Kunden und die *donation parties*? Wenn wir noch mehr werden, können wir uns langsam in einer Reihe aufstellen und vom Kunden auswählen lassen!

Doch nein", Peter schwenkte auf die jeweils benannten, „Georg ist Uni-Professor und lehrt hier für ein Jahr. Bernd ist sein Mann und Betonbauer. Tony war zu Deiner Zeit hier noch Barkeeper und wurde durch echte Showbusenträgerinnen ersetzt, seitdem wohnt und arbeitet er hier. Raúl war, wie gesagt, mit Bronco in der Schule und will nun *livestock farmer*[73] lernen, und Ron, das ist ein ganz brutaler Ex-Marines."

„Ist ja gar nicht wahr! Die Marines haben mich nicht genommen, weil ich zu hübsch bin!", quietschte Ron zur größten Freude der anderen.

„So, haben wir jetzt alle? Ja. Bronco und mich kennst Du ja schon, wobei Bronco jetzt wirklich Journalismus studiert und bald das erste Semester absolviert hat. Also, wann kommst Du?"

„Wie gesagt: ich muss es mit Alan besprechen. Aber Ihr müsst eine Menge Vorarbeiten leisten, zum Beispiel Euch um einen Platz, eine einfache Unterkunft und den Zaun um einen annehmbar großen Auslauf kümmern, auch um Heu und Stroh und so was."

Peter und die anderen lachten laut auf. „Wie schade, dass es hier schon langsam dunkel wird und ich jetzt keine Lust habe, mit dem Tablet 250yard zu laufen. Das WAR hier mal eine Farm, eine riesige Stallung ist vorhanden und ein Trainingsplatz davor auch. Ich weiß nur nicht, ob das WLAN auch bis dahin reicht, aber wir schicken Dir in den nächsten Tagen einfach Fotos und Du kannst sie abnicken. Wir telefonieren wieder?"

[73] Tierwirt; es gibt jedoch für Tierwirt keine passende Übersetzung

„Gebt mir 24 Stunden Zeit. Ich muss ja erst mit Alan reden und dann eventuell meine blauen Flecken kühlen, weil er mich nicht loslassen will."

Lachend versprachen sie es.

Schon am nächsten Morgen gingen Tony, Raúl und Peter zu Stall und Longe. Diesmal sahen sie alles mit ganz anderen Augen, machten eine größere Menge Fotos und erstellten eine Aufmaß-Skizze. Der Stall hatte eine Größe von 18x8m, die Longe tatsächlich 25x25m – das waren Maße, wie Raúl sie auch als Empfehlung im Internet fand und wie Bernd es am Anfang „vermessen" hatte. Bob bestätigte, dass die Vorbesitzer seines Wissens nach davon gelebt hatten, Wildpferde zu zähmen und dann zu verkaufen. Die Arbeit multiplizierte den Wert des Tieres mit 10 bis 25.

Da Tonys Auto eine Anhängerkupplung besaß, brauchten sie nur noch einen stabilen Trailer für den Transport der Wildpferde.

Jacob meldete sich erfreulicherweise zurück, und sie vereinbarten seine Ankunft unmittelbar nach ihrem Campingurlaub. Er würde in der heißen Jahreszeit Juli-August für einen Monat kommen. „WANN? August? Ich dachte, in der heißen Zeit! Wie warm ist es da bei Euch?" Sie lachten mal wieder über die Temperaturunterschiede von mindestens 20 Grad zwischen Reno, NV und Taylor, TX.

„Eines noch: ich kann Pferde einreiten, reitfähig machen, mehr nicht. Ich bilde also keine Spring-, Renn- oder sonstige Sport- oder Turnierpferde aus, eher das, was die 14jährige Tochter zum Geburtstag als Reitpferd geschenkt bekommt."

Peter bestätigte, dass sie keine „überdrehten Tanzpferde" wollten, wie er es nannte. Schon die wenigen Male, die er als Kind mit Mum im Zirkus war oder sich Zirkusshows im Fernsehen angesehen hatte, waren Showpferde nicht sein Ding. Gleiches galt für alles, was Sport anbetraf. Die Mustangs allerdings beim Rodeo zureiten zu lassen – da wünschte er jedes Mal, dass es eher dem Reiter die Eier zu Rührei klopfte.

Die Recherchen Raúls brachten die freudige Info, dass es in Reno sogar mehrere Einrichtungen für *mustang adoption* gab. Der gemeinsame Besuch mit Peter und Tony dort, kam Peter vor wie der Besuch auf einer deutschen Behörde: Regale voller Bedenkenträger. Ob man denn Platz, Erfahrung, Ausbildung, Geld, etc. hätte, zudem mussten die „Adoptiveltern" US-Bürger und mindestens 18 Jahre alt sein. Als Peter jedoch etwas näher erläuterte, WELCHE Farm er besaß, da gesellte sich zu einer gewissen Erleichterung in den Gesichtern auch der Ausdruck eines bestimmten, höchst unanständigen Wissens.

Zudem waren bis September 2009 größere Mengen Mustangs im Nordosten Nevadas zusammengetrieben worden, mit Hubschraubern und Motorfahrzeugen, um insgesamt die Mustangpopulationen[74] „in den Griff zu bekommen."

„Ist eine ganz blöde Sache hier", ereiferte sich ein Mitarbeiter, nachdem er etwas weniger abweisend geworden war. „Die Mustangs sind ja eigentlich keine Wildpferde. Um 1500 herum kamen die ersten mit den europäischen Eroberern ins Land, sind dann ausgewildert und haben riesige Herden gebildet. Sie wurden immer wieder abwechselnd gut oder schlecht behandelt, das ging in Zehnjahres-Schüben. Wir Indianer haben sie eigentlich nur als Fleischlieferanten gesehen, bis wir nach vielen Jahren lernten, sie auch zu zähmen und zu reiten. Aber auch andere US-Bürger haben sie zum Essen geschlachtet, bis das eines Tages verpönt war.

Das BLM setzt jetzt irgendwelche Populations-Grenzwerte fest, die ihm von der Lobby der Großgrundbesitzer und Viehzüchter vorgeflüstert werden. Das soll dann angeblich der ‚verträgliche' Bestand sein – ha, dass ich nicht lache! Gerade da oben, in der Calico-Mountains-Region, wo jetzt die Tiere zusammengetrieben wurden, sollen auf einer halben Million Acres[75] nur noch 600-900 Mustangs verbleiben. Wem sollen die in der Gegend denn was wegfressen? Da gibt es nicht mal Straßen!" Wayan Pebbleton regte sich sichtlich auf, so sehr, dass Raúl schon mal eine kalte Cola aus dem Hausautomaten holte. Ihm, dem Indianer-„Halbblut", sah man den hohen Blutdruck nur an den Ohren, nicht in der Gesichtshaut an. Die kalte Limonade half wirklich, und er bedankte sich. Er war auch nicht mehr der Jüngste.

„Und was geschieht dann mit den Mustangs?", fragte Raúl vorsichtig.

Pebbleton zuckte mit den Achseln. „Das BLM hat tatsächlich vorgeschlagen, sie einzuschläfern und dann zu schlachten. Aber, die Mustangs sind gut! Die Fleischqualität wird durch die Narkose erheblich schlechter. Der Export nach Japan oder Frankreich rechnet sich dann nicht mehr, weil die dann nichts mehr dafür bezahlen. Also werden sie lebendig in die Schlachthäuser gebracht und das Fleisch ins Ausland verkauft. Alles ganz legal, natürlich. ... Manchmal hasse ich unsere Regierung."

Die Jungs fanden diese letzte Aussage gar nicht abwegig. Auch in einem Land, in dem scheinbar alles glänzt, ist nur das wenigste davon wirklich Gold. Diese Erkenntnis würde Peter erneut über sich ergehen lassen müssen.

[74] *Nicht nur an Peter interessierten Lesern wird dringend der Wiki-Eintrag über die Mustangs als Lektüre empfohlen.*

[75] *200000 Hektar*

Sachlich informativer waren die Broschüren, die ihnen Pebbleton mitgegeben hatte. In ihnen wurden die gesamten Bedingungen der Adoption beschrieben, aber auch grundlegende Hinweise zur Haltung der Pferde gegeben, Bedingungen, die sie leicht erfüllen konnten. Nur das Futter aus Nordkalifornien würde nicht ganz günstig werden.

„Was soll´s?", resümierte Peter am Abendessen-Tisch. „Wir nennen uns MUSTANG FARM, und es war auch mal eine! Da gehört es sich nicht, keine Wildpferde mehr zu halten und zu zähmen. Ich habe ja schon kapiert, dass wir ihnen nicht einfach nur eine freundliche Unterkunft bieten können, das nehmen sie wohl nicht an." Auch diese Würfel waren gefallen.

*Im Ergebnis ihres Gespräches reifte bei allen die erneute Erkenntnis, welche Infos die allgemeine Bevölkerung über ihre Farm besäße und dass man gerade in Reno sehr strenge Gesetze habe. Aber solange es zu keinen öffentlichen Skandalen käme, schaute man nicht genauer hin. So tauchten im Internet unter Google beim Stichwort „brothel[76] Reno" auch die **Fantasy Girls**, in der 4th Street auf, einen Katzensprung von nur einer Meile vom Casino **CircusCircus** und den anderen großen Häusern entfernt – und damit noch in Reno und eigentlich verboten. Alle Puffs, auch die Mustang Ranch, firmierten unter dem Begriff „Stripclub".*

Andere Tiere

Lina hatte Wort gehalten. Sie war nicht nur schwanger, sie schenkte auch 6 jungen Katzen das Leben, brav in der Gebärbox und das nicht, bevor sie Bernd zu sich gerufen hatte und dieser anwesend war. Er lachte leise, dass er jetzt wohl jedes Jahr als Gebär-„Mutter" anwesend sein müsse. Erst bei der Geburt von Lina, jetzt bei ihrer eigenen Schwangerschaft.

Von den 6 Katzen überlebten nur 4, die anderen beiden waren schon bei Geburt viel kleiner und schwächer und trotz intensiver Pflege lagen sie am übernächsten Morgen tot in der Box. Peter begrub sie nahe des Hauses im Sand, markierte die Stelle und nannte sie ab sofort den „Tierfriedhof der Farm."

[76] Bordell

„Gut!“, lobte ihn Bronco am Abend. „Und wo steht der Bagger, für den Fall, dass uns ein Mustang stirbt?“ Bronco hatte in der Uni kein Pflichtfach Sport mehr, doch hier durfte er nun mal wieder rennen…

Bob überraschte Irmgard und die Farm damit, dass er zu zweit mit sechs Beinen kam.

ALS UNBEDARFTER LESER MÖGEST DU NUN VERMUTEN, ER UND SEIN SOHN JERRY MÜSSTEN AKTUELL MIT KRÜCKE LAUFEN, DOCH DA DIE KAPITELÜBERSCHRIFT „ANDERE TIERE“ LAUTET…

Es war ebenfalls ein Golden Retriever, allerdings eine Hündin, „Carla“ genannt. Auch er hatte sie aus einer Tierrettung, Carla sollte angeblich zwei Jahre alt sein. Jules und sie beschnupperten sich sehr schnell, und noch schneller als eigentlich erwartet, war er auch schon über ihr. Seine Mimik sagte sehr deutlich: „Na endlich, wurde ja auch langsam mal Zeit!“

Studium: das erste Semester ist Geschichte

Peter begann zu verzweifeln. Hatte er gerade noch mit Georg das Credit-System der Universitäten ausführlich besprochen und seiner Meinung nach auch kapiert, erkannte er nun, dass er und Georg nur über die Europäische Studienlandschaft gesprochen hatten. Die US-amerikanische unterschied sich davon, wie die Staaten auch. Von einer Vergleichbarkeit war keine Rede.

Verschlimmernd kam hinzu, dass beide Systeme die gleichen Begriffe verwendeten, nur mit vollkommen unterschiedlicher Wertung. Während ein Student in Europa im Durchschnitt 60 Credits pro Jahr erwerben musste, waren es in den USA 26 im gesamten 4jährigen Studium! Nicht so aber an der Universität Reno oder gegebenenfalls sogar nur an der Reynolds Journalisten-Schule: hier waren in den vier Jahren 36-46 Credits notwendig, also 5-6 pro Semester. Wäre es ihm um seine schöne Frisur nicht zu schade gewesen, Peter hätte sich die Haare gerauft.

Während in Europa auch die Vor- und Nacharbeiten zu dem Studium mit für die Credits berücksichtig werden, ist dies in den USA nicht der Fall. Außerdem gibt es keine rechtliche Einheitlichkeit der Systeme. Selbst Georg nannte sich einen Narren, sich in ein solches System gewagt zu haben. Allerdings – das hatte er bislang schon festgestellt – war das System an sich so schlimm auch wieder nicht. Er hatte in Deutschland netto rund 3000€ verdient, hier waren es circa 9.000$ brutto, und das zu erheblich gemindertem Steuersatz. Trotz 3.000$ Miete und Lebenshaltungskosten auf der Farm blieb erheblich mehr übrig. Zudem versuchte Georg, zumindest für seine „aktiven Semester“ einen Wohnkostenzuschuss bei der Uni zu erhalten, Geld, das 1:1 in die „leeren Kassen“ der Farm fließen sollte. „Wenn wir diesmal schon nicht mit einem kleinen Casinogewinn aufwarten konnten“, wie er bescheiden meinte.

„Kleiner Gewinn!“, ächzte Bronco, „Für das Geld vom letzten Mal müssen angestellte Verkäufer rund ein halbes Jahr arbeiten.“

„Ja, ich weiß“, sinnierte der Herr Professor, „wir haben Glück gehabt. Wenn aber der alte Spruch auch im Umkehrschluss stimmen würde: ‚Pech im Spiel, Glück in der Liebe‘, dann sollten wir beim nächsten Mal sehr vorsichtig sein. Und ein nächstes Mal wird kommen. Ich überlege schon die ganze Zeit, ob wir nicht mal wieder einfach hier ein Casino beehren sollten.“

Sie grinsten bei dem Gedanken, und nicht nur Bronco vermutete, wohin dann auch dieses Geld fließen würde. Wenn es einer wirklich nicht nötig hätte, wäre es nach wie vor Georg gewesen.

Zudem verdiente Bernd bei Bob ja auch was. Er musste nichts für Umeinsonst erledigen, egal, welche Arbeit. Bob gehörte definitiv nicht zu den Armen.

Bronco hatte das Semester mit einem Credit mehr beendet als üblich. Doch das sagte ja nur etwas über seine Anwesenheit in den Seminaren aus. Auf Deutsch wurde das früher „Scheine“ genannt. Hinzu kamen noch die Noten. Diese wurden erst am Ende in den üblichen *grades* „A“ bis „E“ ermittelt, welche dann wieder in Zahlen umgerechnet und mit den Credits multipliziert werden mussten, um dann endlich bewertet werten zu können.

Peter beschloss weise, der gemeinsamen Aussage von Bronco und Georg zu vertrauen, dass Broncos „Noten“ sehr, sehr gut seien. Er hatte es auch kaum

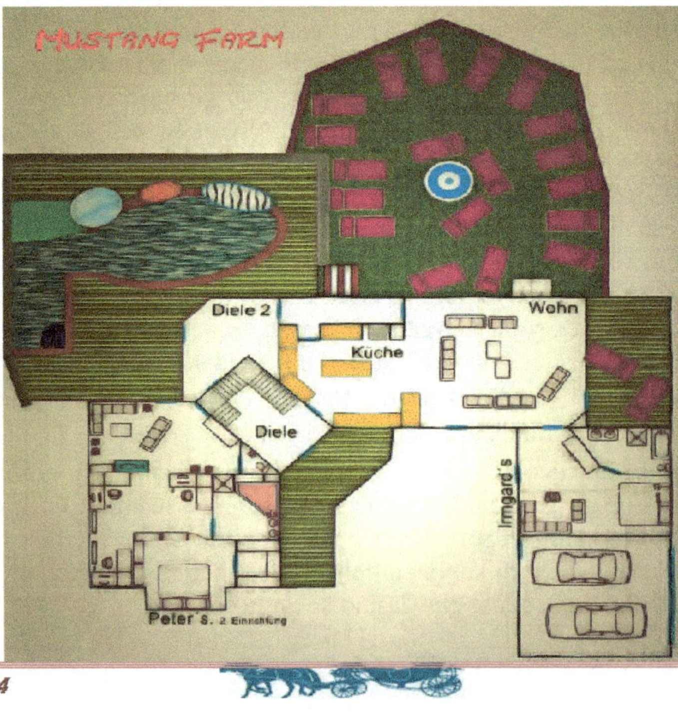

anders erwartet. Dass Bronco in Deutsch allerdings nur ein „C“ erhalten hatte, wurmte ihn etwas, und er nahm sich erneut vor, mit ihm mehr Deutsch zu sprechen.

Sie feierten den mitten in der Woche liegenden Semesterabschluss mit einer gebührenden Grillparty im mittelkleinen Kreis, also nur mit Claudia und Bob, als externe Gäste. Bronco ließ es sich nicht nehmen, diesmal echte Porterhouse-Steaks, dry-aged, zu spendieren. Peter war es nur erlaubt, die Salate aus der Haushaltskasse zu bezahlen.

Doch Semesterende hieß noch lange nicht Urlaub. Diese Illusion hatte Bronco schon während des Studiums verloren, er würde ein paar Sommerkurse belegen und musste zudem auch daheim arbeiten. Das Büro war dafür gut geeignet und wenn es ihm bei der Heimarbeit zu heiß war – der Pool lag ja immer noch direkt daneben. Die reell studienfreie Zeit addierte sich auf 6-7 Wochen im ganzen Jahr.

Termine

Die Tage nach dem Semester-, eher Vorlesungsende, dem 19. Mai 2010, verwendeten sie unter anderem, um die Termine der kommenden Wochen abzusprechen.

Schon am nächsten Wochenende würde mit der 20. Spenderparty ein neues Jubiläum anstehen, diesmal sollte es einen Puter aus dem Holzofen geben, die Woche darauf würden bereits Ernst und sein Freund Thomas eintrudeln.

Drei Wochen lang war je eine Party pro Woche angesetzt – „zwangsweise“. Denn als die SMS mit der Urlaubsverkündung die mittlerweile über 120 Empfänger erreicht hatte, hagelte es so viele Reservierungen, dass sie trotz Ernst und Thomas, und damit höherer Gästezahl, zwei Partytermine mehr anbieten mussten.

„Sag mal, wie ist Thomas eigentlich gebaut? An Ernst erinnere ich mich auch nicht“, meinte Bronco bei der Besprechung. Georg, Bernd und Peter lachten hell auf.

„Das wäre auch schwer möglich. Damals hast Du noch auf Jungfrau gemacht und soweit es MIR bekannt ist, hattet Ihr Euch nicht mal nackt gesehen“, grinste Peter. „Und Thomas? Das weiß ich auch nicht.“

Nun war es an Georg zu antworten: „Ernsts 6.3x1.2inch haben sich nicht wesentlich vergrößert. Thomas bietet zwar mit 9.5x1.6inch erheblich mehr auf, aber… Ich darf mit Fug und Recht behaupten, auch schon vor Bernd kein Kostverächter gewesen zu sein, doch so was habe ich auch noch nie gesehen: Thomas´ Schwanz formt eine S-Kurve!“ Mit ungläubigen Blicke versuchten die anderen zu verstehen, was das bedeuten möge, also malte Georg die Form einfach auf ein Stück Papier:

Sie staunten. „Verlangen wir dafür extra?“, fragte Raúl sofort und erntete den nächsten Lacherfolg, und doch, es war ein gutes Thema. Genauer gesagt war es die Frage, wer nun wie viel von was haben sollte. Das betraf endlich auch mal Raúl, Tony und Ron und so entwickelte sich im entspannenden Wasser des Whirlpools eine spannende Diskussion, bei der Peter mal einige Zahlen offenlegte. Alle hatte er nicht parat, das war wirklich Irmgards Sache. „Na, sie kann ja auch mal was arbeiten. Viele Kunden empfängt sie nicht mehr, beziehungsweise nicht mehr so viele wollen sie noch haben. Ich muss mal mit ihr darüber sprechen. Nicht, dass uns dieses Geld wirklich fehlt, aber wer so lange in dem Gewerbe war...“

„Du meinst, die Katze lässt das Mausen nicht, oder anders gesagt, Bob ist ihr nicht genug?“

„Hach, Bronco“, seufzte Peter, „manchmal wünschte ich, Du wärst nicht so direkt. … Und ja, natürlich frage ich mich, ob Bob sie genug fickt!“ Johlendes Gelächter.

„Nun ja“, meinte Ron, „so schlecht ist er auch nicht gebaut, wenn ich das mal verraten darf. Nicht, dass wir mal was miteinander hatten. Bob ist definitiv nicht schwul, denn er hat sich hier bei den Feiern beim Baden nicht mehrfach um die eigene Achse verdreht. Ich habe mich mal beim Umziehen ‚zufällig‘ in Diele 2 aufgehalten – also das, was ich da an ihm gesehen habe, würde auch mir reichen. Ich weiß natürlich nicht, ob er so hart wie der von Raúl oder mittelweich wie meiner wird, oder ob er ein schlaffer Luftballon wie bei Jason bleibt.“ Dass dieser Vergleich wieder zum Lachen führte...

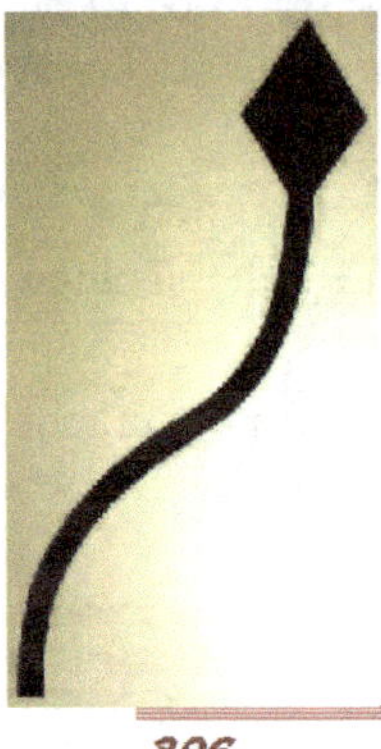

„Also Leute, ich bitte Euch!“ , reklamierte Bronco theatralisch. „Eigentlich sollte sich diese Diskussion doch ausnahmsweise mal nicht um Penisgrößen, Falten, Titten, BH-Größen, Empfangsbereitschaft oder Geschick beim Blasen drehen.“

„Ach? Hast Du denn sonst noch was zu bieten, Bronco?“, schnellte Raúls spitze Zunge hervor, und er kassierte unter blubberndem Wasser einen Pferdekuss auf dem Oberschenkel.

„Ja“, knurrte Bronco angriffslustig, „ich bin nicht umsonst ein unbe(st)rittener Mustang. Ich kann auch beißen.“

Die Diskussion zog sich in die Länge, aber das machte nichts. Sie hatten Zeit und diese sich auch mal gegönnt. Die nächsten Kunden für einige Jungs kamen erst morgen. Peter musste bei den Terminvergaben nun immer mit einrechnen, dass nur drei Gästezimmer sofort belegbar waren, das vierte, immer noch als Musikzimmer genutzt, nur nach aufwendigen Umräummaßnahmen.

Das Diskussionsergebnis war recht einfach zusammenzufassen.

Georg und Bernd verzichteten auf jede finanzielle Beteiligung an allen Aktionen, nicht jedoch auf die persönliche Teilnahme an den Aktionen selbst, wobei Bernd erheblich mehr nachgefragt wurde als Georg.

Für die anderen entschied sich, dass bei der aktuellen Aufgabenverteilung die Partys in den Haushalt einflössen, nur die Einzelkundentermine würden den Privatkonten zugeschrieben. Es bedeutete doch ein paar Veränderungen, insbesondere organisatorischer Art, denn die Kasse war nach wie vor der Tresor. Also entwarf und druckte Peter noch an dem Abend Abrechnungszettel, die mit im Tresor landen sollten. „Komisch“, meinte er, „hatten wir so was nicht schon mal?“ Es war mit dem Umzug hierher einfach eingeschlafen. Der Unterschied war nur, dass sie gar nicht so viele Papierfarben da hatten, wie sie benötigt hätten, und daher zu Kürzeln übergingen. Das wäre auch für die Zukunft flexibler.

„Und was machen wir unter dieser Voraussetzung mit Ernst und Thomas? Ich gehe mal nicht davon aus, dass die auch nur die einfache Miete bezahlen könnten“, warf Tony in die Runde und Peter ihm dafür einen dankbaren Blick zu. Diese Frage stellte sich ihm schon die ganze Zeit, er hätte sie nur ungern selbst auf die Tagesordnung gebracht. „Ich schlage vor, sie bezahlen nichts, aber sie bekommen auch nichts. Ganz einfach. So, wie wir es bisher auch handhabten. Das fände ich gerecht.“

„Alternativ, Tony, wäre, dass ich die Miete für die Jungs übernehme, sagen wir einfach 3.000 für die Zeit, und die beiden nur Einzelkundenaktionen bezahlt bekommen. Mir macht es wirklich nichts aus“, bot Georg an.

Peter winkte ab. „Nein, bin ich eher nicht dafür. Ich habe Ernst auch früher schon kein Geld gegeben, wenn er mit bei einem Kunden war, also bei Dir. Ich habe dafür lieber mit ihm Klamotten und Technik gekauft. Von beidem hatte er nichts oder nur Billigschrott, konkret, seine Garderobe hatte er von mir.“

Bernd nickte. „Ja, ich erinnere mich. Ernst hat bis zu seinem ersten und letzten Besuch hier nicht gewusst, was Peter in Nürnberg gemacht hat, woher er das Geld hatte. Das wusste Irmgard im Übrigen auch nicht." Das waren neue Informationen für Ron, und kurz durfte Bronco über Peters „verwerfliche Vergangenheit" referieren.

„Ich möchte einfach nicht", fuhr Peter fort, „dass sich Ernst Hoffnungen macht, er könne auf diesem Gebiet Geld verdienen. Dazu ist er zu klein gebaut. Nur aufnahmefähig zu sein, reicht nicht aus. Außerdem ist er aus dem zarten Strafrechtsalter unter 18 auch schon raus. Ich meine, Ihr habt ihn ja gesehen, schlecht sieht er nicht aus, aber wenn das, was Thomas da im Gesicht stehen hat, wirklich ein Bart werden soll, hat der hier nicht mal mehr auch nur eine Chance." Sie lachten hart auf. „Allmächd na! ´Sis doch woar. Dees is nix in unserem Job. Mir müssa fesch und lecker d´herkomma und ned wirä Sauerkrauddopf. Un dees no mit so äm krummern Würtschla!"

Georg und Bernd brüllten vor Lachen auf, vor allem, als sich nun Bronco bemühte, den Nürnberger Dialekt, Wort für Wort von Peter wiederholt, ins Englische zu übersetzen. Sie alle fanden danach, dass dies eine erheblich bessere Leistung als ein „C" gewesen wäre. „Es ist ja auch eher das Schriftliche", gab Bronco kleinlaut zu.

„Aber warum das denn? Das gehört doch eher nicht zum Lehrinhalt", wunderte sich Georg.

„Doch, offenbar schon", „heulte" Bronco auf. „Zumindest bei diesem Lehrer. Und da bin ich einfach noch nicht gut, wenn ich was auf Deutsch aufschreiben soll."

„Okay, das werde ich mal abklären", drohte Georg. „ZUFÄLLIG habe ich mich nämlich auch als Dozent für Deutsch mit beworben und werde das Fach nebenbei im nächsten Jahr auch unterrichten." Bronco fiel Georg noch im Wasser um den Hals. Das schien schwer auf ihm gelastet zu haben.

20. Jubiläums-Spender-Party, genannt JSP

Über die 20. Spenderparty gibt es nicht viel mehr zu sagen, als dass die Gäste sich immer mehr auch auf das Essen freuten. Es hatte sich bereits herumgesprochen. Außerdem waren genug „Wiederholungstäter" dabei. Der Holzbackofen schien wirklich eine Besonderheit zu bleiben. Das war etwas, was sich Peter eigentlich nicht hatte vorstellen können, so gering, wie der Aufwand war und so wenig gut die Gäste über die regionale Restaurantszene berichteten.

Als Eröffnungsmelodie hatten sie diesmal etwas Besonders ausgewählt, keinen Song, sondern eine esoterische Klangkomposition, zu der Tony seinen ansehnlichen Körper in einem „eso-erotischen Strip" enthüllte. Auf den folgenden Beifall meinte er: „Tja, Leute, ich habe mir vorgenommen, das heute zu machen. Mir geht es ja wie Euch – auch ich werde älter. Und wer weiß, ob ich mich in ein paar Jahren noch so zeigen will. Sehen wollt Ihr mich ja jetzt schon nicht mehr. … … Oh, wie gemein! Diese drei Patschepfötchen, die da aneinander klatschten, sollen die jetzt eine Bestätigung oder einen Widerspruch zu meiner Aussage darstellen?" Es wurde wieder mal lustig.

Natürlich wurde auch Georg reichlich „gebraucht"! Vor allem, als ein paar besonders knackige Soldaten zum GangBang aufriefen, lagen Georg und Tony einträchtig nebeneinander und streckten den Kunden ihre zarten Popöchen entgegen. Gut, danach waren es eher wunde Ärsche, aber Spaß gemacht hatte es dennoch allen – den beiden zumindest am Anfang.

Peter verdrängte den Gedanken ganz schnell, was wohl passieren würde, wenn einer oder gar mehrere Gäste, vielleicht unter Drogeneinfluss, hier jedes Maß verlieren und gewalttätig werden würden. BISHER, so fand er, bevor er die Überlegungen auf den nächsten Tag verschob, hatten sie Glück gehabt.

Gewaltexzesse

Zufällig brachten die ausnahmsweise – seit Georgs und Bernds Anwesenheit regelmäßig – eingeschalteten Nachrichten eine Zusammenfassung über die letzten Amokläufe und die übermächtige Waffenlobby der USA.

„Was machen wir denn, wenn so was bei uns passieren sollte?", fragte Peter daher geplant und doch für die anderen überraschend in die Runde. Irmgard war auch mal da. Sie schaute auf Jules.

„Nein Mum, DAS wird nichts. Jules ist ja groß und kräftig, aber wenn dem ein Kaninchen die Pfote zum Streicheln reicht, dann liegt er flach und hechelt vor Vergnügen. … Wir hatten doch schon mal festgestellt, dass selbst unsere Eingangskamera nicht unbedingt zeigt, dass da eine Horde angriffslustiger und bewaffneter Typen im Wagen sitzt."

„Was willst Du denn machen?“, fragte Ron. „Dann müssen wir einige meiner Kameraden engagieren und das Haus verteidigen.“

„Und danach feiern die zwei Überlebenden, Lina und Jules, das Erbe? Nein, ich befürchte mal, das ist weniger mein Wunsch“, antwortete Raúl.

Irmgard: „Wie wäre es mit Selbstschussanlagen, wie in der ehemaligen DDR?“

„Ach, MUM! Du magst doch gar kein Kojotenfleisch, und als das letzte Mal der Sauerbraten etwas zu süß geraten war, hast Du argwöhnisch dran geschnüffelt, ob es nicht doch Pferd oder eben Mustang wäre! Was willst Du denn mit den ganzen erschossenen Viechern nach jeder Nacht machen? Bekommt dann ‚*hot dog*‘ bei unseren Würstchen eine ganz neue, ehrlichere Bedeutung?“ Dass Jules ein erfreutes „Wuff“ von sich gab, ergänzte die amüsante Vorstellung.

„Also, auch wenn ich beim Militär war, so möchte ich nicht aufrüsten. Gut, gegen eine Pistole oder so hätte ich nichts, aber wenn uns jemand wirklich Böses tun will? Diese Leute verwenden heute halbautomatische Waffen; alleine in Reno gibt es über 30 *gun shops*[77] – so hoch können wir uns gar nicht rüsten, um dagegen gewappnet zu sein.“, schüttelte Ron den Kopf.

Betretenes Schweigen war hier selten, aber aktuell beherrschte es den Raum.

„Ich habe da mal eine Idee“, meinte Bronco, und sehr interessiert sahen sie ihn an. „Wir haben ja auch in der Schule Waffenunterricht gehabt, wenn auch wenig. Aber wenn ich schieße, dann treffe ich zumindest die Wand neben dem Angreifer.“ Sie lachten alle auf. „Ja! Lacht nur! Das ist doch was wert. Cindy aus unserer Klasse hätte, wenn sie nicht vergessen hätte, das Gewehr zu entsichern, direkt in den Fuß geschossen … in den eigenen!“ Noch lauteres Gelächter. „Daher eine ganz andere Überlegung: Was machen wir eigentlich, wenn es hier brennt? Hat sich das schon jemand überlegt?

Nein, Peter, ich meine nicht, zum Kühlschrank laufen, die Kojotenwürstchen rausholen, die ins Feuer halten, während wir uns schon mal überlegen, wie der von der Versicherung bezahlte Neubau noch größer, schöner und besser werden wird!“ Brüllendes Gelächter, doch als Bronco die Frage nach der Feuerabwehr wiederholte, erkannten wohl auch alle, dass in diesem Haus etwas fehlte: „Genau: wir haben keinerlei Feuerlöscher da.“

„Und? Was hat das mit schießenden Banditen zu tun?“

„Alles und gar nichts. Nichts, wenn da 20 Mann von außen auf das Haus einballern. Da haben wir nur die eine Chance, wegzurennen. Aber Peter hat ja

[77] *Waffenhandlungen. Im Vergleich dazu: Nürnberg hat doppelt so viele Einwohner und nur 8 Waffengeschäfte, die eher vom Verkauf von Haushalts- und Fleischermessern leben.*

die Frage nach Gewalt allgemein aufgeworfen. Was also passiert, wenn hier ein Gast durchdreht, weil er seinen trotz drei Viagra nicht hochbekommt? Oder eben, weil er sich mit Drogen vollgepumpt hat? Wollen wir den gleich erschießen? Gut, das Gesetz lässt es vielleicht durchaus zu. Aber wollen wir das?“ Ein allgemeines einheitliches Kopfschütteln gab die Antwort. „Und da liegt meine Idee. Uns fehlen Feuerlöscher. Zum einen gegen Brände im und am Haus, zum anderen aber…“ Der Glanz der Erleuchtung zog sich über alle Gesichter, die ersten leisen Lacher, das erste Schenkelklopfen – der Beifall brandete diesmal allmählich auf.

„GENIAL!“, schwärmte Raúl, und Ron stimmte ihm sofort zu. „Wenn wir Schaumlöscher nehmen, die nehmen jedem normalen Angreifer jede Chance. Außerdem dürfte es unter ihm schnell rutschig werden und er zu Boden gehen. Denn das Überraschungsmoment läge auf unserer Seite. Es gäbe zwar sicherlich eine Sauerei…“

Tony winkte ab. „Ach, so tragisch ist die nicht. Viel schlimmer sind Pulverlöscher. Das Zeug dringt überall ein. Ich habe eine Löschung mit Schaum schon mal mitgemacht. Da hatte ein PKW an einem Haus einfach so zu brennen angefangen. Der Hausherr und ich haben das mit zwei Schaumlöschern in den Griff bekommen. Gut, der PKW war hinüber, und der Parkplatz sah erst mal wie eine Winterlandschaft aus. Doch da, wo wir hinterher nicht mit dem Wasserstrahl gereinigt hatten, blieb nur ganz wenig übrig. Ich stimme für diese Idee. Wer noch?“

Alle Hände hoben sich. Außerdem beschlossen sie auf Irmgards Empfehlung, eine Alarmanlage mit Notauslösern in jedem Zimmer auf jeder Bettseite zu installieren, so, wie in Puffs üblich. Sie entschieden sich hier für ein batterieloses Funksystem von EnOcean, einem Spin-Off von Siemens und der Universität Erlangen (und daher von Georg vorgeschlagen), wobei die Zentrale der Non-Profit-Organisation[78] (!) in ***San Ramon*** bei San Francisco liegt.

[78] Nicht auf Gewinn ausgelegte Organisation

Besucherabholung war schon Standard und riss niemanden mehr vom Hocker, in diesem Fall aus dem Pool. Das war an diesem Donnerstag, den 3. Juni 2010, nicht anders. Die Tagestemperaturen lagen nunmehr über 20°C und würden die nächsten beiden Monate nicht mehr darunter fallen. „Endlich mal!“, wie Peter, Georg und Bernd meinten, die Deutschen also. Nur Irmgard spielte neuerdings auf Dame, und wenn die Herren jammerten: „Es ist so heiß, ich schwitze! Du nicht?“, so antwortete sie gerne: „Tiere schwitzen, Menschen transpirieren, aber kleinen Mädchen ist es höchstens warm“. Dass sie sich diesen alten, ursprünglich französischen Spruch noch aus Schulzeiten gemerkt hatte, war genauso bemerkenswert wie, dass sie in der letzten Zeit ihr gerne kumpelhaftes Benehmen abgelegt hatte.

Umso mehr erstaunte es Peter, dass Irmgard sich anbot, die beiden Jungs mit vom Flughafen abzuholen. Es wurde ein sehr, sehr freudiges Wiedersehen.

„Mein Adoptivsohn!“, rief Irmgard quer durch die Halle, während Peter den begleitenden Krautbart in freundlichen Empfang nahm. Sie umarmten sich alle, die Koffer – es war nur zwei – waren schnell im in der Sonne noch kupferner glitzernden Chevy verladen, und sie fuhren auf kurzem Weg nach Hause. Die Besucher waren richtig abgeschafft von der Fliegerei. „Tja, ist halt doch ein Unterschied, ob man Holzklasse oder mindestens Business fliegt“, lachte Peter, und Ernst erklärte grummelnd, sehr ernsthaft über ein Upgrade für den Rückflug nachzudenken.

Der Empfang auf der Farm erfolgte stilgerecht.

Georg, Bernd, Raúl und Ron hatten es sich im Pool bequem gemacht. Alle trugen – wie allerdings auch notwendig, es war gerade mal 3pm – Sonnenbrillen, diesmal aber echte Macho-Teile mit schwarzen Gläsern. In den Händen hielten sie von Tony frisch gemixte, schrill bunte Cocktails mit Schirmchen und Fähnchen und Flitter, also mit allem, was einem ins Auge sticht, wenn man auch nur versucht, etwas davon zu trinken. Garniert waren sie mit Zitronenscheibchen, die ebenfalls weniger zum Verzehr geeignet waren.

Peter und Bronco hatten sich in der Haltung adeliger Hausherrn vor die Türe gestellt, Tony seine Barkeeperkleidung inklusive weißer Handschuhe angelegt, ein „silbernes“ Tablett mit vier eben benannten Cocktails darauf, die Nase nach oben. Den Text hatte er mit Bronco, die näselnde Stimme mit Peter erarbeitet.

Zuerst begrüßte Peter seine Gäste auf der Farm, dann der Herr Baron von und zu Aspeé (mit lang gezogenem, vornehmen „e“) ebenfalls. Als dann Tony fragte: „Darf ich den weitgereisten Reichen aus dem hochehrwürdigen Europa einen Cocktail reichen?“, Thomas mit „Sie dürfen, James.“, im passenden Ton antwortete, einen der Cocktails nahm, sofort vorspielte, wie gut der sich in den Augen machte, war es fast mit der Contenance vorbei. „Sie werden erwartet“, brachte Tony gerade noch in dem Ton raus, bevor sie vor Lachen im Staub vor dem Haus FAST zusammenbrachen. Aber nur fast, es war doch zu sandig!

Die Begrüßung der Poolbesetzer war nicht minder jubelnd und lachend. Anstelle jeder üblichen Ankunftszeremonie sprangen die beiden schneller aus den müffelnden Klamotten, unter die Dusche und in den großen Pool, als Peter es gedacht hatte. Zurückhaltende karibische Klänge schwebten über den Wassern. Die Gastgeber gingen auch gleich mal baden, und es begann die große Vorstellung.

„Okay, die beiden kennen wir ja noch“, schnurrte Ernst Georg und Bernd grinsend an. „Aber der hier? Peter, sag mal, der eine hier erinnert mich doch sehr an einen der Jungen, die bei den Palmen im Dreck gespielt haben. Jerry bist Du nicht, also Raúl? ‚Mann, bist Du groß geworden‘, kann ich ja schlecht sagen – der sitzt ja noch.“ Heiterstes Amüsement. Tony und Ron wurden vorgestellt, dann kam Thomas dran.

„Sag mal, Thomas“, raunte Ron den Bärtigen so diskret an, dass es sicherlich auch auf der Farm in 250m Luftlinie zu hören gewesen war. „Wie lange hat bei Euch denn heute die Einlasskontrolle gedauert?“

Ernst machte einen sehr gequälten Eindruck, und Ron lachte los. „Dachte ich‘s mir doch. Mindestens doppelt so lange wie bei Dir, nicht wahr? ... Thomas, ich kann es Dir nur raten: Der Bart muss ab, und zwar sofort. Damit können wir Dich weder in die Stadt lassen, noch wirst Du auf der Party am Samstag anwesend sein. Peter, ich hoffe, ich spreche in Deinem Sinne, aber so ein Bart geht absolut gar nicht, nicht seit dem Islamismusterror. Du würdest sofort verdächtig werden, selbst in Reno an jeder zweiten Kreuzung von der Polizei nach Deinem Ausweis gefragt.“

Peter nickte ununterbrochen und Georg lachte sich schief. „Er hat es mir nicht glauben wollen. Dabei sieht er ohne Bart so viel besser aus.“

„Okay, okay, ich gebe mich geschlagen“, blickte Thomas schuldbewusst ins Wasser, während Ernst seinen Blick triumphierend und erleichtert erhoben hatte. „Ich rasiere mich heute noch.“

„Ja, aber gründlich! Vielleicht geht noch ein gut getrimmter und täglich gepflegter Schnauzer, aber nicht so ein unordentliches Sauerkraut! Dabei bist Du doch gar kein Deutscher, kein *'kraut'*, sondern Engländer! ... Sag mal Ernst, kratzt das nicht?", fragte Bronco lachend.

„Und wie, und wie! Ihr glaubt gar nicht, wie ich darunter leide! Meine ganzen Pobacken sind innen schon total wund!", jammerte Ernst. Die Jungs und Irmgard bogen sich vor Lachen. Es könnte heiter werden.

Zwei Stunden später, als die beiden Gäste erst mal ihr Zimmer bezogen und die Koffer ausgeräumt hatten, kam Thomas wirklich glatt rasiert herunter und bekam dafür von Bronco und Ron sofort je einen Kuss – auf die Wange.

Der nun folgenden obligatorischen Hof- und Hausführung schlossen sich Bronco und Tony nicht an. Sie heizten schon mal den Grill, für echte texanische *spareribs*[79] an. Das passende Brot dazu kühlte derzeit im Holzbackofen aus.

Die Führung war so obligatorisch und doch so Standard, wie auch die Aussagen der Jungs. Zwar mochten Bernd und Georg ein paar Details genannt haben, erkennbar an der Äußerung: „Ach so sieht das in Wirklichkeit aus", aber Erstaunen und Bewunderung auch im Vergleich der berichteten Damals- und Jetzt-Zustände taten Peters Seele gut. Er mochte Thomas nicht, hoffte aber, dass es an Thomas Person und nicht an einer etwaigen Eifersucht liegen möge.

„Eifersucht? Du fragst mich nach Eifersucht?", kicherte das Flämmchen. Peter hatte es in dieser Nacht zwar nicht absichtlich gerufen, aber daran gedacht. Er freute sich über sein promptes Erscheinen.
„Ja. Natürlich. Zum einen, wen denn sonst, zum anderen habe ich das getan."
„Nun dann, mein lieber Peter, muss ich Dich mal bitten, selbst in Dir nachzuforschen, ob Du da was findest. Denn mir gegenüber hast Du immer steif und fest behauptet, es gäbe keine Eifersucht bei Dir. Und Ernst würdest Du auch nicht mehr lieben.
WIE bitte soll ICH dann noch Eifersucht finden?"
„Du hast ja Recht", seufzte Peter nicht unglücklich. „Wenn DU schon keine finden kannst, dann ist sie auch nicht vorhanden. Dann liegt es nur daran, dass ich Thomas einfach nicht mag, als Typ, als Mensch, wie Du willst."
„Wie DU willst, meinst Du", kicherte das Flämmchen. „ICH bin zu solchen Gefühlen gar nicht fähig. Wäre ja noch schöner, wenn ein Ge-

[79] Schälrippchen

fühl auch noch eigene Gefühle haben könnte. Pah! Außerdem wäre es mir viel zu anstrengend."
„Gut, liebes, armes, so überlastetes Flämmchen. Vielleicht kannst Du aber mal nachsehen, was meine Gefühlsflamme für Ernst macht. Wo ist sie denn überhaupt?"
Das Zündflämmchen eilte zischend und eilfertig von einer Ecke zur anderen Seite, quer durch den Raum, drehte Pirouetten, kam wieder nach vorne. Erst nach einer Weile vermeinte Peter ein „Ah, das ist es ja" zu vernehmen. Gleich darauf schleppte sein Flämmchen ein weiteres Licht herbei. Das sträubte sich sichtlich dagegen, aus seinem Dämmerzustand gerissen zu werden, und blinzelte Peter nur müde an. Wenn eine kleine Flamme hätte gähnen können, sie hätte es sicherlich getan.
„Hier ist es, Dein Gefühlsflämmlein für Ernst", stellte es sein Flämmchen Peter unnötigerweise vor. Er hatte es sofort erkannt.
„Oh, ich danke Dir", meinte er zu seiner Zündflamme, wand sich an das kleine Lichtlein. „Es tut mir leid, dass es Dir nicht gut geht."
„Wer sagt, dass es mir nicht gut geht, Peter?" Diese noch kleinere Flamme sprach sehr leise und mit nur einem sehr leisen Zischen. Sie klang überhaupt nicht verärgert, beleidigt, nur matt und müde. „In Dir bin ich nicht mehr sehr groß. Ich bin noch vorhanden, natürlich, Du hast ja Ernst nicht vergessen. Aber es gibt andere Menschen, in denen ich richtig brenne. Aktuell in einem. Ja, ich kann sagen, in Thomas brennt für Ernst eine sehr große Flamme. Er liebt ihn wirklich."
„Und umgekehrt?"
„Peter, Peter, Du willst immer alles ganz genau wissen. Eigentlich darf ich es Dir nicht sagen, aber – okay, ausnahmsweise. Ja, auch Ernst liebt ihn. Er liebt auch Dich, aber nicht mehr so wie früher, eher wie einen Vater, der ihn so viele Jahre begleitet hat, bis er erwachsen war. Er ist Dir dankbar." Mit diesen Worten, schon mehr gehaucht als ausgesprochen, verzog sich das kleine Licht wieder in den dunklen Hintergrund. Peter meinte, es „da hinten" noch irgendwo glimmen zu sehen, doch es waren andere Flammen, die für ihn im Vordergrund standen und gerade heute die Szenerie hell beleuchteten. Ganz vorne und groß stand die für Bronco. Ihn überfiel in dem Moment eine solche Gefühlswallung, dass er, als Bronco ihn am nächsten Morgen fragte, ob er denn was Schlimmes geträumt hätte, er hätte so aufgeseufzt, es sofort zuordnen konnte. Die anderen Flämmlein waren kleiner, aber immer noch viel

heller als die von Ernst. Selbst die Flammen für Georg und Bernd übertrafen sie.

Zufrieden erkannte er, dass das Kapitel „Ernst“ für ihn wirklich emotional abgeschlossen war.

Die Stadtführung übernahmen am nächsten Tag Irmgard und Raúl. Es war ein Freitag VOR einer Spenderparty. Für diese hatte Peter, dank der noch zwei Jungs mehr, die Gästezahl auf 30 erhöht. Immerhin war auch der Garten bereits bespielbar und hatte schon zur letzten JSP seine Nutzbarkeit und vor allem Nützlichkeit bewiesen. Es erwies sich als sehr positiv, dass sie neben dem eigentlich unnützen, aber schönen Brunnen da unten auch eine einfache Dusche und ein wetterfestes „Buffet“ aufgebaut hatten. Die Gäste verteilten sich nun weitläufiger, Der Nachteil war nur, dass nun zwei Buffets versorgt und nachbeschickt werden mussten, so dass man im Garten eigentlich nur Getränke anbot, Speisen nach wie vor nur im Haus.

Peter und Bronco waren gemeinsam die Vorräte einkaufen gefahren. Ron und Tony hatten angeboten, das vierte Gästezimmer von der Musik zu befreien, denn mit den beiden neuen Gästen waren es nur noch drei, die man hätte vermieten können. Erfahrungsgemäß würden sie alle belegt werden.

Auf dem Speiseplan standen diesmal Rippchen und Hackbraten aus dem Ofen, nicht vom Grill, sowie verschiedene Brote und Salate. Es gab also genug zu tun. Zu viert standen sie mit Georg und Bernd in der Küche, kneteten, putzten, schnippelten, was schon vorzubereiten war. Als die Ausflügler aus der Stadt zurückkamen, waren auch sie fix und fertig, fertig genug, um Claudias frisch mitgegebene Burger gerne als Fertignahrung und „Nicht auch noch zu machen“-Food anzunehmen.

Schon wieder Party, diesmal die 21.!

Sie hatten an diesem Samstag richtig großes Glück mit dem Wetter. Zu Mittag wurden es über 30°C, wobei so was nach wie vor im Schatten gemessen wird. Direkt über dem heißen Sand der Wüste erzeugte alleine schon das Flirren der Luft das Gefühl von noch mehr Wärme. Bei der „spaßeshalber“ in der direkten Sandoberfläche gemessenen Temperatur von 45°C aber stockte das Lachen ein wenig.

Endlich Sommer!

Aber es war Sommer. ENDLICH!

Noch eine kurze Rückmeldung aus Texas, vor dem Eintreffen der Gäste, bestätigte von dort Temperaturen, die wieder bei 45 und 50°C im Schatten lagen. Jacob grinste in die Kamera noch ein „*wish you were here*[80]“, worauf sie diesmal SEHR gerne verzichten konnten.

Als die ersten Gäste wie üblich gegen 5.30pm eintrafen, waren es immer noch 28°C, und sie alle ahnten, heute würde es anstrengend werden.

Das wurde es auch! Allerdings verlangsamte und vereinzelte die Hitze die Aktionen aller. Die Klimaanlage im Haus war vorsichtshalber nur auf 80°F/27°C eingestellt worden. Peter wollte definitiv Energie sparen. Die Türen waren eh alle offen, und die Gäste sollten nicht ständig einen Kälteschock bekommen. Das tat den nicht seit Geburt an tiefgekühlte Räume gewöhnten Deutschen gar nicht gut. Peter meinte, auch den Amerikanern nicht.

Zum ersten Mal sahen sie Thomas‘ bestes Stück. Gut, die Kurve, die Georg da zu Papier gebracht hatte, war ein wenig übertrieben gewesen, doch selbst Peter hatte noch bei keinem seiner Kunden einen Schwanz gesehen, der das Mittelstück wie eine Art Federgelenk verwendete. Bei den geübten Ami-Ärschen war Thomas der Hit, während Ernst eher „hinterlich“ und aufgrund seiner Jugend benutzt wurde. Auch diese beiden kamen auf ihre Kosten. Bei 30 Gästen, davon die Hälfte Soldaten, wurde es auch der Stammbesatzung nicht langweilig. Selbst Georg fand zwei aktive Vergnügen, meinte aber, zu mehr sei er in seinem hohen Alter an einem Abend auch nicht mehr fähig.

---

[80] Wünschte, du wärest hier

Das Spendenglas musste durch ein zweites ergänzt werden, so viel war es noch nie gewesen – so viele Leute aber auch nicht!

„Was mir bei Euch so gefällt“, meinte einer der Stammgäste, ein vielleicht 40 bis 45jähriger Mann gediegenen Auftretens, der immer nur mit einem Porsche ankam, „das ist, dass ihr immer wieder Abwechslung bietet. Ist das nicht sehr schwierig?“

Peter musste nicht lange überlegen, um im Brustton der Überzeugung und mit leichter Leidensmine zu bestätigen, WIE schwer es falle, die hohen Kosten auch für die First-Class-Flüge zu bezahlen und so weiter ... Der Kunde, Peter dachte an Immobilienmakler oder Anwalt, grinste nur breit, klopfte Peter SANFT auf die Schultern und ließ ihn stehen. Er würde ganz sicher wiederkommen.

Sie hatten schon im Vorfeld in kleiner Küchenrunde überlegt, ob sie aufgrund der noch viel besseren Verpflegung – von Frikadellen mit Kartoffelsalat hin zu Rippchen und Hackbraten aus dem eigenen Holzofen war es doch ein gewaltiger Weg gewesen – nicht die Preise erhöhen sollten. Doch als sie mal die Kosten von damals und heute jeweils zusammenrechneten und dann miteinander verglichen, erkannten sie, dass alleine das hausgebackene Brot etwaige Mehrkosten ausglich.

Nur diese 15.000$ für diesen Abend – das war ja wirklich „ein bisschen wenig“. Sie lachten sich kringelig.

Ernst und Thomas sollten von den Einnahmen nichts erfahren.

Pläne für die Zukunft

Der Sonntag wurde noch heißer als der Samstag. Sie waren erst spät und zum Brunch aufgestanden, genossen die Reste vom Hackbraten mit scharfer Soße nun gerne auch kalt. Alleine der Gedanke, jetzt noch mal auch nur einen Ofen einzuschalten, ließ den Schweiß auf die Stirnen treten.

Irmgard und Jules waren über das ganze Wochenende bei Bob und Carla, und so saßen die Jungs mit kühlen Getränken im Schatten der Poolterrasse und redeten. Ernst ließ seine Jugendzeit vor Peter und dann mit ihm noch mal aus seiner Sicht Revue passieren. Dann sollten natürlich Bronco und Peter über die vielen Ereignisse berichten, die seit Ernsts letzten Besuch vor über einem Jahr geschehen waren. Von Muhib (nichts mehr gehört), über die Villa (bei der Stadtrundfahrt vorbeigefahren, sah wieder bewohnt aus), über Claudia (ebenfalls besucht und von dort die Hamburger mitgebracht), über alles bis zum heutigen Datum, und was die Zukunft so bringen soll, und sie erwähnten auch das neu zu bauende Haus von Bob, die Aussichten auf die Mustangs, den bevorstehende Urlaub…

Dass Bob und Irmgard heiraten würden, war jedoch für Ernst eine unfassbare Überraschung. „Wie bitte? Nein! Damit hätte ich ja nie, wirklich nie in meinem Leben gerechnet! Und, will sie dann mit dem Gewerbe aufhören?“ Es zeigte sich, dass Thomas auch in diese Details voll eingeweiht war.

Peter zuckte mit den Achseln. „Ich weiß es nicht, ich habe mit ihr darüber noch nicht gesprochen. Aber wir sehen es aktuell alle, sie bekommt immer weniger Kunden. Ich weiß nicht, ob es nur an ihrem Alter liegt, ob Bob es nicht möchte oder ob sie selbst einfach mal zurückdreht. Wir verdienen alleine mit unseren Partys mehr Geld, als wir ausgeben, dazu kommen noch aktuell bis zu fünfzehn Einzelkunden in der Woche. Irmgard muss nicht mehr arbeiten, und ich finde das auch nicht ungerecht. Sie hat ihr Leben lang für mich gearbeitet, jetzt kann ich es auch mal für sie tun.“

„Ich frage nicht aus purer Neugierde.“, meinte Ernst nun langsam und sah Thomas fest an; der nickte. „Es hat noch einen anderen Grund. Es ist zudem auch einer der Gründe, warum wir beide hier zu Euch geflogen sind.

Peter, ich mag Dich immer noch und ich war neugierig zu sehen, was Du, was Ihr erreicht habt. Aber wir beide, Thomas und ich haben auch ein Ziel.“ Er nahm einen größeren Schluck aus seinem Glas, Peter merkte, dass es ihm schwer fiel, das zu sagen, was nun wohl kommen sollte. Peter horchte tief in sich hinein und spürte – nichts. Nichts, außer einer gewissen freundlichen Zuneigung für den Jungen, der so lange sein Leben geprägt hatte, länger, als alles hier in den USA. Und doch schien es ihm noch viel länger her zu sein.

Zeit ist so subjektiv, dachte er sich noch, bevor Ernst wieder begann.

„Ihr wisst ja, wir haben beide Einzelhandelskaufmann gelernt. Beide im gleichen Lehrjahr begonnen und beendet, beide im gleichen Betrieb, ja, in der gleiche Filiale. Wir mögen unseren Job, doch wenn ich mir vorstelle, dass ich in 30 Jahren immer noch Kartons in die Regale räume, leere Kartons in die Presse werfe, abgelaufene Lebensmittel mit Sonderpreisetiketten versehe oder mir stundenlang an der Kasse das Fitnessstudio erspare beim Wuchten von Wasserflaschen, die die dusseligen Kunden trotz PLU-Kurzcode aufs Band gehoben haben. – Nein, meine Zukunft stelle ich mir ein bisschen anders vor und Thomas sich seine auch.

Zudem zeigt sich in meiner Familie immer mehr, was es bedeutet, keine Zukunftshoffnungen zu haben. Die von Günter, meinem ältesten Bruder, jetzt 23, besteht aktuell darin, dass das Urteil nach StGB §250 Abs 2 auf §250 Abs 1 in der Revision abgeändert wird und er damit nicht zwingend mindestens 5 Jahre bekommt. Das Landgericht Nürnberg hat ihn zu 8 Jahren verurteilt. §250 ist schwerer Raub mit Gewalt an einem Menschen.

Ich muss Euch sagen, mich hat es nicht mal mehr interessiert, was er diesmal angestellt hat. Ich habe einfach aufgelegt, als Mutter es mir lang und breit darlegen wollte. Ich kann´s einfach nicht mehr hören! Seitdem er alleine in die Hose machen kann, macht er nur solchen Scheiß.“ Ernst klang ein wenig verbittert, und Thomas legte einen Arm um seine Schulter. Eine Geste, die Peter sofort an vergangene Zeiten erinnerte, als er das auch so mit Ernst gemacht hatte. Der erwartete kleine Stich in seinem Herzen blieb aus.

Mit Bronco musste er es nicht tun, es hatte noch nie einen Grund dazu gegeben, Bronco zu trösten. Die beiden Jungs waren so grundverschieden, dass sich Peter sogar vorstellen konnte, dass sie in einer Partnerschaft nicht mal rivalisieren würden. Wenn, dann wäre es eher Bronco, der Peter trösten könnte, würde oder müsste. Doch auch dafür fiel Peter keine Gelegenheit ein, bei der dies bis heute nötig gewesen wäre. Es gab einfach keinen Grund, ihn zu trösten. Auf der anderen Seite, er wusste, dass dieser unweigerlich kommen würde.

Mit einem Mal kam ihm ein altes Gedicht in den Sinn. Ihm, der nie Gedichte lernen mochte und sich dabei immer entsetzlich anstellte, die Verse bis auf Zeilenebene hinab verwechselte, war dieses Gedicht beziehungsweise zumindest sein Inhalt und Sinn im Gedächtnis geblieben.

Der goldene Ball
Was auch an Liebe mir vom Vater ward,
ich hab's ihm nicht vergolten,
denn ich habe als Kind noch nicht gekannt
den Wert der Gabe und ward als Mann
dem Manne gleich und hart.

Nun wächst ein Sohn mir auf,
so heiß geliebt wie keiner,
daran ein Vaterherz gehangen,
und ich vergelte, was ich einst empfangen,
an dem, der mir's nicht gab und wiedergibt.

Denn wenn er Mann ist und wie Männer denkt,
wird er wie ich die eignen Wege gehen,
sehnsüchtig werde ich, doch neidlos, sehen,
wenn er, was mir gebührt, dem Enkel schenkt.

Weithin im Saal der Zeiten
sieht mein Blick dem Spiel des Lebens zu,
gefasst und heiter.
Den gold´nen Ball wirft jeder lächelnd weiter,
und keiner gab den gold´nen Ball zurück!

Börries von Münchhausen

Auch wenn Peter seinen Vater nie gekannt hatte, so erkannte er schon damals, als er in der Schule mit diesem Gedicht konfrontiert wurde, die Wahrheit dahinter: Den gold´nen Ball, der nie zurückgegeben wird. Plötzlich fühlte er sich erleichtert.

„…und da haben Thomas und ich beschlossen, doch noch was anderes zu machen. Nicht sofort und mit Hauruck, aber auf die Dauer. Wir haben beide gerade in Nürnberg unsere Führerscheine gemacht, und glaubt uns, es war grauenhaft!“ Sie lachten alle und berichteten von der Führerscheinprüfung hier. Bitterer Neid stand in der beiden Deutschen Gesicht. Ernst seufzte.

„Wie gut Ihr es hier habt. Ob wir auch hierher ziehen sollten?“ Sie lachten wieder, und Ernst winkte auch ab. „Nein, das ginge ja auch kaum. Peter und Irmgard hatten wahnsinniges Glück, und das ist etwas, wofür Ihr Muhib auch dankbar sein dürft. Nein, Thomas spricht ja nicht gut amerikanisch, ich auch nicht, aber ich würde es mir zutrauen, es hier schnell zu lernen.“

Lautstarkes Gelächter von allen folgte. Thomas, der Engländer – nun ja, es war etwas Wahres dran. Sie würden es sicherlich bemerken, wenn sie gemeinsam mit den beiden mal „unters Volk“ gingen und niemand den hochadeligen Singsang von Thomas verstünde.

„*¿Hablas español mejor*[81]?”, fragte Raúl sofort, und zu aller Erstaunen konnte Thomas darauf sogar antworten. Zwar nur mit einem knappen „no“, aber immerhin musste er dazu die Frage verstanden haben.

„Das kommt daher, weil ich mit meinen Eltern immer in Spanien im Urlaub war; da habe ich ein paar Brocken gelernt. England wäre zwar natürlicher gewesen, aber wer will schon auf der nassen Insel Urlaub machen! Und die Verwandtschaft dort? Die ist in den Ferien eh im Süden oder gleich ganz weit weg.“ – Thomas hatte es auf Deutsch gesagt.

Nun verblüffte Bronco die beiden, indem er auf Deutsch antwortete: „Ernst und Peter haben doch in Großbritannien Urlaub gemacht. Gut, ich weiß nicht, wie es ihnen gefallen hat, er hat noch nie davon erzählt...“

„Du sprichst Deutsch?“, die Verblüffung von Ernst und Thomas war echt, und Bronco grinste mal wieder sein Bronco-Grinsen.

„Nun, Peter hat es ja schon erwähnt, ich studiere Journalismus hier in Reno an der Universität. Da habe ich Deutsch einfach als weitere Fremdsprache gewählt.“

Thomas schluckte schwer. „Eine DRITTE Sprache? Ist das denn notwendig? Für mich ist Deutsch schon manchmal ein Buch mit sieben Siegeln!“

„Nein, vorgeschrieben ist es nicht. Nur eine Fremdsprache muss man können. Aber ich bin ja gebürtiger Amerikaner und befleißige mich eines guten Englischs, wie mir meine Lehrer bestätigten. Meine Mutter ist Mexikanerin und daher kann ich auch etwas Spanisch, und mit Peter – da war Deutsch die naheliegendste Option. Wäre Peter Franzose oder Japaner, hätte ich vermutlich diese Sprache gewählt.“

„Okay, und was habt Ihr nun vor?“, fragte Peter. Auch, wenn er vorhin nicht genau zugehört hatte, den eigenen Gedanken nachgehangen hatte, so war er

[81] *Sprichst Du besser Spanisch?*

dennoch sehr neugierig. Er betrachtete Ernst plötzlich wie eine Art Sprössling von sich selbst.

Ernst zögerte sichtlich, doch Georg nickte ihm auffordernd zu. *Aha, Georg weiß also schon davon*, erkannte Peter.

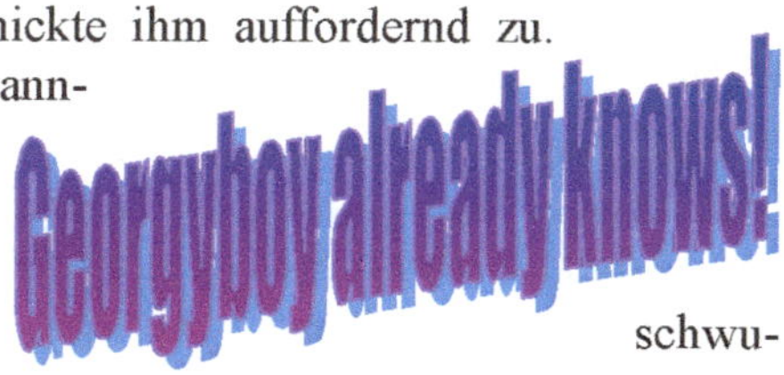

„Wir möchten einen exklusiven Escort-Service aufbauen. Erst mal nur mit echt schwulen Jungs und für schwule Kunden.“

So, nun war es raus und die Augen der anderen blickten amüsiert-erstaunt auf. „Du willst Dich oder Euch anbieten, oder…“, fragte Bronco sofort nach, und Peter erkannte wieder seine Eignung zum Journalisten. Bronco war ganz sicher genauso überrascht wie sie alle, aber er stellte sofort die richtigen Fragen. Stolz glühte in Peter auf. Nicht auf Broncos Leistung, eher auf sich selbst, darüber, dass es unter anderem ihm zu verdanken war, dass Bronco dieses Studium so problemlos hatte beginnen können. Dank seiner Noten und auch des finanziellen Hintergrunds.

„Nein“, lachte Ernst. „Uns beide eher nicht. Besser, gar nicht. Ihr habt ja gesehen, was ich zu bieten habe, und diese komische Form bei Thomas – die fällt allerhöchstens unter ‚Skurriles‘. Nein, wir dachten an gut gebaute, leistungsbereite und – fähige Jungs. Neben diesen Bedingungen gibt es eher wenige andere. Das Bouquet soll breit gestreut sein, von der Queen bis zum Macho. Vermutlich wird aber der Typ ‚netter Nachbarsjunge‘ am ehesten gesucht werden.“

„Okay! Und wann soll ich anfangen?“, krähte Raúl, und sie lachten sich scheckig.

„Gar nicht, nicht bei uns! Dich nach Deutschland zu bekommen wäre genauso schwierig wie uns in die USA. Zu Besuch, ja, das ist mit Besuchervisum durchaus möglich. Aber für länger und mit legaler Beschäftigung? Keine Chance. Zwei, drei Jungs haben wir schon, die gerne mitmachen würden. Am Anfang, wie wir auch, erst mal nur als Gelegenheitsjob, und dann mal sehen, was sich daraus entwickelt.“

„Und Frauen bedienen steht auch auf dem Programm?“, wollte Tony wissen.

„Nein, nicht am Anfang – später vielleicht schon, wenn das ein Markt sein sollte.“

„Und ob! Was glaubt Ihr, wie viele Anfragen ich an der Bar bekommen habe. Nur, ich stehe nun mal nicht drauf. Aber einige Kollegen, die haben sich ein

Vielfaches von dem dazuverdient, was sie als Gehalt bekamen." Tony lachte hart auf. „Ob es dem Herrn Barchef wohl recht wäre, wenn die von ihm nun hinter die Bar gesetzten Häschen die gleichen Angebote, nur eben für Männer, annehmen würden?"

„Nein, das tun sie nicht", kam eine weibliche Stimme von der Wohnungstür. Zwei nasse Zungen drängten sich an Irmgard vorbei und stürzten sich auf die Jungs, um sich ausführlich streicheln zu lassen und dabei möglichst jede freie Hautpartie abzuschlecken. Wohl bemerkt, es war Sommer und der frei zugänglichen Partien daher viele.

„Hallo Mum, Du bist wieder da! Komm her, und setz Dich. Magst Du was zu trinken?"

„Ja, kurz und nein", antwortete sie sybillinisch und setzte sich. „Wie Ihr ja seht, bin ich nicht alleine. Wenn Jules Carla mitnimmt, nehme ich Bob mit. Der ist gerade im Bad, sich frisch machen. Ich hörte hier Eure Stimmen und dann diese Aussage von Tony. ... Nein, Tony, das tun sie nicht. Ich weiß es von meinen Kolleginnen vor Ort und von den eigenen Besuchen an der Bar. Die Gäste beschweren sich schon darüber, dass ‚der Service dort auch schon mal besser war, wobei ich nicht herausbekommen konnte, ob sie damit auf Deinen Service anspielten, lieber Freund." Tony wurde leicht rot, und alle lachten.

Bob kam raus, grüßte die Menge, lechzte danach, ins Wasser zu springen und das war das Signal für alle, es ihm nachzutun. Für ALLE. Tony hatte bei der Poolreinigung festgestellt, dass Dolphin[82] und Filter auch lange Hundehaare zuverlässig aus dem Wasser entfernten. Solange also keine externen Gäste da waren...

Ernst berichtete auch Irmgard kurz über ihr Vorhaben. Das Gespräch verlief auf Deutsch und Englisch gemischt, es war für alle Jungs etwas dabei.

[82] Selbsttätiger Poolreinigungsroboter

Urlaubstage

Mit „Urlaubstagen“ sind nun nicht die Tage des immer noch bevorstehenden Campingurlaubs, sondern die von Ernst und Thomas gemeint. LEIDER!

Sie hatten – ob Peter es sich gedacht hatte oder nicht, wusste er selbst nicht – gar nicht vor, die gesamten drei Wochen auf der Farm zu bleiben. Schon am Montag nach der ersten Party, fragten sie Peter, wo man denn hier günstig einen Mietwagen leihen könnte.

Bronco und auch Georg waren wieder in der Uni, Bronco für ein Video-Reporter-Incentive und Georg, um „die üblichen Sommerarbeiten“ an der Uni zu erledigen – er erklärte es gerne, doch in der Zusammenfassung waren es überwiegend Versuchsaufbauten, die er im nächsten Semester vorführen würde. Sie waren also nicht da.

Bernd und Bob saßen zusammen und brüteten über den Details für den Hausbau. Die Entscheidungen für Bausystem und Grundriss waren soweit getroffen. Bob hatte sich ein angeblich einfach zu bedienendes CAD-System gekauft, kam aber damit trotzdem nicht klar. So saßen also Bernd und er an einem provisorisch im Salon aufgebauten Schreibtisch zusammen, hatten sich via Internet schnell ARCON[83] besorgt und bastelten das Haus in dieser Software zusammen.

Irmgard machte mal wieder sauber, überwiegend bei sich im Zimmer, weniger in allen anderen Räumen. Diese blieben nun Peter, Tony und Ron überlassen. Natürlich waren nach der Party wieder die verfügbaren Zimmer belegt gewesen. Es hätten durchaus auch mehr sein können – Peter machte die beiden Planer noch mal auf die dringende Notwendigkeit weiterer Wohnungen oder Zimmer aufmerksam. Sie lachten und verwiesen auf die Skizzen vom Obergeschoss, das nun wirklich rund 160qm zusätzliche Wohnflächen bieten würde.

Es war also ein ganz normaler Haushaltstag. Ernst und Thomas mussten allerdings nach kurzer Internetrecherche enttäuscht feststellen, dass kein Autovermieter ihnen als Führerscheinneulinge einen Wagen auch nur anbieten wollte… Peter versprach, dies im Haus zu besprechen. Raúl, Ernst und Thomas machten sich in der Küche zu schaffen und kochten für die Mannschaft.

Sommerseminare und -incentives hieß auch, dass sie nicht bis in den Abend dauerten und sich gegen 3pm die versammelte Mannschaft an großem Tisch, diesmal vor dem Haus aufgebaut, an einem sehr leckeren „gemischten Braten

[83] Bezahlbare und gut zu bedienende CAD-Software für den Hausgebrauch

mit Klößen", einer fränkischen Spezialität, labte. Gemischt bedeutete, dass Schwein, Rind und Kalb zusammen mit einer gemeinsamen Soße gegart wurden. Klöße hieß in diesem Fall, dass sie echte Klöße aus echten Kartoffeln und nicht aus dem langsam eh wieder knapp werdenden Pulver formten. Dass sich Raúl in die Geheimnisse der Kloßzubereitung einweihen ließ, war durchaus Peters Absicht gewesen. Raúl schrieb auch mit.

Am Mittagstisch trug Peter den Wunsch der beiden Gäste vor, und sofort boten Tony, Ron und Bronco ihre Autos an. Alle Fahrzeuge waren mit allen nötigen Versicherungen ausgestattet, so dass das kein Problem darstellen würde.

Man entschied, den beiden den kleinsten Wagen, Broncos Honda Fit, zu überlassen. Eigentlich hätte Peter lieber Tonys Silverado verliehen, es war der älteste Wagen. Doch auch wenn Tony nichts dagegen gehabt hätte, so erinnerte er daran, dass sie genau diesen einzigen Pickup mindestens einmal in der Woche für ihre Großeinkäufe brauchten.

Ernst und Thomas waren happy, wollten erst mal ein paar Eintagestouren unternehmen, und dann gegebenenfalls nach der nächsten Party nach Kalifornien rüberfahren. Der nur in den Sommerzeiten offene *Alpine State Highway 4* hatte sich in einigen Reiseempfehlungen niedergeschlagen und sollte eine irre landschaftliche Strecke anbieten.

So leerte sich das Haus wieder schneller als gedacht. Das Zimmer der beiden blieb reserviert, denn sie wollten ja jeden Tag beziehungsweise jedes Wochenende wieder da sein, und die Notwendigkeit von mehr als drei Gästezimmern bestand immer gerade am Wochenende, zwischen Samstag und Sonntag.

„Du magst Thomas nicht. Richtig?", nahm Georg Peter an einem Nachmittag beiseite, als die beiden noch nicht wieder zurück waren.

„Sieht man mir das so genau an?"

„Ob ‚man', das weiß ich nicht. Aber ich glaube, ich kenne Dich lange genug, um das zu sehen."

„Oh weh, dann sieht es Ernst auch."

„Oh ja, das tut er. Er hat mich auch drauf angesprochen, und nein, ich hatte es schon vorher bemerkt. Nur, es stört ihn nicht. Es ist auch nicht der Grund, warum die beiden nun Touren machen. Das hatten sie schon angedacht, als wir noch in Deutschland waren. Da überlegten sie sich, was sie ansehen könnten, wenn sie denn hier seien. Sie haben sich ein schönes Programm vorgenommen, ein bisschen geht es auch in die Richtung unserer Campingtour. Aber das ist noch nicht klar, denn auch Monument Valley und Grand Canyon sind mögliche Ziele. Nur das Death Valley, das habe ich ihnen ausdrücklich ausgeredet.

Das ist wirklich gefährlich um diese Jahreszeit, erst recht für Fahranfänger. Aber damals, da hatten sie ja die Lappen noch nicht, und daher konnten sie auch nichts ganz genau vorplanen. Sie wussten ja nicht mal, ob sie sie noch vor dieser Reise erhalten würden."

„Na, das beruhigt mich ja ungeheuer. Ich meine, was ihre Sicherheit und die des Wagens angeht."

„Nein", lachte Georg, „so schlimm ist es auch nicht. Beide sind recht besonnene Fahrer, haben sie zumindest gesagt, und ich glaube es ihnen. Spätestens, seitdem ich ihnen ein paar US-Busgeldbeträge genannt habe, zum Beispiel: Rotlicht 330$, Parkverstoß bis 220$, nicht für einen Schulbus halten 300$, 10-15km/h zu schnell fahren 220$, da sind beide ein bisschen blass geworden und haben beschlossen, GANZ vernünftig zu sein. So käsig, wie gerade auch Du. Wusstest Du das nicht?"

Peter schüttelte nur stumm den Kopf.

Georg lachte leise. „Aber Bronco hat ihnen auch gesagt, dass hier die Überwachung engmaschig sei, dass aus der Luft überwacht werden kann, und vor allem hat er ihnen das entspannte Fahren mit dem Tempomat erklärt. Ich glaube nicht, dass es Probleme geben wird."

„Das hoffe ich schwer."

Um es vorweg zu nehmen: Es gab auch keine. Der Wagen kam jedes Mal heil zurück, Bronco ließ den Bordcomputer einen recht vernünftigen Spritverbrauch ausrechnen und ein Knöllchen traf auch nie ein. Dafür aber zwei wieder glücklich aussehende Jungs.

Vorgezogener Abflug

Die drei Wochen waren schneller um, als Peter es sich in seinen Alpträumen vorgestellt hatte. Nein, er mochte Thomas WIRKLICH nicht. Wie gesagt, die erste Woche wurde mit Sternfahrten verbracht, die zweite mit einer Rundfahrt, die sie tatsächlich nach Südosten und nicht nach Westen führte und von der sie so begeistert vom Grand Canyon, Las Vegas, dem Boulder Staudamm und der wahnsinnigen Landschaft dort berichteten, dass Peter sich diese Fahrtrichtung als eines der nächsten eigenen Urlaubsziele auf den Plan setzte. Jetzt aber war erst mal ihr eigener Campingurlaub dran und im Winter erwartete sie Alan & Co..

Der Flieger, der Ernst und Thomas nach Deutschland zurückbrachte, verließ am Mittwoch, den 22. Juni Las Vegas. Sie hatten auf ihrer Rundfahrt die Stadt nur gestreift und flogen daher schon am Samstag davor von Reno in die große Spielerstadt, einfach wegen der Architektur. Peter, Bronco und Co. konnten es ihnen nachempfinden. Dass der Flug nach Deutschland tatsächlich ein Upgrade erfahren hatte, gaben sie bei Abfahrt von der Farm grinsend bekannt.

Natürlich wurden sie zum Airport gefahren, diesmal von Peter und Bronco, sie winkten ihnen „*good bye*“ und vereinbarten, bald nach der Ankunft in Nürnberg wieder von einander hören zu lassen.

Dass die beiden sich das Upgrade des Fluges in Las Vegas auch körperlich verdienten, das erfuhr die Farm noch während sie in den USA waren. Die Skypeverbindung aus dem preiswertem Motel war problemlos. Doch von wegen Motel! Die beiden hatten sich mittels eines Couponheftes, am Flughafen gefunden, für nur 45$ die Nacht im ***Stratosphere Tower*** einquartiert – ein Superpreis, wenn man bedenkt, dass in der Zeit ein Wochenende dabei war.

„Hallo Welle!“, grüßte Bronco seine Traumbegleitung.
„Hallo Bronco, wie geht es Dir?“
„Ach mir geht es gut – wieder gut.“
„Aha. Hatte ich es doch richtig gesehen, Du mochtest die beiden nicht?“
„Nein, so würde ich es nicht sagen. Schon gar nicht für beide. Aber Thomas – sein erster Auftritt hier hat meine Ansicht über ihn vorgeprägt. Vielleicht ist das falsch, vielleicht sollte ich nicht gleich dem ersten Eindruck trauen, doch auch am letzten Tag war ich eher froh, dass sie weg sind.“
„Und Ernst?“
„Der ist harmlos, nett, eigentlich lieb und ohne Thomas angenehm. Nur war er halt nur im Doppelpack zu haben.“
Die Welle bildete in der Luft ein paar Lachtröpfchen.
„Hattest Du Angst um Peter?“
„Nein, definitiv nicht! Ich hatte es ja schon vor einem Jahr erlebt, und da waren Pete und ich noch lange nicht so befreundet oder eher nur befreundet, nicht mehr.“
„Du bezeichnest es jetzt als mehr?“
„Dumme Frage! Gerade Du solltest es doch wissen. Ich LIEBE ihn. Von ganzem Herzen.“

Die Welle lachte wieder und spülte einen schaumigen Saum auf den warmen Sand. Bronco wusste, dass dieser Strand nicht hier sein konnte – am Pazifik war es nicht so warm. Es störte ihn nicht. „Natürlich weiß ich es. Ich will nur wissen, ob es Dir in Dein Bewusstsein gedrungen ist.

Und übrigens, verlass‘ Dich ruhig auf Deine Nase, auch beim ersten Furz! Sie ist sehr fein und wird Dich selten enttäuschen.“ Mit diesen Worten zog sich die Welle zurück und Bronco merkte, wie er im Traum lachte. DEN Satz würde er sich merken müssen.

Er berichtete Peter gleich am nächsten Morgen von seinem Traum, Peter nahm ihn einfach fest in den Arm. „Ich bin froh, wenn die beiden wieder heil heimgekommen sind.“

Bronco grinste. „So kann man seine Freude über eine Abreise allerdings auch – und vermutlich viel christlicher – ausdrücken!“

Lachend gingen sie zum Frühstück.

Nur eine kurze Ruhe

Die Woche bis zu ihrem Campingurlaub war nur kurz. Am Samstag der Abreise der beiden Gäste war wieder Party, doch die „Hoffnung“, dass dies die letzte vor dem eigenen Urlaub wäre, trog. An dem Abend fand die 23. Party statt.

Die beiden deutschen Besucher hatten keine sonderliche Lust gezeigt, noch mal dieses Rudelbumsen mitzumachen, Thomas brachte es auf einen Punkt: „Wir wollen einen Escort-Service aufmachen und nicht selbst zu den Kunden fahren. Das ist nichts für mich, und Ernst mag es auch nicht so gerne.“

„Und ich dachte immer, die Säfte würden nur im Frühling so spritzen“, stöhnte Peter, als er nach einer Notbesprechung eine neue SMS mit dem „Sondertermin“ 26. Juni herausgeschickt hatte. Jason war schon bei der 23. Party anwesend. Er würde auch bei der 24. und 25. noch mal erscheinen und mehrfach kommen dürfen, denn er war bei den Kunden recht beliebt. Wenn Peter seine Ahnung nicht trog, war Jason froh, wenigstens da mal Sex zu haben. Seine familiäre Situation hatte sich noch nicht verändert.

Beide Partys waren erneut ein Erfolg. Langsam tauchten auch die Leute mal wieder auf, die schon bei den ersten Partys in der Villa dabei gewesen waren.

„Wir müssen uns was Besonderes für die 25. Party überlegen“, meinte Peter in familiärem Kreis, und alle nickten. Der „eso-erotische Strip“ von Tony war schon durch und nicht DER Hammer gewesen, und Culinaria gehörten schon zum Standard. Lediglich die immer wieder aufkommende Frage nach einer richtigen Bar war immer wieder hinausgeschoben worden. Mittlerweile hatte auch Tony keine sonderliche Lust mehr, das hier anzubieten. Gerade in den letzten Monaten war immer wieder die Kunde von Schlägereien zwischen betrunkenen Casinobesuchern oder mit dem Personal an die neugierigen Ohren der Farm gedrungen. Keiner der Jungs hatte Lust, nun für die Partys eine Security-Mannschaft einzustellen.

„Vor allem“, kicherte Bronco, „wen sollen wir denn da nehmen? Heteros? Wenn die wirklich 100%ige Heten sind, dann stehen sie mit ekelerfüllten und abweisendem Gesicht daneben. Bei Halbheten sehen wir bald vor lauter feuchten Flecken keine Hosenstoffe mehr und bei Schwulen? Na, die haben wir ja schon genug hier. Außerdem sind unsere Soldaten meist besser trainiert als die Securitys – das gäbe im Falle eines Falles eine sehr böse Schlägerei."

„Du meinst Schaumschlägerei", korrigierte ihn Raúl. „Vergiss nicht, wir würden ja mit dem Löschschaum spritzen."

Sie malten sich das Bild aus, lachten darüber, schoben die Bar weiterhin auf die lange Bank und begannen schon mal, in Kisten und Körbe zu packen, was sie im Camper so mitzunehmen gedachten.

Bernd und Bob waren soweit übereingekommen, dass dieser Bauplan Nummer 27 Version 8 endlich der endgültige sei. Der Architekt könne nun die Reinzeichnungen anfertigen und den Bauantrag stellen. Da noch keine Ferienzeit herrschte, war man guter Hoffnung, dass es schnell gehen würde.

Es ging noch schneller. Was keiner ahnte und auch nirgendwo in den Akten des Hauses vermerkt war, wohl aber bei der Stadt, war, dass die Vorbesitzer bereits eine Baugenehmigung eingeholt haben mussten – die Bodenplatte war offenbar nur der Anfang gewesen, und der Rest hätte in Bälde geplant werden sollen. Der Tod war schneller gewesen.

Camping-Platzen

„Um Himmels Willen, Leute!", stöhnte Georg beim Anblick auch nur einer der Gepäckkisten. „Wenn wir das alles mitnehmen wollen, müssen wir aus dem Bus wohl draußen bleiben. Er hat nur eine definierte maximale Zuladung, und die dürfte nicht sehr groß sein. Oder wir nehmen gleich noch einen LKW dazu oder mindestens einen Anhänger." Sie entschieden sich daher gegen alles wirklich überflüssige. Als dann der Bus am Dienstag geholt und gepackt wurde, blieb sogar noch der eine oder andere handbreite Platz in den Fächern frei.

„Mum, brauchst Du noch was? Sollen wir Dir noch was besorgen? Wie ist das mit Essen? Denk dran, die Tiefkühler sind voll damit! Nimm Dir also raus, was Du möchtest. Wir haben in den letzten Wochen schon angefangen, auch kleinere Mengen einzufrieren, Einzelportionen. Hast Du genug..."

„PETER! Es langt! Danke! Mann, Du tust ja so, als wäre ich hilfsbedürftig, dement und Du hättest mich Dein Leben lang versorgt und nicht umgekehrt. Ich werde schon zurechtkommen“, lachte Irmgard laut auf.

„Oh ja, und wie gut!“, kicherte – natürlich – Bronco sofort wieder los. „Wenn wir dann nach Hause kommen und uns ein halb verhungerter Jules empfängt, wissen wir, dass Deine Leiche nicht mal genug Futter für ihn abgegeben hat.“

„Miststück!“

„Danke! Das hat meine Mamita auch gesagt. Allerdings hätte der Hund an ihr genug zu fressen.“

Natürlich hatte sich Bronco auch bei Claudia verabschiedet, auch sie hätte den „Hausstand“ im Camper gerne um noch ein paar Tonnen ergänzt, doch irgendwie konnte Bronco sie davon überzeugen, dass sie nicht für 14 Tage in die Wüste fuhren, sondern eigentlich nur oder ausgerechnet erst mal in die Zivilisation.

Der Routenplan stand soweit, wobei sie die schwärmerischen Schilderungen von Ernst über die Schönheit des *Alpine Highways* nicht vergessen und in ihre Fahrt mit eingebaut hatten, gleich an den Anfang.

Endlich Urlaub

„Urlaub ist die Zeit, in der man so eng aufeinander hockt, dass man erstmals riecht, wie der andere stinkt.“

(O-Ton von – natürlich – Bronco. Vor der Fahrt)

Abfahrt

Als sich das massive Geschoss am 30. Juni 2010 schwankend in Bewegung setzte und sich zwischen den Lampen der hauseigenen Straße aus der Sichtweite schaukelte, winkten ihm vier Hände und zwei Schwänze – von Hunden – nach. Fünf der sechs Katzen hatten sich nur auf ihre ureigene, höfliche Art verabschiedet. Leo war lieber gleich liegen geblieben.

Der Camper war wirklich ein Geschoss, rund 9m lang, und doch ein anderer, als ursprünglich gedacht. Er hatte noch einen Slideout[84], der das Wohnzimmer bei Stillstand vergrößerte. Außerdem hatte Georg die gesamte Anmietaktion übernommen. Einer seiner neuen Unikollegen war wohl leidenschaftlicher Wohnmobilist und hatte ihn mit Unmengen von Tipps versorgt, unter anderem darüber, wo man überhaupt stehen dürfe (auf privaten, aber auch auf staatlichen Grundstücken * nicht

[84] Ausfahrbares Seitenteil

aber in Städten und in Nationalparks * besser auf Campingplätzen). Er hatte aber auch gleich darauf hingewiesen, dass bei sieben Mann Besatzung pro Nacht gerne 100$ Standgebühren dazukämen – wenn, ja wenn man nicht einen 30-Tages-Pass eines Anbieters für rund 300$ mit erwerbe.

Der Bus war dank der ausfahrbaren Seite ein wenig teurer geworden, doch auch sehr schön ausgestattet, unter anderem mit Heizung und Air Condition, Doppelreifen hinten, einem lächerlich kleinen 6.8l-V10-Motor mit dem geringen Durst von nur rund 35 Liter Benzin auf 100km. Dusche, Warmwasser, Frischwassertoilette oder auch ein Stereo-Sound-System waren Standard. Die Küchenausstattung mit 3-Flammen Gasherd, Mikrowelle und großem Kühlschrank war eher komfortabel. Dass ein Stromgenerator im Preis enthalten war, würde sich als sehr angenehm erweisen.

Der 208-Liter-Benzintank wurde von einem 46-Liter-Gastank ergänzt – kein lästiges Flaschenwechseln mehr, sondern aufzutanken an jeder Tankstelle.

Wie lange die 150 Liter Frischwasser bei sieben Mann jedoch reichen würden? Der Vermieter hatte gemeint, man solle jeden Tag einen Dumping-Stopp einlegen und da gleich Grau- und Schwarzwasser entsorgen. Der Warmwasserbereiter zeigte sich leistungsfähig genug, alle sieben Leute hintereinander sparsam duschen zu lassen.

Natürlich musste sich das erst mal einspielen und am ersten Morgen im Bus war das Wasser bereits nach fünf Mann und Kaffee kochen am Ende. Man nahm es so, wie es sich gehörte, mit Humor.

Der Innenraum war naturgemäß begrenzt, trotzdem fuhr es sich auch hinten im Bus gut und dank des recht freien Durchblicks nach vorne, sahen sie auch alle etwas.

Auf dem Fahrersitz wechselten sich nur Georg, Bernd, Tony und Ron ab. Sie waren schon über 25, die anderen hätten einen saftigen Aufpreis bei der Versicherung gekostet. Dass sie sich damit immer wieder wie die „kleinen Kinder“ benahmen, als die sie gegenüber dem Vermieter auch deklariert worden waren, und sich dann die etwas schmaleren Betten teilen durften – es war Urlaub.

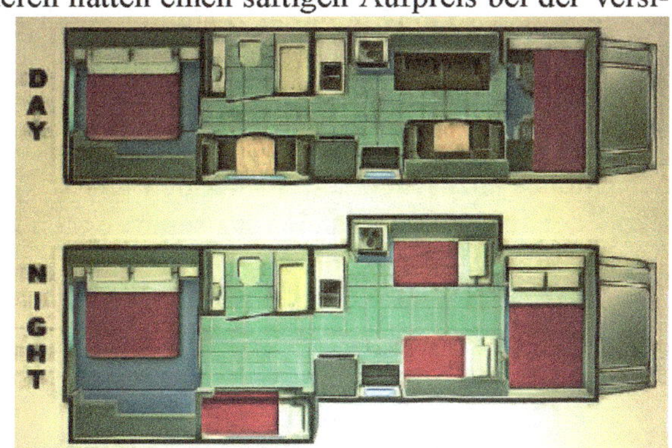

Columbia

Die Strecke führte über den *Lake Tahoe* immer weiter auf steilen Serpentinen in die Höhe, über *Markleeville* und *Bear Valley*, um dann nach einem endlos langen, langsamen Abfall von 7500 auf 1800 Fuß über dem Meeresspiegel auf die alte Goldgräber- und heutigen Museumsstadt *Columbia* zu treffen.

Es waren nur 150 Meilen, aber mit sehr vielen Fotostopps. Keiner kannte diese Gegend, selbst Tony, der am weitesten in den USA herumgekommen war, zeigte sich immer wieder fassungslos über „diese unendlichen Weiten!“.

Nachdem sie bei einem Stopp noch mal umkehren mussten, um Raúl wieder einzusammeln, gewöhnten sie sich an, vor jedem Start durchzuzählen. Eine Technik, die bei Peters erstem USA-Aufenthalt, damals mit 14 Jahren, schon dem Bus langwierige Suchfahrten erspart hatte.

1. Georg
2. Bernd
3. Peter
4. Bronco
5. Tony
6. Raúl
7. Ron

Sie besichtigten *Columbia* den restlichen Abend, speisten dort sehr gut und liefen am nächsten Morgen noch einmal durch die Stadt, fuhren mit der Western Union Postkutsche durch die Gegend und wollten als nächstes eigentlich nur bis *Sacramento* fahren.

Bis Raúl einfiel, dass der Independance Day in *San Francisco* wohl noch viel schöner anzusehen sei, mit all den vielen Feuerwerken in der Nacht – da bekam der fixe Routenplan bereits seinen ersten Bruch.

Es störte aber niemanden, ob 100 Meilen nach Sacramento oder 135 nach Frisco – Hauptsache, Telefon- und Internetverbindungen standen die ganze Zeit. So konnten sie sich in der schwulen Hochburg auf dem RV[85]-Grund Ihres ÜbernachtungsPaß-Ausgebers noch einen hässlichen, betonierten Reihenplatz, mit unbezahlbar toller Aussicht auf das Meer reservieren. Sie eilten auch gleich runter zu den Fluten, stürzten als Machos hinein und nach wenigen Sekunden als Prinzessinnen wieder raus. 13°C zeigte das entsetzte Thermometer an und schüttelte sich genauso schnell wie die Jungs, die es aus dem Auto holten. Dass Peter dann begann, den Amis von der Wärme an italienischen oder türkischen Stränden zu erzählen...

WLan gab es auf dem Campingplatz auch und so hielten sie nicht nur mit Mum, Bob und Claudia, sondern auch mit Jacob, Joe und vor allem Joes Freund Harry Kontakt. Der nämlich schwärmte von dem herrlichen Baden in der Bucht von Mexiko, damals, vor ein paar Jahren, als er Joe auf dem College kennengelernt hatte. Grimmig ließ Peter den Computer mal die Strecke von hier nach **Galveston** ausrechnen und gab sich geschlagen. „Das sind ja nur 2000 Meilen – einfache Fahrt. Leute, wenn wir jetzt in dem Moment losfahren, sind wir in sechs Tagen SICHER dort!"

Beim guten Abendessen in einem nahegelegen *Sizzlers Steakhouse* (Steaks & Buffet) vermisste Peter das warme Meer nicht mehr so

[85] Recreational vehicle, nur ein anderer Begriff für Wohnmobil

sehr. „Man kann halt nicht alles auf einmal haben“, seufzte er zu Bronco in ihrer über dem Fahrerhaus liegenden Schlafstatt.

Die nächsten Tage waren der tollen Stadt gewidmet, vom Touristenprogramm (für Peter noch mal, für die anderen aber neu) mit einer geführten Stadtrundfahrt inklusive Bootsfahrt unter der ***Golden Gate Bridge*** hindurch, über Cable-Car-Fahrten bis hin nach China Town, sowie vielen Aus- und Einsichten. Die größte Einsicht war, dass Frisco wirklich so teuer in allem war, wie Peter es damals schon vermutet hatte. ALLES war hier teuer. Na, sie mussten in der Stadt ja nicht auf Dauer leben und kehrten ihr auch nach fünf Tagen in Richtung Süden den Rücken. Aber natürlich erst, nachdem auch der Unabhängigkeitstag – Sonntag, 4. Juli 2010 – vorbei war und sie mit der gleichen Begeisterung wie alle anderen Zuschauer im dichtesten Gedränge um die Golden Gate Bridge. den riesigen Feuerwerken um die ganze Bucht herum zugejubelt hatten.

Frisch betankt, be- und entwässert, in den zum RV-Grund gehörenden Duschen mal wieder amerikanisch-lange geduscht, kroch das Campingmonster am Mittwoch darauf aus seiner engen Parkbucht – im Internet beworben als „„weiträumige Areale für jedes Fahrzeug“ – und machte sich direkt an der Küste entlang in Richtung Santa Cruz auf.

Küste

Das Navi, vor jedem Tourabschnitt aufs Neue nach seiner Weisheit befragt, hatte bekannt gegeben, dass es bis zu ***California's Great America*** gerade mal 50 Meilen wären. Also nahmen sie einen Umweg, der sie wenigstens ein Stückchen entlang der legendären ***I-1*** in Richtung ***Los Angeles*** und direkt an der Küste entlang führte. Alleine diese Strecke wäre mal eine extra Reise wert. Durch das enge Tal bei ***Boulder Creek*** führte der Weg und die Landschaft öffnete sich in die weite Ebene von ***San José***.

In einem anderen RV-Park in ***Santa Clara*** wollten sie den Bus abstellen, doch dieser Park war nicht vom Pass abgedeckt. Langsam begann sich Georg zu fragen, ob sich der teure Pass rentiert hatte, doch alleine in San Francisco hätten sie über 500$ für die fünf Nächte bezahlt. Und beim Yosemite solle es auch noch einen Campground von dem Anbieter geben. Der in Santa Clara gehörte nicht dazu, in der gesamten Gegend hatten „die“ wieder mal keinen.

Ein weiteres, „echtes Wohnmobil-Problem“ zeigte sich an diesen Tagen zum ersten Mal: Wohin mit dem Ding, wenn man etwas besichtigen will?

Santa Clara & San José

Der Freizeitpark war erst für morgen dran, doch in der gesamten Umgebung des ***Winchester Mystery Houses*** in ***San José*** gab es keinen einzigen geeigneten Parkplatz. Die Supermärkte hatten zwar große Freiflächen zum Parken, doch nicht für Camper und nur für eigene Kunden. Auf den Winchester-eigenen Parkplatz passten gerade mal die Angestelltenautos drauf. Sich zwei teure Taxen zu nehmen, um von einem weiter entfernten und auch noch zu bezahlenden RV-Platz zum Objekt der Begierde zu kommen – nichts für Camper.

Das Internet zeigte sich ebenso hilflos, wie die Winchester-House-Information – diese antwortete erst mal gar nicht. Ein RV-Park direkt neben dem Haus stand in ständigem Streit mit der Stadt wegen Schließung und war zudem voll mit nicht mehr mobilen *mobile homes* für Senioren. Es gab eine ganze Reihe von RV-Parks, doch die wenigsten hatten eine Homepage. Auf der Seite eines Parks sprang einem auf einem Video gleich eine dürre 200kg-Dauerbewohnerin vor Sperrmüllsammlungen an, die verkündete, WIE WOHL sie sich in dieser, ebenfalls offenbar für Dauerbewohner gedachten Siedlung fühle. Ein anderer Park war nur mit gleich zwei Buslinien, einer Stunde Fahrtzeit und über 4$ Fahrtkosten (pro Person und Strecke) erreichbar.

Bronco und Peter bedankten sich zwar bei Google, doch die Auskünfte selbst waren keines Dankes wert.

Leicht frustriert entschieden die „Jungs an der Technik", sich gleich in Santa Clara auf dem gigantischen Parkplatz des Freizeitparks abzustellen, und dort mehrere Nächte zu bleiben. Das kostete zwar auch ein paar – allerdings wenige – Dollar und eine passende Erlaubnis, die sie jedoch mit dem Vorab-Kauf der Tickets problemlos erhielten. Dieser Parkplatz war aber auch gigantisch groß! 500x600yard[86] im Ausmaß, Ein Bus würde sie für rund 2$ pro Person in einer Stunde in die Nähe des Objekts der Begierde bringen.

Dass sie dennoch direkt neben dem Winchester House hätten parken können, sahen, beziehungsweise erfuhren sie erst, als sie das Haus besichtigten. Der Parkplatz vom Winchester House war nicht klein, nicht aber für WoMos geeignet, da mit großen Bäumen bewachsen. Aber die Kasse teilte freundlichst mit, dass nebenan auf dem Kinoparkplatz jederzeit und beliebig lange auch für Campingbusse kostenfreier Parkplatz zur Verfügung stünde. Nun ja.

Das Haus auf jeden Fall war den Aufwand mehr als wert, und keiner der Jungs war unbeeindruckt, jeder aber auf seine Weise. Der geführte Rundgang ging nur im Haus über 8km und dauerte gut 2 Stunden. Raúl fand die an einer Decke endende Treppe oder die Tür mit einer Mauer dahinter als Geisterfallen besonders toll, Tony giggerte über die 40 Schlafzimmer, von denen die nur kindsgroße (147cm) und hoch arthritische Frau jede Nacht ein anderes nutzte, damit die bösen Geister es schwerer hätten, sie zu finden. 161 Räume, an denen von 1884 bis 1922 ununterbrochen, das heißt, wirklich 365 Tage im Jahr die ganzen 24 Stunden lang, gebaut wurde, ließen Bernd Überlegungen zu dem Aufwand[87] erstellen, während Georg die elektrische Läuteanlage fürs Personal bewunderte.

Einig waren sie sich über den Nutzen der nachträglich ausgewechselten Treppen, die nun doppelt so lang waren wie vorher, aber mit nur halb so hohen Treppenstufen. Da konnte die schwer gehbehinderte Frau dennoch in die bis zu sieben Stockwerke gehen. Wenn sie nicht einen von mehreren Aufzügen benutzte, von denen einer aber bis zu 15min für ein Stockwerk benötigte.

Sie hatten im *Hometown-Buffet* ein paar Straßen weiter sehr gut gegessen, warteten nun auf den Bus zurück nach ***Santa Clara***. Denn die Probleme mit dem Essen, die hatten sie schon beim Frühstücken erkannt: im Bus war selbst

---

[86] *460x550m, ausgemessen in Google Earth sind es rund 140000qm oder 14 Hektar*

[87] *Bis 1922 waren es 5.5 Mio USD – eine schon damals irrwitzige Summe*

das mit sieben Mann nur im Notfall machbar. Nicht nur, dass in dem kleinen Raum Kochdünste auch überall dort hinzogen, wo man sie gar nicht haben wollte, es waren auch nur zwei kleinere Tische mit je zwei Sitzbänken „für maximal zwei kleinere Ärsche“ (Raúl) vorhanden. Schon Kaffee für sieben Personen zuzubereiten war schwierig, da nur eine Kaffeekanne an Bord war; diese immerhin war groß genug. Sie wanderte also ständig zwischen den Tischen hin und her. Sie wollten sich lieber gar nicht ausmalen, wie man mit drei Flammen und einer Mikrowelle etwas anderes zubereiten könnte als „Chappi in der Dose mit Reis“ – wieder Raúl! Der Junge wurde immer frecher, es stimmte – und so erfreuten sie sich in dieser *nationwide* bekannten, in ganz Nevada aber nicht vorhandenen, Gastronomie-Kette einer sehr guten regionalen Küche, natürlich in Buffetform.

Überhaupt hatten sie auf der gesamten Reise Buffets (heim)gesucht und in Frisco ebenfalls gefunden.

Nun waren sie kugelrund gefressen, die ersten Augen fielen beim Heimschaukeln zu, und als sie in Santa Clara ankamen, konnten sie sogar noch für eine Stunde ins ***Intel Museum***.

Sie zeigten sich alle recht müde und beschlossen, bald ins Bett zu gehen. Doch der Parkplatz war ein typischer US-Groß-Parkplatz. „Ist das nicht schrecklich? Ich meine, wir haben bei uns rund ums Haus nur Sand, Sand und Sand. Aber den haben wir nicht selbst geschaffen. Das hier ist eine gigantische Asphaltwüste und bestens dazu geeignet, Autos und deren Insassen bei lebendigem Leibe zu rösten“, verfasste Bronco seine verbale Reklamation des Umweltfrevels. „Wenn hier was grün ist, dann hat jemand hingespuckt oder ein Kind gekotzt!“ Na, so genau wollten es die anderen dann auch nicht wissen.

Viel interessanter war die gemessene Temperatur das Asphalts gegen 6pm: sie lag bei 55°C! Wie schon erwähnt, hatte Peter ein kleines elektronisches Thermometer „schon immer“ dabei, es gehörte eigentlich seit England zu seiner Reisegrundausstattung und war ursprünglich ein zu einem komplexen Bausatz verarbeitbares Grundelement gewesen, für wenige Euro bei Conrad erworben. Es funktionierte immer noch.

Die Klimaanlage lief bald auf Volltouren, der Generator sprang automatisch an, denn die AC hätte die Bordbatterie binnen einer Viertelstunde leer gesaugt. Auf dem RV-Ground von San Francisco war die Stromversorgung vom Platz per Kabel gekommen. Jetzt waren sie zum ersten Mal richtig froh über den Generator.

Auf den im Bus vorhandenen Campingstühlen draußen zu sitzen verbot nicht nur die Platzregelung, sondern auch die Hitze draußen, und so hockten sie bei immer noch gut warmen 30°C im Bus und hofften, dass sie genug zum Trinken dabei hätten. Sie hatten vorgesorgt, mussten trotzdem noch mal aufbrechen und den „gemütlichen“ Platz verlassen, kehrten aber wieder zurück.

Das Wasser war knapp geworden. Die Schaltzentrale zeigte bereits gelb für alle drei Tanks. Eine nahegelegene Tankstelle verfügte über eine Dumpingstation, wo sie Abwasser ent- und sich mit Frischwasser versorgen konnten. In dieser Arbeit hatten sie schon Erfahrung und einen reibungslosen Ablauf. Dank Schläuchen statt der für kleinere WoMos üblichen Kassetten für die Toilette, war es auch keine so ekelige Aktion mehr. Sie füllten auch gleich mal die beiden anderen Tanks auf, mit Gas und Benzin, die, wie sich Peter etwas amüsierte, in den USA LPG und Gas(oline) genannt wurden, LPG für *Liquid Petrol Gas* oder Flüssiggas. Es war im Übrigen das erste Benzin-Tanken während dieser Fahrt.

Leise garten sie auf kleiner Flamme und nur langsam kühler werdendem Untergrund an diesem Abend vor sich hin.

„Wisst ihr, was ich am Campingbusurlaub eigenartig finde?“, fragte Peter in die Runde und erntete fragende Blicke. Er lächelte.

„Ich bin nicht da. Ich habe einfach nicht das Gefühl, im Lande zu sein.

Es ist ja meine erste Wohnmobil-Reise“, sofort bestätigten die anderen, dass dies ausnahmslos auch für sie gelte, „und ich bin schon viel unterwegs gewesen, mit Mum und dann auch mit Mum und Ernst.“ Viele Reisen, das traf gerade mal für Georg – und in geringerem Maße auch für Bernd – zu. Ansonsten war Tony zwar viel umhergezogen, aber nicht gereist. „Aber das hier ist anders. Es ist ja nicht die erste Reise ohne Mum. Ernst und ich waren mal für eine Woche in der Türkei, im Sommer, bevor wir nach Reno zogen. Aber egal, wo ich war, ich kam mit den Menschen zusammen. ... Das hier ... das ist ganz anders. Toll, schön, ausreichend bequem, aber... Ich kann es nicht vergleichen!“ Es war selten, dass Peter nicht wusste, wie er sich ausdrücken sollte.

Georg nickte langsam. „Ja, ich glaube, ich verstehe, was Du meinst. Wie Ihr ja wisst, bin ich wirklich viel gereist, Geld spielte keine Rolle. Also habe ich auch schon eine Kreuzfahrt gemacht, hinauf in den Nordosten, bis St. Petersburg. Es war wirklich toll, klasse, sehr bequem, – und klar – selbst auf einem Kreuzfahrtschiff sind die Leute nicht so eng zusammengepfercht wie wir hier, nicht mal in einer 4-Bett-Innen-Kabine. Wobei“, er musste auflachen, „DIE hatte ich ja auch nicht gebucht, wie Ihr Euch vermutlich denken könnt.“ Die anderen lachten auch. Nein, Georg in so einer Konservendose weit unten im Schiff direkt auf dem Motor – undenkbar! Wobei, so prätentiös wirkte er nach außen gar nicht, sprich, man sah ihm seinen angeborenen Reichtum nicht an, spürte ihn auch nicht in seinen Handlungen. Nur, wenn er die schwarze Kreditkarte zog... „Aber auf dem Schiff, da ging es mir so ähnlich. Nur, dass da halt erheblich mehr Leute um mich waren und ich mir einbilden konnte, die Welt sei bei mir. Aber ich? Ich fühlte mich, wie Peter es gerade beschrieb: Ich war nicht in der Welt. Vielleicht war es ein bisschen so, als ob man in einem Astronautenanzug eine fremde Welt betritt. Sie ist einem zwar nicht böse gesonnen, will nur Dein Bestes – Dein Geld – aber Du bist nicht drin.

Ja, Peter“, sinnierte er, während die Jungs über das Geld lachten, „ich verstehe Dein Gefühl. Und wenn ich ihm nachgehe, so habe ich es auch.

Aber“, er straffte den Rücken, „auf der anderen Seite ist auch klar, wir hatten es ja mal probeweise durchgerechnet: Ohne dieses Straßen-Kreuzfahrtschiff hätten wir diese Reise nicht machen können. Wir haben kein Auto, in dem sieben Personen PLUS Gepäck hineinpassen, und einen alten Schulbus nur deswegen kaufen...?“ Alleine der Gedanke ließ die etwas gedrückt gewordene Stimmung sofort wieder heiter werden. „Also Kleinbus – in Deutschland wäre es ein 18-Sitzer – mieten, den Führerschein dafür erst mal machen, dann die Übernachtungen überall bezahlen... Oder wir hätten zwei Autos gebraucht. Aber das wäre mehr Stress und weniger Spaß gewesen. Wir können ja überlegen, oder besser, Ihr könnt ja überlegen, ob Ihr so was noch mal machen wollt.“

„Wo so ein Caravan Vorteile hat“, kam es ruhig von Bronco, „das ist in unbewohnten Gegenden. Rauf nach Kanada oder runter nach New Mexiko, in die Mitte von Texas – also zum Beispiel in die Gegend, wo Alan seine Farm hat. Die haben auch ständig geklagt, dass er selbst zur nächsten kleineren Stadt mindestens eine Stunde Fahrt braucht. Auf der anderen Seite – ich habe mal in einem Reisevergleichsportal nachgesehen – sind wir fünf Nächte in San Francisco geblieben. Wir hätten zwei Zimmer, eins für drei, eins für vier Personen gebraucht. Das hätte billigstenfalls pro Nacht 280$ gekostet, WENN über den 4. Juli überhaupt noch was frei gewesen wäre. Wenn wir nur diesen komischen Campingpass dagegen rechnen, haben wir den mit nicht mal einer Nacht bezahlt.

So komisch es klingt: aber das ist eine Reise für arme Leute.“

Brüllend vor Lachen duschten sich die „armen Leute“ kurz noch mal ab. Das Wasser musste mindestens bis morgen früh reichen. Immer wieder kamen Vergleiche bezüglich der Armut auf, jedes Mal mit einem neuen Lacher garniert, so zum Beispiel, als Peter das mitgenommene Edel-Notebook von Georg als „Arme-Leute-Notizbuch aus Altpapier“ bezeichnete, Raúl die nicht goldenen

Wasserhähne bemängelte oder Tony auf seinem Tablet ein Glas servierte (natürlich auf der unempfindlicheren Rückseite).

„Aber sag mal, Peter, wie war das denn damals mit Eurer Englandfahrt. Mit Deiner Mutter, Ernst und Dir? Du hast wirklich noch nichts davon erzählt“, beschwerte sich Raúl. „Und außerdem glaube ich, dass uns ein paar Berichte über schlechtes Wetter – gerade jetzt bei der Hitze – gut täten!“ Sie lachten mal wieder, diesmal aber kräfteschonend leiser. Kraft erzeugen kostete Energie und Energie erzeugte Hitze…

damals… England 2004

Peter erzählt:

Tja, wie war das damals wirklich? Leute, ich muss schon überlegen. Also entschuldigt, wenn ich nicht alle Details mehr zusammenbekomme. Aber ach, Ihr wart ja nicht mit dabei und damit kann ich Euch auch was von blauen Wiesen und schwarzen Blumen erzählen und Ihr müsstet es glauben.

Dass ein protestierender Lacher Peter eines Besseren belehrte...

Na gut. Es war also im Sommer 2004, dem Sommer, in dem Mum erstmals erfahren hatte, dass ich schwul bin und zwischen mir und Ernst mehr war, als nur eine übliche Jungenfreundschaft. Wir hatten uns schon im Vorfeld darüber geeinigt, dass Mum ein Einzel- und wir ein Doppelzimmer nehmen würden und auch die Routenplanung stand großteils fest, zumindest für die ersten paar Tage. Denn wir waren frei, frei und ungebunden. Gerade mal die Fähre und die erste Übernachtung waren gebucht, dank Mums Kreditkarte.

Vorbereitet hatten alles Ernst und ich per Internet und herausgefunden, dass die Fährverbindung von ***Hoek von Holland*** *nach* ***Harwich*** *uns sechseinhalb Stunden auf See bescheren würde, statt nur einer einzigen von Dover nach Calais. Die tollen Hovercrafts, also diese Luftkissenfähren, kamen in diesen Jahren so langsam wieder aus der Mode und wären mit 30min noch schneller gewesen. Das war was für Geschäftsleute und James Bond, nicht aber für unseren Touristengeschmack. Außerdem – ach, ich weiß auch nicht mehr, aber uns hatte das alles nicht gefallen.*

Irmgard war in Deutschland sehr wenig Auto gefahren, einmal in der Woche zum Einkauf. Sie hatte nicht unberechtigten Schiss vor der langen Fahrt, immerhin 700km, und so planten wir von vornherein zwischen Bonn und Köln eine Übernachtung ein. Eine preiswerte Pension – was preislich im Übrigen für die gesamte Reise galt, auch, wenn es in England überwiegend einfache Hotelketten waren. Bed & Breakfast war oftmals teurer als diese.

Am übernächsten Tag, ich glaube, es war ein Sonntag, kamen wir dann in Hoek am Vormittag an und waren am Abend in Harwich. Eine herrliche Mikro-Kreuzfahrt, denn Irmgard hatte ja Geld – von meinem wusste keiner was –, und wir hatten auf dem Schiff natürlich Bordverpflegung im Restaurant gebucht und auch genossen. Okay, es war die letzte Mahlzeit, die wir auf dieser Reise wirklich genossen, bis wir wieder zurück auf deutschem Boden waren.

Nein, lacht nur, GANZ so schlimm war es auch nicht, wir bekamen manchmal auch etwas, das uns an Essen erinnerte, spätestens immer dann, wenn die Magenschmerzen begannen.

„Wieso?“, musste Bronco nun natürlich fragen und er wäre vermutlich daran erstickt, hätte er es noch länger hinausgezögert. „Habt ihr immer gleich jeder drei Portionen fettige *fish & chips* geordert?“

„Du sei ganz ruhig“, grinste Peter. „Ausgerechnet Du! Ihr und Eure ach so ‚mageren‘ Churros, und was einem sonst noch bis in die späten Abendstunden ‚guten Tag‘ sagt.“

„Irrtum“, grinste Bronco so fett, wie jedes dieser Gerichte war. „Churros sind Mexikaner und die sagen höchsten ‚*buenos dias*‘ oder vielleicht auch ‚*buenas tardes*‘!“ Sie lachten mal wieder und gossen die nächste Portion kalter Getränke in ihre warmen Gläser. Wenigstens der Kühlschrank schaffte es, anständige Niedrigtemperaturen zu erzeugen, dafür hörte man ihn auch in der Nacht. Aber das war allemal besser als die pipiwarme Limo, über die später andere Camper klagten.

Na gut. Wir sind dann erst mal einen Tag dort geblieben, haben uns „erholt“, also Mum eine Nacht UND einen Tag Pause gegönnt, doch den Tag wollte sie dann nicht. Sie meinte nach der Fahrt, dass die Hin- und Rückfahrt in Deutschland gar nicht so schlimm gewesen wäre, im Vergleich zu dem Linksverkehr in England. Konnte ich ja LEIDER nicht beurteilen, ich war noch VIEL zu jung dafür!

(Mitleidiges Aufseufzen mit breitem Grinsen.)

Ich hab' jetzt auch nicht mehr alle Stationen im Kopf und hier auf dem Tablet leider auch nicht dabei – Ihr hättet mich vorwarnen müssen –, aber ich weiß, wir haben einfach eine „Inselrundfahrt" gemacht. Von Harwich aus nach Norden, meist an der Küste entlang, und so wahr mir Gott helfe, ich glaube, wir haben kein einziges dieser verdammten, unendlichen Heritage-Objekte, diese historischen Burgen und Schlösser und Gärten, ausgelassen, die im Bereich von mindestens 20 Meilen links und rechts von der Straße lagen! Vor lauter alten Mauern haben wir oft nicht mal die See gesehen! Aber okay, es sollte ja auch ein Bildungsurlaub sein, und ein Sprachurlaub, denn am dritten Tag beschloss Ernst, dass es besser wäre, seine gut versteckten Englischkenntnisse doch wieder herauszukramen anstatt zu verhungern...

*Es ging also streng nach Norden, wenn man Zickzack-Fahrten als „streng" bezeichnen darf. In **Beamish** bei **Newcastle upon Tyne** existiert auf einem Großgelände so ein Freilichtmuseums. Dort erkannten wir, dass wir uns mindestens 50% aller vorherigen Besichtigungen hätten ersparen können, weil dort ganze Dörfer nachgebaut worden waren. Ich meine, es war ja nicht so, dass diese anderen Besichtigungen kein Geld gekostet hätten. Dank eines Heritage-Passes zwar weniger und für kulturbeflissene Schüler noch günstiger, aber alles zusammengerechnet ließen wir ein paar hundert Euro nur an Eintrittsgeldern dort.*

***Beamish** hat uns echt gut gefallen. Dass wir aber gleich ein Jahresticket kaufen mussten... Nun ja, wir sind dann halt am nächsten Tag noch mal rein.*

Von da aus nach Schottland war es nicht weit. Dort besichtigten wir auch eine Whiskeybrennerei, wobei das Gemeine war, dass wir „Kids" den gleichen Eintrittspreis zahlen durften – wir waren ja schon SO alt! –, von der Whiskeyverkostung aber ausgeschlossen blieben – wir waren ja noch SO jung!. Außerdem konnte Mum kaum was probieren, da wir noch kein Zimmer hatten, in dem wir unsere müden Häupter zur Ruhe legen konnten.

Oder waren es eher die weniger müden Glieder? – Leute, fragt mich mal, ich weiß es nicht mehr!

Draußen wurde es langsam kühler, der Asphalt zeigte, dass er immer noch gute Wärmespeicherkapazitäten hatte, und der zaghafte Versuch, vielleicht doch mal ohne AC und dafür mit offener Türe des Campers zu überleben, wurde sehr schnell abgebrochen. Pech war in dem Fall auch, dass sie nicht nur insgesamt nicht wirklich viel Wasser dabei hatten, sondern dieses beim Dumpen aufgefüllte Wasser schon wieder dabei war, auf angenehme Wannenbadtemperatur zu steigen. An eine erfrischende Dusche war also nicht zu denken, und so schwitzte man weiter. Sie schraubten die Air Condition um zwei Grad runter.

*Schottland wirklich anzusehen, plus England, das schafft man in zwei Wochen nicht. Also beließen wir es bei **Edinburgh** und einer kurzen Fahrt, mit ein paar Schlenkern. Wir schauten uns lieber die Schafe und die „Möwen auf der Wiese" an, wobei sich die Möwen dann bei näherem Heranfahren als Schweine entpuppten. WIE schade, dass die nicht auffliegen konnten!*

Allgemeines Gelächter.

*Über **Gretna Green**, diesen berühmten Hochzeitsort, ging es wieder zurück nach England und dort auch überwiegend an der Küste entlang. Wir hatten alle drei nach Edinburgh, das ja recht ruhig und beschaulich ist und uns auch mit zwei Übernachtungen tesselte, überhaupt keine Lust auf Industriestädte. Allerdings lag **Liverpool** auf unserer Route, und solche Städte boten ganz andere Übernachtungs- und Verpflegungsmöglichkeiten zu noch dazu günstigeren Preisen als die ländlichen Regionen. Wir genossen beides.*

*Ab Liverpool folgten wir wieder der Küstenlinie. Das Navi rechnete uns vor, dass wir bei Beibehaltung unserer Traumroute, also um ganz **Wales** herum UND dann noch um die südliche Halbinsel nebst Besuch der **Exeter-Steine**, ab sofort rund 10 Tage fahren müssten, 24 Stunden am Tag, versteht sich, von **Cornwall** ganz zu schweigen.*

*Nach Lachen war uns bei dieser Information weniger zumute. Wir kürzten alles ab, fuhren quer durch **Wales** und kamen an Exeter nicht mal vorbei. Obwohl wir es mit den 14 Tagen nicht SO genau genommen hätten und hatten, waren vier Wochen jedoch auch keine Option. Ich glaube, da hätte Irmgard auch gestreikt.*

„Warum denn?", wollte Raúl wissen. „Wegen dem Fahren, dem Essen oder dem Wetter? Wie war das Wetter eigentlich?"

Peter grinste so breit wie sonst Bronco.

Sagen wir es mal so: Wir wären über auch nur einen Tag mit diesem Wetter hier", er deutete weitschweifend nach draußen, *„und über solche*

Temperaturen und Trockenheit froh gewesen. Es hat zwar nicht ständig geregnet, aber über 6 Stunden am Tag verteilt irgendwie immer.

Und ja, Mum hat alles zusammen gereicht, ehrlich gesagt, uns auch. Über 2000 Meilen Linksverkehr im Auto PLUS rund 1300km in Deutschland – danke Renault, dass Du so bequem warst! – , dazu Dutzende von Schlössern, Burgen, Gärten und andere Besichtigungen. Große und kleine Städte – das reichte auch uns. Wir haben um London und Oxford einen großen Bogen gemacht, sind lieber nach Bristol und von dort an der Küste entlang nach Dover gefahren. Konkret heißt das, wir haben eine ganze Menge ebenfalls "wirklich wichtiger" Städte noch nicht gesehen. ... Es ist ja nicht so, dass man gar nicht mehr dort hinkann. Mit unserem aktuellen Geld und den immer billiger werdenden Flügen, wäre dies durchaus mal ein Urlaubsziel. Was meinst Du, Bronco?" Der zog den Mund so schief, dass sofort alle auflachen mussten.

„Ach, Peter. Wenn ich hier schlechtes Wetter haben will, fahre ich im November an den Lake Tahoe oder meinetwegen nach Kanada hoch. Auf der anderen Seite, wenn Du mich nicht schon morgen per Seetransport-Paket losschickst..."

Sie lachten mal wieder und beschlossen, dass Peter die Geschichte gerne mit den vielen, vielen Bildern von damals erneut erzählen könnte. So ganz ohne Fotos war es doch ein wenig trocken gewesen. Der Abend ebenfalls, die Hitze ließ nur wenig nach und bald krochen sie in ihre Betten, dem morgigen Tag entgegenfiebernd.

Sie kuschelten eher notgedrungen als freiwillig aneinander. Für freiwillig war es trotz laufender Air Condition zu heiß. Die Not erzeugte die relative Enge zumindest auf den in der Mitte liegenden Schlafbänken. Das Bett hinten war das größte und Georg und Bernd zugesprochen worden, es war auch das einzige „Schlafzimmer", das man hätte zuschließen können, wenn, ja wenn dies nicht auch den Raum vor der gekühlten Luft verschlossen hätte. Sie hatten es ganze zwei Minuten versucht.

Apropos Sex: Außer ein paar kleinen Handreichungen fand der so gut wie nicht statt. Keiner war ausgehungert, erst recht nicht nach den letzten drei Partys. Zudem hatten sie noch in jeder Woche Zwischenkunden gehabt. Außerdem, stellten sie – jeder für sich und dann auch gemeinsam – fest, dass auch Sightseeing müde macht, und zwar müder als die meisten Arbeiten auf der Farm.

Es war eine Erkenntnis, die wieder für Gelächter sorgte, zeigte sie doch, welch ein Leben man dort hatte, wenn man Sexdienste nicht als Arbeit ansah, und bis jetzt tat dies keiner.

California's Great America

California´s Great America, 1976 ursprünglich von der Hotelkette Mariott´s gebaut, erfüllte alle „Jungenträume“. Georg zählte sich nach der sechsten Achterbahnfahrt nicht mehr zu den „jungen“, Bernd hielt acht durch und die anderen? Sie machten nur für den erfrischenden Wasserpark eine Pause, bevor sie sich in die nächsten Achterbahnen und andere Thrillrides stürzten. Peter „kannte“ so was zwar schon vom Nürnberger Volksfest und von Geiselwind, doch in einer solchen Anhäufung wie hier, das hatte er bisher nur im Internet in einer Vorschau gesehen. Seitdem bestand auch sein Wunsch, den Park zu besuchen. Erstaunt zeigte sich vor allem Georg über den moderaten Eintrittspreis. Als sie am Abend Kontakt mit Joe und Harry aufnahmen, erzählten die von ihrer Begeisterung über ***Knott´s Berry Farm*** in ***Anaheim***, Los Angeles, aber auch dort lag der Preis doppelt so hoch wie hier. Bei Disney zeigte das Internet gleich mal Preise AB dem Dreifachen an[88].

Sie überlegten ernsthaft, noch eine Verlängerung (für den Park) zu buchen, doch Georgs Magen, Bernds Kreuz und vor allem der Blick

---

[88] *Das ist heute noch so, Preise 2018. California´s Great America 40$, Knott´s 79$, Disney je nach Tag bis 135$. Pro Tag und Person. Der Autor*

auf den Kalender zeigten, dass es nicht ratsam wäre, insbesondere, da noch Sacramento und der Yosemite-Park fehlten.

Seufzend entschieden sie sich, dass ein Ausflug nur hierher, gegebenenfalls mit einem Billigflug, auch mal machbar sein würde. Immerhin hatten sich das sogar Joe & Co geleistet, und das war vor der Zeit, als Joe mit seiner *Fancy Icecream* anfing, Geld zu verdienen.

Es war immerhin schon Freitag, der 9. Juli, und plötzlich hatten sie nur einen Wunsch. „Raus aus dieser Hitze!“, stöhnte Bronco, und Peter ergänzte sofort: „Ich werde mich nie wieder über die kühlen Temperaturen in Reno beklagen!“

Dabei war es objektiv gar nicht so warm gewesen, 25, 26°C als Tagestemperatur. Doch die Sonne hatte den Asphalt auf dem Parkplatz erneut und dieser die Autos wieder zum Kochen gebracht. Bei der nun folgenden Fahrt war das alles kein Problem. Die Vorderfenster geöffnet, Badtür und Bad-Dachluke offen und binnen einer Viertelstunde war die Temperatur auf angenehme Werte gesunken. Selbst das Möbelholz beschloss, die Wärme nicht mehr so gut halten zu müssen.

Sie hatten schon auf dem langen Fußweg über den Parkplatz, immerhin über 500m diskutiert, wohin es nun gehen sollte, doch ein Blick auf Google Maps zeigte, dass beide Wege eigentlich gleich schlecht waren. Erst ***Sacramento*** oder erst ***Yosemite***. Mehr als zwei Tage würde für keinen der Orte übrig bleiben und sie erkannten, wie viele andere Reisende auch, dass der Urlaub immer kürzer ist, als man ihn bräuchte. Eine Verlängerung kam nicht in Frage, zum einen, weil der Campingbus einen Tag nach der Rückgabe schon wieder vermietet war, wie Georg wusste. Zum anderen rief die Uni Bronco mit dem nächsten Sommerseminar, und das hatte er auch schon bezahlt. Und drittens würde bald auch Jacob ankommen. Der hatte sich mittlerweile per Skype gemeldet und Montag in einer Woche als Ankunftstag bestätigt. Wie gesagt, heute war Freitag.

Und finanziell? Darauf wäre es wohl nicht angekommen.

Sacramento

Sie übernachteten auf einem im Campingpass enthaltenen Platz in 70 Meilen Entfernung vom Freizeitpark. ***Turtle Beach RV Park*** nannte er sich. Ob er schön war oder nicht? Sie kamen erst gegen 9pm an, immerhin hatten sie den Tag über „gehungert" – das Essen im Freizeitparkpark war nicht gut, dafür aber teuer – und waren daher noch mal im *Hometown Buffet* eingekehrt.

Am nächsten Morgen brachen sie bald wieder auf. 9am zeigte die Uhr, als der Motor startete, und nach gut einer Stunde waren sie in Sacramento. Die Wege hier waren wirklich nicht weit, Peter kam es ein bisschen wie Deutschland vor. Wenn er das mit der Strecke Reno – Las Vegas verglich? Diese unendlichen öden Weiten, das gab es hier nicht. Es war schön hier. Und sehr grün.

Dass sie am Vorabend über die ***St. Andreas Verwerfung*** gefahren waren – konkreter, durch die dadurch gebildeten Hügel – , erkannten sie erst anhand von Google Earth.

Sacramento bot keinen RV-Platz zum Übernachten, der in dem Pass enthalten war, dafür aber eine ganze Reihe teilweise bildschön gelegener Campingplätze und Tony hatte an einer Tankstelle an der Einfahrt in die Stadt einfach nach einem gefragt. Es war ein guter Tipp.

Die Stadt an sich war wundervoll, gar nicht der Moloch, den sie sich von einer Hauptstadt noch dazu eines so großen Bundesstaates vorstellten. Kein Wunder, dass vor allem Nicht-Amerikaner Los Angelos oder San Francisco dafür hielten. „Glaubt das nur nicht!", ätzte Bronco. „Selbst in meiner Schule haben noch einige Schüler es nicht besser gewusst. Gut, die kamen auch nicht raus – aber ich? Mir ging es doch auch nicht besser. Nur ich habe eben aufgepasst."

„Ich auch!", reklamierte Raúl sofort für sich und erntete den nächsten Lacher. Insgesamt war die Stimmung über die ganzen Tage gut gewesen und nicht ein einziges Mal böse oder negativ. Selbst die Traurigkeit bei der Erkenntnis von

Peter bezüglich des „Nicht-im-Land-Seins“ hatte nur vielleicht eine halbe Stunde gedauert.

Fröhlich sprangen sie aus dem Wagen und erlebten einen tollen Tag in der Stadt. Vor allem faszinierte sie die ***Old Town***, ein nachgebauter Teil der Stadt nach den Vorbildern des 19. Jahrhunderts, idyllisch gelegen am ***Sacramento River*** mit seiner Anlegestelle für Raddampfer und dem Eisenbahnmuseum der berühmten ***Southern Pacific*** und ***Central Pacific Railroad***. Das Schöne an der Old Town war, dass sie noch weniger Museumscharakter hatte als Columbia, dafür aber viel mehr Läden, die echte Waren oder Dienstleistungen verkauften – nur eben im Stil der alten Zeit. Sie brachten in einem der mehreren China-Buffets die Augen des Besitzers mit ihrem Hunger zum Tränen, und als sie die abendliche „Skyline“, in diesem Falle eher die berühmte Hubbrücke, betrachteten...

„Wundervoll! Zauberhaft! Irre schön! ...“ „Und was machen wir morgen?“, stellte Raúl die Frage aller Fragen als erster. Sie standen noch in Sichtweite der Hubbrücke und warteten (vergeblich) darauf, dass das Mittelstück hochfahren würde. Doch dieses schöne Bild bot ihnen das „blöde Ding“ (Tony) nicht, dafür aber eines ohne Hub. Auch ok.

„Gute Frage“, meinte Bernd. „Ich finde, die Stadt ist wundervoll und schön und romantisch und toll und ... Aber ich glaube, wir haben schon alles Wichtige gesehen. Sogar so viel, wie ich mir vorab als Ziele herausgesucht hatte, im Gegensatz zu Frisco. Fahren wir noch mal dorthin zurück?“ Ein großer Lacher beantwortete die Frage.

„Na gut“, entschied mal wieder Peter, er fühlte sich eh die ganze Zeit als Chef der Truppe – wobei, sowas Ähnliches war er ja auch –, „dann halten wir uns eben einen Tag länger im Nationalpark auf.“

An diesem Abend saßen sie VOR einem angenehm warmen und zugleich kühlen Wohnmobil. Es war innen kühler als gestern, obwohl der gesamte Tag wärmer gewesen war. Aber sie standen jetzt nicht auf Asphalt, sondern auf Gras. Wie gut, dass es auch hier WLan gab! Also surften sie alle im Internet.

Peter sprach mit Mum und Bob, Bronco mit seiner Mamita, Raúl mit seiner Familie, und Georg und Bernd versuchten, Nürnberg zu erreichen. Seit der Rückkehrmeldung hatten sie mit Ernst oder Thomas keinen Kontakt mehr gehabt. Ron und Tony durchsuchten das Netz in Ermangelung alternativer persönlicher Bindungen nach Besucherinformationen über den Yosemite und schrieben wie die Weltmeister Stichworte auf Zettel.

„Ich möchte gerne mal das erleben, was man beim Campen üblicherweise macht“, stellte Tony fest.

„Und was wäre das, Deiner Meinung nach?

? Im Regenguss weggespült werden?
? Moskitos im Tausenderpack erschlagen?
? Alle Lichter ausmachen und nach Glühwürmchen suchen?
? Sich beim Aufbauen im Zeltgestänge die Knochen brechen?“, zählte Ron auf.

Der Wagen schüttelte sich vor Lachen.

„Wo haben wir eigentlich unsere Wanderschuhe, die Nordic Walking Stöcke und die Rucksäcke hingepackt? In den Keller?“, fragte Bronco, nachdem er sich die Stichpunkte Rons angesehen hatte. Der nächste kräftige Lacher lockte eine der Nachbar-Besatzungen aus ihrem fahrenden Bunker, sie luden sich selbst zu den Jungs ein. Es waren zwei ältere Leute, laut eigenen Aussagen schon in Rente und mit dem Mobile Home verheiratet.

„Anders gesagt“, lachte Emily Margret ein kerniges, kräftiges Lachen, „es ist unser einziges Zuhause. Gut, es war ein bisschen teurer als diese Vermietkisten, aber dafür auch für uns individuell ausgebaut. Wenn Ihr mal reinschauen wollt?“

Phil Albert, ihr Mann, war schon wieder aufgesprungen und hatte den Wagen einladend geöffnet. Hinten! Staunend sahen die Jungs in eine Garage im Auto, in der ein Wagen stand! Ein PKW im Bus!

„Mann, DAS ist ja gigantisch“, brachte Tony hervor. „Aber für uns wäre das nichts. So viele PKWs gibt es nicht, die 7 Personen tragen können. Und ob die DA reinpassen würden?“ Nun lachten auch die beiden „Alten“ mit, und endlich wussten sie, warum es nebenan so lustig war.

Der Unterschied zwischen dem Innenraum des Wohnmobils der beiden und dem des Mietcampers der Jungs wirkte wie der zwischen einem Palast und einer Rumpelkammer. „Es wurde bewusst nur für zwei Personen konzipiert, doch zur Not können wir einen Gast unterbringen. Aber, bevor ich es vergesse, mögt Ihr ein Stück Kuchen? Ich habe frischen Apfelkuchen gebacken."

„Ja gerne, um nicht ‚Hurra' zu rufen. Wir haben zwar erst einen Chinesen arm gefressen, aber... ein KLEINES Stück könnten wir, glaube ich noch unterbringen", antwortete Bronco sofort. Nach der Verteilung auf alle neun war nichts mehr übrig. „Aber sagt mal, den habt Ihr hier im Bus gebacken?"

„Ja, natürlich!", wunderte sich Emily Margret. „Wo denn sonst? Wir haben hier alles an Bord, sogar eine Waschmaschine und natürlich auch einen Backofen." Emily Margret und Phil Albert zeigten ihnen den Wagen von innen mit ihrem gesamten Besitzerstolz. Es gab komfortable Ledergarnituren und einen Schreibtisch. Das Doppelbett war ein „richtiges" Bett in einem richtigen Schlafzimmer – so sah es zumindest aus. Auch das Bad war nicht nur eine Nasszelle, in der man sich nicht mal drehen konnte, sondern ein richtiges Bad mit abgetrennter Toilettenkabine.

„Und was schluckt der an Sprit?" – fragte natürlich Peter.

Phil Albert lachte. „Du bist nicht von hier, richtig? Du sprichst zwar sehr gut Englisch, aber eher zu gut. Lass mich raten, Europa? Schweden?"

„Nicht ganz, fast. Deutschland. Aber wir sind vor einem Jahr hierher gezogen, wir haben in Reno eine Farm gekauft und betreiben diese als Gästehaus."

Phil Albert lachte leise auf. „Dann habt Ihr also sozusagen Glück. Aber, um Deine Frage zu beantworten, verbraucht er vermutlich auch nicht mehr als Eurer, er macht rund 7 Meilen mit einer Gallone.[89]"

Sie hatten Zeit. Zum ersten Mal in diesem Urlaub hatten sie Kontakt zu anderen, der über das Bezahlen an einer Supermarkt-/Tankstellen- oder Eintrittskasse hinausging. Es hetzte sie niemand und die beiden alten Leutchen waren

[89] 7MPG = ca. 35 l/100km

auch interessante Gesprächspartner. Zuerst berichteten sie ein bisschen über ihre Farm – sie saßen wieder draußen vor den Fahrzeugen – und Bronco zeigte ein paar ausgewählte Fotos von Gebäude, Pool und Gelände OHNE Gäste.

Dann sprudelten die Informationen zum Yosemite-Park nur so, viel ausführlicher, besser und vor allem qualifizierter, als sie es den Reiseinfos im Netz hatten entnehmen können. Sie bekamen so kleinen Hinweise, wie man sie sich sonst nur selbst erarbeiten kann, und als sie gegen Mitternacht in die Betten gingen, standen mehrere komplette 3-Tages-Pläne auf dem Programm.

„Leute, wisst Ihr, dass wir VIEL zu wenig Zeit für den Park haben? Der muss ja RIESIG sein!“, stöhnte Bronco noch und schlief nach einem letzten Kichern bald darauf ein.

Am nächsten Morgen frühstückten sie draußen sitzend, redeten noch ein paar Worte mit den Nachbarn und kurz danach sprang der Motor wieder zuverlässig an und brachte sie in Richtung Süden, zu dem bekannten Nationalpark.

Yosemite

Gegen Mittag erreichten sie nach 135 Meilen „Ihren“ Campground, erstaunt stellten sie fest, dass Hinweisschilder weitere 12 davon im gesamten Gebiet auswiesen. Aber sie fanden, dass die anderen wohl „kaum so schön“ sein konnten, wie dieser hier. Zumindest hatten sie auf der gesamten Fahrt noch nie so schön geparkt. ... Und noch nie hatten sie es so weit zu den sanitären Anlagen gehabt! Aber man war ja auch nicht dazu da, sich zu waschen, sondern zu wandern.

„BRRR! Erwähne dieses Wort nicht noch einmal, ich hab‘ ja jetzt schon Pickel auf der Seele und Hornhaut zwischen den Eiern!“, jaulte Ron. „WANDERN! Das erinnert mich an die Grundausbildung beim Militär, wo wir tagelang mit schwerem Gepäck durch unbewohnbares Gebiet laufen mussten, dabei möglichst auch noch singend. … Ich meine, ich singe ja gerne, aber wenn Du 60 Pound auf dem Rücken schleppst? NEIN DANKE! Ich habe für mein gesamtes Leben ein für alle Mal genug davon. Wir haben uns, glaube ich, auch alle einen Wolf gelaufen. Nie wieder! … Außerdem haben wir ja schon mal in ein paar Daten Einblick gehabt, deshalb hier Stichpunkte zu dem Yosemite-Nationalpark, nur so ein bisschen und ganz allgemein:

Du kannst zu Fuß von 2000 bis auf 13000 Fuß hochsteigen – und natürlich auch wieder runter. Und eine Fläche von einer dreiviertel Million Acres auf 800 Meilen[90] Wegen durchlatschen.

Leute! Es gibt hier ein paar Buslinien, eine davon ist sogar im Eintrittspreis enthalten. Also bitte, IHR könnt gerne laufen!“

Sie lachten alle. Keiner war begeisterter Wanderer und – außer Ron vom Militär – auch niemand weitere Wege gewöhnt, als vom Auto zum Briefkasten oder durch den Supermarkt. Selbst um das Grundstück der Farm herumlaufen – also oben einmal um

[90] 600-4000m * 3081km^2 * 1300km

die Bergkuppe – erforderte schon eine geplante Aktion. Außerdem war man nur für zwei Tage hier. Da eine der Bustouren acht Stunden andauerte, die andere vier, waren diese beiden Tage auch schon verplant. Der dritte und letzte Tag würde hier starten und sie bis nach Reno führen, von den 250 Meilen aber noch 72[91] durch den Park. Das waren für alle sieben eigentlich unvorstellbare Entfernungen. Deutschland ist an der breitesten Stelle circa 630km breit oder – in amerikanischer Betrachtung – knapp 400 Meilen.

Sie verbrachten zwei wundervolle Tage in dem Park. Die Aussage von Tony am Vorabend: „Ich möchte gerne mal das machen, was man beim Campen üblicherweise macht“, war erst nach der Abfahrt von Sacramento geklärt worden. Sie lautete ganz einfach: „Grillen“. Der Camper war noch auf dem Platz frisch mit Wasser ver- und von Abwasser entsorgt worden. Ein Stopp bei einem Supermarkt hatte den Kühlschrank mit allem gefüllt, was auf dem mitgenommenen Grill oder besser – falls erlaubt – am offenen Feuer gebraten oder gegrillt werden konnte. Natürlich fanden Spareribs und Würstchen, aber auch edlere Steaks den Weg, dazu vorgegarte *baked potatoes* und – ausnahmsweise mal fertige – *sour cream* für die Kartoffeln. Brot, Wurst, Butter, Schinken und Salami gehörten eh zur Standardversorgung.

Der erste Tag, eigentlich nur noch ein halber, wurde mit der vierstündigen Busfahrt ausgefüllt, der zweite mit der langen Ganztagesfahrt. An den Abenden saß man beim Lagerfeuer vor dem Wagen und verbrannte so manche Wurst und noch mehr Marshmellows, bevor man die Tricks und die optimalen Zeiten herausfand. Wie gut, dass keiner eine Aversion gegen außen gut angebrannte („*done*“), innen noch rohe („*rare*“) Steaks hatte. Die *baked potatoes* in den Flammen zu erhitzen, stellte sich als weniger schwierig heraus. Nur die eine Kartoffel, die man an diesem Abend nicht mehr, am Morgen aber alufolienglänzend in der Asche fand, war nicht mehr unbedingt genießbar. „Ein bisschen trocken geworden“, befand Bronco nach dem Auspacken. Wie gesagt, es waren wundervolle Tage – so was, wie Camping pur.

Der viel zu weite Fußweg zu den etwas wenigen Gemeinschaftsduschen (über 50 Meter!) ZWANG sie dazu, den Bus lieber einmal extra zur Dumpingstation zu fahren, um den Wasserhaushalt wieder in Ordnung zu bringen. Ein schrecklicher Aufwand!

---

[91] 386/115km

Der Park und seine Aussichten begeisterten umso mehr, je weniger sie deswegen laufen mussten – Georg und Bernd lachten schon über „diese verwöhnten Stadtkinder“ und schlossen sich ganz schnell mit ein.

Nicht zu weit weg, aber vermutlich mit vergleichbarem Ziel unterwegs wie sie, als „jugendliche Reisegruppe“, kampierte in einer Yurte eine Gruppe junger Leute. Es waren ein paar Meter Entfernung, doch irgendwie kamen sie zusammen. Peter lud die anderen mit ans Feuer ein – nicht zum Essen, aber zum Grillen –, sie brachten ihre eigenen Sachen mit und waren sofort im Gespräch. Raúl und Bronco zeigten sich als wahre Meister im Brechen des eigenartigen Schweigens, und bald redeten sie alle mit- und vor allem wild durcheinander. Die andere Gruppe bestand aus fünf Leuten, zwei Jungs und drei Mädchen. Doch zeigte sich schnell, dass jede als möglich angedachte Konstellation falsch war. Von einem der Jungs war eines der Girls die Freundin und die beiden anderen von ihr die Freundinnen. Der zweite Junge, ein Terrence, 23 Jahre alt, war „nur so“ mitgekommen.

Bronco erzählte von der Farm. Ron, Tony und Raúl sprachen über die Musik, und Peter berichtete über den baldigen Beginn der Arbeit mit den Mustangs, woraufhin sich der Blick von Terrence veränderte. „Ich habe Pferdewirt gelernt“, meinte er etwas zögerlich, „und suche bald einen neuen Job. Mein alter Chef ist wirklich alt, hatte sich erst mal probeweise zur Ruhe gesetzt, und jetzt gefällt ihm das so gut, dass er darin bleiben will: In der Ruhe. Er ist dabei, seinen Hof zu verkaufen. Üblicherweise werden die Angestellten nicht mehr mit verkauft. Die Sklaverei wurde ja irgendwann einmal abgeschafft.“

„Und nun willst Du fragen, ob wir vielleicht…?“, fragte Bronco.

Terrence nickte vorsichtig. „Ja, so ungefähr. Aber, ich meine, Ihr wollt ja jetzt anfangen, ihr habt sicherlich schon jemanden.“

Peter lachte leise. Das waren Fragen, auf die nur er oder Bronco Antwort geben durften – aus seiner Sicht. Sie waren die Chefs. „Ja und nein. Ja, wir haben einen guten Freund, Jacob, der in der nächsten Woche aus Texas zu uns hochkommt und uns beim Einstieg helfen wird. Er will auch Raúl ausbilden. Aber Jacob hat in Texas eine feste Anstellung auf einer Milchfarm, hat auf der Farm auch eine eigene Wohnung und will gerne in der Wärme bleiben."

Terrence lachte. „Und mir ist es da unten zu heiß. Ich war einmal in einem Sommer-Jugendcamp dort, von den Pfadfindern. Wir sind bei lebendigem Leibe geröstet worden. Es war schrecklich!" Sie lachten alle mit und Peter gedachte kurz der Zeit, die sie damals auf der Farm verbracht hatten, also nicht beim letzten Mal. Er erinnerte sich nicht mehr, es als unerträglich heiß empfunden zu haben.

Als Peter im Wagen Nachschub an Getränken holte, kam Terrence „zufällig" mit rein, fragte, ob er mal die Toilette nutzen dürfe – natürlich durfte er –, und Peter trödelte bewusst herum. Er ahnte, dass das nur eine Ausrede war. Er behielt Recht, wie so oft.

„Darf ich Dich mal was Persönliches fragen?", meinte Terrence leise und irgendwie schüchtern. Peter sah ihn freundlich an.

„Aber gerne doch. Ich gebe schnell die Getränke raus, dann kannst Du mich alles fragen, was Du Dich vor den anderen nicht traust." Er kam gleich wieder rein. „Also, schieß los."

„Mich nicht trauen, nein das ist es nicht. Aber ich weiß nicht wegen Deiner Kollegen…"

„Du meinst, wegen meiner Freunde."

„Richtig Freunde?"

Peter seufzte. „Wenn Du wissen willst, ob wir schwul sind, dann ist die Antwort ganz einfach: Ja, alle und ohne Ausnahme, bis auf meine Mum, aber die steht auch auf Männer." Terrence lachte hell auf. Es war ein schönes, melodisches Lachen. „Und was ist mit Dir?"

„Ich bin auch schwul. Weiß es auch schon lange."

„Okay. Aber was ist dann mit den Billig-Barbies da draußen? Das passt doch nicht so ganz…"

Terrence grinste. „Da haste leider Recht. Ich hab´s mir auch anders gedacht. Aber Jake wollte auf keinen Fall mit mir alleine oder ohne seine Freundin weg. Na, dann waren wir schließlich fünf, weil Alisha wiederum unbedingt ihre beiden Freudinnen mitnehmen wollte. Das hat Jake noch weniger gepasst, aber nun sind wir mal hier und haben uns erstaunlicherweise noch nicht zerfleischt. Dass Alisha eifersüchtig auf ihren Jake aufpasst, dass der ja nicht auch mit den beiden anderen was anfängt, das soll nicht mein Problem sein. Er würde aber gerne! … Hast Du mal so was wie eine Karte von Eurer Farm?“ Peter nickte und überreichte sie ihm lächelnd.

„MUSTANG FARM. Gästehaus mit persönlichem Service. Hmm. … Was heißt das genauer?“

„Nun, was glaubst Du?“ fragte Peter mit passendem Lächeln und Terrence wurde sofort knallrot.

„Das soll heißen, dass … ihr …“

Peter seufzte ehrlich gekünstelt. „Ich mache es Dir leichter. Ja, wir bieten unseren männlichen Gästen individuellen Service an. Meine Mutter wie auch wir Jungs. Wobei Georg und Bernd, die beiden ältesten, aktuell Dauergäste bei uns sind, Georg ist Professor an der Uni. Aber zu unseren ‚Spenderpartys‘, die alle ein bis zwei Wochen am Samstag stattfinden, sind auch sie mit zu unserer Verstärkung dabei. Details genug?“

Terrence platzte fast der Kopf, er nickte daher besser nur sehr vorsichtig. „Müsste ich das auch?“

Peter lachte nun wieder auf. „Nur, wenn Du es willst. Sagen wir mal so, wenn Du Dich bei uns zusammen mit Raúl um die Pferde kümmerst, kann das schon genug Arbeit sein. Aber auf der anderen Seite – wie bist Du denn gebaut?“

Terrence wurde noch röter. Doch dass er aufstand, sich dabei schon die Hose öffnete, das hätte Peter nicht erwartet. Er bremste ihn ab. „Wir sind hier nicht alleine, und ich weiß nicht, was Deine Begleitung sagen würde, wenn Du hier mit einem Ständer nackt da stehst. Mir reicht erst mal das Maß.“

Terrence ließ sich wieder auf die Bank fallen, meinte leise „8.6x2.4 inch[92] cut“. Peter pfiff ebenso leise durch die Zähne.

„Wow, das könnte passen. Du solltest wissen, dass wir alle gut gebaut sind, die meisten überdurchschnittlich. Und …, bist Du auch aufnahmebereit?“ Wie schön, wenn sich ein rotes in ein strahlendes Gesicht verwandelte! „Dann schlage ich vor, Du meldest Dich in der nächsten Woche bei uns. Wir sind ja problemlos telefonisch erreichbar und den Skypenamen schreibe ich Dir hinten drauf. … Auf die Karte, meine ich natürlich.“ Terrence lachte wieder hell auf,

[92] 22x6cm

und sie gingen raus. WENN da eine Schwellung gewesen war, im Licht des Lagerfeuers fiel nichts mehr auf.

Am dritten und letzten Tag dieses Urlaubs bunkerten sie erneut Wasser. Dann ging es die 72 Meilen über kurvige Berge und Täler, hoch von 4.000 auf fast 10.000[93] Fuß und nur ein bisschen wieder runter. Den Rest bergab führte die letzte Etappe nach Reno.

Sie wählten einen Umweg, schon auf Nevadaer „Heimatgrund", um nicht die gleiche Strecke über Markleeville noch mal zu fahren, und kamen gegen 6pm ruhig, gelassen, erholt und strahlend auf der MUSTANG FARM an.

„Sagt mal, wie war das eigentlich früher, als es noch kein Internet, keine *cellular phones* und nirgendwo WiFi gab? Wie hat man denn da gelebt?" Eine der Fragen – diesmal wieder von Raúl –, die auf den Fahrten für Lachorgien gesorgt hatten. Aber auch eine der Fragen, die die anderen sich in genau diesen Tagen stellten. Ja, wie war das denn damals?

Irmgard, Bob, die beiden Hunde und sogar fast alle sechs Katzen hatten sie begrüßt. Dank eben jener Erfindungen waren weder die Strecke, noch das Wohlbefinden und schon gar nicht die voraussichtliche Ankunft (auf fünf Minuten genau) geheim geblieben. Keiner konnte entscheiden, was besser gewesen war – SICHERER hatten sie sich MIT der ganzen Technik gefühlt.

Die herzliche Begrüßung sagte Peter, dass Irmgard ihn oder auch sie alle durchaus vermisst hatte; sie äußerte sich nicht dazu, doch was ein guter Sohn ist, der spürt das.

„Alles zusammen genommen war es eine wundervolle Reise", resümierten sie, als sie nach getaner Arbeit, dem Ausladen und Reinigen des Autos, nach einem (aufgetauten) Abendessen und Schwimmen im Pool am selbigen alle zusammensaßen. Den Pool hatten sie vermisst, und nur im Yosemite sollte einer auf dem Campingplatz gewesen sein. Doch dazu hatten sie gerade dort gar keine Zeit gehabt.

Was das Kochen anging, so waren Irmgard und Bob seltener essen gegangen, mal zu Claudia und auch mal woanders hin. Bob schien genau so ein Küchengenie zu sein, wie Irmgard. Nur Jerry konnte wohl ein bisschen mehr als nur aufwärmen. Er war aber offenbar in diesen Tagen auch kaum vor Ort gewesen.

93 1200 / 3000m

„Zusammenfassung? Resümee?", fragte Peter in die später kleinere, nur noch Reise-Runde. Sie schauten ihn erstaunt an. „Ja, das habe ich mir schon angewöhnt, als ich nachzudenken anfing. Neben einem lockeren Tagebuch versuche ich immer, eine Reise am Ende zusammenzufassen. Das habe ich schon in den USA damals gemacht, wie auch zum Beispiel in England mit Mum und Ernst."

„Oh ja, da wolltest Du uns ja auch noch die Bilder zeigen!", strahlte ihn Bronco an.

„Sicher. Gerne. Aber nicht mehr heute. Wie wäre es mit einem schönen kalten Winterabend, wenn wir uns dicht an dicht um den Kamin kuscheln und warme Wollsocken aus kratziger Wolle für unsere Enkel stricken? Oder waren das Wollsocken für warme und kratzbürstige Enkel?"

Nachdem dieser Lacher wieder verklungen war, fasste Georg die Reise zusammen. „Ich sehe es als einen rundum gelungenen Urlaub an. Gut, wir haben vielleicht am Anfang Fehler gemacht, insbesondere den, dass wir in Frisco am Abend nicht auf den Campingplatz raus sind und damit keine Kontakte fanden. Aber auf der anderen Seite war es der Platz, der uns allen wohl an wenigsten gefallen hat, oder?" Er konnte sich der Zustimmung sicher sein. „Weiterhin ist nichts von dem eingetreten, was ich befürchtet hatte. Wir sind weder überfallen, noch der Bus ausgeraubt worden. Ihn entführen, das macht man heute wohl weniger, da die Teile alle mit GPS-Sendern zum Auffinden ausgestattet sind. Wir haben nur am ersten Tag einmal unter einer trockenen Dusche gestanden – das ist ein Anfängerfehler, der höchstens zum Lachen reizt."

Bernd setzte nahtlos Georgs Resümee fort, und zeigte damit, wie sehr sie schon miteinander verbunden waren. „Und sonst? Wir haben ungeheuer viel gesehen, viel erlebt, haben dann mit den beiden Alten und den Jungen im Yosemite auch nette Leute kennengelernt. Wir haben uns nicht gestritten und sind uns nicht mehr als sonst auf die Nerven gegangen." Dass Bronco sich bei den letzten Worten stöhnend mit dem Handrücken übers Gesicht fuhr...

„Apropos die ‚Jungen' und Yosemite? Peter, war da nicht noch was?", fragte Raúl, und Peter nickte.

On we go

Der Urlaub war vorbei, und die Macht des Alltäglichen schlug wie eine Welle über ihnen zusammen.

Es war Donnerstag, der 15. Juli 2010. Den Camper brachte Georg zum Vermieter zurück, der sich positiv über die Sauberkeit und den Allgemeinzustand äußerte und anbot, dass er, wenn wieder mal Bedarf sei, bei solchen Mietern gerne auch mal ein wenig an der Preisschraube drehen würde.

„Endlich mal wieder einkaufen", stand auf der Liste der anderen ganz oben, Mum und vermutlich auch Bob und seine Kinder hatten die Vorräte geplündert. Die Tiefkühler waren gut geleert, auch sonst war Einkaufen etwas, was Irmgard spätestens seit Peter den eigenen Führerschein besaß, gerne ihm oder den anderen überließ. Er nahm ihr nichts von allem übel, eher im Gegenteil. „Damit ist das alte Zeug endlich auch weg", meinte er bei der Bestandsaufnahme zu Bronco, und der lachte. Eigentlich wollte er, Bronco, auf Irmgard schon mindestens ein bisschen säuerlich sein. Aber wenn Peter das als positiv ansah …

Sie fuhren gleich mit zwei Autos, mit Peters Honda und Tonys Chevrolet Silverrado, dem Pickup, diesmal MIT Ladeboard-Haube und großer Kühlbox, sonst wäre es einigen Lebensmitteln zu warm geworden.

Während Peter, Bronco, Raúl und Ron einkaufen fuhren, wobei Raúl den Pickup fahren durfte, um endlich ein bisschen Fahrpraxis zu bekommen, kümmerte sich Tony daheim um die Katzen, die sich insbesondere beim großen Katzenversteher Bernd beklagt hatten, zwar Futter, aber sonst VIEL zu wenig Zuwendung bekommen zu haben. Leo hatte sogar etwas abgenommen, er hatte wohl nicht viel gefressen. Sie hatten das seufzend erkannt.

Bernd selbst war bereits seit dem Frühstück mit Bob „unterwegs". Das klingt so toll, wenn man nur übers Grundstück muss, doch Bob hatte die versprochene Arbeit geleistet, die Bodenplatte war inklusive Ver- und Entsorgungsleitungen gegossen und bereits so trocken, dass man darauf mit dem Bau beginnen konnte. „Du glaubst es kaum, welche Arbeit das war, in die alte Platte die ganzen Löcher für die notwendigen Anschlüsse zu schneiden. Offenbar ist diese Platte schon einige Jahre älter – ich wusste nicht mal von ihrer Existenz. Aber warum die damals nicht mal ein Abwasserrohr eingebaut hatten…" Die neu eingebauten Rohreinbauten waren mit frischem Beton vergossen und strahlten deutlich in einem anderen Grau.

Gemeinsam markierten sie mit Neonfarben alle aus der Platte stehenden Rohre und Leitungen, insbesondere die Leerrohre für die Elektrik. Sie hofften, dass dann beim Bau wenigstens nur 30% zertreten werden würden.

„Die Baugenehmigung ist auch schon da, Gott sei Dank haben mein Architekt und auch ich ein paar gute Verbindungen und die großen Ferien sind noch nicht ausgebrochen. Sonst hätte es Monate dauern können. Aber so?

Na, sie waren ja auch schon vorgewarnt. Für einen Neubau von Charles Kley habe ich ebenfalls den Auftrag an Land geholt." Bob rieb sich zufrieden grinsend die Hände, während Bernd ihn fragend ansah. Bob grinste noch breiter. „Das ist der Chef der Baubehörde. Der will im Übrigen auch in den nächsten Wochen anfangen, UND er scheint sich bereits mit dem EPS-Bausystem beschäftigt zu haben. Er will sein neues Eigenheim nun damit bauen, übrigens auch mit europäischer Heizung und Wassertechnik! Also, mein lieber Bernd, *hurry up*, wir bekommen zu tun! Aber dort muss erst noch der Bauplatz vorbereitet und die Platte gegossen werden. Ich hoffe, dann seid Ihr hier mit dem Bau schon fertig."

„DER IST LUSTIG!", stöhnte Bernd entsetzt auf. „Ich habe hier noch nie wirklich gearbeitet und jetzt soll ich fliegen? Wir haben noch nicht mal Steine!"

„Noch nicht, mein lieber Bernd, noch nicht! Ich habe Euch einen Tag Erholung nach dem anstrengenden Urlaub gegönnt. Morgen kommen die ersten Trucks. Überleg Dir schon mal, wohin Du sie alle dirigieren willst und wo sie abladen sollen, damit Ihr nicht so weit laufen müsst. Stahl kommt auch. Eine mobile Toilette, Werkzeuge, etc. liefern meine Leute noch heute an. Mach Dich also bitte an die Baustelleneinrichtung.

Ach, und noch was, ich würde dringend empfehlen, für die Bauzeit die Kette zu demontieren. Entweder rennst sonst entweder Du dauernd vor, um zu öffnen oder einer im Haus muss das ständig machen."

Bernd winkte ab. „Ich glaube mal, wir machen da lieber jedes Mal auf. Ab 9am bis 22pm. Sag das Deinen Leuten! Du selbst hast ja einen Chip, gib den gegebenenfalls Deinen Leuten, oder sag mir, wenn Du noch ein, zwei Stück brauchst! Die muss Peter, glaube ich, bestellen. Besser, das besprichst Du direkt mit Peter."

„Ja, Peter", sinnierte Bob. „Er wird langsam richtig erwachsen, nicht wahr? Er und Bronco sind das neue Führungsduo der Farm, und wenn die Verträge unterschrieben sind, auch die Besitzer."

Bernd nickte. „Dem ist wohl so, und ich glaube, es ist auch richtig.

Aber, wenn wir schon mal bei dem Thema sind, wie geht es nun bei Euch beiden weiter? Du hast die Verträge schon gelesen?“

Bob nickte. „Ja, habe ich, und ich finde sie gut. Ich meine, ich habe nichts zu bestimmen, aber ich finde sie fair. Auch mir und meinen Kids gegenüber. Ach, wer weiß, ob die je hier raus ziehen wollen. Und wenn, werden sie dann hier bleiben, oder finden sie ein Ehegespenst, dass sagt ‚alles, aber nicht hier‘ oder so? Meine Alte hätte wohl so reagiert – und dabei hatten wir das hier ursprünglich wirklich als Alterssitz geplant. Aber je mehr sie meine Verflossene wurde, desto weniger Begeisterung zeigte sie hierfür. Jetzt empfinde ich es so als die beste Lösung.“

„Und die wäre?“

„Ach, Du kennst diese Verträge noch nicht? Na, dann weiß ich nicht, ob es Irmgard und Peter Recht wäre, wenn ich darüber jetzt mit Dir rede.“

„Gut, auch kein Problem. Dann machen wir das am Wochenende.“

„Okay, besser so. Wir müssen ja eh gemeinsam die neuen Zeitvorstellungen besprechen, auch, wie es ‚mit uns‘ weitergehen soll.“

Nach dem Markieren der Rohre begannen sie mit der schwierigeren Aufgabe. Dabei galt es, auf der Bodenplatte die Wände aufzuzeichnen, nur ungefähr, noch nicht perfekt im Winkel. Das würde mit der ersten Reihe dann gerichtet werden, aber man wollte eine Übersicht bekommen. Derweil kamen schon die ersten LKWs von Bob und brachten die Baustellensachen. Peter war sehr bald bereit, die Kette tagsüber ganz unten zu lassen.

Irmgard kam zwei Mal an diesem Tag mit Jules vorbei und besah sich die Baustelle wie eine außerirdische Pflanze. Sie stellte sich in das eine oder andere Zimmer und gab den Kommentar ab, den bisher alle Bauherren, mit denen Bernd jemals zu tun gehabt hatte, abgaben: „Das ist aber schon ein bisschen klein, oder“?

Bernd und die Bauleute lachten, es war einfach nicht zu erklären. Es wirkte IMMER so.

Ab diesem Tag war Bernd bei Bob fest angestellt.

Bau-Freitag

Freitag wurde es noch toller. Die LKW-Logistik wies erhebliche Mängel auf, Bernd ärgerte sich schon etwas über Bob, dass der nicht in der Lage gewesen war, die LKWs nicht zeitgleich eintrudeln zu lassen und dann selbst nicht da zu sein. Zwei Arbeiter von Bob sorgten dafür auf dem Platz für weiteres Chaos und halfen eher schlecht als recht. Bernd wünschte sich Arbeiter mit deutscher Ausbildung und Qualität. Er würde diesen Wunsch nicht zum letzten Mal ausgesprochen haben. Am Abend hatte er sie wenigstens so weit, dass sie zuhörten, wenn er etwas sagte, und dann auch versuchten, es umzusetzen, immerhin. Hätte Bob ihm nicht freie Hand im Umgang mit ihnen gelassen, inklusive Kündigungsmöglichkeit, hätte er selbst wahrscheinlich schon gegen Mittag die Arbeit niedergelegt oder sogar gekündigt.

Die Baustellenverpflegung übernahm die Küche. Sie dampfte sowieso seit gestern im Vollbetrieb, es wurde gekocht, gebraten und gebacken, als stünde die nächste Hungersnot direkt vor der Tür und klopfte schon an.

Die Gefrierschränke ächzten bereits unter der Last der Dauer-„Superfrost"-Schaltung, und Peter pflegte die Idee weiter, wenigstens eine gebrauchte TK-Zelle zu kaufen. Rechnete er die derzeitigen vier Tiefkühler zusammen, so hatten sie genauso viel gekostet, verbrauchten aber erheblich mehr Strom.

Nun, Peter war nach wie vor ein Mensch der schnellen Entschlüsse, des vollen Geldbeutels und des Glücks. Letzteres verhalf ihm über eine regionale Gebrauchtbörse – ein Tipp von Claudia – zu einer gebrauchten circa 2x3m großen Tiefkühlzelle mit dicker Isolierung, aus einer aufgelösten Gaststätte, zu einem sehr guten Preis. Sie kostete rund die Hälfte einer neuen und die Regale waren auch schon dabei.

Am Montag würde Tony mit Ron nach Carson City fahren, sie abbauen und holen dürfen. Er selbst musste Jacob am Flughafen abholen. Georg und Bronco würden wieder in der Uni sein.

„Urlaub? Erholung? Nie gehört. Was soll das sein?", entgegnete er auf entsprechende Nachfrage von Irmgard am Freitagabend.

Samstagabend

Auf der Baustelle standen die ersten Steine schon mal Probe. Es hatte länger gedauert, alle Wände vorzuzeichnen und gleichzeitig den Wareneingang zu katalogisieren. Dankbar, dass noch drei Kameras die Rückgabe damals überlebt hatten, waren diese von Bernd und Tony als Geländeüberwachung installiert und auch „scharf gemacht" worden – aber nur unter Peters strenger Auflage, dass die Alarmmeldungen keinesfalls auf sein oder Broncos Handy aufliefen. „Was glaubst Du, wie wir aussehen, wenn wir unseren Schönheitsschlaf nicht mehr bekommen!“, hatte er geklagt. Dass Bernd ihn nur schief ansah, brachte den nächsten Lacher.

Baustrom hatten sie eigens vom Verteilerhaus[94] zur Baustelle gelegt.

Irmgard hatte die gesamte Mannschaft nebst Bob und dessen Kindern sowie Claudia zum Abendessen gebeten, fast offiziell eingeladen, hatte „schöne Steaks“ . aus dem Holzofen bei Peter bestellt, und dieser hatte sie gerne auf Mums Kreditkarte gekauft.

Sie machte es feierlich.

Es war ein wundervoller Sonnentag gewesen, mit Spitzentemperaturen um die 36°C. Auf der Bodenplatte mindestens das Doppelte. Das schlauchte zwar, aber Bernd war da in seinem Element.

Jetzt war die große Tafel im Freien aufgebaut, die Temperatur auf kühle 31°C gesunken, und die Menschen schwitzten mehr als das Fleisch im Ofen. Es mundete hervorragend, „viel besser als das vom Lagerfeuer“ (Ron). Die frischen Salate mit hausgemachtem Dressing waren eh nicht zu überbieten. Wobei… nein, es gehört jetzt nicht mehr zur Sache, dass das Dressing im *Hometown Buffet* ebenfalls so gut gewesen war.

„Meine Lieben! Schade, dass ich das kleine goldene Glöckchen nicht finde, das wir schon in Nürnberg nicht hatten, um das Weihnachtsfest zu eröffnen. Hier habe ich es ebenso wenig, also muss es so gehen.

Ich habe um diese gemeinsame Zusammenkunft gebeten, weil ich meine, dass das, was Bob und ich zu verkünden haben, Euch alle angeht, auch Euch beide, Georg und Bernd! Ihr gehört aus meiner Sicht zur Familie.“ Leichtes Lachen und kräftiger Applaus bestätigte die Aussage. „Es geht um die nächste Zukunft. Genauer gesagt, wann Bob und ich heiraten wollen.“ Jubel.

---

[94] *So abgelegene Gebäude wie die Farm haben in den USA meist ein eigenes Verteilerhäuschen, in dem Mittelspannung ankommt und heruntertransformiert wird. Das vermeidet, dass für ein neues Haus eine eigene Stromleitung vom Netz her gelegt werden müsste. Sowieso verläuft der größte Teil der amerikanischen Stromnetze oberirdisch, was bei harten Wintern und Stürmen regelmäßig zum Ausfall der Stromversorgung ganzer Städte oder gar Landstriche führt.*

„Ta, ta, ta. Nicht so schnell! So schnell seid ihr mich noch nicht los. Ich habe zwar heute schon mal auf den Styroporsteinen probegelegen, doch ich empfinde mein Bett noch als erheblich weicher und angenehmer und werde es daher auch so lange behalten, bis das Haus bezugsfertig ist.

Allerdings haben wir entschieden, auch dann erst heiraten zu wollen."

Staunende Gesichter.

„Ja! Es ist die erste Hochzeit in meinem Leben. Bob ist kräftig, ich bin immer noch dünn – ich möchte einmal in meinem Leben von meinem Ehemann über die Hausschwelle getragen werden. Gut, es kann auch noch der Rohbau sein, da bin ich nicht so pingelig." Großes Gelächter. „Aber, lieber Peter, lieber Bronco, bevor Ihr beide nun in Ohnmacht fallt, wir haben beschlossen, die ganzen Verträge schon jetzt zu unterzeichnen. Herr Notar, ich darf bitten!"

Woher Georg plötzlich den schwarzen Frack hatte, den er über dem heute pinken T-Shirt und der metallisch-blauen Thai-Boxer-Short trug, dazu aber wieder schwarze Schuhe und schwarze Socken, dass wusste niemand. Bronco raste sofort los, die Kamera zu holen Dass Georg ihn mitgebracht hätte, war nicht bekannt.

Gewichtigen Schrittes trat er auf Irmgard und Bob zu, überreichte eine umfangreiche Unterschriftenmappe, nahm selbst aber den ersten Schriftsatz heraus und las ihn vor. Ebenso den zweiten und den dritten.

UM EUCH, LIEBE LESER NICHT ZU LANGWEILEN, HIER NUR EINE KURZE ZUSAMMENFASSUNG DER VEREINBARUNGEN:

- Mit der Unterschrift überträgt Irmgard ihre Anteile an der Farm je zur Hälfte an Peter und Bronco. Damit hält Peter in Zukunft ¾ und Bronco ¼ der Farm.
- Ein Verkauf der Farm an Dritte ist möglich, solange er einstimmig erfolgt. Solange Irmgard lebt, und nicht anerkannt dement ist, sind es die drei Stimmen von Peter, Bronco und Irmgard, danach nur noch die der beiden Jungs.
- Wenn Bronco aus der Beziehung und der Farm ausscheiden sollte, kann er lediglich den Zugewinn ab dem heutigen Tag, nicht aber den für Bobs Haus anteilig angerechnet bekommen.
- Irmgards Barvermögen wird zu 50% auf Peter übertragen.
- Bobs Haus gehört nicht Bob. Dies war anders offenbar nicht machbar. Er bekommt aber ein lebenslanges kostenfreies Nutzungsrecht für das Erdgeschoss, das sich auch auf seine Kinder der 1. Generation

vererben lässt – wenn er das denn wollte. Ein Verkauf des Hauses ist nur einstimmig mit allen noch lebenden Stimmen möglich.

„Ja, ich weiß", ergriff nun Irmgard wieder das Wort, „es klingt alles recht kompliziert und ist es auch. Laut Anwalt Jackson, der sich für heute leider entschuldigen lässt, seine Frau musste ins Krankenhaus, hat er so ein – wortwörtlich *jumble* – Kuddelmuddel noch nie formulieren müssen. Er bietet im Streitfalle daher GERNE seine teure, äh treue Hilfe an." Großes Gelächter.

Die fünf Betroffenen – Jerry war ja bereits volljährig, und damit unterschriftsfähig – unterschrieben die für sie geltenden Verträge in vielfacher Ausfertigung, man begoss die Abschlüsse – beinahe auch die Verträge – mit echtem Champagner und man fühlte sich glücklich.

Bis auf Bronco. Er saß mit triefnassen Augen neben seiner heulenden Mutter. Er war beinahe auf dem Boden gelandet, als er aufgestanden war, um sich bei Irmgard zu bedanken. Raúl musste ihn stützen und schubsen, damit er daran dachte, auch bei Peter und Bob danke zu sagen. Er hatte die Verträge tränenblind unterschrieben.

„Bronco, mein geliebter Freund", erhob nun Peter sich und die Stimme, auch bei ihm war die Rührung zu vernehmen, „ich kann Dir heute noch nicht versprechen, – keiner von uns weiß, ob und wann es möglich sein wird[95] – dass wir beide heiraten. Aber nach allem, was ich aktuell für Dich empfinde, werde ich Dich dann heiraten. Mit allen Folgen. … Ich hoffe, Du willst das dann auch. … Sag jetzt nur nichts Falsches!" Der Lacher riss auch Bronco und Claudia mit. Sie hob schon die Hand drohend über den Hinterkopf ihres Sprösslings, als dieser anfing zu sprechen.

„Nun, woher soll ich das denn heute wissen.

Nein Mamita! Nein, nicht schon wieder hauen. Ich bin doch ganz brav! Und ja, Mamita, Du willst unbedingt hier die Prinzessin von der MUSTANG FARM werden. Aber bitte nicht schon wieder hauen!" Natürlich kamen diese Sätze im passenden Bühnensound, und die Zuhörer kringelten sich, inklusive der jüngeren Kinder von Bob. SO jung waren sie mit 10, die Zwillinge, und 15 Jahren auch nicht mehr.

„Peter, auch ich liebe Dich über alles. Aber selbst ich als der Superreporter des Jahres weiß nicht, wann unsere hohe Politik von sich aus oder auf öffentlichen Druck hin die Ehe für uns erlaubt. So, wie es heute ist, heirate ich Dich vom Fleck weg. Aber müssen wir die Sorgen von morgen schon die heutigen

[95] Es wurde der 26.06.2015

sein lassen? Ich will Dich nicht an ein Versprechen ketten, das in den Jahren vielleicht nur noch eine Last ist. Bob hat es im eigenen Leben erlebt, seine Ehe hat auch nur bis zum Tod gehalten – dem Tod der Beziehung. Denn ja, auch eine Beziehung kann sterben. Ich möchte in so einem Fall niemanden damit quälen.

Die Verträge regeln auch das in allen denkbaren Fällen. Ich finde sie sehr gut, auch wenn ich am wenigsten dazu beigetragen habe, weder zu den Verträgen, noch zu der Farm, noch dazu, dass es uns so gut geht."

Natürlich gab es sofort mannigfaltigen Widerspruch. Es war nicht ganz leicht für die „Redner", sich vor Claudia und den Kids nicht zu versprechen – bezüglich der Quellen des Geldes. Bronco ließ also die Lobgesänge lächelnd über sich ergehen.

„Gib´s zu!", raunte ihm Georg an dem Abend zu. „Das war alles Theater, die Rührung, die Tränen. Alles nur, damit wir Dich hochleben lassen. Und diese Rede hast Du vorher einstudiert." Bronco gab ihm dafür einen dicken Kuss.

„Manchmal irrt auch ein schlauer Professor", flüsterte er ihm ins Ohr.

Neue Zeiten

… sind dringend nötig. Es wurde ja fast schon langweilig!

Jacob & Terrence

Mit Jacobs Ankunft auf dem Reno-Airport begann für die MUSTANG FARM eine neue Ära. Endlich sollte sie ihrem Namen alle Ehre machen.

Allerdings verzögerte sich seine Ankunft auf Donnerstag. Irgendein Problem mit überbuchten Flügen war daran schuld. Dafür aber, so verkündete er freudestrahlend, habe er als „Entschuldigung“ den Flug dann fast geschenkt bekommen.

Zudem hatte sich gestern, am Sonntag, Terrence gemeldet und sich offiziell um den Job beworben. Natürlich hatte Peter den anderen von dem Gespräch berichtet, und außer dass Raúl im Original-Irmgard-Ton fragte: „Wann bauen wir dann bitte endlich an?“, war es einfach abgenickt worden. Er käme in Laufe der Woche.

Eiskalte Zeiten im Hochsommer

Schon gleich nach dem Frühstück machten sich Ron und Tony in Tonys Pickup auf den Weg, um aus Carson City die Tiefkühlzelle zu holen, und waren am frühen Nachmittag wieder da. Sie fluchten nicht wenig über den Schmutzzustand, doch mit Peters und Broncos Hilfe, einem Hochdruckreiniger, guten Besen und reichlich fettlösender Chemie sahen die Wandelemente bald wieder wie neu aus und konnten von den vier Mann leicht zusammengebaut werden. Es war wie überall auf der Welt ein Baukastensystem, mit durch einfache Verschlüsse zu verbindenden Systemelementen, von der Bodenplatte über die Wände bis zur Decke. Selbst die Tür war in so ein Element eingelassen und damit der Aufbau in nicht mal zwei Stunden geschafft. Nun wurde noch das Tiefkühl-Rucksack-Aggregat eingehängt, an die Stromleitung angeschlossen, angeschaltet – und die Garage war stromfrei. „Patsch“, sagte die Sicherung und verabschiedete sich.

„So eine verdammte Scheiße!“, fluchte Ron. „Jetzt wissen wir auch, warum der schmierige Besitzer der schmierigen Zelle ‚leider keine Möglichkeit hatte, das Teil noch mal zu testen‘.“ Ein Anruf bei Jason genügte, und der Scheck, mit dem diese Zelle bezahlt worden war, war gesperrt. Mit entsprechender Notiz der Bank an den Verkäufer „wegen technischer Mängel“.

Als sich der Verkäufer dann auch binnen der nächsten vier Wochen nicht meldete, hakte Peter die Angelegenheit ab und hinterließ in dem Portal zudem eine negative Bewertung.

Es war kein großer Schaden. Also riefen sie Norton, den Jungen vom Elektronikmarkt, an. Der konnte ihn beheben, aber das Problem war eindeutig nicht bei Abbau oder Transport entstanden. Das Aggregat nahm danach am nächsten Mittag seine Arbeit auf. Bis die Zelle durchgekühlt wäre, würde es aber mindestens 24 Stunden dauern.

Das Umräumen der Tiefkühlschränke in die Zelle geschah mittels „Eimerkette" binnen nicht mal einer halben Stunde durch Peter, Bronco, Ron und Tony, sie wechselten sich in der Tiefkälte ab und es war wohl der einzige Tag in diesem Sommer, in dem zwei Winterjacken wieder zu Ehren kamen.

Die Tiefkühler tauten sie danach ab. Eine Woche später sollte deren Verkauf beginnen... Einen davon schenkten sie Claudia, einer verschwand im Hauswirtschaftsraum. Doch bevor irgendjemand auf die falsche Idee kommen sollte... ließen sich die anderen sehr leicht in der Garage lagern, bis Bobs neues Haus sie aufnehmen würde. Von wegen Verkauf. Aber so blieb alles in der Familie.

Georg hatte es beim Anblick der versifften Teile vorgezogen, „lieber Bernd ein bisschen Beistand zu leisten“. Der hatte es ebenfalls nötig.

Länger, als gedacht

Für Bobs Haus hatte man am Dienstag endlich die erste Reihe Steine gelegt, ausgerichtet und mit dem Boden verklebt. Dank tatkräftiger Mithilfe von Raúl und Jerry lief die Arbeit besser, und Bernd sah nicht mehr den ganzen Tag lang so missmutig drein. Dass diese erste Reihe in jedem Stockwerk die aufwändigste sein würde, das war ihm klar. Dass aber die beiden Arbeiter von Bob nicht mal einen Maßstab richtig anlegen konnten, gerne den Anfang mit dem Ende verwechselten, damit auf recht absonderliche Maße kamen und dies noch nicht mal bemerkten... – „Verzweiflung“ wäre noch ein viel zu gelindes Wort für seine Reaktion darauf gewesen.

Bob kam am Dienstag vorbei.

„Also mit den beiden kann ich nicht arbeiten. Nike ist so dumm, wie er aussieht, und Lefti noch dümmer.“ Er zeigte Bob an einer bewusst noch nicht korrigierten Stelle, dass das Gästebad eine enorme Breite von rund 50cm haben sollte – ging es nach den Leuten. Im Plan standen – umgerechnet – 150cm, doch beide zusammen hatten mal wieder den Zollstock mit der 2m-Marke angelegt und dann rückwärts abgelesen. Auch Bob schüttelte den Kopf, ermahnte die beiden noch einmal, doch bereits am Mittwoch wurden die zwei Amerikaner durch zwei Mexikaner ersetzt, und siehe da, es klappte besser. Raúl war wieder mit auf der Baustelle und Bernd lernte zuerst mal ein paar Brocken Spanisch. Es waren eher Wörter, die nicht unbedingt im normalen Gespräch verwendet werden sollten. Aber diese beiden konnten wenigstens lesen – Bernd vermutete, dass dies auch das Grundproblem bei den Vorgängern gewesen war. Mit Jerry zusammen, der einen erstaunlich „kreativen“ spanischen Wortschatz (O-Ton Raúl) besaß, waren auch die anfänglichen Kommunikationsprobleme gelöst. Man muss dazu vielleicht zur Ehrenrettung aller sagen, dass bisher keiner je mit diesem Steinsystem gearbeitet hatte, außer Bernd im Pool.

Einen gewaltigen Krach gab es noch mal, als sie eine halbe Wand wieder abtragen mussten, sie hatten vergessen, den Baustahl einzulegen. Bernd war daher auch ein bisschen sauer auf sich selbst, weil er nicht rechtzeitig kontrolliert hatte.

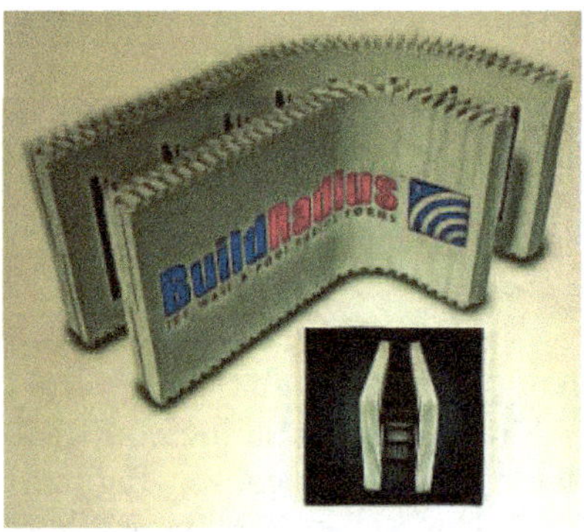

Auf der anderen Seite waren das die üblichen Probleme auf jeder Baustelle. Es konnte halt immer mal was passieren, aber wirklich passiert war nichts. Die EPS-Steine steckten wie LEGO® ineinander und ließen sich genauso problemlos wieder demontieren und erneut stecken.

Ein anderes Problem zeigte sich ebenfalls erst beim Bauen. In keiner der Videoanleitungen war wirklich erwähnt, WANN man Leitungen, insbesondere die für Abwasser, in den Wänden verbauen sollte. Auch das führte wieder zur Demontage einiger Steine, diesmal aber ohne Ärger. „Im nächsten Stockwerk haben wir dann mehr Übung“, seufzte Bernd ergeben, und „seine“ Jungs lachten.

Tony war zum Teil mit auf der Baustelle, auch Peter schaute hin und wieder vorbei, steckte auch mal zwei Steine, verzog sich dann aber bald wieder. Bauen war nicht unbedingt sein Ding. Er organisierte mit Ron zusammen lieber die „Zukunft", vor allem aber die nächste Spenderparty, die als die 25. einen besonderen Jubiläumsrang bekam.

„Schwitzend" saßen sie über dem Zimmerplan, wünschten, der Neubau wäre schon bezugsbereit, denn mit der neuen Zimmerbelegung waren nur noch notfalls zwei Gästezimmer verfügbar.

Zimmer 1	Tony + Raúl
Zimmer 2	Ron
Zimmer 3	Musikzimmer, zeitweise
Zimmer 4	Terrence
Zimmer 5	Jacob
Zimmer 6	
Zimmer 7	Georg + Bernd

Zudem bedeutete Jubiläum, noch dazu im Sommer, dass sie selbst mehr Mann aufbieten mussten. Also wurden zudem Marvin, Trevor und Jason eingeladen, die auch freudig zusagten. Jason würde sicherlich wieder gerne in Peters Wohnung auf dem Sofa schlafen, Marvin und Trevor eher heimfahren dürfen.

Es hatten sich 45 Gäste angemeldet, aber bei 32 hatte Peter die Reißleine gezogen. Der Preis für die Jubiläumsfeier war eh mit 50$ mehr angesetzt worden. WENN die beiden Neuen auch mitmachten – bei Jacob war sich Peter zu 1000% sicher –, dann wären sie insgesamt 10 „Dienstleister", wobei er aufgrund der letzten Erfahrungen Georg in der Rolle etwas reduzierte. Er war weniger gefragt gewesen, obwohl... ach was, das war auch von Party zu Party anders. Auf der anderen Seite musste diesmal auch jemand das Buffet bedienen, und da konnten sich Georg und Tony gut abwechseln. Sie stimmten auch beide gerne zu.

Terrence' Ankunft

Terrence musste endlich mal nicht abgeholt werden. Er hatte von Peter die Koordinaten erhalten (mit der Visitenkarte) und kam mit einem eigenen Auto.

„Begeistert“ stellte Peter fest, dass langsam sogar die Parkplätze nur für die Bewohnerautos knapp wurden und machte sich schon mal eine Notiz für die nächste Woche, dass der Parkbereich erweitert werden müsste, vielleicht sogar mit Carports.

Es klingelte am Tor. Die Kette war nach den vielen LKW-Anlieferungen und deren aktueller Pause mal wieder hochgezogen worden, und ein staunender Terrence wurde von den freudestrahlenden Jungs Peter und Ron und von Irmgard, natürlich mit Jules, begrüßt.

„Mann, ich hätte ja nie gedacht, dass das SO GROSS ist! Gehört Euch das alles vom Tor an?“

Sie lachten herzhaft, nahmen den Jungen in den Arm und hießen ihn willkommen. Es war 2pm, als er ankam. „Nein danke, ich habe unterwegs was gegessen. Nicht gut, aber momentan habe ich keinen Hunger. ... Gut. Wo sind die Pferde?“

Sie lachten hellauf: „Langsam, langsam mit denselben. Unser Pferdeflüsterer Jacob hat sich verspätet und kommt erst morgen. Dann geht alles los, aber noch haben wir keine, außer, Du legst Dich draußen auf die Lauer und fängst mit dem Lasso einen Mustang ein.“

„Ich habe kein Lasso dabei. Gehörte alles meinem alten Chef. Aber sonst?“

Sie lachten wieder. Es könnte heiter werden.

Terrence bekam Gästezimmer 4 zugewiesen, es folgte die obligatorische Haus-, Pool-, Garten- und Geländeführung und Terrence kam aus dem Staunen nicht mehr heraus. „Und ich empfand immer das Anwesen von meinem alten Chef, Perk C. Harton senior, als groß! War es auch. Aber Ihr habt nicht nur mehr Fläche, sondern auch viel mehr Komfort, wenn ich das so ausdrücken darf.“ Mittlerweile waren auch Bronco und Georg von der Uni zurück und nickten beide.

„Die Ideen kommen überwiegend von Peter“, bestätigte Bronco. Dafür wurde er von Peter sofort wieder zurechtgewiesen.

„Du hast mindestens genauso viel damit zu tun wie ich. Also bitte! Außerdem gehört Dir hier ein Viertel.“

Das, wie auch alles andere, war erklärungsbedürftig. Dafür jedoch erbaten sie sich Zeit bis morgen, wenn auch Jacob hier wäre. Sie müssten es dann nicht zweimal erklären. Auch der ganz große Geländerundgang wurde auf Donnerstag oder Freitag verschoben, nicht aber die Informationen zu der Party.

Dass daraufhin gleich mal alle fünf in Peters Wohnung verschwanden... Das war sogar wichtiger als der begeistert, aber sehr kurz besichtigte Pool.

„Oh, ich hab schon wieder so einen Druck", stöhnte Bronco und stand als erster frei im freien Raum. Seine Latte zeigte schon feucht auf den Neuankömmling und das, obwohl er sich nach der kurzen Dusche auch abgetrocknet hatte. Sie alle waren schnell in eine der Duschen geschlüpft, immerhin bot die unmittelbare Umgebung von „Peters Bett" im Bad eine Dusche und eine Badewanne an, und die Diele 2 mit ihren beiden Duschen war auch nicht weit.

Sie tropften bald alle mehr oder minder, und als sich Bronco vor Terrence kniete und dessen 22x6cm problemlos in den Mund schob, verdrehte der nicht mehr lange die Augen, sondern schrie auch gleich auf und kam. Bronco hatte schwer zu schlucken.

„T´schuldigung, aber ich bin so geladen. Mein alter Chef war nicht nur alt, sondern auch nicht schwul. Bei dem Urlaub im Yosemite – na, Peter weiß ja, wie da die Konstellation war. Ich hatte schon lange niemanden mehr außer die eigene Pfote. Selbst in den Parkduschen wuselten entweder Kinder oder Väter mit ihren Kindern herum – schrecklich!" Sie beschlossen lachend, den armen Jungen zu bedauern. Doch jetzt wollte er erst einmal „am liebsten von allen, nacheinander" gebumst werden und hielt es sogar durch! Beginnend mit Rons 3cm, folgte Georg mit 4, und danach war es ihm egal, welcher Schwanz ihn dann noch stieß. Sie alle kamen in Terrence, und bei jedem Erguss in ihm, am Anfang auch noch dazwischen, kam auch er in Mengen, dass Peter am Ende grinsend mit zwei Händen – nicht wegen des Gewichts, aber wegen der Glitschigkeit – das Glas hochhob und grinsend herumzeigte, welches er unter Terrence´ Schwanz gestellt und jedes Mal den Strahl hineingelenkt hatte.

„Willkommen im Club der MUSTANG FARM! Du bist ein ebenbürtiger Hengst", meinte Bronco lachend und umarmte den Jungen. Dass er dabei noch eine ganze Menge weißer Soße auf beiden Bodys verteilte, sah richtig dekorativ aus.

Die Grundlagen des Geschäfts hatte sich Terrence schon gedacht – also die des Hengstes, die mit den Pferden waren eh klar – und bei seinem Aussehen? Alle zusammen begrüßten am Abend den neuen Mitarbeiter

INTENSIV. Der Garten war dazu in dieser Sommerzeit optimal. Der Pool sorgte nicht nur für Erfrischungen zwischendurch, sondern auch für dauerhaftes Glücksgefühl beim neuen, wie auch bei den alten Mitarbeitern. Dass ihre Kunden auf den kaukasischen Typ, der aber dennoch gebräunt war und dessen graublaue Augen mit schwarzem Irisring so fröhlich unter der rotblonden Frisur hervorschauten, abfahren würden, war absolut klar.

Sie hatten zwar nicht das gesamte Gelände besichtigt, wohl aber einen Blick auf die Baustelle geworfen. Peter hatte Bernd lachend empfohlen, sich doch eine Art Aussichtsturm errichten zu lassen, von dem aus er seine Arbeiter dirigieren könnte.

Dass Jules ausnahmsweise einmal Irmgard nicht zum (dritten) Tagesspaziergang zwang, lag wohl direkt an seiner Vermutung, vorne auf Jerry zu treffen. Jules war halt ein intelligenter Hund. Zudem war ihm der Neue gar nicht unsympathisch, was sich auch umgekehrt zeigte.

Die Katzen hingegen hielten von Terrence erst mal Abstand, wobei der grinsend meinte, die würde er sehr bald auch als seine Freunde begrüßen können. Leo machte noch an dem Abend den Anfang.

Jacob kommt endlich an

Es war wirklich kein Ritual mehr, jemanden von Flughafen abzuholen. Als der American Airlines Airbus von Dallas kommend um 10.40 Uhr auf dem Airport Reno-Tahoe aufsetzte, waren Bronco und Georg erneut in der Uni, Jules mit Irmgard an der Leine spazieren, Ron und Tony in der Küche, der restliche Trupp auf der Baustelle und Peter alleine am Flughafen, um den Gast zu begrüßen.

Es wurde mal wieder ein theaterwürdiges Wiedersehen! So wie Peter hatte auch Jacob überhaupt nichts gegen eine laute, stürmische und sehr umarmende Begrüßung zur Show für alle anderen Reisenden.

„Und wo ist der Pferdetrailer?“, fragte er, kaum, dass sie im Auto saßen. Peter hatte noch nicht mal den Motor angelassen, lachte auf, griff hinter sich und holte einen pinkfarbenen Pferdeanhänger nebst passendem Zugfahrzeug aus dem hinteren Fußraum. Wie gut, dass die Seitentüre schon geschlossen war, andernfalls wäre Jacob wohl beim Anblick des Original Barbie-Gefährts hinausgekullert.

„Wir haben noch keinen, aber das gibt sich gleich“, beschwichtigte ihn der ebenfalls vom Lachen geschüttelte Peter und fuhr erst mal bei Harry vorbei.

„Ja, natürlich habe ich da was für Euch vorbereitet“, grinste Harry verschwörerisch und geleitete den hohen Besuch zu einem echten amerikanischen Pferdetrailer. „Ich habe vernommen, dass ihr auch gerne einen Campingbus hättet? Das wäre dann doch optimal für Euch! Da passen vier Mann UND vier Pferde rein. Dann könnt Ihr sie beim nächsten Mal gleich mitnehmen und durch San Francisco reiten oder durch Sacramento! Ist auch nicht teuer!“

Peter fragte lieber nicht, woher Harry schon wieder diese Informationen hatte. Ihm reichte dieser Trailer, der gebraucht mit 35.000$ sogar wirklich günstig war. „Nur bitte, was kostet die passende Zugmaschine dazu?“

Da musste Harry leider bedauernd zugeben, dass diese noch mal so viel kosten würde.

„Harry! Wir wollten eigentlich einen Pferdetransporter mit Anhängerkupplung und nicht Deinen ganzen Laden hier kaufen!“, beschwerte sich Peter und Harry zog ein wunderbar gespielt beleidigtes Gesicht, bevor er ihnen im hinteren Bereich seines Geländes wirklich den gesuchten Trailer, schlicht nur ein Pferdetransporter für drei Pferde, zeigte.

„Bronco ist heute nicht dabei?“, fragte Harry misstrauisch, schaute hinter die beiden und Peter lachte.

„Wo denn? In meiner Hosentasche vielleicht? Nein, Bronco ist in der Uni bei einem Sommerkurs. Ich glaube Videoreportage oder so was. Zumindest echt teuer. ... WARUM?“, fragte er süßlich.

Harry atmete auf. „Na, dann kann ich Euch ja den Realpreis nennen." Er wandte sich an Jacob. „Du musst wissen, dieser Bronco hat mich bei den ganzen letzten Autos so weit runtergehandelt, dass ich nur noch drauflegte. Das kann ich mir auf Dauer nicht leisten."

Der genannte Preis von 2990$ erschien durchaus fair. Doch nun untersuchte Jacob den Trailer im Detail und fand die Defekte. Also würden sie das Teil zum einen für 2500$ UND zum anderen mit Austausch der beiden durchrostungsgefährdeten Bodenträger am Montag geliefert bekommen. „Und ich dachte, ich könne es mir mal wieder leisten, auf die Party am Samstag kommen.", stöhnte Harry, „Ich hörte erfreut, es wäre schon die 25.?"

Jacob schaute erstaunt, und Peter schüttelte nur den Kopf. „Woher Du auch immer Deine Informationen hast, Harry! Du solltest vielleicht, wenn er fertig ist, Bronco bei Dir einstellen, als Klatschreporter für Dich – Du Abendzeitung von Reno!"

Sie lachten heftig, Peter bezahlte, und sie fuhren los. Erst mal bei der Villa vorbei, wo doch tatsächlich der Hof voller Autos war und Kindergeschrei aus dem Pool ertönte. Peter freute sich für das Haus, es war ja nicht wirklich schlecht gewesen.

Als sie aber zur Farm fuhren, Jacobs Gesicht es dem Weg gleichtat und immer länger wurde, bis er schließlich meinte, Alan´s Diary Farm wäre auch nicht abgelegener, da bog Peter endlich ab. Die Augen von Jacob wurden ab jetzt immer größer. Sie passierten die geschäftige Baustelle, auf der gerade große Styroporelemente abgeladen wurden, die Peter als Deckenplatten identifizierte. Sie glitten besonders langsam auf dem Weg zum Haupthaus, so dass dessen „unendliche" Länge auch subjektiv spürbar wurde. Auf Peters Hupen hin kamen Ron, Tony und Irmgard aus dem Haus und begrüßten den nächsten neuen Mitarbeiter.

„Ich hab schon viel von Dir gehört", knabberte Ron sofort in Jacobs Ohr, und der sank vor dem ehemaligen Soldaten beinahe in die Knie.

„Nein, das ist eine Lüge! Ich bin nicht vor Ron in die Knie gegangen", protestierte Jacob, als beim Mittagessen Peter die Begrüßung nachspielte. „Mir sind meine nur ein bisschen weich geworden." Nach dem Mittagessen machte der Belegungsplan der Zimmer deutlich, dass ein Zimmer weniger benötigt würde. Ron sah sich in der freudigen Lage, sein „einsames Nachtlager mit so einem attraktiven" Mann zu teilen. Die beiden könnten – theoretisch zumindest – ein gutes Paar abgeben.

Peter seufzte erleichtert auf, so konnte er doch wenigstens drei Zimmer am Samstag vermieten. Anfragen hatte er mehr als genug gehabt.

Zimmer 1	Tony + Raúl
Zimmer 2	Ron + Jacob
Zimmer 3	Musikzimmer, zeitweise
Zimmer 4	Terrence
Zimmer 5	
Zimmer 6	
Zimmer 7	Georg + Bernd

Am Donnerstagabend hatte auch Jacob die neue Farm und vor allem den Pool bestaunt. Er hatte gleich mit einem Schluck (!) vom Poolwasser festgestellt, dass es die gleiche gute Qualität hatte wie bei Alan, nur dass der Pool VIEL besser aussah. Als Beweis musste er natürlich gleich mal eine 270°-Aufnahme an Alan senden, die auch sofort mit „*Envious! Wonderful!*[96]" beantwortet wurde.

Sie hatten gemeinsam mit Terrence das „gesamte Gelände" abgeschritten, wobei sie Jules hinterher als Lügner verbellte. Sie hatten nämlich die Täler allesamt ausgelassen und nur von den Hügeln aus hinabgesehen. Richtig. Man war ja schließlich keine 20 mehr.

Bronco und Georg hatten sie vorne auf der Baustelle angetroffen, wo gerade wirklich die Deckenelemente aufgelegt und unterstützt wurden, der Beton für Wände und Decken würde am Freitag geliefert werden. „Mit RICHTIGER Betonpumpe", wie Bernd in Erinnerung an die Poolbetonierung betonte.

Man beschloss an diesem Abend, dass es bis Samstagabend noch lange hin sei und es daher keinem schaden würde, sich intensiver kennenzulernen. Jacob: „Leute! Als ich Euch damals verließ, hatten wir gerade die dritte Spenderparty hinter uns. Und jetzt schon die Nummer 25! Das ist unglaublich!"

---

[96] *Neidisch! Wundervoll!*

„Ja, es ist unglaublich!“, strahlte Bronco. „Der Druck bei den Männern muss unwiderstehlich sein. Kann ich GAR NICHT verstehen! Ist DAS nicht unglaublich?“

Gemeinsam überlegten sie zwischen dem zweiten und dritten Durchgang, was sie denn als besondere Jubiläumsshow darbieten könnten, und Jacob bedauerte, dass in diesem Haus die große Treppe nicht mehr direkt in den Salon führte. „Das war so schön praktisch für einen Strip.“

Tony, Ron und Raúl zeigten daher, sozusagen als Generalprobe, was sie an Musik vorbereitet hatten.

Es zerfloss in Tränen ... Terrence!

„Leute“, heulte er, „ist das Euer Ernst? Macht Ihr das immer so?“

Etwas verwirrt bestätigten die Jungs, dass ein festes und ein variables Musikprogramm zu jeder Party gehörte und Terrence offenbarte, dass er selbst ungeheuer gerne Musik machte, Guitarre und Klavier spielte, nur gut singen könne er nicht, dafür aber Texte und Lieder schreiben.

Der dritte Durchgang war plötzlich nicht mehr wichtig. Seine Guitarre hatte Terrence auf dem Zimmer, unbemerkt war sie dorthin gelangt. Seine eigenen Kompositionen konnte er dank noch nicht vorhandener Notationen nur anklingen lassen. Aber als er ein paar bekannte Bluegrass Stücke anspielte, fielen die drei sofort mit ein.

Als weitere Überraschung schlug Jacob vor, mit Bernd zusammen einen Showfick zu bieten – sie, die beiden Träger der längsten Schwänze des Hauses, miteinander. „Es muss ja nicht zum Kommen kommen, es reicht schon, wenn wir die Gäste noch mehr aufgeilen. Vielleicht auch nicht gleich am Anfang...“

„Nein, das wäre nicht so gut“, stimmte auch Raúl zu. „Gleich am Anfang denken die neben ihrem Schwanz auch noch an was anderes.

Apropos! Peter, Tony, Ron: wann gibt´s denn heute endlich was zu essen?“

Lautes Gelächter scheuchte alle rein. Sie hatten zwar Mittag- und Abendessen zu sich genommen, aber für fast ein komplettes selbstgebackenes Bauernbrot mit Butter, Schinken, Käse und Salat war auf alle Fälle noch Platz. Peter seufzte leise und freute sich, dass sie noch drei Laibe übrig hatten.

Koch- & Back- (nicht freier) -tag

An dem Freitag musste die Baustelle auf die fleißigen Helfer Raúl, Tony und Ron gänzlich verzichten, sie wurden dringend in der Küche gebraucht.

Jacob und Terrence waren per Internet und sogar altmodischem Telefon „unterwegs", sich um Mustangs zu kümmern. Der Trailer würde erst am Montag kommen, also waren die ersten Transporte frühestens am Dienstag möglich. Sie fanden tatsächlich vier ungezähmte Pferde, die bisher in keiner der drei Adoptionsauktionen ersteigert wurde. Jacob und Terrence meinten übereinstimmend, dass dies nichts über die Qualität der Tiere aussagte, sondern einfach bewies, dass viel zu wenige Käufer für die Wildpferde vorhanden waren.

Da Peter oder Irmgard keinen Mustang adoptieren konnten, das konnten nur US-Bürger, übernahm der Einfachheit halber Bronco die „Elternschaft". „Ich hätte ja nie gedacht, dass aus meinen vielen Spenden so ein großes Tier werden würde.", verkündete er an dem Abend zur großen Erheiterung aller.

Für die 25. Party hatten sie sich einige Besonderheiten überlegt, die in den USA nicht ganz so üblich waren. Ein paar Chafing dishes[97], vom Gastrogroßhandel geholt, sollten diesmal klassische Wildgerichte präsentieren, als da wären: Hirschrückenbraten in feinen Tranchen und Wildschwein als Gulasch, dazu aber auch normales Rind und Lamm. Mustangfleisch wollte man lieber nicht anbieten.

Gegrilltes Oktoberfest-Huhn jedoch zählte zu den Überlegungen. Man verschob den Gedanken aber auf ein zünftiges bayerisches Buffet bei einer der nächsten Partys. Es hätte nicht so gut gepasst und wäre gegebenenfalls zu große Konkurrenz zum Wild gewesen. Die alte Regel: „Was der Bauer nicht kennt, das frisst er nicht.", galt auch hier.

So jedenfalls stand die Mannschaft – ab Freitagnachmittag auch mit Georg und Bronco – in der Küche, und produzierte so viel und so fleißig, dass sie sich an eine Großküche erinnert fühlte. „Peters Catering Service", schrotzte Bronco. „Ich warte nur auf den Tag, an dem uns eine entspre-

Peter's Catering Service

[97] Warmhaltebecken

chende Anfrage ereilt. Dann müssen wir wirklich überlegen, wie es weitergehen soll.

Aber ich bin eigentlich zu jeder Schandtat bereit!“

„Bloß das nicht auch noch!“, stöhnten die anderen im Chor, „Wir sind doch keine gelernten Köche.“

Bronco zuckte mit den Schultern. „Na und? Offensichtlich schmeckt es bei uns trotzdem besser als in all den Sterneküchen-Fitzelchen-auf-dem-Teller-Restaurants, wo Du selbst nach dem fünften Gang fragst, wann es endlich was zu essen gibt, Dein Geldbeutel aber antwortet, dass die Kreditkarte bereits ausreichend überzogen ist.“ Der Applaus war ihm sicher, klang nur mit Kartoffelknödel- und Teigfingern nicht so voluminös. Denn natürlich war schon wieder der nächste Sauerteig am Gehen, und deutsche Kuchen hatten sich aufgrund der geringeren Süße und der fehlenden Künstlichkeit auch als Renner an den Buffets gezeigt.

Peter seufzte nur ganz, ganz leise. Er war ein kluger Junge und er hatte auch eine gewisse Weitsicht... (NEIN! NICHT WEITSICHTIGKEIT! DIE KÄME ERST IM ALTER.)

Die Baustelle lief an diesem Freitag trotzdem richtig auf Hochtouren. Es war alles zum Betonieren bereit. Die Readymix-Laster kamen im Halbstundentakt, und tatsächlich hatte auch ein richtiger Beton-Elefant Stellung bezogen. Selbst Bob schenkte seine Anwesenheit dem denkwürdigen Moment, in dem sein Haus, also die Etage, die er von dem Haus bewohnen würde, in „Stein“ gegossen wurde. Bernd war in seinem Element, führte persönlich den langen Rüssel, betonierte reihum die Wände immer auf ein Drittel, während die Helfer von oben Rüttelflaschen in die breiige Masse hinabließen und andere unten im Dauerlauf die Wände auf etwaige Bruchstellen kontrollierten. Es bildeten sich keine, so dass die gesamte Betonarbeit inklusive Deckenplatte am Nachmittag beendet war.

Dass sich bei der Decke herausstellte, dass ein Schalbrett auf der Innenseite des Atriums fehlte... – Der Schrei: „J E R R Y !“, dürfte noch in Reno zu hören gewesen sein. Es wurde schnell nachgebessert, und Jerry hatte bald die schöne Aufgabe, den anziehenden Beton per Handschaufel vom Boden auf eine Schubkarre und ins Freie zu befördern. Während des Betonierens der Decke und eine Stunde danach war jegliches Betreten des Baus von unten aus Sicherheitsgründen streng untersagt worden, von Bernd! Die Arbeiter wären auch dann noch sorg- und hirnlos dort drinnen herumgestiefelt und hätten womöglich die Stützen wackeln lassen.

Man stieß trotz des kleinen Fehlers auf die insgesamt geglückte Arbeit mit Prosecco an. Dafür hatte sich selbst die Großküche zu einer Pause gezwungen.

25. Spenderparty

Dass auch diese 25. Party wieder ein voller Erfolg wurde, daran hatte niemand wirklich gezweifelt. „Dank des etwas höheren Eintrittsgeldes“, so seufzte Peter danach todmüde, „hat sich diese mal wenigstens ETWAS rentiert. Ich musste nicht noch was drauflegen.“ Das Gelächter seiner Mannschaft, zehn Sekunden vor dem Ins-Bett-Fallen, klang ebenfalls todmüde.

Jacob jubelte noch am nächsten Tag über die ganz unterschiedlichen Erlebnisse, die sich so sehr von den doch immer ähnlichen Erfreunissen auf der Milchfarm unterschieden. „Das wäre was! So eine Party bei „Alan´s“ zu veranstalten! Doch ich glaube, wir könnten niemanden dazu überreden, zwischen 40 und 160 Meilen zurückzulegen UND dann noch GERNE 650$ zu bezahlen. Ich meine ja, Maitea wäre von der Zusatzaufgabe ganz sicher begeistert – wobei…“ Er wurde nachdenklich.

„Was ist los? Geht es ihr nicht gut, ist sie krank?“, fragte Peter sofort.

„Nein, nicht direkt. Aber ich glaube, es war damals schon bekannt. Die Ärzte hatten sie ab November für zwei Monate auf eine Kur geschickt, zum Abnehmen, weil ihre Gelenke nicht mehr mitspielten. … Gut, sie kam um einiges erleichtert zurück, nicht aber glücklich. Zum einen passten ihr die ganzen alten Sachen nicht mehr. Ben G. oder Joe oder auch Mat sind mit ihr öfter mal in eine Stadt zum Einkaufen neuer Klamotten gefahren. Zum anderen aber sind ihre Gelenke durch das Abnehmen nicht besser geworden, vermutlich hatte sie das aber erhofft. … Und jetzt? Sie fühlt sich einfach nicht wohl.“

Peter beschloss, sich gleich am Nachmittag mit seiner Lieblingsköchin in Verbindung zu setzen und sie zu trösten. Es war ja Sonntag, heute ruhte sogar die Baustelle (oder der Beton). Dass Bernd mit der ganzen Truppe inklusive Irmgard sich trotzdem auf den Bau begeben hatte und dort zufällig auf Bob und Jerry traf, die mit Taschenlampen und Bauhelm bewaffnet, innen nach etwaigen Schäden suchten und nur zwei kleinere Ausbeulungen fanden, erstaunte niemanden. Bauleute können nun mal nicht anders. Dass Irmgard erstaunt feststellte, dass die Räume ja doch nicht nur Spucknapfgröße hätten, brachte sie indes alle zum Lachen.

Es hallte gerne über die Täler und erzeugte immer noch kein Echo.

Terrence hatte bei der Party ebenso begeistert mitgemacht. Bronco konstatierte danach trocken, dass diesem Hengst nicht nur Mustangs wichtig sein würden, so gerne, wie er seine grandiosen 6cm Durchmesser in fremde willige, dann aufjaulende Hintern gesteckt hatte. Er streute das Gerücht, sogar die besonders weiten Kondome seien nun knapp geworden und müssten dringend nachbestellt werden. Terrence jedenfalls strahlte mit Jacob um die Wette. „Ich wiederhole mich gerne: So viel Sex hatte ich in den ganzen letzten Jahren nicht!“

Auch, wenn in den nächsten Wochen an JEDEM Samstag wieder Spenderpartys stattfinden würden beziehungsweise mussten, so verdiente diese Woche doch die Überschrift „Pferdewoche“.

Die Baustelle des Hauses war „uninteressant“ geworden, auch wenn am Montag die nächsten LKWs sich mit Harry und dem Pferdetransporter um die Einfahrtsrechte stritten. Die LKWs brachten neue Steine und neues Baumaterial. Und auf der Deckenplatte zogen die ersten Markierungslinien, diesmal gar nicht erst in Neonspray, sondern nur noch als Schlagschnurkreide, ihre echt geraden Linien. Das mit dem Farbspray, ein Tipp aus einem der Videos, hatte sich als eher hinderlich gezeigt, zumindest, wenn so ein Fachmann wie Bernd an Bord war.

Der Pferdetrailer fand gleich bei den Stallungen seinen Abstellplatz; wohin eigentlich der sicherlich auch mal vorhandene alte Trailer der Vorbesitzer verschwunden war, das konnte niemand beantworten.

Von der Baustelle jedenfalls war kein Material geklaut worden und so entwendeten die Pferdewirte den Bauleuten eine der Kameras, um sie auf die Stallung und den Freibereich auszurichten. Sie sollte die gesamten Dressurarbeiten dokumentieren, auch zu Lernzwecken.

Georg und Bronco hatten nun ein paar Wochen echte Uni-Pause, Bronco beschloss, dass er, wenn überhaupt, für ein weiteres so teures Extraseminar das Geld auch noch im nächsten Jahr oder im Wintersemester ausgeben könne. Er schien vom vermittelten Sonder-Lerninhalt im Vergleich zu dessen Kosten nicht begeistert zu sein, ohne es selbst Peter gegenüber wirklich begründen zu können. „Ach, es war schon nicht schlecht, aber 1000$ dafür, dass wir gelernt haben, wie man mit einer Kamera umgeht? Das konnte ich schon länger.“ Peter nahm ihn fest in den Arm.

Am Montagnachmittag setzten sich die Pferdewirte mit den Eignern zusammen, die nächsten Schritte zu besprechen. Also: Jacob, Terrence und Raúl mit Peter, Bronco und Ron. Ron hatte einfach beschlossen, mit dabei sein zu wollen.

„Okay, wer möchte nun die nächsten Schritte vortragen?“, fragte Peter in die kleine Runde. Als sich keiner meldete, seufzte schließlich Raúl auf.

„Okay, ich mache es ja. Vielleicht ist es auch gut so, denn zum einen gehöre ich hier schon länger zum Haus, zum anderen verstehe ich bis jetzt am wenigsten von Pferden, bin noch nicht mal geritten. Deshalb haben mich die Diskussionen der beiden sehr interessiert. ... Wenn ich das richtig sehe, haben sowohl Jacob als auch Terrence bereits Wildpferde eingeritten. Doch sie taten das zu vollkommen unterschiedlichen Zwecken, Jacob als Reitpferde für Cowboys, Terrence eher als Spielzeug für junge Mädchen. Könntet Ihr das so unterschreiben?“, fragte er die beiden Tierpfleger, sie nickten.

„Ich habe mich dabei gefragt, für wen wir denn die Mustangs zähmen wollen. Nur für unseren Farmnamen, die MUSTANG FARM? Oder verkaufen wir sie später? An Cowboys wohl weniger, der letzte Trek, den ich gesehen habe, war im Fernsehen gewesen, denn hier gibt es keine. Junge Mädchen, die sich unbedingt von einem Pferd reiten lassen wollen... Oh, Verzeihung, ich glaube, da habe ich was verwechselt.

Also noch mal: Junge Mädchen, die gerne ein Pferd reiten möchten – ja, so klingt es anständiger – die gibt es hier häufiger.“

„Ist der jetzt auch so schlimm wie Bronco geworden?“, fragte Jacob halblaut, und ein lachendes „ja“ kam genauso zurück.

„Dann aber stellt sich gleich die Anschlussfrage, für welchen Zweck reiten wir die Tiere ein: für den normalen Reitausflug, für Wettbewerbe oder für Dressur?“ Raúl schaute Peter fragend an, der überlegte noch, als Bronco ihm zuvorkam.

„Also, wenn das die Fragen sind, so möchte ich sie aus meiner Sicht mal beantworten. Ja, wir machen es in erster Linie für die Farm. Wenn wir Terrence hierbehalten beziehungsweise er bei uns bleiben will, dann ist er aber auch ein Kostenfaktor. Er wird eine der Wohnungen im neuen Wohnhaus bekommen, so wie Ron oder Tony und Raúl auch. Für unser Wohnen, Essen und den Lohn müssen wir alle etwas leisten. Ob es da genug ist und auf die Dauer genug sein wird, dass wir wahlweise unsere Schwänze oder Ärsche hinhalten? Ich will ja nichts sagen, aber denkt an Georg. Er ist nicht mehr so jung wie wir und nach zwei, maximal drei Leuten ist Schluss. NOCH halten wir mehr aus, aber wie lange noch? Und wie lange werden uns die Kunden treu bleiben oder werden sie dauerhaft SO VIEL bezahlen? ... Das sind alles Imponderabilien, den Unwägbarkeiten der Zukunft – wir wissen es einfach nicht. Daher fände ich ein zweites Standbein gut.

Und wenn ich schon dabei bin: Terrence, hast Du noch irgendwo ein Klavier stehen, oder sollen wir morgen einen Steinweg-Flügel bei ebay bestellen? ICH sehe auch die Musik als Zukunftschance an – wir hätten hier sogar die Fläche für ganze Festivals. Vielleicht bauen wir auch wirklich eine Cateringküche auf, wobei da der Markt sehr eng ist."

Peter saß etwas geplättet da, Ron räusperte sich. „Hört, hört! Bronco, ich bin mal wieder bass erstaunt von Dir. Du hast nicht nur wieder einen druckreifen Vortrag gehalten – Du hast Dir sogar vorher Gedanken gemacht. Oder anders gesagt, Peter, was sagst Du denn dazu? Kaum ist der Kleine Mitinhaber, bestimmt er schon für die gesamte Zukunft?"

Sie mussten lachen, inklusive Peter. „Na gut, über die Vergangenheit kann er nun ja nicht mehr bestimmen. Wenn ich auch zugeben muss, dass er schon damals seinen wortgewaltigen Einfluss ausgeübt ausübte. Ich habe dem Vortrag nichts mehr hinzuzufügen, vor allem, da ich auch als Kind nie in die Reichweite des Wunsches kam zu reiten. Das war in Nürnberg nicht möglich, und als ich alt genug war, mich vielleicht im Umland für so etwas zu interessieren, da wurde eher ich geritten. Hat auch Spaß gemacht und Geld gebracht, statt es zu kosten. Ich will damit sagen, dass ich keine Ahnung über eine mögliche Käuferstruktur habe. Aber eines wollen wir nicht: Tanz- und Wettbewerbspferde ausbilden."

Sie diskutierten noch ein bisschen weiter. Terrence und Jacob würden sich morgen mal ein wenig wegen möglicher Käufer umhorchen. Einig waren sie sich alle in der Abscheu gegenüber Cowboy-Methoden, die den Willen der Pferde brachen. Terrence verkündete geheimnisvoll, dass er sich auf die ersten Tiere freue, um zu zeigen, wie ER mit ihnen klarkomme. Details verriet er nicht.

„Gut, letzte Frage: wann geht es los?"

„Diese Woche noch – am Donnerstag vermutlich – können wir fahren", erklärte Terrence sofort. „Wir müssen aber vorher noch ein bisschen was richten. Wir haben mal die Zäune überprüft. Da sind einige Bretter morsch, die würden einem wütenden Mustang nicht mehr standhalten. Und dann zertrampelt der womöglich unsere schönen Erdbeerbeete oder will sogar im Pool schwimmen gehen!

Ich habe schon mit Bob geredet, der lässt neben den Schalbrettern für den Bau gleich noch ein paar Zaunbretter mitkommen. Bernd hat´s einfach so genehmigt, notfalls zahle er die paar Dollar, meinte er." Peter und Bronco winkten lachend ab. „Um nochmals auf die vorherige Frage zu kommen, nein, ich hab kein Klavier irgendwo rumstehen, schon lange nicht mehr. Wir müssen auch keins kaufen. Ein gutes Keyboard täte es genauso. Roland, Yamaha oder Casio kämen in dieser Rangfolge infrage. Ich würde es nur gerne vor dem Kauf anhören."

Peter nickte es ab, und Bronco nannte auch gleich mal ein paar Musikstores. Die große Überraschung aber folgte, als sie in den Fachgeschäften alles, nur keine Keyboards fanden. Erst ein Anruf im Elektronikfachgeschäft von Norton erbrachte ein Ergebnis und alsbald auch eine gute Roland-„Orgel".

Ansonsten verlief die Woche ruhig und „ereignislos", was irgendwelche Besonderheiten betraf.

Das Keyboard nahmen sie gleich aus dem Laden mit. Die gelieferten Zaunbretter waren bald festgeschraubt – dank Akkuschrauber kein Problem wie früher –, und damit musste auch nichts mehr genagelt werden.

Der Bau von Bobs Haus nahm weiter Form an. Wieder an einem Freitag würde der Beton für das 1. Obergeschoss kommen können. Das Dachgeschoss – genauer, die Dachterrasse – war dann nur noch eine sehr einfache und schnelle Angelegenheit.

Die Gefrierzelle kühlte sehr erfolgreich. In der Küche brodelte es bereits für die nächste Party und natürlich für die Crew- und Bauarbeiterversorgung. „Sag mal, wollen wir nicht doch mal nach einem Koch Ausschau halten?", fragte Bronco kläglich, als er sich trotz Verband am gerade angeschnittenen Finger damit abmühte, Kartoffeln für den Kartoffelsalat zu schälen. Sie lachten leise, ihn aber nicht aus. Immerhin waren es aktuell 13-14 Crewmen und Bauarbeiter, an den Partys bis zu 40 Leute, die es zu versorgen galt. Und ein Ende war nicht abzusehen. Dazu kamen 6 Katzen und 1-2 Hunde, je nachdem, ob Bob da war oder nicht. Er war recht regelmäßig anwesend, die Küche mundete ihm offensichtlich.

Mum

„Sag mal Mum“, Peter hatte seine Mutter beiseite genommen und sie in ihr Zimmer begleitet. Er wollte alleine mit ihr reden. Etwas, was sonst nirgendwo möglich war. „Was hast Du eigentlich für Deine Zukunft vor?“

Irmgard setzte sich und seufzte. Das war einer der Momente, in dem sie es „bereute“, nie geraucht zu haben. Jetzt wäre so eine Situation gewesen, sich lässig eine Zigarette anzuzünden, um Zeit zu schinden. Doch vermutlich hätte Peter auch das durchschaut, beziehungsweise er war gar nicht so wild auf eine Spontanantwort. Und so saß auch er da, locker-elegant die Beine übereinandergeschlagen, die Fingerspitze des Zeigefingers vor seinem Mund aneinander gelegt und wartete lächelnd.

„Ich weiß es ehrlich noch nicht“, „gestand“ Irmgard ihm schließlich. Peter hatte mit dieser Antwort irgendwie gerechnet. „Du siehst ja“, fuhr sie fort, „meine Kunden werden immer weniger.“

Peter lachte. „Na, das liegt aber doch sicherlich daran, dass Du keine aktive Werbung mehr für Dich machst. Ich weiß nicht – Du hast nämlich nichts mehr erzählt –, wann Du das letzte Mal an der Bar in einem Casino gesessen hast, denn das ist für Reno vermutlich der beste Weg, Kunden zu bekommen. Erschwerend kommt sicherlich hinzu, dass Tony nicht mehr dort ist und Deine Karten verteilt. Doch auf der anderen Seite, Tonys gibt es viele. Also, was hast Du vor?“ Irmgard zuckte mit den Schultern. Sie fühlte sich in die Enge getrieben, wäre am liebsten aufgestanden und davongerannt. Sie beherrschte sich jedoch im letzten Moment, als sie sich selbst zu betrachten begann und erahnte, WIE lächerlich das wäre.

„Machen wir uns nichts vor, Peter. Meine Zeit als Nutte ist abgelaufen, zumindest so, wie es bisher war. Die letzten Male, die ich an der Bar saß, waren es immer weniger, immer besoffenere Typen, die mich nur anquatschten, um zu quatschen. Besoffen zu quatschen, nicht zu vögeln. Ich vermute, die hätten schon nicht mehr gekonnt. Davon habe ich nichts…“ Sie verstummte wieder.

„Und da ist schließlich noch Bob. Er scheint mir das zu sein, was Du aktuell möchtest, gehe ich da recht in der Annahme? Oder, um es klarer zu formulieren, der Sex mit ihm reicht Dir aus.“ Irmgard nickte zaghaft. Peter musste leise auflachen. „Das ist gänzlich ungewohnt für Dich, richtig? Das hattest Du noch nie in Deinem Leben? Außer vielleicht mit Eugen?“ Irmgards Augen wurden ein wenig feucht, er wusste, dass er Recht hatte. „Gut, dann noch eine Frage, und erzähl mir nicht, Ihr hättet nicht darüber gesprochen. Was sagt denn Bob zu dem Thema?“

Darauf konnte Irmgard schnell antworten: „Er hätte damit keine Probleme, weder, dass ich noch als Prostituierte arbeite, noch, wenn ich es nicht mehr täte. Er verdient selbst genug, um auch mich noch mit durchzufüttern, und ich bin ja trotz allem nicht arm.“

„Na ja, wenn Du am Verhungern bist, kannst Du zu uns kommen“, ergänzte Peter lachend, und sie lachte auch mit. „Das heißt also, er gehört nicht zu den Freiern, die eine Nutte ‚befreien‘ wollen, um sie bei sich in Gefangenschaft zu nehmen?“

Irmgard sah ihn entrüstet an. „Peter, Peter! Wie kommst Du denn zu solchen Formulierungen! Die hätte ich gerade mal höchstens von Bronco erwartet!“ Jetzt mussten sie beide lachen.

„Aber ich sehe die ganz große Gefahr, liebe Mum, dass Dir ganz schnell wieder langweilig werden wird. Gut, Deinen Job, hier die Bücher zu führen, den wirst Du behalten, auch, wenn Du drüben wohnst. Dein Zimmer, ach, bei dem aktuellen Andrang hat sich das schneller einer geschnappt, als wir nur ‚A‘ sagen können. Aber das füllt Dich nicht aus. Und bei Deiner Leidenschaft für Hausarbeiten...“ Sie lachte quietschend auf. „Ja, ist doch richtig! Du entwickelst begeisternde Leidenschaften, ihnen aus dem Weg zu gehen!“ Das war der Moment, in dem sie aufstand, zu Peter ging und ihm einen Kuss auf die Wange drückte.

„Ich bin keine vorbildliche Mutter, nicht wahr?“, meinte sie leise.

Peter lachte wieder. „Also wenn ich nur den Haushalt betrachte: Nein! Obwohl, einer Slapstick- oder Comic-Figur könntest Du als Vorbild dienen. Aber sonst? Ich konnte und kann mich nicht beklagen. Alleine, was Du mit der Farm gemacht hast, mit den Überschreibungen und so, das macht so schnell keine andere Mutter. Das ist aber nicht der Grund, warum ich Dich so liebe. Ich liebe Dich einfach, weil Du meine Mutter und genau so bist, wie Du bist, und nicht anders. Sicherlich, wenn Claudia meine Mutter wäre, ich würde sie vermutlich genauso lieben – ... – wenn ich denn mit meinen Armen um sie herumkäme.“ Sie brüllten beide auf, so dass es gleich klopfte und Bronco fragte, ob jemand Hilfe brauche.

„Na, komm schon rein. Du hängst ja eh die ganze Zeit mit dem Ohr an der Tür, weil Du vor Neugierde platzt, was wir hier zu besprechen haben.“

Mit einem sehr flüchtigen „Ist gar nicht wahr!“, saß Bronco auch schon neben Peter auf der Sessellehne. „Also, was gibt's?“

„Warum fragst Du? Du hast doch alles mitgehört!“

Bronco wurde nicht mal rot. „Meine Meinung, liebe Irmgard, ist, dass Du in dem Job durchaus weitermachen solltest. Ich würde mich aber in Deinem Alter nicht mehr selbst anbieten, sondern nur noch meine Dienstleistungen.“ Irmgard schaute ihren „zweiten Sohn“ groß an. Er grinste – mal wieder. Oder immer noch? „Weißt Du, ich sehe überhaupt kein Problem darin, eines der Zimmer, gegebenenfalls auch Deine Wohnung in ein Studio umzubauen. Mit schwarzem Lack und Leder, dunkelroten Wänden, einem Käfig, an der Wand ein paar Handschellen – mach auf Domina! Dabei musst Du selbst nicht mehr hinhalten und Orgasmen vortäuschen, und die Kunden werden Dir dankbar sein. Wir können uns ja mal ein bisschen umhorchen, aber so viele mit diesem Angebot dürfte es nicht geben. Und wenn wir Dir noch vielleicht Nazi-Utensilien besorgen – ja, ich weiß, in Deutschland ist das weitgehend verboten, hier aber überhaupt nicht –, dann musst Du nicht mal auf Englisch schimpfen oder drohen, auf Deutsch klingt das noch viel realistischer. Und DAS bringt zudem noch erheblich mehr ein, als sich flachzulegen und zu hecheln.“

Irmgard schaute ihn mit einem eigenartigen Gesichtsausdruck ruhig an, dann meinte sie: „Und so jemandem habe ich die Hälfte meiner Immobilien vermacht? Peter! Der ist ja noch direkter und noch schlimmer als Du!“

Peter und Bronco lachten. „Tja, ich vermute mal, die Wurzeln für einen guten Journalisten waren schon vor uns da. Wir haben sie nur rausgekitzelt. Wenn ich Dir jetzt sage, dass wir noch nicht darüber gesprochen haben, so darfst Du mir das glauben. Aber ich stimme Bronco auf alle Fälle zu. Es kostet nicht zu viel, zum Beispiel Deine Wohnung dementsprechend umzurüsten. Sie hat noch dazu den Vorteil eines direkten Zugangs von außen. Gerade SM-Kunden sollen sehr scheu sein. Und bei Bedarf ist es kein Problem, in die Wand zur Garage auch noch eine „Geheimtür“ zu schneiden, für ganz „private“ Gäste. Wir müssen für unseren Fuhrpark eh eine neue Lösung finden – zwei Garagenplätze für aktuell schon sechs Autos sind sowieso zu wenig. Vielleicht bekommt Bernd Lust am Bauen, und bald steht draußen eine weitere Garage mit Werkstatt. … Du siehst, vieles ist möglich.“

Irmgard nickte leise. „Okay, ich habe auch schon mal an so was gedacht. Zum einen habe ich keine Lust auf die Zeit zu warten, dass ich als ‚skurrile Alte‘ wieder gesucht werde. Zum anderen weiß ich von einigen Kolleginnen in Nürnberg, dass die damit wieder Erfolg hatten. Sie waren, wie ich jetzt, einfach zu alt geworden.“

Peter und Bronco nickten. „Nun, ich habe mir mal die neuen Bilder von der *Mustang Ranch* angesehen“, sagte Bronco. „Die sind eigentlich alle der gleiche Typ Frau. Jung, voll- beziehungsweise kunstvoll-busig, lange Haare, Haut und Haar in verschiedenen Farben, aber sonst identisch. Du stellst jetzt schon einen anderen Typ dar und Du bist billiger als sie dort. In der Uni hörte ich was von Preisen ab 500$, wobei das Nevadaer Gesetz verbietet, irgendwelche Preise zu veröffentlichen. Aber wir als professionelle Journalisten…“ Peter und Irmgard lachten auf.

Peter erhob sich, Bronco folgte ihm. „Vorschlag, Du redest mal mit Bob darüber. Und jetzt schau Dir Jules an, der will Dich schon die ganze Zeit an die Leine nehmen und mit Dir rausgehen. Also, sei brav und folge ihm.“

„Danke“, sagte Irmgard leise und umarmte die beiden.

„Gerne doch. Wir wollen doch nur, dass das Geschäft noch besser läuft“, grinste Bronco und huschte schnell aus der Reichweite ihrer Arme. Sie schwang sie schon.

„Puh, endlich“, stöhnte Peter zu Bronco, der nickte nur. „Wurde auch langsam mal Zeit, das zu besprechen.“

„Nicht vorstellbar, wenn Mum 2 doch noch vor lauter Langeweile ihre unglückliche Liebe zur Küche entdeckt und französische Köstlichkeiten zu absolut ungenießbarem Essen verkocht.“

„Du denkst an Frenzy von Hitchcock?“, fragte Peter amüsiert und Bronco nickte lachend.

Mustangs

Am Donnerstagabend durfte die Mannschaft zwei wilde Pferde im Gatter der Farm bewundern. Sie zeigten sich relativ verstört, wussten nicht, wie sie sich verhalten sollten, und verhielten sich daher unvorhersehbar ständig anders. Das ging vom Stillstand mit witternder Nase im Wind, über „Angriffe“ auf den Zaun mit abrupter Abbremsung wenige Zentimeter davor, bis hin zu unruhigem Erkunden, ob man nicht irgendwo doch raus könnte. Nur das duftige Heu mit Bergkräutern und die Pressballen aus Alfalfa[98], beides spezielle Ernten von den Bergwiesen der Sierra Nevada, ließen sich beide Pferde gut schmecken.

„Ein guter Anfang“, lachte Terrence, „auch bei ihnen geht die Liebe durch den Magen. Apropos Magen. Wann bekommen wir Abendessen? Wir sind TOTAL verhungert!“ Fröhlich gingen sie zum Farmhaus.

[98] Luzerne, Schneckenklee

Die drei Jungs, Jacob, Raúl und Terrence hatten sich schon am Morgen in Tonys Pickup geklemmt und waren mit dem Anhänger losgefahren. Gott sei Dank mussten sie nicht bis in die über 500 Meilen entfernten Calico Mountains, wo die Regierung / das BLM im Herbst 2009 1900 Tiere hatte zusammentreiben lassen, sondern ihr Ziel lag erheblich näher und stellte somit für Pferde wie auch Abholer keine zu große Qual dar.

„Denn wir dürfen Mehreres nicht vergessen", sagte Terrence auf dem Weg. „Mustangs sind die verwilderten Nachfahren von europäischen Hauspferden. Es sind freiheitsliebende Tiere. Das BLM behauptet, sie fräßen den Landwirten die Felder kahl und müssten daher dezimiert werden. Was wir hier machen, ist also nur ein ganz winziger Tropfen auf einem sehr heißen Stein. Ach, ich darf gar nicht darüber nachdenken." Er schüttelte traurig den Kopf.

„Ich verstehe nichts von Pferden. Aber wenn Du sagst, es sind Wildpferde, wie um Gottes Willen habt ihr die beiden dann in den Anhänger gebracht." Peter schaute richtig fragend drein.

Raúl lachte leise auf. „Ha, Ihr hättet mal sehen sollen, wie die beiden das gemacht haben!"

„Wieso? Haben sie einfach Ihre Hosen runtergelassen, dann sind die Hengste in Ohnmacht gefallen und die Stuten auf die Knie gegangen?"

Die Gruppe jubelte vor Lachen. Die bedrückte Stimmung, die Terrence gerade heraufbeschworen hatte, war wieder verschwunden. Peter war froh drum. Es war halt schon immer so, dass er düstere oder gar schlechte Stimmung nicht aushalten konnte. Den Rang als Pausenclown hatte er in der Schule aber nie gehabt, jetzt hätte Bronco ihn auch problemlos überholt. Er hatte zudem schon früh erkannt, dass er nicht in der Lage sein würde, das Elend der Welt zu beseitigen. Hier sah auch er nur die Chance, einen winzig kleinen Beitrag zur Verringerung zu leisten.

„Nein", keuchte Raúl, immer noch lachend, „das nicht. Obwohl, wenn ich mir die drei anderen Abholer heute so angesehen habe, ich könnte mir vorstellen, die hätten... Aber Terrence hat schon mal Deine Karten verteilt.

Nein, es ging komischerweise ganz anders. Terrence ist zu dem ausgewählten ersten Hengst gegangen und hat einfach mit ihm geredet. Fünf Minuten, zehn Minuten und das hypernervöse Tier wurde immer ruhiger. Und dann ging er, von zwei eingerittenen Pferden flankiert, auch auf den Anhänger. Der hat ja vorne eine große Türe, die haben wir aufgemacht und somit schritt der Mustang einfach ‚geradeaus' statt in eine Falle. Ich hätte NIE gedacht, dass das so klappt."

„Wir auch nicht“, grinste Jacob. „Aber das geht nicht immer so. Die Cowboys, bei denen ich gelernt habe, haben es immer nur mit Gewalt gemacht, auch das Zähmen. Ich verabscheue das. Und ich bin begeistert, wie Terrence es macht. ... Peter, ich befürchte nur, ich lerne hier mehr, als ich Raúl beibringen kann.“

„Das macht nichts, lieber Freund“, strahlte Peter ihn an, „Du bist trotzdem herzlich willkommen. Und wenn Du diese neuen Erkenntnisse nach Texas mitnimmst, dann freut sich Alan sicherlich auch. Es kommt seiner Einstellung den Tieren gegenüber sicher sehr viel näher.“ Jacob legte seinen Arm um den „Großgrundbesitzer“. Als solchen hatten sie nämlich ihren Chef schon bei der Mustangabholung deklariert.

Am Abend ließen sich die interessierten Zuhörer – also alle, im Pool versammelt – von den weiter geplanten Arbeiten und Aktionen unterrichten. Erstaunlicherweise sprach Raúl als Erster.

„Ein Pferd ist ein Fluchttier, das habe ich bereits gelernt. Jacob und Terrence haben mich nämlich auf der Fahrt in die Mangel genommen und mich mit mehr Wissen vollgestopft, als ich in der Schule in einer Woche bekommen hatte.“ Bronco lachte laut auf, Georg grinste superbreit, die anderen kicherten. „Ich kenne jetzt die Grundlagen des Verhaltens von Pferden und sollte mir damit selbst ein Schema erarbeiten, wie ich ein Pferd zähmen würde. Ich habe es auf der Rückfahrt schon mal getan“, zufriedenes Nicken der Tierwirte.

Terrence nickte. „Ja, Raúls Denkweise ist richtig gewesen. Er hat die Grundzüge erkannt – die Details sind einfach Lernsache. Ich möchte aber noch vorausschicken, dass wir ja vier Pferde haben wollten und auch gekauft haben. Der Transporter hat nur Platz für drei, und die sollten nicht unbedingt wild sein. Also haben wir heute nur zwei gebracht und holen die anderen beiden am Montag, wenn´s recht ist?“ Peter nickte es ab. „Gut. Wir sind drei Mann und haben vier Pferde. Das wird echt anstrengende Arbeit. Erfahrungsgemäß brauchen wir 100 Stunden mit jedem Tier, bis es ungefährlich reitbar ist, also nicht Sattel samt Reiter abwirft. Pro Tag dürften zwei Mal eineinhalb Stunden mit jedem ausreichen. Rechnet also nicht zu viel mit uns für andere Arbeiten. Mal einen Tag Pause, ja, das wäre möglich, aber besser nicht am Anfang.

Zuerst müssen wir die Mustangs an uns gewöhnen, daran, wie wir riechen, wie wir aussehen und wie wir uns bewegen.

Dann lernen sie, Berührungen mit der Gerte zu ertragen. Nicht vergessen, eigentlich wollen sie erst davonrennen und dann nachdenken, nicht umgekehrt!

Danach kommt ein Seil, ganz locker über ihren Rücken geworfen. Das ist erst mal die größte Überwindung für ein Pferd. Es kann sich gegen Dinge auf seinem Rücken nicht verteidigen, und der Instinkt sagt ihm, dass seine einzige Überlebensschance gegen den Tiger, Puma oder Löwen, der gerade in seinen Nacken beißen will, rennen und bocken ist. Wehrt es sich nicht mehr dagegen, ist es später mal sogar an einen Sattel gewöhnt, kannst Du es auch nicht mehr auswildern. Der Instinkt, der Reflex, ist gebrochen.“ Nachdenklich sahen die Nichtfachleute den Redner an. Das Wort „gebrochen“ hatte für sie einen unangenehmen Beigeschmack. „Dann folgt die Leine, locker um den Hals gelegt, um daran geführt zu werden. Meist schaut es recht blöd, weil verständnislos, weiß überhaupt nicht, was dieser schwache Zweibeiner da vor ihm will, nur eines weiß es sicher: ‚Ich will das nicht!‘ Es bockt.

Durch die Kombination von Lob, sanften Worten und später, wenn es sich in der nächsten Phase dann an die Hand gewöhnt hat, auch durch Streicheln, vielleicht mal mit einer Möhre als Leckerchen, lernt es zu verstehen, dass es die schönen Dinge nur gibt, wenn es macht, was der Mensch will. Natürlich ist das Dressur, eine Veränderung des Wesens des Tieres. Aber ich finde es immer noch besser, als in ein paar Wochen als Steak tiefgekühlt in einem Supermarkt in Frankreich oder Japan zu landen.“

Nachdem sich die Zuhörer wieder abgeregt hatten, sprach er weiter.

„Es geht dann einfach so weiter, von der Leine hin zu größeren Teilen, wie zum Beispiel einer Fahne an einem Stock. Dann geht es darum, eine Satteldecke zu riechen, zu berühren, sie sich auflegen zu lassen, über eine Plane auf dem Boden zu laufen oder zu lernen, sich nach der Anweisung durch den Stock zu bewegen. Es folgt leichtes Zaumzeug, dann auch die Trense, dieses Metallstück im Maul.“

„Moment bitte!“, unterbrach Peter. „Also: ich stelle mir mal vor, ein Pferd zu sein. Dann zieht man mir ein Zaumzeug über den Kopf. Ihh, eklig, unangenehm, aber nicht unerträglich. Aber so ein Teil die ganze Zeit im Maul? Muss das sein?“

„Nein, es muss nicht sein“, antwortete nun Jacob. „Wenn wir nicht wollen, müssen wir es nicht. Am Zaumzeug aber werden die Zügel befestigt, ich glaube, sie in die Ohren einzuknipsen macht dem Pferd noch weniger Spaß.“ Gelächter, na, was sonst. Aber das Thema war zu ernst, um nicht auch mal einen Scherz zu machen. „Zaumzeug ist also notwendig. Die Zügel werden normalerweise in die Trense eingehängt und das im Maul querliegende Metall drückt dann auf Zunge, Gaumen und Kinnlade und zeigt dem Tier so die vom Reiter oder von der Longenleine gewünschte Richtung.“

Peter spielte seinen Würgereiz sehr gut. „Gut. Dann ist eines klar: Hier werden wir keine Pferde zu körperlich oder seelisch verkrüppelten Tieren trainieren. Wir arbeiten grundsätzlich ohne Trense und mit dem leichtesten Zaumzeug überhaupt. Das Pferd muss zum Menschen Vertrauen bekommen und ihm deshalb folgen, nicht aus Angst vor Schmerz.

Brrr! Wenn ich mir vorstelle, so ein Teil die ganze Reitzeit zwischen den Zähnen zu haben und das zerrt in meinem Maul... Und das, wo ich schon beim Zahnarzt Probleme habe, wenn der nur an die Backen kommt."

Sie lachten alle – ob des Zahnarztes. Was die Pferdezähmung anbelangte, nicht. Die drei Tierversteher nickten. Raúl kommentierte die Aussage des Chefs: „Ich habe es von Dir auch nicht anders erwartet, Peter."

„Hey! Und was ist mit mir? Steht auf meiner Stirn etwa ‚Tierquäler' geschrieben?", protestierte Bronco sofort, und sie lachten wieder.

„NEIN", kicherte Georg. „Aber Menschenquäler könnte schon passen. Wenn ich da an den letzten Samstag denke, wie Du Deinen Pfahl dem einen jungen, schmalen, putzigen, süßen Soldaten so ungespitzt und so ungerührt in den Arsch gerammt hast, dass ihm die Augen rausgetreten sind!"

„Du bist ein altes Schweinchen. Immer redest nur von so was. Dabei sind wir bei ganz ernsten Themen!", beschwerte sich Bronco sofort.

„Ja!", wieherte Georg nun, „Zum Beispiel dabei, dass Du das Zaum- und Sattelzeug vor den Mustangs ausprobieren willst?"

„Keine schlechte Idee", brummte Bronco belustigt, „nachdem Du es mir vorgemacht hast?"

„Kinder, Kinder! Ich bitte Euch! Lasst uns doch EINMAL ernst bleiben!", jammerte Peter wie eine gestresste Mutter.

„Ja, Mami. Warum? Willst DU etwa die erste für den Test sein? Dann entschuldige bitte!", kam es sofort zurück und löste die nächste Lachwelle aus. Sie beruhigten sich erst langsam wieder.

„Also ganz klar", bestätigte Peter nun mit fester Stimme. „Keine Qualdressur und auch die geringstmögliche Belastung des Pferdes hinterher. Keine Trensen, und soweit ich gehört habe, gibt es auch verschieden belastende Sättel. Ich möchte diese vorher mit uns abgesprochen wissen. Okay?

Und diese Regeln werden auch in den Kaufverträgen mit zukünftigen Pferdekunden festgeschrieben. Mit entsprechenden Vertragsstrafen." Sie nickten alle zustimmend, auch die Pferdeleute. „Na also. Sonst noch was?"

Das „noch was" fand mal wieder im Salon statt, in nur einem Durchgang! Immerhin würde am Samstag schon wieder Party sein. Heute war Donnerstag, und so langsam merkten auch die jüngeren Jungs, dass Sexarbeit wirklich Arbeit war.

Beton

Während das Betonieren des Erdgeschosses noch ein Ereignis war, war es beim Obergeschoss schon Standard. Keine Wand gab nach, auch hatte man diesmal die (noch zahlreicheren) Durchbrüche nach oben vorab auf Fehler überprüft und am Freitagabend befand sich auch dieses Geschoss in der Aushärtungsphase. Jetzt fehlte noch die nur halbhohe Dachumrandung. Dann hieß es eine Woche zu warten, bis man sich trauen durfte, die Stahlstützen in den Stockwerken zu entfernen.

Schon wieder eine Party

Die nun 26. Party empfing diesmal wieder eine größere Besucherzahl und Jason war als Unterstützung eingeladen. Marvin und Trevor hatten von vornherein verkündet, dass ihnen einmal im Monat – oder auch nur die Jubiläumspartys – durchaus reichen würde. Sie waren einander zum einen genug, zum anderen schienen sie auch noch andere Freunde zu haben, eine Aussage, bei der sich Peter fragte, wann er denn dazu noch Zeit FÜR SO WAS haben sollte.

Zum ersten Mal begleitete kein Streaming Audio die Sänger, sondern nur Terrence mit der Guitarre. Für einen Keyboarder-Auftritt müsse er noch etwas üben, meinte er. Es wurde ein noch größerer Erfolg als bei den letzten Malen.

Da beim letzten Mal der Showfick keinen zeitlichen Platz mehr gefunden hatte, fand die schweißtreibende Aktion im Garten, am dekorativ beleuchteten Brunnen „ganz zufällig“ zwischen Bernd und Jacob statt. Beide konnten nicht nur gut mit-, sondern auch ineinander. Also sahen die Gäste etwas, was selbst in Videos selten zu sehen war, nämlich, dass sich die beiden Darsteller abwechselnd fickten. Erst fuhren Jacobs 27cm in Bernd ein, dann Bernds 36er in Jacob und beides wurde von tropfenden Ständern mit diversen Händen daran beobachtet. Als Stützobjekt hatten die Jungs erst den Brunnen auserkoren, danach, als Jacob auf dem Rücken lag, nahmen sie die Liege gleich daneben. Bronco stellte selbstkritisch fest, dass es gar nicht auf eine perfekte Ausleuchtung, wunderbare Dekoration oder so was ankam, sondern auf die Natürlichkeit der Situation.

Und als dann Jacob auch noch verkündete, dass er nur noch knapp drei Wochen da sein würde, da waren er und auch Bernd mit ihren Langhämmern so lange heiß begehrt, bis sie laut stöhnend ein „*no way* – ich kann nicht mehr" von sich gaben. Peter nahm für Jacob gleich ein Dutzend Einzeltermine an, im Endeffekt für jeden Tag einen.

„Ihr müsst mich für das Pferdetraining nicht bezahlen", meinte der einzige echte Cowboy der Farm an dem Abend in einer „ruhigen" Minute zu Peter und Bronco. Das war in der Zeit, als alle drei überlegten, ob ein paar Eiswürfel vorne und hinten genügen würden oder ob sie lieber eine Ruhepause in der arktischen Kälte der Gefrierzelle einlegen sollten. „Ich lerne von Terrence wirklich mehr, als ich lehren könnte, er ist besser als ich. Wenn ich ein bisschen was von dem Geld von den Privatterminen abbekommen könnte..."

Die beiden Chefs lachten, versprachen ihm das in die Hand, und Jacob stob davon, wie ein junges Füllen!

Tony

Auch wenn diese Party ebenfalls knapp vor Mitternacht endete, so blieben die Jungs doch noch ein paar Minuten länger auf und „feierten" in Tonys 26. Geburtstag rein. Der Geburtstag war diesmal ein Sonntag.

Auf einen Anruf seiner Familie hoffte der hübsche Junge auch dieses Mal vergebens.

Wieder mal „ruhige" Zeiten

Was man auf der MUSTANG FARM halt so als „ruhige Zeiten" bezeichnete, traf nun auf die nächsten Wochen zu. Bobs Haus veränderte sich von Tag zu Tag. Wann genau es bezugsfähig sein würde, wagte noch niemand zu sagen. Es war auch nicht wirklich dringend, Bob hatte noch sein Haus in der Stadt, die Kids wohnten auch noch da…

Außerdem musste sich Bernd hin und wieder auch auf der Baustelle des neuen Kunden, diesem Chef der Baubehörde, Charles Kley, umsehen, ob und dass dort die Vorbereitungen für die kleine zweistöckige Villa mit 2x250qm ordnungsgemäß verliefen.

Umzugs-Nicht-Pläne

„Sag mal, Irmgard, will Bob denn überhaupt jetzt schon da vorne einziehen?", fragte Bernd sie anlässlich eines „kleineren" Mittagessens eines sehr ruhigen Tages, also an einem Tag, an dem die Anwesenheit von den Bauarbeitern nicht notwendig war, ihm nur Jerry zur Hand ging.

„Ich weiß es nicht, ich vermute mal, er weiß es selbst nicht", meinte Irmgard achselzuckend.

Der sonst so ruhige Jerry meldete sich überraschend zu Wort. „Aber ich habe mehr Informationen. Wir haben erst kürzlich miteinander darüber gesprochen, also wir alle zusammen, wir Kinder und er. Gerade die Jüngeren wollen nicht aus der Stadt weg. Du, Irmgard, warst ja schon ein paar Mal bei uns, daher die Info für die anderen. Wir wohnen in Reno-Sparks. Mein ältester Bruder geht auf die *Coral High School*, wie damals Bronco, Raúl und ich auch. Aber meine anderen Geschwister sind auf der *Edward C. Reed High School*, die ist bei uns direkt um die Ecke. Der Fußweg zur Schule dauert vielleicht fünf Minuten. Das hat seine Vorteile."

„Oh ja, das hat es", grinste Peter. „Als wir in Nürnberg lebten, da hatte Mum uns eine Wohnung direkt hinter der Nürnberger Burg und in Spuckweite zum Scharrer-Gymnasium besorgt. Das war dann meine Schule vom zehnten Lebensjahr an bis zum Abitur, also bis zum Abschluss. Es war ja so praktisch!

Wenn ich mal verschlafen hatte, war ich trotzdem noch pünktlich dort, halt ohne Dusche, aber die anderen haben auch ziemlich gemüffelt.“ Sie lachten.

„Na, ich hoffe, das ist nicht der Grund meiner Geschwister, ohne Dusche in der Schule stinken zu können“, grinste Jerry. „Aber ein Umzug hierher – dagegen sind sie alle. Gut, Alan ist jetzt auch bald fertig mit der Schule, und außerdem hat er schon den Führerschein und ein Moped. Ihm wäre es egal. Aber den anderen beiden? Die stimmten auf keinen Fall zu!“

„Ich werde mit Bob besprechen, wie wir das handhaben wollen. Vielleicht wäre es für mich – als in der Ehe nicht geübtes Mädchen – gar nicht so verkehrt, so was wie eine Wochenend-Beziehung zu führen. Vielleicht gewöhne ich mich dann leichter an den Gedanken der Unfreiheit“. lächelte Irmgard.

Sie lachten alle wieder. Peter ahnte, wie ernst sie es meinte. Er konnte es ihr nachempfinden. Doch er hatte diese Verbindung weder angebahnt noch erhofft oder auch nur irgendwas dafür getan.

„Ich werde auch nichts dagegen tun, die beiden sind alt genug um miteinander klar zu kommen“, sicherte er am Abend beim „Tagesabschlussgespräch“ im Bettchen Bronco zu.

Jerry

Jerry hatte sich während all dieser Tage als gute, zuverlässige Hilfskraft herausgestellt. Er lernte schnell, und Bernd war sich sicher, dass Bob ihn nach Abreise von ihnen beiden wohl als fertigen Betonbauer oder „Fachmann für ICF[99]-Bausysteme“ ausgeben könnte. Denn eine Ausbildung wie in Deutschland war hier in den USA nicht vorgeschrieben. Daher hatte Bernd ihm beim Gießen der obersten Wände den Schlauch führen lassen und gemeint, er solle doch mal ein bisschen mehr bei Peter essen, damit er Kraft bekomme. Das Grinsen von Jerry daraufhin war ein wenig schief geraten.

„Was ist los mit Dir? Wo hast Du mit Peter ein Problem?“, fragte er ihn nun direkt. Sie waren alleine im Haus, schraubten Stützen und Streben heraus.

„Ach, weniger mit Peter“, meinte der Junge. „Auch nicht mit Bronco oder Raúl. Nicht als Einzelne.“

---

[99] Die Styroporbausteine heißen in den USA Insulated Concrete Forms

„Als Gruppe?“

„Ja-ah“, kam die zögerliche Antwort. „Ich weiß auch nicht, aber die sind so ... so ..., sagen wir, sie haben sich verändert.“

„Du meinst, weil sie erkannt haben, dass sie schwul sind?“

Jerry nickte. „Ja, so ähnlich.“

„Und? Sind sie dadurch andere Menschen geworden? Wie war das noch mal? Du bist mit Bronco in eine Klasse gegangen, Raúl war aber in eine andere.“

Jerry nickte wieder. „Ja. Und in der Schule, da waren wir auch nicht unbedingt gute oder gar beste Freunde. Aber wir haben uns nicht ständig gekloppt, Bronco und ich. Mit Raúl, da war ich...“ er brach ab und Bernd nickte.

„Mit Raúl warst Du richtig eng befreundet, wolltest Du sagen? Und das wart ihr auch damals noch, ich erinnere mich, als Ihr Euch zusammen mit Ernst um die Palmen bei der Villa gekümmert habt. Und dann hat Raúl eine andere Seite an sich entdeckt.“

„Ja! Genau das ist es! Er hat eine Seite an sich ENTDECKT! Verdammt noch mal, musste das denn sein? Hätte er damit nicht noch warten können? Wir haben uns so gut verstanden!“

„Und jetzt nicht mehr? Warum? Was ist passiert? Oder sollte ich eher fragen, was nicht passiert ist?“

Jerry funkelte Bernd böse an. „Ja, ich weiß ja schon, dass Du auch schwul bist und mich nicht verstehst.“

„Ach, vielleicht verstehe ich Dich besser, als Du denkst. Aber noch mal, was ist dann passiert?“

„Na, so viel. Er hat sich ... geändert.“

„Und sonst?“

„Sonst ist nichts passiert. Mann! Warum? ... Ach, Du meinst, ob er mich mal ...? Um Gottes Willen nein! Ich glaube, das hätte er nicht überlebt!“

„Na, na, na, so schlimm?“

Jerry, kleinlaut: „Ja, vermutlich schon.“

„Okay, dann mal anders gefragt. Ich war ja mehrfach da, wir haben auch viel geredet, auch Du warst immer wieder Thema. Bronco hat gesagt, dass Du eine Freundin nach der andern hättest. Aus seiner Sicht war DAS aber kein Problem ... und keine Veränderung.“

Jerry winkte unwirsch ab. „Alles Quatsch, Gerede. Jaaah, natürlich habe ich das gesagt, so, wie alle Jungen das sagen. Aber ich habe eine auch schon als Freundin bezeichnet, wenn sie sich nicht direkt weggedreht hat.“

Bernd lächelte in sich hinein. Wie sehr erinnerte ihn das doch an seine Jugend! Nein, er war nie hetero gewesen, aber solche Schulfreunde hatte er zuhauf gehabt. „Darf ich Dir jetzt mal eine ganz persönliche Frage stellen?“

Jerry sah unsicher zu ihm hoch. Pech, wenn man gerade auf dem Boden kniet, dort Verankerungsschrauben löst. „Ja?“ Es klang so unsicher, wie er schaute.

„Hattest Du überhaupt schon mal Sex? Ich meine jetzt, nicht nur mit Deiner Hand und auch ein bisschen mehr als einen Blowjob.“

Jerry leuchtete die weißen Styroporwände sehr gut mit rotem Licht aus. „Ja“, meinte er ganz, ganz leise. „Aber jetzt kann ich es auch ehrlich sagen, denn es war vor einer Woche.“

Bernd lachte laut auf. „Vor einer Woche? Gratuliere! Und, wie war´s?“

Jerry knurrte. „Frag bloß nicht! Es war grausam. Sie hat gerochen, ich bekam nur mit Mühe einen hoch, dann bin ich nicht gekommen und sie auch nicht … Ich möchte es nur noch vergessen!“ Bernd lehnte schon an einer Wand, hielt sich an einer der Stützen mit beiden Händen fest und lachte und lachte und lachte. Er hörte nicht auf. Obwohl Jerry sich fest vorgenommen hatte, nicht mitzulachen, fiel er schlussendlich doch mit ein. „Ach, es ist doch Scheiße! Endlich hatte ich sie soweit und dann so was! Wir schauen uns seitdem nicht mehr an.“

Sie setzten sich auf einen der übrig gebliebenen Steine. „Mein lieber Freund“, Bernd lachte immer noch, „ich kann Dir da keinen Rat geben, außer einem. Du weißt vielleicht, dass in Männertoiletten oftmals blöde Sprüche stehen, zumindest bei uns in Deutschland, an Autobahnen, in billigen Kneipen und so. Einer von denen, die ich mal las, ist nicht so blöd. Er lautete:

> Das Ficken ist nie so schön, wie man es sich beim Onanieren vorgestellt hat.

Es ist ein Satz, den, glaube ich, alle Menschen kennen. Männer, wie Frauen. Ziel muss es also sein, zum einen seine Erwartungen nicht zu hoch zu schrauben, denn eine positive Überraschung ist immer noch schöner, als eine Enttäuschung. Und zum anderen bedeutet das, einfach nicht aufgeben.

Weißt Du, was ich Dir empfehle? Geh doch in den nächsten Tagen mal mit Jules und Irmgard spazieren. Sie kennt die Männer und vielleicht kann sie Dir den einen oder anderen Trick nennen.“

„Und Du, Du hast keinen Tipp für mich?“

Bernd lachte. „Einen, den Du hören willst? Nein. Du bist jetzt wie alt? 18? ... Ja, hatte ich so in Erinnerung. Mein Gott, in Deinem Alter war ich schon nirgendwo mehr Jungfrau. Aber ich kenne genug Männer, eigentlich aber nur Heteros, die auch erst mit 18 oder noch später endlich mal randurften und bei den meisten ging es beim ersten Mal schief.

Ich habe mit 13 angefangen, oder anders gesagt, ich habe mich nicht so geziert.“ Jerry sah ihn fragend an. Bernd grinste. Die „Freunde“ hatten wohl wirklich nicht mehr miteinander geredet. „Nun, meiner ist recht lang. Da waren dann die einen, die darüber lachten und die anderen, die ihn anfassen wollten. Ich habe mich nicht gewehrt. Und damit hatte ich schon etwas Übung, als der erste ‚richtige Mann‘ mit ‚richtigem‘ Sex zu mir kam. Da kannte ich zwar noch nicht alles, aber ich war einfach offen dafür. Ich will damit sagen, ich habe eben nicht nur die ganze Zeit gewichst und mir dabei sonst was irre Tolles vorgestellt, ich habe auch mal andere rangelassen.“

„Du meinst, wenn ich den Anfragen der anderen Jungs nachgegeben hätte...“, zögerte Jerry.

Bernd nickte. „Das meine ich, ja. Ich weiß natürlich nicht, ob es auch bei Dir funktioniert hätte. Aber zumindest wärst Du über Gerüche, Anstrengungen oder auch ‚Versagen‘ nicht so entsetzt gewesen. Das passiert nun mal.“

„Vor allem, wenn Ihr hinten...“

Bernd lachte wieder auf. „Nicht unbedingt. Man kann sich auch da sauber machen. Doch bei meiner Länge nützt auch das nur zum Teil. Es riecht immer ein bisschen. Halt anders, als wenn eine Frau vorne nicht sauber ist. Du bist beschnitten?“ Jerry wurde schon wieder knallrot und nickte. „Gut, dann hast Du da vorne weniger das Problem mit der Sauberkeit, nehme ich mal an. Aber unbeschnittene Männer können auch wie alter Fisch stinken, wenn sie sich unter der Vorhaut nicht reinigen.“ Jerry lachte pikiert pikiert und verschämt auf.

Sie machten mit der Arbeit weiter. Sollte er – worüber sich allerdings Bernd sicher war – neugierig auf seinen ‚sehr langen‘ Schwanz geworden sein, so zeigte er es zumindest nicht. Jerry selbst hatte nach Bernds Schätzung – von den gemeinsamen Badeaktionen im Pool, bei denen sie natürlich Badehosen trugen – vermutlich einen Schwanz von um die 17-20cm bei 3-4cm Dicke, also gutes Mittelmaß.

Raúl

Raúl lernte schneller mit den Pferden umzugehen, als es Jacob oder Terrence von ihrer eigenen „Lehrzeit“ hätten behaupten können. Er hatte eine Art an sich, bei der die Mustangs einfach ruhig wurden, stehen blieben, ihm so was wie einen Anfangsvorschuss von Vertrauen gaben.

Auch der zweite Transport war gut verlaufen. Die Mustangs kamen zwei Tage nach ihrer Ankunft mit dem Training dran. Die Trainer wechselten sich nicht bei den Tieren, aber mit den Zeiten ab. Auf der anderen Seite wagten sie das Experiment, mehrere Tiere gleichzeitig in der Longe zu lassen, mit mehreren Trainern. Das Herdentier Pferd sollte seinen Herdenbezug nicht verlieren. Es nicht zu brechen war wirklich oberste Maxime, doch es herrschte auch eine besondere Situation insgesamt auf dieser Farm. Sie MUSSTEN kein Geld mit der Dressur verdienen, und es wartete auch kein Kunde schon ungeduldig, wann das Pferd sich endlich unter seiner Tochter oder seinem Sohn, womöglich auch unter dem eigenen Hintern befinden würde.

„Wenn sich ein Mustang als nicht dressurfähig zeigt oder nur bei einem Teil bereit ist, mitzumachen, tja, dann halten wir ihn hier einfach weiter als Mustang“, hatte Peter entschieden, ohne jedoch zu definieren, wie man DAS realisieren wollte. Alle Mustangs, die sie bisher nahe der Farm gesehen hatten, waren freilebende Tiere gewesen, die sich freiwillig mehr oder minder nah an das Haus getraut hatten und ebenso frei wieder verschwunden waren.

Jerrys Geburtstag & die Uni

Für Georg das erste Lehr- und für Bronco das zweite Studiensemester würden am 23. August beginnen. Bis dahin kam noch Jerrys Geburtstag dazwischen, den sie aber nur am Rande mitbekamen. Trotz aller Nähe zu Bernd – Jerry hatte mit ihm wirklich so was wie Freundschaft geschlossen – blieb die grundlegende Distanz zu allen anderen, und Jerry erhielt nur ein paar Gratulationen.

Hochzeitstermin

Peter musste seine Mutter ausnahmsweise mal nicht von sich aus darauf ansprechen. Das neue Haus war zwar noch lange nicht fertig, der Außenputz wurde gerade mit Maschinen- und „Facharbeiter"hilfe aufgetragen. Das war kein Job, den Bernd sich zutraute. Eine „Türschwelle" zum Darübertragen konnte man bereits erahnen und so...

„Ich habe heute lange mit Bob gesprochen", nahm Irmgard Peter und Bronco eines Abends in der ersten Augustwoche beiseite. Sie setzten sich mit eiskaltem Eistee auf ihre Terrasse. „Er wird in absehbarer Zeit nicht in dieses Haus einziehen und überlässt mir beziehungsweise uns, ob wir es in dieser Zeit vermieten wollen – also das Erdgeschoss, oben, das ist ja schon geklärt – oder ob ich dort einziehe. Wenn ich das mache, dann sozusagen als Warmhalterin des Hauses, bis er kommt. Er wäre aber sicherlich die halbe Woche abends da und Jerry scheint sich schwer zu überlegen, ob er das Angebot eines Zimmers in unserer Wohnung annehmen will. Ich gehe mal von einem ‚Ja aus und damit ist es auch für mich klar. Ich werde das Haus beziehen, sowie es fertig ist.

Damit ändert sich hier im Haus wieder einiges. Zum einen wird mein Zimmer frei, und ich glaube – auch das habe ich mit Bob besprochen – wir machen es so, wie Bronco es vorgeschlagen hat. Wir richten ein Domina-Studio ein. Wenn wir diese kleine Terrasse hier mit einem Sichtschutz verblenden, wäre das sogar ein weiterer Gag."

„Oh ja", jubelte Bronco, „SM im Freien. Vor allem im Winter. BRRRR! Da braucht man gar nichts weiter zu tun, damit da Dinge steif werden!"

Sie lachten heftig. Peter wollte auch was sagen, doch eine Handbewegung von ihr stoppte ihn. „Du kannst Dich gleich dazu äußern, aber ich bin schon eine alte Frau und vergesse so leicht, was ich sagen wollte. ... ... Wo war ich stehengeblieben?", kokettierte sie. „Ach ja. Dann sind ja auch die oberen vier Zimmer fertig, jedes mit rund 33qm oder – für Bronco habe ich das eigens umgerechnet – 350sqft. Das ist nicht klein und reicht für eine oder auch zwei Personen. Vor allem, wenn man keine richtige Küche braucht. Dann werden hier in der Farm endlich wieder die Gästezimmer frei und ich glaube, das tut dem Haus auch gut.

Peter, erinnerst Du Dich noch an unseren Urlaub bei Florenz? Als wir oben in ***Pratolino*** in einem Gasthof übernachteten, in einem der drei letzten übriggebliebenen Zimmer, alle anderen waren Stück für Stück von der Familie belegt worden?" Peter nickte fröhlich. Ja, daran erinnerte er sich, sie hatten damals kräftig darüber gelacht. Der Hof überlebte nur wegen seines weitläufig bekannten Restaurants und der noch besseren Pizzeria darin.

„Als letzten Punkt möchte ich noch den Hochzeitstermin bekannt geben.“ Erstaunt und erfreut neigten die Jungs ihre Ohren nun besonders aufmerksam der Sprecherin zu. „Wir haben uns überlegt, dass Jacob gerne noch mit dabei sein würde. Ehrlich gesagt, er hatte mich deswegen sogar angesprochen. Und so haben wir uns entschlossen, am Samstag, den 21. August zu heiraten.

Nein, Du brauchst nicht nachzusehen, an dem Samstag hast Du keine Eurer Partys angesetzt. Wenn Du aber möchtest, kannst Du gerne zur großen Hochzeitsfeier einladen, alle Kunden, die Du verzeichnet hast, ich habe kaum welche, die hier wohnen. Aber natürlich sind auch Harry, Richard oder auch der Anwalt invitiert und herzlich willkommen.“

„Oh, Du beugst gleich vor?“, konnte Peter jetzt nicht mehr an sich halten. „Bei der Hochzeit gleich den Anwalt dabei zu haben, damit der später bei der Scheidung bestätigen kann, wie unglücklich Du aussahst?“

„Peter! Du bist und bleibst ein Schandmaul. Und Bronco hat in dieser Hinsicht keinen guten Einfluss auf Dich!“

Bronco schmollte. „Suegrecita[100], wie kannst Du nur so böse zu uns sein! Dabei schreiben wir doch gerade noch an dem 50seitigen Ehevertrag zwischen Dir und Bob!“

„OHHHH!, der ist ja noch schlimmer!“, jaulte Irmgard auf.

„Okay“, versuchte Peter wieder zur Sache zu kommen, „und was stellt Ihr Euch für die Feier genauer vor? Rolls Royce, Stretch-Limousine oder Pferdekutsche?“

Wie toll, dass Bronco mit gut trainierten Bauchmuskeln sofort vormachte, wie eine Stretch-Limo auf ihrem unebenen Weg alle Moment aufsetzte, dann in der Mitte einfach hängenblieb, nicht mehr vor noch zurückkam und im verzweifelten Versuch, der Fahrer gleich mal die Lampen im Umkreis von 10m abrasierte. Sie jubelten mal wieder vor Lachen, so donnernd und jetzt auch so oft, dass nichts anderes übrig blieb, als die sowieso zu kolportierenden Informationen bei den anderen auch noch mit der gleichen Vorstellung Broncos zu würzen.

Irmgard wollte die Details ihren Jungs überlassen, Peter seufzte innerlich auf. Er war jetzt eigentlich – mal wieder – sauer auf Irmgard und machte sich gegenüber Bronco, danach und in ihrer Wohnung, auch Luft. Bronco ließ ihn schimpfen, dann nahm er ihn in den Arm. „Ich weiß gar nicht, was Du Dich so

---

[100] Schwiegermütterchen

aufregst. Mich hat das nicht erstaunt, und ich kenne sie erst seit eineinhalb Jahren, Du sie aber schon bewusst seit mindestens 18 Jahren – mein Gott, wie alt Du schon bist! ... AUA! Immer mich schlagen, und das nur, weil ich die Wahrheit sage."

„Dann gewöhn Dich schon mal daran, was Dir in Deinem Beruf passieren wird. Da ist das hier eine leichte Liebesbekundung.

Aber, Du hast ja Recht. Sie kann nicht über ihren Schatten springen und sie tut es wohl auch nicht mehr. Weißt Du, wenn ich ehrlich bin, bin ich ganz froh, wenn sie nicht mehr hier mit uns unter einem Dach lebt."

„Peter, jetzt bist Du ungerecht. Zum einen sehen wir sie auch sonst kaum, so schnell, wie sie immer verschwindet, wenn es ums Arbeiten geht. Sie kommt überwiegend nur noch zu den Fütterungszeiten.

Zum anderen: glaubst Du wirklich, dass sich DAS ändern wird? Dazu kochen wir alle zusammen mittlerweile viel zu gut, als dass sie sich auf den Fertigfraß rückbesinnen wird. Ja, zur Not mal, aber der Weg zu unserer Frostzelle ist auch nicht weit. Und wenn auch noch Jerry bei ihr drüben wohnt? Denk mal an die Baupläne: hast Du da eine richtige Küche gesehen?" Peter musste Bronco – wie immer – Recht geben. Er seufzte. „Ach, hör auf zu seufzen", empfing er gleich den nächsten Anranzer. „Eigentlich bist Du doch stolz darauf, die Planung machen zu dürfen und alles zu organisieren. Das kannst Du ja mittlerweile schon recht anständig."

„Ohhh, jetzt fängt der auch noch gegen mich an!", heulte Peter auf. Es wurde Zeit zum Abendessen und dann zur Besprechung mit den anderen Jungs.

Sie berieten sich ausgiebig und am Ende stand wirklich so was wie ein Plan für die Hochzeit. Irmgard war schon wieder bei Bob, aber Bernd würde Jerry morgen wegen kirchlicher Fragen einige Infos abverlangen.

Es stellte sich heraus, dass Bob, wie eigentlich erwartet, einer der baptistischen Kirchen angehörte, wobei man erstaunt von Jerry erfuhr, dass das „wie erwartet" auf Nevada ganz und gar nicht zutraf. Hier waren im Jahr 2000 die Baptisten die kleinste Konfession, die größte die römisch-katholische Kirche, dann kamen die Mormomen, jüdische Gemeinden und dann erst die Baptisten. Auch gut. Irmgard und Peter waren beide römisch-katholisch getauft und nie in Kirchen gewesen, außer zur Besichtigung. Trotzdem dachten sie an eine kirchliche Trauung und da kam dann nur Bobs Gemeinde in Frage.

DIE FARM, SCHON MIT POOL UND GARTEN
STALLUNG
Datenbasis Google Earth

Hochzeits-gesang

Oder: Der Abgesang auf die Freiheit (Bronco)

Vorbereitungen

Natürlich liefen die Vorbereitungen zu der Hochzeit schon bald unter Volldampf. Gemeinsam hatte man sich für ein original bayerisches Buffet entschieden, das, was sie in abgeschwächter Form auch zur 30. Spenderparty anbieten wollten. Sie sahen die Hochzeit damit als eine gute Generalprobe an.

Rund 100 Gäste wurden erwartet, eine Zahl, die alle Jungs dann doch ein bisschen wie ein Schlag getroffen hatte – oder eher wie 100 Schläge, die sie tröpfchenweise mit jeder einzelnen Anmeldung erreichten. Also planten sie besser für 150 Leute. Vieles vom Rest – die Party Nummer 30 war nicht mehr weit – konnte gefrostet werden, so zum Beispiel die Klöße, die die Jungs nun im Akkord und zu Hunderten formten.

Am Freitag vor der Feierlichkeit glühten Herde, Holz- und Elektrobacköfen. Die Schweinshaxen waren vom Metzger vorgegart geliefert worden. Sauerkraut, gemischte Braten, Schäufele und Wildgulasch waren in den Röhren, während Bauern- und auch Weißbrote im Holzbackofen ihrer Vollendung entgegenbuken.

Man hatte gute Lösungen gefunden.

Hallelu-Nein!

Nicht alle Vorbereitungen funktionierten so, wie es sich die Jungs vorgestellt hatten. So zum Beispiel weigerten sich die Pfarrer der „Sieben-Tages-Adventisten", die zu den Baptisten gehören, in beiden Gemeinden, den nie in der Kirche gesehenen Bauunternehmer und die römisch-katholische Frau „zweifelhaften Leumunds" kirchlich zu trauen. Es ging den beiden Gemeinden offenbar finanziell gut genug, um auf diese Einnahme verzichten zu können. Außerdem war Bob ja schon mal geschieden – in der evangelischen Kirche eigentlich kein Hindernis.

Claudia kam auf die Idee, doch einfach mal mit den *Wedding Chapels* zu reden. Immerhin war Reno das Heirats- und Scheidungsparadies und wurde darin in den USA nur von Las Vegas übertroffen. Peter und Bronco machten sich auf den Weg und fielen von der einer in die nächste Ohnmacht.

Die ***ARCH of RENO Wedding Chapel*** sah von außen aus wie ein Supermarkteingang und glänzte innen auch nicht viel besser. Die nächste Kapelle wusste nicht, ob man an dem Hochzeitstag überhaupt noch existieren würde, eine andere wirkte wie ein Hoteleingang. Aber allen gemein war, dass sie für maximal 60 Gäste Platz boten, nie und nimmer aber für 150. Reno fiel also aus.

Aber auch hier wusste das Internet mehr und bot die ***Silver Queen Hotel & Wedding Chapel*** in ***Virginia City*** an, einen Ort, der auch nur 10 Meilen von der MUSTANG FARM entfernt lag. Sie war wunderschön antik, vermutlich sogar echt, strahlte den Charme eines Western-Museums aus und bot ebenfalls Rundumpakete. Vom Blumenschmuck über das Hochzeitskleid bis hin zu Gästezimmern. Allerdings auch hier: nicht für 150 Personen.

Nur mühsam fand man eine gute Lösung.

Hochzeitskleid

Auch das Kleid wurde ein Problem. Nicht, weil Irmgard zickig darauf bestand, dass ihr Ehemann es nicht vorher sehen durfte – er wollte das auch gar nicht – , sondern weil ihr wenig gefiel. Sich in China eines nähen zu lassen, dafür war es bereits beim besten Willen zu spät, es würde selbst per Luftfracht frühestens am Hochzeitstag ankommen, eher aber eine Woche danach. Das eine Kleid gefiel ihr „aber es muss ja nicht weiß sein". Im anderen „sehe ich ja aus, wie meine Mutter". Ein wundervolles Kleid war zwar auch im Vintagestil gehalten, entsprang aber einer unbezahlbaren Designerkollektion. Erst ein

Mietkleid aus der Sammlung des Silver Queen Hotels stellte Irmgard und das Hotel zufrieden.

Nur mühsam fand man eine gute Lösung.

Freulich geführt, fallet dahin

Samstag, der 21. August 2010, wurde ein Tag, der in den Annalen der MUSTANG FARM und vor allem im Tagebuch Broncos einen bedeutenden Platz einnehmen würde. Solche Hochzeiten – hatten die Jungs ganz nebenbei erfahren –, mit so vielen Gästen, würden in den USA normalerweise von professionellen Hochzeitsplanern organisiert werden. Für ein paar viele tausend Dollar – von zehn und mehr wurde gemunkelt – würden diese genau die Arbeit machen, für welche die Jungs seit Wochen schwitzten. Also die, die nicht mit Bobs Haus und nicht mit den Mustangs und nicht in, auf oder unter Kunden beschäftigt waren.

Im Endeffekt hatte sogar Georg in der Küche Kartoffeln und Zwiebeln geschält oder den Salatdressings noch den letzten Pfiff gegeben. Er hatte bis Semesterbeginn kaum in der Uni zu tun.

Für alle Beschäftigten begann der Hochzeits-Samstag schon zu nachtschlafener Zeit um 6am, weckte sie aber mit angenehmen Temperaturen von um die 14°C, die sich im Laufe des Tages wohl jedoch wieder auf über 30 schwingen würden, wie in den letzten Tagen auch. Es wurde ihnen ganz heiß, alleine bei dem Gedanken. Vor allem aber dabei, dass sie heute ab spätestens 9 Uhr „ordentlich gekleidet“ sein mussten, Fracks und passende Hosen entstammten ebenfalls einem Kostümverleih. Claudia hatte sich angeboten, über Herde, Öfen und Grills zu wachen. Denn naturgemäß durften Peter und Bronco an vielen Stellen der Feier nicht fehlen. Sie hatte gleich noch eine Freundin mitgebracht. Die zwei drängelten sich schon in der Küche, während die Jungs, noch in Arbeitsklamotten, für die richtige Glut im Holzofen sorgten. Die Schweinshaxen hatten am *high noon* knusprig zu sein und dafür musste der Ofen auch wieder ein wenig auskühlen. Im Akkord schleppten sie Eimer, Töpfe, Schüsseln und Schalen aus der kühlen Garage in die Küche.

Wie gut nur, dass gerade die Braut vor lauter Aufregung keinen Appetit hatte und das Frühstück damit aus schnell geschmierten, fertigen Broten bestehen konnte, plus literweise starkem Kaffee, um sie alle wach zu bekommen. 6am – um diese Zeit drehten sich alle normalerweise noch mal im Bett um!

Broncos Bericht

Immer ich!

Eigentlich wäre es ja Peters Aufgabe, diesen subjektiven Hochzeitsbericht zu verfassen. Doch zum einen verspürt er herzhaft wenig Lust dazu. Zum anderen meint er, es sei durchaus eine Story, die ich – mit ein paar kleinen Verfälschungen (er nannte es „Korrekturen") – gerne der lokalen Presse anbieten könne. Pech nur, dass auch diese Presse schon anwesend ist, meinen Bericht nicht benötigte, dafür aber der Redensart alle Ehre macht: „Journalisten haben immer Hunger." Komisch, das kann ich so GAR NICHT verstehen.

Stattdessen werde ich diese Story als Grundlage für irgendeine Hausarbeit im nächsten Semester verwenden können. Das ist auch was wert.

Wie berichtet, beginnt alles schon um 6 Uhr morgens – für uns fast noch mitternächtliche Stunde! Okay, die Sonne scheint bereits hell, es wirkt also nicht mehr wie mitten in der Nacht und nach wenigen Minuten in Küche und Salon haben wir auch gar keine Zeit mehr, an die bleierne Müdigkeit oder an Schlaf auch nur zu denken. Unsere lieben Katzen haben es da viel besser, sie winkten uns mit einem viertel geöffneten Auge zu, rollten sich wieder zusammen und schnarchten weiter.

Wir schaffen die vorbereiteten Sachen zu den lieben Mädels. Claudias Freundin Chrissy ist Gott sei Dank nicht dick, eher dürr. Zwei solche Matronen in der Küche wären vermutlich der Tod für Herde, Möbel, Töpfe und Pfannen gewesen. Aber die beiden arbeiten absolut professionell. Mum hat von uns dann auch ein entsprechendes Entgelt erhalten – auch für Chrissy – für den entgangenen Verdienst in dem „wegen Familienfeier geschlossen"en Diner. Wie süß! Irmgards Hochzeit ist für Claudia eine Familienfeier! Ich liebe meine Mum 1 und auch meine Mum 2. Und Mum 1 ist wohl immer noch froh, dass ich hier gelandet und glücklich bin. Sie scheint für sich schon wieder etwas Neues in Aussicht zu haben. Ich meine, ich verstehe es ja, bei ihrem Design ist es nicht ganz so einfach.

Wie bitte?

Ach, ich schweife ab?

Sorry, das ist nicht richtig. Ein wenig Lokalkolorit gehört in so einen subjektiven Bericht mit rein.

Gut, ja, ich nehme den Teil für die Uni wieder raus. Zufrieden?

Es ist wirklich noch nicht warm, als wir mit dem Räumen und Schleppen fertig sind. Aber wir fließen schon davon. Rasch noch mal duschen und „los geht es". Wie schon bemerkt, keine *location* war groß genug oder aufnahmebereit für uns. Das machte aber nichts, es kam eher meinem und dann doch Peters Wunsch entgegen, alles hier bei uns zu machen. WIR haben ja schließlich Platz. (Und viel günstiger wird es zudem auch, auch, wenn wir uns alles Vorstellbare hätten leisten können.)

150 Gäste sind erst mal nur das eine Problem. Das anderen würden die mindestens 100 Autos werden und DAFÜR haben wir keinen Platz. Zumal das neue Haus von Bob auch nicht vollständig zugeparkt werden konnte und unsere Mustangs auf knatternde PKWs mit defekten Auspuffen noch recht schreckhaft reagieren.

Aber wir hatten ja rechts von unserem Grundstück, an einer kurzen, abgehenden Straße, dieses heutzutage unbenutzte, befestigte Gelände gesehen und bereits gestern einen großen Wegweiser „right turn only" an der Abzweigung angebracht.

Die Trauungszeremonie würde neben dem Farmhaus stattfinden, dort, wo normalerweise unsere Autos stehen. Dort, wo nach unseren Plänen auch bald entweder eine richtige Garage oder Carports errichtet werden. NOCH ist dort und auf weiter Flur Platz. Die „Damen" wurden in der Einladung gebeten, auf hochhackige Schuhe bei diesem Event besser zu verzichten, ich hoffe, unsere Herren halten sich auch daran. Eine Drag-Queen im Fummel, die mit 8inch[101]-Higheels im Sand stecken bleibt, wäre sicher eine ganze Fotoserie wert.

Apropos Fotos. Ich habe schon Jason und Trevor mit je einem Fotoapparat und Marvin mit der Videokamera ausgestattet. Ich werde ja wohl kaum dazu kommen.

---

[101] 20cm

Seit circa 8am fahren Kolonnen von Autos auf das Gelände, die meisten halten sich an die Beschilderung, die anderen müssen halt vor dem Tor drehen. Die Kette geht heute nur für spezielle Fahrzeuge runter, wie zum Beispiel für Tony. Der fährt mit Peters Honda Shuttledienst. Nun ja, 400yards sind für die altersschwachen Soldaten unter unseren Besuchern ja auch ein bisschen sehr zu weit!

Wer dennoch zu Fuß kommt, wird von Raúl auf den Platz bei Bobs Haus gewunken. Dort ist Tonys Pickup aufgebaut und auf der Pickup-Fläche, auf ein paar schönen Tüchern, eine kleine Getränkebar zur Selbstbedienung. Sollen wir 150 Mann auch noch bedienen? Haben wir Rollen statt Füße?

Der neue Roh-Bau ist extra sauber gefegt, die Außentreppen nach oben sind auch schon geliefert und gleich an Ort und Stelle gewuchtet worden. Es ist zwar noch nicht fertig und Betreten AYOR[102], aber das Schild hindert keinen neugierigen Besucher daran, sich die Wartezeit zu verkürzen.

Norton und seine Freundin sind natürlich auch geladen, er kommt ohne. Aber er bringt dafür einen weiteren Satz WLan-Lautsprecher – sogar mit Akku – mit, damit wir die Fläche dort etwas beschallen können. Tun wir auch, und zwar mit Wiener Walzern und Polkas vom Anfang des letzten Jahrhunderts.

Punkt 9 Uhr wird die Musik unterbrochen, eine Fanfare kündigt von Neuem, und nach zwei spannungsgeladenen Minuten passiert es. Die Küchendamen können es über den Monitor mit ansehen, denn die Kameras sind ja immer noch auf die Baustelle gerichtet. Diese Show lasse ich auch aufzeichnen.

Mit dem typischen und auch hier so selten gewordenen Klappern von sechzehn Hufen zieht ein Vierspänner eine Victorianische Kutsche, mit einem in klassischem Frack, long tail, gekleideten Bräutigam mit Zylinder und einer Braut – Mum 2, Du siehst bezaubernd aus! Auf so jung geschminkt!! **Ja** WAHNSINN!!! Kleider machen Leute. Sie ist ja ohnehin eher dünn als schlank zu nennen. Das Kleid aus dem Silver Queen-Hotel passt ihr, als wäre es für sie geschneidert worden. Wir erkennen sie kaum wieder!

---

102 At your own risk = auf eigenen Gefahr

Langsam wird auch den Gästen klar, warum sie sich hier vor dem Neubau versammeln sollten und nun auch rausgetrieben werden. Die Kutsche hält sehr nahe am Eingang, Bob steigt aus, hilft seiner Braut aus der Kutsche – NEIN! Er hilft ihr nicht raus, er nimmt sie einfach auf den Arm und trägt sie über die Schwelle!

Mir steigen ein paar Tränchen in die Augen, und Peter glänzt auch feucht. Zur Abwechslung mal oben, im Gesicht, nicht unten. (Okay, okay, auch das werde ich für die Uni löschen müssen. – Äh, warum eigentlich?)

Schade, Bob hat die Gelegenheiten nicht genutzt, die diese Szene an Slapsticks bereitgehalten hätte, aber vermutlich waren unsere Vorschläge von den beiden gemeinsam verworfen worden. Auch gut so. Der Applaus von rund 180 Händepaaren (wir haben uns dann irgendwann verzählt, aber die Schätzung stimmt schon) donnert über die Hügel und Täler ...

... und gibt schon wieder kein Echo!

Das Brautpaar besteigt nun erneut die Kutsche und fährt vor den Gästen wirklich fast im Schritttempo zum Farmhaus. Gut, Schritttempo ist relativ, unsere Soldaten halten mit, die anderen kommen etwas hechelnd nach. Dass aber eine weibliche Stimme aus der Menge im originalen und ordinären Ton einer Elisa Doolittle kreischt: „Lauf, Dover, lauf, sonst streu' ick Dir Pfeffer in den Arsch!", das bringt den Hochzeitstross doch etwas ins Straucheln. Nur der Masse ist es zu verdanken, dass keine der Damen oder Herren Damen wirklich zu Boden gegangen ist. (Die Verursacherin des Kreischens haben wir aber nie herausbekommen – wir hatten auch keine Zeit dazu!)

Es macht nichts. Die Pferde waren Gott sei Dank Trubel und Lärm gewöhnt, rissen auch bei dem nun donnernden, kieksenden und keuchenden Gelächter nicht aus. Das sich ebenfalls gerade halbwegs erholte Brautpaar wartet mit dem Aussteigen bis alle da sind und Fotos geschossen haben. Nun finden auch die beiden Küchenkräfte Zeit und Gelegenheit, eigene Fotos mit den Handys zu schießen. Ich glaube, Irmgard ist in ihrem Leben noch nie so viel fotografiert worden wie jetzt, Bob sicherlich auch nicht. Doch Männer legen im Normalfall ja auch keinen so großen Wert darauf – normale Männer.

HALT! Lasst mich mal durch, ich muss auch mit aufs Bild!

HALT ! Fotografen !

Umpf, gerade noch geschafft. Peter steht schon da, und diese fiesen Leute wollten wirklich die Fotos ohne mich machen! Ich bin ihnen aber so was von vor die Linse gesprungen! Das darf doch nicht wahr sein!

Okay, als ich dann die ersten Fotos sehe – dieses Honiggrinsen, ich weiß nicht, ob das so vorteilhaft wirkt...

Señora y Señor haben also den nächsten offiziellen Fototermin abgehalten. Zu den nun ertönenden Klängen vom Hochzeitsmarsch aus Lohengrin – uns Durchschnitts-Amerikanern sagen ja weder Wagner noch Lohengrin etwas, aber DEN kennen wir – erhebt sich das Brautpaar. Bob steigt elegant vom Wagen und ... Wenn wir ihn nicht in einer blitzartigen Reaktion gehalten hätten, wäre er direkt und vornüber auf den verfestigten Sand gefallen. Macht noch weniger Spaß als auf lockeren Sand. Warum das passierte? So richtig wusste auch er es nicht mehr. Hinterher, nachdem sich der gesamte Trubel wieder gelegt und auch Irmgard aus dem Wagen gestiegen war – vorsichtshalber gleich mit galanter Handführung durch Peter, meinte er, er sei gestolpert. Ich tippe mal eher auf eine Schwäche ob der neuen Herausforderung, der er sich zu stellen gedachte. ER wusste im Gegensatz zu Mum 2 immerhin schon, worauf er sich da einließ. Oder es war ein Schwächeanfall, weil auch er zu sehr hatte lachen müssen. Was so ein Zitat doch alles bewirken kann!

Der Hochzeitsmarsch ist nicht SO lang, also wird er noch mal angestimmt, als das Brautpaar in Richtung des kleinen Rednerpults und der beiden Stühle schreitet. Bob war nichts passiert, nur der Schreck sitzt ihm in den Gliedern und die Videoanalyse hinterher lässt uns den Verdacht nicht loswerden, ihm sei wohl wirklich für einen Moment schwarz vor den Augen geworden. Hach, immer diese empfindlichen Männchen! Empfindliche Krütsche-rühr-misch-nied-aan[103]. Dabei ist Irmgard doch gar keine Spinne, die ihn nach den notwendigen Aktionen einfach mal so auffrisst.

(Dass Peter hinterher meinte, nein, seine Mutter sei ja eine echte Lady, sie nehme zum Verspeisen von Ehemännern immer Messer und Gabel – ich glaube, dass könnte in der Uni beim Vortrag das Seminar sprengen.)

Irmgard, geführt von Peter, und Bob, geführt von Jerry, mit Ron, der im weißen Tutu zum erneut kreischenden Lachen aller Gäste auftritt und weiße Blüten auf den nicht vorhandenen roten Teppich – hätten wir den etwa auch noch mieten sollen? – ausstreut, sind sie endlich angelangt. Der Hochzeitsredner, eine „staatlich zur Eheschließung befugte Person", hält eine kurze Ansprache, hier ein Gedächtnisprotokoll der wichtigsten Stellen:

> Liebes Brautpaar,
>
> ich beginne erst mal mit den Formalien. Wir befinden uns hier in den USA im Bundesstaat Nevada und damit muss das Mindestalter der beiden Eheschließenden 18 Jahre betragen. Ich glaube, *(er sieht die beiden intensiv an)*, daran dürften keine Zweifel mehr bestehen.
>
> Allerdings, manchmal würde ich zu gerne daran zweifeln, denn ich bin mit Dir, Bob, gemeinsam in die Schule gegangen und

[103] Kräutchen-faß-mich-nicht-an = Mimose

wäre dann folgerichtig auch noch in so jungem Alter. Aber sei´s drum.

Der nächste Punkt sind die Formalien, die habe ich bereits überprüft, sie sind in Ordnung. So schwer war das aber auch nicht.

Nun also zum Persönlichen.

Die Ehe ist, wie wir alle wissen, ein hohes Gut. Da ich aber kein Religionsprediger bin, kann ich mir alle Ermahnungen sparen, wie heilig und wie wertvoll sie ist – meine beiden Ex-Ehefrauen jedenfalls waren auch da anderer Meinung als ich. Deine, lieber Bob, soweit ich mich erinnere, auch.

Irmgard, Dich kenne ich noch nicht, also nicht genauer. Aber Du scheinst mir mit beiden Beinen mitten im Leben zu stehen, und so erwarte ich auch von Euch beiden, dass Ihr Eure Probleme löst, wie es erwachsene Menschen tun sollten. Die Probleme werden kommen, keine Bange, alles andere wäre ja auch fürchterlich langweilig.

Aber wenn ich das richtig sehe, sind da mindestens drei junge Männer, die Euch bei allen Kalamitäten des Lebens mit Rat und Tat beiseite stehen. Sie sehen so jung aus, dass ich bei deren Eheschließung wirklich nach dem Pass fragen müsste,

Ja, Bob! Ich meine Jerry, Deinen Erstgeborenen neben Dir, der gleich diesen Akt der Verbindung bezeugen wird. Vorsicht, er ist im Stande, Dich auch in ein paar Jahren noch daran zu erinnern.

Irmgard, Dein Sohn Peter steht an Deiner Seite und wird das gleiche tun.

Aber ich habe von drei jungen Männern gesprochen und damit meinte ich nicht Bobs nächsten Sohn, sondern Bronco. Den festen Freund von Peter und Mitinhaber dieser Farm. Die drei leben hoch!

...

So, und jetzt vermute ich mal, habe ich schon wieder genug geredet, lasst uns Taten sehen und den Bund der Ehe besiegeln.

Es folgen die kurzen Formeln der nichtreligiösen Eheschließung. Eigentlich hätten wir die beiden drängen sollen, eigene Ehegelöbnisse zu formulieren und vorzutragen. Aber woran man alles noch hätte denken können!

Peter überreicht den beiden Brautleuten die Ringe, sie passen sogar(!), und dann dürfen sich Braut und Bräutigam küssen. Das war dann das nächste und letzte, wahrscheinlich von allen aufgenommene Bild dieser Hochzeit.

Nein?

Okay, nicht ganz. Ich glaube, die knusprigen Haxen – noch im Ofen – und die Brathähnchen am Spieß – auf dem Holzkohlengrill – liefen dem Brautpaar nicht nur auf den Fotos bald den Rang ab. Sie waren ja auch zu köstlich! (Und sie schmecken garantiert besser, als dieses frisch vermählte Alt-Fleisch! AUA! Peter! Du sollst mich nicht immer hauen!)

Wie gut, dass wir uns auf die rund 200 Personen vorbereitet hatten. Ich würde ja lügen, würde ich behaupten, alle Hähnchen hätten wirklich auf dem Holzkohlengrill Platz gehabt. Aber die Öfen in der Küche taten das ihrige, sie so heiß auszugeben, dass sie über der Kohle nur noch den letzten Kick bekommen mussten, oder dann, als die Haxen in mehreren großen Gastropfannen in den Holzofen geschoben wurden und dort nur zu Ende garten. Den Grill bevölkern zwischendrin kleine Bratwürstchen, die – laut den Deutschen – wirklich wie Nürnberger Bratwürste schmecken, obwohl sie in den USA hergestellt werden.

Auch die anderen Leckereien finden große Anerkennung und regen Zuspruch, von einer Hochzeitssuppe – da muss ich gleich noch drauf zurückkommen –, über das frische Bauernbrot mit hausgemachtem Schmalz und frischen Röstzwiebeln – ebenfalls hier vollkommen unbekannt und bislang für mich unvorstellbar, dass man so was essen kann, bis ich nur noch so schmatzte – , bis hin zu der Bayerischen Creme in lauter kleinen Gläsern serviert. Diese Gläser, wie auch die Gastrobehälter hatten wir einfach mal gekauft, nicht gemietet. Ich ahne ja schon, dass wir uns irgendwann wirklich als Caterer profilieren müssen.

Die Anfragen dazu direkt auf dieser Party scheinen meine Ahnung zu bestätigen. Da wären so viele Geburtstage, Hochzeiten von Brüdern oder

Schwestern oder eben auch die mann-männliche Verpartnerung[104]. Wir winkten erst mal ab. Erst mal... ... Platz hätten wir ja genug. ... und einen viele Gäste ertragenden Pool. ... und eine Festwiese. ... und ein paar, bald noch mehr, Gästezimmer.

Was?

Ach so, die Suppe. Das ist auch etwas, was ich überhaupt nicht kannte, diese Art von „Hochzeitssuppe". Die kräftige Rinderbrühe, natürlich selbstgekocht, kenne ich ja noch. Aber „Griesnockerln", „Leberknödel", „Markklößchen" – davon hatte ich noch nie gehört. Und dass man Pfannkuchen auch dünn ausbacken und in die Suppe geben kann, dazu Nudeln, Kartoffel- und Wurzelgemüsewürfel? – Alles soll da wohl rein, was glücklich macht – so zumindest Bernds Interpretation. Auch gut, uns allen hat sie geschmeckt, selbst Mamita ist begeistert, das ist halt doch mal was anderes, als wir es von der mexikanischen Küche her gewöhnt sind. Da wäre es, wie sie meinte und ich leidvoll bestätigen kann, wieder nur eine dicke Bohnensuppe mit anschließender kräftiger Biogasproduktion geworden.

Als die Gäste dann langsam satt werden, Peter, Jerry und ich bei nun UNSEREN Eltern sitzen, natürlich nicht nur für die nächsten Fotos um die Wette strahlen, da hat sich ganz heimlich und von uns (fast) unbemerkt eine kleine Gruppe an den Rand des „Spielfeldes" begeben. Die Musikberieselung wird unterbrochen, es klopft ein Finger an ein Mikrophon, er erzeugt NATÜRLICH den üblichen Rückkopplungseffekt. Der klingt wie immer schrecklich, hat aber zur Folge, dass alle sofort still sind.

„Meine Damen und Herren!

Ich präsentiere: THE MUSTANG BOYS!" Die Stimme gehört eindeutig Georg, der Sound aber sofort den anderen. Den Part des Herman singt Ron, den des Girls Raúl.

---

[104] Lebenspartnerschaft, in den USA domestic partnership genannt und in Nevada seit dem 1.10.2009 möglich, ähnliche Regelungen wie in Deutschland

I Love to Cry at Weddings Lyrics (*Sweet Charity)*

Ron:

Tomorrow when you say “I do” I’ll die,
I’m almost too ashamed to tell you why...
I love to cry at weddings,
How I love to cry at weddings
I walk into a chapel and get happily hysterical,
The ushers and attendants,
The family dependants,
I see them and I start to sniff,
Have you an extra handkerchief?
And all through the service
While the bride and groom look nervous
Tears of joy are streaming down my face.
I love to cry at weddings, anybody’s wedding
Anytime! Anywhere! Anyplace!

Raúl:

I always weep at wedding
I must sob and weep at weddings
Oh, all is sweet and sloppy
And all “promise me” and all that jazz

Raúl, Ron:

The man you rest your head with
The man you share your bed with
Is married too
And so, you know, will jump up
And dress and blow
I could marry Herman
And be permanently sorry

Alle:

We would make a really lousy pair

Ron:

But, Gee, I want a wedding, any kind of wedding

Alle:

Anytime, anywhere, any place!
I love to cry at weddings
How I love to cry at weddings
I walk into a chapel and get happily hysterical
The ushers and attendants
The family dependants
I see them and I start to sniff
Have you an extra handkerchief?
And all through the service
While the bride and groom are nervous
I drink champagne and sing "Sweet Adeline"!
Ha Ha Ha!
I love to cry at weddings
Anybody's wedding
Just as long as it's not mine!
I love to cry at weddings
Anybody's wedding
Anytime, anywhere, anyplace

Musik Cy Coleman, Gesangstexte Dorothy Fields

Dass allerdings „Alle" hier auch wirklich (fast) alle bedeutet, das hätte niemand gedacht. Niemand der Anwesenden kennt dieses Musical nicht, es ist bei Schwulen noch beliebter als bei Heteros, denn es erzählt ja von der großen, dann unerfüllten Liebe (dies nur als Hinweis für alle, die es NOCH nicht gesehen haben).

„Liebste Irmgard", nimmt der Conferencier Georg wieder das Mikrophon, „wir alle hoffen, dass es Dir in Deinem neuen Leben besser gehen wird, als Shirley MacLaine. Das Musical kam 1967 auf die Welt."

„Ich auch!", ruft Irmgard begeistert und hält sich sofort die Hand vor den Mund. „Upps, eine Dame sollte doch ihr Alter nicht verraten!", meint sie zum großen Gelächter aller.

„Und da Euch der Song offenbar gefallen hat, folgt nun noch ein Medley aus Hello Dolly, bevor die Musik eine Pause macht. Heute performed der neue Star des Musikhimmels: Raúl Maria Jorge Guerrero!

Maestro, por favor!", verbeugt er sich gegen Terrence und der schlägt erneut in die Tasten.

It takes a woman

Raúl:

It takes a woman all powdered and pink
To joyously clean out the drain in the sink
And it takes an angel with long golden lashes
And soft dresden fingers
For dumping the ashes

Alle:

Yes it takes a woman
A dainty woman
A sweetheart, a mistress, a wife
O yes it takes a woman
A fragile woman
To bring you the sweet things in life

Raúl:

The frail young maiden who's constantly there
For washing and blueing and shoeing the mare
And it takes a female for setting the table
And weaving the Guernsey
And cleaning the stable

Alle:

O yes it takes a woman
A dainty woman
A sweetheart, a mistress, a wife
O yes it takes a woman
A fragile woman

To bring you the sweet things in life

And so she'll work until infinity
Three cheers for femininity
Rah Rah Rah...Rah Rah Rah
F. E. M. - I. T. Y

Raúl:
F. E. M. I. T. Y?
Get out of here!
And in the winter she'll shovel the ice
And lovingly set out the traps for the mice
She's a joy and treasure for practically speaking
To whom can you turn when the plumbing is leaking?
Alle:
To That dainty woman
That fragile woman
That sweetheart, that mistress, that wife
O yes it takes a woman

Raúl:
A husky woman
Raúl, Ron:
To bring you the sweet things in life!
Alle:
O Yes it takes a woman
A dainty woman
A sweetheart, a mistress, a wife
O yes it takes a woman, a fragile woman
To bring you the sweet things in life.

Jerry Herman

Ron & Raúl im Duett:
Oh, hello Dolly,
well, hello Dolly,
It's so nice to have you back where you belong
You're lookin' swell, Dolly, I can tell, Dolly
You're still glowin',
you're still crowin',
you're still goin' strong

We feel the room swayin' while the band's playin'
One of your old favorite songs from way back when
So, take her wrap fellas,
find her an empty lap, fellas
Dolly won't never ever go away again

Hey, hello Dolly,
well, hello Dolly,
It's really nice to have you back where you belong
you're lookin' swell,
Dolly, I can tell, Dolly
Still glowin',
still crowin',
you're still goin' strong

We feel the room swayin' while the band's playin'
One of your old favorite songs from way back when
So, take her wrap fellas,
find her a big fat lap, fellas
Dolly don't ever go away,
Dolly don't you ever,
ever go away
Dolly don't you ever go away again

Jerry Herman

Die Band bekommt ungeheuren Beifall, und die nächsten Visitenkarten von wegen Auftritten werden ihnen zugesteckt. Nun, so ein Auftritt geht immerhin einfacher als das Catering. Ich bin ja zu gespannt, was sich da noch entwickelt. Raúl hat wirklich eine sehr, sehr schöne Stimme, so eine Mischung aus weiß und schwarz, tja, einfach braun. Wir sind halt doch die besten. Hä-hmm...

Eine Hochzeit, auf der nicht getanzt wird, ist keine Hochzeit, nur sind von den 180 Gästen vielleicht gerade mal 10 echte Frauen. Schwierig, schwierig! Und doch:

Tony und Ron legen den Tango aufs Parkett, den Tony damals schon mit Marc getanzt hatte, *La Cumbarasita* aus *Some Like it Hot*. Nein, ich würde lügen, würde ich behaupten, es hätte mich gewundert, dass genau passend von einem Großteil der Zuschauer wieder die passenden Worte kommen: „Daphe, Sie führen schon wieder!" Brüllendes Gelächter! Der Spaß bewirkt, dass es keinen mehr stört, ob und wie er tanzen kann. Irmgard kann es und Bob – nun, das sah nach ein paar Trainingsstunden mit ihr aus. Nach ein paar Schritten vom frischgebackenen Ehepaar schwingen auch die anderen ihre Tanzbeine. Es dürfte das größte schwule Tanzfestival gewesen sein, das Nevada je gesehen hat. Auch die Videos hinterher werden zeigen: So schlecht waren die Herren gar nicht. Wirklich viele scheinen einen Tanzkurs belegt gehabt zu haben, irgendwann einmal in grauer Vorzeit. Die Bewegungen kamen langsam wieder ins Gedächtnis ... Doch wen stört das? Der ganze Vorplatz zur Farm ist eine wogende, schwingende, balzende (es war ja immer noch Tango) Einheit geworden.

Ein neuer Höhepunkt kündigt sich für die Gäste unbemerkt an.

Pünktlich zur geheim gehaltenen Zeit ist Peter im Haus verschwunden, kommt bald darauf lächelnd zurück und nickt mir zu. Ich freue mich ja so!

Keiner der Gäste konnte die herabfahrende Kette sehen und als der Verkaufswagen eines in Reno ansässigen Eisverkäufers im Schritttempo auf die Masse zusteuert und die ihm Platz macht, geht ein Raunen durch die Gäste.

Doch: der Wagen bleibt zu. Der Motor wird abgeschaltet, der Fahrer ist verschwunden – die große Verkaufsklappe bleibt geschlossen.

„Ladies and Gentlemen, and the Rest!

Ich bitte erneut um Ihre kurze Aufmerksamkeit.“, bringt sich Georg zu Gehör. Es wird ruhiger.

„Die lange Geschichte der Familie Prügner in den Vereinigten Staaten begann schon vor noch längerer Zeit. Als Peter noch ein Junge war – NEIN Irmgard, über Dein Alter damals sage ich NICHTS –, da haben die beiden, Mutter und Sohne-Fräulein ihre erste USA-Reise unternommen, eine mehrwöchige Busrundfahrt ab Florida. Der Höhepunkt war ein Sieben-Tage-Aufenthalt auf einer Ranch in Texas. Der Zufall oder die Fügung oder Gottes Wille – nennt es, wie Ihr wollt – brachte die alleinerziehende Mutter Irmgard mit ihrem Sohn Peter sowie einen alleinerziehenden Vater mit seinem Sohn auf ‚Alan´s Diary Farm‘ unter – eine der Milchfarmen dort in der Nicht-Gegend, also in the middle of nowhere. Damals war Kontakthalten noch sehr schwierig und gelang auch nicht, doch als die beiden vor nun eineinhalb Jahren hierher nach Reno kamen, dachten sie zwar wieder an diese Farm, aber die Adresse war verschwunden.

Ja, es muss mehr als nur ein Zufall gewesen sein, denn eines Tages kam Jacob als Gast in das vorherige Gästehaus der beiden, kein großes Haus, einige von Euch dürften die Villa noch gekannt haben, aber eben so klein, dass man sich mit den Gästen unterhielt – wie hier auch. Dabei stellte sich sehr schnell raus, dass Jacob, unser Jacob hier!“ Georg winkte den Cowboy zu sich und nahm ihn in den Arm. „Dass er Alan und seine Farm kannte! Der Kontakt wurde wiederhergestellt und die erstaunten Deutschen erfuhren, dass aus der finanziell kränkelnden Farm ein blühendes Unternehmen geworden ist, das seine Milch heute nur noch selbst vermarktet: als Eis!

Meine Damen und Herren!

Die MUSTANG FARM präsentiert Ihnen heute so etwas wie eine Weltneuheit. **Joe´s Fancy IceDream** wird bis heute ausschließlich und nur im Dreieck zwischen Dallas, Houston und Austin verkauft. Peter und Bronco haben es geschafft, ihren Freund Joe zu überreden, einen ganzen Tiefkühlcontainer voll mit seinem Eis hier herzuschicken, über 1800 Meilen weit! Sie haben keine Kosten und Mühen gescheut und – ehrlich, ich habe es mir berichten lassen – auch keine Überredungskünste. Niemand bis zu diesem Moment wusste es, auch Irmgard, Bob und die gesamte Mannschaft nicht.

Joe 's Fancy IceDream

Here we proudly present the ONE AND ONLY famous

erst- und einzigartig in Nevada!

Wenn es nach Joe geht, bleibt es auch dabei. Es ist eine handwerkliche Manufaktur, und sie mussten jetzt schon mehr Kühe einstellen, um überhaupt genug Sahne zu bekommen. Peter und Bronco berichteten mir auch von ein paar tausend Hühnern, die nur reines Eigelb für das Eis legen! Joe hat sich leider entschuldigt, er kann jetzt nicht kommen, da die Jungs ihm das Lager leergekauft hätten und er nun 36 Stunden am Tag produzieren müsse."

DIESER Beifall ist nicht zu übertreffen. Ich würde keinen Moment widersprechen, würde jemand sagen, dass er bis zu den Casinos von Reno gehört worden sei. Okay, drinnen dann eher nicht mehr.

Irmgard fällt erst Peter und dann mir um den Hals, dann folgt Bob. Jetzt zum ersten Mal sehe ich feuchten Glitzer in ihren Augen. Komisch, die Rührung kommt immer erst mit dem Fressen.

Ich meine, ich kenne das Eis ja schon. Wir haben auch hier immer wieder Eis gekauft. Aber es ist ja fast auf den Tag genau ein Jahr her, dass wir dort auf der Farm waren, uns noch in Sicherheit mit der Villa wiegten, im Pool plantschten, Maiteas Küche genossen... aber ich schweife schon wieder ab.

Ich glaube, ich habe drei große Portionen von dem Eis verdrückt – und ich bekam keine Bauchkrämpfe.

Jetzt kann ich ´s ja sagen, und das ist jetzt mal kein Abschweifen:

Es war wirklich eine harte und lange Verhandlung mit Joe notwendig. Vor allem, weil wir bis vor 14 Tagen keinen Hochzeitstermin hatten. Und SO lange hält Eis auch nicht. Dann mussten wir einen Verkäufer mit Wagen finden, der bereit war, nicht sein bisheriges Eis, sondern NUR dieses darin anzubieten.

Es ist sein Schaden nicht, das ist auch richtig. Denn dieses Eis, das war ein Thema, auf das sich die verfressene Presse stürzte, nicht nur auf das Eis, sondern auch auf das Thema an sich. Da jedoch selbst bei 180 oder 200 Leuten kein ganzer 20-Fuß-Container leer wird, hat er nun noch genug Vorrat, um Reno zwei Wochen lang mit Joe´s IceDream zu versorgen. Natürlich zu absolut utopischen Preisen – wir haben ihm das übriggebliebene Eis zu unserem Einkaufspreis verkauft, dafür musste er kostenfrei hierherfahren. Er ist ein Nachfahre italienischer Einwanderer. Wenn er klug ist, verhandelt er jetzt schon mit Joe über weitere Lieferungen oder um eine Lizenzproduktion. Nun, da können wir ja dann ein Auge drauf haben. Vom Tierwohl bis zur Verpackung. Ich glaube, ich rufe Joe morgen gleich mal an.

Die Musik geht langsam auf Country über, als unsere Band zum nächsten Auftritt Georgs Conference erschallen lässt. Sie hatten sich in Cowboykluft geworfen. Terrence hatte sein Keyboard beiseite gestellt, und die drei Jungs singen eine geschlagene Stunde lang von der Country Road über Clementine bis zum House of the Rising Sun. Die Gäste sind wieder mal aus dem Häuschen. Petrus – oder wer auch immer aktuell für das Wetter zuständig ist – lässt es bis in die späte Nacht warm bleiben. Doch als die Dämmerung einsetzt, flammen rund um den Vorplatz kleine Lagerfeuer in diesen metallenen Feuerkörben auf, die uns der Baumarkt letzte Woche fast schon nachgeworfen hat. Zum Aktionspreis, natürlich MINUS meiner 20%.

Es ist eine gute Verwertung für all das angefallene Bauholz, die morschen Hölzer von der Pferdelonge und für anderes Holz, das hier in der Gegend herumlag. Bernd und Jacob kümmern sich um den Holznachschub für die Flammen.

Tische und Bänke – geliehen – erscheinen wie von Zauberhand aus der Garage, keiner der Gäste ist sich zu schade, mit anzupacken – das ist halt der Vorteil, wenn man so viele Soldaten dabei hat. Was die ihren Vorgesetzten aber als Begründung angegeben hatten, dass ausgerechnet sie alle zusammen an genau diesem Tag frei haben mussten …? Ich wer-

de mal bei den nächsten Partys genauer fragen müssen. Am besten dann, bevor ich wieder mit vollem Rohr reinfahre und die zweite Schleuse durchbreche.

Ende des Berichts, gez. Bronco Aspe

Ich weiß, dass ich den Bericht vor einer Veröffentlichung noch einiger privater Details berauben muss. Obwohl, warum eigentlich?

Hochzeitsreise

Peter berichtet:

Bob und Irmgard fühlten sich zu alt dafür, mit so einer „just married"-Schnur am Auto den Kurzurlaub anzutreten, den Bob als Hochzeitsreise gerade so freischaufeln konnte. Es war eh nur eine sehr kurze Fahrt zum Flughafen. Wir haben es ihnen also erspart – ich finde diese Sitte ohnehin kindisch oder eben typisch Amerika.

Aber genau diese Hochzeitsreise zeigte ein Problem, das Reno hat. Du brauchst 'nen Flieger, um wegzukommen. Wer nicht gerade auf einsame Wanderungen durch Steppen (im Norden, Osten und Süden) oder Berge (im Westen) steht, hat zwei bis acht Stunden Autofahrt vor sich, um auch nur irgendwohin zu kommen. Wir haben es ja auf unserer Campingtour gesehen. Nur nach Sacramento sind es schon zwei Stunden Fahrt, nach Las Vegas 6-8 mit Pausen. Beliebte Hochzeitsziele wie die Niagarafälle (2500 Meilen) sind mit dem Auto nicht wirklich erreichbar. Außer, man hat sehr viel Zeit. Okay, mancher US-Bürger wäre schon froh, bräuchte er nur zwei Stunden Fahrt bis zum nächsten Supermarkt.

Mum und „Dad" – ich muss mir noch schwer überlegen, ob ich ihn so nennen möchte, aktuell tendiere ich zu einem Nein – haben sich den Grand Canyon ausgesucht. Auch ein tolles Urlaubsziel, wenn man in Las Vegas landet und von da aus die Touren macht.

*So machen sie es. Sie werden im **Sunset Station** übernachten und von da aus in einer Busrundtour mit Übernachtung in den **Grand Canyon National Park Lodges** am **South Rim**[105] fahren, das Weltwunder bestaunen. Am nächsten Tag bringt sie ein Hubschrauber in den Canyon mit Landung dort – keine Ahnung, wie DAS geht – inklusive Champagner-*

[105] Süd-Rand. Zum Nordrand wären es quer rüber nur zwischen 180m und 29km, mit dem Auto jedoch sind es rund 200 Meilen.

Frühstück und dann Rückflug bis nach Las Vegas über den **Hoover Dam** und die **Mojave Wüste**.

Am nächsten Sonntag sind sie wieder da.

Und wir haben am Samstag schon unsere nächste Party. WENN wir bis dahin alles aufgeräumt haben...

Natürlich haben wir. Schon am Sonntagabend sah alles fast so aus, wie früher. Nur die Brennkörbe lassen wir stehen. Die nächste Feier kommt bestimmt.

Zukunft

What we see before?? **So ein Quatsch aber auch! Keiner kann in die Zukunft sehen. Und doch, wir probieren es mal gemeinsam!**

Gedanken an die Zukunft

September 2010

PETER: *Wenn man an die Zukunft denkt, darf man die Vergangenheit nicht vernachlässigen. Gerade, wenn sie so kurz ist, wie bei uns.*

Ist es wirklich erst eineinhalb Jahre, 19 Monate, her, dass wir hierher gezogen sind und dass nicht nur Irmgards und mein Leben eine vollkommen neue Wendung bekommen haben? Mum kann nun in schon 15 Monaten die amerikanische Staatsbürgerschaft beantragen, da sie dann die GreenCard drei Jahre hat. Oder doch erst nach zwei Jahren nach der Hochzeit? Diese amerikanischen Einwanderungsgesetze sind aber auch so was von kompliziert! Aber unser Anwalt, dieser Jackson, der war ja auch auf der Hochzeitsfeier und hat sie sehr genossen (mit wem, weiß ich allerdings nicht mehr, ich konnte nicht alle im Auge behalten). Er meinte schon vorab, das sei gar kein Problem. Es sei ja eine echte Liebesheirat und keine Scheinehe. Vielleicht auch ein Grund, warum Irmgard sich ein wenig aus dem Business zurückzieht, noch könnte man sie leicht abschieben.

Und ich? Ich hoffe, ich kann hier so lange bleiben, bis Bronco und ich auch hier heiraten können und ich auch die Staatsbürgerschaft erhalte.

BRONCO: *Und wenn sie Peter abschieben? Na, ganz einfach: dann ziehe ich mit ihm mit. Enteignen können sie uns nicht, schon gar nicht mich als Amerikaner noch Bob mit dem Haus. Das ist auch irgendwie in den Verträgen mit verankert. Aber für mich ist das eine Musik, die nicht mal in der Zukunft gespielt wird. Wir sind ja schließlich ein ordentliches Gästehaus mit ein paar Angestellten.*

Ja, diese Vergangenheit. Als Muhib zum ersten Mal bei uns war, uns von den beiden Deutschen erzählte, die da kommen und seine Villa bewirtschaften werden, da haben wir weiß Gott was gedacht. Nie aber wäre mir in den Sinn gekommen, dass sich mein Leben so verändern würde.

Gut, ich würde lügen, würde ich behaupten, ich hätte nicht schon damals unterschwellig gefühlt, dass ich nicht auf Mädchen stehe. Aber dann so was? Dass mich die Gefühle und dann die Liebe so voll erwischt haben?

Und jetzt bin ich stolzer Mitinhaber einer stolzen Farm bei Reno, der Farm, die sich in so vielen Dingen von allem anderen unterscheidet, was hier so vorhanden ist. Und dabei meine ich nicht nur den Sex, sondern auch das Zusammenleben so vieler Leute, die sich vorher nicht mal gekannt hatten.

Gut, Jacob ist jetzt schon wieder weg, das war auch klar so. Er hat mit den Privatkunden erneut mehr Geld verdient, als Peter mit ihm für seine Arbeit hier ausgehandelt hatte. Die hat er sich nicht bezahlen lassen, und – ganz ehrlich – ich habe auch nicht darauf gedrungen. Er hat wirklich mehr von Terrence gelernt, als Raúl oder Terrence von ihm. Er und Alan haben ihre Einladung an uns noch mal erneuert, vielleicht wird´s wirklich was über Weihnachten oder so – dann ist das Wetter hier nicht wirklich schön. Er nimmt eine große Menge Bilder und kurze Videos mit nach Texas, kann dort von uns schwärmen. Wir haben auch Bilder von ihm...

Aber nochmals zu „uns Jungs". Dass Tony einer von uns werden würde, dass wissen wir schon länger. Doch auch Ron hat hier Wurzeln geschlagen, ich mag ihn ungeheuer gern, und das nicht nur, weil er so fantastisch aussieht. Ich finde, wir alle passen einfach gut zusammen. Auch Terrence ist eine echte Bereicherung unserer Mannschaft, nicht nur bei den Spenderpartys, auch und vor allem als Mensch.

Raúl? Ach, das ist doch ganz einfach und klar. Peter hat mich mit einem deutschen Märchen bekannt gemacht, die Bremer Stadtmusikanten. Ich habe es sogar auf Deutsch gelesen UND schon weitgehend verstanden! Musste mir nur wenige Worte von Peter erklären lassen. Erklären auf Deutsch, nicht übersetzen!

Es gibt da einen ganz wichtigen Satz:

> Etwas Besseres als den Tod finden wir überall.

Der Satz passt für Raúl wie die Faust aufs Auge. Nein, natürlich hätte er bei seiner Familie nicht den Tod gefunden, aber ganz sicher auch nicht das Leben. Es sind zu viele Kinder und die Eltern haben zu wenig Geld. Es wäre niemand da gewesen, der ihm einen Antrieb gegeben hätte, mehr aus sich zu machen, als nur Gelegenheitsjobs oder ungelernte Arbeiten in einem der Casinos anzunehmen.

PETER: Und jetzt? Jetzt lernt Raúl wirklich Tierpfleger und Pferdetrainer, kann mit den Pferden ganz hervorragend. Wir zeichnen ja alle Trainingsstunden auf, auch zur Korrektur eigener Fehler, aber ich sehe, die ersten Softwareschnittpulte werden schon „aufgeklappt" – die Filme könnten in Youtube Geld bringen.

BRONCO: Wie wird es mit den Pferden weitergehen? Na, wir sind ja nicht drauf angewiesen. Aber der eine oder andere „nette Junge" war schon hier und hat mal geschaut. Ob eher nach den Pferden oder mehr nach den Trainern? Es wäre Unsinn zu denken, wir wären in Reno nicht viel bekannter, als uns vielleicht lieb ist. Wer es wissen will, der weiß, was hier abgeht. Woher sollten sonst so viele, auch neue Kunden kommen? Bei den Soldaten sind wir in den Kasernen offenbar schon so was, wie eine feste Institution. Rechtlich kann ihnen dort ja nichts mehr passieren, und wenn sie hier auf der Farm erkennen, dass der eine oder andere Kollege auch schwul ist und man nichts voneinander wusste – in der Gruppe mobbt man viel leichter zurück.

PETER: Ich habe mal durchgesehen, was unsere „gelben Zettel" im Computer so an Stichworten für die Zukunft noch bergen.

Da ist zum einen natürlich der **AUFENTHALT VON GEORG UND BERND**. Das könnte sich zu einem „Problem" entwickeln. Nein, nicht weil es ihnen hier nicht gefällt – sondern im Gegenteil! Was Georgs Familie wohl dazu sagen würde, wenn er sich hier niederließe? Er hat Geld, er ist Professor, die Uni scheint bislang mit ihm zufrieden zu sein ... Das Semester ist zwar noch jung, aber er ist ja schon länger dort am Arbeiten. WENN ihm die Uni eine Verlängerung anbietet, so, wie ich die GreenCard-Regelungen mittlerweile überblicke, braucht er hier nur noch ein wenig von seinem Familienvermögen zu investieren und müsste gegebenenfalls Angestellte beschäftigen, und schon wäre er auf Dauer willkommen. So einfach kann es gehen, wenn man Geld hat. Wobei, aber das hatten wir ja schon, ich hatte hier viel Glück. Wir beide, Irmgard und ich, brauchen es auch in Zukunft noch. Für mich wird es die „endgültige Sicherheit" erst geben, wenn eine ehegleiche Verbindung mit dem gleichen Geschlecht in den USA *möglich ist, also nichts, worüber ich mir jetzt bereits den Kopf zerbrechen sollte, dürfte oder gar müsste.*

Okay, ein anderer der gelben Zettel hat die Aufschrift „Marc". Den kann ich problemlos löschen. Marc hat sich nicht wieder gemeldet, auch nicht bei Georg. Zwar muss Georg noch ein paar Mal mit seinem Bruder Arne gesprochen haben, doch als der auch nichts Neues wusste, ist die Verbindung eingeschlafen. Georg hat gesagt: „Wer nicht will, der hat schon". Schade drum. Eigentlich war Marc ganz nett.

***BRONCO:** Ja, ja. Du weißt aber schon, dass „nett" die kleine Schwester von „Scheiße" ist?*

***PETER:** Stinktier! Okay, der nächste Zettel: Carport. Ja, das wird auch wirklich bald ein Thema. Obwohl, ich glaube nicht, dass wir wirklich nur einen Carport bauen, eher eine richtige Garage. Und mit dem Styroporsystem werden die Garagentore der größte Kostenfaktor. Oder auch die Solaranlage zum Heizen und Kühlen der Gebäude. Mal sehen, ob wir das noch in diesem Jahr realisieren. Und wenn ja? Dann sehe ich schon die nächste Überlegung, eine Leistungsküche in die Garage einzubauen, so dass unsere kleine Küche, die bei Mums Hochzeit wirklich überfordert war, nur noch für „privat" verwendet wird. Dass das dann wiederum den nächsten Schritt zum Catering bedeuten dürfte – ich befürchte es schon, aber warum Furcht. Wir haben bisher alles gemeistert.*

Ach, hier ist ja noch ein kleiner Zettel: Küchenkräuter. Oh ja, das wird eine Aufgabe für Tony gleich in den nächsten Tagen werden. Er darf aus stabilem Holz ein Hochbeet bauen, mit richtiger Erde und automatischer Bewässerung, vielleicht mit ein paar Terrassen und da werden frische Küchenkräuter angebaut. Sie haben uns schon häufiger gefehlt und bei den überwiegenden Fertigfood-Angeboten der Supermärkte sind die wohl mit der Zeit aus dem Sortiment gefallen. Aktuell holen wir sie in speziellen Gärtnereien, die normalerweise die Sterneköche beliefern – wir bezahlen aber auch die Sternepreise dafür! Oder nennt man das auf Deutsch doch „unrealistic prices?" Verdammt, mein Deutsch wird langsam löchrig. Das darf doch nicht wahr sein! Ach ja, Mondpreise.

BRONCO, grinsend: Du wirst alt, mein Lieber.

PETER: Du auch. Außerdem tun mir meine Knochen langsam weh, ich will in den Whirlpool.

BRONCO: Ach, Knochen nennst Du IHN jetzt? Ich hatte bisher immer einen anderen Namen dafür. Aber, wenn Du meinst? Nur diese Party gestern, die war echt anstrengend. Eine fast übergreifende Gangbang – ich bin auch keine 20 mehr.

PETER: Hah! Die willst Du erst noch werden!

BRONCO: Ach so? Na gut. Dann bin ich halt keine 17 mehr. Zufrieden? Und jetzt mach endlich! Was sagt der letzte Zettel?

PETER: „Kaffeekränzchen Irmgard mit ihren Kolleginnen". Hach je, das steht ja auch noch an! Da müssen wir vorsichtig sein. Vielleicht am besten an einem Sonntag nach einer Party. Denn wenn die Weiber alle mit dicken Parfumwolken kommen, dann dauert es eine Woche, bis wir das wieder draußen haben.

Sie lachten beide.

Aber Mum hat aktuell gar keine Zeit. Zum einen rechnet sie wirklich den Bau ab, macht auch die Überweisungen, auch die von Bobs Konten. Ich habe so den Verdacht, dass sie sich zu einer Art Buchhaltung für Bob insgesamt entwickelt. Das sollte sein Schaden nicht sein.

Zum anderen wühlt sie in allen möglichen und unmöglichen Möbelkatalogen. Wir waren ja immer noch nicht in Bobs Wohnung, aber ich vermute mal, die Einrichtung ist ein Mischmasch aus allen Bau- und Möbelmärkten der Region, ohne jeden Zusammenhang. Wir haben schon läuten hören, dass es da die erste „Meinungsverschiedenheit" gegeben haben soll. Ich bin nur über eines froh.

BRONCO: Worüber denn?

PETER: *Dass der nächste IKEA erst in Sacramento ist. Das dürfte selbst ihr zu weit sein!*

BRONCO: *Lach!*

PETER: *Aber einen Punkt in unserer Zukunft dürfen wir nicht vergessen: URLAUB! Wir haben ihn alle dringend nötig. Schon wieder. Denn eines hat sich mir gezeigt, der Campingurlaub war kein Urlaub zum Erholen. Ich glaube, wir müssen wirklich nach Texas.*

BRONCO: *Oh ja! Und dann auch mal an den Strand und in einem warmen Meer baden.*

PETER: *Zu Weihnachten? Na, Du bist gut. Vergiss nicht, Du studierst. Immer noch und noch für lange Zeit!*

BRONCO: *Ach, das wäre im Übrigen auch für Dich eine Idee. Wenn das mit dem Aufenthalt nicht funktioniert. Ein Studienvisum beantragen. Wird zwar teuer...*

PETER: *... aber das Geld haben wir ja.*

Peter seufzte schwer.

The End

Das ist das Ende der Trilogie! Aus dem kleinen Peterchen ist jetzt ein richtig erwachsener, grosser und verantwortungsbewusster Peter geworden. Wir haben ihn von seiner frühen Jugend an begleiten dürfen, bis zu dem Punkt, ab dem sein Leben – erst einmal – in gefestigteren Bahnen verläuft. Wie es ihm weiter ergehen wird – das zeigt die Zukunft.

Ideen haben die Jungs ja genug. Zum Beispiel mit der Musik. Was das wohl mal werden soll? Kochende Mustangs, die zu Country-Musik deutsche Köstlichkeiten servieren?

Drachenhaus Institut Verlag

2019

Verlags-kurzinformation

Inh. Michael Hoffmann
Im Erloch 14, D-64832 Babenhausen
www.verindrach.de, mh@verindrach.de

Der Verlag des Instituts Drachenhaus (früher „im Institut Drachenhaus“) bietet nun seit **28 Jahren** Bücher, die nicht bestimmten allgemeinen Strömungen entsprechen.

MEDIZIN KONTROVERS

Begonnen mit der Serie „**Medizin kontrovers**“ von Heilpraktiker Michael Hoffmann, in der er viele Lieblingsthesen der Schulmedizin zerpflückt und widerlegt, über ein kleines Sortiment belletristischer Literatur für jedermann.

GayLe Geschichten

2012 haben wir uns entschlossen, mit den „**GayLen Geschichten**“ schwule erotische Literatur ins Programm aufzunehmen. Im Jahr 2017 feierten wir das fünfjährige Jubiläum der schwulen Literatur bei uns!

Dabei folgen wir Ihren Wünschen und Ansprüchen ebenso wie den Entwicklungen der Technik und bieten die Bücher in bis zu drei verschiedenen Versionen an. Als klassisches Taschenbuch oder als elektronische Medien. Die Bücher, Dateien oder Medien wurden und werden, bis auf ganz wenige Ausnahmen, im eigenen Hause gefertigt.

Buch / Print on Demand | eBook alle Formate | Hörbuch Download/CDs

Print oder Book on Demand, *beides also gedruckte Bücher. Neuauflagen werden grundsätzlich in kleiner Menge „on Demand“ durchgehend vierfarbig gedruckt und mit doppelter Leimung handgebunden.*
eBook, elektronisches Buch im ePub-Format, bei Amazon und direkt aus dem Verlag auch mobi für ***Kindle***
Hörbuch in Autorenlesung. Aufwendig gesprochene und vertonte Hörbücher, üblicherweise als MP3 auf Lightscribe-DVDs und im Jewelcase, in einigen Shops per Download.

Ab 2017 veröffentlichen wir kein Gesamtverzeichnis aller Bücher in den gedruckten Büchern mehr. Zu schnell vergrößert sich das Programm, das hier abgedruckte Programm ist also immer unvollständig und veraltet.
Unser aktuelles Lieferprogramm finden Sie nun auf unserer Homepage

www.verindrach.de

Sollten Sie über kein Internet verfügen, kontaktieren Sie uns einfach, dann senden wir Ihnen ein gedrucktes Verlagsverzeichnis zu. Rufen uns unter +49 (0)6073 7479278 täglich zwischen 10 und 22 Uhr an und wir beraten Sie gerne am Telefon.

Geld sparen -- direkt bestellen!

Wenn Sie direkt bei uns im Verlag bestellen, sparen Sie sich die Versandkosten. Zum Beispiel ab 3.00 Euro bei einem bekannten großen Versandhändler.
Wir versenden in **Deutschland versandkostenfrei, ins Ausland ab einem Bestellwert von 35€** per Büchersendung / Brief auf Gefahr des Käufers.
Andere Versandarten auf Anfrage.

Geschichtlicher Abriss des Verlags des Instituts Drachenhaus

Seit 1990 veröffentlicht Heilpraktiker Michael Hoffmann, für Patienten und Interessierte, Informationen aus seiner Praxis und der Naturheilkunde. Daraus entstanden im Laufe der Jahre in Zusammenarbeit mit seinem Partner, Pfarrer Lothar Georg Kampe, acht medizinische Bücher der Serie „Medizin kontrovers“, zum Beispiel das Aufsehen erregende Buch „AIDS – der große Bluff der Schulmedizin“. Hinzu kam dann über 10 Jahre die Zeitschrift „Der Naturdrachen“, mit einer Auflage von bis zu 6000 Exemplaren 6x im Jahr – komplett im Haus gefertigt, wie es auch heute noch Tradition ist.

Der große Einschnitt kam mit dem überraschenden Tod von Pfarrer Kampe, er erlag im Sommer 2003 binnen weniger Stunden einem schweren Schlaganfall. Die betrieblichen Möglichkeiten hatten sich dadurch erheblich verringert, zu der menschlichen Tragödie kamen noch andere Probleme, doch auch vollkommen neue Chancen taten sich auf. Betrieb und Praxis strukturierten sich vollkommen um, der Verlag bestand in den folgenden Jahren nur noch im Abverkauf der vorhandenen Bücher.

Wie Phönix aus der Asche

2012 war für den Verlag im Institut Drachenhaus das Jahr des Umbruchs. Es änderte sich der Name, da das eigentliche Institut Drachenhaus nicht mehr real existierte, und damit das „im Institut“ nicht mehr richtig klang. Durchsetzen konnte sich der neue Name „Verlag des Instituts Drachenhaus“ naturgemäß auch nur für neue / neu aufgelegte Bücher. Der Umbruch kam ganz unspektakulär daher, als im Spätsommer dank glücklicher Umstände der Autor Adi Mira Michaels ins Verlagsprogramm aufgenommen wurde. Mit Adi Mira Michaels kam ein komplett neues Genre in unseren Verlag, Euer Genre, das heute der Hauptumsatzträger ist: schwule, erotische Geschichten.
Es ist eine sehr kleine Marktnische, aber eine, in der die bekannten Verlage immer weniger originär deutsche Titel verlegen wollen, lieber nur noch schnell übersetzte Importware aus den USA verkaufen.

Die GayLen Geschichten von Adi Mira Michaels sind anders. Sie bieten echte Literatur, von einem echten Mann verfasst, in ausgefeilter Sprache in Eure Herzen geschrieben (ok, vielleicht nicht nur ins Herz…), mit viel Witz, Humor, Liebe, Romantik, Hass, Ironie, also mit gefühlvollen Gedanken und Empfindungen… – eben mit allem, was das Leben ausmacht – aus der Sicht eines schwulen Mannes, und nicht, wie viele schwule Independent-Romane, von Frauen geschrieben. Dabei wird Euch die wichtigste Nebensache der Welt ganz natürlich, detailliert wärmstens und herzerwärmend dargeboten.

Ein fiktives Interview mit Romancier Adi Mira Michaels zum 5jährigen Jubiläum 2017

Die Drachenpost, Michael Hoffmann: Ich habe heute einen ganz besonderen Gast zum Interview: Adi Mira Michaels. Warum er so besonders ist, liegt einfach daran, dass es ihn gar nicht gibt. Adi Mira Michaels ist ein Pseudonym, doch im Laufe seines langen, kurzen Lebens hat er sich einen eigenen Charakter geschaffen.
(Adi Mira Michaels lacht.)

Adi Mira Michaels, Romancier: Ja, da haben Sie recht. Ich habe es schon immer gehasst, im Strom zu schwimmen oder das zu tun, was andere von mir wollten. Besonders dann, wenn man mir sagte, dass ich es machen MÜSSE, und meine Frage nach dem WARUM nicht beantwortet werden konnte. Der Besitzer meines Pseudonyms, ich nenne ihn mein „Herrchen" meint manchmal, er werde noch schizophren. Nun, soweit werden wir es nicht kommen lassen.

Die Drachenpost: Da wird er aber sicher dankbar sein.
Adi Mira Michaels, erzählen Sie doch mal kurz von Ihrem Werdegang.

Adi Mira Michaels: Oh, das ist wirklich recht einfach und kurz.
Geboren bin iech 1964 in Franken, hob ä sehr wechselvoll´s Leben VOR mein´m Leben g´hobt, bis i 2012 als Pseudonym von äm bekannten

Adi Mira Michaels: Ja, das ist richtig. Und doch bin ich ein Mann. Mein Herrchen ist es auch, wir beide haben nur sehr wenige weibliche Züge.
(Adi Mira Michaels streicht sich mit einer gekünstelten Handbewegung die etwas zu langen Haare im altmodischen Schnitt aus der Stirn, die Hand verharrt hinterher in der Stellung „gebrochenes Handgelenk". Der Interviewer muss nun lachen.)

Die Drachenpost: Nein, Sie haben absolut recht. Da ist GAR NICHTS Weibliches an Ihnen!

Adi Mira Michaels: Sag ich doch! Ich empfinde mich als Mann, hatte auch nie den Eindruck oder Verdacht, im falschen Körper zu leben. Gut, der richtige Körper ist es auch nicht mehr, wenn ich darauf mehr Einfluss hätte, würde ich mich gegen den Bauch und für mehr Muskeln entscheiden. Doch so weit reicht unsere Partnerschaft wohl noch nicht.
Außerdem habe auch ich keine Patentlösung dafür, wie man den ganzen Tag schreiben UND Sport treiben kann. Wobei ich Sport an sich auch nicht gerade prickelnd finde.

Die Drachenpost: Können Sie Ihren Schreibstil näher definieren?

Adi Mira Michaels: Aber natürlich. Ich ziehe zum Vergleich gerne den Standard-Pornofilm heran, egal, ob hetero oder schwul. Die laufen doch alle im Endeffekt gleich ab: Küssen, ausziehen, blasen, lecken, rein, raus, mit viel handarbeitlicher Mühe abspritzen, fertig. Und dabei so interessiert zu gucken, als kaufe man gerade im Supermarkt ein Waschmittel.
Ziel meiner GayLen Geschichten ist es, vollständige Geschichten „aus dem Leben" zu schreiben, mit allem, was dazu gehört, eben auch mit Sex. Und wenn einer der Protagonisten nicht schwul ist – bitte sehr, dann wird auch der Sex zwischen Mann und Frau Thema. So habe ich es zum Beispiel im „L´Estate del diverso Risate – Der Sommer des unterschiedlichen Lachens" gehalten. Da hat Vicente sehr intensiven und gut bezahlten Sex mit den Gästinnen des Hotels, während Paolo, der Neuling, erst ein paar Wochen braucht, um dieses Geschäft mit den Gästen zu betreiben.
Meine Charaktere sind also real. Sie stehen mit beiden Beinen im Leben und versinken teilweise im Morast, wie ein echter Mensch auch.

Die Drachenpost: Sind es eher Romanzen oder Fantasy oder wie würden Sie Ihre Bücher näher definieren?

Adi Mira Michaels: Also auf keinen Fall Fantasy. Ich weiß, es wird viel gelesen, aber das liegt mir nicht. Doch auf alle Fälle sind meine Romane alle auch

Sachbuchautor erfunden worden bin. Ehrlich g´ socht, es wurd´ a langsam Zeit! Mir war ja ä SO langweilich gwor´n in meiner Nicht-Existenz! – So, Schluss jetzt mit dem fränkischen Dialekt.
(Adi Mira Michaels lacht, der Interviewer auch.)
Unter meinem Namen erscheinen schwule erotische Romane und Kurzgeschichten, als Buch, eBook und viele davon auch als Hörbücher in Autorenlesung, das heißt, von mir selbst eingelesen.

Die Drachenpost: Adi Mira Michaels, Sie nennen sich selbst „Romancier " und nicht „Autor". Nur eine weitere Marotte?

Adi Mira Michaels: Nein, eher nicht. Es ist mir eher ein Anliegen.
Autoren gibt es so viele, auch im schwulen Bereich, die meisten davon sind weiblich und schreiben überwiegend Romanzen oder gleich härtestes BDSM, also Bondage und Schmerzen. Es wird auch viel schwule Fantasy geschrieben, also mit Vampiren, Elfen, Drachen, Kobolden und anderen Figuren, für die es keine realen Gegenbilder gibt. Die allermeisten Geschichten spiegeln die Sicht und Denkweise einer Frau wider. Das geht einfach nicht. Ein Mann denkt anders, als eine Frau und nur wenige Autorinnen haben das auch verinnerlicht. Ich denke mir beim Lesen immer wieder, „Mein Gott, wann kommen die endlich mal zur Sache!". Für eine Frau hat Sex einen ganz anderen Stellenwert, als für einen Mann – Ausnahmen bestätigen, wie überall, nur die Regel.
Meine Figuren hingegen sind real und so vielschichtig im Charakter, wie Menschen im Leben auch.

Die Drachenpost: Soll ich das als Konkurrenzdenken verstehen?

Adi Mira Michaels: Nein, auf keinen Fall und doch, selbstverständlich ja. Aber nicht von meiner Seite aus. Ich habe in den letzten Jahren besonders aus diesem „Lager" viele Anfeindungen erfahren. Es prallt zwar an mir ab, aber es als „es macht Spaß" zu bezeichnen, wäre auch falsch. Sauer werde ich nur, wenn eine Autorin zu faul ist (ich möchte nicht „unfähig" schreiben), sich die wesentlichen Grundlagen männlicher Anatomie anzulesen und dann trotzdem darüber zu schreibt. Da hört es bei mir wirklich auf.

Die Drachenpost: T´schuldigung, wenn ich das so direkt frage: aber Sie sind ein Pseudonym. Laut Duden heißt es DAS Pseudonym, also ein Neutrum und weder Mann noch Frau.
(Adi Mira Michaels lacht erneut auf)

Ansonsten sind sie eher weniger sportaffin, essen lieber – doch in dem meist jugendlichen Alter sind sie genug in Bewegung, sodass sie nicht zunehmen.
Ich hatte auch an einen Roman über einen fiktiven schwulen Fußballspieler eines Oberliga-Vereins gedacht – ich hab´s aufgegeben. Ich müsste wirklich einen Co-Autor finden, der sich mit Sport und Fußball auskennt, sonst schreibe ich nur Unsinn.
Und das ist etwas, was ich definitiv nicht will. WENN ich „Tatsachen“ schreibe, wie zum Beispiel Straßennamen, Orte und ähnliches, dann haben diese auch zu stimmen. Die Recherche zu einem Roman kann durchaus 1/3 der Zeit des Schreibens beanspruchen. Gerade bei „historischen“ Romanen ist das wichtig und das sind eigentlich alle, die nicht gerade direkt heute spielen. Oder, was würden Sie davon halten, wenn der Protagonist 2001 sein Smartphone aus der Tasche zieht.

Die Drachenpost: Soweit ich es gesehen habe, sind Sie ja recht fleißig. 17 Bücher plus einige eBooks, die KEINE Bücher geworden sind plus 9 Hörbücher – das alles in fünf Jahren, das ist eine beachtliche Zahl.
(Adi Mira Michaels seufzt.)

Adi Mira Michaels: Ja, ich weiß. Es macht Spaß, aber ich würde lügen, würde ich behaupten, es mache keine Arbeit. Worüber ich unendlich dankbar bin, ist, dass ich seit einiger Zeit einen festen Lektor habe. Zusammen mit ihm ist die Tiippfählerqu8ote in den Büchern erheblich weniger geworden und damit eine wichtige Arbeit für mich weniger aufwendig.

Die Drachenpost: Wie sehen denn Ihre Zukunftspläne aus?

Adi Mira Michaels: Ich selbst habe für mich keine Pläne, nur für meine Arbeit. Doch eines ist klar: ich schreibe weiter. Es macht Freude, es macht Spaß, es ist mein Leben. WAS wann oder ob überhaupt kommen wird – da lehne ich mich nicht mehr aus dem Fenster. Es kam bisher immer alles anders.

Die Drachenpost: Das kann ich mir sehr gut vorstellen.
Nun noch eine einzige, recht intime Frage am Ende: Wer steckt denn hinter Ihnen?
(Adi Mira Michaels lacht auf.)

Adi Mira Michaels: Dass müssten Sie doch am besten wissen.
Sie sind es selbst!

Die Drachenpost: Upps.
Danke für das Interview!

Romanzen. Nur eben nicht in der süßen, verklärenden Art, sondern sehr realistisch, aus dem Leben. Es gibt Streit und Eifersucht, wie im normalen Leben, Hass und Versöhnung, Liebe und Freude, Mord und Trauer – nur das mit der Fortpflanzung, da scheint es noch zu hapern. Auch, wenn die Versuche sehr vielfach laufen.

Wichtig ist mir aber auch die Beschreibung des Ambientes. Ich behaupte mal, wenn Sie das Kino im Kopf noch einschalten können, so sind Sie nach wenigen Seiten in dem beschriebenen Land. Im regnerischen England, in der Sonne Italiens, in der trockenen Prärie der USA.

Die Trilogie „My Name is Jane, Sweet Baby Jane“, zum Beispiel handelt von einem sehr realistischen Hamburger Jong, der durch Zufall zur Kriminalpolizei kommt. Hier ist alles äußerst natürlich und realistisch beschrieben, bis hin zu den Morden, mit denen er schon im Praktikum konfrontiert wird.

Die Drachenpost: Wie würden Sie Ihr Zielpublikum definieren?

Adi Mira Michaels: Mein Zielpublikum ist der **schwule Mann**, auch der schwule Jugendliche ab einem notwendigen Alter. Wie genau das zu definieren ist, darüber möchte ich mich hier nur wenig auslassen. Wer noch an Bienen und Blümchen oder den Klapperstorch glaubt, dem würde ich eine Illusion zerstören.

Ich weiß jedoch, dass ich nicht jedem gerecht werde. Das kann und werde ich nicht.

Viele meiner Leser sind weiblich, soweit ich das überhaupt herausbekommen kann. Auch sie sind herzlich willkommen, sollten aber auch Ironie und Sarkasmus vertragen können. Er geht im Regelfall nicht gegen sie.

(Adi Mira Michaels lacht.)

Meine LeserInnen sollten bibliophil sein, also Bücher lieben. Das eBook, von vielen nicht mehr als Buch angesehen, erlaubt es aber auch dem nicht geouteten Mann, solche Texte zu lesen – man sieht es von außen nicht. Selbstverständlich sind auch Hetero-Männer zur Lektüre eingeladen, doch ich ahne schon, sie werden die Einladung eher mit einem schiefen Grinsen ablehnen.

Die Drachenpost: Sie sagten gerade, Sie mögen keinen Sport. Wie ist es in den Romanen?

Adi Mira Michaels: Grundsätzlich sind meine Figuren SEHR sportlich: sie beherrschen die schwierigste Turnübung, die es überhaupt gibt. Sie können sich selbst auf den Arm nehmen. Das geschieht mit viel Lachen, Humor, teilweise homerischem Gelächter, Witz, aber auch Ironie und Sarkasmus.